한국근현대유학사상연구총서 1

해체와 연속, 근현대 한국의 유학사상

한국근현대유학사상연구총서 I

해체와 연속, 근현대 한국의 유학사상

초판 1쇄 발행   2023년 10월 30일

기 획	한국국학진흥원
발행인	김은희
펴낸곳	**BN블루앤노트**
등 록	제313-2009-201호(2009.9.11)
주 소	서울시 양천구 남부순환로 48길 1(신월동 163-1) 2층
전 화	02)718-6258
팩 스	02)718-6253
E-mail	blue_note23@naver.com

정 가   57,000원

ISBN   979-11-85485-13-3 94150
ISBN   979-11-85485-12-6 (세트)

한국근현대유학사상연구총서 I

해체와 연속, 근현대 한국의 유학사상

한국국학진흥원 기획

BN 블루앤노트

한국국학진흥원이 오랜 준비 끝에 드디어『한국근현대유학사상연구총서』 총10권 가운데 제1권을 세상에 내놓게 되었습니다. 개원 30주년을 앞두고 본원이 추진해 온 다양한 연구 사업 가운데 또 하나의 중요한 성과라 하겠 습니다. 본원에서는 10여 년 전에도『한국유학사상대계』를 발간한 바 있습 니다. 그 때는 아무래도 조선시대가 큰 비중을 차지할 수밖에 없었는데 이 번에 근현대 부분을 별도의 총서로 정리함으로써 한국유학사 전반에 대한 학술적 탐구의 대장정을 마무리하고자 하는 것입니다.

우리에게 근현대는 동아시아의 다른 나라들과 마찬가지로 서양으로부터 새로운 이념과 지식들이 물밀듯이 들어오고 우월한 군사력을 앞세운 열강 의 침략으로 국가의 운명이 바람 앞에 등불과 같던 시기입니다. 당시까지만 해도 국가의 중심 세력이었던 유학자들은 새로운 환경에 당혹스러워 하면 서도 나라를 지키기 위해 의병운동, 서학 수용, 전면 개화, 유교개혁 등 다 양한 방식으로 시대상황에 대처했습니다. 결국 모든 노력이 수포로 돌아가 고 국권을 상실할 수밖에 없는 처지가 된 이후, 일부에서는 식민통치에 협 력하는 왜곡된 모습을 보이기도 했지만 뜻있는 유학자들은 여전히 조선학 운동, 실학 연구 등을 통해 조선유학의 전통 속에서 민족의식을 고양하고 국권 회복을 위한 지혜를 구하고자 노력했습니다.

현대에 들어와서도 한반도를 둘러싼 강대국 간의 대립과 군사적 역학 구도는 따지고 보면 당시와 크게 달라지지 않았습니다. 또한 남북분단은 더욱 공고화되는 상황이고 기후 변화에 따른 환경 문제와 신종 전염병의 유행 등을 비롯한 새로운 이슈가 지구촌 사회를 위협하고 있습니다. 그런 가운데 유학 혹은 유교는 한국사회에서 중요한 문화 요소로서 분명히 존재하면서도 현재와 미래의 한국사회와 인류문명을 위해 어떻게 자리매김할 것인가에 대해서 뚜렷한 비전을 보여주지 못하고 있는 실정입니다.

본원에서 『한국근현대유학사상연구총서』를 기획하게 된 것은 바로 이러한 문제를 해결하기 위해서 현재 한국 학계에서 분산된 형태로 표출되고 있는 다양한 생각들을 일단 한 자리에 정리해 보자는 취지입니다. 그리고 이러한 작업을 함에 있어서 근대 시기 선각적 유학자들이 보여 주었던 고민의 흔적과 그들이 남긴 글들은 우리에게 크나큰 자산이 됩니다. 이러한 자산을 체계적으로 정리하고 분석하는 일도 중요한 과제입니다. 왜냐하면 그들이 살았던 시대상황이 오늘날 우리가 처한 환경과 근본적으로 다르지 않고, 그들이 해결하고자 했던 문제도 우리가 고민하고 있는 문제와 본질적으로 다르지 않기 때문입니다.

본원에서는 연구총서 발간을 위해 먼저 사계의 전문가들로 편집위원회를 구성하고 이를 중심으로 여러 차례 논의를 거듭한 끝에 마스터플랜과 세밀한 집필요강을 마련했습니다. 아울러 격변기이자 전환기인 근현대 시기 한국유학의 사상적 모색과 전개 과정 및 함의를 체계적으로 정리함으로써 한국유학의 현재적 의미를 밝힌다는 목표를 설정했습니다. 본 연구총서는 이러한 방향 위에서 앞으로 2, 3년에 걸쳐 순차적으로 발간될 예정입니다. 우리가 정한 목표가 본 연구총서 발간만으로 해결되지는 않겠지만 추후 국내외 학계에서 관련 연구가 더욱 왕성하게 이루어지도록 하나의 디딤돌이 되기를 기대하면서, 본 연구총서의 기획과 집필에 참여해주신 집필진과 국학연구에 매진하고 있는 국내외 연구자 여러분 모두에게 심심한 감사의 마음을 전합니다.

2023년 10월
한국국학진흥원장 정종섭

1

한국국학진흥원은 지난 2005년부터 2010년까지 약 6년에 걸쳐 총12권의 『한국유학사상대계』를 발간한 바 있다. 본 총서는 철학, 문학, 교육, 정치, 경제, 법, 사회, 종교, 예술, 과학기술 사상편으로 구성되었으며 연인원 100명이 넘는 연구자가 참여한 대규모 사업이었다. 본 사업을 통해 삼국시대에서 근대에 이르기까지 한국유학사 전반에 대한 학계의 분야별 연구성과는 어느 정도 정리되었다고 본다.

이러한 성과를 바탕으로 2022년부터 총10권의 『한국근현대유학사상연구총서』 집필에 착수했다. 특히 근현대 시기에 주목한 것은, 격변기이자 전환기인 근현대의 한국 유학계에서 이루어진 다양한 사상적 모색과 실험들이 매우 유의미하며 그들의 치열했던 모색이 현재의 한국 사상계에 던지는 의미가 크다고 보기 때문이다. 19세기 후반에서 20세기 전반 시기에 한국의 유학계는 전통 도학적 입장에서부터 전면 개화론에 이르기까지 신사조 수용론, 양명학, 유교종교화론, 유교개혁론 등 다양한 주장을 제시했다. 그들에게 학문 연구는 평화시에 차분하게 찻잔을 앞에 놓고 토론하는 방식이 아니라 외세에 의한 국권 피탈의 상황 속에서 그야말로 민족의 생사가 걸린 죽느냐 사느냐의 문제였다. 물론 이런 비상시기에 이루어진 논의가 갖는 한계도 있을 것이다. 나아가 식민치하에 들어가면서 유학계도 식민체제에 굴종하고 변질하는 모습을 보이기도 했다. 그러나 한국문화에서 큰 비중을 차지하는 유학이라는 학문의 진로를 두고 이렇게 다양한 논의가 이루어진 시기는 일찍이 없었다. 흔히 '해체와 연속'의 시기로 규정하는 근현대는 한국사에서 하나의 사상적 실험실과 같은 시기였다고 해도 과언이 아니다.

금년에 발간하는 1권은 도론導論 편이다. 근현대가 한국사에 있어 격동기이자 전환기였던 만큼 이 시기를 바라보는 시각도 무척 다양하다. 따라서 집필에 있어서도 기존 연구성과를 바탕으로 하되 단순한 재정리의 수준을 넘어, 한국유학사라는 기본 틀 안에서 기존 연구성과를 재검토하고 학계에서 검토되지 않았거나 연구가 미진한 주제를 적극적으로 발굴한다는 기본 원칙을 정했다. 이렇게 하는 것은, 치열했던 사상적 실험과 백가쟁명했던 근현대 시기 한국 유학계의 다양한 생각을 최대한 살려내고 부각시키는 데 초점을 두었기 때문이다. 물론 이러한 집필 방침에는 위험 요소도 존재하는 것이 사실이다. 공론화된 내용이 아닌 필자 개인의 아이디어 차원의 주장을 서술한다든지 집필진 간의 전혀 다른 시각이나 생각이 한 권의 책으로 묶이는 문제점 등이다. 그러나 이런 문제점에도 불구하고 구태의연한 논조를 지양하고 새로운 이론이나 연구성과를 최대한 발굴함으로써 기존의 유사한 연구서와 차별성을 확보하는 일이 보다 중요하다는 데 대체적인 의견이 모아졌다. 아울러 이런 문제점을 최대한 줄이기 위해서 역량 있는 연구자를 참여시키고 다양한 의견을 모을 수 있는 장치를 마련하는 일이 중요해졌다. 이에 따라 편집위원회를 구성하고 수차의 논의와 수정을 거친 끝에 총괄적인 마스트플랜을 완성할 수 있었다.

편집위원회에서는 집필에 따르는 여러 가지 문제점들이 논의되었는데, 가령 시대 구분에 있어서는 근대와 현대의 시대 구분 문제가 학계에서도 논란의 대상이 되고 있는 점을 고려하여 실제 원고 집필에서는 명확한 시대 구분에 얽매이지 않고 문맥에 따라 탄력적으로 적용한다는 원칙을 정했다. 또한 근현대 한국유학의 사상사적 전개에 유의하되 엄격한 시간적 순서보다는 사상적 맥락의 전개에 중점을 두기로 했다. 근현대 시기는 동일한 인물이나 사안이 여러 영역에 연관되는 경우가 많으므로 집필의 '대상'보다는 '관점'의 차이에 주안점을 둠으로써 중복 집필을 줄이도록 했다. 1권의 집필 진을 편집위원들을 중심으로 구성한 것은 이러한 방침을 집필에 반영하여 명실상부한 도론편이 되도록 하고자 했기 때문이다.

2

유학의 관점에서 한국의 근대를 거칠게 정의하면, 성리학에 바탕을 둔 중화주의라고 하는 기존의 질서와 계몽이성과 과학기술을 앞세우고 새롭게 등장한 서양 중심의 새로운 질서의 충돌적 만남 속에서 이루어진 혼란스러운 자기 모색의 시대라고 할 수 있다. 조선의 유학자들은 새롭게 등장한 서양의 과학기술 문명을 목도하고 엄청난 충격을 받았으며 그들의 부국강병의 이면을 각자의 관점에서 탐구하기 시작했고, 그 결과 서양의 과학기술 문명이 결코 물질문화라는 한 마디로 정의될 수 없는 정신적 영역이 그 바탕에 깔려있다는 결론에 이르렀다. 이에 따라 각자의 관점에서 다양한 처방을 제시했는데, 그들이 제시한 처방은 서로 연관되기도 했고 경우에 따라 대립되기도 하는 등 복잡한 양상을 보였다. 현재와 미래의 한국사회를 염두에 두고 이 시대에 제시된 다양한 처방들을 어떻게 이해하고 평가할 것인지에 대해 3개의 장과 10개의 절로 나누어 고찰했다.

제1장에서는 한국 근현대의 유학사상을 어떤 시각에서 접근할 것인지의

문제와 검토해야 할 주요 논점에 대해 정리하고, 한국근대사에서 하나의 도전으로 다가왔던 서학西學과 그 결과로서의 개화開化와 관련하여 당시 유학계가 보여준 대응을 어떻게 이해할 것인지에 대해 학계에서 제기되고 있는 여러 쟁점들을 검토했다.

먼저 양일모 교수는 서구의 학문 방법이 한국사회에 도입된 이래 유학을 어떤 관점에서 접근해 왔는지를 포괄적으로 분석했다. 장지연張志淵을 비롯하여 20세기의 유학 연구성과를 전통학문과 신학문의 긴장과 갈등 속에서 '부유腐儒'가 아닌 '진유眞儒'가 되기 위한 방안 모색의 과정으로 진단하고 그 배경과 전개 과정을 검토했다. 또한 유학과 서구의 학문을 대립적 관계로 볼 것인가, 상보적 관계로 볼 것인가를 넘어서 미래 사회에서도 유학이 생명력을 유지하기 위해서는 어떤 모습을 갖추어야 할지에 대해 전망했다.

김선희 교수는 한국사에서 근대의 시작을 촉발했다고 할 수 있는 서학西學의 전래와 유학계의 대응을 검토하고 이와 관련된 쟁점들을 고찰했다. 서학과 관련하여 지금까지 당연시 되어온 종교, 과학 등의 개념 적용에 문제를 제기했다. 또한 조선 유학자들에게 서학은 외부의 압박에 의해 강제로 수용된 것이 아니라 자발적으로 수용되었기 때문에 수용하는 주체의 입장에 따라 정학인 유학과 대척적 관계에 놓이기도 했고 실용적 차원에서 수용되기도 했다는 점에서 서학 수용의 시각과 그 결과가 넓고 다양하다는 특징이 있음을 밝혔다.

노관범 교수는 '개화와 수구'라는 이원적 구도가 한국의 개화사를 설명하기에는 부적절하다는 문제의식에 기반을 두고 개화와 유학의 관계에 대해 검토했다. 사상사, 지식사, 개념사라는 영역을 설정하고 한국에서 개화의 개념이 형성되어 온 과정을 추적했다. 또한 개화를 정의함에 있어서 주체적 자각을 중요한 요소로 보고 개항기 이전부터 갑오경장 이후까지 이르는 기간 동안에 유학사상에 내재하는 개혁적 의식을 개화의 시각에서 어떻게 평가할 것인지를 고찰했다.

제2장에서는 개화와 서학 수용이 불가피한 현실이 된 이후 극심한 혼란과 난국을 헤쳐나가기 위해 한국 유학계가 보여준 다양한 형태의 사상적 모색과 실험을 다루었다. 유학자들은 근대 이전 시기까지 실질적으로 조선 사회를 이끌어온 주역들이었기 때문에 시대의 변화를 정면에서 맞닥뜨려야 했다. 피상적으로 보면 보수적 입장에 매몰되어 있었을 것으로 생각하기 쉬운 유학계도 나름대로 서학과 외세의 도전에 대처하기 위한 다양한 형태의 노력을 경주했다. 따라서 이를 정당하게 평가하는 일은 본 연구총서의 핵심적 과제이다.

먼저 박학래 교수는 이른바 도학道學 계열로 일컬어지는 유학계의 주류사회의 동향을 검토했다. 도학 계열은 서학과 외세의 침입을 강상綱常의 위기로 파악하고 이에 대처하기 위해 일차적으로 학파의 분화와 문인의 집단화 등 외형을 확대하는 방향으로 대응했음을 밝혔다. 나아가 이론 면에서도 유학적 정체성을 공고히 하고자 했는데, 이러한 의식은 심설心說 논쟁을 비롯하여 각종 성리논쟁이 전국적으로 전개되는 현상으로 나타났고 특징적으로 리理를 강조하는 주리론이 부각된 것은 기氣가 주도하는 시대의 위기를 학문을 통해 돌파하고자 했던 도학계열의 의지가 반영된 결과임을 밝혔다.

엄연석 교수는 19세기 이후 국내에 소개된 서양의 사회사상, 철학사상, 윤리사상 등이 유학계에 어떻게 수용되었는지를 분석했다. 서양사상은 처음에는 단지 도구적 용도로서 이념적 본체인 유학을 보조하는 정도의 의미를 부여했으나 이른바 신학新學에 대한 이해가 심화됨에 따라 서양사상을 본체로서 수용해야 한다는 주장이 등장했으며 동서사상의 소통과 융화의 가능성을 전망하는 정도에 이르렀다. 그러나 서양사상 수용론도 근본적으로 동도서기적 관점을 벗어나지 못했으며, 이러한 한계에도 불구하고 서양 사상에 대한 이해는 유학에 대한 반성을 동반했고 이른바 유교개혁론으로 연결되었음을 밝혔다.

박정심 교수는 근대를 계몽이성과 유럽중심주의라는 관점에서 분석하고 그 속에 내포된 타자성을 지적했다. 그리고 이를 극복하기 위한 방편으로서 박은식朴殷植, 장지연張志淵 등의 양명학에 주목했다. 이들이 당시까지 사상 계의 변방에 머물러 있던 양명학을 주창한 것은 외부의 시각이 아닌 주체의 시각에서 유학을 바라보았기 때문으로 보고 그 배경을 분석했다. 이들이 말 하는 양지良知와 진아眞我는 천명과 같이 우주론적 원리에서 연역된 자아가 아니라 개인의 주체적 자아를 의미하는 것으로 보았다. 또한 같은 시각에서 조선학과 실학 운동을 평가하고 아울러 그 한계를 지적했다.

이용주 교수는 동북아 유교문화권에서 유교 세력들이 자신들의 신념을 지키면서 열강의 침략에 대항하기 위해 생각해 낸 여러 방안 가운데 특이한 한 가지 흐름으로 이른바 유교종교화론에 대해 검토했다. 청말 사상가 캉 유웨이(康有爲)에서 시작된 유교종교화론은 유교에 기독교의 형식을 입힘으 로써 사상적 응집력을 갖추도록 하는 동시에 유교를 근대적 제도개혁의 이 론적 근거로 삼겠다는 발상인데, 공자교 탄생의 역사적 배경과 전개 과정을 중국을 중심으로 정리하고 아울러 캉유웨이의 이론을 도입한 대표적 유학 자인 이병헌李炳憲 등 국내 유교종교화론의 동향을 살폈다.

서동일 교수는 일제강점기 유학계의 동향을 검토했다. 식민지 경험은 유 학자들에게 큰 충격을 주었는데, 초기 유학계의 반응은 순국 자정自靖이라 는 소극적인 저항 의사로 표출되기도 했고 모호한 입장을 취하는 경우도 적 지 않았다. 그러나 시간이 지나면서 적극적인 독립운동에 나서기도 하고 반 대로 현실 참여라는 미명 하에 친일화되어 가기도 했는데 그 과정을 정리했다. 국내에서는 식민치하의 한계로 인하여 제약이 있을 수밖에 없었지만 국외로 망명한 유교 인사들의 경우 한인촌을 운영하면서 공자교, 사회주의 등 비교적 다양한 사조를 실천에 옮겼다는 점에서 유교의 외연을 확장시켰다는 평가도 소개했다.

제3장에서는 해방 이후 현재까지의 한국유학에 대해서 다루었다. 이제 유학은 더 이상 시대의 문제를 묻고 방향을 제시하는 주체가 아니라 근대적 학문 연구의 대상이 되었다. 그럼에도 불구하고 1장과 2장은 3장을 논하기 위한 예비적 검토라고 해도 과언이 아니다. 현재의 우리에게 유학이란 무엇이며 유학이 미래의 대한민국과 인류문명에 어떻게 기여할 것인지에 대해서 논의했다. 그러나 이 작업은 유교 세력을 평가할 수 있는 구체적인 대상이 현존하는 것이 아니기 때문에 관점과 접근 방법에 따라 논의의 내용이 크게 달라질 수 있다는 한계가 있다. 따라서 본서에서는 지금까지의 연구 성과를 정리하고 그 위에서 미래를 전망하는 방식을 취했다.

김선희 교수는 연구사적 시각에서 해방 이후 한국유학에 대한 연구 성과를 검토했으며 특히 실학 연구에 주목했다. 실학은 조선 후기 일단의 학자들이 주자학의 한계를 극복하기 위해 추구했던 실제적 학풍이라는 측면과 1930년대 이른바 조선학이라고 하는 민족주의적 학문 운동의 일환으로 부각되었다는 양면이 공존함을 지적하고, 이러한 시각에서 해방 이후 5, 60년대에 왕성하게 진행된 실학 연구 및 80년대에 제기된 내재적 발전론의 의의와 한계를 제시했다. 아울러 분단 이후 북한에서 진행된 주체사상에 입각한 연구 동향과 제임스 팔레 등 서양에서 이루어진 한국유학 연구 성과를 분석했다.

마지막으로 한국유학을 둘러싸고 있는 현재의 상황을 점검하고 미래에 대해 전망했다. 엄연석 교수는 한국사회가 직면하고 있는 환경, 분단, 국제

분쟁 등 제반 문제를 해결함에 있어 유학이 어떻게 기여할 것인지에 초점을 맞추어 유학의 미래적 역할에 대해 고찰했다. 현대사회의 보편적 질서로 자리잡은 민주주의 정치원리가 자본주의적 삶의 방식과 결합하면서 초래한 문제점을 중심으로 기후변화와 환경문제, 분단과 통일, 사회적 병리 현상의 치유, 심지어 소수자와 다문화 문제까지 유학적 시각에서 검토하고, 인의 仁義와 예禮와 같은 유학적 도덕규범이 한국사회 나아가 인류문명에 기여할 바에 대해 전망했다.

3

개항 이후 열강의 각축 속에서 서양의 각종 사조가 한꺼번에 국내로 유입되면서 이 땅의 유학과 유학계에서는 과연 어떤 자세로 새 시대를 맞을 것인가에 대해 근본적 의문이 제기되었다. 종교, 철학, 정치, 경제, 군사, 제도 등 근대 서양의 다양한 측면을 성리학적 인식의 틀 속에 담는 것은 곧 한계에 부닥쳤고, 이에 따라 문명개화, 유교 종교화, 서양 사조의 수용, 양명학 연구 등 존립을 위한 필사적 탐색이 이어졌다. 중국과 서양의 시각에서 벗어나 주체적 관점에서 우리의 정신사를 연구해야 한다는 자각은 조선학과 실학이라는 성과를 가져오기도 했다.

그러나 근대를 지향한 이러한 학술적 성과도 한편으로 부지불식간에 수용된 유럽 중심의 근대 의식에 입각한 것이라는 지적이 제기될 수 있다. 동양과 조선을 계몽의 대상으로 간주하고 유럽 문명에 가까울수록 근대화된 것으로 보는 서양식 이성주의에 자신도 모르게 잠식되었다는 것이다. 중국 중심의 중화주의에서 벗어나고 유럽 중심의 이성주의로부터 독립하여 한국의 유학사상에 대한 주체적 접근은 어떻게 가능할까? 이 물음은 한국의 유학사상을 검토함에 있어서 중화주의적 가치체계로부터 완전히 탈피하는 것이 가능한가, 동시에 지구촌시대가 된 현대사회에서도 동서양의 구분에 기초한 물음이 얼마나 의미가 있는가에 대한 숙고의 과제를 우리에게 던져준다. 요컨대 한국 유학사상의 주체적 연구와 정립은 어떻게 가능한가?

근현대 시기의 국내외 상황은 유학자들에게 이 물음에 대한 대답을 요구했고 비록 전통적인 유학자는 더 이상 존재하지 않지만 이 물음은 현재까지 이어지고 있다. 그리고 이 물음은 궁극적으로 본 총서가 떠안아야 할 화두이기도 하다. 어떻게 보면, 이 화두야말로 연구총서라는 방식이 갖는 자칫 산만해질 수도 있는 전체 서술을 하나로 모을 수 있는 구심점이 될 것이다. 그 이유는 이 물음이야말로 유학을 연구하는 모든 인문학자들에게 부여된 영원한 숙제이기도 하지만, 특히 근현대를 살았던 한국의 유학자들에게는 생사를 가르는 물음이었고 실제 그들은 이 문제를 풀기 위해 목숨까지 걸었기 때문이다.

본 연구총서 1권은 바로 이러한 문제의식을 바탕으로 근현대 한국유학에 관한 기존의 연구 성과를 정리하여 미진한 연구 주제를 발굴하고 2권 이하 각론에서 다루어야 할 과제를 제시하는 도론편의 역할을 자임했다. 비록 제한된 시간과 여건 속에서 도론의 소임을 충분히 달성했다고 자신하기는 어렵지만 본 연구총서의 취지와 방향은 제시되었다고 본다. 바쁜 시간을 쪼개어 최선을 다해준 편집위원 및 집필진 제위에게 다시 한번 감사의 마음을 표한다.

한국국학진흥원 국학연구소장

김종석

【일러두기】

■ 본 총서는 격변기이자 한국사의 전환기인 근현대 시기 한국유학계의 사상적 모색과 전개 과정 및 그 함의를 체계적으로 정리함으로써 한국유학의 현재적 의미를 밝히는 데 목표를 두었다.

■ 근대와 현대의 명확한 시기 구분이 어려운 점을 고려하여 엄격한 시간적 순서보다는 서술의 맥락에 중점을 두고 근현대의 시기 구분은 문맥에 따라 탄력적으로 적용했다.

■ 근현대 시기의 인명은 가급적 해당 국가의 발음대로 표기하는 것을 원칙으로 했다. 그러나 주희와 같이 이미 익숙해진 전근대 인물의 경우에는 그러하지 않았다.

목차

제1장

근대의 도전과 유학계의 대응

근현대 한국유학사상 연구의 의의와 과제

양일모

1. 장지연의 고민 – 옛 부대에 새 술을

1) 유학의 근대적 서사

지금으로부터 약 100년 전, 1922년 12월 『조선유교연원朝鮮儒敎淵源』(마산: 회동서관)이 간행되었다. 이 책은 장지연이 『매일신보』에 같은 제목으로 연재한 내용을 토대로 사후에 「유교를 위한 변론(儒敎者辯)」과 또 다른 연재물 「유교의 시조 공자(儒敎祖孔子)」를 붙여서 간행한 것이다. 한국국학진흥원에서 약 10여 년 전에 간행한 『한국유학사상대계』(2010)에 이어 이번에 근현대 한국유학사상연구총서를 기획하면서 장지연의 저서를 거론하는 것은 현재 한국에서 유학사상을 논의하는 상황이 100여 년 전과 그다지 다르지 않기 때문이다. 물론 지난 19세기 중엽 이래 서양 열강의 동아시아 진출로 인해 형성된 구학문과 신학문의 대립과 불균형은 동아시아의 경제적 부흥, 그리고 연구자들의 부단한 노력의 결과로 상당할 정도로 해소되었다. 그렇지만 유학사상이 현실을 진단하고 미래를 기획하는 논의에 주도적으로 참여하기 위해서는 여전히 지난 세기에 지난하게 시도해온 유학 자체에 대한 근본적 성찰을 귀감으로 삼아야 할 것이다.

『조선유교연원』은 최초의 한국유학사로 평가되어 왔다. 장지연은 해방 후에 간행된 현상윤의 『조선유학사』(1949)와 같이 '유학사'라는 제목을 달지 않았고 '유교연원'이라는 전통적인 용어를 사용했다. '유교연원'은 학문의 전승 관계를 서술하는 전통적 형식을 취한 것이고, '유학사'는 근대적 분과 학문으로 탄생한 역사학적 서사이다. 장지연은 서명에 '유교'를 표기했지만, 현상윤은 '유학'을 사용했다. 장지연이 박은식 등과 함께 유학의 종교화를 시도했다는 점을 고려하면, 그가 사용한 '유교'는 어느 정도 종교적 의미를 포함하고 있다고 할 수 있다. 한편 현상윤은 "조선유학의 주류와 중축은 철학 방면인 정주학에 있었던 것이다."[1]라고 말했듯이 유학의 철학화에 주목했다. 20세기 초엽 바야흐로 한민족의 역사를 다루는 '한국사'가 탄생하던 시기였다. 장지연은 한국유학의 역사적 서술을 위해 '연원'이라는 옛 부대를 사용하면서, 유학을 새롭게 우려낼 수 있는 새 술을 부어야 하는 시대적 과제를 안게 되었다.

'연원'을 통해 학문의 계보와 학파의 범위를 서술하는 것은 유학의 자기 서사를 위한 하나의 방법이었다. 남송시대 주희는 『이락연원록伊洛淵源錄』(1173)에서 정호와 정이를 중심으로 북송시대 유학자들의 언행과 행적을 기록하여 송나라 시대 도학의 연원과 계보를 밝혔다. 유학을 공부하는 집단에서 스승과 제자, 붕우 등의 집단적 정체성을 만들어가는 작업은 조선시대에도 일반적으로 나타나는 현상이었다. 15세기 말 이래로 사림의 세력이 성장하면서 학파와 도통을 정립하기 위해 스승과 제자들의 언행을 기록한 서적이 사우록師友錄, 문인록門人錄, 혹은 사우문인록師友門人錄, 사우명행록師友

1　현상윤, 『조선유학사』(민중서관, 1974), 3쪽. '유교'와 '유학'은 분석 사료의 원문에 따르며, 이하 필자의 논의에서는 '유학'으로 표기한다.

名行錄, 사우언행록師友言行錄 등의 이름으로 간행되었다.[2] 선조대 이후로 조선성리학의 도통을 상징하는 인물들의 전기와 언행을 기록한 서적이 유선록儒先錄, 혹은 연원록이라는 이름으로 간행되었다.[3] 이처럼 연원록은 도통을 중시하는 유학의 전통에서는 학문적 정체성을 확립하는 중대한 사업이었다.

대한제국이 멸망한 이후로 유학에 대한 비판이 거세게 나타났음에도 불구하고, 연원록의 편찬은 계속해서 이어졌다. 이회감이 전라남도 장성에서 『도학연원록道學淵源錄』(1934)을 간행하였고, 윤영선이 전라북도 장수에서 『조선유현연원도朝鮮儒賢淵源圖』(1941)를 출간했다. 곽종석의 문인인 하겸진은 중국에서 황종희가 편집한 『송명학안』과 『명유학안』을 본받아 『동유학안東儒學案』(1943)을 편찬하였다.[4] 유학을 공부하는 지식인들에게 연원을 탐구하는 작업은 오래되고도 새로운 것이었다. 그렇지만 장지연의 저서는 이전에 간행되었던 연원록과는 구별되는 특징을 지니고 있다. 『조선유교연원』은 먼저 정제두 등 조선의 양명학자, 그리고 사문난적으로 지목된 윤휴와 박세당 등을 다루면서 성리학의 도통을 드러내는 서술 방식에서 벗어나고자 했다. 뿐만 아니라 기호(서울, 경기 및 충청)와 영남, 관서와 관북의 유학자를 포함하면서 지역의 한계를 넘어 국가 단위의 서술을 기획하고자 했다.

물론 장지연의 한국유학 정리 작업에 대해 근대적 의미의 학문적 분석이 아니라고 비판할 수 있다. 장지연의 시도는 『조선유교연원』보다 빨리 간행된 일본인 학자 다카하시 도오루(高橋亨)의 「조선유학대관朝鮮儒學大觀」[5](1912)

---

2 고영진, 「조선시대 유학 계보 연구의 검토」, 『한국사상사학』 41(한국사상사학회, 2012), 267쪽.
3 노관범, 「연원록에서 사상사로 – 장지연의 『조선유교연원』과 현상윤의 『조선유학사』를 읽는 방법」, 『한국사상사학』 56(한국사상사학회, 2017), 215~220쪽.
4 고영진, 앞의 논문, 273~276쪽.
5 「조선유학대관」은 『朝鮮及滿洲』(50, 51, 52, 58, 62, 64호, 1912년 4월~12월)에

과 종종 비교되기도 하였다. 다카하시 도오루는 도쿄제국대학 한문학과에 입학하여 주역을 주제로 졸업 논문을 제출하고 규슈신문 주필로 잠깐 근무하다가, 1904년 대한제국 관립중학교 외국인교사로 고용된 이래로 식민지 관료로서 일생을 살았다.[6] 그는 유학을 '유교철학'[7]으로 규정하고자 하였으며, "근현대적인 의미에서 한국사상연구의 효시"[8]로 평가받기도 하는 근대적 교육을 받은 학자였다. 이에 비해 장지연은 과거시험에 합격한 구세대 유자儒者이며, 한편으로는 『황성신문』을 비롯한 근대적인 매체에 기자로서 활동한 근대적 지식인이었다. 장지연과 다카하시 도오루를 비교하기 위해서는 이들의 교육과 경력상의 차이, 식민통치 관료와 식민지 지식인의 조건 등을 고려해야 할 것이다.

장지연이 한국의 유학을 통시적으로 정리한 것은, 중국과 일본의 근대적 전환기에 보이는 것처럼, 동아시아 지식인에게는 공통의 과제였다. 그는 이미 '역사'와 '철학'과 같은 근대적 언어를 습득하고 있었지만, 한국의 유학을 철학사 혹은 사상사로 다루지 않았고 유학사로 다루지도 않았다. 그는 한국이라는 지리적 장소에서 삼국시대로부터 조선시대 후기까지 전개된 유학의 전개 과정을 통시적으로 서술하기 위해 오히려 이전의 유학자들이 즐겨 사용해 온 '연원'이라는 형식을 취했다. 유학사, 즉 유학의 역사로 서술하는 작업도 철학과 사상, 역사라는 근대적 서양 학문 분류와 깊은 연관을 맺고

게재되었다. 1923년 일본의 조선사연구회가 간행한 단행본 『朝鮮史講座 特別講義』(1923)에 수록된 「조선유학대관」과는 내용과 관점에서 많은 차이가 있다. 두 작품은 당쟁에 대한 해석, 그리고 "조선유학사 서술의 출발점에서의 차이뿐만 아니라, 한국 유학사를 구성하는 중심주제에 변화가 있게 된다." 김미영, 「다카하시 토오루와 장지연의 한국유학사관」, 『대동철학』 55(대동철학회, 2011), 70쪽.

6 다카하시 도오루의 생애와 저작에 관해서는 이승률, 「일제시기 '한국유학사상사' 저술사에 관한 일고찰」, 『동양철학연구』 37(동양철학연구회, 2004), 47~54쪽 참조.

7 高橋亨(조남호 역), 「조선유학대관」, 『조선의 유학』(솔, 1999), 189~190쪽.

8 川原秀城·金光來 編譯, 『高橋亨朝鮮儒學論集』(知泉書館, 2011), 439쪽.

있다는 점에서 일종의 근대적 방법론이었다. 장지연이 이러한 근대적 방법론을 사용하지 않았다고 해서 그의 작업을 시대에 뒤떨어진 것으로 평가하는 것은 시대적 조건을 고려하지 않은 피상적 해석일 것이다.

장지연은 어린 시절부터 유학의 경전을 익히고, 한편으로는 서양 학문의 학습에 매진하면서 전통과 현대가 착종하는 시대를 살아간 과도기적인 인물이었다. 한국을 비롯한 동아시아의 근대는 국가와 민족의 성립과 궤를 같이하면서 시작하였고, 서양 학문의 세례를 받은 역사학이 국가와 민족의 정통성을 확립하는 국사國史로서 등장하였다. 그는 이미 『만국사물기원역사萬國事物紀原歷史』(1909)를 통해 한국의 밖에 존재하는 '만국'을 파악하고자 했으며 천문, 지리, 인류 등 모든 것의 기원과 역사를 탐구하고자 했다. 아울러 이 책에서는 '철학' 항목을 설정하여 그리스의 탈레스와 피타고라스, 소크라테스와 아리스토텔레스의 고대철학자에서부터 16세기 영국의 베이컨이 제창한 실험철학(필자주: 경험론), 로크와 스펜서, 독일의 칸트, 피히테, 셸링, 헤겔, 그리고 프랑스인 데카르트의 형이상학을 근세철학이라고 설명하였다.[9] 그는 국사와 만국사, 그리고 철학에 관심을 기울였다.

장지연은 "철학은 궁리窮理의 학문이니 각종 과학 공부의 미치지 못하는 곳을 연구하여 천리天理를 밝히고 인심人心을 고요하게 하는 고등학문"[10]으로 정의하였다. 그는 '철학'을 정의하면서 '과학'과 같은 근대적 언어와 함께 '궁리', '천리'와 같은 전통적 언어를 사용하였다. 당시까지 '철학'은 낯선 용어였기 때문에, 신조어로서 등장한 '철학'에 대해 성리학의 언어로 해석하지 않을 수 없었다. 그는 '철학'은 서양으로부터 수용된 철학이 아니라 한국에서 "600여 년 동안 유림의 많은 학자들이 갈고 닦아 대대로 전수해 온 것"[11]

---

9 장지연(황재문 옮김), 『만국사물기원역사』(한겨레출판, 2014), 163쪽.
10 장지연, 「哲學家의 眼力」, 『황성신문』 1909년 11월 24일자.
11 장지연, 위의 글.

이라고 이해했다. 이러한 이해에 따른다면, 조선의 유학자는 곧 철학자라고 할 수 있다. 여기에서 장지연의 고민이 시작되었다. 조선시대의 학자들이 유학, 즉 철학을 열심히 공부해왔음에도 불구하고 왜 현재 한국인이 세계의 철학 무대에서 활약하지 못하는가 하는 물음이었다. 이러한 난문에 대해 그는 외국의 철학을 배우면서 한국의 철학적 전통을 새롭게 이어가야 한다고 주장했다.[12] 그가 연원록의 형식을 빌려서 한국유학의 역사를 서술한 것은 유학의 철학화를 위한 기초 작업이었다고 볼 수 있을 것이다.

철학사 혹은 사상사의 방식으로 유학의 역사적 전개 과정을 정리하는 작업은 여전히 적지 않은 문제점을 안고 있다. 동아시아의 지식 체계로서 유학을 철학사로 다룰 때는 먼저 다음과 같은 문제가 제기된다. 첫째, 유학을 철학(philosophy)으로 규정하는 것이 정당한가? 둘째, 유학 속에서 철학에 해당하는 것만을 추출하여 철학사로 서술하는 것이 정당한가? 사상사는 이러한 문제를 우회하는 방법으로서 등장했다. '유학사'라는 형식, 특히 근대 일본에서 만들어진 일본유학사가 중국과는 다른 일본적 유학의 특색을 서술하는 데 중점을 두면서 서술되었다는 점에 주목한다면, 유학사라는 작업은 일국주의一國主義적 발상과 연계될 수 있다. 장지연이 연원록이라는 이름으로 한국유학의 전개 과정을 역사적으로 서술한 것은 '연원'이라는 옛 부대에 새 술을 붓는 작업이었다. 그는 연원록이라는 전통적인 형식을 통해 한국의 유학을 새롭게 해석하고자 시도하였고, 이러한 시도는 한국유학에 근대적 서사의 가능성을 투사하는 작업이었다고 할 수 있을 것이다.

---

12 양일모, 「최두선의 궁리와 철학-20세기 초 한국의 서양철학 연구와 일본적 맥락」, 이원석 외, 『동서사상의 회통』(동과서, 2019), 236쪽.

2) 철학의 시대와 유학

서양의 학문이 동아시아에 등장하면서 동아시아 각 지역에서는 자국의 지적 전통을 근대적으로 정리해야 할 과제를 안게 되었다. 중국에서 량치차오(梁啓超)가 『신민총보』에 게재한 「중국 학술사상 변천의 대세」(1902)는 이러한 영역의 선구적 작업이었다. 그는 이 글에서 '유학사'라는 용어를 언급했지만, 중국과 서양을 비교하는 비교방법론과 사상의 시대적 변화를 파악하는 사회진화론의 관점에 의거하여 중국의 지적 전통을 '학술사상'으로 정리했다.[13] '유학사'라는 표현은 일본의 학계에서 일찍부터 사용된 것으로 보인다. 1880년대 후반 일본에서 간행된 학술잡지에서는 이미 '유학사'라는 용어가 사용되기 시작했으며, '일본유학사'뿐만 아니라 '지나유학사'와 같이 국가의 명칭과 함께 사용되는 용례가 많이 보인다.[14] 1890년대에는 『일본유학사료』가 간행되었고,[15] 1904년에는 『일본유학사』가 출판되었다.[16] 일본에서 민간 대학의 효시라고 할 수 있는 철학관(현재 도요대학東洋大學)에서는 「지나학 - 유학사」라는 강의가 개설되었다. 이 강의를 담당한 우치다 슈헤이(內田周平)는 도쿄대학 문학부에서 '지나철학' 강의를 들었고, 졸업 후에는 철

---

13 량치차오는 「老學 시대」에서 "(위진시대 남북) 두 파의 모습이 달랐지만, 수천 년 유학사에 끼친 특별한 영향은 없었다. 그때는 유학이 가장 쇠퇴했던 시기라고 말해도 좋을 것이다."라고 언급했고, 「佛學 시대」에서 "중국유학사를 쓴다면 육조와 당을 가장 쇠퇴한 시대로 다루어야 할 것이며, 중국문학사를 쓴다면 육조와 당을 전성시대로 다루어야 할 것이다."라고 서술했다. 梁啓超, 「中國學術思想變遷之大勢」, 『飲冰室文集』 7권, 62쪽. 이 글은 『신민총보』(1902년 3~12월, 1904년 9~12월)에 연재된 글이다.

14 도쿄제국대학문학부 철학회가 간행한 『철학회잡지』에 '근세유학사 要略'(1권 10호, 1887), '지나유학사'(14권 145호, 1899) 등의 용례가 보인다. 교토의 한문서원에서 간행되는 『支那學』 제1책(1894)에는 야스이 쇼타로(安井小太郎)가 집필한 「本邦 유학사」가 실려 있다. 그는 이글과 강의를 토대로 『일본유학사』(富山房, 1939)를 간행하였다.

15 宮田修 編, 『日本儒學史料 1,2』(간행지 미상, 1898).

16 久保天随, 『日本儒學史』(博文館, 1904).

학관에서 '지나철학사' 강의를 담당했다. 그는 일본에서 '중국철학사'라는 제목을 최초로 내건 『지나철학사』(1888)를 간행했다.[17] 유학사를 강의하면서도 철학사라는 형식에 담고자 한 것이다.

동아시아의 지식인들이 서양 철학에 환호하면서 동아시아의 지적 자원은 '철학'의 영역으로 포섭되어 가기 시작했다. 특히 공자와 노자 등 선진시대의 인물뿐만 아니라 주희와 왕양명 등 송명시대의 인물까지 모두 철학사라는 일종의 역사적 분석의 대상이 되었고, '동양철학'이라는 근대적 학문 속으로 정리되어 갔다. 중국에서도 일본보다는 다소 늦었지만 중국의 전통 학술에 대해 '철학사'로 정리하는 작업이 시작되었다. 일본에 유학하여 신학문을 습득한 셰우량(謝無量)은 최초의 『중국철학사』(1916)를 간행하였다. 그는 "공자는 중국철학의 마루"[18]라고 칭하면서 중국의 학술을 중국철학으로 치환하고자 했다. 3년 뒤에는 미국에 유학한 후스(胡適)의 『중국철학사대강中國哲學史大綱』 상권(1919)이 간행되었다. 셰우량의 작업이 중국의 학술을 '철학'으로 치환하는 것이라고 한다면, 실용주의를 익힌 후스의 작업은 중국의 지적 자원 가운데 논리와 과학이라는 그가 습득한 철학의 정의를 충족하는 것을 선별하는 것이었다.[19]

중국에서는 중국의 지적 체계를 근대적으로 서술하기 위해 셰우량이나 후스 등 해외 유학파 지식인들이 유학사가 아니라 철학사를 선택하기 시작했다. 경학을 공부하고 일본에 유학한 경력을 지닌 중타이(鍾泰)가 『중국철학사』(1929)를 간행하고, 베이징대학 철학과를 졸업하고 미국의 컬럼비아대

---

17 内田周平, 『支那学 ― 儒学史』(哲学館, 1901). 内田周平, 『支那哲學史』(간행지 미상, 1888). 양일모, 「한학의 재편과 '중국철학'의 탄생」, 양일모 외, 『일본 학문의 근대적 전환』(서울대출판문화원, 2022) 참조.

18 謝無量, 『中國哲學史』(中華書局, 1916), 1쪽.

19 이하 양일모, 「중국철학사의 탄생-20세기 중국철학사 텍스트 성립을 중심으로」, 『동양철학』 39(한국동양철학회, 2013) 참조.

학에서 박사 학위를 받은 펑유란(馮友蘭)이『중국철학사』(상: 1931, 하: 1934)를 출간하면서, 전통 사상은 철학사로 정립되었다. 한편 유학이 '철학'의 영역으로 분류되고 이해되는 과정에서 량치차오는『청대학술개론』(1921)을 저술하여 청대의 유학을 학술사의 영역에서 설명하고자 하였고,『선진정치사상사』(1923)에서는 진나라 시대 이전의 학술을 '정치사상'으로 해석하면서 사상사의 틀로 이해하고자 했다.[20] 량치차오는 "서양철학의 세례가 적었다는 점에서"[21] 철학사보다는 학술사 혹은 사상사를 통해 중국의 지적 자원을 정리하고 이해하는 것을 선호했다.

중국의 전통 학술을 '철학사'로 다루는 작업은 일본에서 먼저 시작되었으며, 도쿄제국대학 한문학과 출신인 마쓰모토 분사부로(松本文三郎)의『지나철학사』(1898), 도쿄제국대학 철학과를 졸업한 엔도 류키치(遠藤隆吉)의『지나철학사』(1900), 도쿄대학 한문학과를 졸업한 다카세 다케지로(高瀨武次郎)의『지나철학사』(1910)가 잇달아 간행되면서, 20세기 초 일본 학계에서는 중국의 학술을 '철학사'로 정리하는 작업이 활발해졌다.[22] 일본의 학계에서는 '철학사'가 유행이었지만 사상사 작업 또한 병행되었다. 지나철학사를 간행한 엔도 류키치는『지나사상발달사』(1904)를 간행하였고,[23] 기독교 신자였던 야마지 아이잔(山路愛三)은『지나사상사 – 일한문명이동론』(1907)을 출간했다. 중

---

20 량치차오는『청대학술개론』을 간행한 뒤「제2 自序」에서 다음에는 중국학술사를 5부작, 즉 1. 先秦學術, 2. 兩漢六朝經學 및 魏晉玄學, 3. 隨唐佛學, 4. 宋明理學, 5. 淸學 등으로 집필할 구상을 밝혔다. 梁啓超,「淸代學術槪論」『飮氷室專集』3권 5쪽.『선진정치사상사』는「일명 중국 聖哲의 인생관과 정치철학」이라는 부제가 달려 있으며, 유학을 정치사상으로 다루면서「본론」제3장에서 제7장까지「유가사상(1~5)」이라는 소제목을 달고 있다. 梁啓超,「先秦政治思想史」『飮氷室專集』50권, 2쪽.
21 양일모,「지역과 학술 – 량치차오의 인문지리학」『아시아문화』23(한림대학교 아시아문화연구소, 2006), 166쪽.
22 松本文三郎 講述,『支那哲學史』(東京專門學校出版部, 1898); 遠藤隆吉,『支那哲學史』(金港堂, 1900). 양일모,「한학에서 철학으로—20세기 전환기 일본의 유교 연구」『한국학연구』49(인하대학교 한국학연구소, 2018), 41~68쪽 참조.
23 遠藤隆吉,『支那思想發達史』(富山房, 1904).

국의 유학이라는 동일한 분석 자료에 대해 철학사와 사상사로 분석하는 작업이 거의 동시에 전개되었지만, 당시에는 방법론을 둘러싼 논의가 심화되지 않았고, 내용상으로도 양자가 엄격히 구별되는 것은 아니었다.

중국의 학술을 '철학사'의 형식으로 정리한 작업에서 성공적이었다고 평가받는 펑유란은 자신의 방법론을 옛날 술병에 새로운 술을 붓는 것(舊瓶裝新酒)으로 비유하였다.

> 난웨에(南岳)에서 내가 『신이학新理學』을 쓰고 있을 때, 진웨린(金岳霖)은 자신의 철학 저작을 쓰고 있었다. 우리의 주요 관점은 서로 비슷했지만, 그는 정주이학程朱理學을 '이어서(接着)' 설명하지는 않았다. 나는 옛 병에 새 술을 담았고, 그는 새 병에 새 술을 담았다. 그는 새로운 관점을 제시했고 아울러 새로운 용어를 창안했다.[24]

진웨린은 칭화학당(淸華學堂)을 졸업하고 컬럼비아대학에서 석박사학위를 받은 서양 철학, 그중에서도 논리학 전공자였다. 펑유란이 지은 『중국철학사』에 대해 출판 여부를 심사한 사람이 바로 진웨린이었다. 이 글은 1937년 일본의 침략으로 중일전쟁이 발발하자 베이징대학의 펑유란 교수와 칭화대학의 진웨린 교수가 후난성 난웨에 임시로 설치된 대학에서 함께 공부하던 시기에 집필된 것이다. 펑유란이 보기에 진웨린이 중국어로 논리학을 이야기하는 것은 새 병에 새 술을 담는 일이었고, 이에 비해 자신이 정주학의 전통을 이어받아 중국의 학술을 새롭게 해석하는 것은 옛 병에 새 술을 담는 것이었다.

펑유란은 전통 학술을 근대적 학문 체계로 서술하는 방식에 대해 다음과 같이 설명하였다.

---

24 펑유란(김시천 외 옮김), 『펑유란 자서전』(웅진지식하우스, 2011), 390~391쪽.

제1편에서 공자부터 회남왕淮南王까지는 자학시대子學時代요, 동중서董仲舒董부터 캉유웨이(康有爲)까지는 경학시대經學時代라고 말했다. 경학시대의 철학자들은 새 견해가 있든 없든 모두 고대, 즉 자학시대 철학자라는 이름에 의거해야 했는데, 대부분 경학이라는 이름에 의거하여 각자의 소견을 발표했고, 그 소견은 역시 주로 고대, 즉 자학시대 철학의 술어로써 표출했다. 이 때 각 철학자들이 빚은 술은 신구를 막론하고 모두 고대철학—대부분이 경학—의 낡은 병에 담았다. 이 낡은 병은 최근에 와서야 터졌다. 이런 면에서 보면 중국철학사상은 동중서에서 캉유웨이까지는 모두 중세철학이고, 근대철학은 겨우 싹트고 있을 뿐이다. ……

중국은 서양과 교류를 시작한 이후 정치, 사회, 경제 학술 등 각 분야에 모두 근본적인 변화가 일어났다. 서양의 학설이 처음 동쪽으로 전래되었을 때 중국인들 예컨대 캉유웨이 학파는 여전히 그것을 경학에 부회하여 낡은 병에 지극히 새로운 술을 담으려고 했으나, 낡은 병은 용량을 늘리는 일이 이미 한계에 달한 데다가 또 술이 아주 많고 지극히 새로웠기 때문에 결국 터졌던 것이다. 경학의 낡은 병이 터지자 철학사의 경학시대도 끝이 났다.[25]

평유란은 『중국철학사』에서 춘추시대와 전한 초기까지를 자학시대, 즉 공자, 맹자, 노자, 장자 등으로 이어진 개별 철학자의 시기로 설정하고, 동중서 이후 유학이 독존하는 시기로부터 청나라 말기까지를 경학시대, 즉 경전에 대한 주석과 해석만 전개된 시기라고 서술하였다. 그는 자신의 중국철학사 작업에 대해 "중국 역사상의 각종 학문 가운데 서양에서 말하는 철학이라는 것으로 이름할 수 있는 것을 골라 서술하는 일"[26]이라고 규정하였다. 전통 학술 체계를 이어받았다는 의미에서 '옛 병'을 사용한 것으로, 철학사라는 새로운 내용을 담아내야 한다는 점에서 '새 술'이라고 비유한 것이다. 1939년에 간행한 『신이학新理學』은 송명 이학理學을 토대로 삼고 서양 철학

---

25 평유란(박성규 옮김), 『중국철학사』 하(까치, 2002), 4~6쪽.
26 평유란(박성규 옮김), 위의 책, 3쪽.

의 정신과 방법으로 새로운 형이상학을 구축하는 작업이었다. 중국의 전통 학술을 철학사라는 이름으로 정리하면서 그가 품은 이상은 진웨린처럼 새 술을 새 병에 담는 것이었다. 그렇지만 중국철학 연구자로서 그는 옛날 병에 새 술을 담는 단계에서부터 시작하지 않을 수 없었다. 장지연 또한 한국유학을 통시적으로 서술하기 위해서 연원록이라는 옛 부대에 담는 작업에서 시작하지 않을 수 없었다. 하지만 한편으로는 한국유학에 대한 새로운 서사가 언젠가는 연원록이라는 옛 틀을 깨트리는 때가 오기를 기대했을 것이다.

2. 서학과 유학의 위상 전도

1) 유학과 서학

중국에서 '서학'은 명말청초 시기 유럽에서 온 선교사들이 전해준 학문을 의미했다. 유럽의 선교사들은 유럽의 학술과 종교, 그리고 과학과 관련된 서적을 한문으로 번역하면서 이를 '서학'으로 지칭했고, 이러한 한역 서적을 이해하기 위해 힘쓴 중국학자들이 이 용어를 그대로 사용했다.[27] 알레니 (Julius Aleni, 중국 이름은 艾儒略)는 『서학범西學凡』(1623)에서 유럽의 교육 체계를 '서학'으로 설명했다. 이에 비해 한국의 문헌상으로 볼 때 '서학'은 신라 시대부터 사용된 표현이었으며, 중국의 용례와는 다른 의미를 지니고 있었다. 『삼국사기』에서는 최치원이 당나라에 유학한 것에 대해 '서학'이라고 표기하였고,[28] 『삼국유사』에서는 원광법사의 당나라 유학을 '원광서학圓光西學' 이라고 해석했다.[29] 한국의 고대 문헌에서 '서학'은 한반도의 서쪽으로 가서

---

27 이원순, 『조선서학사연구』(일지사, 1996), 8~13쪽 참조.
28 『三國史記』, 卷46, 「列傳」 第6, 「崔致遠」, "致遠自以西學多所得." 이하 한국 史書의 인용과 번역은 국사편찬위원회 한국사 데이터베이스에 의거하며, 번역은 필자가 적절히 수정함.
29 『三國遺事』, 卷4, 「義解」 第5, 「圓光西學」.

중국에서 성행하던 불교의 학설을 배운다는 의미로 사용되었다. 그러나 17세기경 예수회 선교사들이 전한 문헌과 정보가 조선에 들어오면서, '서학'의 의미가 불교에서 천주교로 전환되었다. 천주교를 비판한 신후담의 『서학변西學辨』(1724)은 이러한 '서학'의 의미 전환을 보여주는 대표적인 사례이다.

동아시아는 자족적인 체제로 오랫동안 유지되어 온 변하지 않는 영원한 제국으로 표상되기 쉽지만, 실제로는 끊임없이 외부 세계와 접촉하면서 변화를 모색해 왔다. 한나라 이후로 동아시아는 중국의 서쪽 지역 즉 서역으로부터 불교와 문물을 수용하였고, 16세기 말경에는 유럽으로부터 천주교를 비롯한 서학을 수용하였다. 불교를 수용할 때에는 불경을 한문으로 번역한 한역대장경이 간행되었고, 천주교를 수용할 때는 천주교의 교리와 서양의 과학을 번역한 한역서학서가 출간되었다. 외래 사상의 수용이 번역이라는 작업을 통해 진행된 것은 동아시아 지역이 외래 사상을 수용하는 하나의 특징이라고 할 수 있다. 19세기 이후 동아시아가 서양을 전면적으로 수용하는 과정 또한 번역을 매개로 해서 이루어졌다.[30] 물론 동아시아에서 외래 사상이나 외부의 학문을 수용하는 과정이 평화적인 것만은 아니었다.

마테오 리치를 비롯한 유럽의 선교사들이 중국에 천주교를 전한 이후로, 천주교는 중국의 전통 의식과 갈등을 야기했다. 즉 천주교의 신(God)을 고대 중국 문헌에서 사용된 '천天', '상제上帝'로 표현할 수 있는가 하는 호칭의 문제, 그리고 유학을 기반으로 하는 사회에서 일상적으로 거행되어 온 제천 의식과 조상 숭배, 공자 배향 등을 둘러싼 의례 문제는 천주교의 중국 전래 과정에서 잠복되어 있었던 문제였다. 결국 이러한 문제를 둘러싸고 선교회 내부에서 심각한 갈등과 논쟁이 전개되었다. 천주교가 중국에서 선교를 확

---

30 양일모, 「근대 중국의 서양학문 수용과 번역」, 『시대와 철학』 15권 2호(한국철학사상연구회 2004), 120~121쪽.

대하는 과정에서 발생한 전례典禮 논쟁은 100여 년간 지속되었으며, 이 문제가 원인이 되어 당시 가톨릭의 중국 선교가 중단되었다.

예수회보다 뒤늦게 중국에 온 프란치스코회와 도미니크회는 예수회가 현지 문화에 적응하는 방식의 선교를 하고 있다고 비판하면서 예수회를 종교재판소에 고발하였다. 이 문제는 로마 교황과 청나라 최고 통치자인 강희제가 직접 참여할 정도로 중대하고도 심각한 사건으로 확대되었다. 옹정제는 즉위한 이듬해 선교사를 중국에서 쫓아내고, 천주교 성당을 관공서로 개축하고, 중국인의 천주교 신봉을 금지했다.[31] 이후로 청 정부는 일부의 선교사들을 흠천감에 남겨 두었지만, 천주교에 대한 민간 차원의 비판과 소송 사건, 즉 교안敎案이 빈번하게 발생했다. 결국 1715년 교황 클레멘트 11세는 조상제사에 대한 금지령을 내렸다. 1742년 교황 베네딕트 14세가 제사 예전 집행과 참여에 관해 재차 금지령을 내리면서, 중국에서 전례 문제는 일단락되었다.[32] 중국에서의 선교가 공식적으로 좌절된 셈이다.

조선에서 천주교를 둘러싼 상황은 중국보다 심각하게 전개되었다. 이승훈은 1783년 아버지 이동욱이 동지사로 청나라에 가는 길에 동행하여 다음해 1월 베이징의 북천주당을 방문하여 선교사들과 교류하였다. 그는 프랑스 출신의 예수회 선교사 그라몽 신부에게서 한국인으로서는 최초로 베드로라는 세례명을 받고 귀국하였다.[33] 교황청에서 조상 제사를 금지하고 청

31 『淸世宗實錄』, 卷14, 雍正元年 12月 17日.
32 이원순, 『한국천주교회사연구』(한국교회사연구소, 1986), 126쪽.
33 Pfister, Louis(憑承鈞 譯), 『在華耶蘇會士列傳及書目』(中華書局, 1995), 1019~1020쪽. 한국 자료에서는 이승훈에게 세례를 준 그라몽 신부의 중국 이름이 梁棟材로 되어 있으나, 이 자료에서는 "공사 이모의 27살 난 아들"에게 세례를 준 그라몽(Jean-Joseph de Grammont)신부의 중국 이름은 甘若翰으로 되어 있다. 그라몽의 중국 이름을 Leang Tong-Ts'ai(梁棟材)로 설명한 자료는 Joseph Dehergne, *Répertoire des Jésuites de Chine, de 1542 à 1800*(Internet Archive, 1973), 117~118쪽이다. 여기에는 그라몽 신부가 조선의 왕자 Seng-Koun-Yi에게 세례를 주었다고 기재되어 있다. 이 책의 중국어 번역

정부가 선교를 금지하면서 중국에서는 천주교 활동이 소강상태에 들어갔지만, 조선에서는 오히려 선교 활동이 활발해졌다. 따라서 유학을 토대로 구축된 조선의 사회질서와 외부에서 전래된 서학 사이에 심각한 갈등의 발생은 예견된 일이었다. 이윽고 1791년 전라도 진산군(현재 충남 금산)에서 이승훈에게 세례를 받은 윤지충과 그의 외사촌 권상연이 신주를 불태우고 제사를 폐지하는 사건이 발생하였다. 유학의 의례와 어긋나는 이러한 행동은 부모와 자식 사이에 지켜져야 할 강상 윤리를 어기는 행위로서 조선의 사회에서는 용납되기 어려웠다.

> 학學이란 한 글자는 다른 것과 구별되는 뛰어난 체계를 갖추고 있는데, 서양의 술법이 감히 학이라 불리고 있습니다. 일전에 상소문과 공문서에서 이 용어가 사용되는 것을 보고 신臣은 잘못이라고 생각했는데, 요즈음 유생들의 상소를 보니 잘못을 면하지 못하고 있었습니다. 무부무군無父無君의 술수를 학이라고 부른다면, 공자·맹자·안자·증자의 학문은 어떤 글자로 불려야 하겠습니까. 이것이 비록 제대로 살피지 못한 잘못이라 하더라도 너무나 황당무계한 일이라 하겠습니다. 신의 생각으로는 앞으로 상소문에 서양의 술법에 대해 학이란 한 글자를 쓰는 것은 완전히 금지하는 것이 마땅하다고 생각합니다.[34]

진산사건을 계기로 서학은 사학邪學, 즉 유학과는 양립할 수 없는 잘못된 학술로 간주되었고, 결국 조선 정부는 서학을 금지하였다. 윤지충과 권상연은 부모에 대한 제사를 거부한 것이 아니라 천주교 방식으로 지낸 것이지만, 유학의 규정을 지키지 않았다는 죄목으로 형장의 이슬로 사라졌다. 이들을 사형에 처해야 한다고 주장한 상소문에서는 부자와 군신의 윤리를 지

耿昇 譯, 『在華耶蘇會士列傳及書目補編』 下(中華書局, 1995), 287쪽에서는 "조선왕자 沈公義"에게 세례를 준 것으로 되어 있으나 '李承薰'의 오역으로 보인다.

34 『正祖實錄』, 卷33, 正祖 15年(1791) 11月 8日, 「修撰申獻朝上疏」.

킬 줄 모른다는 의미를 담고 있는 '무부무군無父無君'으로 이들의 행위를 매도하였다. 조상에 대한 제사를 소홀히 하는 것이 곧 군주에 대한 불충不忠으로 해석되었다. 이 사건 이후로 천주교를 믿는 자들이 대거 숙청되는 박해사건이 연달아 발생하였다. 윤지충과 권상연은 남인에 속하는 유자였다. 남인이라는 이유로 노론 세력은 이들을 공격했고, 남인 중에서도 서학을 비판하는 사람들이 생겨났다. 불행하게도 서학에 대한 비판은 "당파적 대립이 쟁점으로 이용됨으로써 더욱 확대"[35]되어갔고, 19세기 조선에서는 서학을 둘러싼 학술적인 토론보다도 정치가 앞서게 되었다.

1801년의 황사영 백서사건은 서학의 전래 과정에서 또 다른 문제를 야기했다. 윤지충의 행위는 유교의 상례 규정을 지키지 않았다는 점에서 유학자의 눈에는 막심한 불효로 보일 수 있지만, 천주교 신자로서 천주교의 방식으로 제사를 지냈다는 점에서는 어떤 유생의 일탈 행위로 볼 수도 있다. 이에 비해 황사영 사건은 선교를 위해 외세를 끌어들이고자 했다는 점에서 개인의 행위 차원을 넘어서 국가의 존립을 위협하는 반역으로 간주되었다.

> 죄인 황사영은 본래 정약종의 조카사위로 사술邪術에 미혹되었고, 주문모가 한국으로 나온 뒤로 그를 스승으로 섬기고 아버지로 불렀으며, 영세를 받고 세례명을 받았다. 체포명령이 내리자 기미를 알고 망명하여 산속의 골짜기에 숨어 반역을 꾀하였으며, 황심과 옥천희가 함께 모의하여 백서帛書를 작성하여 서양인의 천주당에 전달하고자 하였다. 백서의 내용은 글자마다 흉악한 속셈이요 구구절절 역적의 생각이므로, 군주에 대해서는 도리에 맞지 않은 주장이요 국가에 대해서는 원수로 삼고자 하는 계략이므로 대역부도大逆不道의 죄로 판결하였다.[36]

35 금장태, 『동서교섭과 근대한국사상』(성균관대학교출판부, 1984), 46쪽.
36 『純祖實錄』, 卷3, 純祖 1年(1801) 11月 5日.

유럽의 천주교와 과학을 중심으로 하는 서학은 조선의 지식인들에게 상당한 관심을 끌었다. 1785년 명례동(현재 명동)에서 비밀리에 신앙 집회를 하던 김범우 등이 적발된 이후로, 천주교는 유학과는 양립할 수 없는 사학으로 지목되어 공식적으로는 금지되었다. 진산사건에서 보이듯이 서학이 정치적 파장 속에서 전개되면서 천주교는 박해를 받았지만, 이후로도 흥선대원군이 천주교 박해령을 내린 병인박해(1866)까지 한 세기 동안 명맥이 이어져 왔다. 황사영 백서사건은 선교를 목적으로 외세를 동원하고자 한 점에서 국가에 대한 반역의 요인을 갖추고 있었다. 황사영의 백서는 베이징으로 전달되기 전에 압수되었고, 황사영과 청나라의 신부 주문모는 대역죄인으로 사형을 당했다. 조선 정부는 유학의 대의명분으로 천주교를 제어할 수 있었고, 천주교는 국가의 권위와 사회의 질서를 위협하는 수준으로 확대되지 않았다. 조선은 여전히 유학의 이념이 지배하는 왕국이었다.

2) 유학의 근대적 곤경

19세기 중엽 이래 동아시아는 세계사의 무대로 편입되었다. 영국이 중국을 침략하면서 아편전쟁이 발발하고, 미국의 페리 제독이 이끄는 흑선이 에도막부의 중심지였던 도쿄와 남쪽으로 인접하는 우라가(浦賀)까지 도래하는 상황에서, 조선 또한 세계사의 흐름에 대응하지 않을 수 없었다. 서양은 강력한 군사력을 동원하여 폭력적으로 동아시아에 접근했으며, 조선은 종래의 조공질서체제에서 경험하지 못한 불평등조약을 제국주의 세력과 맺게 되었다. 조선뿐만 아니라 동아시아가 종래의 중화질서 체제와는 이질적인 문명과 대결하게 되었고, 서양은 동아시아 질서의 유지와 변화에 있어서 무시할 수 없는 타자로 등장하였다. 동아시아의 근현대는 정치와 경제, 사회와 학술 등 모든 방면에서 동서양의 총체적인 접촉이 이루어지는 세계사적인 전환기였다.

　서양 열강이 동아시아로 진출하면서 동아시아는 새로운 사회질서와 국가 체제를 구상하지 않을 수 없었던 위기의 시대를 맞이하게 되었다. 개인의 행위 규범과 사회체제의 원리가 유학사상을 토대로 형성되었기 때문에, 지식인들은 시대적 난관을 헤쳐나가기 위해 개인의 도덕과 사회질서의 근간을 형성하고 있던 유학에 대해 비판적 성찰을 시도해야 했다. 한편으로는 강력한 군사적 힘과 경제적 부를 과시하는 서양을 향해 그들이 부강을 달성한 비결을 탐구해야 했다. 서양과 대비되면서 동양이라는 상상의 지역이 등장하였고, 서양의 학문은 뭉뚱그려 서학西學으로 이해되었다. 새로운 시대와 함께 도래한 서학은 새로운 학문으로 간주되어 신학新學으로 불렸으며, 반면에 동아시아의 전통적 학술 자원은 오래된, 또는 낡은 학문이라는 의미로 구학舊學으로 불렸다. 동서양의 지리적 공간적 구별, 서학의 학문과 동아시아의 전통 학문이라는 학문상의 분류가 신구新舊라는 시간적 구별을 중시하는 유럽의 근대적 시간 속으로 휩쓸려 들어갔다. 서양이 군사적 힘과 경제적 부로 상상되면서, 동양과 서양, 구학과 신학, 유학과 서학은 불안한 균형을 모색하지 않을 수 없었다.

　19세기 중엽 이후로 동아시아에서 서학은 그 이전과는 전혀 다른 내용을 지니게 되었다. 19세기 중엽 이전의 서학은 천주교 선교사들이 가져온 유럽의 중세 학문을 의미하였다. 이에 비해 19세기 중엽 이후의 서학은 프로테스탄트가 중심이 되었고, 그들의 배후에는 시장을 획득할 목적으로 아시아 지역으로 진출하고자 하는 서양 열강이 있었다. 그들이 내세운 서학은 유럽의 성공적인 근대사회를 표상했고, 민주와 과학으로 포장된 서양의 지식 체계를 의미했다. 따라서 동아시아의 지식인들은 낙후된 동양과 대비되는 서양이라는 대상의 실체를 모색하고자 하였으며, 근대문명을 형성할 수 있었던 서양의 정치와 사회, 사상과 철학 등 서양 학문 전반에 관심을 가졌다.[37] 중국과 한국이 인도의 불교문명을 수용할 때에도, 심지어 유럽의 천주교와 서학을 수용할 때에도 이러한 문명의 배후에 있는 타자를 고려하지는 않았다. 20세기를 전후한 시기에 등장한 서학은 동아시아의 전통 학문과는 동등한 차원에서 비교될 수 없는 위상으로 등장하였고, 동서 학문은 불균형의 관계에서 대화를 시작하지 않을 수 없었다.

　중국을 중심으로 문명과 야만을 규정하는 중화문명권의 논리에 근거하는 한, 서양을 야만으로 규정하고 쇄국의 전략을 취하는 것은 당연한 일이었다. 그렇지만 동아시아의 시야에 서양이 등장함에 따라, 서양에 대하여 거부와 수용이라는 견해의 차이가 있었다 할지라도 서양의 실체는 유자들에게 심각한 사유의 대상이 되었다. 일본이 쇄국에서 개국으로 대외 정책의 노선을 전환했고 중국이 서양의 군사력을 적극적으로 도입하여 자강을 추구하는 양무운동을 시행하는 상황에서, 조선 또한 개화라는 명분을 내걸고 서양을 사유하지 않을 수 없었다. 서양을 사유한다는 것은 서양이라는 새로운 지평과 만나는 과정이라고 할 수 있다. 이는 '아시아' 또는 '동아시아'라는 새로운 인식의 지평이 등장하는 과정이었다. 또한 한국과 중국, 일본, 미국, 러시아가 동아시아라는 맥락에서 연결되는 사건이기도 했다. 황준시엔(黃遵憲)의『조선책략朝鮮策略』은 바로 이러한 사건의 도화선이 되었다.

　　오늘날 조선이 꾀해야 할 급무는 러시아를 막는 일보다 더 급한 것이 없다. 러시아를 막는 책략은 무엇인가. 중국과 친교를 강화하고(親中國) 일본과 우호 관계를 맺고(結日本), 미국과 통상조약을 맺어(聯美國) 자강自强을 도모할 따름이다. …… 중국과 친교를 강화하는 것은 조선이 믿을 것이요, 일본과 우호관계

37　양일모,「조선의 서학과 량치차오」, 엄연석 외,『동도서기의 의미지평』(동과서, 2019), 81~89쪽 참조.

를 맺는 것은 조선이 반신반의할 것이요, 미국과 수호연결하는 것은 조선이 매우 의심할 것이다.[38]

1880년 김홍집은 수신사 자격으로 일본에 가서 주일본 공사관의 참찬관 황준시엔으로부터 이 책을 받았고, 귀국해서는 고종에게 이 책을 전달했다. 이 책이 전국에 배포되자 영남 유생 이만손 등이 연명으로 『조선책략』을 비판하는 상소, 즉 만인소를 올렸다. 고종은 영남지역의 유자들이 올린 상소에 대해서 "올바르지 않은 것을 물리치고 옳은 것을 지키는 일(闢邪衛正)에 어찌 그대들의 말을 기다리겠는가? 다른 나라 사람이 사적으로 논의한 글은 애초부터 깊이 논할 것이 없고, 그대들도 또한 잘못 보고 결점을 드러내고 있다. 만약 이런 일로 다시 번거롭게 상소하면 이는 조정을 비방하는 것이니, 어찌 선비의 신분으로서 엄히 처벌하지 않을 수 있겠는가? 그대들은 이 점을 잘 이해하고 물러가도록 하라."[39]라고 응답했다. 고종과 조정의 대신들은 이미 대외개방론에 상당히 공감하고 있었다. 고종의 비답은 유학의 이념에 충실하고자 했던 조선의 유생들을 시대착오적인 인물로 표상하는 사건이었다. 유생들은 또다시 개방의 부당성을 주장하는 논리를 찾지 않을 수 없었다.

유학의 왕국을 통치하는 고종이 유생들의 집단적 주장을 물리친 것은 단순히 유학자들의 여론을 수용하지 않은 문제를 넘어서 유학과 서학의 위상 문제와 연관되는 것이었다. 유생들이 황준시엔의 제안을 거부한 것은 외교의 문제가 아니라 문명과 야만에 대한 화이론華夷論의 차원이었고, 근본적으로는 유학과 서학의 문제였다. 『조선책략』에는 중국을 중심으로 하는 중화

---

38 黃遵憲(조일문 역주), 『朝鮮策略』(건국대학교출판부, 1988), 10쪽. 번역은 필자가 적절히 수정함.
39 『高宗實錄』, 卷18, 高宗 18年(1881) 2月 26日, 「嶺南儒生李晩孫等萬人聯疏」.

체제가 아니라 '아시아', 그리고 '동아시아'라는 새로운 세계질서가 제시되어 있다. 중국인 관료로서 조선이 일본과 우호관계를 회복하여 연맹을 맺어야 한다는 주장은 조공체제에서는 상상하기 어려운 발언이었다. 중국 중심의 세계질서가 동요하고 있었고, 일본의 급작스런 부상浮上이 감지되고 있었다. 또한 이 책에서는 일본과의 연맹이 필요하다는 논리를 전개하기 위해 서로 의존한다는 보거상의輔車相依와 순망치한脣亡齒寒의 전고를 끌어왔다.[40] 나아가 미국과 러시아가 아시아의 문제에 깊이 연계되어 있다는 점에서, 한국을 둘러싼 세계 속의 아시아라는 공간이 등장하였다.

조선 말기의 지식인들 또한 세계사의 전환점을 인식하고 있었지만, 서양에서 기원한 학문이 유학적 의미의 문명을 담보하지 않는 한, 그들이 서학을 선뜻 받아들이기는 쉽지 않았다. 1880년대 초 강원도 유생 홍재학은 한국에 들어온 서학을 강하게 비판하는 상소를 올렸다.

> 서양의 학문이 원래 천리天理를 어기고 인륜人倫을 해치는 것은 더 이상 말할 나위도 없습니다. 서양의 문물은 태반이 음탕함을 조장하고 욕심을 따르도록 하여 윤상의 도리를 망치고 사람의 정신이 천지와 통하는 것을 어지럽니다. 귀로 들으면 내장이 뒤틀리고 눈으로 보면 창자가 뒤집히고, 코로 냄새 맡거나 입술에 대면 마음이 바뀌어 본성을 잃게 됩니다. 이것은 그림자와 메아리가 서로 호응하고 역병이 전염되는 것과 같습니다. 『중서문견中西聞見』, 『태서문견泰西聞見』, 『만국공법萬國公法』 등 허다한 그들의 요사스러운 책들이 나라 안에 가득 차 있습니다.[41]

---

40 보거상의, 순망치한 등의 전고를 끌어와 지리적 인접성에 따른 지정학적 관점을 제시하는 것은 나중에 다루이 도키치(樽井藤吉)의 『大東合邦論』에서 보이듯이, 일본이 제기한 아시아주의의 전형적인 방식이다. 김동기·양일모, 「아시아주의의 경험과 동아시아 연대의 모색」, 『시대와 철학』 18(3)(한국철학사상연구회, 2007), 70쪽.

41 『高宗實錄』, 卷18, 高宗 18年(1881) 閏 7月 6日, 「江原道儒生洪在鶴等疏略」.

『중서문견록 *The Peking Magazine*』은 미국 장로회 선교사인 윌리엄 마틴(William Martin) 등이 외국의 신문 기사를 모아서 중국에서 발행하던 중문 잡지였고,『만국공법』은 역시 윌리엄 마틴이 헨리 휘튼(Henry Wheaton)의 *Elements of International Law*를 한문으로 번역한 책이었다.[42] 홍재학은 당시 위정척사론을 주도하던 이항로에게 배운 화서학파의 문인이었다. 관동의 대표로서 올린 이 상소문은 고종이 영남만인소에 대해 내린 비답을 보고서 격분하면서 작성했기 때문에 다른 상소문보다 과격한 측면이 있었다. 결국 홍재학은 "군주를 범한 대역부도 죄인(犯上不道罪人)"으로 능지처참이라는 비극적인 운명을 맞이하였다.[43]

이미 '개화開化'의 시대가 되었다. 개화라는 말은 개국 이후 일본에서 들어와 일부 관료들 사이에 사용되다가 임오군란 뒤부터 유행어처럼 한국 사회에 통용되었다.[44] 유학의 이념을 믿으면서 서학을 비판하고, 유학의 대의를 실현하기 위해 강원도 지역을 대표해서 상소를 올렸다가 홍재학은 유명을 달리했다. 이 사건은 위정척사운동의 태동을 암시하고, 동시에 서학이 유학을 압도하는 시대를 예고하고 있었다. 유학의 의리와 어긋나는 서학은 도저히 용납할 수 없다는 관점에서 서학을 전적으로 거부하는 경향이 있었다. 한편 서학을 수용하면서 전통적 학술과 서학의 균형을 갖추고자 주장하기도 하고, 심지어 실용성이 없는 유학을 버리고 전적으로 서학을 수용하자고 주장하기도 했다. 유학자들은 서양을 비판하기도 하고 수용하기도 했지만, "그들이 유교개혁을 생각하게 된 중요한 계기가 서양문화와 기독교였다는 점에서는 예외가 없었다."[45] 불교 그리고 천주교의 수용과정에서 유학은

42 『泰西聞見』은 미상.
43 『高宗實錄』, 卷18, 高宗 18年(1881) 閏 7月 20日, 「義禁府啓」.
44 이광린, 『한국개화사연구』(일조각, 1993), 36쪽.
45 김종석, 「철학사상: 한국유학의 이론적 정립과 토대 형성」, 한국국학진흥원 국학연

외래 사상을 재단하는 수준기로서 작동했다. 그렇지만 19세기 말에 등장한
서학은 유학이 제어할 수 있는 한계를 점차로 넘어서고 있었다. 유학의 근
대적 곤경은 서학의 등장과 더불어 시작되었다.

3. 한국 유학의 근대적 기원

1) 유학의 이상과 현실

유학 공부에 뜻을 둔 사람을 일반적으로 유자儒者, 유생儒生, 유사儒士라
하고 한국에서는 선비로 통칭되기도 한다. 조선 시대의 선비들은 성명性命
과 의리義理를 중심으로 삼는 성리학을 학습하면서, "꼿꼿한 지조와 목에 칼
이 들어와도 두려워 않는 강인한 기개, 옳은 일을 위해서는 사약 등 죽음도
불사하던 불요불굴의 정신력, 항상 깨어있는 청정한 마음가짐으로 특징지
어지는 선비상"[46]을 보여주었다. 개인의 인격적 완성과 사회에 대한 강한 책
임의식을 표방한 유자의 삶은 이상주의적 성격이 짙었고 현실적으로는 도
달하기가 쉽지 않았다. 공자는 경전 지식에 뛰어났던 제자 자하에게 소인유
小人儒가 되지 말고 군자유君子儒가 되라고 당부했다. 군자와 소인의 구분은
사회적 지위가 아니라 의義와 리利, 공公과 사私의 구별이며, 군자유는 사적
이익에 매몰되지 않고 공의公義의 실현에 매진하는 인격상을 말한다.[47] 사적
인 이익을 추구하거나 공적인 의리義理 구현과 벗어나는 행동에 대해서 유
림은 가차 없이 소인유라는 비판을 가하게 된다. 소인유는 심지어 부유腐儒,
즉 '썩은 유학자'라는 엄중한 비판을 받기도 하였다.

구실, 『한국유학사상대계 I 총론편』(한국국학진흥원, 2010), 62쪽.
46 정옥자, 『우리 선비』(현암사, 2003), 14쪽.
47 『論語集註』, 「雍也」, "謝良佐는 다음과 같이 말했다. 군자와 소인의 구분은 의리(義)
와 이익(利)의 차이이다. 그렇지만 이익이라는 것은 어찌 재화만 말하겠는가? 私로
써 公을 없애고 자기에 맞추어 편의를 도모해서 天理를 해치는 것은 모두 이익이다."

남송의 주희는 제자들이 순경荀卿, 양웅揚雄, 왕통王通, 한유韓愈 등 역대의 학자들에 관해 묻자, "양웅이 그중에서 가장 쓸모가 없으니 참으로 부유腐儒이다."[48]라고 말했다. 인간의 본성에 선과 악이 혼재한다는 주장을 펼친 전한 시기의 사상가 양웅이 황로黃老 사상에 영향을 받았다는 이유로 주희는 그를 이처럼 맹렬하게 비판했다. 주자학이 노장과 불교를 이단으로 비판하면서 자신의 형이상학적 체계를 구축했다는 점을 고려하면, 이러한 비판은 양웅의 주장을 주자학의 영역에서 퇴출하는 과정이었다. 주희의 언설은 섭채葉采가 편집한 『근사록집해』(1248)에 수록되어 주자학의 강령으로 신봉되었다.[49] 『근사록집해』는 고려 말에 한국으로 전래되어 조선시대 성리학의 기본 텍스트가 되었고, 조선 후기까지 전국에서 다양한 판본이 간행되었다. 이황이 의령의 처가에 들렀을 때 장인 허찬으로부터 받은, 진주에서 간행된 판본(1370)이 현재까지 전해지고 있는 것을 보면, 한국에서 『근사록집해』의 영향을 짐작할 수 있다.[50] 이러한 서적을 통해 한국에서도 '부유'에 대한 경계가 지속되었을 것으로 유추할 수 있다.

그렇지만 한국에서 '부유'는 중국의 경우와는 다른 측면을 지니고 있었으며, 주희와 같이 이단을 비판하기 위해 사용한 용례는 돋보이지 않았다. 조선 시대에 성리학적 질서가 체계를 갖추게 되면서 노장이나 불교가 사상적 차원에서 유학과 상대할 만큼 세력이 강하게 성장하기 어려웠기 때문일 것이다. 한국에서 '부유'는 부정적 의미로도 긍정적 의미로도 사용되었다. 긍

48　『朱子語類』, 卷137, 「戰國漢唐諸子」.

49　『近思錄集解』, 卷14, 「觀聖賢」, "釋疑；荀卿은 완전히 申不害·韓非이고 揚雄은 완전히 黃·老이다. 내 일찍이 다음과 같이 말하였다. 揚雄이 가장 쓸모없는 사람이니, 참으로 한 腐儒에 불과하다." 葉采(성백효 역주), 『近思錄集解 3』(전통문화연구회, 2018), 294~295쪽.

50　한국에서 간행된 『近思錄集解』의 판본 및 퇴계 수택본(한국국학진흥원 소장)에 관해서는 우진웅, 「퇴계 수택본 『근사록집해』의 전래 경위와 가치」, 『서지학연구』 65(한국서지학회, 2016), 183~212쪽 참조.

정적 의미로 사용된 경우에는 주희의 용례가 아니라 당나라 시인 두보杜甫의 시에 나오는 '부유'의 의미를 따랐다. 두보는 "강한에서 돌아가고자 생각하는 나그네, 하늘 땅 사이에 한 썩은 선비라네"라고 읊었다.[51] 이 시에서 두보는 객지를 떠돌면서 벼슬길에서 멀어져 있지만 유가적 이상과 의지를 견지한 자신에 대한 자부심을 드러내고 있다. 조선 시대의 유자들은 두보의 시를 무척 좋아했다.[52] 『두시언해』에는 이 구절에 "부유는 진부한 견해를 지키고 시의에 통달하지 못한 것을 말한다."[53]라는 주석을 달았다. 이러한 주석은 자신을 돌아보는 두보의 상념보다 더 강하게 부유를 시대에 뒤떨어진 사람으로 해석한 것이라고 할 수 있다.

『두시언해』는 '부유'를 직역의 방식으로 설명하였지만, 그보다 '부유'의 은유적 표현이 널리 사용되었다. 고려 말의 문신으로 성리학의 토대를 구축한 이색은 혼란한 시대에도 희망을 잃지 않고 꿋꿋하게 살아가는 자신의 모습을 '부유'로 표현했다. "적적한 삼한 땅에서 떠나지 못하는 한 부유 …… 소란스런 이 땅이 필경 요순의 나라가 될지 누가 알겠는가."[54] 정약용 또한 유배지의 쓸쓸함을 이겨가면서 다음과 같이 자신의 심경을 토로하였다. "세상 살아가는 길이 아무리 좁더라도 부유 한 사람은 용납하겠지. 만약 서로 용서하지 않는다면 이 또한 즐겨야 할 운명이로다."[55] 이들은 모두 시대를 대표하는 뛰어난 학자였지만, 혼돈의 시대에 태어나 정치 투쟁의 소용돌이 속

---

51 이영주 외, 『두보 근체시 명편』(서울대학교출판문화원, 2018), 90쪽. "江漢思歸客, 乾坤一腐儒."

52 이황의 제자인 조목이 제자들에게 직접 쓰게 한 필사본『두시언해』(한국국학진흥원 소장)는 조선 시대 유생들이 두보의 시를 열심히 공부했다는 것을 여실히 보여주는 자료라 할 수 있다.

53 임홍빈 외 역주, 『역주 분류두공부시언해』, 권3(하)(세종대왕기념사업회, 2017), 46쪽. "腐儒는 言但守陳腐之見이오 不達時宜也라."

54 『牧隱集』, 「牧隱詩藁」, 卷27, 「詩·寂寂」. 이하 한국 문집의 인용과 번역은 한국고전번역원 웹사이트에 의거하며, 번역은 필자가 적절히 수정함.

55 『與猶堂全書』, 「茶山詩文集」, 第2卷, 「詩·擬古二首」.

에서 유배의 경험을 겪은 불우한 지식인이었다. 그들은 영달하지 못한 자신의 우울한 모습을 '부유'에 비유하면서도 유학적 세계의 구현를 꿈꾸었던 것이다.

한국의 유생들은 종종 자신을 낮추는 겸양의 표현으로 자신을 '부유'라고 칭하였다. 고려 말이나 조선시대의 상소문에는 '신은 부유입니다만'이라고 시작하는 문구가 의례적으로 사용되었다.[56] 이러한 표현은 '부유'의 은유적 표현이 확장되어 자신을 '어리석은 학자'로 낮추는 겸양어의 용법이라 할 수 있다. 장구만 풀이할 줄 아는 썩은 유생이라는 의미를 담은 '장구부유章句腐儒'라는 표현 또한 이러한 겸양어의 일종이었다. 프랑스가 강화도를 침략한 병인양요가 발생하자 이항로는 "신은 본래 장구만 풀이할 줄 아는 부유로서 경세제민에 관한 방도가 없습니다만"[57]으로 시작하는 상소문을 올리면서 화친을 거부하고 끝까지 싸울 것을 주장하였다. '장구부유'는 겸양어로 사용되었지만, 동시에 유학에 대한 이해 부족을 비판하는 의미로 사용되기도 하였다. 정약용은 정전법에 관한 정현鄭玄의 주장을 비판하면서 "세금을 내는 백성은 왜 괴롭게 일해야 하고, 도랑을 정리하는 백성은 왜 편안하게 일해야 하는가? 세상에 이런 법이 있을 수 없다. 장구에만 얽매인 부유의 생각이 상홍양桑弘羊에게 비판을 받게 된 것은 당연하지 않은가?"[58]라고 말했다.

유학에서 이상과 현실은 언제나 긴장 관계에 놓여 있었고, 도의를 중시하는 의리학義理學과 실리를 중시하는 사공학事功學은 유학의 도를 구현하는

---

56 이제현은 충숙왕 15년(1328)에 간행된 『밀교대장』 130권에 서문을 쓰면서 "신은 腐儒로서 (밀교대장을 간행하는) 취지를 드러내기에 부족합니다."(『益齋亂藁』, 第5卷, 「金書密敎大藏序」라고 했다. 이이는 병조판서로 있을 때 "신은 본래 腐儒로서 외람되이 兵官의 자리를 차지해 밤낮으로 애태우며 생각한 나머지 감히 어리석은 의견을 드리되 그 대략만을 말씀드리고 그간의 곡절은 반드시 직접 뵙고 상세히 아뢰겠습니다."(『宣祖實錄』, 卷17, 宣祖 16年 2月 15日)라고 했다.

57 『華西先生文集』, 卷3, 「疏箚」, 「辭同副承旨兼陳所懷疏」.

58 『與猶堂全書』, 第5集, 『經世遺表』, 卷5, 「井田論三」.

방법론상의 차이로 인해 때때로 충돌하였다. 도의를 먼저 구현하면 경세와 민생이 가능하다는 주장과 실리와 민생이 이루어진 곳에 도의가 있다는 주장의 차이였지만, 도학파는 "도리를 밝히고 이익을 꾀하지 않는다."(『한서』, 「동중서전」)는 동중서의 명제로 사공학을 비판하였다. 그렇지만 17, 18세기 조선의 현실을 목도했던 이익은 의리와 사공을 함께 실현해야 '부유'가 되지 않을 것이라고 주장했다.[59]

　이익은 유학의 경전을 공부하면서도 실속 없는 공론에 빠지지 않고 세상일을 처리할 수 있는 것을 참된 학문, 즉 실학實學이라고 불렀다. 그리고 "『시경』을 다 외우더라도 정치를 맡아 제대로 해내지 못하고 외국에 사신으로 가서 혼자서 일을 처리하지 못한다면, 『시경』을 아무리 공부해도 무슨 쓸모가 있겠는가?"(『논어』, 「자로」)라고 한 공자의 언설은 이익이 실용을 중시하는 공부론을 제기하는 데 주요한 논거가 되었다.[60] 유학의 경전을 탐구하는 것은 결국 천하의 모든 일에 유용하기 위한 것으로, 즉 궁경치용窮經致用이었다.[61] 임진왜란과 병자호란을 거치면서 조선은 위기에 봉착했고, 이러한 위기를 해결할 수 있는 새로운 철학이 요청되었다.

　동아시아의 유학사에서 중국의 명말 교체기, 17~18세기의 조선, 그리고 일본의 도쿠가와 막부는 유학에 대한 재성찰을 요청하는 시대였다. 즉, "송학이 심법心法의 차원에서 유학의 본지를 밝힌 것이 도리어 사공事功의 성취를 어렵게 하는 원인이 되었다고 반성하면서, 사공의 성취로 나아가게 하는 새로운 심성 개념을 세우고자 하는 것은 이 시기 동아시아 학자들이 공유하

---

59 『星湖僿說』, 卷10, 「人事門·恭儉」.
60 『星湖全集』, 卷37, 「書·答秉休 甲戌」.
61 『星湖僿說』, 卷20, 「經史門·誦詩」. "窮經將以致用也, 說經而不措扵天下萬事, 是徒能讀耳." 『논어집주』, 「자로」에는 궁경치용에 관한 程子의 말이 인용되어 있다. "程子曰, 窮經將以致用也. 世之誦詩者, 果能從政而專對乎. 然則其所學者, 章句之末耳, 此學者之大患也."

는 한 지평"이었고, "경세經世를 위한 경학經學의 재구성"이 시도된 시대였다.[62] 유학적 도덕정치의 구현을 최고의 이상으로 삼고 있었지만, 국내외로 동요하는 시대적 조건 속에서 실용과 공리, 즉 사공의 필요성이 강조되기 시작했다. 18세기의 조선에서 이익은 경세와 사공을 강조하는 실학을 강조했다. 19세기에 이르러 정약용, 박제가 등은 '이용후생利用厚生'을 통해 "학문의 구체성과 공리성을 더욱 강조하였고 이는 실용 학문, 문물 교류에 대한 통념적 패러다임을 바꾸는 수준으로 나아갔다."[63] 동아시아 사회가 서양과 본격적으로 만나기 이전에 유학의 내적 전개 과정 속에서 경세와 실용이 호출된 것이다.

2) 근대 한국의 유생과 부유

'유학은 실용을 강조하는 학문이고 서양의 학문은 실용과 과학을 강조하는 학문이다.'라는 주장이 타당하다면, 유학적 사유에 충실한 지식인은 서양 학문을 배척하지 않을 것이다. 실제로 이러한 논리에서 적지 않은 유생들이 19세기 말 이래로 서양에서 기원한 신문물과 신학문을 수용하고자 했다. 이와 달리 유학은 실용성과 도덕원칙을 겸하고 있고 서학은 실용성만을 갖추고 있다고 주장한다면, 유생은 서학을 거부할 것이다. 실제로 위정척사를 주장했던 유생들은 이러한 관점에서 서양을 거부했다. 반대로 유학은 도덕원칙만 제시하고 실용성이 없다라고 주장한다면, 서학 옹호자는 유학을 거부할 것이다.

개화파의 등장은 개화를 위한 주장과 유학적 이념 사이의 갈등을 예고하

---

62 이봉규, 「명청교체기 사상변동으로부터 본 다산학의 성격」, 『다산학』 25(다산학술문화재단, 2014), 175쪽.
63 이경구, 「조선 시대 실학 용법에 대한 거시적 일고찰」, 『개념과 소통』 26(한림대학교 한림과학원, 2020), 123쪽.

는 사건이었다. 유학의 토대 위에서 개화를 추구하고자 했던 김윤식은 갑신정변 직전에 개화와 유학의 대립적 관계를 다음과 같이 일기에 적었다.

> 민영익과 홍영식이 미국으로 출장을 떠났다가 귀국하였다. 홍영식은 본래 재주가 뛰어났으며, 또한 향학열과 선善을 좋아하는 마음이 있어 사람들이 모두 장래를 기대하였다. 그가 미국으로 출장을 떠날 때, 그의 아버지 홍순목 대감이 이질로 위급했는데, 영식이 이를 아랑곳 하지 않고 떠나자 사람들이 괴이하게 생각했다. 그는 귀국하여 서양 제도를 심히 흠모하여 중국을 멸시하고, 또한 공자와 맹자가 말한 윤상倫常의 도리를 배척하면서 방자하고 거리낌 없이 행동했다. 그래서 그가 이미 이상한 부류가 되었다는 것을 알았다. 김옥균, 박영효, 서광범 등이 일본을 다녀와서는 일본을 흠모하여 동양의 영국이라 하면서 일마다 부러워하였고, 홍영식과 함께 중화를 배척하고 서양을 존중하는 주장을 펼치면서 말끝마다 자주를 주장했다.[64]

조선시대의 관료와 지식인에게 일본과 미국이 상상의 대상에서 현실의 경험으로 다가오기 시작했다. 중국을 중심으로 하는 동아시아의 화이론적 질서 속에서 일본은 유학자들에게 사유의 대상이 아니었다. 그동안 경험 세계 밖에 놓여 있었던 미국은 오랑캐(夷)로 인식되었으며, 혹은 우세한 군사력으로 동아시아로 진격해 오는 경계해야 할 서양으로 파악되었다. 개화파로 불리는 사람들의 행동과 사고는 이전의 유학자들과는 달랐다. 김윤식을 비롯한 유자들은 부친의 병환에도 불구하고 외국으로 떠나는 홍영식의 행동에 의아한 마음을 품지 않을 수 없었다. 뿐만 아니라 중화를 배척하며 일본을 흠모하고 미국과 영국을 모범으로 생각하는 그들의 사유는 동아시아의 기존 문법과 체제를 근본적으로 뒤흔들어 놓는 것이었다.

김윤식은 중국에 파견하는 유학생단을 인솔하는 책임을 맡았고, 청나라

---

64 金允植,『續陰晴史』,「追補陰晴史」, 565~566쪽.

에 머물면서 미국과 수호조약을 맺기 위해 청나라와 교섭하는 일도 맡았다. 1880년대 초반은 조선이 개화를 향해 매진하고자 했던 시대였다. 그는 김옥균, 홍영식, 서광범, 박영효 등과 함께 박규수 밑에서 공부하였으며, 서양과 외교 관계를 맺고 외국의 기술을 습득하자는 개화론의 주장에 동조했다. 그렇지만 중국을 부정하면서 일본을 모범으로 삼고, 유학을 비판하면서 서학을 중시하는 개화파의 행동을 받아들이기는 어려웠다.[65] 개화파의 분열은 정책을 둘러싼 갈등이지만, 유학에 대한 평가와도 밀접하게 연관되어 있었다. 개화파 내부에서는 도학의 의리정신에 투철하고자 위정척사를 주장했던 유생들에 대해 쓸모없는 썩은 선비라는 비난이 새어 나오기 시작했다. 김옥균을 비롯한 개화파 인사들은 유학을 멸시했고, 위정척사의 견지에 볼 때 개화파는 "도학을 부유의 무용지물로 보고, 시류를 쫓는 속물을 재능과 지식이 뛰어나 쓸모 있는 사람으로 여겼다."[66]

『조선책략』으로 야기된 위정척사운동은 유학의 이상을 수호하기 위해 외국과의 화해를 거부한 것이었으며, 한편으로는 개화를 빙자하여 유학을 무용지물로 멸시하는 시류에 대한 비판이었다. 그러나 고종은 이미 개화의 방향으로 돌아서 있었다. 1882년 8월 고종은 일본, 미국과의 외교 관계가 수립된 이상 이미 의미가 없어진 척양斥洋을 주장하는 비碑를 철거하라는 명령을 내렸다. 외국에 문호를 개방하겠다는 고종의 정책은 강상윤리를 지키면서 서양의 우수한 기술을 수용하겠다는 동도서기론의 방식이었다. 동서양을 이분법적으로 구별하여 동양의 도道를 수호하고 서양의 기器를 수용하자는 논의는 유학의 본질적 가치를 훼손하지 않는다는 조건을 제시하면서 유

---

65 金允植, 『續陰晴史』 卷5, 1881년 2월 17일, 156쪽. 김윤식은 갑신정변의 주역들에 대해 "그들은 유럽을 대단히 존숭하며 요순을 천시하고 공맹을 폄하하여 彝倫의 도를 야만이라 하면서 유럽의 도로써 바꾸고자 하여 늘상 개화라고 말한다. 이것은 천리를 절멸시키고 본말을 전도시키는 것이라 할 수 있다."라고 비판했다.
66 『高宗實錄』, 卷18, 高宗 18年(1881) 閏 7月 6日.

생들에게 서학 수용을 설득하는 타협적인 논리로서 작동할 수 있었다.

동도서기론이 성공적으로 전개되기 위해서는 동도의 수호와 서기의 수용이 동시에 성립할 수 있다는 보증이 요청되었다. 동도를 옹호하는 자에게는 서기의 수용이 동도의 수호를 보증할 수 있어야 했고, 서기를 옹호하는 자에게는 동도의 유지가 서기의 수용에 방해가 되지 않아야 한다는 보증이 필요했다. 위정척사론자는 유학을 멸시하는 개화파의 거친 행동을 목도하면서 서기의 수용이 동도 유지를 보증한다는 믿음을 가지기 어려웠다. 역으로 개화론자는 위정척사파의 완고한 행동을 경험하면서 동도의 수호가 서양을 모범으로 삼아 제도적 개혁을 시도하자는 개화론에 장애가 된다고 생각했다.

갑신정변 이후 조선은 유학의 가치를 수호하는 쪽보다는 서양을 본받아 새로운 제도를 도입하는 쪽으로 선회했다. 갑오개혁의 일환으로 과거제가 폐지되었다. 관리 선발을 위한 새로운 제도에 따르면, 보통시험의 과목은 "국문, 한문, 글쓰기, 산술, 국내 정사, 외국 사정, 국내 사정, 외무 관계 문제"[67]였다. 고종은 교육이란 "허명과 실용의 분별을 먼저 세워야 할 것이다."[68]라고 전제하면서 덕체지德體智라는 근대적 교육이념을 제창하였고, 근대식 교육을 담당하는 소학교를 설치하라는 명령을 고시하였다.[69] 소학교 설치령은 개화파의 정치적 이념을 담고 있었으며, 국민국가를 형성하기 위한 애국심 교육, 그리고 부강을 꾀하는 기술 교육을 목표로 하였다. 오륜행실이나 소학과 같은 유학 교육을 선두에 내세우고 있지만, 실제로는 이전의 서당 교육에서는 볼 수 없었던 새로운 교과가 중시되었다. 유학의 이상보다는 시의적절하고 실용적인 교육이 개화라는 이름으로 새롭게 등장했다. 과거제가 폐지되면서 새로운 관료 선발제도가 시행되고, 서원과 서당 교육을

---

67 『高宗實錄』, 卷32, 高宗 31年(1894) 7月 12日.
68 『高宗實錄』, 卷33, 高宗 32年(1895) 2月 2日.
69 『高宗實錄』, 卷33, 高宗 32年(1895) 2月 2日, 9月 28日.

대신하는 근대적 학제의 형태를 지닌 소학교가 등장하면서, 유학을 지탱해 온 사회적 정치적 토대는 거의 무너져 버렸다.

갑신정변 실패 후 미국으로 망명한 서재필은 10년 만에 미국인 신분으로 귀국하여 『독립신문』을 창간했다. 그는 한글로 된 최초의 신문을 통해 "사서 삼경을 읽어가지고는 이 세계에는 무용지인이 될 터"[70]라고 하면서 유학을 통째로 비판했다. 나아가 공자교를 받들고 있는 청국과 조선은 부강한 나라가 아니고 반半-개화의 나라로 분류되었다.[71] 청일전쟁에서 청국이 일본에 패배한 이후로 동아시아의 판도는 서양의 문명론으로 재편되었고, 청국은 중화의 문명이 아니라 아편이 성행하는 "야만"의 나라로 평가되었다.[72] 중국에 대한 표상이 바뀌면서 중국에서 기원한 한문, 유학, 공자는 문명에서 야만으로, 반-개화의 상징으로 전락하게 되었다.[73] 동아시아에서 일본의 패권적 지위가 점차 강해지면서 일본의 문명개화론이 시대적 과제로 부각되었고, 유학은 자신의 존립 근거를 찾지 않을 수 없었다.

일본은 을사늑약을 강요하여 외교권을 박탈하고 국정 전반을 장악하는 통감부를 설치하였다. 대한제국은 주권을 상실하고 일본의 보호국으로 전락하게 되었다. 국권을 회복하기 위해 조약의 무효를 주장하고 조약에 서명한 책임자들을 규탄하는 운동이 전국적으로 일어났다. 최익현을 비롯한 많은 유생들은 의병을 일으켜 무력 투쟁에 나섰다. 유림들은 민비시해사건으로 인해 발생했던 을미년의 의병운동에 이어 또다시 혼돈의 소용돌이 속으로 빠지게 되었다. 망국의 위기에서 유생이 가야할 길에 대해 류인석은 의

---

70 「논설」, 『독립신문』 1896년 12월 22일자.
71 「논설」, 『독립신문』 1897년 1월 26일자.
72 「논설」, 『독립신문』 1899년 1월 26일자.
73 양일모·홍영두, 「근대 계몽기의 윤리관과 전통 지식인」, 『철학연구』 106(대한철학회, 2008), 175쪽.

병을 일으키거나, 나라를 떠나거나, 자결하는 3가지 선택이 있을 뿐이라고 주장하였다. 즉 그는 유생이 유학의 이념을 지키기 위해서 해야 할 행동으로 의병(擧義掃淸), 피신(去之守舊), 자결(自靖遂志)을 들어 '처변삼사處變三事'라 지칭하였다.[74] 이 세 가지 방법에 우열은 따로 있는 것이 아니라 각자 자신의 상황과 처지에 따라 행동하는 것으로 다 같이 유학의 최고 이념인 인仁을 구현하는 방식이었다.

외국과의 통상을 반대하고 특히 일본의 침략 행위에 분개하던 당시의 유생들은 목숨보다 고귀한 의리를 지키기 위해 의병으로 일어났다. 의병이 창끝을 겨눈 당시의 집권 세력, 그리고 침략 의도를 숨기고 돌진하는 일본의 관료들은 그들을 두려워하면서 숭고하게 투쟁하는 유생에 대해 부유라는 이미지로 각색하고자 했다. 일본이 식민지 통치를 위해 마련한 정책 문서에서는 유학에서 정치와 도덕을 분리하여 유학을 도덕의 영역으로 축소하고자 했다.[75] 유학에 대한 이러한 해석에 의거하여 통감부는 도의를 지키고 국권을 회복하기 위해 붓 대신에 총칼을 들고 분연히 일어선 유림에 대해 장구나 암송하는 부유腐儒로 규정하였다. 과거시험은 부유를 양성하는 제도라는 비판을 받았고, 유학은 실용성이 결여되었다고 평가되었다. 결국 문명에서 뒤진 조선, 가난한 조선이라는 오리엔털리즘적인 해석이 가미되고, 그 원인으로 유학의 타성이 지목된 것이다. 통감부의 교육정책은 근대라는 무기로 유학을 왜곡하고, 이념과 국가를 위해 목숨까지 바치는 유생에 대해 시대에 뒤처지고 무용한 부유로 각색하여 제거하고자 하였다.

---

74 『毅菴先生文集』, 卷27, 「雜著」乙未十一月.
75 『儒學卜科學』, 「儒學卜現時ノ教育卜ノ關係」, 渡部學・阿部洋 編, 『日本植民地教育政策史料集成(朝鮮編)』, 第63卷, 1991.

4. 생산하는 유학을 위하여

1) 유학과 근대문명

갑신정변의 주역들은 대체로 유학에 비판적이었고, 그들은 유학의 가르침이 자신들의 개혁론에 도움이 되지 않고 심지어 방해가 된다고 생각했다. 그렇지만 갑신정변에 직접 참여했던 인사들이 모두 유학에 대해 비판적인 견해를 가졌던 것은 아니다. 유학과 서양문명을 대립적으로 파악하여 어느 한 쪽을 주장할 수도 있지만, 유학의 문명론을 토대로 근대문명을 구축할 수 있다는 주장도 제기되었다. 철종의 사위로서 조선왕조의 귀족이면서도 갑신년 정변을 주도했던 박영효는 유학을 토대로 새로운 세계를 구상하고자 했다.

> 근세에 이르러 교화가 무너지고 풍속이 나빠져 사람들은 격물치지格物致知의 본뜻을 모르고 다만 화려한 문화文華만 갖고 놀면서 경전에서 장구章句나 찾는 것을 중시하고 있습니다. 사서삼경과 제자백가서를 읽고 문장만 지을 수 있다면, 어리석은 부유腐儒라도 대학사大學士라 불리고 상대부上大夫의 반열에 들어가서 백성과 나라를 그르치게 됩니다. 이야말로 아시아 여러 나라가 쇠퇴하게 된 근본적 이유입니다. 말단을 버리고 근본을 취해서 격물궁리 공부로부터 평천하平天下의 학술로 나아가게 되면, 이는 지금 유럽과 미국에서 성행하는 학문과 동등한 것입니다. 그러나 대대로 물려받은 도道가 더 이상 전해지지 않고 격물궁리가 무엇인지도 모르니 무엇을 가르치고 무엇을 배우겠습니까? 그러므로 어리석은 신臣은 다음과 같이 생각합니다. 동양과 서양을 구별하지 말고 실용實用을 앞세우고 문화文華를 뒤로 해야 합니다. 실용은 귤과 같고 문화는 향기와 같습니다. 향기가 귤로부터 나오는 것이지 어찌 귤이 향기로부터 나오겠습니까? 그러므로 열매(實)를 버리고 꽃(華)를 취한다면, 격물궁리와 수신치국의 학문이 일시에 무너지고 부화한 풍조에 이르게 됩니다.[76]

---

76 林泳孝, 「朝鮮国内政ニ関スル朴詠孝建白書」, 日本外交文書デジタルアーカイブ第

갑신정변의 실패로 일본에 망명한 이후에 박영효는 고종에게 올리는 「건백서」(1888)를 통해 유학의 가치와 서양의 문명을 함께 추구하는 것이 가능하다는 방안을 제시했다. 그는 아시아가 쇠퇴한 원인이 부유, 즉 경전만 외우거나 장구章句만 지을 줄 아는 경박한 유학자에게 있다고 파악했다.[77] 낡은 유학자, 부유야말로 아시아, 그리고 조선의 쇠퇴에 책임이 있다는 것이다. 그는 유학이 아시아가 퇴보한 하나의 원인이 된다고 파악하였지만, 유학 그 자체를 비판한 것은 아니었다. 오히려 그는 유학의 본질을 이해하지 못한 잘못된 유학자를 비판했다. 유학의 가르침이야말로 실용을 강조하는 학문이라고 보았고, 격물치지에서 치국평천하에 이르는 『대학』의 가르침은 유학이 실용적이라는 논거가 될 수 있다고 하였다. 아울러 서양의 학문을 수용하는 근거 또한 서양의 학문이 실용적이기 때문이라고 주장했다. 다만 남은 문제는 조선에서 실용을 강조하는 유학의 이념을 가르치는 맥이 끊어졌다는 것이다.

개화파 지식인들에게 메이지유신을 통한 일본의 근대국가 건설의 경험은 한국의 근대를 위한 하나의 모델이었다. 박영효의 주장이 일본 사상계의 영향을 받았다는 것은 기존의 연구에서 이미 지적되고 있다. 그렇지만 메이지유신 초기 일본의 적지 않은 지식인들이 유학을 비판했지만, 박영효는 근대 문명의 건설에 유학의 정신이 필요하다고 주장하였다. 그는 자유, 평등 등 근대적 언어를 활용하면서도 인의예지와 예의염치와 같은 유학의 언어를 사용하고 있으며, 유럽과 미국의 앞선 문명을 말하면서 아시아에도 고대에는 문명이 있었다는 점을 확인하고자 했다. 그는 유학의 맥이 끊어진 현

21卷(日本外務省, 1888), 306~307쪽;「朝鮮國內政に關する朴泳孝建白書」,『日本外交文書』, 295쪽. 이하 한국어 번역은 김갑천,「박영효의 건백서-내정개혁에 대한 1888년의 상소문」,『한국정치연구』2(한국정치연구소, 1990)를 참조하여 필자가 적절히 수정하였음.
77 朴泳孝, 위의 글, 306~307쪽.

실의 조선을 비판하고 서양을 수용의 대상으로 사유하기 위해서 서양의 문명과 유학의 문명론을 함께 활용하고자 했다.[78] 아시아는 유교, 불교, 예수교 및 이슬람의 교조가 탄생한 고대의 문명지였지만, 정치가의 잘못으로 현재 서양보다 낙후된 곳이 되었다고 해석한 것이다.[79]

한국의 개화파와 긴밀하게 관련을 맺었던 후쿠자와 유키치(福澤諭吉)는 당시 일본의 한학漢學을 무용한 학문이라 비판했고, "한 걸음 더 나아가 부유腐儒의 부설腐說을 일소해버리겠다고 젊은 시절부터 결심하였다."[80]고 자신의 거친 야망을 회상했다. 일본의 근대화 노선에서 한학, 그중에서도 유학, 그리고 부유는 청산되어야 할 구시대의 유물로 간주되었다. 박영효는 후쿠자와 유키치의 저서에 대한 독해를 바탕으로 천부인권론, 종교의 자유 등 근대적 가치를 주장하였지만, 근대적 기획과 유학이 같이 갈 수 있다고 주장하는 점에서는 후쿠자와 유키치와는 견해를 달리했다. 오히려 유럽이나 미국과 같은 문명국가에서 기독교가 성행하고 있다는 사례를 통해, 그는 종교로서의 유학이 근대국가 건설 과정에 필요함을 역설했다. 지금 조선에서 유학과 불교가 모두 쇠퇴하였지만, 그는 "유교를 다시 살려 문덕文德을 닦게 하면, 국가의 형세도 이에 따라 다시 융성하게 될 것을 기약할 수 있다."[81]라고 내다보았다.

시대는 점점 더 빨리 변해갔다. 서양에서 전해진 서학은 새로운 시대를 기획하는 신학新學으로 불리고 조선시대를 지탱해 왔던 유학은 낡은 학문이라는 의미에서 구학으로 불리기 시작했다. 1906년 2월 『대한매일신보』에는

---

78 양일모, 「19세기 말 한국의 유교적 문명론과 정치」, 강중기 외, 『서양 정치사상과 유교 지평의 확장』(동과서, 2017), 204쪽.
79 朴泳孝, 앞의 글, 297쪽.
80 후쿠자와 유키치(허호 역), 『후쿠자와 유키치 자서전』(이산, 2006), 240쪽.
81 朴泳孝, 앞의 글, 307쪽.

7회에 걸쳐 「신학을 널리 학습하여 구학을 보충하자는 설」이 연재되기 시작했다.[82] 이글은 미국인 선교사 길버트 리드(Gilbert Reid, 중국 이름은 李佳白)가 상하이에서 간행되던 『만국공보』에 실은 글을 번역한 것이다. 이 번역문은 서우학회의 기관지 『서우』(제3호, 1907년 2월 1일)에도 게재되었을 만큼 한국의 지식인들에게 관심을 끌었다.[83] 리드의 주장은 중국과 서양의 고대에는 모두 실용적인 학문의 전통이 있었지만 중국은 진시황의 분서갱유와 한무제의 파출백가罷黜百家로 인해 실학이 상실되었고, 서양에서는 명말청초에 중국에 온 선교사들이 전해준 천문역법 등에서 알 수 있듯이 그 전통이 지금까지 이어져 왔다는 것이다. 그러므로 중국은 서양의 학문, 즉 신학의 학습을 통해 구학의 전통을 회복해야 하며, 신식 학당을 설립해야 한다는 것이었다.

리드는 17세기 무렵 중국에서 서학 수용을 위해 통용되었던 서학중원설西學中源說, 즉 서양의 학문은 본래 중국의 학문에서 기원했다는 주장을 다시 소환했다. 서학중원설은 불교를 수용하던 시기에 노자가 함곡관을 넘어가 석가모니가 되었다는 노자화호설老子化胡說을 고안했던 것과 같이 중국이 외부의 문화를 수용할 때의 문화심리를 반영하는 담론이었다. 명청교체기에도 황종희, 방이지 등의 한족의 사대부, 그리고 강희제도 이러한 논리를 통해 서학 수용의 정당성을 확보하고자 했다. 청말에 이르러서도 왕타오(王韜)와 정관잉(鄭觀應) 등의 양무운동가, 그리고 탄스통(譚嗣同)과 량치차오 등

---

82 『대한매일신보』 1906년 2월 10일~3월 13일.
83 李佳白, 「中國宜廣新學以輔舊學說」, 『萬國公報』(제102冊, 1897년 7월). 『대한매일신보』에는 번역자가 없고, 『서우』에는 「박은식 역술」로 되어 있다. 박은식이 1906년에 『대한매일신보』 주필로 있었고, 두 번역이 유사한 점 등을 고려하면 『대한매일신보』의 번역자를 박은식으로 추정할 수 있을 것이다. 이병헌은 『대한매일신보』에서 이 글을 극찬하는 「미국 진사 리드씨의 신구학설을 읽고(題美國進仕李佳伯氏新舊學說後)」를 썼다. 노관범, 『껍데기는 가라』(푸른역사, 2022), 172~180쪽.

의 변법파에 의해 서학중원설이 다시 주장되었다.[84] 물론 리드가 서양의 실용적 학술이 중국에서 기원했다고 주장한 것은 아니다. 중국과 서양은 각각 다른 계통이지만 실리를 추구하는 학문이 고대에 각각 성행했다는 점에서 공통점이 있었고, 중국에서는 이러한 유산이 상실되었고 서양에서는 계속해서 발전되어 왔다는 동원이파同源異波를 주장하였다.

리드의 주장은 신학과 구학을 차별하는 것이 아니라 서양에서 이어져 온 "실학은 본래 동서 두 세계의 공리이며 만국이 같이 배워야 할 것"[85]이라는 점에서 동서양의 보편적 가치를 발견하는 것이었다. 그렇지만 중국과 서양이라는 지역적으로 정의된 학문의 구별이 공간적 구별을 넘어 신구新舊라는 시간적 의미에서 해석되면서, 신구의 구분은 신학이 앞서고 구학은 뒤서다라고 하는 우열의 관계로 해석되기 시작했다. 따라서 20세기 초 한국에서 신학과 구학을 둘러싼 논의는 보편적 가치를 추구하는 측면보다는 양자의 차이를 확인하는 방향으로 나아갔다. 특히 1905년 망국의 위기가 다가오는 시점에서는 신학과 구학의 장점을 살리고자 하는 절충론이 제시되고, 유학 내에서도 서양의 신학에 상응할 수 있는 새로움을 찾고자 하는 유교구신론儒敎求新論을 비롯한 다양한 의견이 주장되었다. 절충론과 개혁론은 결국 신학의 수용을 의미했다. 결국은 적지 않은 유자들이 신학으로 기울어졌으며, 1910년을 전후하여 한국에서는 "신학이 완전히 학계를 장악"[86]하는 상황이 도래하였다.

신학이 사상계를 좌우하면서 유학에 대한 비판이 심화되었고, 특히 부유腐儒는 만악의 근원으로 지탄받는 지경에 이르렀다. 이윽고 유림의 영역

---

84 신승하·유장근·장의식, 『19세기 중국사회』(신서원, 2000), 79~86쪽.
85 李佳白, 앞의 글.
86 이광린, 「구한말 신학과 구학과의 논쟁」, 『동방학지』 23·24(연세대학교 국학연구원, 1980), 16쪽.

에서 부유를 축출하기 위해 부유와 부유가 아닌 것, 즉 불부유不腐儒에 대한 도식적 논의가 전개되었다. 김갑순은 '국가사상'이라는 근대적 언어를 사용하면서 "부유의 성질을 버리고 어서 문명의 새 공기를 흡입"[87]할 것을 주창했다. 이 글에서 부유는 편벽파偏僻派, 미혹파迷惑派, 유예파猶豫派, 절망파絶望派로 세분되어, 척결해야 할 대상으로 배제되었다. 유학에 대한 비판이 거세어지면서『대한매일신보』의「논설」에서는 학교 설립과 신학 공부를 통한 '유림의 각성'을 주장하였다.[88] 한편 한국의 쇠망이 유교에 대한 신앙 때문이라는 주장도 새어나오기 시작했다. 이에 대해 국가의 쇠망은 유교 때문이 아니라 "유교의 진의眞義"[89]를 이해하지 못했기 때문이라는 반론도 제기되었다. 부유라는 비판에서 벗어나 유학의 본질을 찾는 것이 곧 근대한국의 유학이 떠맡아야 할 시대적 책임이 되었다. 아울러 유학이 진의를 발견하고 자신의 본질을 회복한다면 어떤 문명의 건설을 구사하고 기획할 수 있을까 하는 문제에 대한 해답도 요청되었다.

2) 21세기 문제와 한국의 유학

20세기 한국의 유학은 동아시아의 근대화라는 흐름 속에서 빚어진 곤경에서 벗어나기 위해 다양한 방식으로 대응을 모색하였다. 한국이 식민지로 전락하기 전부터 이미 망국의 원인으로 유교가 지목되었다. 신기선은 "세계에서 가장 가난하고 나약하며 가장 기력이 없고 신의가 없는 나라가 되어 오늘날 이 지경에 이르렀는데, 오늘날 사람들이 나라를 망친 것은 지금 사람들 때문이라고 비난하지만, 지금 사람들이 무슨 죄가 있는가? 그 원인

---

87 金甲淳,「腐儒」,『大韓協會會報』 4호, 1908년 7월 25일자.
88 「논설·유림 각성의 機」,『대한매일신보』 1908년 9월 25일자.
89 「논설·유림계에 대한 一論」,『대한매일신보』 1909년 2월 28일자.

을 따져보면 병자년 이래 수백 년간 유자들이 도를 실현하는 데 실패했기 때문이다."[90]라고 주장하였다. 『황성신문』은 즉각 이러한 유교망국론에 대해 "설령 이전 사람들의 잘못이 있다 할지라도 지금 사람들이 그 잘못을 고치고 뒤처리를 잘해서 사업을 새롭게 하고 공명을 새롭게 하였다면 오늘날 국가가 어찌 여기에까지 이르겠는가?"[91]라고 반론을 제기했다. 국가의 멸망에 유학이라는 문화적 사상적 요인이 어느 정도 연관되어 있을 수 있다. 그렇지만, 조선이 유학을 토대로 구성된 사회였다고 하더라도 조선 멸망의 원인을 유학이라는 단일 원인으로 귀착시키는 것은 지나친 일반화의 오류이다.[92] 그럼에도 불구하고 유학과 망국의 문제는 20세기 한국유학의 사상적 과제로 제기되었다.

유학에 대한 전면적 비판에 대응하는 방법 중 하나는 유학 내에서 참과 거짓을 구분하여 거짓은 버리고 참을 보존하는 것이다. 유학에 대한 오해 혹은 미숙을 탓하기 위한 경구로서 사용된 부유腐儒가 1910년대에 망국론의 책임자로서 또다시 소환되었다. 장지연은 "노나라가 영토를 침탈당한 것은 진유眞儒를 등용하지 않았기 때문이다. 만일 진유를 등용한다면 천하무적이 될 것이다."[93]라고 대답했고, 유학자가 공리공담에 빠져 현실에 무능하다고 비판하는 것에 대해서는 "부유와 속사俗士의 행동을 보고 도학자로 오인한 것이다."[94]라고 대응했다. 박은식의 유교구신론 또한 유교 내의 잘못된 부분을 도려내고 본래의 유학으로 되돌아가야 할 것을 주장한 것이다. 그가 제왕중심, 소극적 자세, 번쇄한 공부를 유교계에 현존하는 3대 문제로 제시

90 신기선, 「道學源流 續」, 『대동학회월보』 제2호, 1908년 3월 25일.
91 「論說·道學源流辨」, 『皇城新聞』 1908년 4월 4일자.
92 양일모, 「군자와 시민 – 이황직, 『군자들의 행진: 유교인의 건국운동과민주화운동』, 『개념과 소통』 20(한림대학교 한림과학원, 2017), 336~337쪽.
93 장지연, 「儒教者辨」, 『每日申報』 1917년 12월 12일자.
94 장지연(嵩陽山人), 「漫筆語(四一)」, 『매일신보』 1918년 5월 20일자.

하면서 대동과 민본주의, 구세주의, 그리고 간이한 공부 방식을 취하는 양명학으로 나아가자고 호소한 것은 루터의 종교개혁처럼 유교 내부에서 유교의 개혁을 시도한 것이다.[95]

박은식의 유교구신론은 유학에 대한 철학적 재해석의 과정이었고 또한 유학의 종교적 해석이었었다. 1909년 8월 그는 장지연 등과 함께 대동교大同教를 창시하여 유학의 종교화에 박차를 가하였다. 중국에서 유학의 종교화 운동은 1912년 상하이에 공교회孔教會가 설립되면서 현실적으로 전개되었지만, 캉유웨이는 1895년 강학회를 조직하여 변법을 주장할 때부터 유학에 대한 종교적 해석을 제기하였다. 그는 서양에서 기독교가 서양사회를 이끌어가는 원동력으로 작동하고 있다고 이해하면서 중국에서 기독교를 대신할 수 있는 종교를 찾고자 하였다. 따라서 그는 문명시대의 교주로서 공자를 발견하고 공교회 설립을 제안했다.[96] 공교회를 설립하자는 주장은 국민국가 건설에 필요한 국민으로서의 동질성을 확보하기 위한 정치적 행위였다. 대동교의 설립은 친일적 성격을 띠고 출범한 대동학회大東學會의 움직임과 밀접하게 관련되어 있었다. 대동학회는 1909년 공자교孔子教로 이름을 바꾸어 일진회에 버금가는 친일세력으로 부상했다.[97]

한국의 유림은 국권을 회복하기 위해 민족을 단합할 수 있는 종교로서의 유학을 요청했고, 반대로 일제는 종교라는 방식으로 유림이 통합되는 것을 경계했다. 유학의 종교화는 유학에 대한 종교적 해석이면서 한편으로는 유학의 정치적 해석이라고도 할 수 있다. 이병헌의 「유교복원론」(1919), 송기식의 「유교유신론」(1921), 권도용의 「공교범위만세론孔教範圍萬世論」(1933), 서

95 謙谷生, 「儒教求新論」, 『서북학회월보』 10(서북학회, 1909년 3월 1일).
96 양일모, 「근대중국의 지식인과 "종교" 문제」, 『종교문화비평』 4(종교문화비평학회, 2003), 98~99쪽.
97 유준기, 『한국근대유교개혁운동사』(아세아문화사, 1999), 88~89쪽.

병두의 「유교발흥론」(1938) 모두 '유교'와 '공교'를 표방하면서 유학의 종교화를 통해 유학의 정치적 효용을 꾀하고자 하는 담론이었다.

유학에 대한 종교적 해석은 정치적 함의를 지니고 있었지만, 국가적 차원이라기보다는 민간 차원의 활동이었다. 유학의 이러한 대응은 근대라는 시대적 조류에 유학이 적응해가는 과정이며, 유학의 근대적 전환이라고 할 수 있다. 이에 비해 국가적 차원에서는 왕조시대로부터 근대국가로 이행해가기 위해 유학을 거부하기도 했지만, 한편으로는 유학을 필요로 했다. 서양을 본받아 재빨리 서양식 근대를 추구해왔던 일본에서는 서학이 유행하면서, 중국에서 전래한 한학漢學과 일본에서 이어져 온 국학國學이 경시되었다. 그렇지만 급격한 서양화 정책에 따른 후유증으로 사회적 혼란을 피하기 어려웠다. 사회적 혼란과 민심의 동요를 막기 위해 일본 정부는 유학을 다시 요청했고, 근대적 학문으로 등장한 '수신'과 '윤리' 교과서에는 유학의 가르침이 가미되었다. 1890년 일본 정부가 발표한 교육칙어는 유학의 교리 가운데 충군과 애국을 부각시키는 국민도덕론이었다.[98]

국민국가 건설을 위해 유학을 동원하는 것은 일본에서만 나타나는 현상은 아니라 중국과 한국에서도 마찬가지였다. 청나라가 근대적 교육기관을 만들기 위해 제안한 「학당장정學堂章程」(1903)에서는 '충효'를 강조했고, 1906년에 반포한 교육법령에서는 '충군忠君'과 '존공尊孔'을 강조했다.[99] 조선 또한 갑오개혁 이후로 근대적 교육체제를 마련하고자 하였으며, 덕德, 체體, 지智의 교육이념에 기초한 「교육입국조서」(1895)에서는 "교육하는 강령綱領을 제시하여 허명을 제거하고 실용을 높인다. 덕양德養은 오륜五倫의 행실을 닦아 풍속과 기강을 어지럽히지 말며, 풍속과 교화를 세워 세상의 질서를 유지하

---

98 양일모 외, 『성리와 윤리』(아카넷, 2020), 102~123쪽.
99 양일모, 「21세기 유학의 현황과 과제」, 『한·중 인문학포럼 발표논문집』(한국연구재단, 2017), 275~276쪽.

고 사회의 행복을 증진하라."[100]라고 밝혔다. 이윽고 한국에서 최초로 근대식 교육체제로 소학교와 중학교, 고등학교가 설립되기 시작했다. 한국에서 만들어진 수신과 윤리 교과서에도 유학의 덕목이 포함되었다. 그렇지만 유학에서 제시된 수신이 개인의 수양을 출발점으로 삼고 있었던 것과는 달리, 갑오개혁 이후 교과서로 변신한 "수신은 존왕과 애국, 그리고 신민으로서 국가에 대하는 책무"[101]를 목적으로 했다.

20세기 한국의 유학은 근대적 곤경에서 벗어나기 위해 유학을 학문적으로 재정립하거나 유학을 종교적으로 체계화하고자 하였다. 한편 근대국가를 건설하는 과정에서는 유학의 가르침 중에 군주와 국가를 위한 국민도덕만이 강조되었고, 식민지 시대에는 개인적 차원에서 덕성의 함양을 강조할 뿐, 지식인의 실천을 강조하는 유학의 덕목은 경계의 대상이 되었다. 한국을 병합한 일본은 식민지 통치를 위해 성균관을 폐지하고 경학원을 설치하였으며, 유림에 대한 회유정책을 대대적으로 펼쳤다. 태극교(처음 이름은 관동교), 대동교회, 한인공교회 등 유림 단체들이 국내외에서 조직되었다.[102] 이들 단체는 모두 유학을 천명하고 있지만 식민지라는 시대적 조건 속에서 반일과 친일, 저항과 협력이라는 정치적 대립이 나타났다. 파리장서운동에 참여한 인물이 모인 인도공의소人道公議所(1920년 5월 창립), 이를 계승한 충남 홍성의 유교부식회儒敎扶植會(1927년 창립)를 제외하고는 대부분의 유교 단체들은 일제에 협력하는 기관이었다고 할 수 있다.[103]

---

100 『高宗實錄』, 卷33, 高宗 32年 2月 2日.
101 양일모, 「유교적 윤리 개념의 근대적 의미 전환 ― 20세기 전후 한국의 언론잡지 기사를 중심으로」, 『철학사상』 64호(서울대학교 철학사상연구소, 2017), 19쪽.
102 식민지시기 설립된 유림단체에 관해서는 정규훈, 「일제기 한국유교개혁의 동향」, 『한국학(정신문화연구)』 8(2)(한국학중앙연구원, 1985), 103쪽, 도표 「일제기 한국유교개혁운동 계보」 참조.
103 변은진, 「일제강점기 유교 단체 기관지의 현황과 성격」, 『역사와 담론』 93(호서사학회, 2020), 198~218쪽.

식민지시기 유림 단체의 활동은 활발하였지만, 유교에 대한 학문적 탐구는 장지연의 『조선유교연원』 이후 별다른 성과를 보이지 못했다. 경성제국대학(1926)이 설립된 이후 유학에 관한 연구는 "제국의 식민지 조선학"[104]으로 포섭되어 갔다. 1925년 장도빈張道斌이 간행한 『조선사상사』는 '국가주의', '민족주의' 등의 근대적 언어를 사용하고 있지만, 개인의 주관적 견해를 나열한 정도에 불과하였다.[105] 식민지시기 최대의 유림 조직이었던 조선유도연합회(1939년 창립)는 일본의 전쟁 동원 이데올로기인 황도유학皇道儒學에 동조하는 오명을 남겼다.[106] 제국의 논리에 부화하는 유림은 시류에 편승하여 유학을 왜곡하는 일에 자진했고, 시류에 반대하는 유림은 갈 곳이 없었다. 장지연이 기대했던 유교에 대한 새로운 해석의 가능성은 해방의 날까지 연기되어야 했다. 장지연의 『조선유교연원』은 유학에 대한 역사적 서사의 창출 과정이었다. 그는 사상사적으로 유교의 태동과 성장, 종말의 과정을 통해 "조선 유교 쇠망사"[107]를 서술하였지만, "유교전통을 사상적으로 객관화하고 재인식함으로써 유교사상의 새로운 전개가능성"[108]에 대한 모색을 시작하였다. 『조선유교연원』은 한국유학의 진의를 발굴하기 위한 학문적 접근의 출발점이었다.

　　해방 후에 간행된 현상윤의 『조선유학사』는 여전히 유학의 근대적 굴레에서 해방되기 어려웠다. 그는 일본에 유학하여 근대적 교육을 받았고, 고려대학교에서 조선사상사를 강의하면서 남긴 『조선사상사』에서는 사상사의

104　高橋亨(權純哲 編), 『高橋亨京城帝國大學講義ノート』(三人社, 2021), 1469쪽.
105　장도빈, 『조선사상사』, 고려관, 1925. 이 책은 28쪽으로 된 소책자이며, 조선시대의 유교에 대해서는 "모화주의와 이기주의"(24쪽)라고 하는 한 문단의 서술이 있을 뿐이다.
106　정욱재, 「조선유도연합회의 결성과 '황도유학'」, 『한국독립운동사연구』 33(독립기념관 한국독립운동연구소, 2009), 237~239쪽.
107　노관범, 앞의 논문, 210쪽.
108　금장태·고광직, 『속 유학근백년』(여강출판사, 1989), 236쪽.

서술 방법을 탐구했을 정도로 근대적 학자였다. 『조선유학사』가 취하고 있는 방법론은 "철학사 중심의 문화사학적인 연구방법론"[109]이라고 할 수도 있다. 그렇지만 그 또한 유교망국론의 물음에 답하기 위해 "유교의 말폐末弊"를 언급하지 않을 수 없었다. 한국이 경술년의 국치를 당한 "그 원인을 찾고 연유를 생각하면, 우리는 그 책임을 유교의 말폐에 돌리지 않을 수 없다."[110]라고 규정한 것이다. 이처럼 유학의 참뜻을 발견하고자 하는 학자들의 노력이 전개되었지만, 해방 후에도 '도학자道學者'는 여전히 "시대에 뒤떨어진 사람"[111]으로 정의되었다. 그렇다고 해서 유학이 현실에서 사라진 것은 아니었다. 건국과 통일국가 수립을 위한 논의가 활발하게 전개되었던 해방공간에서 정치적으로 다양한 유교 단체들이 활동했고, 1960년대 이후로 유학을 신봉하는 수많은 지식인들이 반독재투쟁과 민주화운동에 가담했다.[112] 대동사회를 꿈꾸고 인도人道를 구현하고 공의公議를 중시하는 유교의 가치는 한국 지식인들의 뇌리 속에 잠재해 있었다. 물론 독재를 부정하고 민주주의를 구현하기 위한 논리를 발견하는 과정에서 유학이 새로운 이론을 가미하는 단계에까지 도달한 것은 아니었다.

지난 세기말 아시아 지역이 경제적으로 부흥하면서 아시아적 가치(Asian Value)가 주목받기 시작했다. 아시아인들의 근면과 성실, 교육열, 국가와 공동체에 대한 헌신 등 주로 유학의 덕목이 이 지역의 경제적 부흥에 기여했

---

109 고영진, 「한글로 쓴 최초의 한국유학통사—『조선유학사』(현상윤, 민중서관, 1949)」, 『역사와현실』14(한국역사연구회, 1994), 248쪽.

110 현상윤, 『조선유학사』(민중서관, 1974), 488쪽.

111 지중세 편, 『최신 현대어사전』(三文社, 1954), 49쪽.

112 이황직, 『군자들의 행진—유교인의 건국운동과 민주화운동』(아카넷, 2017), 3부, 4부. 이 책은 유교를 종교로 규정하고, 근·현대 시기에 "유교인의 정치운동사"(11쪽)를 서술하고 있다. 즉 19세기 말의 의병전쟁, 유교적 지식인들의 파리장서운동, 일제하 유교적 독립운동가라는 역사적 서술에 이어서 해방 이후 유교적 지식인들의 현실 참여를 일관되게 설명하였다.

다는 주장이다. 물론 일본이 장기 불황에 허덕이고 한국이 외환위기에 빠지는 등 아시아의 정치경제적 구조가 변동하면서 아시아적 가치론은 힘을 잃었다. 아시아적 가치론의 타당성이 문제가 아니라 아시아 지역의 경제적 성장과 정치적 민주화를 위한 이론적 탐구에 아시아적 가치 혹은 유학의 덕목이 참여할 수 있는 학문적 역량이 부족했던 것이다. 지난 100년 동안 한국 유학은 다양한 방식으로 연구가 진행되어 왔으며, 국내외에서 역사학적, 철학적, 종교학적 연구뿐만 아니라 사회과학적 접근도 시도되었다.[113] 해방 이후로 지난 50년 동안 한국에서 조선시대 유학 연구는 유학사 서술 혹은 유학자 개인 연구에서 획기적 발전을 이루어 왔으며, 근대이행과 사상사의 연관성, 성리학과 실학의 관계, 성리학에 대한 독법讀法을 중심으로 학적인 물음을 제기했다.[114]

지난 100년 동안 한국의 유학은 성찰과 재활의 과정을 밟아왔다. 동아시아연구는 서양 학문의 위세에서 해방되어 이제 근대적 아카데미즘으로 자립할 수 있게 되었다. 유학은 자신의 정체성 탐구라는 근대적 함정에서 벗어났지만, 새로운 시대를 위한 인문학으로 성장할 과제를 안고 있다. 21세기도 이미 20여 년이 지났다. 인공지능을 비롯한 과학기술이 모든 것을 압도하는 현재는 희망의 시기이면서도 위기의 시대이다. 인류가 발전과 성장을 추구한 결과, 자원이 고갈되고 환경이 오염되는 위기가 도래했다. 지구온난화와 생물종의 멸종 등의 생태위기는 이제 21세기의 문제로 떠올랐다. 지난 몇 년 동안 경험한 팬데믹과 난민문제 또한 문명의 위기와 관련되어 있다. 사회적 갈등과 차별은 여전히 잔존하고 있으며, 때로는 심화되기

---

113 김승혜 외, 「한국유교 연구 100년」, 『한국종교문화연구 100년』(청년사, 1999), 15~63쪽.
114 이봉규, 「조선시대 유학연구 재독」(한국문화연구원 편, 『철학연구 50년』, 혜안, 2003), 321~461쪽.

도 한다. 현재 21세기 문제는 서양만이 해결할 수 있다고 말하거나 혹은 동아시아의 세계관이 독자적으로 해결할 수 있다고 주장할 수는 없다. 지난 세기 동안 한국을 비롯한 동아시아는 서양을 학습하면서 한편으로는 동아시아의 지적 자원을 서양의 학문 틀을 기준으로 재해석해왔다. 동양과 서양은 이미 지난 세기의 구분에 불과하다. 현대의 과학기술문명에 대한 철저한 분석과 냉철한 반성을 요청하는 시기에, 지난 세기 동안의 성찰과 재활을 겪어온 한국의 유학은 21세기 문제에 동참하면서 새로운 전망을 제시할 수 있어야 할 것이다.

참고문헌

■ 1차 자료(원전)

『서북학회월보』, 『대동학회월보』, 『대한매일신보』, 『대한협회회보』, 『독립신문』, 『매일신보』, 『황성신문』. 이상 한국학자료통합플랫폼 근현대신문자료 데이터베이스.

『三國史記』, 『三國遺事』, 『宣祖實錄』, 『正祖實錄』, 『高宗實錄』, 『純祖實錄』, 『淸世宗實錄』. 이상 국사편찬위원회 한국사 데이터베이스.

『牧隱集』, 『星湖先生全集』, 『與猶堂全書』, 『毅菴先生文集』, 『益齋亂藁』, 『華西先生文集』. 이상 한국고전번역원 한국문집총간.

『萬國公報』, 全國報刊索引(Quan Guo Bao Kan Suo Yin)

김윤식, 『속음청사』, 국사편찬위원회 한국사데이터베이스 한국사료총서 11(하).

박수춘, 『국담집』, 한국문집총간 속 17, 한국고전번역원.

朴泳孝, 「朝鮮國內政に關する朴泳孝建白書」, 外務省 編纂, 『日本外交文書』 第21卷, 日本國際連合協會, 1949. 日本外交文書デジタルアーカイブ.

임홍빈 외 역주, 『역주 분류두공부시언해』 권3(하), 세종대왕기념사업회, 2017.

梁啓超, 『先秦政治思想史』, 商務印書館, 初版: 1923. 『飮冰室專集』 50.

_____, 『飮冰室合集』, 中華書局, 影印本, 1989.

_____, 『淸代學術槪論』, 商務印書館, 初版: 1921. 『飮冰室專集』 34.

黎靖德 編, 王星賢 點校, 『朱子語類』, 中華書局, 1986.

謝無量, 『中國哲學史』, 中華書局, 1916.

葉采(성백효 역주), 『近思錄集解』, 전통문화연구회, 2018.

朱熹 撰, 『四書章句集註』, 中華書局, 1983.

高橋亨(權純哲 編), 『高橋亨京城帝國大學講義ノート - 朝鮮儒學史編』, 三人社, 2021.

_____(조남호 역), 『조선의 유학』, 솔, 1999.

高瀨武次郎, 『支那哲學史』, 文盛堂, 1910.

久保天隨, 『日本儒學史』, 博文館, 1904.

宮田修 編, 『日本儒學史料 1/2』, 간행지 미상, 1898.

內田周平, 『支那哲學史』, 간행지 미상, 1888.

_____, 『支那學: 儒學史』, 哲学館, 1901.

渡部學·阿部洋 編, 『日本植民地敎育政策史料集成(朝鮮編)』 第63卷, 龍溪書舍, 1991.

山路愛三, 『支那思想史一日漢文明異同論』, 金尾文淵堂, 1907.
松本文三郎 講述, 『支那哲學史』, 東京專門學校出版部, 1898.
遠藤隆吉, 『支那思想發達史』, 富山房, 1904.
_____, 『支那哲學史』, 金港堂, 1900.
川原秀城·金光來 編譯, 『高橋亨朝鮮儒學論集』, 知泉書館, 2011.

■ 2차 자료
〈단행본〉
강중기 외, 『서양 정치사상과 유교 지평의 확장』, 동과서, 2019.
금장태, 『동서교섭과 근대한국사상』, 성균관대학교출판부, 1984.
금장태·고광직, 『속 유학근백년』, 여강출판사, 1989.
김승혜 외, 『한국종교문화연구 100년』, 청년사, 1999.
나종석 외, 『유학과 동아시아 – 다른 근대의 길』, 도서출판 b, 2018.
나종석, 『대동민주유학과 21세기 실학 – 한국 민주주의론의 재정립』, 도서출판 b, 2017.
신승하·유장근·장의식, 『19세기 중국사회』, 신서원, 2000.
노관범, 『껍데기는 가라』, 푸른역사, 2022.
양일모 외, 『일본 학문의 근대적 전환』, 서울대학교 출판문화원, 2022.
양일모·이원석·정원섭, 『성리와 윤리』, 아카넷, 2020.
엄연석 외, 『동도서기의 의미지평』, 동과서, 2019.
유준기, 『한국근대유교개혁운동사』, 아세아문화사, 1999.
이광린, 『한국개화사연구』, 일조각, 1993.
이봉규 외, 『동서접변 연구의 평가와 전망』, 동과서, 2019.
이영주 외, 『두보 근체시 명편』, 서울대학교출판문화원, 2018
이원석 외, 『동서사상의 회통』, 동과서, 2019.
이원순, 『조선서학사연구』, 일지사, 1996.
_____, 『한국천주교회사연구』, 한국교회사연구소, 1986
이황직, 『군자들의 행진 – 유교인의 건국운동과 민주화운동』, 아카넷, 2017.
장도빈, 『조선사상사』, 고려관, 1925.
장지연(조수익 옮김), 『조선유교연원』, 솔, 1998.
_____(황재문 옮김), 『만국사물기원역사』, 한겨레출판, 2014.

정옥자, 『우리 선비』, 현암사, 2003.

지중세, 『최신 현대어사전』, 三文社, 1954.

펑유란(박성규 옮김), 『중국철학사』 상, 까치, 2002.

_____(김시천·송종서·이원석·황종원 옮김), 『펑유란 자서전』, 웅진지식하우스, 2011.

한국문화연구원 편, 『철학연구 50년』, 혜안, 2003.

현상윤, 『조선유학사』, 민중서관, 1974.

후쿠자와 유키치(허호 역), 『후쿠자와 유키치 자서전』, 이산, 2013.

〈논문〉

고영진, 「한글로 쓴 최초의 한국유학통사 - 『조선유학사』」, 『역사와 현실』 14, 한국역사연구회,
　　　1994.

_____, 「조선시대 유학 계보 연구의 검토」, 『한국사상사학』 41, 한국사상사학회, 2012.

김갑천, 「박영효의 건백서 - 내정개혁에 대한 1888년의 상소문」, 『한국정치연구』 2, 한국정치
　　　연구소, 1990.

김동기·양일모, 「아시아주의의 경험과 동아시아 연대의 모색」, 『시대와 철학』 18(3), 한국철학
　　　사상연구회, 2007.

김미영, 「다카하시 토오루와 장지연의 한국유학사관」, 『대동철학』 55, 대동철학회, 2011.

김종석, 「철학사상: 한국유학의 이론적 정립과 토대 형성」, 『한국유학사상대계 I 총론편』, 한국
　　　국학진흥원, 2010.

노관범, 「근대 한국유학사의 형성 - 장지연의 『조선유교연원』을 중심으로」, 『한국문화』 74, 서
　　　울대학교 규장각한국학연구원, 2016.

_____, 「연원록에서 사상사로 - 장지연의 『조선유교연원』과 현상윤의 『조선유학사』를 읽는 방
　　　법」, 『한국사상사학』 56, 한국사상사학회, 2017.

변은진, 「일제강점기 유교 단체 기관지의 현황과 성격」, 『역사와 담론』 93, 호서사학회, 2020.

양일모, 「근대 중국의 서양학문 수용과 번역」, 『시대와 철학』 15(2), 한국철학사상연구회,
　　　2004.

_____, 「중국철학사의 탄생 - 20세기 중국철학사 텍스트 성립을 중심으로」, 『동양철학』 39,
　　　한국동양철학회, 2013.

_____, 「21세기 유학의 현황과 과제」, 『한·중 인문학포럼 발표논문집』, 한국연구재단, 2017.

_____, 「군자와 시민 - 이황직, 『군자들의 행진: 유교인의 건국운동과민주화운동』(아카넷,
　　　2017)」, 『개념과 소통』 20, 한림대학교 한림과학원, 2017.

_____, 「근대중국의 지식인과 "종교" 문제」, 『종교문화비평』 4, 종교문화비평학회, 2003.

_____, 「지역과 학술 - 양계초의 인문지리학」, 『아시아문화』 23, 한림대학교 아시아문화연구소, 2006.

_____, 「유교적 윤리 개념의 근대적 의미 전환 - 20세기 전후 한국의 언론잡지 기사를 중심으로」, 『철학사상』 64, 서울대학교 철학사상연구소, 2017.

_____, 「한학에서 철학으로 - 20세기 전환기 일본의 유교 연구」, 『한국학연구』 49, 인하대학교 한국학연구소, 2018.

양일모·홍영두, 「근대 계몽기의 윤리관과 전통 지식인」, 『철학연구』 106, 대한철학회, 2008.

우진웅, 「퇴계 수택본 『근사록집해』의 전래경위와 가치」, 『서지학연구』 65, 한국서지학회, 2016.

이경구, 「조선 시대 실학 용법에 대한 거시적 일고찰」, 『개념과 소통』 26, 한림대학교 한림과학원, 2020.

이광린, 「구한말 신학과 구학과의 논쟁」, 『동방학지』 23·24, 연세대학교 국학연구원, 1980.

이봉규, 「명청교체기 사상변동으로부터 본 다산학의 성격」, 『다산학』 25, 다산학술문화재단, 2014.

이승률, 「일제시기 '한국유학사상사' 저술사에 관한 일고찰」, 『동양철학연구』 37, 동양철학연구회, 2004.

정규훈, 「일제기 한국유교개혁의 동향」, 『한국학(정신문화연구)』 8(2), 한국학중앙연구원, 1985.

정성희, 「식민지 시기 조선 유학사 정리 작업에 대한 연구 - 장지연(張志淵)과 하겸진(河謙鎭)의 저항적 조선유학사 정리 작업을 중심으로」, 『유학연구』 29, 충남대학교 유학연구소, 2013.

정욱재, 「조선유도연합회의 결성과 '황도유학'」, 『한국독립운동사연구』 33, 독립기념관 한국독립운동연구소, 2009.

Joseph Dehergne(耿昇 譯), 『在華耶蘇會士列傳及書目補編』, 中華書局, 1995.

Joseph Dehergne, *Répertoire des Jésuites de Chine, de 1542 à 1800*, Internet Archive, 1973. https://archive.org/details/bhsi37/page/n153/mode/2up.

Pfister, Louis(憑承鈞 譯), 『在華耶蘇會士列傳及書目』, 中華書局, 1995.

서학의 파장과
조선 유학의 대응

김선희

1. 서학, 종교와 과학의 이분법을 넘어

　조선 후기의 사상적 변화를 설명하는 데 빼놓을 수 없는 중요한 축 중 하나가 서학이다. 도통道統을 중심으로 한 전통적인 조선 유학의 계보와 그 계승의 외곽에 형성되어 있는 새로운 학술적 경향이자, 18세기 후반부터 조선 사회와 정치에 강력한 긴장과 갈등을 유발한 종교운동이었다는 점에서 서학은 근현대 유학의 안과 밖을 조망하는 창 역할을 할 수 있다.

　'서학西學'이란 16세기 말 기독교 전교를 위해 중국에 진출한 서양 선교사들이 번역을 통해 중국에 전달했던 르네상스기 유럽의 신학, 철학, 자연철학과 자연학, 수학, 기술, 예술 등이 촉발한 사상적, 종교적, 정치적, 사회적, 문화적 파장을 포괄적으로 지칭하는 역사적 개념이다. 우선 외래에서 전달된 새로운 지식이자 실천으로서 서학은 서구 문화와 정신의 뿌리이자 토대인 기독교와 분리될 수 없다. 서학은 단순히 서쪽에서 온 지식으로서의 학學이 아니라 종교적 이념, 세계관과 실천을 포함하는 관념이다. 이와 동시에 서학은 예수회 선교사들로부터 시작해서 19세기 중국에 진출했던 개신교 선교사들까지 서양 종교인들에 의해 전달된 당대의 철학, 윤리학, 자연학, 자연철학 등을 포괄하는 학문적 개념으로도 볼 수 있다.

따라서 서학이 무엇인지 연구자들 사이에 합의된 개념적 정의를 구성하기는 쉽지 않다. 현대의 분과적 구분에서는 하나로 합치되기 어려운 영역, 범주, 주제와 지식들이 '서학'이라는 이름에 포함될 수 있기 때문이다. 서학의 정의와 범위, 주체 등의 문제는 종교와 과학, 전근대와 근대 등의 관점과 얽힐 때 훨씬 더 복잡해질 수 있다. 예를 들어 기본적인 긴장을 이루는 것은 '종교'와 '과학'이다. 서학은 예수회의 중국 전교의 일환으로 전개된 학술적 번역을 토대로 하기 때문에 근본적으로는 기독교 신앙의 전파라는 종교적 목표와 지향으로 구성되어 있다. 그러나 기독교를 전파하기 위해 예수회원들이 사용한 방법은 중국어를 익히고 중국의 상층부 지식인들과 소통하면서 당대에 구축되어 있던 다양한 학술들 즉 수학, 천문학 등 현재의 분과적 구도에서 '과학'으로 분류되는 지식들을 적극적으로 활용하는 것이었다. 따라서 이들의 복합적인 전교의 방식은 현재의 시선에서는 종교와 학문 또는 종교와 과학 등으로 분리되는 것으로 보이기 쉽다.

이런 맥락에서 서학을 정의하는 과정에 형성된 일반론 중 하나는 서학을 과학, 서교西敎를 종교에 대응시키고 종교로서의 '천주교'와 천문학과 수학을 포함하는 '과학'을 이분법으로 구분하려는 시도이다. 그러나 이 시기 '교敎'는 근대적 의미의 'Religion'에 온전히 대응하지 않는 '보편적 가르침'에 가까웠고 조선 지식인들 역시 종교와 학술을 명확히 구분하지 않은 채 '서학', '서교', '양학洋學', '신학新學', '이학異學', '천학天學', '천주학天主學' 등 다양한 명칭으로 서양에서 도래한 다양한 지식과 종교적 실천을 호명했다. 누군가에게 서학은 신학 즉 새로운 지적 자원이었고 누군가에게는 목숨을 걸 정도의 절실한 이념이자 신앙이었지만 이 분절이 애매한 스펙트럼을 현재처럼 분과적 구분에 따른 변별적인 이름으로 분류하지 않았던 것이다.[1] 무엇보다 이 시기에 동아시아에 전파된 다양한 자연학과 자연철학적 주제들을 곧바로 근대적 의미의 '과학'으로 호명할 경우 보다 심중한 문제 상황이 발생한다.

조선 후기 서학의 유입에 따른 지적, 정치적 전환은 서양과 동양, 전근대와 근대, 과학과 비과학, 근대와 봉건 등 다양한 지표들에 묶여 있다는 점에서 착시 효과를 만들어내는 측면이 있다. 서학의 유입을 '발전된 서양 과학의 유입'으로 해석하는 경향도 그중 하나다. 그러나 명말 청초 예수회를 통해 동아시아에 유입된 서구 지식 가운데 신학과 철학을 제외한 나머지 분야들을 쉽게 '과학'으로 규정하는 것은 신중한 태도가 요구된다.

명청 대 중국에서 활동했던 예수회원들은 「곤여만국전도坤與萬國全圖」와 같은 세계 지도를 제작했고 유클리드 기하학의 주해서를 『기하원본幾何原本』이라는 이름으로 번역했으며 시헌력時憲曆이라는 서양식 역법을 운용하기 위한 이론과 수식을 정리한 『신법서양역서新法西洋曆書』[2] 와 같은 총서들, 아스트로라베의 제작 원리를 담은 『혼개통헌도설渾蓋通憲圖說』, 생리학과 해부학 지식을 번역한 『태서인신설개泰西人身說槪』 등을 저술했다. 이 서명들과 그 안에서 다루어지는 내용으로 보았을 때 이 시기 서양 선교사들이 동아시아에 전달한 지식은 현재의 분과적 구분으로 '과학'에 해당한다고 볼 수 있다. 그러나 이들이 전달한 지식을 현재에 통용되는 의미에서 '과학'으로 단정하기는 어렵다. 적어도 예수회가 활동하던 르네상스기, 자연 현상에 대한 서양의 연구는 궁극적으로 신의 존재와 능력을 증명하기 위한 것으로, 지금의 관점에서 일종의 자연학과 자연철학이 혼종된 형태에 가까웠다.

---

1 김선희, 「도(道), 학(學), 예(藝), 술(術): 조선 후기 서학의 유입과 지적 변동에 관한 하나의 시론」, 『한국실학연구』35(한국실학학회, 2018).
2 명대에 만들어졌던 『崇禎曆書』를 청대에 개정한 총서이다.

조선 지식인들의 관점에서 '과학'이라는 관념이 곧바로 성립하기는 어렵다. 정조 대 천주교 확산에 따른 정치적 소요가 발생하기 전까지 조선 지식인들이 활발하게 연구했던[3] 서양 수학과 천문학은 유학이나 성리학과 대척점에 있던 과학, 그것도 근대적 성격을 띤 과학이 아니라 유학-성리학의 주변부에 형성되어 있던 명물도수名物度數의 학에 가까웠다. 18세기 조선에서 이가환李家煥, 황윤석黃胤錫, 정철조鄭喆祚, 홍대용洪大容, 서호수徐浩修 같은 이들이 중국을 경유해 조선에 유입된 수학과 천문학 총서를 읽으며 관련 지식을 공유했지만 이들의 학문적 지향은 서구 근대를 지향하는 '과학'의 추구였다기보다는 보편학으로서 유학의 하위에 배치되어 있던 박학博學의 지적 경향을 추구한 것이라고 볼 수 있다. 이 시기 지식인들은 유학과 대별되거나 혹은 대척적인 별도의 '과학'을 연구하고자 한 것이 아니라 보편학으로서의 유학의 연장선에서 실용적 지식을 추구한 실천적 지식을 추구했다고 볼 수 있다.

이런 맥락에서 전근대 동아시아 특히 조선에 유입된 서양의 다양한 지식을 일괄적으로 '과학'으로 호명하는 순간, 모종의 착시 현상이 일어나 결과적으로 봉건으로서의 조선과 근대로서의 서구, 비과학으로서의 동아시아 지식과 과학으로서의 서구 지식이라는 결과론에 갇히기 쉽다. 따라서 서학의 특정 측면을 '과학'으로 규정해 여기에 '근대', '서구' 등의 이념을 연결하는 방식은 재고할 필요가 있다. 예를 들어 이익李瀷(號 星湖, 1681~1763)이나 홍대용洪大容(號 湛軒, 1731~1783) 같은 유학자들이 종교로서의 서학은 수용하지 않았지만 과학으로서의 서학은 수용했다거나, 조선 정부의 무능함 때문

---

3 조선 후기 유학자들의 서양 수학과 천문학 수용에 관해서는 다음을 참조. 문중양, 「18세기말 천문역산 전문가의 과학활동과 담론의 역사적 성격」, 『동방학지』 121(연세대학교 국학연구원, 2003); 구만옥, 「마테오 리치(利瑪竇) 이후 서양 수학에 대한 조선 지식인의 반응」, 『한국실학연구』 20(한국실학학회, 2010); 안대옥, 「18세기 正祖期 朝鮮 西學 受容의 系譜」, 『동양철학연구』 71(동양철학연구회, 2012).

에 종교로서의 서학뿐 아니라 근대성을 선취할 수 있는 서양 과학까지 거부했기 때문에 결과적으로 조선이 국권을 잃었다는 식의 일반론은 신중한 접근을 요한다.

　동양과 서양, 전근대와 근대, 비과학과 과학을 나누는 이러한 결과론 혹은 이분법에서 벗어나기 위해서는 우선 과학을 특정한 문화나 국가, 시대가 독점하거나 선취할 수 없는 지적 지향이자 태도를 의미하는 것으로 이해할 필요가 있다. 무엇보다 유입된 지식의 내용보다 동아시아인들이 어떤 지식을 어떤 맥락에서 수용했는지 다시 말해 자신들이 본래 유지하고 발전시켜 오던 체계와 범주에 어떻게 새로운 지식을 기입하고자 했는지를 검토해야 한다.

　서학을 통해 근현대 유학을 검토하는 과정에서 '과학'이라는 개념이 만드는 긴장만큼이나 복잡하고 예민한 문제가 있다. 그것은 '종교'이다. 예수회 원들은 오직 자신들이 섬기던 신을 동아시아인들에게 전하기 위해 목숨을 내놓고 중국에 들어왔다. 여러 번의 교난敎難으로 구금되거나 고문을 당하기도 했고 지역 주민들의 의심을 사 방화를 겪는 등 지속적인 위협에도 이들은 상층부 중국인들과 접촉하며 활동 범위를 넓혔다. 이들은 이성적이고 합리적인 방법으로 중국인들을 기독교 신앙으로 이끌기 위해 르네상스 지식들을 중국어로 번역해 중국 지식인들과 교류했고 결국 북경에 진출해 황제를 알현한다. 이들은 결국 황제로부터 하사받은 북경의 땅에 천주당을 짓고 천문의기와 악기, 성모상을 설치했으며 이를 기반으로 중국인 신자를 확보했다. 북경에 거주하게 된 이후에는 천문 역법에 대한 전문 지식을 바탕으로 흠천감에서 역법 개정을 주도하기도 했다.

　이들의 활동 영역과 방식은 다양했지만 궁극적으로 모든 개별 행위들은 기독교의 전파 즉 '전교傳敎'로 수렴될 것이다. 그러나 실제로 중국과 조선에서 이들의 위상이 '종교인'에 한정되어 있었다고 말하기는 어렵다. 8만 리를 건너 중국에 왔다는 리마두利瑪竇 즉 마테오 리치Matteo Ricci(1552~1610)는 동아시아인들에게 '서사西士', '서양인西洋人' 외에도 '이인異人'이나 '신인神人'으로, 때로 '성인聖人'으로 불리기도 했다. 마테오 리치의 후임자 중 한 사람인 줄리오 알레니Giulio Aleni(애유략艾儒略, 1582~1649)는 중국인들에게 '서래공자西來孔子' 즉 서양에서 온 공자로 추앙되었고 탕약망湯若望으로 잘 알려진 요한 아담 샬 폰 벨Johann Adam Schall von Bell(1591~1666)이나 홍대용과의 대담으로 유명한 유송령劉松齡 즉 아우구스트 폰 할러슈타인August von Hallerstein(1703~1774) 같이 청의 천문관측기구 흠천감欽天監의 책임자로 일했던 이들은 조정과 민간에서 모두 서양 역법을 운용하는 천문역산 전문가로 공인되었다.

이들의 활동 범위와 주제들은 우리가 예상하는 '종교'의 테두리를 넘어서 당대에 공인되고 통용되던 유학-성리학의 지적 체계 내부의 여러 분과적 범주들에 대응한다. 따라서 이들의 활동을 현대의 분과적 구분으로 '종교'라는 이름에 한정하기 어려운 측면이 있다. 동아시아인들이 리마두와 탕약망 등의 이름을 호명하고 그들이 도입한 지식에 서학, 서교, 신학, 양학 등의 이름을 붙일 때, 그 지식들의 최종적인 근거가 외래의 인격적 창조주 신神으로 수렴된다는 사실을 예민하게 자각할 필요가 없었던 것이다. 이들은 박학博學의 차원에서 천문학 등 실용적 지식을 보유한 서양 선비로 인식되었고 그들이 전하고 했던 가르침 역시 유학의 연장이거나 한 부분으로서 '천학天學'으로 인식되었다. 유학을 보편학으로 간주하는 한 '천학'을 그 보편학의 다른 이름으로 간주하고 이 천학 안에 외래의 가르침 역시 포괄될 수 있다고 여겼던 것이다.[4]

---

4 김선희, 「천학의 지평과 지향」, 『시대와 철학』 20(4)(한국철학사상연구회, 2009).

서학은 유학의 포괄성과 보편성에 수렴되었을 뿐 아니라 심지어 중국 전통 지식에 수렴되기도 했다. 중국에 비해 뛰어났던 서학의 천문학과 수학 이론이 사실은 고대 중국의 지식을 서양에서 독자적으로 발전시킨 결과라고 믿는 이들이 있었던 것이다. 예수회원들에 의해 번역된 서양의 지식들이 사실은 본래 고대 중국에서 발생한 것이라는 논리다. 서양 역법이 실제로는 고대 중국의 천문 역법과 수학서『주비산경周髀算經』의 지식이 서양에 전달되어 그곳에서 독자적으로 발전한 뒤 다시 중국으로 유입된 결과라는 이러한 논리를 현대 연구자들은 '서학중원설西學中源說'이라 부른다. 이처럼 서학의 지적 자원들이 전파됨에 따라 중국과 조선 지식인들 사이에서 복잡한 심리적 태도와 절충적인 수용 논리가 나타났다.

서학중원설은 당대 중국 지식인들 사이에서 상당한 반향을 끌었다. 매문정梅文鼎(1633~1721)과 같은 명망 있는 지식인이 직접 서양 수학을 연구한 뒤 이 지식의 기원이 중국에 있으며 서양이 독자적으로 발전시켰다가 다시 중국에 가지고 들어왔다고 주장하자 중국 지식인뿐 아니라 조선 지식인들 역시 큰 저항없이 서학을 수용할 수 있게 되었다.[5] 조선 학계에서도 일부 지식인들이 서학의 기원이 고대 중국에 있었다는 주장을 하나의 사실로서 수용했다. 서명응徐命膺(1716~1787),[6] 이헌경李獻慶(1719~1791), 홍양호洪良浩(1724~1803), 서유본徐有本(1762~1822) 등이 대표적이다.

---

5 중국에서 전개된 서학중원설에 관해서는 다음을 참조. 안대옥 「『주비산경(周髀算經)』과 서학중원설(西學中源說): 명말 서학수용 이후『주비산경』독법의 변화를 중심으로」,『한국실학연구』18(한국실학학회, 2009). 조선의 경우 노대환, 「조선후기 '西學中國源流說'의 전개와 그 성격」,『역사학보』178(역사학회, 2003); 함영대, 「18~19세기 서학중원론(西學中源論)의 전개와 그 함의 – 서학(西學)에 대한 조선학자들의 대응논리」,『한문고전연구』40(1)(한국한문고전학회, 2020) 참조.
6 특히 서명응은 서학중원설에 입각해서 중국에 전래된 서양 천문학 전체가 고대 중국으로부터 유래한다고 보아 중국의 천문학 전통과 절충하고자 한다. 박권수, 「서명응의 역학적 천문관」,『한국과학사학회지』20(한국과학사학회, 1998), 91~92쪽.

물론 모두가 이런 인식을 공유했던 것은 아니다. 예를 들어 성호 이익은 "무릇 이 (서학의) 여러 이론들은 지금 중국 역서曆書로 징험해 본다면 예전에는 없었던 것들이다. 그것들은 서국西國에 오래 전부터 내력이 있었으니 하루 아침에 만들어진 것이 아니다. 내가 일찍이 그 책을 접하여 그 이치를 조사해 보았는데 하나하나 훌륭하여 믿지 않을 수가 없었다."[7]며 서양 역법의 기원이 중국에 있다는 점을 인정하지 않았다. 이를 통해 적어도 18세기 후반까지 서학이 시헌력의 채택 과정을 통해 관학화되는 한편 지식인들 사이에 전파되는 과정에서 적극적인 긴장이나 사회적 불안을 야기하지 않았음을 확인할 수 있다. 이들에게 서학은 개인적인 관심에 따라 얼마든지 선택 가능한 하나의 지적 자원에 가까웠을 것이다.

그러나 한편으로 서학의 종교적 측면은 조선 사회에 강력한 긴장과 갈등을 유발시켰던 정치적 사건이기도 하다. 정조 대 천주교 공동체의 존재와 활동이 정치권의 전면에 등장하게 된 후 고종 대인 19세기 말까지 이어진 여러 차례의 옥사獄事들은 18~19세기 조선의 조정과 민중에게 충격과 혼란을 남긴 중요한 정치적 사건들이다. 양반층을 중심으로 점차 확산되고 있던 서교 즉 천주교에 대한 정치적 긴장은 이미 정조 대부터 축적되고 있었지만[8]

---

7 신후담(김선희 역), 『하빈 신후담의 돈와서학변』(사람의무늬, 2014), 60쪽. "凡此諸說, 今以中國曆書驗之, 則古所無也. 而其在西國, 遠有來歷, 盖非一朝之所刱(創), 吾嘗卽其書而驗其理, 則一一良是不得不信."

8 남인으로서 자발적으로 천주교 신앙에 이른 뒤 주변에 전파한 李檗(號 曠菴, 1754~1785)의 조언으로 부친의 연행길에 동행하며 북경의 천주교회에서 세례를 받고 돌아온 李承薰(1756~1801)이 명례동의 中人 역관으로 천주교를 수용한 金範禹(?~1786)의 집에서 丁若銓(1758~1816), 丁若鍾(1760~1801), 丁若鏞(1762~1836) 형제, 權哲身(1736~1801), 權日身(?~1791) 형제 등과 함께 이벽의 교설을 듣다가 적발되었던 乙巳秋曹摘發事件(1785), 이승훈, 정약용 등이 반촌에 위치한 김석태의 집에서 천주교 서적들을 연구한 일이 고발되어 유생들의 성토를 당했던 丁未泮會事件(1787), 정약용의 외가 친척으로, 서울에 오가며 당시 천주교 신앙 공동체를 형성하고 있던 남인들과 교류했던 尹持忠(1759~1791)과 權尙然(1751~1791)이 교회의 제사 금지령에 따라 신주를 불태우고 제사를 폐함으로써 끝내 처형당했던 珍山事件(1791), 조선 천주교 공동체의 요청으로 조선에 들어온 중국인 신부 周

1801년에 있었던 신유옥사는 정약용 형제, 이가환, 이승훈 등 천주교와 접촉한 다수의 남인들이 체포되어 고문을 당하고 유배에 처해지는 등 심중한 피해를 입은 사건으로 서교가 조선 사회에서 완전히 사학邪學으로 규정되는 기점 역할을 한다.

이 시기 천주교 확산과 관련된 일련의 옥사들은 천주교의 확산에 대해 조선 지배층이 느낀 불안과 그로 인한 갈등 양상을 보여준다. 문제는 이 과정들을 단순히 종교적 박해로 단순화하기 어렵다는 것이다. 천주교 측에서는 상당한 숫자의 순교자가 나왔다는 점에서 종교적 박해로 해석될 여지가 있다. 그러나 조선에서 발생한 천주교도에 대한 탄압은 서구적 의미의 종교적 박해와 성격이 동일하지 않다. 무엇보다 이 시기 서학-천주학을 향한 조선인들의 이해와 실천을 곧바로 서구적 혹은 근대적 의미의 '종교'나 '신앙'의 틀로 규정하기 어렵다.[9] 유교는 사회적 차원에서 개인의 삶을 결정하는 가르침이자 삶의 이념이었기 때문에 이들이 유학을 완전히 버리고 기독교로 '개종'한 것으로 보기 어렵다. 천주교 신앙에 나아갔다고 간주되는 인물들조차도 이들의 종교적 실천을 곧바로 '개종'이라고 부를 수는 없을 것이다.

이처럼 서학의 주변에 형성된 다층적인 긴장은 연구자들을 당혹스럽게 한다. 그 어떤 지식도 궁극적으로 신의 초월성과 전능성에 대한 신뢰로, 그

文謨(1752~1801)가 발각되면서 尹有一·崔仁吉·池璜 등 세 명의 천주교 신자가 체포되어 장살당한 주문모 사건(1795) 등 천주교의 확산과 관련된 일련의 사건들이 천주교에 대한 조정과 양반층의 불안을 가중시키고 있었다. 이 시기 정조는 李家煥(1742~1801), 정약용 등 관련된 인물들을 훈방조치하거나 좌천시키는 등 유생과 조정의 비난에 방어적으로 대응했지만 정조가 승하한 뒤 수렴청정으로 정권을 잡은 貞純王后(1745~1805) 김씨 등 노론 僻派가 정국을 주도하게 된 뒤 상황이 급변한다. 결과적으로 1801년 辛酉獄事는 특정 개인의 일탈로서의 邪學을 넘어 천주교를 국가적 탄압의 대상으로 만들었다.

9 '종교'라는 개념은 개항 이후 유입된 번역어로, 이 개념으로 전근대 조선 유학자들의 인식과 실천을 모두 포괄하기는 어렵다. 이와 관련해서는 다음을 참조. 김선희, 『마테오 리치와 주희, 그리고 정약용』(심산, 2012), 41~52쪽.

리하여 결국 신앙으로 수렴되리라 기대했던 예수회원들의 바람과 달리, 동아시아인들 특히 조선인들은 유입된 지식의 일부를 자신의 관심과 목적에 따라 선별하거나 혹은 전통적인 성리학적 이론과 절충하는 방식으로 수용하는 경우가 많았다. 성호 이익처럼 서학에서 자연과 신체에 대한 새로운 지식을 얻었지만 그 연속선상에서 인간과 자연을 설계했다는 신에 대한 경배로 나아가지 않거나, 이가환처럼 서양 수학과 천문학의 연구가 빌미가 되어 사학의 수괴로 몰려 죽임을 당한 경우도 있다. 물론 홍대용이나 박지원처럼 서양 선교사를 만나고 서양식 천문의기를 만들기도 했지만 생전에 이 문제로 정치적 탄압을 받지 않았던 경우도 있다. 조선에서 이루어진 이 불균질한 선별과 절충에 관해 지금까지 다양한 연구가 축적되었지만 여전히 드러나지 않은 측면들과 해명되지 못한 영역이 남아 있다.

따라서 18~19세기에 나타났던 천주교도에 대한 국가적 탄압과 지식인들의 실천에 곧바로 근대적 혹은 서구적인 '종교'의 틀을 부가하거나 기독교의 역사적 전개 과정에서 도출된 '박해'라는 개념을 사용하는 데는 신중한 태도가 요구된다. 조선 후기의 역사적, 지적, 정치적, 문화적 전개 과정에서 발생한 돌출적 현상이자 동시에 내적 분화 과정의 일부로서 서학을 검토하는 일은 개념적 정위定位와 문제의 맥락을 정교하게 파악하려는 시도를 통해서만 유의미한 해명이 가능할 것이다.

2. 천주교의 확산과 조정의 대응

1) 서학을 둘러싼 갈등과 정치적 국면들

18세기부터 본격화된 조선 지식인들의 서학 수용과 그에 따른 학문적 풍토의 변화에 대해서는 다양한 연구가 축적되어 있다. 교회사적 연구에서는 천주교회의 성장과 탄압 과정이 다루어져 왔고[10] 지성사나 철학의 분과에서는 성호 이익, 다산 정약용 등으로 대표되는 남인들의 서학 수용 과정과 그로 인한 사상적 변화가 주로 다루어져 왔다.[11] 과학사적 접근을 통해 시헌력의 도입 과정이나 천문학, 수학 관련 서학서들의 유통과 그로 인한 지적 변화 역시 연구 성과가 축적되어 가고 있다.[12] 그러나 근대 전환기라는 시대적 조건과 범위 내에서 17세기부터 조선에 유입되기 시작한 서학이 당대 지식장과 정치, 사회, 문화적 환경에 어떤 영향을 끼치고 어떤 반동을 낳았는지의 문제는 여전히 새로운 관점과 시야, 초점과 논제가 형성될 수 있는 도전적인 영역이다.

조선의 자생적 천주교 공동체는 아버지의 연행에 따라갔다가 1784년 북당北堂의 프랑스 사제 그라몽Jean Joseph de Grammont(양동재梁棟材, 1736~1812) 신부로부터 세례를 받은 이승훈이 귀국하여 자신에게 천주교 연구와 수용을 독려한 이벽과 함께 신앙 공동체를 형성한 일로부터 시작되었다. 이들은 중인 김범우의 집에 모여 미사를 진행했는데 그러다 포졸들의 의심을 사 적발된 일이 있었다. 을사추초적발 사건으로 불리는 이 일로 인해 양반들은

---

10 대표적인 연구 성과는 다음과 같다. 조광, 『조선후기 천주교사 연구』(고려대학교 민족문화연구소, 1988); 조광, 『조선후기 사회와 천주교』(경인문화사, 2010); 조광, 『조선후기 천주교사 연구의 기초』(경인문화사, 2010); 한국교회사연구소 편, 『한국천주교회사』(한국교회사연구소, 2010).

11 대표적인 연구 성과는 다음과 같다. 이원순, 『조선서교사연구』(일지사, 1986); 강재언, 『조선의 서학사』(민음사, 1990); 금장태, 『동서교섭과 근대 한국사상』(성균관대학교 출판부, 1984); 금장태, 『조선 후기 유교와 서학: 교류와 갈등』(서울대학교 출판부, 2003); 최동희, 『서학에 대한 한국 실학의 반응』(고려대학교 민족문화연구소, 1988); 차기진, 『조선 후기의 서교와 척사론 연구』(한국교회사연구소, 2002); 김선희, 『서학, 조선 유학이 만난 낯선 거울: 서학의 유입과 조선 후기의 지적 변동』(모시는 사람들, 2018) 등.

12 대표적인 연구 성과는 다음과 같다. 박성순, 『조선유학과 서양과학의 만남: 조선후기 서학의 수용과 북학론의 형성』(고즈윈, 2005); 전용훈, 『한국 천문학사』(들녘, 2017); 임종태, 『17, 18세기 중국과 조선의 서구 지리학 이해』(창비, 2012); 문중양, 『조선후기 과학사상사: 서구 우주론과 조선 천지관의 만남』(들녘, 2016) 등.

훈방 조치되었지만 김범우는 하옥되었다가 유배를 갔다.[13] 이후 천주교 집회에서 이승훈은 스스로 미사를 집전하며 신자들에게 세례를 주었는데 얼마 뒤에 이러한 가성직 제도의 문제점을 지적받자 조선의 신앙공동체는 미사를 집전할 정식 사제를 북경 교회 측에 요청할 계획을 세웠다. 이후 권철신 문하의 제자로, 권철신의 동생 권일신을 통해 천주교에 입교한 뒤 신앙 공동체의 중추적 역할을 하던 윤유일尹有一(1760~1795)이 1787년 사제 파견을 요청하는 이승훈의 편지를 가지고 북경 천주교회를 찾아간다.

윤유일로부터 이승훈의 편지를 전해받은 것은 북경교구의 주교였던 프란치스코회 사제 구베아Alexander de Gouvea(1571~1808)였다. 구베아는 조선에 자발적인 신앙 공동체가 존재한다는 사실에 크게 고무되었지만 당시에는 교황청의 엄격한 전교 정책에 따라 예수회의 입지가 약해져 있었기 때문에 서양인 신부를 파견하기 어려운 상황이었다. 구베아는 이승훈의 편지를 받은 지 5년 만인 1794년 중국인 신부 주문모를 조선에 파견했다. 천주교가 융성했던 중국 소주蘇州 지역에서 태어난 주문모는 과거에 낙방한 경험이 있는 평범한 유생이었지만 북경의 신학교에서 신학 공부를 마친 뒤 중국인 최초로 신부가 된 인물이다.[14] 주문모는 조선인 조력자들의 도움으로 육

---

13 진산 사건으로 참수당한 윤지충은 이 모임에 대해 다음과 같이 진술한다. "계묘년(1783) 봄에 進士試에 합격하고 갑진년(1784) 겨울 서울에 머무는 동안, 마침 明禮洞에 있는 중인 김범우의 집에 갔더니, 집에 책 두 권이 있었는데, 하나는 『天主實義』고 하나는 『七克』이었습니다. 그 節目에 十誡와 七克이 있었는데 매우 간략하고 준행하기 쉬워서, 그 두 책을 빌려 소매에 넣고 고향으로 돌아와 베껴 두고는 이어 그 책을 돌려보냈습니다. 겨우 1년쯤 익혔을 때 떠도는 비방이 매우 많았기 때문에 그 책을 혹 태워버리기도 하고 혹 물로 씻어버리고 집에 두지를 않았습니다. 그리고 혼자 연구를 하고 학습을 하였기 때문에, 원래 스승으로부터 가르침을 받은 곳이나 함께 배운 사람도 없습니다. (癸卯春, 參榜於進士試, 甲辰冬, 留京中, 適往明禮洞中人金範佑家, 家有二册, 一則天主實義, 一則七克也. 其節目, 則有十誡·七克, 甚約易遵, 故借其二册, 袖到鄕廬, 謄書以置, 仍還其册. 纔習一年, 浮謗甚多, 故其册則或燒或浣, 不置於家, 而獨自窮究學習, 故元無師受之地, 亦無同學之人.)" 『正祖實錄』, 15年 11月 7日(戊寅).

14 주문모의 조선 활동에 대해서는 다음을 참고할 수 있다. 조광, 「周文謨의 朝鮮 入國과

로를 통해 조선에 밀입국했지만 조선에 들어온 지 1년 만인 1795년 밀고되면서 존재가 발각된다.[15]

주문모의 존재는 발각되자 이 사건은 곧 채제공을 거쳐 정조에게까지 보고된다. 정조는 포도대장 조규진에게 명하게 이들을 체포하게 했는데 주문모는 잡지 못하고 그를 보호하던 최인길, 윤유일, 지황 등이 이 과정에서 장살당한다. 가까스로 도피한 주문모는 이후 천주교 신자였던 강완숙 등의 도움으로 도피 생활을 했으나 결국 입국한 지 7년 만인 1801년에 자수했고 취조를 당한 끝에 당국에 의해 참수되었다.

진산사건, 을사추조적발 사건, 주문모 신부 적발과 윤유일 등의 처형으로 이어지는 일련의 소란들은 정조 대 정국의 불안과 남인에 대한 적대를 낳았고 이후 이가환과 정약용, 이승훈 등 남인계 소장 학자들은 사교인 서교에 빠졌다는 빌미로 끊임없는 공격을 받았다. 황사영黃嗣永(1775~1801)은 남인에 대한 의심과 정치적 보복을 다음과 같이 전한다.

(남인인) 이가환은 문장이 매우 뛰어났고, 정약용은 재기가 월등했으므로 을묘년(1795) 이전에는 선왕이 그들을 총애하고 신임하였으나, 을묘년 이후로는 차차 소외당해 버림을 받았습니다. 그럼에도 불구하고 이 두 사람은 (노론) 벽파가 몹시 꺼려하여 반드시 해치고자 하였습니다. 이가환 등은 성교를 배반하고 성교를 해쳤는데도, 벽파 사람들은 여전히 그를 사당邪黨으로 지목

그 活動」, 『교회사 연구』 10(한국교회사연구소, 1995). 한편 『순조실록』에 주문모의 자수 사실이 보고되어 있다. 『純祖實錄』, 1年 3月 15日(辛卯). 참조.

15 정약용은 이 과정을 다음과 같이 기록한다. "4월에 蘇州 사람 周文謨가 變服 차림으로 몰래 우리나라에 와서 北山 아래에 숨어서 서교를 널리 선전하였다. 진사 韓永益이 이를 알고 李晳에게 고하였는데, 나도 그 말을 들었다. 이석이 蔡濟恭에게 고하니, 공이 주상에게 비밀히 고하였다. 그래서 주상은 捕將 趙奎鎭에게 명하여 체포하도록 하였다. 그런데 주문모는 달아나고 崔仁吉·尹有一·池潢 등 3인을 잡아 杖殺하였다.(夏四月, 蘇州人周文謨變服潛出, 匿于北山之下, 廣揚西敎, 進士韓永益知之, 告于李晳, 鏞亦聞之, 晳告于蔡相公, 公密告于上, 命捕將趙奎鎭掩捕之, 文謨逸, 執崔尹等三人杖殺之.)"丁若鏞, 『與猶堂全書』, 卷十五, 「自撰墓誌銘」.

하고 배척하여 온갖 공박이 이르렀지만, 정조가 매번 그들을 감싸주었으므로, 벽파가 마음대로 해치지 못하였습니다.[16]

그러나 이때마다 정조는 논리와 명분을 따져 이가환과 정약용, 이승훈에 대한 공격을 차단하고자 했고 천주교 문제가 정쟁의 빌미가 되는 것을 막고자 했다. 예를 들어 천주교 문제로 비난을 받은 이승훈을 예산현禮山縣에 유배하면서 정조는 자신의 생각을 다음과 같이 밝힌다.

지금 소란스럽게 된 단초를 말해 보자면, 서양의 책이 우리나라에 나온 것은 이미 수백여 년이나 되었고, 사고史庫와 옥당玉堂에 소장된 책들 중에도 모두 이런 것들 있는데, 그 수가 몇십 편질編帙 뿐이겠는가. 연전에 특별히 명하여 모두 거두어서 내다 버리게 하였으니, 이것으로도 서양의 책을 사 온 것이 어제오늘의 일이 아님을 알 수 있다. 그리고 고故 정승 충문공忠文公 이이명李頤命의 문집에도 서양 사람인 소림蘇霖,[17] 대진현戴進賢[18]과 더불어 왕복하면서 그 법서法書를 구해 본 일이 적혀 있는데, 이에 대해 말하기를 "상제上帝를 섬기고 본성을 회복하려고 하는 것은 그 시작은 우리 유가와 다름없는 것 같다." 라고 했다.[19]

정조는 서학서를 중요한 국가의 자산으로 인정했으며 이이명의 연행 보고를 통해 그가 서양인 신부들과 서학에 대해 토론한 사실도 알고 있었다. 정조 역시 서학이 가진 문제점들을 인정했지만 적어도 정학을 밝히면 사설

---

16 黃嗣永, 『黃嗣永帛書』. "李家煥文章盖世, 丁若鏞才機過人, 乙卯以前, 先王寵任之, 乙卯後, 漸見疎棄. 然此二人爲僻派之所深忌, 必欲中害. 家煥等雖背敎害敎, 僻派諸人, 常指斥爲邪黨, 駁備至, 先王每掩護之, 僻派不得肆害."

17 소림은 예수회 선교사 수아레즈(Joseph Suarez, 1656~1736)를 가리킨다.

18 대진현은 예수회 선교사 쾨글러(Ignatius Kogler, 1680~1746)를 가리킨다.

19 『日省錄』, 正祖 19年 7月 26(乙卯). "以目下鬧端言之, 西洋之書出來於東國者, 已爲數百餘年, 史庫玉堂之舊藏, 亦皆有之, 不啻幾十編帙之多. 年前特命, 收取出置, 卽此可知購來之非今斯今. 而故相忠文公文集, 亦有與西洋人蘇霖戴, 往復求見其法書, 而其言以爲對越復性初似與吾儒無異."

의 폐단은 자연히 가라앉으리라는 낙관을 견지하고 있었다. 정조는 중심을 유지하며 사건을 확대하지 않으려고 노력했지만 이 균형은 정조의 승하로 무너져 내린다. 정조 승하 이후 왕위에 오른 순조를 대신해 수렴청정을 하던 정순왕후와 노론 벽파가 천주교를 금압의 대상으로 정하고 관련 인물들을 색출해 고문하는 등 대대적인 탄압을 벌였기 때문이다. 주지하듯 1801년에 발생한 신유옥사는 사건에 서학–천주교에 직접적으로 연루되어 있던 남인들은 물론 천주교에 연루된 일부 노론까지 엮이며 커다란 정치적 파장을 일으켰다.

천주교와 관련된 남인들에 대한 지속적 공격을 무마하거나 차단하는 등 천주교가 정치적 숙청의 논리가 되지 않게 하려는 기조를 유지했던 정조와 달리 정조의 승하 후 정권의 중심에 섰던 정순왕후 등 노론 벽파는 천주교를 국가적으로 경계해야 할 사학邪學, 사교邪敎로 규정하고 대규모로 천주교도를 색출하고 고문과 사형 등 강압적인 방식으로 이들을 압박했다.

정순왕후는 1800년 가을부터 중인 신자들의 색출을 명령했고 1801년에는 2월 9일 민명혁의 발의로 천주교도에 대한 공식적인 수사가 시작되었다.[20] 일반적으로 신유옥사는 노론과의 정치적 긴장 속에서 정조의 정책을 지원하던 남인들은 물론 천주교와 접촉했던 노론 시파를 함께 견제하려는 정순왕후 등 노론 벽파의 정치적 공격으로 평가받는다. 그러나 신유옥사는 단순히 경쟁자를 제거하기 위한 특정 계파의 정치 공작으로 보기에는 사건

---

20 정약용은 「貞軒墓誌銘」에서 이를 다음과 같이 기록한다. "2월 9일 사헌부 집의 閔命赫 등이 아뢰기를, "이가환은 흉인의 무리(凶醜) 이잠의 餘孼로 禍心을 품고 불평분자들을 끌어모아 스스로 敎主가 되었으니, 이승훈·정약용도 함께 하옥하여 엄히 국문하소서."하였다. 밤중에 체포되어 이튿날 심문을 받았는데 (중략) 訊問에 임하여 공은 先朝(정조)의 疏批와 전후에 있었던 전교를 이끌어 변명하였으나, 옥관은 모두 審理하지 않고 다만, "이런 지목을 받았으니 어찌 벗어날 수 있겠는가?" 할 뿐이었다.(司憲府執義閔命赫等啓曰, 李家煥以凶醜餘孼, 包藏禍心, 引誘羣憝, 自作敎主, 請與李承薰, 丁若鏞下獄嚴鞫, 夜半而逮, 厥明訊囚……旣訊公, 引先朝疏批及前後傳敎以自辨, 獄官皆不理, 但云得此指目.)" 丁若鏞, 『與猶堂全書』, 卷十五, 「貞軒墓誌銘」.

의 범위가 광범위하고 기대 효과가 모호하다. 더 나아가 이를 기독교적 관념으로서 '종교적 박해'로 간주할 경우 지나치게 근대적인 시선에 갇힌 결과론이 될 가능성 있다. 이들이 신앙한 천주교는 당시 조정과 유학자들에게 '사교'로 규정되었지만 이를 곧바로 근대적인 의미의 '종교'로 곧바로 치환할 수 없다는 점, 무엇보다 천주교에 접촉한 이들에 대한 국가적 경계와 처벌은 서구의 종교적 박해와 성격이 다르다는 점을 간과하기 어려울 것이다.

결과적으로 신유옥사는 당시 조선의 조정과 사회에 누적해서 쌓이고 있던 다양한 압력들이 작용하면서 나타난 복합적이고 중층적인 사건이라고 할 수 있다. 신유옥사를 통해 분출되기 시작한 압력은 당연히 국가적 처벌과 지배층의 비난을 감당해야 했던 남인 또는 천주교 수용자 그룹의 반작용을 낳았다. 대표적인 사건이 황사영 백서帛書 사건과 대박청래大舶請來 사건이다.

정약용의 조카사위였던 황사영은 1790년 무렵 천주교에 입교한 뒤 천주교 수용 그룹에서 활발한 활동을 했다. 그는 이승훈에게서 서학서를 얻어와 공부했고 정약종이나 홍낙민 등과 함께 천주교 교리를 연구하기도 했다. 중국 천주교회에서 파견된 중국인 신부 주문모의 밀입국과 포교 그리고 도피 생활을 돕는 등 조선 신앙 공동체 내에서 중요한 역할을 맡았다. 1795년에는 주문모 신부로부터 세례를 받기도 했다. 그러다 황사영을 비롯해 천주교 수용 그룹의 운명을 결정지은 신유옥사가 일어났다.

1801년 1월 천주교도에 대한 공식적인 색출 명령이 떨어지자 곧바로 이가환, 이승훈, 정약종, 정약전, 정약용, 권철신, 홍낙민洪樂敏 등 남인계 핵심 인물들이 체포되었고 차례로 유관검柳觀儉, 최필제崔必悌, 강완숙姜完淑 등 천주교 공동체의 중심 인물들 역시 체포되었다. 이들은 대부분 고문을 받아 사망하거나 유배형에 처해졌다.[21] 가까스로 체포를 면해 도망친 황사영은

---

21 신유옥사와 관련된 기록은 당시의 취조 기록인 『추안급국안』이나 저자를 특정할 수

도피 생활 중에 조선 천주교 공동체가 당한 피해를 고발하는 편지를 작성해 북경의 천주교회 측에 전달하려 했지만 도피 끝에 결국 충청도 제천에서 체포된다. '황사영 백서사건'으로 불리는 이 사건은 천주교를 정학正學을 위협하는 이단을 넘어 조선이라는 국가를 위협하는 거대 악으로 규정하게 만든 중대한 사건이었다.

그러나 황사영의 백서에서 조선 조정과 상층부에 심중한 충격을 안긴 것은 조선의 정치 상황에 대한 보고가 아니었다. 황사영은 조선이 혼란한 틈을 타 중국이 외교적 통제를 가해야 하며 서양이 군대를 파견하여 이를 지원해야 한다고 주장한다. 이러한 주장을 국가 전체를 혼란에 빠뜨릴 정도로 강력한 것이었다. 『순조실록』은 "큰 선박船舶 수백 척에 정예병 5, 6만 명을 보내고 대포大砲 등 예리한 병기兵器를 많이 싣고 와서 조선을 깜짝 놀라게 하여 사교邪敎가 행해지도록"[22] 하려 했다는 점을 근거로 황사영을 '사학죄인邪學罪人'으로 규정한다.

서양의 큰 선박을 보내달라는 계측 즉 대박청래 또는 양박청래洋舶請來란 이승훈을 비롯한 조선의 자생적 신앙 공동체가 북경 교회 측에 서양인 신부의 파견을 요청하는 과정에서 서양인 신부를 실은 큰 배를 조선에 보내 신앙의 자유와 선교사들의 활동의 자유를 보장받으려 했던 일련의 시도를 말한다. 이 사건은 황사영 외에도 당시 여러 인물과 연결되며 사회적 공포를 형성했다. 순조 1년에 연명으로 올라온 차자箚子에서 이를 확인할 수 있다.

더구나 흉모凶謀 중에 큰 선박을 보내 달라고 청한 계책은 바로 이가환·유항

없지만 1801년 신유옥사에 관련된 관찬 자료들을 모은 『사학징의』, 신유옥사 이후 관련 기록을 정리해서 편찬한 李基慶(1756~1819)의 『벽위편』 등을 통해 확인할 수 있다.
22 『純祖實錄』, 1年 10月 5日(戊申). "一, 則通于西洋國, 裝送大舶數百艘, 精兵五,六萬, 多載大砲等利害兵器, 震駭東國, 使之行敎也."

검 무리들이 각각 은전銀錢을 내어 계획하고 꾸민 짓으로, 이리저리 얽혀서 천 리나 떨어진 거리에서도 서로 응한 것입니다.[23]

유항검柳恒儉은 윤지충의 이종사촌으로, 그의 동생 유관검과 더불어 주문모 신부의 입국과 도피를 돕는 등 호남을 중심으로 천주교를 포교하던 인물이었다.[24] 유항검은 그의 동생 유관검과 함께 신유옥사 때 체포되었는데 그때 대박청래 사건이 수면으로 부상한 것이다. 유항검은 자신이 이승훈과 권일신, 홍낙민 등 주문모와 함께 서양의 큰 배를 오게 요청하려는 계획을 세웠다고 자백한다. 이때 유중태가 400냥의 돈을 모아 윤유일을 북경에 파견했고 큰 배를 보내달라는 뜻의 편지를 작성하게 이름을 나란히 써서 보냈다는 것이다.[25] 이들에게 서양의 큰 배는 신앙과 선교의 자유를 보장하는 방책으로 인식되었다.[26]

신앙의 자유를 확보하기 위한 이들의 계획은 사교의 무리가 끝내 도적떼가 되고 말 것이라는 공포와 불안에 기름을 부은 격이 되었다. 조정에서는 "국경을 넘어가서 사사로이 글을 주고받으며 은화를 모아서 서양 사람을 맞아들이고 큰 선박으로 위협하여 국가와 결판을 내려 한 것은 실로 우리나라 400년 역사에 있어 본 적도 들어본 일도 없던 역변逆變"[27]이라며 격노가

---

23 『日省錄』, 純祖 1年 10月 13日(丙辰). "況其凶謀中, 請來大舶之計, 乃是家煥恒儉輩各出銀錢, 經營排布者, 聯絡糾結千里相應."

24 유항검은 1791년 이종사촌인 윤지충에게서 천주교 서적을 빌려 보았고 그 후 권철신, 황사영, 최필공, 최필제 등과 천주교 서적을 강론했으며 이존창, 최창현, 윤유일, 권일신, 권상연 등과도 천주교 서적을 통해 교류했다. 조광 역주, 『사학징의』 권 2(천주교 서울대교구 순교자현양위원회, 2022), 82·228쪽.

25 조광 역주, 위의 책, 80쪽.

26 유항검은 포도청의 취조에서 다음과 같이 진술한다. "저는 큰 배를 요청해 오는 이야기에 대해 윤유일에게 물었더니 윤유일이 말하기를 큰 배가 온 다음에 우리나라가 만일 순순히 받아들이지 않으면 마땅히 한바탕 결판을 낸 다음에야 서교가 크게 행해질 수 있을 것이다고 했습니다. 그러므로 제 형제는 400냥의 돈을 모아 꾸어서 윤유일을 중국에 보냈습니다." 조광 역주, 위의 책, 80~81쪽.

27 『日省錄』, 純祖 1年 9月 15日(己丑). "至於越異域, 而交通私書, 斂銀貨而邀來洋漢

일어났고 이후 대박청래의 시도는 천주교도들이 "도당을 불러 모아 황건적黃巾賊이나 백련교白蓮敎와 같은 변고를 만들어 낼 수 있다는"[28] 명백한 증거로 인식되었다.

신유옥사를 거치며 천주교는 단순히 백성들을 혹세무민하는 사교를 넘어 외교적 갈등과 불안을 부르는 국가적 적이 되었다. 백성들이 급격히 천주교로 향하는 이유는 근본적으로 세도 정치 등 조선 내정의 실패와 사회적 불안에 있었지만 상층부는 자신들이 만든 모순과 사회적 불안을 보지 못하고 외세를 끌어들이려는 일부 지식인들의 사특한 행위라며 문제의 원인을 천주교 공동체의 확산에서 찾았다. 이런 상황에서 황사영이 전하는 조선의 정치적 상황은 천주교 수용자들에 대한 국가적 박해가 조선의 정치적 경쟁 구도 과정에서 발생한 정치적 견제이자 사회적 분열과 분화에 대한 상층부의 불안이 증폭된 결과라는 점을 보여준다.

결과적으로 19세기 초반 천주교는 불안정한 조선의 정체 속에서 정치권을 동요시킨 진앙震央 역할을 했다. 천주교 공동체의 부상은 사실상 실제적인 사회적 파급력보다 제사 금지 등 유교 국가 조선의 근간인 예교와 충돌할 수 있다는 점 때문에 더 큰 긴장과 불안을 불러 일으켰던 측면이 있다. 무엇보다 조정과 상층부는 양반과 달리 예교 사회에 완전히 포섭될 수 없는 민중들이 일종의 결사 형태를 이루어 일종의 반란을 일으킬 수도 있다는 인식 속에서 이를 선동할 가능성이 있는 상층부 지식인들을 탄압함으로써 사회적 긴장의 불씨를 끄고자 했지만 이 과정이 온전히 성공하기는 어려웠다. 결과적으로 천주교 신앙 공동체는 신유옥사로 인해 크게 위축되었지만 이 박해를 계기로 신자들의 피난이 이어지며 천주교 공동체가 전국적으로 확

脅, 以大舶與國判決云者, 此誠我朝四百年, 未有未聞之逆變也."
28 『日省錄』, 純祖 1年 9月 15日(己丑). "第其隱憂長慮, 惟在於嘯聚徒黨, 做出黃巾白蓮之變."

산되게 되었다. 결과적으로 사제나 지도자 없는 천주교 공동체의 교우촌이 곳곳에 형성되었다.[29]

이후 천주교 공동체에서는 정약종의 아들 정하상丁夏祥(1795~1839)이나 역관 유진길劉進吉(1791~1839)의 경우처럼 북경에 들어가 북경 교회와 접촉하는 등 성직자를 영입하기 위한 다양한 시도들이 발생했고 결과적으로 1831년에 조선대목구가 설정되는 등[30] 교황청에 의해 인정받게 되었다.

2) 유학자들의 비판과 해명의 기록들

1801년 신유옥사는 성장하던 조선 천주교회를 급격히 위축시켰고 상층부 유학자들의 진입과 활동 역시 급격히 폐색되었다. 천주교 관련 서적들은 이미 17~18세기 연행을 통해 조선에 유입되어 유통되고 있었지만 19세기 초반 천주교에 대한 국가적 금압 이후 천주교 관련 서적의 유통은 공식적으로 금지되었다. 서학에 지적으로 접근하거나 천주교를 공적으로 수용할 경로는 완전히 막혔지만 그렇다고 천주교 공동체가 완전히 절멸한 것은 아니었다. 중인 이하 평민들, 특히 여성들로 이루어진 교회 공동체가 여전히 활동하고 있었고 19세기 후반으로 갈수록 천주교 관련 서적들의 인쇄와 유통도 이루어졌다.

조선 천주교회는 신유옥사 이후 조금씩 재건되어 나갔고 천주교 공동체와 신앙 활동과 교리서의 인쇄 등이 지속적으로 이루어졌다. 제사 금지, 사후 심판과 천당지옥, 인격신으로서 천주에 대한 숭배 등은 여전히 유교적 이념들과 충돌할 여지가 있었고 사교라는 낙인과 국가적 금압 역시 지속적으로 작동했지만 그럼에도 불구하고 다양한 종교적 실천들이 시도되었던 것이다.

29　한국교회사연구소 편, 『한국천주교회사』 2(한국교회사연구소, 2010), 119~151쪽.
30　한국교회사연구소 편, 위의 책, 239~249쪽.

유학사의 관점에서 중요한 것은 신유옥사를 둘러싼 유학자들의 반응과 기록들이다. 을사추조적발사건부터 신유옥사에 이르는 과정 즉 서학–천주교의 수용이 정치적 긴장과 강력한 탄압을 유발하게 된 일련의 사건들에 가장 민감하게 반응했던 것은 남인계 학자들이었다. 남인들의 천주교 전향과 그에 따른 내부의 반발은 공서파 중 한 사람인 강준흠姜浚欽의 부친 강세정姜世靖(1743~1818)이 저술한 『송담유록松潭遺錄』과 남인으로서 친서파와 공서파 모두에 비판적인 시각을 가지고 있던 이재기李在璣(1759~1818)가 저술한 『눌암기략訥菴記略』을 통해서 확인할 수 있다.

이 두 책은 소재만 확인되었을 뿐 전모가 드러나지 않아 연구의 한계가 있었으나 최근 번역 출판되어 관련 연구의 한 지평을 열었다.[31] 『송담유록』과 『눌암기략』을 통해 남인들의 서학–천주교 수용 및 비판의 과정과 논리, 계파별 입장의 차이 등을 확인할 수 있다. 우선 『송담유록』은 강세정이 아들인 강준흠의 정치적 입장을 변호하기 위해 쓴 글로 서학에 대한 성호 이익의 인식부터 을사추조 적발 사건에 연루된 인물들, 이승훈에 대한 비판, 주문모 신부의 알려지지 않은 이야기까지 다양한 소재를 다루면서 궁극적으로 공서파의 반서학적 입장을 강변하고 있다. 『눌암기략』 역시 유사한 의도에서 저술되었지만 특히 이재기는 이승훈 등을 극렬히 비판하면서도 이른바 공서파에 대해서도 비판적인 시선을 보인다. 남인 천주교 신앙 공동체와 그 주변을 다루고 있는 이들의 기록은 남인의 지적 분화와 정치적 분화에 대한 남인 내부의 실질적인 목소리를 보여준다는 점에서 의의가 있다.

남인들의 대응이나 천주교 공동체에 관련된 비화들을 넘어 보다 포괄적으로 척사 관련 기록을 모으려는 시도도 나타났다. 공서파 중 한 사람이었

---

31 강세정(정민 역), 『송담유록』(김영사, 2022); 이재기(정민 역), 『눌암기략』(김영사, 2022).

던 이기경李基慶(1756~1819)이 척사 관련 자료들을 정리한 『벽위편闢衛編』이다. 이기경은 정약용, 이승훈과 교유하던 남인의 한 사람으로 초기 천주교 동동체가 활동할 때 함께했지만 정미반회사건 즉 1787년 정약용, 이승훈과 함께 천주교 관련 서적을 공부하던 일을 척사론자 홍낙안에게 고발당한 사건 이후 적극적인 척사론자로 돌아섰다. 이기경은 홍낙안 등과 함께 정약용을 공격했던 인물로 "이기경 또한 서교西敎에 관해 듣기를 즐겨하여 손수 1권을 뽑아 적었는데, 그가 갈라선 것은 무신년(1788. 정조 12)부터였다."[32]는 정약용의 기록을 통해서 그 역시 젊은 시절에는 서학서를 읽었다는 점을 확인할 수 있다. 그러나 일련의 정치적 파장 이후 이기경은 적극적인 공서파로 돌아섰고 조정에서 정약용을 비판하는 선봉에 서게 된다.

『벽위편』은 척사론의 선봉에서 자신이 경험한 일들과 홍낙안, 정약용 등과 주고 받은 편지, 각종 상소 등 관련 기록들을 모아 편집한 책이다. 이기경은 "저들이 이미 윤상倫常을 멸시하여 안중에 군부가 없으며 또한 요사스럽고 간특한 주술이나 부적을 따르니 저들의 이른바 영세領洗, 송죄頌罪 등과 같은 일은 이미 황건적의 부적符水이나 장로張魯의 오두미적과 동일한 본체"[33]라고 주장하며 천주교의 예배 행위 등을 적극적으로 비판한다. 이후 이기경의 4대손인 이만채李晚采가 이기경의 『벽위편』을 토대로 이후의 문헌과 자료를 모아 1931년 동일한 제목의 책을 간행한다. 현재 번역되어 유통되는 것은 이기경의 『벽위편』이 아니라 이만채의 『벽위편』이다.[34] 이만채는 1801년 황사영 백서사건에 대한 조정의 보고에 대해 청의 예부가 보낸 문

---

32 『茶山詩文集』, 卷十六, 「自撰墓誌銘」(集中本). "基慶亦樂聞西敎, 手鈔書一卷, 其貳自戊申也."

33 『闢衛編』, 卷一, 원재연 하상바오로, 「이기경(李基慶)의 『벽위편(闢衛編)』」, 『상교우서』 39(수원교회사연구소, 2013), 21쪽 재인용.

34 현재 『벽위편』의 번역본은 이기경의 현손인 이만채가 1931년 벽위사에서 간행한 간본을 번역한 것이다. 이만채 편(김시준 역), 『벽위편』(명문당, 1987).

서로 마무리되는 이기경의『벽위편』과 달리 1850년대까지 천주교 관련 문서들과 위원魏源(1794~1856)의『해국도지海國圖志』에 대한 소개까지 다룬다는 면에서 후대의 자료를 보충했다.

한편 서학–천주교에 연루된 인물들에 대한 교회측 기록도 중요한 검토의 대상이다. 신유옥사를 전후한 조선 교회의 상황과 관련 인물에 대한 소개와 평가는 프랑스어로 저술된 다블뤼의 조선교회사 관련 기록에 담겨있다. 마리 니콜라 앙토안 다블뤼(Marie Nicolas Antoine Daveluy, 안돈이安敦伊)는 조선에서 활동하던 파리외방전교회 선교사로, 1845년 10월 12일 조선에 입국한 뒤 병인옥사로 순교할 때까지 21년간 조선에서 사제로 활동했다. 그는『조선사 서설 비망기』(Notes pour l'introduction a l'histoire de Coree),『조선 순교자 역사 비망기』(Notes pour l'histoire des martyrs de Coree),『조선 주요 순교자 약전』(Notice des principaux martyrs de Coree) 등을 저술해 프랑스로 보냄으로써 조선 천주교회의 사정을 외부에 알리는 역할을 했다.[35]

교회사적 차원에서 최초의 통사적 저술은 클로드 샤를르 달레Claude Charles Dallet(1829~1878)가 편찬한 Histoire de I'Église de Corée 즉『한국천주교회사』[36]라고 할 수 있다. 파리외방전교회 출신 달레는 조선에서 활동하거나 방문한 적이 없는 인물이지만 파리외방전교회에 축적된 선교사들의 자료와 편지들, 무엇보다 조선에서 활동한 다블뤼의 기록을 활용해 조선 천주교회의 기록을 정리한 것으로 알려져 있다.[37] 이 책들은 기본적으로 교회

35 김정숙,「신유박해에 관한 프랑스어 자료 분석: 달레와 다블뤼의 자료 비교」,『신유박해 연구의 방법과 사료』(한국순교자현양위원회, 2003).
36 샤를르 달레(안응렬, 최석우 역주),『한국천주교회사』상중하(한국교회사연구소, 1979~1981).
37 최석우,「달레 저 한국천주교회사의 형성 과정」,『교회사연구』3(한국교회사연구소, 1981); 양인성,『한국천주교회사』(샤를르 달레, 1874)의 편찬과 한글 번역」,『민족문화연구』95(고려대학교 민족문화연구원, 2022)등 참조.

사적 관점에서 저술된 교회사 기록이지만 서학—천주교 수용과 관련된 홍유한洪有漢(1736~?), 이벽, 권철신, 권일신, 정약전, 정약종, 정약용 등 남인 계열 학자들의 기록이기도 하다는 점에서 검토의 의의가 있다.

한편 정약종의 『주교요지主敎要旨』나 정하상의 『상재상서上宰相書』처럼 자생적이고 토착적인 서학서의 등장 역시 주목할 만한 주제다. 조선 최초로 평신도회인 명도회明道會 회장을 맡았던 정약종은 정약용의 둘째 형이자 황사영의 장인으로서 천주교 신앙 공동체를 이끈 충실한 신앙인으로 평가받는다. 정약종은 천주교와 연루되며 유배를 당했던 두 동생 정약전이나 정약용과 달리 신유옥사 때 처형당했는데 그 자신의 처형과 동생들의 유배를 갈랐던 결정적 계기는 서학서를 숨긴 책상자였다. 주문모 신부의 존재가 드러나며 천주교 신앙 공동체에 대한 위협이 가시화되자 정약종은 서학서를 안전한 곳에 옮기고자 했는데 이것이 발각되며 신유옥사가 불붙었다고 할 수 있다. 정약용 역시 "한성부漢城府에서 우리 집안의 편지가 든 상자를 지고 가는 한 농부를 잡아 드디어 큰 옥사獄事가 일어났다"고 기록한 바 있다.[38] 이 책상자에는 편지가 포함되어 있었는데 이 편지에 정약전과 정약종이 천주교에 깊이 연루되지 않았음을 증명할 만한 내용이 담겨 있었던 것이다.[39]

『주교요지』는 정약전이 저술한 조선 최초의 한글 교리서로 평가받는다.[40]

---

38 丁若鏞, 『茶山詩文集』, 卷十五, 「貞軒墓誌銘」. "適漢城府捉一氓負筒, 筒中有鏞家書札, 遂起大獄."

39 "정약전과 정약용은 중간에 사학을 버리고 정학으로 돌아왔다고 하는 것을 비단 자기 입으로 말했을 뿐만 아니라, 정약종에게서 적발한 문서 가운데 사학의 도당들과 주고받은 서찰에 '그대의 동생들이 알게 하지 말라.'라는 말이 있고, 정약종이 손수 쓴 문서 가운데에도 '형제들과 같은 학문을 할 수 없는 것은 모두 나의 죄이다.'라고 하였습니다. 그들이 뉘우친 행적은 의심할 것이 없을 듯하니 次律에 처해야 합니다.(丁若銓 若鏞, 則中間棄邪歸正云者, 不但自巢口發明, 而已若鍾之現捉文書中, 邪黨書札有勿令汝弟知之之語, 若鍾所自書文蹟中, 又謂不能與兄弟同學莫非已罪云, 其悔悟之跡似無可疑, 施以次律.)" 『日省錄』, 純祖 1年 2月 25日.

40 『주교요지』는 1885년 목판본과 1897년 활판본 등 여러 판본들이 존재하는데 한국교회사연구소가 목판본과 활판본을 영인해서 간행하였다. 서종태, 「정약종의 『주교

이본에 따라 차이가 있지만 일반적으로 상 하 2편 1책으로 이루어져 있으며 신 존재 증명, 천주의 속성, 신에 의한 천지창조, 영혼 불멸, 천주 교회에 대한 일반적 내용 등을 담고 있다. 『주교요지』는 이러한 내용을 평민 신자들이 쉽게 접근할 수 있도록 한글로 저술함으로써 천주교의 핵심 원리와 교회와 신앙에 관한 중요한 정보를 대중적으로 확산했다는 점에서 큰 함의를 가진다.

정약종의 차남이었던 정하상의 『상재상서』 역시 토착적인 호교서라는 점에서 매우 중요하다. 정약종의 차남이자 정약용의 조카로 태어난 정하상은 부친 정약종이 신유옥사에 사망했을 때 7살의 어린 나이였다. 정하상은 이후 신앙 생활을 하던 모친과 함께 어렵게 생활하다 1816년 역관 노비 신분으로 동지사행에 오른다. 이때 북경 남당에서 루네스 신부로부터 성사를 받는다.[41] 이후 여러 차례 북경에 오가며 밀사로 활동한다. 1839년 기해옥사己亥獄事 때 체포되었다가 참수되었는데 『상재상서』는 그 전에 집필한 호교서이다. 『상재상서』는 천주교에 대한 관대한 처리를 호소하는 내용과 신의 존재와 공경의 이유, 영혼의 존재와 천당 지옥, 제사 등 천주교에 대한 비판점들을 조목조목 반박하는 내용을 담고 있다.[42] 정하상의 호교적 태도에 대해 『벽위편』은 "조정의 백관을 끌어다 자기 편으로 만들어 이 나라의 온 백성을 (서교에) 빠뜨려서 금수에 이르도록 한 뒤에야 그치려는 것"[43]이라고 비판하며 황사영의 백서와 같은 글이라고 규정한다.

요지』에 대한 문헌학적 검토」, 『한국사상사학』(한국사상사학회, 2002). 그 외에도 여러 필사본들이 절두산 순교박물관 등에 소장되어 있다. 2012년에는 한국고등신학연구원에서 영역으로 출판되기도 했다. 정약종, 『주교요지』(한국고등신학연구원, 2012), 121쪽.

41 한국교회사연구소 편, 『한국천주교회사』 2(한국교회사연구소, 2010), 173쪽.
42 『상재상서』에 관한 연구는 다음을 참조. 신대원, 『정하상(丁夏祥, 1795~1839)의 『上宰相書』 연구』(가톨릭출판사, 2003).
43 이만채 편(김시준 역), 앞의 책, 344쪽.

박해와 비난 속에서 저술된 이 글들은『성세추요』,『천주실의』등의 서학서의 형식과 내용을 참조한 호교론적 성격의 저술들이지만 유교적 문맥과 용어들, 불교를 이단으로 평가하는 도통론의 관점 등 유학의 전통과 문제의식을 확인할 수 있다는 점에서 서학에 대한 근대 유학의 중요한 대응 방식으로 평가할 수 있다.

3. 척사斥邪에서 해방海防까지, 서학의 반작용들

1) 남인들의 척사서

유학의 관점에서 서학과 관련된 중요한 초점 중 하나가 서학의 유입에 따른 반작용과 비판이라고 할 수 있다. 남인들을 중심으로 서학 혹은 천주교를 적극적으로 수용하는 지식인 집단이 형성되었지만 이와 동시에 이에 대한 비판과 경계 역시 다양하게 표출되었기 때문이다. 18세기 중반부터 도출되어 20세기 초반까지 지속되었던 서양이라는 타자에 대한 비판과 경계는 조선 후기 유학의 중요한 단면이자 맥락 중 하나다.

'척사斥邪' 또는 '벽사闢邪' 즉 유학자들의 정통 의식에 따른 이단에 대한 경계와 비판은 도교와 불교 등 도통의 경계 외부에 존재하는 학문과 실천을 배제하고 정학正學으로서의 유학의 정통성과 도덕적 가치를 재확인하기 위한 관행적인 발화의 성격을 띠고 있었지만 천주교라는 새로운 타자가 등장하자 유학자들은 척사를 실존하는 위협에 대한 실질적인 대응으로 받아들였다.

연행 과정에서 유입된『천주실의』,『칠극』,『교우론』,『기하원본』등의 서학서들, 그리고 청이 도입한 새로운 서양 역법 시헌력의 수용과 관련하여 조선에 들어온 역법과 천문학 관련 서학서들은 당시 유학자들의 관심을 끌었고 큰 제약없이 확산되었다.[44] "서학서가 선조 말년부터 이미 우리나라에 들어와서 명경석유名卿碩儒 가운데 보지 않은 사람이 없었으나, 제자諸子나 도가, 불가 정도로 여겨서 서실의 구색으로 갖추었으나 이로부터 취택하는 것은 단지 상위象緯와 고구句股에 관한 것 뿐이었다."[45]는 안정복의 말로도 당시 서학서의 유행과 전파에 대해 확인할 수 있다. 서학서를 돌려보며 연구한 것은 남인들 만은 아니었다. 김원행金元行(1703~1772)의 제자였던 황윤석黃胤錫(號 頤齋, 1729~1791)의 기록은 당시 서울을 중심으로 서학서가 유통되던 상황을 잘 보여준다.

> 정철조鄭喆祚는 평생 서양 역법의 연구에 매진했는데『수리정온數理精蘊』과『역상고성曆象考成』두 질을 토열했다고 한다. 이 두 질은 모두 강희제 때 서양 역법으로 윤색된 것으로『수리정온』40여 권과『역상고성』9권은『기하원본幾何原本』의 범위를 넘어서지 않았다고 전했는데 특히『기하원본』은 매부인 이가환의 집에 있다고 했다.[46]

정철조는 조선 후기 문신이자 화가로 알려진 인물로, 홍대용, 박지원과 깊이 교류한 인물로 알려져 있다.[47] 황윤석은 정철조와 그의 매부였던 남인

---

44 예를 들어 성호 이익은『천주실의』,『主制郡徵』,『칠극』등 대표적인 서학서들을 비롯해『織方外紀』,『乾坤體義』,『天文略』,『治曆緣起』,『簡平儀說』,『幾何原本』,『渾蓋通憲圖說』같은 서학서를 선구적으로 연구한 뒤에 제자들에게 서학서를 읽기를 권하였고 제자들과 서학에 관한 토론을 주고받기도 했다. 금장태는 이원순, 한우근의 연구를 바탕으로 성호 이익이 접한 서학서와 서양 문물을 각각 21종과 9건으로 정리하고 있다. 금장태,『조선 후기 유교와 서학』(서울대학교 출판부, 2003), 55~56쪽.

45 安鼎福,『順菴集』, 卷十七,「天學考」. "西洋書, 自宣廟末年, 已來于東, 名卿碩儒, 無人不見, 視之如諸子道佛之屬, 以備書室之玩, 而所取者, 只象緯句股之術而已."

46 『頤齋亂藁』, 卷十一, 1768年二 8月 23日(戊寅). "蓋鄭君一生專治西洋曆象之學, 又方討閱數理精蘊, 曆象考成, 是二帙, 皆康熙以西法潤色, 而稱以御製者也, 精蘊四十餘卷, 考成八九卷抄而不出於幾何原本範圍之外, 原本方在其妹夫李家煥處云."

47 정철조는 박지원과 친분이 깊었는데『과정록』에도 그가 천문의기 제작에 뛰어났다는 기록이 남아 있다. 박종채,『역주 과정록』(태학사, 1997), 48쪽.

이가환 등과 서양 수학서를 중심으로 활발하게 교류한다.[48] 다양한 기록들을 통해 성호 이익이나 황윤석이 서학서를 연구하던 시기에 서학서가 강력한 지적 긴장이나 정치적 파장을 일으키지 않았음을 알 수 있다.

그러나 앞에서 보았듯 천주교 공동체의 활동이 가시적으로 드러나기 시작하자 천주교를 사학, 사교로 규정하려는 일련의 시도들이 나타났다. 서학에 대한 성호 이익의 개방적 태도와 그로 인한 학파의 분기는 결국 1801년 신유옥사 때 체포와 고문, 유배와 처형으로 이어지는 국가적 탄압을 거치며 최고조에 달했다. 성호학파 내부의 척사론은 대체로 신유옥사 이전에 저술된 것으로 조선 최초의 척사론이라 할 수 있는 신후담愼後聃(1702~1761)의 「기문편紀聞編」과 『서학변西學辨』을 시작으로 안정복安鼎福(號 順菴, 1712~1791)의 「천학고天學考」와 「천학문답天學問答」, 이삼환李森煥(號 木齋, 1735~1813)의 「양학변洋學辯」, 윤기尹愭(號 無名子, 1741~1826)의 「벽이단설闢異端說」 같은 척사론이 남인 내부에서 도출되었다.

이후 기호 남인의 일부가 천주교와 연루되며 좌도로 낙인이 찍히자 그 영향이 영남 남인에게까지 확산되었다. 특히 신유옥사로 기호 남인의 수장과도 같았던 채제공의 아들이 파직되고 이미 죽은 채제공의 관직마저 삭탈당하자 채제공의 신원 문제로 영남 남인들에게까지 서학-천주교의 파장이 미치게 되었다. 이 때문에 영남 남인들 사이에서 남인 전체에 대한 노론의 의심을 끊을 뿐 아니라, 기호 남인의 서학 이해와도 선을 그어야 할 현실적인 요구가 발생했다. 이 과정에서 기호 남인과 영남 남인의 벽이단론을 연결한 것은 안정복의 『천학문답』이었다.

안정복은 1784년부터 쓰고 있던 척사론적 저술을 정리해 1785년 『천학

---

48 서학서를 통한 황윤석과 정철조, 이가환 등의 교류에 대해서는 다음을 참조. 김선희, 「금대 이가환의 서학(西學) 연구와 그 파장」, 『민족문화연구』(고려대학교 민족문화연구원, 2023).

문답』을 완성한다. 천주교 박해 이전에 저술된 신후담의『서학변』이 성리학적 입장에서 오로지 서학의 학술적 내용에 대한 이론적 논파를 목적으로 한 것이라면 안정복은 천주교가 남인을 위협에 빠뜨릴 수 있다는 위기감을 바탕으로 남인 소장학자들에게 서학-천주교에 접근하지 말 것을 경고하려는 차원에서『천학문답』을 저술한다. 이 글은 이후 안정복과 교류하던 상주 출신의 남한조南漢朝(號 損齋, 1744~1809)를 비롯해 이상정李象靖(號 大山, 1711~1781) 계열의 남인들에게 전파되었다.

이미 남인들이 정치적 공격의 대상이 된 이후였기 때문에 안정복의 척사론은 영남 남인들 사이에서 새로운 척사론을 유발하는 도화선 역할을 했다. 우선 남한조는『천학문답』을 얻어 읽은 뒤 자기 방식으로 연구하여 「안순암천학혹문변의安順庵天學或問辨疑」, 「이성호(익)천주실의발변의李星湖(瀷)天主實義跋辨疑」 등 두 편의 글을 통해 척사론을 전개한다. 남한조는 단순히 서학을 비판하는 데 그치지 않고 기호 남인의 종장인 성호 이익의 서학 인식을 비판하는 한편, 척사론인 안정복의 글도 비판의 대상으로 삼는다.

성호 이익의 서학 인식에 대한 남한조의 핵심적 비판은 그가 서학의 천주天主가 곧 유학의 상제上帝라고 본 점이다. 성호 이익은 고경古經에 등장하는 상제가 곧 서학에서 말하는 천주라는 서학서의 주장을 수용한다. 천주가 곧 유가의 상제라는 주장은『천주실의』에서 마테오 리치가 채택한 일종의 적응주의 전략에 따른 주장으로, 성호 이익뿐 아니라 풍응경馮應京(1555~1606), 양정균楊廷筠(1557~1627), 이지조李之藻(?~1631) 등 중국 유학자들도 수용한 일반론 중 하나였다.[49]

또한 이는 상제-귀신을 인격적 존재로 인정하는 것이었다. 이러한 인식

---

49 천주가 상제라는 주장에 대한 유학자들의 입장에 대해서는 다음을 참조. 김선희, 앞의 책(2012), 137~139쪽.

은 성호학파의 대부분이 공유하던 바였다. 그러나 상제에서 인격성을 확인하고 이를 천주와 동일시하는 입장은 영남 남인의 입장에서는 심각한 논란거리였다.

> 성호는 저들이 말한 천주가 유가에서 말하는 상제라고 하였다. 그러나 유가에서 말하는 '상제'는 리理의 주재主宰로써 말했으니, 감정이나 의도가 없고 조작하는 것도 없으나 온갖 변화의 근본이 될 수 있다. 저들이 말하는 '천주'는 기氣의 영신靈神으로써 말했으니, 감정이나 의도가 있고 조작하는 것도 있어서 수많은 기량伎倆을 꾸며 낸다. 이 때문에 유가에서 귀신에게 제사 지내는 것은 리에 뿌리를 두고 상제를 밝게 섬기는 의리이다.[50]

남한조는 천주교에서 말하는 천주가 괴이한 기적을 행할 수 있는 일종의 기의 영신에 불과하다고 주장한다. 이와 달리 유가의 상제는 리의 다른 표현에 불과하다며 오직 만물에 내재한 필연적 법칙의 의미만 갖는다는 것이다. 본래 고대 경전에 나타나는 상제는 초월성과 인격성을 가진 존재로 묘사되었고 주희나 이황을 포함해 후대 학자들 역시 『시경』과 『서경』 등에 묘사된 상제를 이기론이나 귀신론이라는 학문적 주제로 다루었다. 성호 이익 역시 주희의 해석을 넘어서지 않는 선에서 상제의 인격성을 인정했지만 남한조의 입장에서 상제는 리의 다른 국면일 뿐이었다. 결과적으로 남한조는 서학과 서학을 수용한 성호 이익을 함께 비난한 셈이다.

남한조의 척사론 저술은 후에 다음 세대에 속하는 류건휴柳健休(號 大埜, 1768~1834)의 『이학집변異學集辨』으로 이어진다.[51] 『이학집변』은 안정복의 「천

---

50 『遜齋先生文集』, 卷二, 「李星湖 瀷 天主實義跋辨辨迂」, "其曰彼所謂天主, 卽儒家之上帝也. 儒家所謂上帝, 以理之主宰而言也, 無情意無造作, 而能爲萬化根本也. 彼所謂天主, 以氣之靈神而言也, 有情意有造作, 而粧出許多伎倆也. 是以儒家之祭祀鬼神, 本乎理, 昭事上帝之義也."

51 류건휴(권진호 외 역), 『이학집변: 영남 유학자의 이단 비판』1~3(한국국학진흥원,

학문답』을 통해 촉발된 영남 남인들의 척사론적 입장을 종합하고 강화하기 위한 시도로 볼 수 있다. 류건휴는 18세 때 호문삼로湖門三老로 불리며 퇴계학의 정맥을 이은 것으로 평가받는 류장원柳長源(號 東巖, 1724~1796)에게 수학했고 류장원이 죽은 뒤에는 손재 남한조에게 나아가 배웠다. 『이학집변』의 저술 역시 남한조의 영향을 받은 것이다.

『이학집변』은 천주학 외에 노장, 불교, 양명학 등 정학의 입장에서 이단의 목록을 재구성하고 도통의 이념을 확인하려는 목적에서 저술된 것이다. 그러나 이 책의 진정한 목표 중 하나는 천주학에 연루되어 있었던 기호 남인과의 거리두기였다. 류건휴 자신이 서문에서 밝힌 『이학집변』의 집필 동기가 '육구연陸九淵의 무리(陸氏之徒)'와 '천학자天學者', 즉 천주학 신봉자들을 명확하게 논파하지 못했다는 문제의식이었다는 점이 이를 명확히 보여 준다.

류건휴 역시 리와 상제의 문제를 핵심적인 문제로 보고 기호 남인들의 주장을 비판한다. "지금 순암은 '주재함이 있는 것으로써 말하면 상제라 하고, 소리도 없고 냄새도 없는 것으로써 말하면 태극이라 한다.'라고 하였다. 이미 이와 같이 나누어서 말한다면, 상제는 소리와 냄새가 없을 수 없고 태극은 주재함이 있다고 할 수 없다. (안정복이) 그 아래에 비록 '리는 둘이 아니다.'라고 말하였으나, 언어의 맥락 사이에 병통이 없을 수 없다."[52]고 비판한다. 류건휴는 상제를 철저히 리의 관점에서만 파악하고자 했기 때문에 상제와 태극을 리의 두 국면으로 보려는 안정복은 물론 이 분리를 강하게 비판하지 않은 남한조까지 비판하고 있는 것이다.

사실 『이학집변』이 집필된 것은 이미 신유교난(1801)이 발생한 뒤 삼십 여

2013); 이용주 외, 『조선 유학의 이단 비판: 『이학집변』을 중심으로』(새물결출판사, 2016).

52 류건휴(권진호 외 역), 『이학집변』(한국국학진흥원, 2013), 197쪽. 이후 책명과 쪽수만 표기한다. 번역은 국역을 참고하되, 필자가 수정하였다.

년이 지난 1833년이었다. 물론 신유교난 이후에도 중인과 하층민들을 중심으로 전국에서 천주교의 확산은 은밀히 이루어지고 있었지만 영남 지역에까지 대규모로 확산되기 이전이다. 따라서 당시 '천주학의 위험'은 이 책이 집필된 결정적인 동기라고 보기 어렵다. 실질적인 집필 동기는 천주학의 위험이 아니라 기호 남인이 천주학에 연루됨으로써 영남 남인에게까지 미친, '남인을 향한 의심과 위협'이라고 보아야 한다.

중요한 것은 기호 남인의 척사론과 영남 남인의 척사론이 서로 다른 방식으로 분기되고 분화되었다는 것이다. 기호 남인의 척사론이 주로 신유옥사 이전에 저술된 것이라면 『이학집변』의 경우는 1833년에 저술된 것으로 신유옥사 이후에 저술된 것이다. 그러나 시간적 차이만으로는 양자의 분화와 차이를 설명하기 어렵다. 따라서 이 차이를 설명하기 위해서는 당시 정치적 구도와 학문 권력의 이동 문제를 함께 살펴야 한다.[53]

2) 벽사론과 해방론

18세기부터 등장하기 시작한 척사론의 발신자들은 천주교를 사교로 규정하려는 동일한 목표를 지향하고 있었지만 출발점과 세부적인 경로들, 강조점을 달리했다. 기호남인에서 영남남인으로 이어지는 척사론이 전통적인 정학과 사학의 대결 구도를 보인다면 중영 전쟁과 북경 함락 등 19세기 중엽 달라진 국제 정세 속에서 도출된 척사론과 국가 방어론인 해방론海防論은 학문이나 종교적 실천에 대한 경계를 넘어 조선의 존립 자체를 염려하는 정치적이고 외교적인 경계의 성격을 띤다.

이 분기가 명확해진 것은 19세기 중반이다. 중영 전쟁과 영불 연합군에

---

53 김선희, 「19세기 영남 남인의 서학 비판과 지식권력: 류건휴의 『이학집변』을 중심으로」, 『한국사상사학』 51(한국사상사학회, 2015).

의한 북경 함락 소식이 전해졌기 때문이다. 아편전쟁으로 알려진 1839년의 1차 중영 전쟁과 1856년 발발한 2차 중영 전쟁, 영불 연합군에 의한 1860년의 북경 함락 등 청조의 쇠락과 군사력을 앞세운 서양의 침략은 조선 상층부를 강력하게 동요시켰다. 도래하는 서양 세력과 중국의 패배라는 현실에 대면해야 했던 19세기 중반의 상황은 당대 유학자들에게도 큰 충격을 주었다. 무엇보다 서양 세력에 의한 북경 함락 소식에 유학자들은 중인과 여성층에서 두드러진 천주교의 확산과 그에 따른 예교의 파괴라는 내적인 문제를 넘어 조선이라는 국가의 존망 자체를 걱정하지 않을 수 없었다. 이에 따라 척사론의 성격도 변화한다. 도통을 수호하려는 의지에서 천주교를 좌도이자 사교로 규정하며 비판했던 19세기 초의 척사론과 달리 19세기 중반의 척사론은 보다 실질적인 위협과 불안에서 촉발된다.

특히 민감하게 대응했던 것은 노론 산림들이었다. 윤종의尹宗儀 (1805~1886), 박규수朴珪壽(1807~1877), 김평묵金平黙(1819~1891) 같은 노론계 지식인들은 청의 쇠락과 통상을 요구하는 서양의 군사적 위협, 서양 지식과 기술의 도래에 따른 전통 지식의 위협을 대면하자 척사를 주장하며 적극적인 목소리를 내기 시작했다. 헌종 14년인 1848년에 저술된 윤종의의『벽위신편闢衛新編』은 19세기 중반에 나온 대표적인 척사론 중 하나다.

한미해진 상태였지만 파평 윤씨의 후손으로 노론의 일원이었던 윤종의는 조선이 처한 현실을 직시하고 위기를 돌파하기 위한 대응책의 일환으로 1848년『벽위신편』을 저술한다. 그는 조선의 지리서들은 물론 중국 서적들을 두루 섭렵하고 이를 토대로 전 7권의 초고본『벽위신편』을 완성한다. 이후 윤종의는 위원의『해국도지』와『영환지략』등 당시 최신의 중국 서적의 정보를 보강하여 1880년대에 7권 5책의『벽위신편』을 새롭게 완성한다. 사실상『벽위신편』은 윤종의의 독창적인 저술이라기보다는 척사론과 해방론에 해당되는 내용을 채록한 결과물이라고 볼 수 있다. 윤종의는『해국도지』등에서 얻은 서양의 지리적 정보를 소개하고, 천주교에 대한 국가적, 사회적 대응 방법에 대해서 제안하는 한편 국방의 관점에서 해방론海防論을 주장한다.

윤종의와 친분이 있었던 박규수의 척사론,『벽위신편평어闢衛新編評語』역시 19세기 중반에 도출된 서양에 대한 유학의 반응을 살필 수 있는 중요한 자료다. 박규수는 초고본『벽위신편』의 미비점을 지적하는 등 윤종의의 척사론과 해방론에 큰 관심을 보였고 윤종의의 부탁을 받고 총 13단락으로 이루어진『벽위신편평어』를 저술한다. 김평묵의「벽사변증기의闢邪辨證記疑」역시 19세기에 도출된 척사론 저술 중 하나다.[54] 노론의 중심을 이루는 화서학파 이항로의 문하에서 성장하여 스승을 이어 화서학파의 중심 인물로 활동했던 김평묵은 신유옥사 이후 반포된「토역반교문討逆頒教文」과 전 시대 유통되었던 안정복의『천학문답』과『천학고』, 이정관李正觀의「벽사변증闢邪辨證」, 남숙관南肅寬의「원서애유략만물진원변략遠西艾儒略萬物眞源辨略」등 척사 관련 저술들을 참고하여「벽사변증기의」를 저술한다. 이처럼 노론계의 척사론은 18세기에 도출된 남인 척사론을 참고하는 경우가 많았지만 그 지향과 목적, 척사론의 연장이자 확장으로서의 해방론을 전개했다는 점에서 차별성을 보인다.

19세기 중반에 도출된 척사론 가운데 김치진이 저술한『척사론斥邪論』역시 주목할 만하다. 김치진의 척사론은 이미 서학서들이 사학으로서 금서로 낙인찍혀 더 이상 유통이 되지 않던 상황에서 직접 신앙 공동체에 잠입하여

---

54 이재석,「朝鮮朝末 危機의 知識人, 金平黙의 政治思想」,『동양정치사상사』, 2(1) (동양정치사상사학회, 2003); 오영섭,「華西學派의 對西洋認識: 李恒老·金平黙· 柳麟錫의 境遇를 中心으로」,『태동고전연구』14(한림대학교부속 태동고전연구소, 1997).

실제로 신앙 공동체 내부의 서적들을 열람한 후에 작성되었다는 점에서 다른 척사론과 다르다. 상주 출신 학자로 알려진 김치진은 정학을 밝히려는 사명감으로 서학서와 교리서 열람을 위해 천주교 공동체에 잠입해서 그 안에서 교리서를 열람하고 신자들과 토론을 한 뒤 이를 바탕으로 척사서를 저술했다.[55] 선행 연구는 김치진의 당색은 확인할 수 없지만 노론계의 척사론과 결이 다르다는 점에서 남인계 공서파의 서학 비판과 같은 계열로 추정한다.[56]

김치진은 30여 개 항목에 걸쳐 천당지옥설, 영혼불멸설, 천신, 일곱 성사, 사원소설, 구원, 예배, 제사 거부 같은 천주교의 핵심적인 이념과 교리들을 논파하고자 한다. 또한 김치진은 천주교의 확산과 동향을 거론한 뒤 이를 막을 구체적인 방법을 제안하기도 한다. 김치진은 잠입을 통해 천주교 공동체에 출입했다는 점에서 다른 유학자들에게도 비판을 받았으나 자신의 행위와 저술이 오직 정학을 지키려는 신념에서 비롯된 실천임을 자부했다.

19세기 중반에 도출된 다양한 척사론들은 이미 금서가 된 서학서를 직접 볼 수 없는 상황에서 유통되던 척사서와 중국 서적들을 참고하여 천주교의 윤리적 한계와 조선 방어를 위한 대책들을 제안하고자 한다. 이들에게 척사의 문제는 단순히 정학의 수호에 한정되지 않았다. 중영 전쟁의 패배와 같은 서구 세력의 진출과 그 압력은 19세기 유학자들에게 풀어야 할 시대적 과제이기도 했다. 이후 서양은 물론 일본의 침탈이 가속화되는 상황에서 유학자들은 위정척사운동을 통해 정학을 수호하고 이단과 야만을 비판하고자 했다. 이 시기 유학자들의 척사론은 근대 시기 유학의 세계 개입이자 대응의 일환이었으며 나아가 국가의 존립 자체가 위태로워진 상황에서 유학의

---

55 대표적인 연구는 다음과 같다. 노대환, 「19세기 중반 김치진의 『척사론(斥邪論)』」, 『대구사학』 84(대구사학회, 2006); 최정연, 「김치진의 척사론(斥邪論) 역주본 해제」, 『한국철학논집』 76(한국철학사연구회, 2023).
56 최정연, 위의 논문, 109쪽.

존폐 문제와도 연결된 절실한 목소리라고 할 수 있다. 19세기 말에 등장한 기정진, 류인석, 최익현 등의 문명론과 위정척사운동, 해학 이기의 척사론과 신학문의 요구 역시 20세기로 향하는 근대 유학의 전개 양상을 살피는 중요한 창 역할을 한다.

4. 새로운 지적 자원으로서의 서학

1) 유서類書와 서학의 조우

척사론이 서학의 유입과 천주교의 확산에 따른 유학자들의 직접적 대응이었다면 새로운 지식과 실천의 유입을 지적 분화와 확장이라는 측면에서 활용한 사례 역시 서학과 유학의 조우를 검토하기 위한 중요한 단면이다. 대표적인 사례가 바로 동아시아식 백과전서 즉 유서類書다. 조선 후기에 확산되던 박학의 풍토는 여러 유학자들에게 지적 자극을 주었고 그로 인해 다양한 유서가 등장했다.

조선 후기는 중국과 일본 등에서 유입된 다양한 지식을 정리하고 재배치하려는 지적 욕구의 시대이자 이를 담은 '유서'의 시대이기도 하다. 유서의 저술은 단편적 지식을 축적하고 정리하는 수준을 넘어 개별적 지식에 맥락과 범주를 부여해 분류하고 활용하려는 지적 재배치의 경향을 보여준다. 이 지적 재배치의 구조와 목적, 활용은 당연히 지식의 토대를 이루는 사회적 변화나 지적 변화에 연동되어 있기 때문에 유서 역시 사회적 변화에 대한 지적 대응의 양상을 보여준다.

서학 역시 전통적인 지적 축적과 배치의 산물인 유서의 전통에 중요한 변곡점 역할을 한다. 이수광李睟光(1563~1628)의 『지봉유설芝峰類說』이나 성호 이익의 『성호사설星湖僿說』, 이규경李圭景(1788~1856)의 『오주연문장전산고

五洲衍文長箋散稿』등 조선 후기에 저술된 유서들은 조선의 지적 전통 중 하나지만 이들은 전통적인 지적 자원 외에 중국과 일본을 경유해 조선에 유입된 새로운 지식들, 특히 서학의 이론과 서양 정보들을 적극적으로 활용한다.

조선 후기에 저술된 유서들은 서양 선교사들에 의해 전달된 서양의 다양한 분과 지식이 전통적인 동아시아의 지적 체계 안에 어떻게 삽입되고 변용되거나 융합되는지 확인시켜 준다. 자연학과 자연철학 지식의 번역은 예수회의 중국 진출 초기부터 일관되게 시도했던 전교 전략의 핵심적 영역이었다. 이들에게 자연 세계에 대한 지식과 기술은 중국인들에게 우월한 유럽 문화와 학문의 수준을 보여주기 위한 전시품에 한정되지 않았다. 중세부터 르네상스 시대에 이르기까지 자연학과 자연철학, 기술적 도구들의 발달은 창조주 신의 섭리와 본질적으로 연결되어 있었다.

그러나 이 신을 향한 각론의 지식들은 선교사들이 기대한 방식으로 수용되거나 작동하지 않았다. 본래 서양 선교사들이 한문서학서를 통해 중국에 전달한 지식은 유럽 지식장 안에서 범주화되고 체계화되어 있던 것들이지만 동아시아에 전달된 순간 원본의 맥락과 체계를 떠나 개별화되거나 재배치된다. 이 지적 재배치를 잘 보여주는 것이 조선 후기 유서들이다.

유서 가운데 가장 먼저 서학 지식을 전달한 것은 이수광의『지봉유설』이다. 이수광은『제국부諸國部』「외국外國」조에서 구라파歐羅巴 즉 유럽에서 온 마테오 리치와 그의 저술『천주실의』의 핵심 내용을 소개한 바 있는데[57]『천

---

57 "歐羅巴國 또한 大西國이라고도 한다. 利瑪竇라는 자가 있어 8년간 바다를 떠다니다가 8만 리의 풍파를 건너 마카오에 10여 년을 거하였다.『천주실의』2권을 지었는데 첫머리에 천주가 천지를 창조하고 만물을 主宰하고 安養하는 道를 논하였다. 다음으로는 사람의 혼이 불멸하며 금수와는 크게 다름을 논하였다. 다음으로는 (불교의) 윤회와 육도의 오류와 선악의 응보로 천당과 지옥에 간다는 설에 대해 변석하였다. 마지막으로 인성이 본래 선하며 천주의 뜻을 경건히 받들어야 함을 논하였다. 그들 풍속에 임금을 교화황이라고 하는데 혼인하지 않아 후사를 두지 않으므로 현자를 택해 세운다고 한다. 그들의 풍속은 우의를 중히 여기며 사사로운 축재를 하지 않는다.『중우론』『교우론』)을 지었는데 조횡이 말하기를 '서역에서 온 리마두군

주실의』가 공식적으로 간행된 것이 1603년이었고 이수광이『지봉유설』을 탈고한 것이 1614년이라는 사실을 감안한다면 조선 학자들의 서학 정보의 수용이 상당히 이른 시기부터 이루어졌음을 알 수 있다.[58]

『지봉유설』이 서양 선교사의 존재와 서학의 핵심 내용을 조선에 전하는 역할을 했다면 보다 실질적인 지적 활용의 사례는 성호 이익에서 나타난다. 주지하듯 성호 이익은 조선의 어떤 유학자보다 서학에 관심이 많았으며 누구보다 많은 서학서를 읽었다. 서학에 대한 그의 관심과 수용 방식은 그의 유서『성호사설』에서 확인할 수 있다. 특히 성호 이익은 서학의 자연학적 지식들에 관심이 컸다.『천지편』에 수록된 여러 기사들이 그의 관심사를 보여준다.[59]

「시헌력」이나「혼개渾盖」,「십이중천十二重天」 같은 글은 서학의 역법이나 천문학 이론을 다룬 것이고「서국의西國醫」는 서양 해부학과 생리학을 이론적으로 검토한 글이다.「성토탁개도星土坼開圖」,「방성도方星圖」는 서양식 천문지도의 이름을 표제로 삼은 경우이고「오약망鄔若望」과「육약한陸若漢」은 예수회 선교사 아담 샬과 로드리게스의 이름을 표제로 내세운 것이다. 서학이 성호 이익의 유서 저술에 상당히 중요한 지적 자원이었음을 알 수 있다.

은 벗을 제 2의 나로 여긴다고 했으니 이 말이 매우 기이하다.'라고 하였다. 상세한 것은『속이담』에 보인다.(歐羅巴國, 亦名大西國, 有利瑪竇者, 泛海八年, 越八萬里風濤, 居東粤十餘年, 所著天主實義二卷. 首論天主始制天地, 主宰安養之道, 次論人魂不滅, 大異禽獸, 次辨輪廻六道之謬, 天堂地獄善惡之報, 末論人性本善而敬奉天主之意. 其俗謂君曰敎化皇, 不婚娶故無襲嗣, 擇賢而立之, 又其俗重友誼, 不爲私蓄, 著重友論. 焦竑曰, 西域利君以爲友者第二我, 此言奇甚云, 事詳見續耳譚.)"李睟光, 『芝峯類說』, 卷二,「外國」.

58 이수광이 서학에 관한 정보를 얻은 것은 28세 때인 1590년부터 49세 때인 1611년까지 세 번에 걸쳐 이루어진 그의 使行에서였다. 이수광은 사행에서 외교 문서를 담당하는 書狀官이나 조문의 임무를 맡은 陳慰使 등을 역임했는데 그때 중국에서『천주실의』등 당시의 최신 정보를 접할 수 있었던 것으로 보인다.

59 서학의 자연학적 지식에 대한 성호의 관심은 다음을 참조. 박성래,「星湖僿說 속의 西洋科學」,『진단학보』59(진단학회, 1985); 구만옥,「星湖의 西學觀과 科學思想」, 『성호 이익 연구』(사람의 무늬, 2012).

이 밖에도 성호 이익은 서학서에서 얻은 정보를 다양하게 활용한다. 예를 들어 「일일칠조一日七潮」는 서양에 하루에 칠곱 번 물이 들어온 일이 있었다는 일화를 소재로 삼은 것이고 「위우궤전圍圩櫃田」과 「수리水利」는 서양의 수차에 대해, 「용화龍華」는 서학에서 다루고 있는 물을 정화하는 법에 대해, 「화구火具」는 햇빛을 모아 적선을 불태운다는 이탈리아의 무기에 대해, 「탐라목장耽羅牧場」은 서양의 말 기르는 법에 대해 작성한 것이고, 「애체靉靆」는 서양에서 유래한 안경, 「야관椰冠」은 서양의 야자수, 「화완포火浣布」와 「화전火箭」은 서양식 무기에 관한 내용을 활용해서 작성한 기사들이다.[60]

이를 통해 알 수 있는 것은 서학의 어떤 지식을 선별하여 어떤 체계 아래 배치할지 다시 말해 일종의 지적 주도권은 조선 학자들에게 있었다는 점이다. 이들은 어떤 지식을 어떤 맥락에 활용할 것인지를 선별했고 특히 개별 지식들을 자신들의 학문적 체계와 범주 안에서 재구성했다. 예를 들어 성호 이익은 인체 이론과 해부학적 지식을 다루고 있는 『주제군징主制群徵』을 통해 뇌와 지금의 신경에 해당하는 정보를 얻지만 그는 이를 해부생리학이라는 원본의 맥락에서 분리해 심성론과 연결해서 이해하는 등 자신의 관심과 기존의 지식에 따라 활용한다.[61]

이규경의 『오주연문장전산고』를 통해서도 당시 서학서의 유통과 지적 활용 양상을 확인할 수 있다. 자료화된 『오주연문장전산고』의 부록인 '교감기

60 김선희, 「조선 후기 유서(類書)와 서학(西學): 『성호사설』과 『오주연문장전산고』를 중심으로」, 『민족문화연구』 83(고려대학교 민족문화연구원, 2019), 64~65쪽.
61 이에 관해서는 다음을 참조. 여인석, 『주제군징(主制群徵)』에 나타난 서양의학 이론과 중국과 조선에서의 수용 양상」, 『의사학』 21(대한의사학회, 2012); 김보름, 『주제군징(主制群徵)』의 전래와 수용: 인체론에 대한 한·중·일의 이해를 중심으로」, 『유학연구』 50(충남대학교 유학연구소, 2020); Kim, Seonhee, "Seongho Yi Ik's New Approach to Zhijue 知覺and Weifa 未發: Stimulation by Western Learning and the Expansion of Confucianism", *Religions*, vol.14, (MDPI, 2023). 등

校勘記'에 따르면 이규경은 『오주연문장전산고』에 총 661종의 서적을 전거로 활용했다고 한다.[62] 이 서적들 가운데 서학서들이 상당히 중요한 비중을 차지한다. 이규경이 읽은 서학서 중에는 『기하원본』, 『직방외기』, 『건곤체의』, 『천문략』, 『주제군징』, 『기기도설』처럼 천문학, 지리학, 수학 등 당시 중국에서 출간된 서학서들이 포함되어 있다. 이런 맥락에서 『오주연문장전산고』는 19세기 조선 지식장에서 이루어진 유학과 서학의 절충과 종합의 양상을 보여주는 중요한 사례라고 할 수 있다.

사실 『오주연문장전산고』라는 저술 자체가 서양 학문으로부터 받은 지적 도전에 대한 대응의 성격이 강하다. 이는 그가 수많은 지식의 축적을 바탕으로 한 자신의 지적 체제를 '명물도수의 학'이라고 부르며 그 연원을 밝히는 대목을 통해 확인할 수 있다. 이규경은 "이른바 명물도수라는 것은 일찍이 끊어진 적이 없었다.(중략) 서광계徐光啓(號 玄扈, 1562~1633)와 왕징王徵(號 葵心, 1571~1644) 같은 이들이 끊어진 학문을 뒤를 일으켜 계발한 바가 많았고 상수의 학문을 창시하니 명물도수는 찬연히 다시 세상에 밝아졌다. 이로부터 수준 높은 문하, 이름난 사람들이 점점 나타나게 되었다."[63]라고 말하며 명물도수의 학문을 복원시킨 대표자로 서광계와 왕징을 호명한다. 그런데 사실상 서광계와 왕징은 보통의 중국학자라기보다는 서양 지식 번역 작업에 주도적으로 참여한 매개적 인물들이라 할 수 있다.

---

62 https://db.itkc.or.kr/dir/item?itemId=GO#/dir/node?dataId=ITKC_GO_1301A_0010_020_0010(한국고전종합DB).

63 李圭景, 『五洲衍文長箋散稿』, 「五洲衍文長箋散稿序」. "世之爲論者以爲, 名物度數之學, 漢代以後, 絶已久矣. 然而不佞所見, 殆不然也. 蒼籙旣迄, 此學亦隨而亡矣, 而才智迭出於歷代, 其高下雖不齊, 而亦得古先已明之遺躅, 意匠所到, 自能造其閫域. 故所謂名物度數者, 未嘗間斷, 而其精蘊之奧旨, 則無人發明, 類同堙沒不傳矣, 逮于皇明之末造, 中土人士駸駸然入于其中, 打成習尚, 以不知此道爲恥, 如徐玄扈,王葵心之流, 崛起絶學之後, 多所啓發, 創始象數之學, 名物度數, 煥然復明於世. 從玆以後, 崇門名家稍稍出焉."

주지하듯 서광계는『기하원본』을 비롯해 마테오 리치가 중국에 전한 서양 수학과 자연학, 천문학의 번역 작업에 참여했고 왕징 역시 요한 테렌츠 슈렉Johann Terrenz Schreck(등옥함鄧玉函, 1576~1630)과 함께 르네상스 시대 기계의 원리와 역학의 이론을 담은 이론서『원서기기도설록최遠西奇器圖說錄最』(약칭『기기도설』)의 번역 작업에 참여한 인물이다. 다시 말해 이들은 단순한 유학자가 아니라 예수회를 통해 천주교에 입교한 신자들이었고, 예수회원들의 서양 지식 번역과 서학서 번역과 출간에 함께한 공동 작업자들이었다. 고대 중국에서 시작된 명물도수의 학이 천주교도로서 서양의 과학적 지식을 중국화했던 '남서북왕南徐北王'의 두 주인공을 통해 당대에 재현된 것이라면 이는 전통적인 의미의 명물도수학을 넘어 서학西學을 의미하게 된다.[64]

특히 이규경은 시헌력과 십이중천설 등 천문 역법에 관한 서학 지식을 다수 활용하는데, 십이중천설을 다룬 「십이중천변증설十二重天辨證說」, 「남북세차변증설南北歲差辨證說」을 비롯해 시헌력을 다룬 「일윤변증설日閏辨證說」, 「양력우전변증설樣曆寓錢辨證說」 같은 변증설이 대표적이다. 그 밖에도 이규경은 마테오 리치, 알레니, 페르비스트Ferdinand Verbiest(남회인南懷仁, 1623~1688) 등 다양한 서양 선교사를 직접 거명하기도 하고 알레니의『직방외기』같은 인문지리서의 정보를 활용하기도 한다. 한편 이규경은 서학서뿐 아니라 서학 지식을 담고 있는 방이지의『물리소지物理小識』나 일본 유서『화한삼재도회和漢三才圖會』, 나아가『성호사설』의 서학 관련 기사들도 활용한다. 이러한 지식의 교차와 중첩은 이 시기 유서에 축적된 서학 지식들이 상호참조되고 매개되고 있음을 보여준다.

결과적으로 이규경은 중국 이름을 가진 서양인들이 직접 쓴 서학서가 아

---

64 이규경은 그가 받은 서학의 자극을 책 제목에 그대로 드러낸다. 그가 지은 호 '五洲'는 마테오 리치가 9만 리를 항해해 중국에 들어와 사람들에게 알려준 사실이기 때문이다.

니라 서양 지식을 중국화하고 내부의 문맥으로 바꾸는 역할을 했던 중국인들의 절충적 서양 지식을 자신의 중요한 지적 자원으로 활용한다. 이러한 이규경의 지적인 도전은 유학—성리학의 주변에 형성되어 있던 박학과 명물도수학의 요구가 서양에서 유입된 새로운 지식을 만나 어떻게 분화되고 변모하는지 확인시켜주는 중요한 참조점 역할을 한다.

2) 서양 수학 전문가의 탄생

한편 19세기는 서학의 수학과 천문학을 심도깊게 연구하여 스스로 새로운 수학과 천문학 이론서를 편찬하던 서학 전문가의 시대이기도 하다. 청이 새롭게 도입한 역법 시헌력을 운용해야 했던 조선의 조정은 관상감 실무자들을 연행에 함께 파견하는 등 다각적인 노력을 통해 수학서와 천문역산서를 수입하고자 노력했고 그 결과 조선에는 여러 종류의 서학서들이 유통되고 있었다. 서양 수학과 천문학에 대한 조정의 노력은 자연히 산림의 학자들에게로 확장되었다.

18세기 중후반 조선 지식장에서 서학의 분과적 지식에 집중했던 지식인들의 존재와 활동을 확인할 수 있다. 특히 호남 유학자 이재 황윤석의『이재난고』가 서학과 관련된 지식인들의 네트워크와 분과적 실천들의 면모를 확인하는 데 도움을 준다. 서양 수학과 천문역산학에 큰 관심을 가지고 있던 황윤석은 조선에서 유통되던『수리정온』,『역상고성』,『역상고성후편』등의 서양 수학서를 구하기 위해 애쓰는 한편 서학서를 매개로 여러 인물들과 교류한다.

> 정철조는 평생 서양 역법의 연구에 매진했는데『수리정온數理精薀』과『역상고성曆象考成』두 질을 토열했다고 한다. 이 두 질은 모두 강희제 때 서양 역법으

로 윤색된 것으로 『수리정온』 40여 권과 『역상고성』 9권은 『기하원본』의 범위를 넘어서지 않았다고 전했는데 특히 『기하원본』은 매부인 이가환의 집에 있다고 했다.[65]

정철조는 박지원, 홍대용과 교류하던 학자로서 남인 이가환의 처남이기도 했다. 서양수학서와 함께 정철조와 이가환이 등장하는 황윤석의 기록은 당시에 서학서를 매개로 서울 경기 지역을 중심으로 일종의 지적 네트워크가 형성되어 있었음을 보여준다.[66] 그러나 천주교가 정치적 긴장을 불러일으키게 되자 1780년대 이후 서학서는 공식적으로 금지되었고 1801년 신유사옥 이후에는 유통과 연구가 공식적으로 막히게 되었다. 19세기 초는 종교적 성격이 없는 서학 문헌들에 대해서도 강력한 긴장과 경계의 분위기가 확산되었다.

19세기 조선에서 천주교 자체는 국가적 탄압을 받았지만 이미 조선에 수용되어 저변을 넓히고 있던 서양 천문학과 수학을 독자적으로 수용해 학문적으로 연구하는 학자들이 없었던 것은 아니다. 18세기 말 천주교가 정치적 긴장을 유발하면서 공식적으로 서학서의 수입과 유통은 금지되었지만 천주교에 대한 탄압과 별도로 전 시대 수학과 천문학에 대한 연구 성과를 계승한 유학자들이 나타났다. 대표적인 인물이 19세기 중반 서양 수학과 천문학에 대한 연구를 바탕으로 수학서를 저술한 홍길주洪吉周(1786~1841), 남병철南秉哲(1817~1883)과 남병길南秉吉(1820~1869) 형제 등이다.

---

65 黃胤錫, 『頤齋亂稿』, 卷十一, 1768年 8月 23日(戊寅), "蓋鄭君一生專治西洋曆象之學, 又方討閱數理精蘊, 曆象考成, 是二峽, 皆康熙以西法潤色, 而稱以御製者也, 精蘊四十餘卷, 考成八九卷抄而不出於幾何原本範圍之外, 原本方在其妹夫李家煥處云."
66 문중양, 「18세기 말 천문역산 전문가의 과학활동과 담론의 역사적 성격: 서호수와 이가환을 중심으로」, 『동방학지』 121(연세대학교 국학연구원, 2003); 김선희, 「금대 이가환의 서학(西學) 연구와 그 파장」, 『민족문화연구』 99(고려대학교 민족문화연구원, 2023) 참조.

홍길주는 노론계의 유력한 가문이었던 풍산 홍씨의 일원으로 문장으로 유명했던 홍석주洪奭周(1774~1842)의 동생이기도 하다. 홍석주는 1810년경 동생의 공부를 위해 읽어야 할 서목과 해설을 담은 『홍씨독서록洪氏讀書錄』을 저술한다. 『홍씨독서록』은 서적의 서지 사항과 편저자, 핵심 내용과 그에 대한 짧은 비평을 정리한 도서 목록이다.[67] 경화사족으로 상당한 장서가였던 홍씨 형제들은 『고금도서집성』처럼 왕실과 극소수의 관료만 접근가능했던 최신 총서를 열람하는 등[68] 당대 박학의 풍토에서 유통되던 다양한 서적에 접근할 수 있었는데 천문가류天文家類, 술수학류數術學類의 서목에서 다양한 서학서들을 포함시킨다. 홍석주가 거론한 서학서 목록에는 이지조가 정리한 『동문주지同文籌指』, 서광계가 정리한 『기하원본』, 『신법주서』, 시헌력의 기초가 되는 『수리정온』(1723), 『역상고성』(1723), 『역상고성후편』(1742), 『의상고성』(1725) 등 명청대 서양 수학 및 천문역산 관련 서적이 망라되어 있다.[69]

이런 배경에서 학문을 했던 홍길주 역시 문장뿐 아니라 수학에도 조예가 깊었다. 홍길주는 자신이 7~8세부터 기하지술幾何之術에 대해 공부했고 20세 이후 수학책에 빠져들었다고 자술한다.[70] 중인 수학자 김영[71]에게 수학을 배웠던 것으로 알려진 홍길주는 『기하신설幾何新設』, 『기하잡쇄보幾何雜瑣輔』와 『호각연례弧角演例』 같은 수학서를 저술한다. 행장에서 그의 아들 홍우건은 부친 홍길주에 대해 "오로지 산수지학을 좋아하여 일찍이 새로운 식式을 만들었고 구고句股와 호각弧角을 추구하여 옛사람들이 미치지 못하는

---

67 『홍씨독서록』에 대한 서지학적 정보는 다음을 참조. 리상용, 「홍씨독서록 수록 서적의 선정기준에 대한 연구」, 『서지학연구』 30(서지학회, 2005).
68 진재교, 「19세기 京華世族의 讀書文化」, 『한문학보』 16(한국한문학회, 2007), 150쪽.
69 홍석주(리상용 역), 『역주 홍씨독서록』(아세아문화사, 2012).
70 정인보, 「항해총서」, 『蒼園 鄭寅普全集』 권2(연세대학교 출판부, 1983), 42쪽.
71 김영은 역산에 정통하다는 관상감에 발탁된다. 『正祖實錄』, 13年 8月 21日(甲戌).

것이 많았다."[72]고 평가하기도 한다. 홍길주의 수학 저술은 17~18세기에 수입된 『수리정온』, 『역상고성』 등을 통한 조선 유학자들의 서양 수학에 대한 연구가 19세기에도 계승되고 확장되었음을 보여준다.

19세기에 이루어진 서학에 대한 유학의 대응을 살피는 과정에서 남병철과 남병길 형제, 홍길주와 같은 서양 수학 연구자들은 독특한 위상과 의미를 지닌다. 남병철, 남병길 형제의 경우 두 사람 모두 정치적으로 두각을 나타내어 다양한 벼슬을 거쳤고 관상감 제조 등으로 관상감의 책임을 맡았다.[73] 남병철은 『추보속해推步續解』(1862) 등의 천문학 저술, 『해경세초해海鏡細艸解』(1861) 등 수학 관련 저술 외에 혼천의渾天儀, 혼개통헌의渾蓋通憲儀, 간평의簡平儀 등 천문의기의 원리와 제작법을 다루고 있는 『의기집설儀器輯說』 등을 저술했다. 특히 『추보속해』는 19세기 유학자가 도달할 수 있는 최고 수준의 천문학적 수준을 보여준다는 평가를 받는다.[74] 『추보속해』에서 남병철은 시헌력 계산과 운용을 위해 저술된 『역상고성후편曆象考成後編』에 제시된 케플러의 타원궤도 운동론을 통해 태양과 달의 운동에 대한 계산법을 다루는 등 서양 천문학과 수학을 활용한다.

남병철은 대진의 스승이자 서양 수학을 연구한 청의 경학자 강영江永 (1681~1762)을 추종했다. 강영이 서양 역법을 객관적이고 합리적인 태도로

---

72 洪祐健, 『原泉集』, 卷七, 「先父君家狀」; 전용훈, 「19세기 조선 수학의 지적 풍토: 홍길주(1786~1841)의 수학과 그 연원」, 『한국과학사학회지』 26(2)(한국과학사학회, 2004), 279쪽.

73 남병철에 관해서는 다음을 참조. 이노국, 『19세기 천문수학 서적 연구』(한국학술정보, 2006); 문중양, 「19세기의 사대부 과학자 남병철」, 『과학사상』 33(범양사, 2000); 김문식, 「남병철이 파악한 서양의 과학기술」, 『문헌과 해석』 16(문헌과 해석사, 2001); 노대환, 「19세기 중반 南秉哲(1817~1863)의 학문과 현실 인식」, 『이화사학연구』 40(이화사학연구소, 2010) 등.

74 전용훈, 「南秉哲의 『推步續解』와 조선후기 서양천문학」, 『규장각』 38(서울대학교 규장각한국학연구원, 2011).

수용하여 연구했기 때문이다.[75] 남병철이 강영의 합리적이고 공평한 연구 태도를 높이 산 것은 당대 중국에서 서양 천문학과 수학의 우수성이 충분히 증명되었는데도 이를 헐뜯고 도리어 자신들에게서 나온 것이라며 억지 주장을 하는 이들이 많았기 때문이다.

> 만력萬曆 연간에 서양 역법이 처음 중국에 들어왔는데 지금은 그 법을 사용하여 시헌력을 만든다. 중국 선비들이 이에 그 기술에 통하여 전보다 아는 것이 더욱 정밀해지고 말하는 것이 더욱 상세해졌을 뿐만이 아니었다. 보지 못하고 듣지 못하던 것을 얻은 것이 매우 많았으며 또한 중국이 본래 가지고 있는 법이지만 통하지 못했던 것을 서양 역법으로 인해 비로소 통하게 된 것도 있었다. 그로 인해 서양 역법이 정밀하고 명확하며 간편하고 수월하기가 중국보다 훨씬 나은 것을 알게 되자 중국 선비들이 그것을 병통으로 여겨 위문괴魏文魁·오명훤吳明烜·양광선楊光先 등이 전후로 서양 역법을 헐뜯어 배척하였다. 그러나 헐뜯어 배척한 이유가 모두 망령되고 제멋대로이며 단지 의기意氣로만 이기려고 하였던 까닭에 거의 대개 스스로 패하고 말았다. 그러자 총명하고 학식 있는 선비들이 서법을 헐뜯어 배척할 수 없음을 알아 교묘한 수단으로 빼앗는 일이 있었다.[76]

남병철은 서양 역법을 근거없이 폄훼하는 중국 지식인들을 비판하며 '서법' 즉 서양식 역법과 그 근간으로서의 서양 천문학과 수학 지식의 우수성

---

75 "나는 江愼修 선생이 최고라고 생각한다. 어째서인가? 서양 역법을 확신하여 헐뜯지 않았기 때문이다. 어찌하여 서법을 믿으며 헐뜯지 않고 그것을 취하였는가? 그가 공평하기 때문이다.(然余則謂以江愼修先生爲最, 何哉. 以其確信西法而不毁也. 信西法而不毁, 奚取焉. 以其公平也.)"『推步續解』,「推步續解後」.

76 『推步續解』,「推步續解後」. "明萬曆間, 西法始入中國, 今則用其法爲時憲. 中國之士, 乃通其術, 不惟從前知者益精, 言者益詳而已. 得其所不覩而所不聞者甚多, 而亦有中國素有之法而不能通者, 因西法而始通者, 乃知其法之精明簡易, 過中國遠甚. 於是中國之士病之, 如魏文魁·吳明烜·楊光先諸人, 前後譏斥之. 然所以譏斥者, 皆妄庸逞臆, 徒欲以意氣相勝, 故擧皆自敗, 而有聰明學識之士 知其法之不可譏斥, 乃有巧取豪奪之事."

과 유용성을 인정한다. 남병철은 상수학을 유학자들이 마땅히 연구해야 할 분야(以象數之學, 爲儒者所當務)로 간주하고 서양인들이 이 분야에서 뛰어난 것은 그들이 측험에 정밀했기 때문(精於測驗也)이라고 여긴다.[77]

남병길 역시 『역상고성후편』을 토대로 태양의 운동을 기술하는 등 시헌력에 대한 이론서인 『시헌기요時憲紀要』 등을 편찬한다. 남병길 역시 "서양의 학문이 중국에 들어오면서 학자들이 원을 나누고 각도를 계산하는 새로운 방법에 대해 들었으며 측산의 기술을 문득 깨우치니 오늘날에서야 비로소 갖추게 되었다."[78]고 여기며 객관적인 태도로 서양 수학의 우수성을 인정한다. 이는 전시대와 당대 유학자들이 서학의 진정한 기원은 원래 고대 중국이며, 중국에서 끊긴 학문이 서양에 전달되어 발전된 뒤 다시 중국에 유입된 것이라는 서학 중원설의 입장에 서 있었던 것과는 차별화된다. 선행 연구에 따르면 19세기 조선에서 편찬된 수학서는 약 20여 종으로 그 가운데 남병철, 남병길 형제의 저술이 약 9종 정도라고 한다.[79]

---

77 그러나 남병철의 주장이 모두 합리적이고 객관적이었다고 보기는 어렵다. 남병철은 서양인들이 전문적인 능력을 축적한 것은 머리가 둥글고 발이 모났기 때문으로, 이런 경우 성질이 편벽되는데 이로 인해 한 분야에 집중해서 철저하게 지혜를 추구하게 된다고 말한다. "서양 사람들은 머리가 둥글고 발이 모난 것은 사람과 닮았지만 그 성질은 편벽되는데, 그 성질이 편벽된 까닭에 총명과 지각 역시 편벽되었다. 편벽되면 쉽게 매달리고 매달리면 쉽게 지혜로워지기 때문에 그 하는 바가 때로는 철저한 것이다. 편벽되면 좁고 좁으면 두루 통할 수 없기 때문에 그 하는 바가 때로는 변화하지 않는 것이다. 저들의 역법이 중국보다 나은 것은 한마디로 말하면 측험에 정밀한 점이다. 측험의 정밀함은 실로 한 사람, 한 때의 능함이 아니라 그 몸에서 끝이 나면 대대로 전하여 천백 인으로 무리를 이루고 천백 년으로 기한을 삼아 부지런히 쉬지 않으므로써 얻은 것이다. 이것이 이른바 편벽되면 전문하고 전문하면 슬기롭다는 것이니, 어찌 그 총명지각이 중국 사람보다 나아서 그런 것이겠는가? (其圓顱方趾, 雖類乎人, 其性也偏, 其性偏, 故其聰明知覺亦偏. 偏則易專, 專則易慧, 故其所爲有時乎到底焉. 偏則隘, 隘則不能傍通, 故其所爲有時乎不移焉. 彼曆法之能勝於中國者, 一言以蔽曰精於測驗也. 其測驗之精, 實非一人一時之能, 乃終之以身, 傳之以世, 千百人爲羣, 千百歲爲期, 矻矻不已以得之也. 是所謂偏則專, 專則慧者, 何嘗其聰明知覺有勝於中國者而然哉.)" 『推步續解』, 「推步續解後」.

78 南尙吉·南秉吉, 『測量圖解』, 「測量圖解序」.

79 이노국, 앞의 논문, 107쪽.

당시 조선에서 편찬된 수학서와 천문서는 상당 부분 시헌력의 이해와 운용을 위한 연구 성과라는 점에서 서양 수학과의 연관성이 두드러진다. 정조대 이가환을 향한 비난 중 하나는 그가 서학에서 언급하는 청몽기와 사원소설을 지지했다는 것이었다. 천주교에 접촉했다는 의심과 비난이 수학, 천문학과 같은 종교 외부의 분과적 연구까지 막았던 것이다. 그러나 18세기의 상황과 달리 19세기 유학자들은 보다 분명한 목적의식을 전제로 서양 수학과 천문학을 연구했고 이를 바탕으로 상당한 수준의 수학서와 천문서를 편찬하는데 도달했다. 호사가의 취미나 실무를 맡은 중인의 직업적 수용을 넘어 독자적으로 서양 수학과 천문학을 연구하고 이를 바탕으로 새로운 이론서를 간행했다는 점에서 근대 시기 유학이 어떻게 외래의 지식에 대응하고 분과화되어 가는지 확인할 수 있다.

3) 최한기의 서학 수용과 기학의 완성

한편 19세기 조선의 지식장을 유학의 경계에까지 밀고나간 혜강 최한기의 지적 시도 역시 서학과의 대면에 따른 근대 시기 유학의 분화 경향을 보여주는 창 역할을 한다. 최한기가 기학氣學이라는 보편적이고 포괄적인 학문의 체계를 제안하면서 그 세부를 서학의 분과 지식들로 채우고자 했기 때문이다.

최한기는 조선 유학사에서 가장 독특한 사상가 중의 한 사람이다. 천여 권에 이른다는 저술의 규모 때문만이 아니라, 특별한 사승 관계없이 스스로 터득한 학문으로 독자적인 체계의 학문을 쌓아올렸기 때문이다. 개성開城의 한미한 가문에서 태어난 최한기는 생애의 대부분을 서울에 살며 독서와 저술에만 몰두한 재야학자였다. 이건창李建昌(1852~1898)이 저술한 「혜강최공전惠崗崔公傳」에 따르면 최한기는 당대 최고의 장서가이자 독서가로 평생 천여 권의 책을 지었다고 한다. 특히 그는 중국에서 들어온 새로운 책을 사느라 가산을 탕진할 정도였다. 최한기가 특히 보고 싶어 한 책은 서양 과학서들이었다. 이 책들은 이후 최한기가 저술한 다양한 저서에 다각도로 활용된다.

최한기의 저술은 천문학, 수학, 의학, 화학, 광학, 물리학, 농업정책과 기술, 기계 일반 등 당시까지 중국에 전달된 서양 과학의 개별 분과들을 광범위하게 포괄한다. 더 나아가 최한기는 당시 기독교 전교를 위해 중국에 진출한 개신교 선교사들의 활발한 번역과 출판 활동 덕택에 상당히 세분화된 분야까지 새로운 과학적 정보들에 접근할 수 있었다. 서학 지식을 재배치하고 절충적으로 수용하고자 했던 것은 이미 17세기 후반부터 나타나던 현상이었지만 예수회원들이 전한 르네상스 자연학과 자연철학에 비해 2백여 년 이상 뒤에 나온 최신 지식을 담은 개신교 선교사들의 서학서들이나 『해국도지』나 『영환지략』처럼 서양을 이기기 위해 중국인 스스로 배우고 익혀 정리한 서양 지식을 활용한 것은 최한기의 변별적 측면이다.

그는 자신의 학문을 유학 내부에 한정하지 않았고 그 상위에 독특한 자신만의 보편학인 기학을 세웠지만 여전히 개체부터 우주까지 일관된 체계로 무엇보다 도덕적 구조 속에서 설명하고자 했다는 점에서 유학적 세계관과 이념을 유사하면서도 변별적인 새로운 이론과 개념으로 지향한 학자로 볼 수 있다. 그가 여전히 유가적 세계관과 이념을 포기하지 않은 상태에서 당대 최신 이론을 포함하는 서양 과학을 진취적으로 흡수하고자 했다는 점은 여러 각도에서 검토되고 평가되었다.

서양 과학을 활용하면서도 유학적 세계관의 자장에 있는 새로운 학문을 구상하고자 했다는 점에서 그의 모험적인 시도는 조선의 마지막 전근대 사상가의 거대한 철학적 기획으로 평가되고 상찬받는다. 그러나 그가 수용한 서양 과학을 중심에 두고 최한기를 평가할 경우 그의 사상은 기대보다 조야하고 비정합적인 정보의 나열로 보일 수 있다. 최신의 서양 과학 정보를 견인하여 자기 방식으로 해석하고자 했지만 많은 경우 지나치게 사변적이거나 공상적인 체계 속에서 잡박하게 배열하고 해석했다는 인상을 주기 쉬운 것이다.

그러나 엄밀히 말해 서양 학술을 수용하는 것이 최한기의 직접적인 학문적 목표는 아니었을 것이다. 그는 자기의 학술적 체계를 증거하고 강화하는 데 더 효율적인 자원을 채택했을 것이다.[80] 다시 말해 최한기는 서양 과학 지식을 자신이 구축한 기학이라는 상위 담론 내부로 끌어들이기 위해 가공하고 조작했다고 할 수 있다. 그는 기계학器械學, 형률학刑律學, 췌마학揣摩學(성리학) 같은 신조어를 만들어내는 한편 역수학歷數學, 지구학地球學, 천문학天文學, 격물학格物學, 물류학物類學, 수학數學, 기계학器械學, 기용학器用學, 제기학制器學, 종식학種植學, 정교학政敎學, 전례학典禮學, 형률학刑律學, 선거학選擧學, 용인학用人學 등 35개 이상의 학문 명칭을 제시한다.[81] 세분화된 분과의 명칭은 그가 보편학 아래 어떤 세부적 영역을 구축하고자 했는지를 보여준다. 그가 분류하고 창안한 학문의 명칭들은 기학의 하위 구조를 이루는 각론 다시 말해 그가 채워나가고자 한 분과 학문들이라고 볼 수 있다. 기학이 보편학이라면, 혹은 메타 담론이라면 그를 채우는 분과학, 하위의 지식체계가 요구되는 것은 당연한 일이다.

기학은 최한기 학문의 최대치이고 그의 실질적인 운용을 설명하는 개념인 기는 가장 미세한 곳까지 규제력을 가진 하나의 이념에 가깝다. 그는 전

---

80 최한기의 서양 과학 수용에 관한 대표적 연구로는 다음을 참조. 이현구, 『崔漢綺의 氣哲學과 西洋 科學』(성균관대학교 대동문화연구원, 2000); 박희병, 『운화와 근대: 최한기 사상에 대한 음미』(돌베개, 2003); 권오영, 『최한기: 동양과 서양을 통합하는 학문적 실험』(청계, 2000).

81 이현구, 「최한기의 기학과 근대과학」, 『과학사상』 30(범양사, 1999), 77쪽.

통적 관념이던 기를 리에서 분리하고 실제 작동의 기제로 여겨졌던 음양오행도 제거해버리며[82] 자기만의 방식으로 기에 대한 상상을 최대치까지 확장하고 가장 구체적인 차원까지 세분화한다. 운화기가 그가 상상한 최대치의 기라면 목화씨를 제거하는 도구인 풍차風車[83] 같은 기계는 기가 실현된 가장 구체적 단위일 것이다. 최한기는 운화기와 같이 실제로 그 운동 변화를 확인할 수 없는 추상적이고 형이상학적인 기의 본질을 상정함으로써 기를 형이상학적으로 파악하기도 하지만 수많은 서양 이론들을 통해 기가 실제로 작동하고 활동함을 증명할 수 있다고 생각함으로써 모든 기계의 작동과 자연 현상의 변화를 일관되게 기의 운화로 파악하고자 했다. 서양 과학은 이 기의 운화를 실질적으로 설명해주고 증거해줄 수 있는 자원이었던 것이다.

그는 자신의 기학을 천하의 공학共學이라고 여긴다. 그는 신기와 그 활동으로서의 추측으로 대표되는 인식 주체로서의 개인의 구조와 특성, 지향으로부터 운화기로 대표되는 우주적 운동과 변화의 구조와 특성, 지향에 이르는 통합적 패러다임을 설정하고 이를 증거할 이론과 증거들을 서양 학술에서 찾아 세부를 채워 넣으며 그 전체의 체계를 '기학'으로 명명한 것이다.[84]

최한기는 전통의 언어와 세계관에 서양의 새로운 지식이 어떻게 결합되고 절충될 수 있는지를 보여주는 중요한 사례다. 새로운 지식의 쇄도에도 불구하고 최한기는 유학적 세계관을 토대로 외래의 지식을 자신의 체계와 목적, 방법에 따라 배치하고 활용하는 주도권을 가지고 있었다. 그러나 서양 제국과 일본 등 외세의 위협이 선명하게 부각되는 19세기 말에 이르면

---

82 최한기가 장횡거나 서화담 같은 일반적인 주기론자와 구별되는 지점이다. 최한기는 음양오행을 기의 실질적 작동 원리나 방식으로 생각하지 않았다. 음양오행을 설정할 경우 도리어 기가 추상화될 가능성이 있기 때문일 것이다.

83 崔漢綺, 『推測錄』, 卷六, 「東西取捨」.

84 최한기의 기학을 보편학으로 보는 관점에 관해서는 다음을 참조. 김선희, 「최한기를 읽기 위한 제언」, 『철학사상』 24(서울대학교 철학사상연구소, 2014), 82~85쪽.

이러한 지적 주도권은 급격히 약화되고 유교적 이념과 가치를 수호하면서도 외래의 체계와 지식을 수용해 자신을 개변시켜야 한다는 자기 변화의 요구로 전환되어 간다.

4) 도에 대한 확신과 새로운 기의 활용

19세기 중반 이후 조선은 동아시아에 대한 서구의 위협에 이어 조선을 노리는 청과 일본의 야욕 앞에서 국가의 존립이라는 보다 엄중한 과제를 감당해야 했다. 이 과정에서 유학자들은 외래의 기술과 지식을 적극적으로 활용하자는 개화 사상을 주장하는 한편 과거 북학론자들이 그랬듯 서양의 이기利器를 적극 수용함으로써 체제와 이념을 유지해야 한다는 동도서기론東道西器論이 제안되었다.[85] 중국의 이념과 도덕을 체로 두고 서양의 자원으로 용으로 활용해야 한다는 중체서용론中體西用論과 마찬가지로 조선 유학자들 역시 동도서기라는 구호를 앞세워 서양을 새롭게 인식하고 활용할 방법에 대해 모색해나갔던 것이다.

예를 들어 동도서기론자 중 한 사람이었던 청의 정관잉(鄭觀應)은『이언易言』을 통해 서양 제국주의에 대응하기 위해 만국공법의 수용을 주장했는데 이 책이 1880년 일본에 파견되었던 김홍집의 수신사절단에 의해『조선책략朝鮮策略』과 함께 조선에 유입된다. 이 책은 서양 제국주의에 대처하기 위해 서양의 기器를 용用의 차원에서 수용함으로써 중국의 도道와 체體를 지키자는 주장을 담고 있는 책이다. 낙론계 김수근金洙根의 문하에서 수학했던 김병욱金炳昱(1808~1885)은 이 책을 접하고 경세론의 연장에서 서교를 배척하

---

85 동도서기론에 관한 대표적 연구로는 다음을 참조. 노대환,『동도서기론 형성 과정 연구』(일지사, 2005).

는 한편 서법에 해당하는 것은 수용해야 한다고 주장한다.[86]

김옥균, 박영효 등과 함께 개화당에 참여했던 대표적인 동도서기론자 신기선申箕善(1851~1909) 역시 『유학경위儒學經緯』를 저술하여 서학을 배척하는 풍토를 문제삼으며 서교는 철저히 배척하되 서법은 수용하자는 동도서기론을 주장한다.[87] "서양인들의 추측推測의 정밀함은 수천백년 동안 지혜를 써서 오늘날에 이르렀다. 정론이라고 이름붙여진 것을 근거가 없다고 해서 추하게 여겨서는 안 된다."[88]는 것이다.

김윤식金允植(1835~1922) 역시 "기구를 제조할 때 조금이라도 서양 것을 본뜨는 것만 보면 대뜸 사교에 물들었다고 지목하는데, 이 또한 이해하지 못함이 심하도다. 그들의 종교는 사교이므로 음탕한 음악이나 미색처럼 멀리해야 마땅하겠지만, 그들의 기구는 이로워서 진실로 이용후생利用厚生할 수 있으니, 농사, 의약, 병기, 배, 수레 같은 것을 제조함에 있어 무엇을 거리껴 본뜨지 않으려 하는가. 종교를 배척하되 기구를 본받는 것, 이는 본디 서로 부딪히지 않고 병행할 수 있는 일"[89]이라며 서교와 서양의 기구를 분리하는 일이 충분히 가능하다고 주장한다. 이들에게 더욱 중요한 것은 가능성보다 필요성이었다. 19세기 중반 유학자들의 시선에서 서기의 수용은 일종

---

86 김병욱의 동도서기론에 관해서는 다음을 참조. 노관범, 「개항기 지식인 김병욱(1808~1885)의 시세인식과 부강론」, 『한국문화』 27(서울대학교 규장각한국학연구원, 2001).

87 신기선의 동도서기론에 관해서는 다음을 참조. 박정심, 「신기선(申箕善)의 『유학경위(儒學經緯)』를 통해 본 동도서기론(東道西器論)의 사상적 특징」, 『역사와 현실』 60(한국역사연구회, 2006); 노대환, 「19세기 후반 신기선(申箕善)의 현실 인식과 사상적 변화」, 『동국사학』 53(동국사학회, 2012).

88 『儒學經緯』, 「天地形體」. "西人推測之學 屢千百年 積費智巧 至於今日 號稱定論者 不應無據而醜差也."

89 『雲養集』, 卷九, 「曉諭國內大小民人」(壬午). "且見器械製造之稍效西法, 則輒以染邪目之, 此又不諒之甚也. 其教則邪, 當如淫聲·美色而遠之, 其器則利, 苟可以利用厚生, 則農桑·醫藥·甲兵·舟車之制, 何憚而不爲也. 斥其教而效其器, 固可以並行不悖也."

의 시대적 요구이자 지식인의 책무였다.[90]

> 우리 동방은 바다 한구석에 치우쳐 있어서 일찍이 외국과 교섭해본 적이 없
> 다. 때문에 좁은 견문으로 조심스럽게 스스로를 단속하여 지키면서 500년을
> 내려왔다. 근년 이래로 천하의 대세는 전과 판이하게 달라졌다. 영국, 독일,
> 프랑스, 미국, 러시아 같은 구미歐美의 여러 나라들은 정교하고 편리한 기계
> 를 만들어내어 나라를 부강하게 만드는 사업에 최선을 다하고 있으며, 배나
> 수레를 타고 지구를 두루 돌아다니며 만국과 조약을 체결하고 있다. 병력兵力
> 으로 서로 견제하고 공법公法으로 서로 대치하는 것이 춘추열국春秋列國 시대
> 를 방불케 한다.[91]

이들에게 도는 영원히 불변하는 이념이자 가치였고 기로서의 서학은 도
구적으로 활용되는 가변적인 것이었다. 양자에 대한 가치적 차별화는 이들
에게 절실한 위기 극복의 요구에서 비롯된 신념이었지만 동시에 현실에 대
한 실질적인 인식과 대응을 막는 제한이기도 했다. 근대 시기 조선 유학자
들은 서양을 서학, 서교, 서법, 서기 등으로 인식하며 조선과 정학으로서의
유학의 위상을 지키기 위해 이념적 전쟁 상태에 놓여 있었다.

이들은 영원히 변치않는 상수이자 이념으로서 동양의 윤리와 정치 체제
를 유지하면서 보완적으로 서양의 기器 즉 '과학기술'을 수입할 수 있다고
주장한다. 이들은 낙관적인 태도로 서양의 지식과 문물을 이용후생을 위한
도구에 한정짓고자 했지만 사실상 서양의 기가 단순히 특정한 기술이나 도
구가 아니라 하나의 제도에서 비롯된 지식이자 실천이라는 사실을 의식하

---

90 김윤식의 동도서기론에 관해서는 다음을 참조. 이지양, 「김윤식의 동도서기론과 개
   화론」, 『열상고전연구』 42(열상고전연구회, 2014).
91 『雲養集』, 卷九, 「曉諭國內大小民人」(壬午). "惟我東方, 僻在海隅, 未曾與外國交涉.
   故見聞不廣, 謹約自守, 垂五百年. 挽近以來, 宇內大勢, 迴異前古. 歐, 美諸國, 如英
   如德如法如美如俄, 創其精利之器, 極其富强之業. 舟車遍于地球, 條約聯于萬國, 以
   兵力相衡, 以公法相持, 有似乎春秋列國之世."

지 않았다. 서기西器의 수용이 곧 이를 정당화하고 맥락화하는 제도와 체계의 이식을 의미하고, 그 체계와 제도의 이식에 동도東道가 주도권과 지배권을 갖기 어렵다는 사실을 예민하게 자각하지 못한 것이다.

5. 새로운 문 앞의 유학

18세기 말에서 20세기 초에 이르기까지 전근대 조선이 겪은 마지막 장章은 '서학'이라고 불리는 타자의 세계관과 이념, 언어들과 대면했던 정치적, 문화적, 지적 긴장의 연속이었다. 조선 후기를 성리학과 다른 경로로 확대되어 가던 실학풍의 시대로 볼 수 있다면 그 과정에서 서학은 박학과 실용의 차원에서 전통적인 지식 체계에 새로운 지적 자원을 제공했다. 동시에 서학의 토대인 천주교의 유입과 확산은 예교 사회와 충돌하는 낯선 지식과 실천으로 조선의 조정과 상층부의 불안을 형성했다. 서학은 누군가에게는 유학을 보완하고 백성들의 삶에 보탬이 될 수 있는 실용적인 지적 자원으로, 누군가에게는 삶의 토대를 바꾸는 종교적 실천으로, 또 누군가에게는 예교를 흔들고 민중을 혼란에 빠뜨릴 사교로 비추어졌던 것이다.

서학의 분과들과 세부의 지식들은 박학을 추구하는 성호 이익이나 이규경 같은 이들에게는 명물도수의 새로운 자원이었고 또 유학을 넘어 새로운 학문을 기획하고 구성하고자 했던 최한기에게는 기학의 세부를 채울 분과 지식이었으며, 밀려오는 외세의 충격에서 조선을 지키고자 했던 이들에게는 이용후생을 도모할 수 있는 방법이었다. 이 국면들은 사실상 선명하게 분기되지 않으며 복잡하게 연결되어 있다.

현재의 분과적 관점에서 철학, 종교, 과학, 정치 등으로 분기된 서학의 복합적 파장은 단선적인 접근으로는 그 전모나 복잡성이 잘 드러나지 않는다. 종교와 과학을 분리하고 종교는 받아들이지 않았으나 과학은 받아들였다거나 또는 종교에 대해서는 경계하더라도 과학은 받아들였어야 조선이 패망하지 않았을 것이라는 주장은 서학 또는 서구 지식과 이념, 제도와 실천의 도입을 결과론적으로 평가한 것에 가깝다. 이 시기 조선 유학자들은 단순히 유용하거나 실용적인 지식을 수용한 것이 아니라 유학의 이념을 유지하고 실천하기 위한 지적 자원을 수용한 것에 가깝다. 서학을 지적 자원으로 수용한 이들 가운데 서학 수용을 통해 유학을 대체하거나 폐기하고자 한 이는 찾기 어렵다. 종교적 신앙에 이른 이들 역시 근본적으로 유학의 예학과 충돌하는 몇몇 이념과 실천을 제외하고 근본적으로 유교적 이념 자체를 부정하거나 거부하지 않았다.

이 시기 서학의 도래로 형성된 현상을 현대적 분과 개념으로 분리하기 어렵다는 점은 서학의 창으로 근현대 유학의 전개와 파장을 살펴보는 데 매우 중요한 전제이다. 서학이 만든 새로운 문과 그 문을 직접 만들어 통과하고자 한 이들의 지적 실천과 지향을 설명하지 않고는 근현대 유학을 유의미하게 이해하기 어려울 것이다. 향후의 연구는 타자의 사유를 만난 유학자들이 어떻게 자신들의 이념과 지적 체계를 유지하고 발전시키고자 했는지, 어디까지 그 변용과 변화를 수용할 수 있다고 믿었는지를 초점화해서 다각도로 이해하는 방향으로 나아가야 할 것이다.

참고문헌

■ 1차 자료(원전)

南尙吉·南秉吉, 『測量圖解』
李睟光, 『芝峯類說』
李圭景, 『五洲衍文長箋散稿』
丁若鏞, 『與猶堂全書』
崔漢綺, 『氣學』
崔漢綺, 『推測錄』
洪祐健, 『原泉集』
黃胤錫, 『頤齋亂稿』
『純祖實錄』
『日省錄』
『正祖實錄』

■ 2차 자료

〈단행본〉
강세정(정민 역), 『송담유록』, 김영사, 2022.
강재언, 『조선의 서학사』, 민음사, 1990.
권오영, 『최한기: 동양과 서양을 통합하는 학문적 실험』, 청계, 2000.
권오영 외, 『혜강 최한기』, 청계, 2000.
금장태, 『동서교섭과 근대 한국사상』, 성균관대학교 출판부, 1984.
_____, 『조선 후기 유교와 서학: 교류와 갈등』, 서울대학교 출판부, 2003.
김선희, 『마테오 리치와 주희, 그리고 정약용』, 심산, 2012.
_____, 『서학, 조선 유학이 만난 낯선 거울: 서학의 유입과 조선 후기의 지적 변동』, 모시는
        사람들, 2018.
노대환, 『동도서기론 형성 과정 연구』, 일지사, 2005.
류건휴(권진호 외 역), 『이학집변: 영남 유학자의 이단 비판』 1~3, 한국국학진흥원, 2013.
문중양, 『조선후기 과학사상사: 서구 우주론과 조선 천지관의 만남』, 들녘, 2016.

박성순, 『조선유학과 서양과학의 만남: 조선후기 서학의 수용과 북학론의 형성』, 고즈윈, 2005.

박종채, 『역주 과정록』, 태학사, 1997.

박희병, 『운화와 근대: 최한기 사상에 대한 음미』, 돌베개, 2003.

샤를르 달레(안응렬, 최석우 역주), 『한국천주교회사』 상중하, 한국교회사연구소, 1979~1981.

신대원, 『정하상(丁夏祥, 1795~1839)의 『上宰相書』 연구』, 가톨릭출판사, 2003.

신후담(김선희 역), 『하빈 신후담의 돈와서학변』, 사람의무늬, 2014.

이노국, 『19세기 천문수학 서적 연구』, 한국학술정보, 2006.

이만채 편, 김시준 역 『벽위편』, 명문당, 1987.

이용주 외, 『조선 유학의 이단 비판: 『이학집변』을 중심으로』, 새물결출판사, 2016.

이원순, 『조선서교사연구』, 일지사, 1986.

이재기(정민 역), 『눌암기략』, 김영사, 2022.

이현구, 『崔漢綺의 氣哲學과 西洋 科學』, 성균관대학교 대동문화연구원, 2000.

임종태, 『17, 18세기 중국과 조선의 서구 지리학 이해』, 창비, 2012.

전용훈, 『한국 천문학사』, 들녘, 2017.

정약종, 『주교요지』, 한국고등신학연구원, 2012.

정인보, 『薝園 鄭寅普全集』 권2, 연세대학교 출판부, 1983.

조광 역주, 『사학징의』 권2, 천주교 서울대교구 순교자현양위원회, 2022.

조광, 『조선후기 사회와 천주교』, 경인문화사, 2010.

___, 『조선후기 천주교사 연구』, 고려대학교 민족문화연구소, 1988.

___, 『조선후기 천주교사 연구의 기초』, 경인문화사, 2010.

차기진, 『조선 후기의 서교와 척사론 연구』, 한국교회사연구소, 2002.

최동희, 『서학에 대한 한국 실학의 반응』, 고려대학교 민족문화연구소, 1988.

한국교회사연구소 편, 『한국천주교회사』, 한국교회사연구소, 2010.

한국순교자현양위원회 편, 『신유박해 연구의 방법과 사료』, 한국순교자현양위원회, 2003.

홍석주(리상용 역), 『역주 홍씨독서록』, 아세아문화사, 2012.

〈논문〉

구만옥, 「마테오 리치(利瑪竇) 이후 서양 수학에 대한 조선 지식인의 반응」, 『한국실학연구』 20, 한국실학학회, 2010.

김문식, 「남병철이 파악한 서양의 과학기술」, 『문헌과 해석』 16, 문헌과 해석사, 2001.

김보름, 「『주제군징(主制群徵)』의 전래와 수용: 인체론에 대한 한·중·일의 이해를 중심으로」, 『유학연구』 50, 충남대학교 유학연구소, 2020.

김선희, 「19세기 영남 남인의 서학 비판과 지식권력: 류건휴의 『이학집변』을 중심으로」, 『한국사상사학』 51, 한국사상사학회, 2015.

김선희, 「금대 이가환의 서학(西學) 연구와 그 파장」, 『민족문화연구』 99, 고려대학교 민족문화연구원, 2023.

_____, 「도(道), 학(學), 예(藝), 술(術): 조선 후기 서학의 유입과 지적 변동에 관한 하나의 시론」, 『한국실학연구』 35, 한국실학학회, 2018.

_____, 「조선 후기 유서(類書)와 서학(西學): 『성호사설』과 『오주연문장전산고』를 중심으로」, 『민족문화연구』 83, 고려대학교 민족문화연구원, 2019.

_____, 「천학의 지평과 지향」, 『시대와 철학』 20(4), 한국철학사상연구회, 2009.

_____, 「최한기를 읽기 위한 제언」, 『철학사상』 24, 서울대학교 철학사상연구소, 2014.

김정숙, 「신유박해에 관한 프랑스어 자료 분석: 달레와 다블뤼의 자료 비교」, 『신유박해 연구의 방법과 사료』, 한국순교자현양위원회, 2003.

노관범, 「개항기 지식인 김병욱(1808~1885)의 시세인식과 부강론」, 『한국문화』 27, 서울대학교 규장각한국학연구원, 2001.

노대환, 「조선후기 '西學中國源流說'의 전개와 그 성격」, 『역사학보』 178집, 역사학회, 2003.

_____, 「19세기 중반 南秉哲(1817-1863)의 학문과 현실 인식」, 『이화사학연구』 40, 이화사학연구소, 2010.

_____, 「19세기 후반 신기선(申箕善)의 현실 인식과 사상적 변화」, 『동국사학』 53, 동국사학회, 2012.

리상용, 「홍씨독서록 수록 서적의 선정기준에 대한 연구」, 『서지학연구』 30(서지학회, 2005).

문중양, 「18세기말 천문역산 전문가의 과학활동과 담론의 역사적 성격: 서호수와 이가환을 중심으로」, 『동방학지』 121, 연세대학교 국학연구원, 2003.

_____, 「19세기의 사대부 과학자 남병철」, 『과학사상』 33, 범양사, 2000.

박권수, 「서명응의 역학적 천문관」, 『한국과학사학회지』 20, 한국과학사학회, 1998.

박성래, 「星湖僿說 속의 西洋科學」, 『진단학보』 59, 진단학회, 1985.

박정심, 「신기선(申箕善)의 『유학경위(儒學經緯)』를 통해 본 동도서기론(東道西器論)의 사상적 특징」, 『역사와 현실』 60, 한국역사연구회, 2006.

서종태, 「정약종의 『주교요지』에 대한 문헌학적 검토」, 『한국사상사학』, 한국사상사학회, 2002.

안대옥, 「『주비산경(周髀算經)』과 서학중원설(西學中源說): 명말 서학수용 이후 『주비산경』 독법의 변화를 중심으로」, 『한국실학연구』 18, 한국실학학회, 2009.

_____, 「18세기 正祖期 朝鮮 西學 受容의 系譜」, 『동양철학연구』 71, 동양철학연구회, 2012.

양인성, 「『한국천주교회사』(샤를르 달레, 1874)의 편찬과 한글 번역」, 『민족문화연구』 95, 고려대학교 민족문화연구원, 2022.

여인석, 「『주제군징(主制群徵)』에 나타난 서양의학 이론과 중국과 조선에서의 수용 양상」, 『의사학』 21, 대한의사학회, 2012.

오영섭, 「華西學派의 對西洋認識: 李恒老·金平默·柳麟錫의 境遇를 中心으로」, 『태동고전연구』 14, 한림대학교부속 태동고전연구소, 1997.

원재연 하상바오로, 「이기경(李基慶)의 『벽위편(闢衛編)』」, 『상교우서』 39, 수원교회사연구소, 2013.

이노국, 『19세기 천문수학 서적 연구』, 한국학술정보, 2006.

이재석, 「朝鮮朝末 危機의 知識人, 金平默의 政治思想」, 『동양정치사상사』, 2(1), 동양정치사상사학회, 2003.

이지양, 「김윤식의 동도서기론과 개화론」, 『열상고전연구』 42, 열상고전연구회, 2014.

이현구, 「최한기의 기학과 근대과학」, 『과학사상』 30, 범양사, 1999.

전용훈, 「19세기 조선 수학의 지적 풍토: 홍길주(1786-1841)의 수학과 그 연원」, 『한국과학사학회지』 26(2), 한국과학사학회, 2004.

_____, 「南秉哲의 『推步續解』와 조선후기 서양천문학」, 『규장각』 38, 서울대학교 규장각한국학연구원, 2011.

조광, 「周文謨의 朝鮮 入國과 그 活動」, 『교회사 연구』 10, 한국교회사연구소, 1995.

진재교, 「19세기 京華世族의 讀書文化」, 『한문학보』 16, 한국한문학회, 2007.

최석우, 「달레 저 한국천주교회사의 형성 과정」, 『교회사연구』 3, 한국교회사연구소, 1981.

최정연, 「김치진의 척사론(斥邪論) 역주본 해제」, 『한국철학논집』 76, 한국철학사연구회, 2023.

함영대, 「18~19세기 서학중원론(西學中源論)의 전개와 그 함의 - 서학(西學)에 대한 조선학자들의 대응논리」, 『한문고전연구』 40(1), 한국한문고전학회, 2020.

Kim, Seonhee, "Seongho Yi Ik's New Approach to Zhijue 知覺and Weifa 未發: Stimulation by Western Learning and the Expansion of Confucianism", *Religions*, vol.14, MDPI, 2023.

근대 전환기
한국의 개화와 유교

노관범

1. 개화의 사상

　개화사상의 말뜻은 단일하지 않다. 개화란 무엇인지 개화에 관한 생각을 가리키는 말로 개화사상이 쓰일 수 있다. 개화를 어떻게 할 것인지 개화함에 관한 생각을 가리키는 말로 개화사상이 쓰일 수도 있다. 한국 사회에서 개화란 무엇인지 개화에 관한 명사적 사고가 나타나고 개화를 어떻게 할 것인지 개화에 관한 동사적 사고가 함께 나타나는 시기는 언제일까. 이 문제에 대한 적절한 답변으로 기억할만한 자료가 있다. 호남 곡성의 장서가로 저명한 향리 지식인 정일우丁日宇의 글 「개화開化」가 그것이다.[1] 한국의 개화사상에 관한 역사적 이해를 위해 중요한 자료라고 생각되기에 번거로움을 무릅쓰고 아래에 일부 인용한다.

　… 아, 지금의 '말끝마다 개화(語稱開化)'라는 게 이와 무엇이 다른가. 개화란 '개물성무開物成務, 화민성속化民成俗'을 이르는 말이다. 정교와 명령에 확고하

1　丁日宇, 『栗軒集』, 「開化」.

게 힘써서 번쇄하고 진부한 정치를 없애 한결같이 편리하고 간단한 일을 따르며 고금을 참작하고 장단을 취사하여 지식의 발달에 힘써서 날로 문명에 나아간다면 이것이 진정 개화를 잘하는 것이다. 만약 실제에는 힘쓰지 않고 한갓 민첩하고 경박한 태도로 개명의 말단이 되는 일을 억지로 흉내내서 분분하게 걸모습을 꾸몄으나 그 속을 보면 한 가지 일도 개명한 사람과 실제 비슷한 데가 없다면 이것은 개화를 해치는 것이다. 어찌 개화라고 이를 수 있겠는가. 대개 보기 좋고 듣기 좋은 도구나 몸에 편리한 일이 있으면 신기하다고 과장하는 버릇을 붙여 기뻐하면서도 정성껏 노력하고 피폐하게 몸을 수고해야 하는 일이나 애간장을 태워가며 지혜를 짜내고 정신을 다해야 하는 술법에 대해서는 하나같이 모두 가차하고 모방하여 능히 진상을 행하고 실지를 얻지 못해 마침내 호랑이를 그리다 만 것으로 귀결한다.…

이 글에는 개화와 개화함에 관한 정의가 명확하게 서술되어 있다. 먼저 개화란 『역경』에 출처를 두는 '개물성무開物成務'와 『예기』에 출처를 두는 '화민성속化民成俗'으로 풀이된다. '개물성무'와 '화민성속'이 비록 전통 유학의 경서에서 유래한다고 하지만 개화의 뜻풀이를 위해 '개물성무, 화민성속'으로 연접한 것은 근대의 어휘 현상이다. 『황성신문』에는 개화가 무엇인지 객이 묻자 이에 '개물성무, 화민성속'이라 답하는 논설[2]이 있고 또 개화라는 것이 다름 아니라 '작고통금酌古通今, 개물화민開物化民'이라고 말하는 논설[3]이 있다. '개물화민'은 '개물성무, 화민성속'의 축약어인데 개화의 뜻풀로 이 용어가 빈번하게 사용되고 있다는 증거가 된다. 보통 '개물성무'와 '화민성속'은 개별적으로는 지식의 개명과 도덕의 교화를 뜻하지만, 『황성신문』에서 말하는 '개물성무, 화민성속'에는 개화의 감각이 살아있는 당대의 어감이 숨어 있으니, 곧 학식의 보급으로 인민의 '지교智巧'가 무한히 진보해 나가는

---

2 미상, 무제, 『皇城新聞』 1898년 9월 23일자.
3 미상, 「不覺時勢難免夏蟲井蛙」, 『皇城新聞』 1901년 12월 14일자.

것이 그것이다.[4]

이 글에는 개화와 함께 개화함에 관한 진술도 들어있다. 개화을 잘하는 것이란 고금을 참작하여 지식의 발달에 힘쓰는 것이라 했는데 이는 『황성신문』 논설이 말하는 '작고통금, 개물화민'과 들어맞는 내용이다. 반면 개화를 해치는 것이란 실제에 힘쓰지 않고 겉모습이나 꾸며서 끝내 개명과 닮지 못한 것이라고 했는데, 이것은 대한제국 언론에서 개화의 미달 또는 일탈로서 곧잘 거론된 '허명개화虛名開化', '피개화皮開化', '얼개화孽開化' 등과 연결되는 현상으로 볼 수 있다. 곧 한국 사회는 '실지개화'를 하지 않고 '허명개화'를 숭상하니 개화가 멀었다는 인식,[5] 문명개화의 겉치장이나 하고 학문을 하지 않으면 '피개화'라는 인식,[6] 개화한 사람이 일본에 유람하고 귀국해 한국을 야만시하고 언필칭 일본이라 하니 소위 '얼개화'라는 인식[7]이 그것이다. 여기서 '피개화'와 '얼개화'는 대한제국 후기에 나타나는 개화에 관한 반성을 반영하는 표현이라 하겠는데, 갑오개혁 이후 국제를 만들고 학교를 세우며 국론으로 거듭 '개화', '개화'를 말했지만 결국 '피개화' 때문에 국가가 위망에 빠졌다는 인식이 그러한 경우이다.[8] 두발 자르고 양복 입고 일어를 조금한다고 개화가 아니라 신학문과 신지식을 융합해 세계를 알고 처사를 잘 해야 개화라는 인식이 나온 것은 '얼개화'에 대한 반성 때문이었다.[9]

정일우의 글 「개화」와 대한제국 언론 매체의 다양한 개화 기사는 한국 개화사상의 역사를 '개화의 사상사'라는 시각에서 재구성할 수 있는 시론적인 방법이다. 개화란 무엇인지 개화에 관한 명사적 사고와 개화를 어떻게 해야

---

4 미상, 무제, 『皇城新聞』 1899년 6월 3일자.
5 미상, 무제, 『皇城新聞』 1899년 6월 21일자.
6 미상, 「皮開化」, 『大韓每日申報』 1906년 1월 10일자.
7 미상, 「權衡一世」, 『大韓每日申報』 1907년 3월 15일자.
8 미상, 「皮開化之大弊」, 『皇城新聞』 1906년 7월 6일자.
9 미상, 「權衡一世」, 『大韓每日申報』 1907년 3월 15일자.

하는지 개화에 관한 동사적 사고가 충분히 검출될 수 있다면 '개화의 사상사'에서 중요한 역사적 국면은 대한제국기라 할 수 있다.

대한제국기 개화의 사상사에서 개화 성찰적인 인식은 특히 대한제국 말기에 이르러 팽배해 갔다. 서북학회 주필 김원극金源極은 전국의 교육계에서 '순전한 얼개화의 국민을 무수히 산출'한 현실을 비통해 했다. 그는 이것이 '수구파'와 '개화파'의 상호 대립의 결과물이라고 보았고, 만약 수구파와 개화파가 서로 타협하는 방법을 강구해서 전국 청년에게 도덕 함양과 물질 연구를 병행하게 했다면 품행이 바르고 기술이 정치한 인재를 양성했을 것이라고 말했다.[10] 이런 견지에서 그는 학문의 교수에서 구학과 신학의 겸비, 곧 '잉구취신仍舊就新'을 제시하였다.[11]

대한제국 말기 개화와 수구의 대립은 양자의 대립을 해소하고 극복하는 방안을 강구하게 했다. 윤돈구尹敦求는 개화의 외양을 해도 수구의 학문을 하면 수구이고 수구의 외양을 해도 개화의 학문을 하면 개화이니 개화와 수구를 분별하여 대립을 조장하지 말고 구학을 본령으로 이를 신학으로 윤색하여 신구학의 완비를 이룩할 것을 제안하였다.[12] 박은식朴殷植은 일본은 신문화와 신학문도 발달하면서 퇴계학도 전승되고 있으니 한국은 이를 본받아 개화파와 수구파의 대립에 구애받지 말고 인격의 본령학문과 외국의 실용학문에 힘쓰라고 조언하였다.[13] 김원극 역시 개화파와 수구파가 서로 각자 자기 과실을 헤아리고 상대에게 편벽한 태도를 취하지 말라고 충고하였다.[14]

이것은 대한제국 말기 개화와 수구의 대립과 그 해소가 개화의 사상사에

---

10 松南, 「因海山朴先生仍舊就新論告我儒林同志」, 『西北學會月報』 18, 1909년 12월.
11 松南, 위의 글.
12 尹敦求, 「守舊開化論」, 『嶠南敎育會雜誌』 3, 1909년 6월.
13 미상, 「退溪先生의 學이 行于日本者久矣」, 『西北學會月報』 12, 1909년 5월.
14 松南, 「開化守舊兩派의 肩失」, 『西北學會月報』 19, 1910년 1월.

서 중요한 토픽으로 검토될 필요가 있음을 뜻한다. 이 시기에 일어난 기억할만한 사상적 사건을 꼽으라면 박은식의 유교개혁론이라 하겠는데 기실 유교개혁론의 입론 배경에도 개화와 수구의 대립을 해소한다는 의식이 개재해 있었다. 즉, 그는 '본령학문'과 '구세주의'의 문제의식으로 량치차오의 『덕육감德育鑑』을 수용하여 '구학 개량'과 '사회 개량'의 양방향에서 유교개혁을 천명했다.[15] 그런데 개화와 수구의 관점에서 본다면 여기서 '구학 개량'이란 수구파의 구학을 개혁하는 것이고 '사회 개량'이란 개화파의 사회단체를 개혁하는 것이기 때문에 박은식의 유교개혁론이란 개화파와 수구파의 문제점을 모두 치유하고자 하는 취지에서 제기되었다고 생각된다. 이런 의미에서 대한제국기 개화의 사상사, 특히 대한제국 말기 개화와 수구의 대립을 해소하고자 하는 흐름은 한국 근대사상사의 핵심 주제로 중요성을 부여할 수 있다.

2. 개화의 지식

개화와 수구는 대한제국기 개화의 사상사에서 고찰할 주요 연구 주제이지만 오늘날 이는 거의 망각된 상태에 있다. 그 대신 개화와 수구의 학술 영역은 개화의 사상사에서 개화의 지식사로 이동하여 대한제국기 이전 조선의 개화운동에 관한 역사 지식의 기본 프레임으로 작동하고 있다. 이를테면 『황성신문』 연재물 「일본유신삼십년사日本維新三十年史」는 조선의 개화운동에서 핵심적인 사건으로 간주되는 갑신정변의 역사 서술에 개화와 수구의 대립을 부과했다. 조선의 '유신維新'을 목표로 하는 조선의 '개화당'이 조선의

---

15 노관범, 「대한제국기 박은식 유교개혁론의 새로운 이해」, 『한국사상사학』 63(한국사상사학회, 2019), 135~141쪽.

'수구' 대신을 일소하고자 갑신정변을 일으켰다는 것이다.[16] 본래 「일본유신삼십년사」 연재 취지는 대한제국 국가 경영을 위한 학습 대상으로 일본의 문명개화의 역사를 소개한다는 것이었다.[17] 이 맥락에서 갑신정변이 상징하는 조선의 개화운동은 문명개화의 실현이라는 역사적 의의를 부여받았다.

그러면 실제로 한국의 개화에 관한 역사 지식은 어떻게 만들어지고 있었을까? 먼저 해방 후 발간된 최초의 중등교육용 한국사 교과서라고 평가되는 진단학회의 『국사교본』(1946)을 검토하면 다음과 같다. 강화도조약 이후 개항이라는 새로운 역사 국면에 진입한 조선 정부는 중국과 일본에 시찰단을 파견하여 서양의 신문화를 수용하고자 했는데, 서양의 신문화가 조선에 유입됨에 따라 신문화를 이해하는 개화파와 그렇지 못한 수구파의 분기가 일어났고 양자 사이에 신구 대립이 발생했다.[18]

『국사교본』은 한국의 개화사상 형성사에서 신문화의 유입에 따른 '개화파와 수구파'의 대립을 서술했고, 이러한 시각에서 '조선 개화운동사'의 가장 중요한 사건으로 신사년(1881)의 중국 시찰과 일본 시찰을 특기했다. 문제는 조선에서 일어난 '개화의 바람' 속에서 임오군란이 돌발했고 이후 중국의 내정 간섭을 배경으로 중국에 사대하는 '수구당(=사대당)'과 이와 반대로 자주의 신국가를 건설하려는 조선의 '독립당(=개화당)' 사이에 정치적 대립이 발생했다는 사실이다. 곧 개화당이 수구당을 제거하고 일시적으로 정권을 탈취한 사건이 갑신정변이었다면 이후 다시 개화당이 수구당을 몰아내고 혁신 내각을 세운 사건이 갑오경장이었다.[19] 개항 후 발생한 개화와 수구

---

16 미상, 「日本維新三十年史」, 『皇城新聞』 1906년 8월 20일자.
17 이예안, 「다카야마 린지로 외 11명 「일본유신삼십년사」」, 『개념과소통』 15(한림대학교 한림과학원, 2015), 249~255쪽.
18 진단학회, 『국사교본』 제3편 제6장 3. 「신문화의 수입」(조선교학도서, 1946).
19 진단학회, 위의 책, 제3편 제7장 2. 「청국 세력의 침입과 갑신정변」; 진단학회, 위의 책, 제3편 제9장 1. 「갑오경장」.

의 역사적 대립은 개화파와 수구파 사이의 문화적 차원의 대립과 함께 개화당 과 수구당 사이의 정치적 차원의 대립으로 진행되었으며 결국 갑오경장에 이르러 개혁이 실시되고 독립이 선포됨으로써 이 역사의 흐름은 개화파와 개화당의 승리로 돌아갔다.

이것은 오늘날 한국 사회에 친숙한 개화와 수구의 역사 드라마이다. 개화와 수구는 개항에서 갑오개혁 사이에 발생한 역사적 현상인데 서양의 신문화를 수용하는 문제로 개화파와 수구파의 대립이 있었고 조선의 신체제를 수립하는 문제로 개화당과 수구당의 대립이 있었으며 역사의 주요 흐름은 개화파와 개화당에 의한 개화운동으로 진행되었다는 의미가 여기에 담겨 있다. 이것은 한국의 개화운동에 대한 역사 지식의 골자를 제공해 준다는 의미도 있지만 개화사상을 이해하는 출발점으로서 한국의 개화 개념을 사유하는 출발점의 역할을 한다는 의미도 있다. 개화는 서양의 신문화의 수용이라는 문제와 관련된 문화적인 개념, 아울러 조선의 신체제의 수립이라는 문제와 관련된 정치적인 개념, 그리고 개항에서 갑오개혁까지 한국 근대사의 특정한 시기에 출현하는 개화운동으로서 역사적인 개념이 된다.

개화와 수구의 대립이라는 프레임으로 한국의 개화에 관한 역사 지식이 출현했던 과정의 진상은 아직 명백하게 규명되지는 않았다. 다만 개화와 수구의 대립이라는 프레임 그 자체는 본래 일본에 존재했던 것이고 조선은 일본 시찰 당시 현지 견문을 통해 이를 처음 습득할 수 있었다고 생각된다. 예를 들어 1881년 조사시찰단의 이헌영李鑛永은 조선의 개화당과 수구당 사이의 상호 대립이 초래할 수 있는 외정의 위기 상황에 관한 조언을 들었다.[20] 이후 개화와 수구의 분별이라는 관념이 조선에 유입된 흔적을 찾을 수 있다. 임오군란 후 조선의 국가 재건 방책을 구상한 김창희金昌熙는 조선의 정

---

20 李鑛永, 『日槎集略』人, 「散錄」.

계에 상반된 두 부류가 있음을 지적하였다. 하나는 개항 후 세계 대세를 알지 못하고 개항 전의 의론을 고수하는 부류인데 이 부류의 문제점이 '수구守舊'라면 다른 하나는 개항 후 외교에 마음을 쏟아 '개화'의 의론을 자처하는 부류인데 이 부류의 문제점은 '축외逐外'였다. 이헌영이 들은 개화와 수구, 김창희가 말한 개화와 수구는 아직 갑신정변의 맥락이 투여되지 않은 것으로 위에서 살펴본『국사교본』의 용어를 차용하면 개화파와 수구파에 해당하는 것이었다.[21]

문제는 갑신정변의 주체에 대한 명칭인데 당시 조선 사회에서 통용되는 명칭은 정변을 감행한 주역을 가리키는 '갑신사흉甲申四凶'이었다.[22] 반면 일본의 후쿠자와 유키치(福澤諭吉)는 조선의 갑신정변에 커다란 의미를 부여해서 정변의 주체에 '독립당'의 명칭을 선사하고 그 대척점에 '사대당'의 명칭을 부여했다.[23] 후쿠자와 유키치는 일본에서 처음 Civilization의 번역어로 문명개화를 창안하여 개화 개념의 확산에 기여하기도 했지만 동시에 '사대주의'라는 신조어를 창출해 조선의 사대를 왜곡하는 개념을 만들어낸 장본인이기도 했다. 기쿠치 겐조(菊池謙讓)는 조선의 '개화당'의 요청으로 일본군이 조선의 경복궁을 점령했다고 갑오변란을 합리화하였다.[24] 한국 근대사 서술에 개입하는 개화와 수구라는 프레임이 일본의 한국 침략주의 논단의 산물일 수 있음을 확인한다.[25]

갑신정변을 독립당과 사대당의 대립으로 규정한 후쿠자와 유키치의 논

---

21 金昌熙,『三奏合存』,「善後六策補」〈總論〉.
22 『尊華錄』, 권6,「疏-宋秉稷」.
23 유승렬,「사대=수구 대 독립=개화의 이항대립적 근대 서사 프레임의 창출과 변용」,『역사교육』14(역사교육연구회, 2017), 223~258쪽.
24 유승렬, 위의 논문.
25 이태진,「한국 근대의 수구·개화 구분과 일본 침략주의」,『한국사시민강좌』33(일조각, 2008), 53~76쪽.

법은 이후 하야시 다이스케(林泰輔)의『조선근세사朝鮮近世史』에 그대로 계승되었다. 하지만 하야시 다이스케의『조선근세사』를 바탕으로 편찬된 현채玄采의『동국사략東國史略』은 독립당과 사대당의 대립 대신 독립당과 수구당의 대립으로 수정했는데 사대당을 수구당으로 수정한 이유는 분명하지 않으나 대한제국의 국체에 비추어 '사대당'이라는 용어가 적절하지 않다고 판단한 듯하다. 진단학회『국사교본』이 수구당(=사대당)과 독립당(=개화당)의 대립을 말한 것은 현채의『동국사략』의 방식을 선택하면서도 하야시 다이스케의『조선근세사』의 방식도 존중한 결과로 볼 수 있다.『국사교본』은 해방 후 한국의 개화에 관한 역사 지식의 출발점이라 해도 과언이 아닌데 그 지식사의 궤적에 하야시 다이스케-현채의 내력이 있음이 흥미롭다.

전술했지만『국사교본』은 한국 개화사의 구성에서 개화파와 개화당을 분별하여 신문화 수용 주체는 개화파로 신체제 수립 주체는 독립당(=개화당)으로 호명하였다. 이것은 개항 후 개화의 주체를 우선적으로 신문화의 관점에서 넓게 개화파로 제시하고 다시 그 내부에서 갑신정변의 주역을 좁게 개화당으로 분별한 것이었다. 이것은 개항 후 조선 최초의 개화 주체를 신문화의 수용과 관련된 1881년의 일본·중국 시찰단에서 구한 결과인데, 최남선崔南善의「조선역사강화朝鮮歷史講話」에서 조선 최초의 개화당을 이 해의 일본 시찰단에서 구했던 것과 동일한 태도였다.[26]

『국사교본』의 한국 개화사 서술은『새국사교본』(1948)에 들어와 지속과 변화의 과정을 거치는데 이를 소개하면 다음과 같다.[27]

문호를 개방한 조선은 위선 현대의 새 문명을 수입하기에 눈을 뜨게 되었다.

---

26 崔南善,「朝鮮歷史講話」(32),『東亞日報』1930년 2월 20일자.
27 이병도,『새 국사교본』, 제4편 제4장 제2절 2.「현대문화의 수입과 모순된 두 세력」(동지사, 1948); 이병도, 위의 책, 제4편 제4장 제3절 4.「현대문명의 모방」.

고종 18년은 조선 개화운동사상에 있어 특서할만한 해이다…신사유람단…
새로운 문물제도를 시찰케 하고… 영선사… 신기계에 관한 지식을 배우게
하였다…청일 양국을 통하여 서양의 현대 문명을 배워 들이는 데 큰 사명이
있었던 것이다…. 개방조선은 마치 오늘의 해방조선과 같이 내외적으로 큰
모순과 대립이 발생하여…개화파와 순연한 보수파와의 갈등, 또 개화파 중
에서도 일본식…친일적…일파…청국식…사대주의…일파…그 사이의 알력
이 역시 심하였다.

일청 양국을 통하여 현대문명을 수입하기 시작한 조선은 서양 제외국과 통
상을 트고 공사를 교환하고 양인의 고문관을 둠으로써 현대문명의 모방과
시설에 더욱 바빴었다…현대식 무기, 현대식 화폐…현대식 인쇄…현대 신
문…현대식 의료…현대식 교육….

먼저 지속의 측면을 말한다면 한국 개화에 관한 역사 지식에서 '신문화―
개화파' 중심의 역사 서술이 강화되고 있다는 점이다. 신문화 대신 현대문
명이라는 어휘를 사용하고 다시 현대문명의 수입과 모방의 서로 다른 단계
를 설정하고 무엇보다 현대문명의 수입을 의미한다고 생각되는 1881년의
외국 시찰단 파견에 대해 '개화운동사'에서 특기할 사건이라 단언하는 태도
를 보였다. 변화의 측면을 말한다면 갑신정변을 개화당과 수구당의 대립이
아니라 개화파 내부의 친일―친청 노선 대립의 소산으로 파악하고 대립하는
두 집단의 명칭을 각각 친일독립당과 친청사대당으로 수정했다는 점이다.
이것은 갑신정변 세력과 그 대립 세력 사이의 사상적 이질성을 강조하는 기
존의 이해 방식과 달리 개화파로서의 동질성을 인정한다는 점에서는 상당
히 진전된 인식이었다.

3. 개화의 개념

위에서 개화의 지식사를 논하면서 개화에 관한 역사 서사의 흐름에서 개화의 개념사를 사유하는 도움을 받을 수 있음을 말했다. 다시 반복하면 한국의 개화는 서양의 신문화 수용이라는 문화적인 차원의 개념이기도 하였고, 조선의 신체제 수립이라는 정치적인 차원의 개념이기도 하였으며, 개항에서 갑오개혁까지 특정한 시기에 전개된 개화운동으로서 역사적인 차원의 개념이기도 하였다. 아울러 개화의 사상사에서도 개화의 개념사를 고찰하기에 유익한 지적 자원을 찾을 수 있었는데, 이를테면 대한제국기 언론 매체와 개인 문집에서 보이는 개화에 대한 정의가 그것이다. 개화의 정의로서 '개물성무, 화민성속', 그리고 이를 축약한 '개물화민'이 출현했고 이것이 다름 아닌 신지식과 신학문의 발달과 연결된 문제였음은 앞에서 살핀 대로이다.

개화의 개념사는 개화 그 자체의 개념을 탐구하는 문제와 관련되기도 하지만 개화의 주체 또는 개화의 시기에 관한 개념적 접근을 포함하는 문제일 수도 있다. 개화 개념의 문화적 측면이 개화 그 자체의 개념과 연결되는 것이라면 개화 개념의 정치적 측면과 역사적 측면은 각각 개화의 주체 또는 개화의 시기와 연결되는 것이라 볼 수 있다. 주체와 시기는 서로 불가분의 관계에 있고 문화와 주체 역시 서로 불가분의 관계에 있으니 개화의 개념사를 논하는 구체적인 방법으로 개화의 시기 설정부터 검토하는 것이 합당할지 모른다.

이와 관련하여 국사편찬위원회『한국사』는 개화사상의 시기적 범위에 관하여 다음과 같이 말하고 있어서 주목된다.[28]

19세기 후반기에 있어서 한국의 개화사상은 어느 시점에서 획기적으로 나타

---

28 『한국사』16, Ⅲ.1.(1)「개화의 개념」(국사편찬위원회, 1983).

난다기보다 매우 점진적으로 잠복하면서 나타나고 있으므로 이미 1876년의 개항 이전에 초기적인 개화사상을 가지고 있었던 선각자가 나타나는가 하면 1880년을 전후하여 하나의 역사적 세력으로서 나타나기도 하였으며 또한 오히려 광무년간에 와서야 일반 유교적 지식인들 사이에 개화적인 의식이 널리 형성되기 시작하였던 것이다.

이것은 한국의 개화사상의 역사를 계속적인 '형성사'로서 인식하되 그것의 점진적인 성격과 장기적인 성격을 강조하는 태도이다. 한국의 개화사상의 주체에 대하여 개항 이전은 '선각자', 갑신정변 이전은 '개화당', 대한제국 수립 이후는 '유교적 지식인' 등으로 차례로 변별하면서 일정한 단계를 부여하여 구분하고 있다. 이것은 개화사상의 형성에서 개항이라고 하는 계기를 상대화하여 개항 이전의 시기에서도 충분히 초기적인 개화사상이 형성될 수 있음을 가리킨다. 아울러 갑오개혁으로 개화가 종결되는 것이 아니라 오히려 그 이후 대한제국기에도 계속해서 개화사상의 형성이 진행될 수 있음을 보여준다.

이 관점에서 보면 전형적인 개화사상이 아니라 할지라도 개항 이전 '선각자'의 초기적인 개화사상이든 갑오개혁 이후 '유교적 지식인'의 개화적인 의식이든 모두 개화사상의 범주에서 논할 수 있게 된다. 선각자의 개화사상과 유교 지식인의 개화사상이 모두 개화사상에 포함됨으로써 개화 개념의 확장과 새로운 체계화가 필요할 수 있다.

여기서 잠시 한국의 개화사 연구를 개척한 이광린의 개화 개념을 검토하는 것이 논의의 진전을 위해 도움이 될지 모르겠다. 개화란 무엇인가. 개화사상이란 무엇인가. 이광린은 '개화사상은 실학사상을 바탕으로 서양의 문명을 받아들여 부국강병을 꾀하려는 것'이라고 말한 적이 있다.[29] 또 개화는

---

29 이광린, 「개화·척사사상」, 『한국사론』 5(국사편찬위원회, 1978), 158~170쪽.

단순히 정치를 개혁하는 것이 아니라 인간을 개조하는 것이고 교육을 통해 전통적인 사고 방식을 변화시키는 계몽과 상통한다고 말한 적이 있다.[30] 이 광린의 이 두 진술은 개화 개념과 결합할 수 있는 유력한 키워드로 각각 실학과 계몽이 있음을 보여준다. 실학과 개화의 병치는 개화의 본질적 이해라기보다 개화의 사상사적 이해에 가깝다. 전통적인 사고 방식의 비판과 극복으로서 조선사상사의 내재적 발전을 의식하고 그 발전 궤도에 개화를 배치한 것이다. 개화와 계몽의 등치는 개화의 본질적 이해에 가깝다고 하겠지만, 이 경우 개화의 실천으로서 개화운동이 계몽운동과 동일시되는 것이라면 개화사상의 발현은 이른바 애국계몽운동이 전개되는 대한제국기에서 구하는 편이 합당할지도 모른다.

그런데 개항 후 개화파와 수구파, 개화당과 수구당의 역사 드라마를 제공하는 개화의 지식사에 비추어 보건대 개화와 실학, 개화와 계몽의 결부는 개화파 위주의 개화 또는 개화당 위주의 개화에 개념적 혼란을 야기할 소지가 있다. 동시에 개화 개념의 합리적 정립에 도움이 될 수도 있다.

먼저 개화와 실학의 연결 문제를 보자. 김영호는 박규수朴珪壽를 매개로 하여 실학파와 개화파가 연결된다는 인적 계보의 문제 또 실학파의 이용후생·실사구시, 그리고 민족주의, 민권사상, 통상개국론 등이 개화파와 연결된다는 사상 관련의 문제를 제기했다.[31] 강재언은 실학과 개화 사이의 인적 계보 연결과 사상 내용의 연결을 논하면서도 서양의 충격을 인정했고 서양의 충격에 의해 가속화된 실사구시의 변혁사상을 개화사상이라 보았다.[32] 양자 모두 한국사상사에서 자생적인 근대화를 중시했고 그런 의미에서 개

---

30 이광린·신용하 대담, 「개화사 인식의 문제」, 『현상과 인식』 1(2)(한국인문사회과학회, 1977), 3~19쪽.
31 김영호, 「실학과 개화사상의 관련문제」, 『한국사연구』 8(한국사연구회, 1972), 675~691쪽.
32 강재언(정창렬 번역), 『한국의 개화사상』(비봉출판사, 1981).

화사상의 내재적 형성은 중요한 의미가 있었다.

　그러나 전통적인 사고 방식의 비판과 극복 과정에서 실학사상은 여전히 유교 전통 내부의 근대 지향에 머물러 있다고 간주되기 때문에 조선 후기 사상사의 내재적 발전의 시각에서 실학과 개화의 연속성을 논한다 할지라도 그것은 개화사상의 역사적 이해에 부차적일 수 있고 개화사상과 실학사상의 공통점보다는 차이점에 주목하는 편이 합당할 수 있다.

　이광린은 이를 '전환'으로 인식하고 실학사상에서 개화사상으로의 전환을 보여주는 대표적인 사례로 강위姜瑋를 발견하였다. 즉, 강위의 사례에서 보듯 조선말기 개화사상의 형성에는 조선 후기 실학의 계보와 더불어 중인 역관 신분의 진보적인 사상이라는 내부 요인이 있고 무엇보다 서양 세력의 동아시아 충격이라는 외부 요인이 있었다는 것이다.[33] 서양의 동아시아 충격은 실학으로부터 개화로의 전환을 설명할 수 있는 개화사상 형성의 중요한 맥락으로 간주된다. 신용하는 중인 역관 오경석吳慶錫이 중국 사행에서 『해국도지海國圖志』 등의 신서적을 입수하고 이를 섭렵하여 조선의 선각자, 곧 최초의 개화사상가가 되었으며 서양의 동아시아 충격에서 위기와 혁신을 절감하고 개화사상을 전파하여 마침내 개화파의 형성을 초래했음을 논했다.[34]

　그러나 실학사상과 개화사상의 관계를 연속보다는 전환의 관점에서 이해한다 할지라도 여전히 남는 문제가 있다. 개화사상의 본질적 이해가 이로부터 도출될 수 있을까 하는 점이다. 앞서 개화사상의 이해에서 '실학과 개화의 병치'와 더불어 '개화와 계몽의 등치'가 있음을 말했는데, 근대 교육을 통

33　이광린, 「강위의 인물과 사상: 실학에서 개화사상으로의 전환의 일단면」, 『동방학지』 17(연세대학교 국학연구원, 1976), 1~45쪽.
34　신용하, 「오경석의 개화사상과 개화활동」, 『역사학보』 107(역사학회, 1985), 107~187쪽.

해 전통적인 사고 방식을 변화시키는 계몽의 시각에서 본다면 개항론이나 개국론에서 그치는 '선각자'의 초기적인 개화사상은 유교 도덕의 토대에서 벗어난 것이 아니기 때문에 전형적인 개화사상으로 인식하는 데 어려움이 따른다. '실학과 개화의 병치'와 '개화와 계몽의 등치'는 개화 개념의 정립에서 양립할 수 없는 관계로 보이는 것이다. 그렇다면 개항 이전부터 갑오개혁 이후까지의 시기를 포괄하는 역사적인 개념으로서 개화사상의 정립이란 무망한 일로 보일지 모른다.

개화사상의 개념 정립 문제는 비단 초기의 '실학–개화'와 후기의 '개화–계몽' 사이의 구도에서만 발생하는 것은 아니다. 앞서『국사교본』은 개항 후 신문화 수입을 놓고 개화파와 수구파의 대립을 말했고『신국사교본』은 개화파 내부에서 일본식 노선과 중국식 노선의 대립을 말했다. 그런데 이런 의미의 개화파는 과연 개화사상의 주체로 볼 수 있을까? 이와 관련하여 이완재는 다음과 같이 논한다.[35]

> 채서사상은 물론이고 동도서기론(온건 또는 개량적 개화라고 표현되는 것까지 포함해서)까지도 개화사상에 포함시키는 것은 곤란하지 않을까 생각된다…문호개방 후 대외관계의 변전에 따라 개화론·개화의식이 크게 대두·확대된 것은 사실이다. 그러나 그렇다고 개화론·개화의식 그 자체를 하나의 사상체계인 개화사상과 동일 범주화 하는 데는 문제가 있다고 생각될 뿐만 아니라 동도서기론을 개화사상 범주에 포함시킴으로써 도리어 개화사상 관계의 개념 이해에 혼란만 초래하게 되지 않나 생각된다.

이완재는 개화사상의 개념 정립을 위해 단순한 개화론·개화의식과 개화사상을 구별했고 개화파 안에서도 체제 변혁을 도모하는 개화당(급진개화, 변

---

35 이완재, 「개화사상의 개념과 분화문제」,『한국학논집』13(한양대학교 한국학연구소, 1988), 193~211쪽.

법적 개화) 이외의 나머지 부류(온건개화, 개량적 개화)를 개화사상의 범주에서 제외하였다. 만약 개화운동의 시기를 크게 근대 서양 지식의 성장(1870년대), 근대 서양문명의 도입(1880년대), 국권과 민권의 주장(1890년대 이후)으로 단계별로 이해할 수 있다면,[36] 이완재의 개념 정립에 부합하는 단계는 마지막 세 번째 단계라고 하겠다. 국권과 민권의 문제야말로 근대적 체제 변혁의 실질적 내용이 된다고 생각되기 때문이다. 그런 의미에서는 '유교와 개화사상'의 구도[37]보다는 '개화사상과 내셔널리즘'의 구도[38]가 개화사상의 개념 정립에 더 유리할 수 있다.

개화사상의 시기 설정과 관련하여 한가지 특기할 것은 이은상의 「개화백경開化百景」이다.[39] 이 글은 개항 후 개화운동의 전개를 적극적으로 인식하고 '개화운동시대'라는 조어를 창안했다. 갑신정변과 갑오개혁이라는 역사적 사건과 관련된 특정한 정치적 주체로서 개화당을 중시하는 일반적인 관점과 달리 '개화운동시대'(1876~1919)의 하한선을 1919년으로 획기하였다. '개화운동시대'에 이어서 '신문화운동시대'(1919~1968), '근대화운동시대'(1968~)를 설정했는데, 이는 한국의 근현대사 전체를 '개화=신문화=근대화'의 시대로 제시하고자 하는 의지의 발현이었다.

이 글은 근대화운동의 전사로서 개화운동을 제시하고 개화운동으로부터 근대화운동을 위한 역사적 교훈을 찾고자 했는데 특히 주체의 자각에 논점을 두었다. 개화운동이란 '새 문화라는 남의 거울 속에서 오히려 제 모습을 찾아보려한 민족의 자각운동'이고, 이 맥락에서 개화의 본질은 민족의식과

---

36 『한국사』16, Ⅴ.3.(1) 「1880년대 개화사상의 본질」(국사편찬위원회, 1983).
37 강재언, 앞의 책. 강재언은 자생적 근대화론의 문제의식에 따라 책의 제목에 본래 '유교와 개화사상'을 넣고자 하는 생각이 있었음을 밝혔다.
38 쓰키아시 다쓰히코(최덕수 옮김), 『조선의 개화사상과 내셔널리즘』(열린책들, 2014).
39 이은상, 「개화백경」(1), 『조선일보』1968년 3월 24일자.

결합한 자기의 발견, 주체의 자각이 된다. 보편주의적 개화 풍조에 민족주의적 개화사상이라는 역사적 의미가 부여되는 것은 아이러니가 아닐 수 없지만, 개화 개념의 이해에서 주체의 자각이라는 측면의 중요성을 일깨우는 미덕이 있다고 하겠다.

4. 개화와 유교

지금까지 한국의 개화사상에 관해 사상, 지식, 개념의 세 가지 영역에서 간략히 살펴보았다. 대한제국 언론에 보이는 개화의 사상, 한국사 교과서에 서술된 개화의 지식, 한국사 연구자가 논한 개화의 개념 사이에서 세부적으로 개화에 관한 통일적인 이해를 발견하기는 어려웠다. 다만 그럼에도 대체적으로 본다면 공통점을 하나 찾을 수 있었는데 근대주의의 관점에서 전통과 근대의 대립이라는 프레임을 개화 이해에 부과해 왔다는 사실이다. 개화는 서양 근대문명을 건설하는 근대화 또는 문명화의 과업이고 그 대척점에 수구라 불리는 전통 유교가 놓여 있다는 사고가 그것이다.

'개화와 수구'는 대한제국 사회의 사상적 갈등과 대립을 표시하는 당대적인 인식틀이기도 했고 조선말기의 역사적 갈등과 대립을 나타내는 역사적인 인식틀이기도 하다. 개화 개념의 정립 과정에서 전통 유교에 대한 비판과 극복의 의미로서 실학 또는 계몽을 개화와 결부시키는 태도, 유교 도덕 또는 유교 체제에 기반하여 서양문명을 수용하는 동도서기 또는 온건개화를 개화사상에서 배제하려는 태도 역시 '개화와 수구'의 인식틀이 작용한 것으로 볼 수 있다. 개화는 무엇보다 '개화와 수구'로 존재해야 한다는 발상이다.

지금까지 한국의 개화사상 이해를 지배하는 이와 같은 '개화와 수구'의 프레임은 한국근현대유학사상연구총서의 일부로 한국의 개화사상을 준비하는 입장에서 본다면 곤혹스런 면이 있다. 개화사상이 유교와 양립할 수 없다면 근현대 유학의 범주에서 개화사상을 설정하는 것은 불가능하기 때문이다. 그러나 순연한 전통과 순연한 근대의 동시적 병존이란 존재할 수 없는 법이다. '개화와 수구'의 프레임이 가정하는 근대 서양과 전통 유교의 대립이 넌센스에 지나지 않는다는 것은, 개화가 근대라면 이와 동시적으로 병존하는 수구도 근대이고 그렇다면 수구 역시 전통 유교가 아니라 근대 유교가 된다.

여기서 근대 유교의 존재론을 총체적으로 논할 자리는 아니지만 근대 유교는 근대 한국의 역사적 시공간 안에서 발생하는 역사적 현실에 대응하는 근대사상으로서 자기 존재가 있다. 유교 본연의 풍부한 지적 자원과 오랜 사상 전통, 그리고 근대 서양과의 접촉 속에서 개항기에는 위정척사, 동도서기, 문명개화 등으로 구성된 사상계를 창출하였고 다시 갑오개혁 이후 한국 사회에 언론계가 형성되자 장지연, 박은식, 신채호 등 저명한 저널리스트를 배출하였다. 반드시 문명개화의 관점에서 순연한 서양 근대 문명의 기준으로 한국사상사를 재단할 것이 아니라면 조선 유교 사회에서 성장한 이른바 개화당의 개화사상조차도 근대 유교의 범주에서 논하는 것이 불가능하지는 않으리라 생각한다.

근대 유교의 관점에서 한국의 개화사상을 탐구한다면 크게 개항기 사상계의 개화사상과 대한제국기 언론계의 개화사상을 대상으로 세부적으로 근대 유교의 시각에서 다음과 같은 주제들이 선택될 수 있다. 먼저 개항기 사상계의 개화사상으로는 문명개화론과 동도서기론을 선택하되 갑오개혁 이후의 시기까지도 서술에 포함시킬 수 있다. 대한제국기 언론계의 개화사상으로는 『독립신문』, 『황성신문』, 『대한매일신보』 등 주요 한국 언론의 시대사상을 선택하되 장지연, 박은식, 신채호 등 유교 언론인의 개화사상까지 포함시킬 수 있다.

　이와 함께 문명개화론의 시각에서는 개화사상의 범주에 진입할 수 없었지만 조선 후기 유교적 경세론의 전통이 개항기의 국가개혁론에 연속하는 측면이 있음을 고려하여 이 흐름에 '시무개혁론'의 이름을 부여하고 별도의 주제로 특화할 수 있다. 개항기 시무개혁론의 학술적 논의는 크게 조선 후기 실학의 현실개혁론을 적극적으로 개항기 사상사에 소환하고자 하는 시각[40]과 개항기 박규수 그룹의 현실개혁론의 본질을 19세기 경화 관료 세력의 유교적 경세론의 흐름으로 독해하고자 하는 시각[41]에서 도출될 수 있다. 이것은 종래 초기 개화사상의 개념으로 접근했던 인물 집단의 사상을 시무개혁의 개념으로 재접근한다는 의미가 있다.

　이처럼 개항기 사상계와 대한제국기 언론계를 기본 구성으로 하여 근대 유교의 개화사상을 논함과 더불어 여기에 추가적으로 유교와 도교에서의 개화 문제를 논할 수도 있다. 즉, 지금까지 개화사상 이해의 자명한 전제는 근대 개념으로서의 개화였지만 실은 전근대 개념으로서의 개화도 존재하고 있었고 이것을 적극적으로 한국의 개화사상에 포함시켜 논할 수 있다는 것이다. 특히 개항 전후 한국의 도교 전통에서 개화가 발신되고 있다는 사실을 고려할 필요가 있다.[42]

　이 문제의 이해를 위해 잠시 유교 사회에서의 개화 개념을 '개화와 계몽'으로 접근하는 문제를 돌아본다. '개화와 계몽'은 개화 개념의 설정에서 지

40　김태웅, 「수구·개화 이항 대립 틀의 허상 탈피」, 『역사교육』 157(역사교육연구회, 2021), 319~344쪽.

41　한보람, 「19세기 시무개혁 세력의 성장과 개혁론의 성격」, 『한국사상사학』 64(한국사상사학회, 2020), 259~294쪽.

42　Jihyun Kim, "Enlightenment on the Spirit-Altar: Eschatology and Restoration of Morality at the King Kwan Shrine in Fin de siècle Seoul", *Religions* 11, no. 6 (Basel, 2020), 1~33쪽.

식 계발과 도덕 교화의 두 가지 측면을 내장한다. 문명개화를 지칭하는 외래어 '개화'를 『역경』의 '개물성무'와 『예기』의 '화민성속'의 결합으로 이해한 것은 개화 개념의 유교적 순치라는 의미와 동시에 개화 개념의 지식-도덕 이원적 편제라는 의미를 포함하는 것이다. 지식의 증진에 따른 물질의 발달이 '개물성무'와 관계한다면 도덕의 정련에 따른 풍기(風俗)의 진보는 '화민성속'과 관계하는 문제이다.

'개화와 계몽'의 맥락에서 비로소 개화는 지식(개물성무)과 도덕(화민성속)의 두 측면에 의한 자기 정의를 확보하게 된다. 대한제국 초기 『독립신문』과 『황성신문』은 개화(갑오개혁) 이후의 개화라는 현실인식 속에서 개화의 두 핵심으로 지식 계발과 도덕 수립을 추구했지만 전통적인 유교 도덕을 개화 도덕과 합치시켜 이해한 『황성신문』과 그렇지 않은 『독립신문』의 개화 관념은 서로 일치하지 않았다.

문제는 개화 개념에 포섭된 화민성속의 측면을 둘러싼 다양한 스펙트럼이다. 이것은 반드시 유교 도덕에 국한된 문제는 아니었고 오히려 조선의 도교 전통에서도 말세의 겁운과 도덕 개화라는 관념이 강하게 표출되어 있음을 볼 수 있다. 문명개화 관념의 유입에 따른 개화의 표방과 이로 인해 발생한 '개화와 계몽'에 의해서만 개화 도덕이 촉발되는 것이 아니라 문명개화 풍조와 동시대성을 갖는 문명개화와 무관한 도교 전통에 의해서도 도덕 개화 관념이 확산될 수 있다는 사실은 개화 개념에서 도덕의 중층성의 발견으로 이어진다.

만약 지식과 도덕의 제도적 분별을 학교와 종교로 구할 수 있다면, 개화 개념에서 도덕의 중층성은 종교의 다양성에 비례하는 것으로 볼 수 있다. 한국 유교 사회에서 종교의 다양성과 개화 개념에서 도덕의 중층성의 관계는 어떻게 이해하는 것이 좋을까?

지금까지 개화사상의 인식을 위한 일의적인 개념은 근대였다. 서양 근대였다. 이제 개화사상의 재인식을 목적으로 다시 이에 관한 일의적인 개념을 추구한다면 그 유력한 존재는 유교일 것이다. 개항기를 거쳐 대한제국기에 이르기까지 한국의 유교 사회는 극심한 역사의 변동을 겪으면서 근대의 유교 의식을 생성하였다. 근대의 유교 의식과 현실의 역사 변동의 접점으로 한국의 개화사상을 논할 경우 그 시작과 종말이 반드시 개항 이전부터 갑오개혁 이후까지의 종래의 서양 근대 중심의 개화사상의 시기 설정과 반드시 부합하지는 않을 수 있다. 한국의 근대 유교로부터 빚어내는 개화사상의 진면목에 대해서는 가설적인 시론을 넘어 본격적인 전론이 필요하다.

5. 개화와 동도서기

한국의 근대 유교로부터 한국의 개화사상의 역사적 이해에 접근할 경우 '동도서기東道西器'의 재인식이 가능하다. 동도서기는 전근대 한국 사회의 유학사상에 존재했던 도기론道器論의 인식론적 확장이라 하겠는데 동도동기東道東器와 서도서기西道西器의 양극단에 치우치지 않는 동서의 절충과 참작 논리라 볼 수 있다. 동도서기는 종래 '개화와 수구'의 프레임에서 본다면 개화기 사상계에서 개화사상의 전형에 미달하거나 개화사상의 본질을 결여하고 있다고 인식될 수 있었고 그래서 논자에 따라서는 개화사상의 명료한 개념 정의를 위해서는 개화사상의 범주에서 동도서기를 제외할 필요가 있다고 제안하기도 했다. '개화와 수구'의 시각에서 개화사상으로 인정될 수 있는 사고방식은 오직 서도서기이며 동도서기는 서도의 미달 또는 결핍이기 때문에 개화사상에 들어가지 않는다는 논리이다.

동도서기와 개화사상의 관계에 대한 충분한 이해를 위해서는 개항기 한국의 동도서기론의 대표적인 사례로 간주되는 김윤식金允植의 글과 신기선申箕善의 글에 대한 재검토가 필요하다. 일단 동도서기는 글자 그대로 동양의 도道와 서양의 기器를 의미하는데 이것은 도와 기는 서로 나누어서 본다는 '도기상분道器相分'의 측면과 도와 기는 서로 합해서 본다는 '도기상수道器相須'의 측면을 포함한다. 동도서기란 도기상분의 측면에서 서교와 서기의 분리를 인식하고 도기상수의 측면에서 동도와 서기의 결합을 인식하는 형태의 사고로 이해된다.

김윤식은 임오군란 진압 후 조선의 개화정책을 다시 새롭게 시작하는 고종이 전국의 민인에게 내리는 윤음을 대신 찬술했다. 이 글에서 조선 정부의 서양 문물 수용 방향이 서교와 서기를 분별하여 이용후생利用厚生의 영역에 걸쳐 있는 서기를 적극적으로 수용하자고 말했다. 이것은 서교와 서기의 분별과 서기의 선택적인 수용이라는 점에서 '도기상분'의 측면에서 동도서기론을 개진했다고 할 수 있다.[43] 아울러 이 글은 조선 국정의 기본 방향이 '정교政教의 내수內修와 선린의 외교, 자국의 예의와 외국의 부강'에 있음을 분명하게 밝혔다.[44] 이것은 '내수외양론內修外攘論'이 아닌 '내수외교론內修外交論'을 추구한다는 점에서 '위정척사론'에서 벗어났고, 조선 유교의 상징인 예의와 서양 근대의 현실인 부강을 결합한다는 점에서 동도서기론으로 진입했다. 무엇보다 흥선대원군 집정기 서양 세력의 침입을 배경으로 전국에 세운 척양비斥洋碑를 뽑아내도록 지시함으로써 동도서기론의 주안점이 위정척사론의 폐기와 서기수용론의 강조임을 분명히 하였다.

---

43 金允植, 『雲養集』, 권9, 「曉諭國內大小民人-壬午」, "其教則邪, 當如淫聲美色而遠之, 其器則利, 苟可以利用厚生, 則農桑醫藥甲兵舟車之制, 何憚而不爲也. 斥其教而效其器, 固可以並行不悖也."

44 金允植, 위의 글. "況强弱之形, 旣相懸絕, 苟不效彼之器, 何以禦彼之侮而防其覬覦乎. 誠能內修政敎, 外結隣好, 修我邦之禮義, 俾各國之富强, 與爾士民, 共享升平, 則豈不休哉."

신기선은 조선의 개화 정책으로 파견된 조사시찰단朝士視察團의 안종수安宗洙가 일본 현지에서 세계 농법의 견문을 넓힌 후 귀국해서 서양 농법의 도입을 목적으로 편찬한『농정신편農政新編』에 서문을 썼다. 이 서문 역시 동도서기론의 주안점이 서기수용론에 있음을 보여주고 있는데, 도의 초역사적 불변성과 기의 역사적 가변성을 구분하고 기의 영역에서는 시대의 추세와 백성의 이익이라는 관점에서 이적夷狄의 법을 행할 수 있다고 말했다.[45] 신기선은 이 서문에서 직접적으로 '도기상분'과 '도기상수'를 언명했는데, 이는 개항기 조선 사상계의 동도서기론 중에서는 이례적인 현상으로 주목할 만하다. 그는 도와 기를 정덕正德과 이용후생에 대응시켜 '우리의 도'로 정덕이 가능하고 '저들의 기'로 이용후생이 가능하기 때문에 '우리의 도'와 '저들의 기'가 병행불패의 관계임을 논했다. 이것이 '도기상분'이다. 또, '중국의 도'는 최고 수준의 정덕에 도달했고 '서양의 기'는 최고 수준의 이용후생에 도달했기 때문에 '중국의 도'로 '서양의 기'를 행해야 한다고 말했다. 이것이 '도기상수'이다. 신기선의 동도서기론은 '도기상분'과 '도기상수'의 구조를 취했는데 역시 그 주안점은 도가 아니라 기에 있었다. 그는 중국이 서양의 기를 행하지 않아 중국의 도까지 무실無實에 빠졌음을 지적했는데, 이는 그의 관심사가 상대적으로 '도기상분'보다는 '도기상수'에 있었고 '도기상수'의 측면에서 그의 근심이 '도와 합하지 못한 기'가 아니라 '기와 합하지 못한 도'였음을 보여준다.

이렇게 보면 김윤식의 글이든 신기선의 글이든 공통적으로 서기의 적극적인 수용에 중점을 둔 동도서기론을 설파했음을 알 수 있다. 이것은 동도서기론이 사고의 형식으로 보면 전통 유학을 이어받는 것처럼 보일지 몰라도 사고의 내용으로 보면 개화사상을 드러내는 것으로 볼 수 있음을 의미한

---

45 安宗洙,『農政新編』, 申箕善,「農政新編序」.

다. 나아가 동도서기론이 사고의 형식에서 보더라도 전통 유학의 도기론과 일치하지 않음을 논한 연구도 제출되었다.[46] 이에 따르면 전통 유학의 도기론에서 도와 기의 관계에는 '도기불상잡道器不相雜'과 '도기불상리道器不相離'의 두 측면이 있는데, 후자의 '체용일원론體用一元論'의 관점에서 전자의 '기가변론器可變論'을 본다면 기의 가변성이란 사과나무 뿌리와 연결된 사과나무 가지를 다듬는 것이지 사과나무 뿌리에 배나무 가지를 접목하는 것은 아니므로 동도서기론이 가정하는 기의 무제약적인 변화는 도기론의 사고 형식에서 벗어나는 것이고 도기론의 사고는 동도동기론 또는 서도서기론에서 준수되는 것이다. 그렇다면 도기론과 동서론이 결합된 동도서기론은 비록 도기론의 형식을 취하고 있다 할지라도 이미 유교적인 도기론에서는 벗어난 셈이 된다. 다만 만약 도기가 체용일원體用一元의 관계이듯 동서도 문명일원文明一元의 관계로 진입한다면 동도서기론은 다시 도기론 일반의 사유로 재진입할 수 있다. 동서 문명의 회통과 세계 보편 문명의 형성으로 동서의 차별이 해소된다면 동도서기론은 곧 도기론 일반으로 환원 가능하다.

한편 김윤식과 신기선의 동도서기론은 서기를 이용후생과 연결시켜 서기 수용의 정당성을 확인하는 공통점을 보였다. 이용후생은 양민養民의 세 가지로서 '정덕과 이용과 후생은 서로 조화를 이룬다'는 유교 경전『서경』의 구절에 출처를 두는데, 이와 같은 본래적인 '정덕이용후생正德利用厚生'의 관점에서 본다면 동도서기의 도기론적 인식에서 중심적인 인식틀은 '도기상분'보다는 '도기상수'에서 구해야 할 것이다. 동도는 정덕이고 서기는 이용후생이라면 '정덕이용후생'의 합체에 따라 동도와 서기 역시 '도기상수'의 방향에서 동도서기의 합체를 완수하기 때문이다. 이렇게 볼 때 동도서기의 심층적

---

46 이상익,「한말 문명론에 있어서 도와 기의 문제」,『철학』58(한국철학회, 1999), 5~33쪽.

이해를 위해서는 조선시대 이용후생에 대한 정밀한 인식이 필요하다.

대개 조선시대 이용후생을 바라보는 학술적인 인식은 두 가지가 있다. 하나는 조선 후기 실학의 특정한 유파로서 '이용후생파'를 상정하는 이우성의 시각인데 이것은 주자학으로부터 실학을 구별하고자 하는 관심에서 '정덕'과 분리된 '이용후생'의 독자성에 관심을 둔다.[47] 다른 하나는 조선말기 동도서기의 사상적 특성으로 '이용후생론'을 상정하는 한우근의 시각인데 이것은 개화의 일부로서 동도서기를 입론하고자 하는 관심에서 '정덕'과 결합된 '이용후생'의 본래성에 관심을 둔다.[48] 여기서 한우근은 개항 이후 조선의 개화사상의 전개 과정에서 서양과의 외교통상 국면이나 일본의 침입에 의한 갑오개혁 국면에서 모두 '도기상수'의 사고를 반영하여 정덕과 이용후생이 결합된 이용후생론이 대두했음을 논했다. 조선말기 동도서기론의 본질이 이러한 성격의 이용후생론에 있는 것이라면 조선 후기 실학, 특히 이른바 '이용후생파'의 이용후생론 역시 그러한 성격의 이용후생론이라고 인식해야 합당할 것이다.

한우근은 '이용후생'의 개화사상을 보인 인물로 신기선을 예시했다. 신기선이 개항 후 조선 정부의 개화 정책 추진 당시 '도기상수'에 의한 적극적인 서기 수용론으로서 동도서기론을 명징하게 개진했음은 전술한 바이다. 그는 갑오개혁 이후에도 줄곧 동도서기론을 견지하고 있었는데, 개화란 관면冠冕을 훼손하고 이적의 풍속을 따르는 것이 아니라 이용후생의 근원을 열고 부국강병의 술법을 다하는 것이라고 정의한 것이 단적인 예라 하겠다.[49]

---

47 이우성, 「18세기 서울의 도시적 양상: 연암학파─이용후생학파의 성립 배경」, 『향토서울』 17(서울특별시사편찬위원회, 1963), 5~46쪽.
48 한우근, 「개항 당시의 위기의식과 개화사상」, 『한국사연구』 2(한국사연구회, 1968), 105~139쪽.
49 申箕善, 『陽園遺集』, 권3, 「辭議員召命疏」.

제3절 | 근대 전환기 한국의 개화와 유교   159

나아가 그는 유교의 종지가 다름 아닌 '정덕이용후생'이라고 단언했고[50] 신교육의 주안점도 '정덕이용후생'에 두어야 한다고 주장했다. 그것은 '인도人道'의 큰 강령으로 '항심恒心'과 '항산恒産'을 기르는 방안으로 간주되었기 때문이다.[51]

이용후생론은 개항기 사상계에서 동도서기론의 핵심적인 사고일뿐만 아니라 그 이후의 시기에서도 사상적 영향력이 작지 않았다. 이후의 시기에서도 이용후생론은 '정덕이용후생'이라고 하는 특유의 '도기상수' 정신에 따라 주로 개화와 수구의 대립을 해결하기 위한 맥락에서 사용되었다. 김원극金源極은 대한제국기 개화와 수구의 대립을 해결하기 위해 개화파는 수구의 윤리도덕을 취하고 수구파는 개화파의 이용후생을 취하기를 당부하였다.[52] 같은 맥락에서 한국 사회가 수구의 윤리도덕을 준수하고 신학문의 이용후생을 강구해야 국가 부지와 유교 보존이 이루어진다고 말했다.[53]

개항기 사상계에서 동도서기론이 이용후생론으로 표출되었지만 본래 이용후생론이 동도서기론과 일치하는 것은 아니었다. 이용후생의 대상이 반드시 서기일 필요는 없었기 때문이다. 다만 이용후생이 사상적으로 고양되면서 조선 후기 실학사상가 박제가朴齊家의 이용후생론이 개항기의 동도서기론과 흡사한 성격을 보였음은 이채로운 현상이다. 곧 박제가는『북학의北學議』에서 조선 사회가 이용후생을 다스리지 못해 정덕까지 침범되는 현실에 처했다고 인식했는데,[54] 이것은 중국이 서양의 기를 행하지 않아 중국의 도까지 무실에 빠졌음을 지적한 신기선의 논법과 동일한 것이었다. 박제가

---

50 申箕善,『陽園遺集』, 권7,「贈山米溪東歸序」.
51 申箕善,『陽園遺集』, 권8,「文化契序」.
52 松南,「開化守舊兩派의 胥失」,『西北學會月報』19, 1910년 1월.
53 松南,「因海山朴先生仍舊就新論告我儒林同志」,『西北學會月報』18, 1909년 12월.
54 朴齊家,『貞蕤閣集』, 권1,「北學議序」.

는 단적으로 이용후생에 정통한 재중 서양인을 초빙하여 실용적인 학문을 조선 자제에게 학습시켜 '경세적용經世適用'의 인재를 양성하자고 논했다.[55]

이런 견지에서 개항기 개화사상으로서 동도서기론의 원형으로 조선 후기 실학, 특히 북학의 이용후생론을 돌아보는 것은 자연스럽다. 논자에 따라서는 조선 후기 실학과 개항기 동도서기론을 연결하는 매개로서 이용후생론보다는 '서학중원론西學中源論'을 중시하기도 한다. 서양과 서양문물의 분리론을 전제하는 서학중원론이 발전하면 서양 문물의 주체적, 선별적 수용을 지향하는 동도서기론이 된다는 것이다.[56] 서학중원론이란 달리 말하면 '서학중국원류설西學中國源流說'인데, 이는 서학에 대한 직접적인 이해가 아니라 매개적인 이해에 머물렀기 때문에 동도서기론이 유행하면서 급속히 영향력을 상실하였다.[57] 동도서기론은 서학중원론과 달리 서학의 인식에서 중학을 매개하지는 않으므로 인식의 진전을 보였다고 할 수 있다.

6. 개화와 시무개혁

개항기 동도서기론의 입론 구조는 조선시대 도기론에서 유래하였다. 동도서기론과 도기론 사이에는 연속과 단절의 문제가 있지만 한국의 개화에 관한 사유 방식으로서 동도서기론이 가능했던 근거는 도기론의 선행이었다. 도기론은 인간 세상의 인식과 그 변화를 위한 실천에서 도와 함께 기를 중시한다는 특징이 있다. 정확히 말하면 도와 기는 서로 분리되어 있지 않다는 '도기불상리道器不相離'의 정신으로 제도 개혁의 당위성을 설파하는 방

---

55 朴齊家, 『貞蕤閣集』, 권3, 「丙午正月二十二日朝參時典設署別提朴齊家所懷」.
56 김명호, 「실학과 개화사상」, 『한국사시민강좌』 48(일조각, 2011), 134~151쪽.
57 노대환, 「조선후기 '서학중국원류설'의 전개와 그 성격」, 『역사학보』 178(역사학회, 2003), 113~139쪽.

식이다. 한국의 개화가 근대화 또는 문명화로서 반드시 전환기의 제도 개혁을 수반하는 문제라고 한다면 조선시대 도기론은 이를 위해 유리하게 전유할 수 있는 전통적인 지적 자원으로 볼 수 있다.

이와 관련하여 조선 후기 유학자 오광운吳光運의 『반계수록磻溪隨錄』 서문은 직접적으로 '도기불상리'를 언명하면서 반계수록의 제도 개혁론의 학술사적 의의를 밝혔다.[58] 즉, 삼대라고 하는 중국의 이상적인 고대 문명은 도덕과 제도가 합일되어 있다가 후대에 모두 파괴되었는데, 중국에서는 주희朱熹가 도덕을 연구해서 이를 회복하는 계기를 얻었고 다시 조선에서는 유형원柳馨遠이 제도를 연구해서 주희의 남은 과제를 완수했다는 것이다. 더욱이 명청교체의 역사적 격변기에 유형원의 고제 연구 작업이 진행된 것은 중화를 회복하는 토대를 구축한 것이라는 의미를 부여하기도 하였다.

앞서 동도서기론과 연결되는 유교적인 경세 개념으로 '이용후생'을 거론했지만 『반계수록』 서문에서 발견되는 도기론 역시 이와 연결된 유교적인 경세론을 생각하게 한다. 도기론은 도의 불변성과 기의 가변성을 전제로 제도를 인식하는 것인데, 제도는 역사적 시간의 흐름에 따라 변화해 왔고 법이 오래되면 폐단이 발생하기 때문에 변법의 시간이 필요하다는 인식과 결부되어 자연스럽게 제도 개혁론이 형성된다. 이러한 제도 개혁론을 가설적으로 '시무개혁론'이라 칭할 수 있다.[59] 시무개혁론은 『역경易經』의 '수시변역隨時變易'이나 『중용中庸』의 '시중時中'에 의거해 항시 국가의 제도에 변통의 가능성을 열어둔다.[60] 특히 이이李珥의 『성학집요聖學輯要』에서 보듯 국가의 제도는 창업創業, 수성守成, 경장更張의 역사적 국면에 따라 이에 대한 개혁의

---

58 吳光運, 『藥山漫稿』, 권15, 「磻溪隨錄序」.
59 김태웅, 『대한제국과 3·1운동』(휴머니스트, 2022), 57~83쪽.
60 김태웅, 위의 책, 57~83쪽.

적시를 판단해서 이로부터 시무개혁을 추동할 수 있다.[61]

조선시대의 조야의 유교적 경세론을 시무개혁론의 이름으로 체계화하는 작업은 그 자체로 조선시대의 장구한 유교적 개혁론의 전통을 돌아보게 하는 미덕도 있겠지만 각별히 한국의 개화와 관련해서는 유교적 경세론의 관점에서 역사 지식의 재창조를 기약할 수 있다는 장점이 있음을 언급하지 않을 수 없다. 즉, 조선 후기 시무개혁론의 역사적 전개라는 거시적인 관점에서 한국의 개화를 그 특수한 국면으로 흡수해서 이해할 수 있다는 것이다. 이것은 한국의 개화의 역사를 통설적인 역사 지식과 같이 '개항과 개화'라고 하는 인식틀로 단선적으로 파악하는 것이 아니라 개항 이전부터 조선 사회에서 전개되고 있는 시무개혁론의 지속과 변화로서 복합적으로 파악하는 것을 의미한다.

이 경우 '개항과 개화' 이전 단계에 조선 사회에서 임술민란壬戌民亂의 발발을 계기로 삼정책三政策을 중심으로 시무개혁론이 분출했음은 물론 동시에 서양 세력의 조선 침입을 배경으로 시무 개혁론에 외세 대응론이 결합하여 '내수외양론內修外攘論'이 전개되었음에 주목할 필요가 있다. 그러나 조선의 시무개혁론은 내수외양론에서 머무르지 않고 다시 '내수외교론內修外交論'과 '내수자강론內修自强論'으로 이동했는데, '내수외교론'이란 본래의 시무개혁론에다 '외교'의 측면, 곧 개항과 외교통상을 추구하는 방향이라면, '내수자강론'이란 여기서 다시 '자강'의 측면, 곧 조선의 부국강병을 추구하는 방향을 가리키는 것이었다. 여기서 '내수외교론'의 결단이 일본과의 수호조규 체결 국면에서 박규수에 의해 나왔다면, '내수자강론'의 추구는 조선 정부의 개화정책 추진 국면에서 동도서기의 논리와 함께 피어났는데, 이를테면 수신사修信使 김홍집金弘集은 내수정교內修政敎의 본래적 측면과 부국강병의 새

---

61 李珥, 『栗谷全書』, 권25, 「聖學輯要」, 10~11面.

로운 측면을 겸해서 자강의 문제를 파악했다.[62]

조선시대 시무개혁론의 주조가 내수외교론과 내수자강론으로 전개된 사실은 앞서 살펴본 김윤식이 고종을 위해 대찬한 동도서기 윤음에서도 확인할 수 있다. 이 윤음은 조선 국정의 기본 방향이 '정교政敎의 내수內修와 선린의 외교, 그리고 자국의 예의와 외국의 부강'에 있다고 명시했는데,[63] 전자가 내수외교론을 가리킨다면 후자는 내수자강론을 가리킨다고 볼 수 있기 때문이다. 조선 정부가 '외국의 부강'을 추구한다는 점에서는 자강론이지만 그것을 조선의 예의와 결합한다는 점에서는 동도서기론이라 할 수 있는 내용이었다.[64]

문제는 조선의 본래적인 내정 개혁론으로서 시무개혁론에 부국강병책이 결합되어 형성된 내수자강론에서 '자강'에 대한 이해 방식이다. 이 당시 자강은 반드시 조선 정부의 개화정책을 추진하던 관료 세력이 독점하는 가치는 아니었다. 1881년 호서 산림山林 송병선宋秉璿은 왜양에 대한 비굴한 교린을 끊고 자치자강自治自强에 힘써서 유교 국가로서의 국력을 강화할 것을 주장했는데,[65] 이것은 개항과 개화에 반대하는 위정척사론의 자강론이라 할 수 있다. 또한, 『황성신문』은 러일전쟁 전야에 자강을 부르짖는 논설을 게재하고 대한자강회大韓自强會는 을사늑약 이후 역사 자강의 정신으로 실력 양성을 추구했는데 이는 대한제국기의 자강론에 속한다고 할 수 있다.

개항기 조선 정부의 자강과 관련하여 흥미로운 논점은 한국 근대의 서양

---

62 김태웅, 앞의 책, 83~98쪽.
63 金允植, 『雲養集』, 권9, 「曉諭國內大小民人-壬午」. "況强弱之形, 旣相懸絶, 苟不效彼之器, 何以禦彼之侮而防其覬覦乎. 誠能內修政敎, 外結隣好, 修我邦之禮義, 侔各國之富强, 與爾士民, 共享升平, 則豈不休哉."
64 유교 전통의 '예의'와 서양 근대의 '부국강병'이 양립할 수 있는 문제인가에 대해서는 여러 논의가 가능하겠지만 조선 정부가 개화 정책을 추진하면서 양립할 수 있다고 본 것은 사실이다.
65 宋秉璿, 『淵齋集』, 권3, 「辛巳封事」, 14面.

사상 수용론에서 개화와 자강, 곧 일본 메이지유신(明治維新) 유형의 근대화론을 의미하는 '개화론'과 청말 변법자강(變法自强) 유형의 근대화론을 의미하는 '자강론'의 상호 대비이다. '개화론'은 탈전통과 비주체성을 특징으로 했지만 '자강론'은 전통의 재정립과 주체성을 특징으로 했고 그 결과 한국사에 관한 인식에서 개화론은 식민사학으로 경사되었지만 자강론은 국권론적 민족사학을 창출했다는 것이다.[66] 아울러 서양 근대의 주체적 수용이라는 점에서 자강을 개화로부터 구별하되 개화파의 자강주의(自强主義)라는 의미에서 '개화자강'을 설정하여 여기에 장지연(張志淵), 박은식(朴殷植), 신채호(申采浩) 등을 배치하는 관점도 제시되었다.[67]

중요한 것은 시무개혁론의 입론에서도 이와 같은 개화와 자강의 분별을 수용하여 1882년 임오군란 이후 '문명개화론'과 '변법자강론'으로 시무개혁론의 분화를 논하고 있다는 사실이다.[68] 이것은 그 이전까지 조선의 시무개혁론이 '내수외양론', '내수외교론', '내수자강론' 등으로 전개되어 기본적으로 유교 국가의 정교를 다스리는 '내수'를 공통점으로 취했음과 달리 이에 이르러 근대 국가 건설의 방향을 둘러싸고 문명개화와 변법자강의 서로 다른 지향이 표출되었음에 주목한 것이다.

이와 관련하여 근대 한국에서 개화의 주체 세력이 단일하지 않고 성격이 다른 두 계열이 병존했음은 잘 알려진 사실이다. 두 계열의 개화 주체 세력에 대하여 온건개화와 급진개화,[69] 개량적 개화와 변법적 개화,[70] 시무개화

66 신일철, 「신채호의 자강론적 국사상」, 『한국사상총서』 III(한국사상연구회, 1973), 49쪽.
67 신일철·천관우·김윤식, 「단재 신채호론」, 『한국학보』 5(2)(일지사, 1979), 188~189쪽.
68 김태웅, 앞의 책, 98~132쪽.
69 이광린, 『한국개화사연구』(일조각, 1969).
70 강재언(정창렬 번역), 『한국의 개화사상』(비봉출판사, 1981).

와 변법개화[71] 등의 분류 방식이 제기되어 왔다. 시무개혁론의 분화로서 예시된 '문명개화론'과 '변법자강론' 역시 그 명칭법은 개화와 자강의 분별을 취한 것이지만 그 분류법은 개화 주체 세력의 분류를 취한 것이라고 볼 수는 있다. 다만 기존의 이해 방식과 다른 점은 문명개화론은 어디까지나 전체 시무개혁론의 흐름에서 부차적인 존재에 지나지 않는다는 사실이다. 시무개혁의 소양을 토대로 문명개화가 아닌 변법자강의 방향에서 근대 국가 건설을 추구한 제반 세력으로 어윤중魚允中, 김윤식金允植, 유길준兪吉濬 등의 갑오개혁 세력을 중시하고 다시 여기에 대한제국 초기 광무개혁에 호응한 전병훈全秉薰, 이기李沂 등 '혁신유생'을 포함하여 변법자강론의 넓은 스펙트럼을 제시하였다.[72]

시무개혁론의 흐름에 관한 이해에서 미묘한 지점이 있다면 '내수자강론'과 '변법자강론'의 관계이다. 동도서기의 관념에 기반해 추진된 조선의 부국강병 정책은 유교 국가의 체제 안에서 추진되었기 때문에 내수자강론으로 평가할 수 있지만 전통적인 방식으로 작동하는 유교 국가를 넘어서는 근대 국가 수립의 지향이 잠재되어 있었기 때문에 내수자강과 변법자강의 경계선은 그리 명확한 것은 아니었다.

아마도 이 문제의 인식을 위한 중요한 고려 지점은 조선의 개화정책 과정에서 수용된 정관잉(鄭觀應)의 『이언易言』이 아닐까 한다. 정관잉의 『이언』은 청나라 말기 양무운동洋務運動의 전개 과정에서 출현한 국가 부강 정책 방안인데, 조선 사회는 세계 지리와 군사 기술은 이미 『해국도지海國圖志』를 통해 접했지만 부국강병에 관한 체계적 지식은 『이언』을 통해 얻었다. 조선 정부는 부국강병에 관한 지식과 개화정책의 정당성을 관계와 민간에 널리

71　한국근현대사회연구회, 『한국 근대 개화사상과 개화운동』(신서원, 1998).
72　김태웅, 앞의 책, 98~132쪽.

알리는 계몽의 차원에서 『이언』의 복각본과 한글 언해본을 만들었다.[73]

　중요한 것은 『이언』에서 표방된 '변법자강'과 '동도서기'의 메시지이다. 『이언』의 발문을 쓴 왕타오(王韜)는 지금 세상에 서양의 법을 행하지 않으면 부국강병을 할 수 없고, 서양이 중국을 능멸하는 현실에서 변법자강을 하지 않으면 사람이 아니라고 말했다. 부국강병과 변법자강을 명시한 것이다. 또 『이언』에서 변화시키고자 하는 것은 형이상形而上의 도가 아니라 형이하形而下의 기이며, 도는 만세불변의 공자의 도를 행하되 기는 서양에서 취하는 것이라고 말했다.[74] 이것은 동도서기라는 용어를 사용하지는 않았지만 실질적으로 동도서기론을 설파한 것이다.

　이런 견지에서 조선의 시무개혁론의 흐름에서 '내수자강론'과 '변법자강론'의 경계선에 『이언』을 설정하는 것이 합리적으로 보인다. 임오군란 이후 조선 정부의 개화정책에 호응하여 『이언』에 입각한 개화 상소가 출현한다는 사실은 잘 알려져 있지만, 동도서기에 기반해 부국강병을 천명한 김윤식의 대찬 윤음도 사실은 『이언』의 영향이었다고 볼 수 있다. '내수자강론'과 '변법자강론'의 개념적 분별은 가능할지언정 현실적 구별은 난망할 수 있고, 어느 의미에서는 동도서기와 부국강병의 동시적 정렬 그 자체가 적극적인 서법 수용과 등치되는 변법자강의 분출이었다고 하겠다. 동도서기는 서법 수용을 억제하는 장치가 아니라 반대로 촉진하는 장치였고, 동도서기와 호응하는 변법자강은 서법 수용을 촉구하는 논리로서 개항기 한국의 개화사상에서 중심적인 개혁론을 점하고 있었다.

73　이광린, 「『이언』과 한국의 개화사상」, 『(전정판)한국개화사연구』(일조각, 1999).
74　鄭觀應, 『易言』, 王韜, 「跋」.

7. 개화와 개신유학

조선시대 시무개혁론의 흐름에서 한국의 개화에 관해 사고할 때 놓칠 수 없는 존재가 있다. 대한제국의 수립과 쇠망의 시기에 한국의 변법과 자강을 추구한 유교 지식인이 그것이다. 앞서 서양 근대의 주체적 수용이라는 맥락에서 '개화자강開化自强'을 설정하고 장지연, 박은식, 신채호 등을 예시하는 관점이 있음을 보았다. 또, 시무개혁론의 분화로서 '변법자강론'의 전개라는 맥락에서 '혁신유생'을 설정하고 전병훈, 이기 등을 예시하는 관점이 있음을 보았다. 광무년간 유교 지식인 사이에서 발견되는 개화의식의 형성을 한국 개화 개념의 역사적 이해에서 중시해 왔던 것은 이러한 현상을 고려한 결과라고 할 수 있다.

'개신유학改新儒學'은 이처럼 대한제국기 개화한 유교 지식인의 범주를 설정하는 데 관습적으로 사용되는 친숙한 용어인데 그 기본적인 발상은 시무개혁론과 다르지 않다. 즉, 조선시대 유교적 경세론으로서 시무개혁론이 존재했고 그것이 조선 후기 경세치용經世致用의 실학 전통과 접맥될 수 있는 것이었다면 개신유학이라는 용어 역시 조선 후기에 일어나는 유학의 자기 개신이라는 의미를 함축했고 그래서 본래는 조선 후기 실학의 역사적 성격을 지시하는 술어적인 성격을 지녔던 것이다. 단적으로 천관우는 유학의 개신(Reformation)이라는 의미에서 조선 후기 실학을 '개신유학'이라 불렀다.[75]

개신유학이 조선 후기 실학에서 조선말기 개화와 관련하여 역사적 함의를 얻게 되는 계기는 신용하의 독립협회 연구에서 마련되었다. 한국의 개화운동에서 중요한 역사적 위치를 차지하는 독립협회의 정치사회운동의 주체 세력은 서구 시민사상을 도입하여 그 영향을 크게 받은 계열과 개신유학 전

---

75 천관우, 「한국실학사상사」, 『한국문화사대계』 VI(고려대학교 민족문화연구소, 1970).

통을 배경으로 동도서기로부터 사상적으로 더욱 진보한 계열로 구성되었다는 가설이 제기되었다.[76] 이후 이 계열의 유교지식인은 한국 근대의 변혁운동 또는 변혁사상의 형성과 전개에서 특별한 관심을 받게 되었는데, 점진적 문명개화론과 유교개혁론을 추구한 계열,[77] 또는 유교적 변법론으로 서양문명의 수용과 유교전통의 개혁을 추구한 계열[78]로서 이해되었다.

'개신유학'은 본래 조선 후기 실학을 가리키는 용어로 고안되었으나 점차 대한제국기 변혁운동의 유교적인 주체 세력을 지칭하는 용어로 변화하였다. 개신유학의 대표적인 인물로는 박은식과 장지연이 있는데 이들은 조선 말기의 유학 전통을 배경으로 중국에서 유입되는 신서적의 세례를 받아 대한제국 초기 국가의 변법자강을 추구한 개명한 유학자였다. 이들은 조선시대의 유학 전통 중에서도 이른바 조선 후기 실학과 연결되어 있었기 때문에 시무개혁론의 계열에 포함시킬 수 있다. 뿐만아니라 대한제국의 국가 개혁 방향으로 변법자강을 주장했기 때문에 시무개혁론의 흐름 속에서 파악되는 변법자강론의 시야에서 논하기에 적절하다. 시무개혁론과 개신유학 사이의 이와 같은 친연성을 인정한다면, 한국의 개화와 시무개혁의 관계를 논할 수 있듯이 이와 마찬가지로 한국의 개화와 개신유학의 관계를 논할 수 있을 것이다.

'개신유학'의 범주에 속하는 유교 지식인의 사상적 특성으로 기억해둘 것은 서양 근대와 유교 전통의 양극단에 치우치지 않는 중도적 태도이다. 대한제국 초기 장지연은 한국 사회에 외국을 배척하는 완고의 태도와 외국에 동화되고자 하는 개화의 태도를 모두 지양하고 고금과 피아를 절충참작하

---

76 신용하, 「독립협회의 사회사상」, 『한국사연구』 9(한국사연구회, 1973), 127~208쪽.
77 박찬승, 『한국근대정치사상사연구』(역사비평사, 1992).
78 김도형, 『대한제국기의 정치사상 연구』(지식산업사, 1994).

여 알맞음을 추구하는 새로운 개화의 길을 걷고자 하는 의지를 드러냈다.[79] 그는 외국에 동화되고자 하는 개화를 가리켜 '소위개화所謂開化'라 지칭하고 자신이 지향하는 새로운 개화를 가리켜 '진개화眞開化'라 지칭했다. 이것은 개화와 수구의 구도에서 보면 개신유학의 사상적 위치가 개념적으로 개화에 포함되는 것이지만 현실의 몰주체적인 개화와 반대로 주체적인 개화를 지향한다는 점에서 개화 내부의 혁신적인 분파를 자처하고 있는 형국이다.

주체적인 개화를 위해서는 두 가지 방법이 필요하다. 하나는 천지고금天地古今에 삼강오상三綱五常의 도덕은 불변하지만 예악형정禮樂刑政과 전장법도典章法度는 시대에 따라 변화한다는 도기론의 이해이다.[80] 다른 하나는 국가의 법제는 과거의 고법古法을 묵수하거나 현재의 서법西法을 맹종해서는 곤란하고 어디까지나 고금을 참작해서 손익해야 한다는 절충론의 이해이다.[81] 즉, 주체성을 확보하는 방안으로 먼저 도덕의 측면에서는 유교 전통에서의 인륜도덕을 문명의 정신으로 삼고 제도의 측면에서는 유교 전통의 고제와 서양 근대의 신법을 절충한 새로운 법제를 문명의 질서로 삼는 방식이다. 이런 견지에서 그는 삼대의 고법을 모방하는 완고 세력과 서양의 신법을 모방하는 개화 세력을 모두 비판한 가운데 동서고금을 막론하고 한국의 시의를 추구할 것을 주장했으며 한국은 한인의 문물을 구비하고 한인의 법도를 실행해야 한다고 단언했다.[82] 동서고금을 가르지 않고 무엇이든 한국의 현재 시의에 가장 적합한 것을 선별해서 그것을 바탕으로 한국의 문물과 법도를 창출해서 한국적인 개화를 실현한다는 발상이다. 이런 발상에서 그는 조선 후기 실학자 정약용丁若鏞의 『목민심서牧民心書』가 만국 교통의 시대에 진

---

79 미상, 「似是而非」, 『時事叢報』 1899년 5월 27일자.
80 張志淵, 『韋庵集』, 권2, 「上政府書-丁酉」.
81 미상, 「法律」, 『時事叢報』, 1899년 5월 21일·23일자.
82 미상, 「廣文社新刊牧民心書」, 『皇城新聞』 1902년 5월 19일자.

정한 한국 정치학의 신서적이라고 평가할 수 있었다.[83]

　여기서 주목할 점은 '개신유학'이 지향하는 주체적인 개화의 사상사적 위치이다. 여기에는 도기론道器論과 손익론損益論의 두 가지 논점이 있다. 먼저 도기론의 측면에서 본다면 문명의 구성을 도덕의 불변성과 제도의 가변성으로 인식하고 이러한 도기론의 인식으로 서기 수용을 적극적으로 추구해 동도서기론에 도달한 개항기 조선 정부의 개화정책은 확실히 개신유학의 주체적 개화와 상통점이 있다. 양자는 동도서기를 공유하고 있는 것이다. 차이점이 있다면 개신유학의 주체적 개화론은 기의 영역에서 단지 서양의 제도에 만족하는 것이 아니라 동서고금을 막론해 가장 시의에 적합한 최선의 제도를 강구한 결과로서 한국의 제도를 기약하고자 했다는 것이다. 수사적으로 말하면 손익론의 측면에서 '동기東器'와 '서기西器'를 넘어서는 '한기韓器'의 창출이다.

　개신유학의 주체적 개화론의 특색은 도기론의 구조에서 기의 최종 목적지를 서기가 아니라 한기에 둔다는 점에 있다. 이것이 가능했던 역사적 배경에 대한제국의 수립이 있다. 갑오개혁의 '개화'와 이에 대한 저항으로서 '수구'가 맞부딪친 가운데 아관파천을 단행한 고종은 갑오개혁으로 발생한 신법을 기존의 구법과 절충하는 문제에 직면하여 '구본신참舊本新參'의 방향성을 제시했다. 즉, 갑오개혁기의 내각을 폐지하고 의정부를 복설하는 단계에서는 '솔구장率舊章'과 '참신규參新規'를 말했고, 신법과 구법을 절충하여 국법을 통일하는 단계에서는 '구규위본舊規爲本'과 '참이신식參以新式'을 말했다. 이것은 갑오개혁 이전의 구제와 갑오개혁 이후의 신제를 비교하여 참작하는 수준에서의 신구 절충이었지만 제도의 영역에서 동서의 절충을 사고하도록 견인하는 효과가 있었다.

83　미상, 「廣文社新刊牧民心書」, 「皇城新聞」 1902년 5월 19일자.

여기에 더하여 대한제국의 수립은 조선왕국과 다른 새로운 '시왕時王'의 제도를 창출하는 문제를 야기하였다. 이것은 고금의 역대 문물전장文物典章 중에서 대한제국에 가장 적합한 '일왕一王'의 제도를 강구하는 것으로 제도 개혁론의 방안으로 동서의 절충과 더불어 고금의 절충이라는 새로운 지평을 열었다. 아관파천俄館播遷 이후 발생한 구법과 신법의 절충 문제 및 대한제국 수립으로 발생한 고금 전장의 절충 문제는 장지연이 동서고금을 막론하고 시의에 적합한 최선의 한인의 문물과 한인의 법도를 강구하도록 이끌었던 사상적 배경이 되었을 것이다. 이런 의미에서 개신유학의 주체적인 개화론은 갑오개혁 이후 대한제국의 수립을 역사적인 배경으로 전개된 변법론의 성격을 지녔다고 볼 수 있다.

'개신유학'의 주체적인 개화론은 대한제국 초기의 변법론에서 그치는 것이 아니라 대한제국 중기의 변법자강론으로 전개되었다. 변법에 자강이 가해져 변법자강이 됨으로써 변법론의 주체적인 성격이 강화될 수 있었다. 물론 대한제국 초기의 역사적 상황에서 도기론과 손익론에 의해 동서고금을 막론하고 절충적인 한국 제도의 창출을 내용으로 하는 변법론도 주체성의 실현으로 볼 수는 있지만 변법 개념 그 자체가 주체성의 인식과 직결되는 것은 아니었다. 반면 자강은 인순因循이나 의뢰依賴와 달리 주체적인 분발과 분투를 지시하는 개념이었다.

대한제국 중기 자강의식의 고양과 변법자강론의 전개라는 맥락에서 주목할 인물이 박은식이다. 박은식은 장지연과 함께 개신유학의 범주에서 논의되는 대표적인 유교 지식인인데, 러일전쟁의 발발과 함께 대한제국의 정치적 국면이 일변한 상황에서 『학규신론學規新論』을 출판하여 교육자강敎育自强을 촉구했다. 박은식의 『학규신론』은 고종 황제의 '유신의 정치'를 도울 수 있을 것으로 기대되었고[84] 단적으로 중국 정관잉의 『이언』과 서로 표리가 되

---

84 朴殷植, 『學規新論』, 李沂, 「學規新論序」(博文社, 1904).

는 관계라고 평가받았다.[85]『이언』의 동도서기론과 변법자강론은 전술한 바 있지만, 실제로『학규신론』도 다름 아닌 동도서기론과 변법자강론에 의해 대한제국의 교육 개혁을 논하고 있었다.

박은식의『학규신론』에서 발견되는 동도서기의 측면은 크게 두 가지가 있는데, 하나는 서양의 교육과 유교의 교육이 본래적으로 다르지 않기 때문에 유교로부터 교육에 관한 신정新政을 추구할 수 있다는 것,[86] 그리고 다른 하나는 서양의 기예학과 유교의 도덕학을 각각 과학과 종교의 영역에서 병행 발전시켜야 한다는 것[87]이다. 이것은 교육이라는 제도에서 서양 교육과 유교 교육의 상통성을 통찰하거나 학문과 종교라는 제도에서 각각 서양 학문과 유교 도덕을 병치한 셈이라 엄밀히 말하면 유교의 도와 서양의 기로 구성된 전형적인 동도서기론과 일치하지 않는다. 이미 제도의 영역에서 유교 전통과 서양 근대의 상통이나 병치를 구상하는 단계로 진입했으니 장지연의 동서고금 절충론과 통하는 지점이라 할 수 있다.

동시에 박은식의『학규신론』에서 발견되는 변법자강의 측면도 크게 두 가지가 있는데 하나는 한국의 선비가 서양의 신학문을 학습하여 '자립자강自立自强'의 기반을 세워야 한다는 것,[88] 다른 하나는 한국의 인민이 프랑스 인민처럼 '발분자강發憤自强'하여 학문과 실업에 힘써야 한다는 것[89]이다. 이것은 한편으로 제도라는 측면에서 서양의 신학문의 학습 결과 개인의 '자립자강'이 완수되어 국가 부강의 토대가 된다는 점을 말하면서 다른 한편으로 정신이라는 측면에서 '발분자강'의 주체적인 자세를 통해 개인의 학문과 실

---

85 朴殷植,『學規新論』, 金澤榮,「學規新論序」(博文社, 1904).
86 朴殷植, 위의 책,「論學要活法」.
87 朴殷植, 위의 책,「論國運關文學」; 위의 책,「論維持宗敎」.
88 朴殷植, 위의 책,「論學要遜志」.
89 朴殷植, 위의 책,「論學由發憤」.

업이 진보하고 이것이 국가 부강의 토대가 된다는 점을 말했다. 제도와 정신의 두 측면에서 자강의 길을 말한 셈인데 전자의 경우 제도의 수립과 관계되는 변법자강의 본래적인 주제에 해당한다면 후자의 경우 의식의 계몽과 관련되는 새로운 차원의 자강의 논제를 함축했다고 할 수 있다.

대한제국기 개신유학이 지향한 의식의 계몽과 관련된 자강론은 당대의 용어로 정확히 말하면 민지民智의 개발과 민기民氣의 진작을 가리킨다고 할 수 있다. 이것은 을사늑약 이후 국권의 상실을 배경으로 전개된 이른바 애국계몽운동 단계에서 더욱 분명하게 드러난다. 장지연은 대한자강회에서 '자강주의自强主意'[90]를 천명했는데 이 때 그는 자강의 강을 강약의 강이 아니라 면강勉强의 강으로 풀이함으로써 의식의 계몽이라는 측면을 부각했다. 앞서 개화의 개념과 관련하여 '개화와 계몽의 등치'를 논했는데 개신유학 단계의 개화에서 이를 발견할 수 있는 것이다.

---

90 張志淵, 「自强主義」, 『大韓自强會月報』 3, 1906년 9월; 「自强主義」, 『大韓自强會月報』 4, 1906년 10월.

참고문헌

■ 1차 자료

『尊華錄』, 권6, 「疏-宋秉稷」.

金允植, 『雲養集』, 권9, 「曉諭國內大小民人-壬午」.

金昌熙, 『三奏合存』, 「善後六策補」, 〈總論〉.

李珥, 『栗谷全書』, 권25, 「聖學輯要」.

李鑑永, 『日鑑集略』 人, 「散錄」.

미상, 「廣文社新刊牧民心書」, 『皇城新聞』 1902년 5월 19일자.

미상, 「權衡一世」, 『大韓每日申報』 1907년 3월 15일자.

미상, 「法律」, 『時事叢報』 1899년 5월 21일, 23일자.

미상, 「不覺時勢難免夏蟲井蛙」, 『皇城新聞』 1901년 12월 14일자.

미상, 「似是而非」, 『時事叢報』 1899년 5월 27일자.

미상, 「日本維新三十年史」, 『皇城新聞』 1906년 8월 20일자.

미상, 「皮開化」, 『大韓每日申報』 1906년 1월 10일자.

미상, 「皮開化之大弊」, 『皇城新聞』 1906년 7월 6일자.

미상, 무제, 『皇城新聞』 1898년 9월 23일자.

미상, 무제, 『皇城新聞』 1899년 6월 21일자.

미상, 무제, 『皇城新聞』 1899년 6월 3일자.

朴殷植, 『學規新論』, 「論國運關文學」(博文社, 1904).

_____, 『學規新論』, 「論維持宗敎」(博文社, 1904).

_____, 『學規新論』, 「論學要遜志」(博文社, 1904).

_____, 『學規新論』, 「論學要活法」(博文社, 1904).

_____, 『學規新論』, 「論學由發憤」(博文社, 1904).

_____, 『學規新論』, 金澤榮, 「學規新論序」(博文社, 1904).

_____, 『學規新論』, 李沂, 「學規新論序」(博文社, 1904).

朴齊家, 『貞蕤閣集』, 권1, 「北學議序」.

_____, 『貞蕤閣集』, 권3, 「丙午正月二十二日朝參時典設署別提朴齊家所懷」.

松南, 「開化守舊兩派의 胥失」, 『西北學會月報』 19, 1910년 1월.

____, 「因海山朴先生仍舊就新論告我儒林同志」, 『西北學會月報』 18, 1909년 12월.

宋秉璿, 『淵齋集』, 권3, 「辛巳封事」.

申箕善, 『陽園遺集』, 권3, 「辭議員召命疏」.

_____, 『陽園遺集』, 권7, 「贈山米溪東歸序」.

_____, 『陽園遺集』, 권8, 「文化契序」.

安宗洙, 『農政新編』, 申箕善, 「農政新編序」.

吳光運, 『藥山漫稿』, 권15, 「磻溪隨錄序」.

尹敦求, 「守舊開化論」, 『嶠南敎育會雜誌』 3, 1909년 6월.

이병도, 『새 국사교본』, 「현대문화의 수입과 모순된 두 세력」, 동지사, 1948.

_____, 『새 국사교본』, 「현대문명의 모방」, 동지사, 1948.

이은상, 「개화백경」(1), 『조선일보』, 1968년 3월 24일자.

張志淵, 「自强主義」, 『大韓自强會月報』 3, 1906년 9월.

_____, 「自强主義」, 『大韓自强會月報』 4, 1906년 10월.

_____, 『韋庵集』, 권2, 「上政府書-丁酉」.

鄭觀應, 『易言』, 王韜, 「跋」.

丁日宇, 『栗軒集』, 「開化」.

진단학회, 『국사교본』, 「신문화의 수입」, 조선교학도서, 1946.

_____, 『국사교본』, 「청국 세력의 침입과 갑신정변」, 조선교학도서, 1946.

_____, 『국사교본』, 「갑오경장」, 조선교학도서, 1946.

崔南善, 「朝鮮歷史講話」(32), 『東亞日報』, 1930년 2월 20일자.

■ 2차 자료

〈단행본〉

『한국사』, 16, III.1.(1), 「개화의 개념」, 국사편찬위원회, 1983.

『한국사』, 16, V.3.(1), 「1880년대 개화사상의 본질」, 국사편찬위원회, 1983.

강재언(정창렬 번역), 『한국의 개화사상』, 비봉출판사, 1981.

김도형, 『대한제국기의 정치사상 연구』, 지식산업사, 1994.

김태웅, 『대한제국과 3.1운동』, 휴머니스트, 2022.

박찬승, 『한국근대정치사상사연구』, 역사비평사, 1992.

쓰키아시 다쓰히코(최덕수 옮김), 『조선의 개화사상과 내셔널리즘』, 열린책들, 2014.

이광린, 「『이언』과 한국의 개화사상」, 『(전정판)한국개화사연구』, 일조각, 1999.

이광린, 『한국개화사연구』, 일조각, 1969.

한국근현대사회연구회, 『한국 근대 개화사상과 개화운동』, 신서원, 1998.

〈논문〉

Jihyun Kim, "Enlightenment on the Spirit-Altar: Eschatology and Restoration of Morality at the King Kwan Shrine in Fin de siècle Seoul", Religions 11, no. 6, Basel, 2020.

김명호, 「실학과 개화사상」, 『한국사시민강좌』 48, 일조각, 2011.

김영호, 「실학과 개화사상의 관련문제」, 『한국사연구』 8, 한국사연구회, 1972.

김태웅, 「수구·개화 이항 대립 틀의 허상 탈피」, 『역사교육』 157, 역사교육연구회, 2021.

노관범, 「대한제국기 박은식 유교개혁론의 새로운 이해」, 『한국사상사학』 63, 한국사상사학회, 2019.

노대환, 「조선후기 '서학중국원류설'의 전개와 그 성격」, 『역사학보』 178, 역사학회, 2003.

신용하, 「독립협회의 사회사상」, 『한국사연구』 9, 한국사연구회, 1973.

_____, 「오경석의 개화사상과 개화활동」, 『역사학보』 107, 역사학회, 1985.

신일철, 「신채호의 자강론적 국사상」, 『한국사상총서』 Ⅲ, 한국사상연구회, 1973.

신일철·천관우·김윤식, 「단재 신채호론」, 『한국학보』 5-2, 일지사, 1979.

유승렬, 「사대=수구 대 독립=개화의 이항대립적 근대 서사 프레임의 창출과 변용」, 『역사교육』 14, 역사교육연구회, 2017.

이광린, 「강위의 인물과 사상: 실학에서 개화사상으로의 전환의 일단면」, 『동방학지』 17, 연세대학교 국학연구원, 1976.

_____, 「개화·척사사상」, 『한국사론』 5, 국사편찬위원회, 1978.

이광린·신용하 대담, 「개화사 인식의 문제」, 『현상과 인식』 1-2, 한국인문사회과학회, 1977.

이상익, 「한말 문명론에 있어서 도와 기의 문제」, 『철학』 58, 한국철학회, 1999.

이예안, 「다카야마 린지로 외 11명 「일본유신삼십년사」」, 『개념과소통』 15, 한림대학교 한림과학원, 2015.

이완재, 「개화사상의 개념과 분화문제」, 『한국학논집』 13, 한양대학교 한국학연구소, 1988.

이우성, 「18세기 서울의 도시적 양상: 연암학파―이용후생학파의 성립 배경」, 『향토서울』 17, 서울특별시사편찬위원회, 1963.

이태진, 「한국 근대의 수구·개화 구분과 일본 침략주의」, 『한국사시민강좌』 33, 일조각, 2008.

천관우, 「한국실학사상사」, 『한국문화사대계』 Ⅵ, 고려대학교 민족문화연구소, 1970.

한보람, 「19세기 시무개혁 세력의 성장과 개혁론의 성격」, 『한국사상사학』 64, 한국사상사학회, 2020.

한우근, 「개항 당시의 위기의식과 개화사상」, 『한국사연구』 2, 한국사연구회, 1968.

사상적 모색과 실험

도학 계열의 동향과
조선 유학의 계승

박학래

1. 도학적 문제의식의 계승

19세기 이후 급변하는 시대 상황 속에서도 조선 사회의 사상적 흐름은 대체로 조선 유학의 전통을 계승한 도학道學 계열 유학자들에 의해 주도되었다고 할 수 있다. 신유사옥辛酉邪獄(1801)과 기해사옥己亥邪獄(1839) 등 조정의 금압 조치에도 불구하고 천주교의 영향이 지속되는 가운데, 개항(1876)에 따라 본격화한 서양문명의 도래는 성리학적 사유체계의 균열 현상을 증폭하였지만, 19세기를 관통하며 조선 사회를 이끌었던 지배적인 사상은 여전히 성리학적 사유체계에 기초한 도학적 흐름이었다. 20세기에 접어들어 도학 계열의 사상은 그 영향력이 급속히 약화하였지만, 일제강점기와 해방 이후까지도 일정하게 영향력을 발휘하며 지속되었다.

성리학적 사유체계를 흔히 '도학'이라 칭하는 것은 성리학 형성기부터 구체화한 사상적 경향과 이에 따른 조선 유학의 사상적 흐름과 무관하지 않다고 할 수 있다. 정이程頤(1033~1107)가 도道를 아는 것이 진정한 유학임을 천명한 것에서도 확인되듯이,[1] 송대宋代 이후 성리학자들은 자신들의 학문

---

1 『二程遺書』, 卷6, "今之學者, 岐而爲三. 能文者謂之文士, 談經者泥爲講師. 惟知道者
乃儒學也."

을 도에 충실한 학문, 즉 '도학'이라 규정하였다. 정통正統과 이단異端의 구분을 명확히 하면서 이단 배척의 논리를 강화한 송대 성리학자들은 이전 시기의 유학과 구분되는 사상적 체계를 구축하였으며, 자신의 학문을 정통에 입각한 순정한 학문으로써 도학이라 자부하였다.[2] 특히 주희朱熹(1130~1200)는 「중용장구서中庸章句序」에서『중용』을 "도학이 전승되지 않을까 염려하여 자사子思가 지은 것"이라 확인하는 한편,[3] 순정한 유학의 정신이 전해 내려온 큰 흐름을 '도통道統'으로 개념화하여 도학의 사상체계를 구체화하였다. 이전 시기에도 도통과 관련한 발상이 없지 않았지만, 주희가 처음으로 도통 개념을 체계화함으로써 성리학은 정통에 입각한 순정한 학문이자 진리에 충실한 도학임이 명확해졌다.[4]

유학의 정통성을 강조하며 그 사상적 체계를 구축한 성리학을 수용한 고려말부터 우리나라의 유학자들은 성리학이 곧 도학이라 이해하였고, 노불老佛 등 이단 배척과 관련하여 사상적 정통으로서 도학 개념을 십분 활용하였다. 조선 전기에 접어들어 학문적 경향과 무관하게 도학 개념이 일반적으로 사용되기도 하였지만,[5] 사화기士禍期를 거치면서 명분名分과 절의節義를 기반으로 도덕적 순정성에 입각한 도통 개념이 확립되면서 도학 개념은 유학의 정통성에 기초한 의리 구현과 결부되는 것으로 이해되었다.[6] 16세기 이후

---

2 도학 개념의 성립과 전개에 대해서는 다음 논문을 참고할 만하다. 최연식, 「조선시대 도통 확립의 계보학: 권력-정치적 시각」, 『한국정치학회보』45(4)(한국정치학회, 2011); 이찬, 「사상, 철학, 그리고 유학: 송명 유학에 접근하는 세 가지 경로」, 『韓國思想史學』67(한국사상사학회, 2021).

3 『中庸』, 「中庸章句序」, "中庸何為而作也. 子思子憂道學之失其傳而作也."

4 朱熹에 의해 명확히 제시된 도학과 도통 개념은 元代에 편찬된『宋史』에서 北宋五子를 비롯하여 南宋의 주희와 그 문인들을『道學傳』에 수록하면서 성리학이 곧 도학을 가리키는 것으로 정리되었다. 최연식, 앞의 논문, 148쪽 참조.

5 김용헌, 「도학의 형성, 점필재 김종직과 그의 문생들의 도학 사상」, 『한국학논집』45(계명대학교 한국학연구원, 2011) 참조.

6 윤사순, 「韓國 性理學의 특징과 위치」, 『韓國史市民講座』4(일조각, 1989) 참조.

조선 유학의 향방을 결정지은 이황李滉(號 退溪, 1501~1570), 이이李珥(號 栗谷, 1536~1584) 등 주요 성리학자들은 도학 전통에 근거하여 우주 자연에 대한 리기론적 이해를 바탕으로 인간의 도덕 실천과 관련하여 심성론에 주목하는 등 성리설性理說을 체계화하며 특징적인 사상체계를 구축하였으며, 불의에 저항하는 의리론에 근거하여 도덕 사회의 실현을 위한 실천적 지향성을 강화하였다. 이황과 이이의 사상을 계승한 이후의 성리학적 흐름은 도학적 입장을 견지하며 시대 환경 변화에 따른 문제의식을 투영한 여러 학술 논쟁을 전개하였고, 이 과정에서 주자학에 대한 이론적 심화를 일구는 등 긍정적 면모를 보여주었다. 하지만 17세기 이후 주자학 일변도의 사상 풍토가 조성되면서 타 사상이나 주자학과 구분되는 학설에 대해 극단적인 비난이 가해지는 사상계의 경화 현상을 초래하였고, 정치권력과 연계된 도통론이 중심을 이루는 등 도학 본래의 의미가 퇴색되는 부정적 면모가 불거지기도 하였다.

긍정과 부정적 면모가 교차하는 가운데 조선 유학의 도학 전통은 유학 정통을 수호하고 이단을 배척하는 성리학 본래의 전통과 이에 더하여 의리 구현을 위한 사상적 실천적 면모를 강조하는 방향으로 전개되었다. 그리고 이러한 도학 전통은 고스란히 19세기 성리학자들에게 이어졌다고 할 수 있다. 특히 이 시기 성리학자들이 이단 배척 논리를 계승하여 제기한 척사론斥邪論과 도덕 실천 및 의리 구현을 위해 제시된 성리설 등은 내우외환의 시대적 상황과 맞물려 현실의 문제를 타개하기 위한 사상적 모색의 결과이자 조선 유학의 도학 전통을 계승하였다는 점에서 대체로 '도학 계열 유학'으로 구분한다고 할 수 있다.

19세기 성리학자들이 조선 유학의 도학 전통 계승에 주목한 이유는 당시의 시대적 상황과 사상계의 동향을 '위기危機'로 파악했기 때문이라 할 수 있다. 이전 시기까지 비교적 흐릿하게 그 모습을 드러냈던 서양 세력은 19세기 중반 이후 통상 요구와 이에 따른 무력 충돌로 가시화되면서 조선 사회를 위기로 내몰았다. 그리고 이어진 일본 제국주의의 침탈은 서양문명을 등에 업고 식민 지배의 야욕을 드러내며 대외적 모순을 가속화 하였다. 누적된 조선의 체제 모순 또한 세도정치기勢道政治期를 거치면서 백성들의 연이은 기의起義로 분명하게 확인되었으며, 내부 질서의 동요는 성리학적 지배 질서의 위기로 인식하기에 충분한 것이었다. 대내외적 모순이 첨예화하는 상황에서 당시 성리학자들에게는 사상적 측면에서 해결해야 할 과제 또한 부여되어 있었다고 할 수 있다. 이전 시기에 전개된 여러 성리 논쟁에서 불거진 주요 쟁점은 당시까지도 뚜렷한 결론에 도달하지 못한 채 여전히 논란의 대상이었고, 논쟁이 부수한 여파는 단순한 학설 시비에 그치지 않고 계승자들 간의 대립과 갈등으로 이어져 도학 자체에 대한 부정적 인식을 낳을 개연성이 농후하였다.

위기 국면이 다층적으로 연출되는 시대 상황에서 당시 성리학자들은 조선성리학의 도학 전통 계승에 주목하면서 자신들의 학문과 사상, 그리고 실천을 구체화할 필요성을 절감했고, 이를 현실화하고자 분투하였다. 이들이 정통과 이단의 구분에 투철했던 도학 전통을 계승하여 일관되게 강력한 척사론을 주도한 것은 물론, 일제강점기에 항일 의지를 실천으로 이어 나가고자 노력한 것 등은 도학 전통의 계승 면모가 여실히 드러난 한 단면이라 할 수 있다. 아울러 척사론의 사상적 기반으로서 주자학과 전대 성리설에 대한 체계적인 이해를 도모하면서 다수의 학자가 리理 중심의 특징적인 성리설을 제시한 것은 성리性理와 의리義理를 관통하는 일관된 사상체계를 통해 현실 문제 타개를 위한 사상 기반을 마련하고자 한 것이었다고 이해할 수 있다. 현상 세계를 파악하는 성리학의 기본적인 체계인 이기론을 고수하면서

리와 기에 대한 가치론적 이해를 도모하고, 도덕과 의리 실천의 주체로서 심心에 주목한 것 또한 당시 성리학자들이 도학 정신의 실현에 얼마나 관심을 기울였는지를 보여주는 하나의 증거라 할 수 있다.

위기의 시대를 맞아 대내외적 모순을 극복하기 위해 사상적 모색에 분투했던 당시 성리학자들은 앞서 지적한 바와 같이 공통적으로 조선 유학의 도학 전통을 계승하고자 하였다. 하지만 이들은 선배 학자들이 제시한 학설을 묵수墨守하는 차원에 머물지 않았다. 주요 성리학자들은 주자학과 전대 성리설에 대한 재해석을 통해 전 시대의 논쟁점을 지양하고 시대 문제를 해결하기 위한 새로운 사상적 모색을 전개하였다. 그리고 이들의 새로운 사상적 모색은 다른 한편에서 전대 성리설을 묵수하려는 경향이 짙었던 다른 성리학자들과의 논쟁을 불러일으켰다. 이 시기의 학설 논쟁은 여전히 주자학의 테두리를 벗어나지 못한 한계를 가지는 것이었지만, 다른 한편으로는 당시 도학 계열 내부의 사상적 역동성을 확인할 수 있는 지점이라 할 수 있다.

도학 계열의 흐름에서 주목되는 특징은 다양한 사상적 모색과 실천이 특정 학자에 한정되지 않고, 문인 집단화를 통해 저변화底邊化되었다는 점이었다. 19세기 중반 이후 도학 계열의 지형은 주요 학자의 지속적인 강학을 통해 문인 집단화하는 양상을 보였으며, 문인 집단화에 성공한 각 학파의 문인들은 학파 내부의 학문적 동질성을 도모하며 주자학에 대한 이해의 심화와 더불어 학설 논쟁의 주체로 활동하였다. 학설 논쟁과 결부하여 학파 간의 연대와 대립이 드러나기도 하였으며, 현실 대응의 측면에서 학파 간 연대가 구체화하는 등 여러 학파를 중심으로 펼쳐진 도학 계열의 지형은 다양한 층위를 구성하며 20세기 전반기까지 지속되었다.

이처럼 19세기 이후의 도학 계열 유학은 문인 집단화한 여러 학파를 중심으로 조선 유학의 도학 전통을 계승한 바탕 위에서 당시까지 경험하지 못했던 시대적 상황에 대응하고자 하는 사상적 실천적 모색을 진행하였다. 특히 이단과 정통에 대한 철저한 구분을 통해 정통이라고 이해된 성리학적 가치를 지속하고자 하는 사상적 흐름을 조성하였다. 그리고 다양한 학설 논쟁과 실천 지향적 면모를 구체화하며 조선 유학사의 결국結局이자 근현대 유학의 시단始端을 여는 다양한 활동을 전개하였다. 도학적 흐름에서 벗어나 개신 유학적 흐름을 조성한 지식인들을 비롯하여 다양한 방향에서 새로운 사상적 모색을 진행한 19세기 이후의 유학적 지식인들도 도학 계열 유학 흐름과 직간접적으로 연결된다는 점에서 19세기 이후의 도학 계열 유학이 차지하는 비중과 역할은 상당한 것이었다고 할 수 있다.

'중국 중심의 세계'가 해체되고 서구 중심의 '지구적 세계'로 재편되는 전환기에 여전히 전통에만 매달렸던 수구적인 사상에 불과하다는 견해가 비등하면서 도학 계열의 사상은 한때 개혁과 타파의 대상이 되기도 하였다. 하지만 도학 계열 유학은 복잡하고 다양하게 전개된 19세기 이래의 전환기적 상황에서 당면한 시대 문제를 해결하기 위한 하나의 사상적 기획이자 전략이었고, 조선 유학 전통과 현대를 잇는 한국 유학의 가교역할을 담당하였다는 점에서 그 의의와 영향은 적지 않다고 할 수 있다. 따라서 19세기 이후의 도학 계열 유학은 조선 유학의 마지막 결실이자 새로운 문명과 만나 근현대 유학의 흐름을 조성한 결절점이라는 측면에서 조망될 필요가 있다고 할 수 있다.

2. 유교 지식의 확산과 유교적 지식인의 저변화

대내외적 모순이 첨예화하는 가운데 서학西學을 비롯한 서양 학문의 영향과 개항 이후 본격화하는 서양문명의 도래에 따라 19세기 이후 유학의 영향력은 급속도로 약화하였다는 것이 대체적인 통념이라 할 수 있다. 물론 이 시기에 유학적 지식인 내부에서 성리학에 대한 회의와 새로운 사상에 대한 이해와 수용이 이루어지면서 성리학적 사유체계의 균열 현상이 구체화하기 시작하였고, 개항 이후 단행된 일련의 개혁 조치 등으로 인해 유교적 질서의 변화가 초래되면서 이전 시기와 비교하여 유학의 영향력이 약화한 것은 사실이라 할 수 있다. 하지만 적어도 19세기 내내 조선의 지배 질서는 성리학에 기초한 것이었을 뿐만 아니라 당시 조선 사회는 이전에 비해 지방을 중심으로 유교 문화의 확산과 성리학적 지식의 저변화 현상이 뚜렷하게 드러났다.[7] 그리고 이러한 사회문화적 변화를 배경으로 19세기 도학 계열 유학의 흐름이 조성되고 전개되었다고 할 수 있다.

19세기 중반 이후 도학 계열 유학의 특징 중 하나로 손꼽을 수 있는 것은 '지방화' 현상이라 할 수 있다. 도학 계열의 사상적 흐름을 주도한 주요 성리학자들은 대부분 지방의 향촌 사회를 기반으로 자신의 학문적 영향력을 강화하며 사상적 흐름을 조성하였고, 그 흐름은 20세기 전반기까지 지속되었다. 서울이 아닌 지방을 중심으로 전개된 도학적 흐름은 18세기 이래로 드러난 '경향분기京鄕分岐' 현상과 관련된 것이라 할 수 있다.

정치·경제·사회적 요인이 복합적으로 작용하여 구체화한 경향분기 현상은 사상적 측면에서 18세기 이후 서울과 경기를 중심으로 한 경화京華 학계와 지방의 향촌 사회를 중심으로 한 지방 학계 간의 뚜렷한 차이를 드러냈다.[8] 경화 학계가 대체로 성리학에 매몰되지 않고 청淸으로부터 유입된 각

---

7 유교문화의 확산에 따른 성리학적 지식의 저변화는 과거 응시생 규모에서 확인할 수 있다. 18세기 후반에 치러진 과거의 응시자가 5만 명 정도였던 비해, 19세기 중후반에 치러진 과거의 응시자는 15만 명을 상회하였고, 20만 명 이상이 응시하는 과거도 치러졌다. 김건태, 「19세기 어느 성리학자의 家作과 그 지향 - 金興洛家 사례」, 『한국문화』 55(서울대학교 규장각한국학연구원, 2011), 115쪽.
8 유봉학, 「18·9세기 京·鄕學界의 分岐와 京華士族」, 『國史館論叢』 22(국사편찬위원회, 1991).

종 서적 등을 통해 고증학考證學, 서학 등 새로운 사조에 대한 이해를 심화하며 도학적 흐름과 일정하게 구분되는 사상적 흐름을 일구어 나갔다면, 지방 학계는 16세기 이후 도학적 흐름의 중심을 이룬 퇴계와 율곡의 학문을 계승하며 여전히 성리학적 사유체계를 고수하였다.[9] 경향으로 분기된 학문적 경향에 따라 19세기 이후에도 지방 학계를 중심으로 조선 유학의 도학 전통을 계승하고자 하는 흐름이 조성되었고, 20세기 전반기까지도 이 흐름이 지속되었다.

지방을 중심으로 도학 계열의 사상적 흐름이 조성된 것은 경향분기 이외에 이전 시기의 정치적 사건과 결부한 지역 구도와도 일정하게 연관된 것이라 할 수 있다. 퇴계학退溪學의 전통이 뚜렷하게 뿌리내린 영남 지역은 갑술환국甲戌換局(1694) 이후 영남 남인의 중앙정계 진출이 제한되면서 자신의 근거지를 중심으로 학문적 영향력을 강화하며 도학적 학풍을 유지할 수밖에 없는 환경에 놓여있었고, 호남 지역도 기축옥사己丑獄事(1589) 이후 율곡의 학문적 영향력의 자장 안에서 뚜렷한 학자를 배출하지 못한 채 19세기까지 지역 내에서 도학적 학풍을 유지하고 있었다. 비교적 중앙정계와 사상계에서 일정한 영향력을 발휘하던 호서 지역도 호락논쟁湖洛論爭을 거치면서 호론湖論의 학문적 영향력 약화 현상이 뚜렷해지는 가운데에서도 도학적 기풍이 유지되었고, 19세기 초반에 호론과 연계된 벽파僻派의 몰락에 따라 내포內浦 지역으로 학문적 영향이 제한되었지만, 도학적 기풍은 지속해서 유지되는 경향이 지배적이었다.

---

9 선행 연구에서는 경향분기에 따라 모든 지식 정보를 독점하였던 서울을 중심으로 東道西器 내지 開化思想이 싹텄고, 지방에서는 새로운 사상의 수용적 면모보다 상대적으로 성리학의 계승이 두드러졌다고 파악하였다. 이러한 점에서 19세기 사상계를 이해하는 주안점 중 하나는 사상과 정보의 지역적 불균등 현상이라고 지적하였다. 조성산, 「19세기 조선의 지식인 지형 – 균열과 가능성」, 『역사비평』 117(역사비평사, 2016), 135~139쪽.

이렇듯 지방 중심의 도학적 경향이 뚜렷해지는 가운데 구체적으로 드러난 특징적 면모는 주요 학자들의 지속적인 강학을 통해 '문인 집단화' 현상이 가속화한 점이라 할 수 있다. 조선 유학의 도학 전통을 계승한 퇴계와 율곡 계열의 주요 학자들은 자신들의 학문적 영향력을 확대하기 위해 이전 시기의 성리학자들에 비해 강학 활동에 더 많은 관심을 기울였다. 그리고 자신의 근거지를 기반으로 지속해서 펼쳐진 이들의 폭넓은 강학 활동은 문인 집단화로 이어졌으며, 특정 지역을 중심으로 한 다양한 학파의 형성으로 구체화하였다.

　도학 계열의 사상적 흐름이 문인 집단화를 중심으로 전개될 수 있었던 배경은 각 학파 문하에 입문할 수 있는 문인들, 다시 말해 유학적 지식인층의 저변이 확대되었기 때문이라 할 수 있다. 하나의 학파가 형성되기 위해서는 학파적 결집을 이룰 수 있는 구심점 역할을 담당하는 중심 학자, 학파적 결집의 매개가 되는 중심 학자의 강학 활동을 비롯한 교육 경험, 그리고 중심 학자의 강학 활동에 참여하여 학문적 입장을 공유하며 집단화할 수 있는 인적 토대가 구축되어야 한다. 아무리 학자적 명망을 갖춘 중심 학자가 강학 활동을 통해 학문적 영향력을 발휘한다고 하더라도 특정 학자의 문하에 입문하는 인적 기반이 조성되지 않으면 학파적 결집을 이루어지기 어렵다는 점에서 19세기 중반 이후 도학 계열의 학파적 결집이 이루어질 수 있었던 것은 그만큼 유학적 지식인층의 저변이 확대되었기 때문에 가능한 것이었다고 할 수 있다.

　19세기 이후 유학적 지식인층의 저변이 확대될 수 있었던 것은 18세기 후반 이래로 사족층 이외에 평민층을 대상으로 한 교육 경험의 확대가 이루어지고, 이에 따라 유학적 지식의 확산이 이루어졌던 것과 일정한 관련이 있다고 할 수 있다. 18세기 후반에 평민의 서당 운영 기반이 마련된 후, 평민 출신의 훈장이 등장할 정도로 교육 경험의 확대 현상은 가속화 하였다. 이에 더하여 사족층들이 평민에 대한 교육 경험의 확대를 위해 교육 공간을 마련하고 직접 교육에 참여하는 등 유교 교육의 확산 현상은 19세기에도 지속되었다. 19세기 중반에 이르러 도학 계열의 유학자 가운데 서양 사상의 위협을 유교적인 교화를 통해 막아내려는 의도를 가지고 보통교육론을 제기할 정도로 유교 교육에 관한 관심이 제고되었으며,[10] 신분 고하를 막론하고 유학적 소양을 가르치기는 경우가 나타날 정도로 유교 교육은 더욱 확대되었다. 이러한 교육 경험의 확대와 맞물려『동몽선습童蒙先習』의 언해본諺解本 간행[11]을 비롯하여『소학小學』,『주자가례朱子家禮』에 기초한 유교적 규범과 가치의 확산이 이루어지면서 유교적 규범과 실천 윤리의 내면화가 지방의 향촌 사회를 중심으로 자리 잡았다.[12]

이렇듯 신분을 넘어선 교육 경험의 확대와 유교적 가치의 보편화와 맞물려 평민층과 중인층이 다양한 경로를 통해 사족층으로 신분이 상승하였던 것은 도학 계열의 문인 집단화와 관련하여 주목할 만한 사회적 변화 현상이라 할 수 있다.[13] 평민층과 중인층이 다양한 경로를 통해 족보나 호적 등에서 신분 상승을 이루었다고 하더라도, 향촌 사회 내에서 사족으로 인정받고 일정한 영향력을 발휘하기 위해서는 사족의 사회생활이나 관습의 준

---

10 구희진,「19세기 중반 儒者들의 普通教育論과 童蒙書 편찬」,『역사교육』92(역사교육연구회, 2004) 참조.
11 19세기의 사상계 변화와 관련하여 주목되는 현상 중 하나가 지식의 대중적 확산이고, 이러한 현상은 漢文의 확산과 보급, 그리고 그에 상응하여 확산된 諺文의 확산과 보급이 배경이라고 파악한 선행 연구는 주목할 만하다. 18세기 이래로 한문과 언문이 동시에 확산하였다는 것은, 한문이 諺解를 통하여 쉽게 읽힐 수 있었고, 그에 따라 한문 지식도 확장될 수 있었으며, 확장된 한문 지식이 다시 언문의 수준을 끌어올렸기 때문이라는 것이다. 조성산, 앞의 논문, 127쪽.
12 배항섭,「19세기 지배질서의 변화와 정치문화의 변용 - 仁政 願望의 향방을 중심으로」,『韓國史學報』39(고려사학회, 2010), 119~120쪽.
13 평민층과 중인층의 신분 상승에 대해서는 배항섭, 앞의 논문, 121쪽 참조.

행은 물론, 학문적으로 일정한 관계망에 놓여있을 필요가 있다고 할 수 있다. 유교문화의 준행에 더하여 명망 있는 유력한 학자와 사제 관계를 맺고 특정 학파의 일원으로 편입된다는 것은 향촌 사회 내에서 사족으로 공인받을 수 있는 확실한 통로가 될 수 있다는 점에서 사족으로 새롭게 편입된 계층의 특정 학파로의 이입은 자연스러운 현상이라 할 수 있고, 문인 집단화를 추동하는 하나의 계기였다고 할 수 있다.[14] 이에 더하여 향촌 사회 질서의 변화 과정에서 사족으로서 지위가 위축되고 그 권위가 실추되었던 기존의 사족층도 자신들의 권위와 향촌 사회 내에서의 영향력을 지속하는 하나의 통로로 당시 주요 학파의 문인으로 자정하는 것에 관심을 가지게 되었다고 할 수 있다. 실제로 적지 않은 기존 사족층이 학문적 영향력을 가진 주요 학자의 문하에 입문하여 각 학파의 일원이 활동하였던 것은 학파 형성 배경으로서 주목할 만한 것이라 할 수 있다. 이렇듯 신구 사족층은 모두 명망 있는 학자들과 사제의 연을 맺음으로써 향촌 사회 내에서 일정한 지위와 영향력을 확보하고자 하였고, 이들의 이러한 의도는 각 학파 형성의 기반이 되었다고 할 수 있다.

서울을 중심으로 한 지역을 제외하고 지방의 향촌 사회에 유학적 지식인이 넘쳐나는 가운데 학자적 명망을 갖춘 주요 학자의 문하에 입문한 유학적 지식인들은 각 학파의 문인으로 자정하였고, 이에 더하여 적극적으로 강학 활동에 참여함으로써 유교적 지식의 심화는 물론, 자연스럽게 사土 의식의 제고를 이루며 조선 유학의 전통을 계승한 도학 계열의 문인으로서 정체성

---

14 이러한 추론은 각 학파 문인의 자세한 가문 배경 등을 구체적으로 확인해야만 확정할 수 있다. 다만『蘆沙先生淵源錄』이나『華嶋淵源錄』등 노사학파와 간재학파의 문인록 등에 가문 내력이 등재되지 않은 문인이 상당수 발견된다는 점과 수만 명에 이르는 유학적 지식인이 다양한 학파의 문인으로 편입되었다는 사실 등은 기존의 사족층 이외에 새롭게 사족으로 편입된 계층이 포함되었을 것으로 추측하게 하는 근거라 할 수 있다.

을 확립해 나갔다고 할 수 있다. 특정한 학파의 일원이 된다는 것은 단순히 사회적 관계의 형성에 그치지 않고, 성리학적 지식의 심화로 이어지는 학문 공동체, 다시 말해 학문적 사상적 입장의 공유로 이어졌다고 할 수 있다. 그리고 각 학파 내에서 이루어진 사상적 입장의 공유는 성리학적 지식의 저변화와 맞물려 19세기 중반 이후 여러 학설 논쟁의 주체 확대와 위정척사운동 및 의병 활동 등으로 이어지는 실천적 지향의 인적 토대가 되었다는 점에서 도학 계열의 문인 집단화는 이전 시기와 뚜렷하게 구분되는 특징적 면모라 할 수 있다.

3. 학파 분화에 따른 도학 계열의 지형 변화

지방을 중심으로 저변화한 유교적 지식인을 흡수하여 전개된 도학 계열의 사상적 흐름은 조선 유학의 중심을 이루었던 퇴계와 율곡의 학문과 학맥을 계승한 주요 성리학자들의 문호 분립과 이에 따른 학파 형성을 중심으로 전개되었다. 비교적 단조로운 학파적 흐름을 보였던 이전 시기와 달리, 이 시기의 성리학자들은 대체로 새롭게 문호를 열었고, 지속적이면서도 체계적인 강학 활동을 전개하여 문인 집단화를 이루었다. 다양한 학파로 분화된 당시의 도학 계열 각 학파의 문인들은 서구문명의 본격적인 유입과 이에 따라 조성된 유교문화의 약화 가능성, 그리고 백성들의 기의로 폭발한 체제 모순에 대한 위기의식을 공유하였으며, 성리학적 사유체계를 기반으로 위기의 시대 상황을 돌파하기 위한 사상적 실천적 모색을 시도하였다.

19세기 중반 이후 고조되는 국가적 혼란과 유교문화의 약화 가능성은 유학적 지식인들에게 위기의식을 고조시켰을 뿐만 아니라 위기의 현실을 타개하는 방안을 모색하게 하는 것이었다. 위기의 시대를 맞아 이들이 위기의 현실을 타개하는 방법으로 선택한 것은 주요 학자의 문하에 입문하여 성리학적 지식의 심화와 함께, 변화하는 시대 현실에 대응하는 방안을 공유하는 것이었다고 할 수 있다. 이러한 점에서 당시 향촌 사회의 적지 않은 유학적 지식인들은 주요 학자들이 자신의 근거지를 중심으로 결집하여 학문적 사상적 입장을 공유하며 학파적 면모를 구체화하였고, 이후 사상적 영향력을 확대하며 학파적 면모를 유지하였다. 그리고 이러한 학파적 결집과 이에 따른 현실 대응의 사상적 실천적 지향은 퇴계 계열이나 율곡 계열 모두에서 나타난 공통적인 현상이었다.

퇴계와 율곡 계열 모두에서 문호 분립과 문인 집단화가 이루어질 수 있었던 직접적인 계기는 주요 성리학자들의 체계적인 강학 활동이었다. 학자적 명망을 갖추었던 각 학파의 종장들은 문하에 입문한 문인들을 대상으로 체계적인 교육 활동을 시행하였을 뿐만 아니라 여러 지역을 순회하며 강회講會를 개최하는 등 폭넓게 강학 활동을 전개하였다. 당시 주요 학자들이 펼쳤던 지속적이면서도 체계적인 강학 활동은 향촌 사회에 폭넓게 자리 잡고 있었던 유학적 지식인들을 흡수하고 결속하는 통로로 기능하였다. 아울러 각 학파에서 전개된 강학 활동은 선현들의 도학 전통을 계승하고자 하는 의식이 구체적으로 현실화하는 과정이었을 뿐만 아니라 각 학파의 학문적 견해를 공유하고 확산하는 통로로 기능하며 각 학파의 학문적 동질성과 학파적 결속을 강화하는 기반이 되었다. 당시 향촌 사회에 폭넓게 자리하고 있었던 유학적 지식인들은 도학 계열 주요 학자의 문하에 입문함으로써 자신의 향촌 사회 내 위상과 영향력을 확인하고, 변화하는 시대 현실에 대응할 수 있는 기반을 마련하고자 하였다. 그리고 이러한 의도에서 적지 않은 유학적 지식인들은 각 학파의 주요 학자가 펼치는 강회에 자발적으로 참여하였을 뿐만 아니라 성리학적 지식의 심화는 물론, 현실 대응의 입장을 공유하며 학파적 결속을 이루어 나갔다.

1) 퇴계 계열의 학파 분화와 동향

정치적 사건으로 인해 17세기 후반 이후 영남 남인이 중앙 정치권에서 배제되면서 퇴계학을 계승한 학자들의 사상적 영향력은 대체로 영남 지역으로 국한되는 경향이 지배적이었다. 물론 퇴계에 대한 존숭의 뜻은 학파와 학맥을 불문하고 전국적으로 이어졌지만, 퇴계 학맥을 계승한 일단의 학자들은 영남 지역을 배경으로 사상적 영향력을 강화하였으며, 19세기 중반 이후 퇴계 계열의 학파적 분화 현상도 영남 지역을 중심으로 전개되었다.

퇴계의 학문적 입장에 대한 계승 의식이 뚜렷했던 영남 지역의 도학적 사상 흐름은 다른 지역과 마찬가지로 다양한 학파로의 분화를 기반으로 펼쳐졌다. 영남 북부 지역을 중심으로 문인 집단화를 이룬 류치명柳致明(號 定齋, 1777~1861)의 '정재학파定齋學派'와 류주목柳疇睦(號 溪堂, 1813~1872)의 '계당학파溪堂學派'를 비롯하여 성주와 칠곡 등 영남 중부의 낙중 지역을 배경으로 문인 집단화에 성공한 장복추張福樞(號 四未軒, 1815~1900)의 '사미헌학파四未軒學派'와 이진상李震相(號 寒洲, 1818~1886)의 '한주학파寒洲學派', 그리고 서울 지역이 근거지이지만 김해 부사로 부임하여 길지 않은 기간 동안 재임하면서 영남 남부 지역에 다수의 문인을 배출하며 전국적으로 학파의 규모를 일군 허전許傳(號 性齋, 1797~1886)의 '성재학파性齋學派' 등이 19세기 초중반부터 영남 지역을 중심으로 학문적 영향력을 발휘한 대표적인 학파들이었다.

퇴계 계열에서 가장 먼저 문호를 열고 학파적 면모를 갖춘 문인집단은 정재학파이고, 이를 이어 문인 집단화를 이룬 또 다른 학파는 계당학파라 할 수 있다. 퇴계학의 중심지인 안동을 중심으로 영남 북부 지역에서 학파적 결집을 이룬 두 학파는 퇴계 사후에 불거진 '병호시비屛虎是非'를 거치며 독자적인 학맥을 이어온 김성일金誠一 계열의 '호파虎派'와 류성룡柳成龍 계열의 '병파屛派' 학맥을 각각 계승하였다는 점에서 퇴계 이후 영남 지역에서 조성된 학맥에 대한 계승적 면모가 두드러진다고 할 수 있다. 두 학파 모두 학파의 정체성에 대한 의식이 이전에 비해 두드러졌을 뿐만 아니라 학파의 외연이 확대되고 학파적 결속이 상대적으로 이전보다 강화되었으며, 퇴계학에 대한 계승의 면모에서도 일정 정도 구분된다는 점에서 이전의 병파와 호파와는 일정한 차별성을 가지고 있다고 할 수 있다.

호파와 병파의 학맥을 계승하여 분립한 정재학파와 계당학파를 비롯하여 낙중 지역을 배경으로 학파적 결집을 이루어낸 사미헌학파와 한주학파의 학문적 입장과 관련하여 주목해야 하는 학자는 '소퇴계小退溪'라 불린 이상정李象靖(號 大山, 1711~1781)이라 할 수 있다. 김성일에게서 비롯되어 장흥효張興孝(號 敬堂, 1564~1633)를 거쳐 이현일李玄逸(號 葛庵, 1627~1704), 이재李栽(號 密庵, 1657~1730)로 이어진 호파의 학맥을 계승한 그는 지속적인 강학을 통해 19세기 이전에 이미 '대산학파大山學派'로 불리는 비중 있는 문인집단을 형성할 정도로 영남 학계에서 학문적 영향력이 가장 큰 학자였다.[15] 그리고 정재학파와 계당학파의 분립 의식이 선명해진 계기가 18세기 후반 이후 이상정의 호계서원虎溪書院[16] 추향 문제로 인해 불거진 '병호시비'이었다는 점에서 퇴계 계열 내의 학파 분화에 있어 계기적 인물은 이상정이라 할 수 있다. 이에 더하여 리주기자설理主氣資說로 대표되는 그의 성리설은[17] 19세기 이후 분립한 퇴계 계열의 여러 학파가 제시한 학문적 입장과 일정 정도 결

---

15 李象靖의 강학 활동과 이에 따른 학파 형성에 대해서는 김명자, 「大山 李象靖(1711~1781)의 학문공동체 형성과 그 확대」, 『朝鮮時代史學報』 69(조선시대사학회, 2014) 참조.

16 虎溪書院은 1573년(선조 6)에 이황의 학문을 기리기 위해 지방 유림의 공의로 건립된 廬江書院을 가리킨다. 여강서원은 1620년(광해군 12)에 金誠一과 柳成龍을 추가 배향하였으며, 1676년(숙종 2)에 '虎溪'로 사액되었다.

17 理主氣資說을 비롯한 李象靖의 성리설에 관한 연구 성과는 어느 정도 집적되었다. 하지만 그의 理主氣資說 등 이기론적 입장에 대한 평가는 엇갈리는 측면이 없지 않다. 전성건, 「大山 李象靖의 理主氣資說과 그 思想史的 意味」, 『퇴계학과 유교문화』 58(경북대학교 퇴계학연구소, 2016) 참조.

부되었다는 점에서 학파 분화와 이후 전개된 학문 활동에서 이상정의 위상과 비중은 작지 않다고 할 수 있다. 다시 말해 이상정의 학문적 입장과 직접 연계된 정재학파 이외에 사미헌학파와 한주학파 등 당시 영남 학계의 주요 학파 학자들은 모두 자신의 학문적 입장을 이상정과 연결하였다는 점에서[18] 그의 학자적 위상과 학문적 입장은 영남 학계의 학파 분화와 직간접적으로 연관된 것이라 할 수 있다.[19]

영남 학계의 학파 분화와 관련하여 주목되는 특징 중 하나는 율곡 계열의 기호 학계와 비교하여 가학家學과 연계되는 측면이 두드러졌다는 점이라 할 수 있다. 여러 학파 가운데 가장 영향력이 컸던 정재학파의 류치명은 외조부인 이상정의 학문을 이은 류장원柳長源(號 東巖, 1724~1796)과 남한조南漢朝(號 損齋, 1744~1809)의 문하를 넘나들며 호파의 학문적 입장을 수수하였을 뿐만 아니라 병호시비 과정에서 호파의 공론公論을 주도하였던 부친 류회문柳晦文(號 寒坪, 1758~1818)과 호파의 학문적 정통성을 확인하는 일련의 작업을 진행하였던 류건휴柳健休(號 大埜, 1768~1834) 등 전주류씨 수곡파 가문의 가학 전통을 충실하게 계승한 학자였다. 19세기 당시 영남의 삼징사三徵士 중 한 사람으로 평가받았던 계당학파의 류주목도 류성룡과 그의 아들 류진柳袗(號 修巖, 1582~1635)으로부터 비롯된 풍산 류씨의 가학 전통을 이어받았다. 병파의 학문적 입장과 연결된 정경세鄭經世(號 愚伏, 1563~1633)의 학문이 그의 후손인 정종로鄭宗魯(號 立齋, 1738~1816)를 거쳐 류주목의 조부인 류심춘柳尋春(號 江皐, 1762~1834)에게로 이어졌다는 점에서 류주목의 가학 계승

---

18 장복추가 가학의 연원이 되는 장현광의 학문에 대해 우호적인 견해를 제시하였던 이상정의 학문을 수용하여 이황과 장현광의 학문을 절충하고자 하였으며, 이진상이 사단칠정에 대해 理發一途說을 제기하면서 이상정의 논의와 연계한 것이라 술회하였다는 점 등에서 이상정의 학문적 영향을 확인할 수 있다. 李震相, 『寒洲集』 卷7, 44a, 「答沈穉文」(庚申) 참조.
19 李象靖의 虎派와 대척점에 있었던 屏派와 친연성이 컸던 鄭宗魯(1738~1816)도 李象靖의 문인을 자처하였다는 점에서 李象靖의 학문적 영향력을 가늠할 수 있다.

은 병파의 학문적 입장을 충실히 계승하는 것이었다고 할 수 있다.[20] 사미헌 학파를 이끌었던 장복추도 특별한 스승의 문하에 나가지 않고 어려서 조부인 장주張鑄(號 噤軒, 1771~1832)로부터 장현광張顯光(號 旅軒, 1554~1637)에게서 비롯된 가학 전통을 익히며 학문적 입장을 구체화하기 시작하였고, 장현광의 학문에 대해 우호적인 견해를 제시하였던 이상정의 학문을 수용하여 퇴계학과 여헌학旅軒學을 절충하고 종합하고자 하였다는 점에서 가학과 깊은 연관이 있다고 할 수 있다. 조선 유학 육대가六大家[21] 중의 한 사람으로 평가받는 한주학파의 이진상도 특별한 사승 관계를 맺지 않고 숙부인 이원조李源祚(號 凝窩, 1792~1872)의 훈도를 받으며 착실하게 자신의 학문적 입장을 구축하기 시작하였다는 점에서 가학과 일정한 관련이 있다고 할 수 있다.

이처럼 영남 학계의 주요 학파 종장들은 퇴계로부터 연원하는 가학 전통을 바탕으로 자신의 학문 체계를 구축하였고, 이를 기반으로 학파적 결집을 이루었다. 주요 학파의 종장들이 가학 전통을 기반으로 학문의 기초와 체계를 구축하였다는 것은 주요 가문의 가학이 가지는 성격을 고려할 때 학파로의 분화 가능성을 이전부터 가지고 있었음을 의미하는 것이라 할 수 있다. 이들이 계승한 가학이 퇴계 이래로 분기한 학문적 입장이 개재된 것이라는 점에서 특히 그러하다고 할 수 있다. 이러한 점에서 가학 계승은 한편으로는 자신의 사상적 기반인 퇴계학을 계승하겠다는 뜻을 내포하는 것이고, 다른 한편으로는 이전 시기에 조성된 가학 전통이 퇴계 이후 분화한 영남 지역의 학문적 경향과 결부되는 것이라 할 수 있다. 이러한 점에 비추어 각 학파의 종장이 제시한 사상적 면모는 출발점에서부터 일정 정도 차별성을 내

---

20 우인수, 「溪堂 柳疇睦과 閱山 柳道洙의 학통과 그 역사적 위상」, 『퇴계학과 한국문화』 44(경북대학교 퇴계학연구소, 2009), 12~16쪽.

21 조선 유학의 육대가는 玄相允(1893~?)이 『조선유학사』를 저술하면서 조선의 대표적인 학자로 徐敬德, 李滉, 李珥, 任聖周, 奇正鎭, 李震相을 거명한 것에서 비롯된 것이다. 玄相允, 『조선유학사』(현음사, 1986), 66쪽.

재하고 있는 것이라 할 수 있다. 그리고 이러한 측면에서 영남 학계의 학파 분화는 퇴계학에 대한 계승 의식을 공유하면서, 동시에 퇴계학에 대한 이해와 계승의 방향에서 다른 면모를 드러낸 결과라 이해할 수 있다.

가학 전통을 기반으로 구체화한 각 학파의 구분되는 사상적 면모는 대표적으로 정재학파와 계당학파의 학문적 관심과 성취에서 확인할 수 있다. 가학을 통해 호파의 학문 전통을 계승한 정재학파의 류치명과 그의 문인들은 다양한 방면에서 학문적 관심을 구체화하였지만, 상대적으로 리기심성론 등 성리설 방면에서 주목할 만한 학문적 성취를 이루었다고 할 수 있다. 자신들의 학문적 표준을 퇴계와 이상정의 성리학적 입장에 두고 19세기 중후반 이후 구체화한 영남 학계의 심설논쟁을 주도한 핵심 주체가 정재학파 문인이었다는 점에서 이러한 경향을 확인할 수 있다.[22] 이에 비해 가학을 통해 병파의 학문을 계승한 계당학파의 류주목과 그의 문인들은 퇴계의 성리학적 입장을 계승하면서도 리기심성론 등 성리설과 관련한 논의에 크게 관심을 기울이지 않았다.[23] 대신 도덕 실천과 사회적 실현에 더 큰 관심을 기울였던 병파의 학문 경향을 이어받아 류주목을 비롯하여 그의 문인들은 예학禮學을 중심으로 도덕의 현실적 실현에 초점을 맞추어 학파의 학문적 면모를 구체화하였으며, 이러한 학문적 관심은 류주목의 『전례유집全禮類輯』 등

---

22 柳致明과 그의 대표 문인인 金興洛은 이기심성론을 비롯한 성리설에 관한 입장을 제시하면서 이황(退溪)과 이상정(蘇湖)를 병칭하여 溪湖에서 학문의 표준을 찾으려 하였다. 김낙진, 「定齋 柳致明과 西山 金興洛의 本心 중시의 철학」, 『율곡학연구』 16(율곡연구원, 2008) 참조.

23 溪堂學派 문인들은 심설 논쟁을 비롯한 영남 학계의 성리 논쟁 과정에서 특정한 견해를 구체적으로 제시하지 않는 경향을 보였다. 이러한 경향은 柳疇睦의 『四七論辨』에서 확인되듯이, 선현들의 이론을 망라하여 정리하였을 뿐 특정한 견해를 덧붙이지 않는 객관적이면서도 신중한 자세에서 비롯된 것이라 할 수 있다. 홍원식, 「서애 학파와 계당 유주목의 성리설」, 『퇴계학과 유교문화』 44(경북대학교 퇴계학연구소, 2009); 도민재, 「溪堂 柳疇睦의 禮學思想」, 『퇴계학과 한국문화』 44(경북대학교 퇴계학연구소, 2009) 참조.

예학 방면에서의 성취로 이어졌다고 할 수 있다.

앞서 지적한 바와 같이, 각 학파의 학문적 면모가 가학을 기반으로 구체화하였다는 점은 일정 정도 이황 학문에 대한 계승에서 변화 가능성을 내재하는 것이라 할 수 있다. 그리고 19세기 중반 이후 퇴계학 계승에서의 변화 가능성은 이진상이 제기한 심즉리설心卽理說을 비롯하여 사단칠정에 대한 이기론적 해석 등을 통해 표면화되었고, 그의 학설이 계기가 되어 영남 학계의 각 학파 주요 학자들은 나름대로 이해한 퇴계학을 기반으로 학설 논쟁을 전개하였다. 이른바 퇴계학의 정설定說 고수와 창신創新이라는 경계선에서 각 학파의 주요 문인들은 학설 논쟁을 이어 나가면서 퇴계학 계승의 다양한 입장을 표출하였고, 퇴계학 계승의 다양한 입장이 공존하는 면모를 연출하였던 것이다.[24]

이진상을 비롯한 한주학파 문인들은 대체로 퇴계학에 대한 재해석의 면모가 두드러졌다고 할 수 있다. 이진상은 두 차례에 걸쳐 류치명을 방문하여 주요 성리학적 주제에 대해 문답을 나누는 과정에서 이미 퇴계학에 대한 재해석의 면모를 보였으며, 류치명과의 명덕明德 논쟁을 비롯하여 주요 성리학적 주제를 둘러싸고 여러 학자와 논쟁을 벌이는 등 퇴계 계열의 당시 학자들과는 구분되는 학문적 입장을 제시하였다. 그리고 그의 사상적 견해가 담긴 『한주집寒洲集』 간행 이후 이설異說로 간주된 그의 주요 학설을 둘러싸고 이른바 평포논쟁坪浦論爭[25]이 펼쳐지면서 학파 간 논쟁이 전개되었고,

---

24 권상우, 「19세기 嶺南退溪學의 定說과 創新의 二重奏 – 李震相의 '心卽理'에 대한 李萬寅과 張福樞의 입장을 중심으로」, 『儒教思想研究』 43(한국유교학회, 2011) 참조.

25 坪浦論爭이라는 명칭은 河謙鎭(1870~1946)의 『東儒學案』에서 비롯된 것이다. 류치명이 大坪(경북 안동시 임동면 수곡리)에 살았고, 이진상이 大浦(경북 성주군 월항면 대산리)에 살았기 때문에 지역명을 따서 평포논쟁이라고 한 것이다. 평포논쟁에 관한 자세한 내용은 이상익, 「坪浦論爭의 근본 문제」, 『嶺南學』 66(경북대학교 영남문화연구원, 2018) 참조.

이 과정에서 퇴계학 계승의 분화된 각 학파의 사상적 면모가 구체적으로 확인되었다. 심즉리설을 비롯하여 기존의 퇴계학과는 구분되는 학설을 제시한 이진상과 그의 문인들이 대체로 퇴계학에 대한 재해석 측면이 두드러졌다면, 이전 시기까지 영남 학계의 중심을 이루었던 정재학파 문인들과 안동의 도산서원 측은 퇴계의 정설을 고수하려는 입장이 두드러졌다고 할 수 있다. 두 학파와 달리 사미헌학파의 장복추는 이진상의 견해에 대해 비판적인 입장을 전제하면서도 상대적으로 절충적인 견해를 제시하는 등 신중한 태도를 보였고, 이러한 그의 태도는 일정 부분 대립적인 학파 간 구도에서 빗겨 서려는 것이었다고 할 수 있다. 이렇듯 학파 간 구분되는 학문적 입장과 견해는 모두 퇴계설을 근거로 전개되었다는 점에서 퇴계학의 정설을 어떻게 규정할 것인가를 둘러싸고 퇴계학 계승자들 간의 이견이 표출된 것이 영남 학계의 학설 논쟁이라 할 수 있다.[26]

가학 전통을 배경으로 퇴계학의 계승에서 차이점을 드러내며 영남 학계의 지형 변화가 구체화하는 가운데 서울을 중심으로 학문 활동을 전개하던 허전이 영남 남부 지역에서 상당수의 문인을 배출하며 성재학파의 거점을 확보한 것은 이전 시기와 구분되는 영남 학계의 지형 변화라 할 수 있다. 이전 시기에도 서울과 경기 지역의 남인 계열인 '경남京南'과 영남 지역의 남인인 '영남嶺南'의 교유 및 제휴가 일정 정도 이루어졌지만,[27] 이 시기에 이익李

---

26 이 시기 영남 학계의 다양한 학설 논쟁은 퇴계학에 대한 계승의 면모만 있었던 것이 아니라 기호 학계의 중심을 이룬 율곡학에 대한 비판적 논의도 수반한 것이었다. 기호학계의 최대 쟁점이었던 호락논쟁을 비롯하여 다양한 성리설에 관한 논의도 풍성하게 전개되는 등 전반적으로 조선 유학의 도학 전통에 대한 재검토가 이루어졌고, 이러한 학문적 관심의 확대는 19세기 후반부터 20세기 전반기에 이르는 시기의 전국적 규모의 학설 논쟁으로 비화되기도 하였다.

27 역사학계에서는 지역을 매개로 구분되는 퇴계 학맥에 대해 정치적 입장과 결부하여 각각 '京南'과 '嶺南'으로 지칭하고 있다. 양 계열의 교유에 대해서는 이수건, 「朝鮮後期 '嶺南'과 '京南'의 提携」, 『碧史李佑成教授定年退職紀念論叢 = 民族史의 展開와 그 文化』上(벽사이우성교수정년퇴직기념논총간행위원회, 1989); 김학수, 「星

瀷(號 星湖, 1681~1763) 문하의 안정복安鼎福(號 順庵, 1712~1791)을 거쳐 황덕길
黃德吉(號 下廬, 1750~1827)로 이어진 학문적 입장을 계승한 허전을 매개로 양
계열의 합류가 구체화하여 성재학파라는 대규모 문인집단이 형성된 것은
실학적 학풍과 도학적 학풍의 결합이라는 측면에서 주목할 만한 영남 학계
의 지형 변화라 할 수 있다.[28]

퇴계 계열의 영남 학계는 가학을 바탕으로 퇴계학에 대한 차별화된 계
승 면모를 드러내며 각 학파의 정체성을 구체화하면서도 학파 간 인적 교류
와 활발한 학문 활동을 전개하는 등 개방적 분위기를 조성하는 특징적 면모
도 보여주었다. 각 학파의 강학 활동을 비롯하여 여러 방면에서 펼쳐진 학
문 활동은 개방적인 분위기 속에서 이루어졌으며, 주요 학파의 문인들은 학
파의 경계를 넘어 학문적 입장을 공유하는 면모를 드러냈다. 류주목의 문인
들이 『전례유집』의 간행을 진행하면서 성재학파 문인들과의 교유를 본격화
한 점 등은 이 시기 학파 간 교유와 연대가 상당하였음을 보여주는 한 사례
라 할 수 있다.[29] 아울러 장석영張錫英(號 晦堂, 1851~1929)이 사미헌학파의 대
표 문인으로 일컬어지는 '십군자十君子'[30]의 한 사람이자 이진상의 대표 문인

　　湖 李瀷의 學問淵源 - 家學의 淵源과 師友關係를 중심으로」, 『星湖學報』 1(성호학
　　회, 2005); 김학수, 「安鼎福과 嶺南學人의 교유」, 『藏書閣』 48(한국학중앙연구원,
　　2022) 등 참조.
28　허전의 학문적 입장이 비록 실학적 측면이 상대적으로 두드러지지만, 이익 문하의
　　여러 계열 가운데 비교적 성리학적 경향이 두드러졌던 안정복 계열의 학풍을 이어
　　받았기 때문에 도학적 기풍이 강한 영남 문인을 흡수할 수 있었다고 할 수 있다. 아
　　울러 허전의 근거지가 비록 서울이었고, 말년에 서울 敦義門 밖 冷泉洞에 거주하여
　　그의 문인록이 「冷泉門人錄」이라고 명명되었지만, 문인록과 그의 문집이 영남 남부
　　지역에서 간행되었을 뿐만 아니라 5백 명을 상회하는 문인 가운데 350여 명이 이
　　지역에서 배출되었다는 점에서 경남과 영남의 합류가 성재학파를 통해 구체화하였
　　다고 할 수 있다. 성재학파에 대해서는 강동욱, 「性齋 許傳의 江右地域 門人 考察」,
　　『남명학연구』 31(경상대학교 남명학연구소, 2011) 참조.
29　남재주, 「溪堂 柳疇睦의 『全禮類輯』과 예설 교류」, 『한국실학연구』 41(한국실학학회,
　　2021) 참조.
30　십군자는 장석영을 비롯하여 張升澤(1838~1916), 尹冑夏(1846~1906), 宋浚弼
　　(1869~1943), 曺兢燮(1873~1933), 張允相(1868~1946), 李基馨(1868~1946),

을 지칭하는 '주문팔현洲門八賢'[31]의 일원으로 지칭되었다는 점도 당시 각 학파의 문호가 개방적이었음을 확인할 수 있는 대목이라 할 수 있다.[32]

학파 분화라는 영남 학계의 지형 변화 속에서도 개방적인 분위기를 연출했던 주요 학파 문인들은 19세기 중후반 이후 학설 논쟁을 이어 나가면서도 위기의 시대를 맞아 위정척사운동을 비롯하여 의병 활동 등에서 연대 의식을 발휘하였고, 일제강점기를 거치면서 항일운동에 대한 의지를 공유하며 구심점 역할을 담당하는 등 실천 지향적 면모를 유감없이 보여주었다. 그리고 각 학파의 문인 가운데 주요 학자들은 본격적인 강학 활동을 통해 각 학파의 명맥을 이어 나갔고, 별도의 학파라고 지칭할 수 있을 정도로 큰 문인집단을 형성하며 학문적 영향력을 강화하였다. 대표적으로 정재학파의 김흥락金興洛(號 西山, 1827~1899)은 지속적이면서도 체계적인 강학을 통해 7백 명을 상회하는 문인을 배출하는 등 정재학파의 지속과 외연 확장에서 중심 역할을 담당하였으며,[33] 한주학파의 곽종석郭鍾錫(號 俛宇, 1846~1919)도 체계적인 강학을 통해 8백 명 가까운 문인을 배출하며 20세기 전반기에 영남 학계를 대표하는 학자로 부상하였다.[34] 특히 곽종석을 비롯한 몇몇 문인

張志淵(1864~1921), 張錫贇(1845~1913), 張時澤(1833~1900)이다.

31 주문팔현은 장석영 이외에 許愈(1833~1904), 金鎭祜(1845~1908), 郭鍾錫(1846~1919), 李正模(1846~1875), 尹冑夏(1846~1906), 李承熙(1847~1916), 李斗勳(1856~1918)을 가리킨다.

32 李種杞(1837~1902), 曺兢燮(1873~1933) 등이 특정 학파의 문인으로 자정하지 않고, 여러 학파의 문하를 넘나들며 학문을 익혔며 독자적인 입장을 취한 것도 당시 개방적인 영남 학계의 분위기와 관련된 것이라 할 수 있다. 임종진, 「심재(深齋) 조긍섭(曺兢燮)의 성리사상(性理思想):『성학팔도병설(性學八圖病說)』에 대한 분석을 중심으로」, 『퇴계학과 유교문화』 48(경북대학교 퇴계학연구소, 2011); 「晚求 李種杞의 성리학적 입장에 대한 검토 -寒洲學派와의 논변을 중심으로」, 『퇴계학과 유교문화』 43(경북대학교 퇴계학연구소, 2008) 등 참조.

33 박경환, 「서산 김흥락 학맥의 전승과 발전」, 『국학연구』 31(한국국학진흥원, 2016) 참조.

34 郭鍾錫의 문인록인 『俛門承敎錄』에는 772명의 적전제자가 수록되어 있다. 영남 지역 이외에 호남 및 충청 지역 문인도 상당수 등재되어 있다는 점에서 한주학파의 지역적 외연이 곽종석을 거치면서 확대된 것을 확인할 수 있다.

들은 기호 및 호남 지역의 주요 학자들과 교유를 진행하며 학문적 영향력을 전국적으로 확대하기도 하였다.

19세기 이후 퇴계 계열의 학파 분화와 다양한 방면에서 펼쳐진 활동은 퇴계학의 계승과 창신이라는 다양한 사상적 입장을 표면화하며 학문적 영향력을 확대 강화하는 방향으로 전개되었다. 도학 전통의 계승이 중심을 이루었지만, 일부 학파의 문인들이 제기한 유교개혁론, 유교 종교화론 등은 시대 변화에 대응하며 조선 유학의 도학 전통의 변화 가능성을 보여주는 사례였다.[35] 이처럼 근현대 도학 계열의 퇴계 학맥은 위기의 시대를 거치면서 유교 전통의 계승을 비롯하여 다양한 활동의 스펙트럼을 보이며 전개되었다고 이해할 수 있다.

2) 율곡 계열의 학파 분화와 동향

대체로 율곡 계열의 학맥 계승은 퇴계 계열과 달리 기호 지역을 중심으로 전국화하는 양상을 보였다. 이러한 양상은 인조반정(1623) 이후 서인 중심으로 정치 구도가 재편되고, 이에 더하여 영남 지역을 대상으로 율곡 학맥의 이식이 본격화하면서 구체화하기 시작하였다고 할 수 있다.[36] 이후 호락논쟁을 거치면서 낙론洛論의 학문적 영향력이 확대하면서 율곡 학맥의 전국화 현상은 더욱 강화되었다.[37] 이렇듯 이전 시기에 조성된 율곡 학맥의 전

---

35 정재학파의 柳寅植(1865~1928), 宋基植(1878~1949), 李相龍(1858~1932)을 비롯하여 한주학파의 李承熙(1847~1916) 등이 제시한 유교개혁론과 유교 종교화론 등이 대표적이다.

36 영남 지역의 율곡 학맥 이입과 관련한 내용은 다음 논문을 참고할 만하다. 이연숙, 「17~18세기 영남지역 노론의 동향」, 『역사와실학』 23(역사실학회, 2002); 정진영, 「18세기 영남 노론의 존재형태」, 『한국사연구』 171(한국사연구회, 2015); 채광수, 「조선후기 영남지역 노론계 가문의 분포와 서원 건립 추이」, 『한국서원학보』 8(한국서원학회, 2019).

37 이이 학맥의 학문적 영향력이 기호 지역을 중심으로 영남 이외에 관서 및 관북 지역

국화 현상은 19세기 중반 이후 본격화하는 율곡 계열의 학파 분화 과정에서 여러 학파의 문하에서 전국에 걸쳐 문인을 배출하는 것으로 이어졌다.[38]

19세기 중반 이후 본격화하는 율곡 계열의 학파 분화는 경기 지역을 중심으로 문호를 연 이후 학문적 영향력을 전국적으로 확대한 이항로李恒老(號 華西, 1792~1868)의 '화서학파華西學派', 호남 지역을 중심으로 문인 집단화를 이룬 후 그 학문적 영향력을 영남 남부 지역으로 확대한 기정진奇正鎭(號 蘆沙, 1798~1879)의 '노사학파蘆沙學派'가 그 시단을 열었다고 할 수 있다. 이항로와 기정진이 특정한 학맥이나 사승 관계에 기초하지 않고 독자적으로 문호를 연 것과 달리, 유신환兪莘煥(號 鳳棲, 1801~1859)은 당시 낙론계 학문을 주도하던 홍직필洪直弼(號 梅山, 1776~1852), 오희상吳熙常(號 老洲, 1763~1833), 김매순金邁淳(號 臺山, 1776~1840) 등으로부터 학문적 입장을 수수하여 자신의 학문 체계를 수립하고, 큰 규모는 아니지만 학계 및 정계에서 상당한 영향력을 발휘한 '봉서학파鳳棲學派'를 형성하였다. 그리고 한 세대 뒤에 활동한 송병선宋秉璿(號 淵齋, 1836~1905), 송병순宋秉珣(號 心石齋, 1839~1912) 형제와 전우田愚(號 艮齋, 1841~1922) 등도 특정 학맥과 사승 관계를 기반으로 각각 '연재학파淵齋學派'와 '간재학파艮齋學派'라는 영향력이 큰 문인집단을 형성하며 학문적 영향력을 확대하였다.

낙론의 학맥을 계승한 박세화朴世和(號 毅堂, 1834~1910)의 '의당학파毅堂學派'를 비롯하여 박성양朴性陽(號 芸窓, 1809~1890)의 '운창학파芸窓學派',[39] 송병

에도 상당하였다는 점에서 전국화하였다고 할 수 있다.

38 이이 학맥의 전국화 현상은 19세기 초반 낙론 계열의 대표적인 산림학자인 洪直弼 문하에서 배출된 대표 문인인 '梅門五賢' 가운데 韓運聖(1802~1863)과 田秉淳(1816~1890)이 영남을 지역적 배경으로 활동하였고, 蘇輝冕(1814~1889) 또한 호남을 중심으로 활동하였던 것에서 확인할 수 있다.

39 芸窓學派와 학파 종장인 朴性陽에 관한 학계 연구는 전무하다. 박성양은 충청 지역을 배경으로 한 산림학자였을 뿐만 아니라 그의 문하에서 배출된 문인 규모가 4백명을 상회하고, 충청의 옥천 보은 지역 이외에 영남의 상주에서도 다수 문인을 배출

화宋炳華(號 蘭谷, 1852~1916)의 '난곡학파蘭谷學派' 등 크고 작은 문인집단이 충청 지역을 중심으로 학파적 결집을 이루었다. 낙론에 비해 학문적 영향력이 약화한 호론 계열에서도 박문호朴文鎬(號 壺山, 1846~1918) 등 주요 학자를 중심으로 한원진韓元震(號 南塘, 1682~1751)의 학문 전통을 계승하며 적지 않은 문인을 규합하는 등 학문적 영향력을 지속하였다. 이밖에 홍직필의 문인인 소휘면蘇輝冕(號 仁山, 1814~1889)은 호남 지역을 중심으로 학문적 영향력을 확대하여 크지 않은 문인집단을 형성하였고, 도학적 경향과 함께 개신 유학적 경향을 가졌던 이정직李定稷(號 石亭, 1841~1910)도 호남을 중심으로 일정 규모의 문인집단을 형성하였다. 그리고 영남 지역에서도 홍직필의 문인인 서찬규徐贊奎(號 臨齋, 1825~1905)가 대구를 중심으로 수백 명의 문인을 배출하며 학파적 결집을 이루어 율곡 학문의 전국적 확산을 확인하였다.[40]

대체로 가학 전통의 계승적 면모가 두드러졌던 퇴계 계열과 달리, 율곡 계열의 학파 분화는 당시 기호 학계의 학술적 분위기와 학문적 견해에 대한 비판적인 검토를 바탕으로 진행되는 측면이 두드러졌다고 할 수 있다.[41] 각 학파의 종장에 해당하는 주요 학자들은 가학보다는 특정 학맥의 계승적 입장을 바탕으로 문호를 열거나 혹은 당시 기호학계에 만연한 부정적 학술 풍

하였다는 점에서 추후 이에 관한 본격적인 연구가 필요할 것으로 보인다.

40 徐贊奎의 문인 규모가 6백 명 이상이었다는 점에서 문호 분립에 따른 학파의 형성을 이루어졌다고 할 수 있다. 하지만 아직까지 서찬규와 문인들의 학파적 정체성을 규명한 연구가 제출되지 않았다는 점을 고려하여 학파로 지칭하지 않았지만, 향후 연구가 후속되어 학파적 면모가 확인된다면 서찬규의 호를 따서 '臨齋學派'라고 규정할 수 있을 것이다. 서찬규의 문인집단에 대해서는 우진웅, 「임재 서찬규의 강학 공간 낙동정사의 건립과 학계 구성」, 『嶺南學』 77(경북대학교 영남문화연구원, 2021) 참조.

41 예외적으로 연재학파의 종장이었던 宋秉璿 형제는 宋時烈 이래로 이어져 온 가학을 배경으로 문인 집단화를 이루었다고 할 수 있다. 하지만 송시열 이래로 이어져 온 가학 전통이 특정한 학문적 경향에 경도된 것이 아니고, 송병선의 문제의식 또한 호락 양론의 대립을 지양하는 것이었다는 점에서 가학이 학문적 영향력을 확대하는 기반이었지만, 문호 분립의 결정적 배경은 아니었다고 할 수 있다.

토를 일신하고자 하는 문제의식을 바탕으로 율곡학栗谷學에 대한 재해석을 시도하면서 자신의 학자적 위상과 학문적 영향력을 강화하며 문호를 열어 문인 집단화를 이루는 경우가 대다수였다. 이러한 측면에서 율곡 계열의 학파 형성과 이후 전개된 학문 활동에 직간접적으로 영향을 끼친 것은 19세기를 관통하며 여전히 기호학계의 논란 대상이었던 18세기의 '호락논쟁'이었다고 할 수 있다.

이전 시기까지 생산적인 논의를 이끌며 학계에 활력을 불어넣었던 호락논쟁은 19세기에 접어들면서 부정적인 면모를 드러내기 시작하였고, 양 계열 간의 감정적 대립으로까지 이어지면서 학계의 부정적 분위기를 조성하였다. 호론의 계승자들이 한원진을 '주자 이후의 일인一人'으로 칭송하며 자신들의 학문적 입장이 정통임을 부각한 것과 낙론의 계승자들이 김창협金昌協(號 農巖, 1651~1708)을 '율곡 이후의 일인'이라고 평가하며 율곡 학맥의 정통성이 자신들에게 있음을 강조하는 것[42] 등은 양 계열 간의 화해 가능성을 일정 정도 차단하는 것이자 소모적인 논쟁을 부추기는 것이었다고 할 수 있다. 이렇듯 호락논쟁의 부정적 여파에 따른 소모적인 논쟁과 분열은 대내외적 모순이 고조하는 시대 현실과 결부하여 유학 자체에 대한 비판적 분위기를 조성하였고, 당시 기호 학계를 주도하던 여러 학자는 이러한 난맥상을 극복하기 위해 무엇보다 유교적 가치 체계와 질서를 근거 짓는 유학의 본령을 재정립하는 것이 절실하다고 판단하였다.

이항로가 일련의 저술을 통해 호락논쟁의 주요 쟁점에 관한 치밀한 검토를 진행한 것을[43] 비롯하여 그의 대표 문인인 김평묵金平黙(號 重菴,

---

42 정성희, 「19세기 조선 유학사 정리 작업에 대한 연구」, 『儒學硏究』 28(충남대학교 유학연구소, 2013), 139~140쪽.

43 李恒老가 저술한 「人物性同異說」, 「明德理氣人物性同異辯」 등이 이에 해당한다. 후술하는 홍직필 계열과 화서학파 간의 명덕 논쟁도 호락논쟁과 결부된 것이라는 점에서 이항로의 문제의식 저변에는 호락논쟁의 대립을 해소하고자 하는 것이 깔려

1819~1891)이 호락 계승자들에 대해 양비론적兩非論的인 입장을 개진하고,
류중교柳重教(號 省齋, 1832~1893) 또한 호론이나 낙론에 치우치지 않는 태
도로 일관한 것 등은 모두 호락 양론의 갈등을 지양하고자 하는 문제의식
과 결부된 것이라 할 수 있다. 노사학파의 기정진도 호락 양론의 분열에 대
해 우려감을 표명하면서 양론의 주장을 비판적으로 지양하는 저술을 남겼
고,[44] 이러한 자신의 견해를 '노문삼자蘆門三子'로 일컬어지는 김석구金錫龜(號
大谷, 1835~1885), 정재규鄭載圭(號 老柏軒, 1843~1911), 정의림鄭義林(號 日新齋,
1845~1910) 등 핵심 문인들에게 강조하여 계승하도록 한 것 등도 이러한 맥
락에서 이해할 수 있다.

　화서학파나 노사학파 이외에 일정한 학맥을 바탕으로 일군의 학파를 형
성한 송병선 형제와 전우도 호락 양론의 대립을 지양하고자 하는 면모를 구
체화하였다. 특히 송병선은 기호 학계 선배 학자들의 문제의식을 계승하면
서 당시 호락 양론의 분열을 국가의 위기로 인식하였다. 그는 학계의 분열
과 갈등을 해소하고자 『근사속록近思續錄』을 통해 조광조趙光祖로부터 비롯
되어 이황, 이이, 김장생金長生, 송시열宋時烈 등으로 이어진 조선 유학의 도
학 전통을 확인하였을 뿐 아니라 오현五賢의 학문이 주자를 비롯한 선현의
학문을 계승한 것임을 분명히 하였다. 그가 호락논쟁 이전의 학문에 주목
한 것은 호락 양론으로 분열되기 이전의 학문 전통이 성리학의 근본에 비견
되는 것임을 확인함으로써 학계의 분열과 갈등을 해소하고자 한 것이라 할
수 있다. 스승인 임헌회任憲晦(號 鼓山, 1811~1876)의 명에 따라 전우가 편찬을
주도한 『오현수언五賢粹言』도 이러한 문제의식과 일정 정도 상통하는 것이라
할 수 있다. 전우는 비록 낙론의 적전이었던 만큼 낙론에 대한 계승적 입장

───────────

있었다고 할 수 있다.
44　奇正鎭의 주요 저작 중 하나인 「納凉私議」의 핵심 주제가 人性物性同異이었다는 점
　에서 확인할 수 있다.

이 두드러졌지만, 호론에 대한 비판을 적극적으로 드러내지 않았다는 점에서 이러한 문제의식을 확인할 수 있다. 이밖에 운창학파의 종장인 박성양의 스승이자 호서 지역에서 학문적 영향력이 작지 않았던 이지수李趾秀(號 中山齋, 1779~1842)도 호론과 낙론이 각각 정학과 이단으로 시비하는 것에 대해 부정적인 견해를 분명히 제시하였다는 점에 비추어 19세기 이후 각 학파의 종장들이 가지고 있었던 문제의식의 중심은 호락 양론의 비판적 지양이었다고 할 수 있다.

호락논쟁의 비판적 지양이라는 흐름 속에서 율곡 계열의 각 학파가 보여 준 특징적 면모는 율곡학에 대한 재해석의 측면이 분명하게 드러나면서 학파 간 학설 논쟁이 가열되었다는 점이라 할 수 있다. 기호 학계에서 진행된 학설 논쟁의 도화선은 이항로와 기정진이 제시한 주리적 경향의 성리설이었다. 이들의 이기론적 입장은 기존의 율곡 계열 내에서는 찾아보기 힘들 정도로 리와 기에 대한 가치론적 이해를 바탕으로 한 주리적 경향이 강한 것이었다. 그리고 이들의 학설은 주자학과 율곡학에 대한 재해석의 경향을 두드러졌다는 점에서 다른 학파의 비판을 수반할 수밖에 없는 것이었다고 할 수 있다. 이러한 측면에서 주리적 입장을 바탕으로 이항로가 제시한 심에 대한 리 중심의 해석은 전우를 비롯한 낙론 계열 학파와의 논쟁으로 이어졌고, 19세기 중반 이후 기호학계의 최대 논쟁이었던 심설논쟁으로 구체화하였다. 율곡의 이기론적 입장에 대해 비판적 견해가 두드러졌던 기정진의 이기론적 입장은 『노사집蘆沙集』 간행 과정에서 연재학파의 비판을 불러일으켰고, 이후 거의 모든 율곡 계열 학파의 비판으로 확대되어 기호 학계의 학파 간 학설 논쟁으로 비화되었다.[45] 이항로와 기정진의 성리설을 둘러

---

45 박학래, 「蘆沙의 奇正鎮의 性理說을 둘러싼 기호학계의 논쟁 -「猥筆」을 중심으로」, 『民族文化研究』 48(고려대학교 민족문화연구원, 2008); 「奇正鎮의 「納凉私議」를 둘러싼 畿湖學界의 論争」, 『유교사상문화연구』 39(한국유교학회, 2010) 등 참조.

싼 논쟁은 대체로 주리적 경향을 견지했던 화서학파와 노사학파의 연대로 이어졌으며, 간재학파와 연재학파 등 비교적 율곡학에 대한 계승 의식이 뚜렷했던 학파 간의 연대도 확인시키는 등 율곡 계열 내부의 학파 간 연대와 대립 구도를 조성하였다.

율곡 계열의 학설 논쟁을 주도했던 중심은 전우와 그의 문인들이었다고 할 수 있다. 전우는 일찍부터 주리적 경향을 보였던 이항로와 기정진 이외에 영남 학계의 이진상이 제시한 주리적 입장의 성리설에 대해 체계적인 비판을 가하며 논쟁의 중심에 섰다. 그리고 지속적으로 크고 작은 논쟁을 주도하며 당시 도학 계열의 사상적 흐름을 주도한 그는 율곡 이래로 이어져 온 율곡학, 특히 낙론 계열의 사상적 내용에 유의하면서 자신의 특징적인 학설인 '성존심비性尊心卑', '성사심제性師心弟' 등을 제시하였다.[46] 이에 따라 그의 학설도 논쟁의 대상으로 부각하였고, 기호 학계를 넘어 영남 학계의 일부 학자들이 전우의 학설에 대해 비판을 가하는 등 전국 단위의 학설 논쟁으로 확대되었다. 자신의 학설에 대해 비판이 가해지자 전우는 반비판을 전개하며 적극적으로 대응하였고, 간재학파 문인들도 반비판의 대열에 가담하면서 전우의 학설을 둘러싼 논쟁은 전국적인 학파 간 논쟁으로 확대되었다.[47]

심설논쟁을 비롯하여 19세기 중반 이후 전개된 학설 논쟁은 각 학파의 학문적 입장을 구체적으로 확인할 수 있는 계기였을 뿐만 아니라 각 학파 내부의 이견이 표출되는 통로이기도 하였다. 특히 화서학파 내부에서 이항

---

46 신상후, 「호락논쟁을 통한 낙론계 심론의 전개 – 노주(老洲)·매산(梅山)에서 간재(艮齋)로의 전개를 중심으로」, 『한국 철학논집』 72(한국철학사연구회, 2022) 참조.
47 상대적으로 서울 중심으로 문인의 결집이 이루어진 봉서학파는 심설 논쟁 등 학설 논쟁에 대해 일정한 거리를 두었다. 이러한 경향은 유신환의 학문 경향과 더불어 관료로 진출한 문인들이 대다수였던 문인들의 구성과 일정한 관련이 있다고 할 수 있다. 노대환, 「19세기 중엽 유신환 학파의 학풍과 현실 개혁론」, 『한국학보』 72(일지사, 1993) 참조.

로의 심설을 둘러싸고 김평묵과 류중교를 중심으로 펼쳐진 논쟁은 비록 시간이 지나면서 일단락되기는 하였지만, 학파 내부의 이견이 표출된 대표적인 사례였다고 할 수 있다. 화서학파처럼 학파 내부에서 이견이 구체적으로 표출되지는 않았지만, 여러 학파에서 주요 성리학적 주제에 대한 견해 차이가 드러나고 이를 조정하려는 시도가 일정하게 진행되었다는 점에서 당시 주요 학파 내부의 학문적 입장은 균질적이지 않았다고 할 수 있다.[48] 학파 내부의 이견 표출은 전우 사후에 『간재집艮齋集』 간행을 둘러싸고 간재학파 문인 내부의 갈등과 대립이 드러난 것에서 확인되듯이[49] 학설이 아닌 다른 방면에서 구체화하기도 하였다.

학설 논쟁이 이어지면서 학파 간의 학문적 경향이 구체적으로 드러나고, 학파 간의 연대와 대립이 표면화되기도 하였지만, 학파 간의 학문적 교유와 연대는 비교적 활성화되었다. 그리고 각 학파의 문인들은 다른 학파의 문인들과 다양한 학문적 교유를 진행하며 도학적 입장을 공유하였다. 화서학파의 중심인물이었던 최익현崔益鉉(號 勉菴, 1833~1906)은 송병선의 초청으로 임피의 낙영당樂英堂에서 열린 강회에 참석하여 시대 인식에 대한 자신의 뜻을 분명하게 보여주었으며, 제주 유배 기간에 제주 지역의 노사학파 문인을 통해 기정진의 성리설을 접한 후에 해배되어 고향으로 돌아가는 길에 기정진의 처소를 방문하는 등 노사학파와의 연대를 강화하였다. 의당학파의 종장

---

48 노사학파 내부에서 주요 성리학적 주제를 두고 정재규, 정의림을 중심으로 이견을 좁히려는 시도가 있었다는 점에서 이러한 점을 확인할 수 있다. 하지만 화서학파처럼 학파 내부의 이견이 표면화되지 않았고, 기정진 학설을 둘러싼 논쟁을 거친 이후 학파 내부의 학문적 동질성을 도모하는 강회를 여는 등 일련의 조치 등을 통해 노사학파 내부의 학문적 결속은 강화되었다고 할 수 있다. 박학래, 「기정진 이기설에 대한 노사학파 문인들의 계승 의식에 관한 검토 -『答問類編』, 『論道體』를 중심으로」, 『儒學硏究』61(충남대학교 유학연구소, 2022) 참조.
49 『간재집』 간행을 둘러싼 간재학파 문인 내부의 갈등과 대립에 대해서는 강민구, 「晉州本 艮齋集 간행과 門人의 갈등」, 『東方漢文學』91(동방한문학회, 2022) 참조.

인 박세화도 충북 제천堤川을 중심으로 강학 활동을 전개하면서 인근 지역에서 학문 활동을 전개하던 화서학파의 류중교, 홍재구洪在龜(1845~1898) 등과 활발한 학문 교유를 진행하였으며, 류인석柳麟錫(號 毅庵, 1842~1915)과는 도학 전통 수호를 위한 방안을 함께 모색하는 것은 물론, 거의를 함께 도모하기도 하였다.[50] 전우의 경우는 자신이 편집한 자신의 문집 교정을 난곡학파의 종장인 송병화에게 의뢰하는 등 율곡 계열 내부의 학파 간 학자들과 문인들의 교유와 연대 활동은 활발하게 펼쳐졌다.

이와 같은 학파 간 교유와 소통은 여러 문하를 넘나들며 학문을 익히는 개방적인 학계의 분위기를 연출하는 것으로 이어졌다. 기정진 사후에 노사학파의 중심인물로 활동한 기우만奇宇萬(號 松沙, 1846~1916)의 경우, 학파 내부의 여러 문호 간의 교유는 물론, 학파 내부에서 펼쳐지는 강학의 개방성을 강조하였을 뿐만 아니라 타 학파의 문하에 입문하는 문인들을 격려하는 등 자유로운 강학 분위기를 조성하였다.[51] 이처럼 자유로우면서도 개방적인 학문 풍토는 적지 않은 문인들이 여러 학파의 문하에 입문하는 것으로 이어졌고, 적지 않은 각 학파의 문인이 여러 학파의 문인록에 문인으로 등재되는 것으로 나타났다.[52]

학파 간의 교유와 개방적인 학문 분위기는 위기의 시대를 맞아 현실 문

---

50 정경훈, 「毅菴學派와 毅堂學派의 소통과 교류」, 『毅菴學研究』 16(의암학회, 2017) 참조.
51 박학래, 「松沙 奇宇萬의 강학 활동과 蘆沙學派의 확대」, 『東洋古典研究』 84(동양고전학회, 2021).
52 崔益鉉의 문인록인 『苣薇淵源錄』에 등재된 직전 제자 가운데 63명이 연재학파의 문인록인 『溪山淵源錄』에도 등재되어 있으며, 노사학파의 적지 않은 문인이 『苣薇淵源錄』에 등재되어 있다. 간재학파의 문인 가운데 40명에 가까운 문인이 최익현의 문인으로 등재되어 있기도 하다. 박학래, 「勉菴 崔益鉉의 문인집단 형성과 전개 – 『苣薇淵源錄』을 중심으로」, 『한국 철학논집』 64(한국철학사연구회, 2020); 「淵齋學派의 형성과 전개 – 『溪山淵源錄』을 중심으로」, 『儒學研究』 50(충남대학교 유학연구소, 2020) 등 참조.

제를 극복하기 위한 실천적 지향에서 연대의 면모로 이어지기도 하였다. 현실 대응의 양상은 학파별로 차이를 드러내기도 하였지만, 위기의 시대를 극복하고 도학의 전통을 지키고자 하는 실천적 의지는 공통적이었다. 이에 따라 을사늑약乙巳勒約(1905) 체결 이후 최익현이 노성魯城 궐리사闕里祠에서 개최한 강회에 화서학파 문인은 물론 노사학파 등 여러 학파의 문인이 참여하여 시국 문제에 대한 논의를 전개한 것을 비롯하여, 최익현의 의병 활동에 노사학파의 적지 않은 문인들이 의병의 대열에 참가한 것, 송병선의 순국에 대해 거의 모든 학파의 문인들이 순국에 대해 안타까움을 표시하며 항일 의지를 다졌던 것 등은 국가의 위기를 극복하고 도학 전통을 수호하고자 하는 의식이 모든 학파의 뜻이었음을 보여주는 사례라 할 수 있다.

율곡 계열의 거의 모든 학파는 학설 논쟁을 통해 학파 내부의 학문적 정체성을 구체화하는 한편, 학파 간 교유와 소통을 통해 도학 계열 내부의 시대 인식을 공유하며 학문 활동을 지속하였다. 각 학파의 문인들은 강학 활동에 전념하면서 도학 전통을 부식하고 학파의 지속을 도모하였다. 특히 각 학파의 강학 활동은 학파의 외연을 확장하는 데 적지 않은 영향을 끼쳤고, 대부분 학파는 재전 및 삼전 제자의 배출로 이어지면서 학파의 지속은 물론, 외연 확장을 이루어냈다.

화서학파의 경우, 김평묵과 류중교 등을 중심으로 강학이 이어지면서 경기와 강원, 그리고 충청 지역에서 적지 않은 문인을 배출하였다. 그리고 최익현은 말년에 충청의 정산定山으로 이거한 이후 강학 활동을 본격화하여 호남과 충청 지역을 중심으로 6백 명이 넘는 문인을 배출하는 등 큰 문인집단을 형성하였다. 박문일朴文一(1822~1894)과 박문오朴文五(1835~1899) 형제는 학파 내부의 심설논쟁에 직접 참여하지 않는 등 중립적인 입장을 고수하면서 자신들의 근거지인 관서 지역을 중심으로 독자적으로 문호를 열어 많은 문인을 배출하였다.[53] 직전 제자를 이어 재전 제자들도 강학 활동을 전개하여 학파의 외연을 확장하는 데 기여하였다. 류중교 문인인 유진하俞鎭河(1846~1906)는 동문인 윤석봉尹錫鳳(1842~1910) 등과 마찬가지로 충청 지역을 중심으로 학문적 영향력을 확대하여 적지 않은 문인을 배출하는 등 화서학파의 외연 확장에 기여하였다.

노사학파도 기우만을 비롯한 직전 제자들의 강학 활동이 지속되면서 학파의 외연이 확장되었으며, 사전 제자로까지 이어진 학파의 지속을 통해 8천 명을 상회하는 문인집단으로 성장하였다.[54] 간재학파의 경우, 전우 생전에 이미 직전 제자들의 강학 활동이 본격화하였고, 이후 삼전 제자의 배출로까지 이어져 문인 규모가 5천 명을 상회하였으며, 연재학파도 호남 지역을 중심으로 학파의 외연을 확장하여 4천 명에 이르는 문인집단으로 성장하였다. 이처럼 율곡 계열의 여러 학파는 학파의 외연 확장은 물론, 강학을 통한 문인 배출을 통해 20세기 전반기 이후까지 학파의 면모를 유지하였다.

4. 성리설의 재해석과 학설 논쟁

19세기 중반 이후 도학 계열의 사상적 흐름에서 가장 주목되는 것은 다양한 성리학적 주제를 둘러싸고 크고 작은 학설 논쟁이 이어졌다는 점이다. 이전 시기에도 주요 성리학적 주제를 둘러싸고 학설 논쟁이 진행되었지만, 심에 대한 이기론적 해석을 둘러싸고 전개된 심설논쟁을 비롯하여 다양한

---

53 朴文一과 朴文鎬 형제 문하에서는 독립운동에 참여하며 주도적 역할을 담당한 趙秉準(1862~1931), 애국계몽운동을 주도한 朴殷植(1859~1925), 그리고 도교에 기초하여 새로운 사상운동을 전개한 全秉薰(1857~1927) 등 다양한 경향의 문인이 배출되어 상대적으로 화서학파 내 다른 문호의 문인들과는 차별적인 양상을 보여주었다. 금장태, 『華西學派의 철학과 시대인식』(태학사, 2001), 31쪽 참조.

54 박학래, 「蘆沙學派의 형성과 蘆沙學의 계승」, 『東洋古典研究』 80(동양고전학회, 2020) 참조.

주제를 두고 펼쳐진 이 시기의 학설 논쟁은 논쟁의 주제와 범위의 확대, 퇴계와 율곡 계열의 대부분 학파 문인이 논쟁 주체로 참여한 점, 그리고 철학적 명제의 견결성堅決性 등 여러 측면에서 이전 시기의 논쟁과 차별점이 분명하게 드러나는 것이었다.[55]

심설논쟁을 비롯하여 크고 작은 학설 논쟁이 이 시기에 집중된 것은 위기의 시대를 돌파하기 위한 도학 계열 성리학자들의 사상 모색과 결부된 측면이 강하다고 할 수 있다. 그리고 여러 논쟁의 직접적인 계기는 당시 도학계열의 중심 학자들이 주자학에 대한 체계적인 이해와 함께 전대 성리설에 대한 재해석을 통해 기존의 논의와 구분되는 특징적인 성리설을 제기하였기 때문이라 할 수 있다.

심설논쟁의 도화선이 된 후 논쟁의 핵심 대상으로 부각한 이항로를 비롯하여 기정진, 이진상 등은 모두 리의 주재성을 강화하는 방향으로 자신들의 이기론적 입장을 정립하였고, 이를 기반으로 심을 비롯하여 여러 성리학적 주제에 대한 리 중심의 해석을 제시하였다. 이들의 이러한 견해는 각각 자신의 학문적 연원이 되는 퇴계학과 율곡학에 대한 재해석의 측면이 두드러졌기 때문에 비교적 퇴계와 율곡의 학문적 견해를 수용하는 경향이 강했던 다른 학파의 반발을 불러일으켰고, 진지한 학문적 검토를 기반으로 한 학설 논쟁으로 이어졌다고 할 수 있다.

심설논쟁을 비롯한 여러 학설 논쟁은 기본적으로 주요 학파 학자들의 리기론적 견해 차이에서 비롯된 것이라 할 수 있다. 도학 계열 학자들은 여전히 리기론의 틀 안에서 현상 세계를 인식하였고, 현실 문제를 이해하고 위기를 헤쳐 나가고자 하는 기본적인 논의 또한 리기론적 세계관에서 찾았다.

---

55 최영성, 「사상사(思想史)의 맥락에서 본 19세기 심설논쟁(心說論爭) – 사칠논쟁(四七論爭)에서 심설논쟁(心說論爭)까지」, 『한국철학논집』 59(한국철학사연구회, 2018), 23쪽.

특히 논란의 대상이 되었던 주리적인 견해를 제시한 학자들이 모두 리와 기에 대한 가치론적 이해를 기반으로 현실 문제를 해결하기 위해서는 모든 가치의 근본이자 행위의 근거인 리가 중심이 되어야 함을 역설하였다는 점은[56] 의리 실천을 위한 가치론적인 견해가 투영된 결과라 할 수 있다.

대표적으로 이항로는 "리가 주인이 되고 기가 부림을 받으면 리는 순수해지고 기는 바르게 되어 만사萬事가 다스려지고 천하가 편안해진다. 그러나 기가 주인이 되고 리가 부림을 받는다면 기는 강해지고 리는 숨게 되어 만사가 혼란해지고 천하가 위태로워진다"[57]라고 하여 리의 주재성을 강조하였다. 기정진 또한 "부인이 남편의 자리를 탈취하는 것이 일대 변란(一大變)이요, 신하가 군주의 자리를 탈취하는 것이 일대 변란이며, 오랑캐가 중화의 자리를 탈취하는 것이 일대 변란이다. 만약 기가 리의 자리를 탈취한다면 삼대 변란(三變)은 그 다음의 일이다"[58]라고 하여 기에 대한 리의 절대성을 강조하였다. 주리적 면모가 두드러졌던 이진상도 "리는 본래 '주主'이기 때문에 리를 주로 하여 말할 수 있는 것이다. 그러나 기는 본래 '자資'이니, 어찌 기를 주로 하여 말할 수 있겠는가. 기를 주로 말하면 곧 도를 어지럽히는 것이다.[59]"라고 하여 기가 도의 실현에 방해가 된다는 입장을 제시하였다.

이렇듯 이항로와 기정진, 그리고 이진상은 주리론적 입장을 구체화하면서 논리 체계에서 다소간의 차이를 보이기는 하였지만, 모두 리의 주재성을

---

56 이들과 대립적인 입장을 보였던 다른 학파 학자들도 리를 강조한다는 점에서 주기적이라고 규정할 수는 없다. 다만 리와 기의 관계와 역할 등에서 차이를 보였을 뿐이다.

57 李恒老, 『華西集』, 卷25, 「理氣問答」. "理爲主氣爲役, 則理純氣正, 萬事治而天下安矣. 氣爲主理爲貳, 則氣強理隱, 萬事亂而天下危矣."

58 奇正鎭, 『蘆沙集』, 附錄, 卷2, 「行狀」. "妻奪夫位, 一大變也. 臣奪君位, 一大變也. 夷奪華位, 一大變也. 若氣奪理位, 則三變次第事."

59 李震相, 『寒洲集』, 卷8, 「答尹士善別紙」. "理本主也, 可以主理而言, 而氣本資也. 烏可主氣而言乎. 纔主氣, 便亂道."

강조한다는 점에서는 동일한 입장이었다. 그리고 이들은 리의 주재성을 강조하며 현실 세계에서 도의 실현을 담보하는 인간 행위의 주체인 심에 대해 리 중심의 입장을 제시하였다.[60]

세계와 인간에 대한 원리적 이해와 더불어 도덕의 실현을 강조하는 성리학의 체계 내에서 심이 가지는 위상과 역할은 작지 않다. 인간에게 갖추어진 도덕 본성의 실현을 매개하는 현실적인 주체가 심이고, 인간은 심을 매개로 세계와 인간에 대한 인식과 더불어 덕성의 함양과 도의 실현을 이루어 간다고 보기 때문에 조선성리학에서 심은 항상 논의의 핵심 주제였다. 그리고 심과 관련하여 명덕明德, 지각知覺, 미발未發 등 여러 주제를 두고 다양한 논의가 전개되었다. 여러 논의 가운데 19세기 중반 이후 핵심 쟁점으로 부각한 것 중 하나는 심에 대한 이기론적 해석이었고, 이 문제는 심이 가지는 이중적인 성격이 투영된 것이었다고 할 수 있다.

성리학에서 심은 구체적인 현실적 존재이면서 동시에 인간에게 갖추어진 도덕 본성을 인식하고 실현하는 절대적인 주체로 상정된다. 주희가 "심이란 사람의 몸에 있으면서 그것을 주재하는 것"이라고 전제하고, "하나이지 둘이 아니며 주인이지 손님이 아니며, 사물에 명령하는 것이지 사물에게서 명령받는 것이 아니다."[61]라고 설명한 것은 심이 비록 구체적인 존재로서 현실적 제약을 벗어날 수는 없지만, 인간 행위의 주체이자 중심으로서 그 역할을 약화시킬 수 없다는 생각이 반영된 결과라 할 수 있다. 도덕 실천의 현실

---

60 세 학자 가운데 기정진은 상대적으로 심에 대한 이기론적 해석을 둘러싼 심설 논쟁에서 일정 정도 빗겨나 있었다. 비록 심설 논쟁의 주체로 기정진과 그의 문인이 참여하지는 않았지만, 심에 대한 리 중심의 해석 가능성을 가지고 있었다는 점에서 이항로와 이진상의 입장과 상통할 가능성을 가지는 것이었다. 기정진의 심설에 대해서는 박학래, 「蘆沙 奇正鎭 學派의 心說에 대한 考察」, 『儒敎思想硏究』 43(한국유교학회, 2011) 참조.

61 『朱子文集』, 卷67, 「觀心說」. "心者, 人之所以主于身者也, 一而不二者也, 爲主而不爲客者也, 命物而不命于物者也."

적 주체라는 점에서 심을 이루는 기를 '정상精爽'이라고 규정하여 그 순수성을 부각하지만, 정상으로서의 기도 기의 범주에서 벗어나지 않는다는 점에서 심은 여전히 현실적 제약에 놓일 수밖에 없다. 따라서 심은 현실적 존재로서 제한적 특성에서 벗어날 수 없으면서도 동시에 도덕 본성과 인간의 감정을 주재하는 절대적 성격을 가지는 이중적 존재일 수밖에 없다는 것이 성리학에서의 심에 대한 이해라고 할 수 있다.[62]

17세기 이후 심과 관련한 여러 논의의 원천이 되는 퇴계와 율곡의 심에 대한 이해는 구성상 동일한 입장이 전제되었음에도, 다른 한편에서는 구분되는 이해가 공존하는 것이었다. 그리고 양측의 심에 대한 중층적인 이해의 방향은 심이 가지는 이중적 위상과 결부하여 다양한 주장이 제기되는 바탕이 되었다.

퇴계는 심을 리와 기의 합이라고 전제하였다. 그는 심의 본체는 허령虛靈하여 지각 능력을 가지고 있으며, 이때 허虛는 리이고, 령靈은 기이므로 심은 리와 기의 결합이라고 파악하였다.[63] 아울러 그는 신명의 신神을 주희와 마찬가지로 리가 기를 타고 출입하는 것으로 보아 신명은 리와 기의 합이고, 기만으로 볼 수 없음을 확인하였다. 율곡도 퇴계와 마찬가지로 심을 리와 기의 합으로 이해하였지만, "심의 허령은 비단 마음 속에 성이 있기 때문이 아니라, 지극히 통通하고 정正한 기가 엉켜서 심이 되었기 때문에 허령하다."[64]라고 하여 기에 보다 주안점을 두면서 심에 갖추어진 도덕 본성을

---

62 이러한 심에 대한 이해는 이기론적 해석 측면에서 심을 구성하는 리와 기 가운데 어느 하나에 주안점이 두어질 수밖에 없는 가능성을 내포하는 것이라 할 수 있다. 주희가 "심은 형이상과 형이하를 관통하는 것이므로, 어느 한쪽으로만 볼 수 없다."(『朱子語類』, 卷95)라고 한 것도 심이 가지는 주재성과 현실적 존재로서의 제한성을 동시에 고려하는 것을 의미하는 것이라 할 수 있다.

63 李滉, 『退溪先生續集』, 卷8, 「天命圖說」. "吾人之心, 虛理而且靈氣, 爲理氣之舍."

64 李珥, 『栗谷全書』, 卷31, 「語錄」 上. "心之虛靈, 不特有性而然也, 至通至正之氣凝而爲心, 故虛靈也."

어떻게 드러낼 것인가에 초점이 맞추었고, 인심과 도심 모두 발출의 측면은 기가 아님이 없음을 거론하며 '심시기心是氣'를 제시하였다. 율곡이 제시한 '심시기'는 단순히 심이 구조상 기로 구성되어 있다는 것이 아니라 현실상의 구체적인 작용의 주체적 측면, 즉 기발일도氣發一途의 논리 위에서 심의 발용 측면을 강조한 것이라 할 수 있다.

이렇듯 구분되는 퇴계와 율곡의 견해가 제시된 이후, 심에 대한 논의는 심의 주재적 측면을 부각하는 방향으로 전개되었다고 할 수 있다. 율곡 계열의 경우, 호락논쟁을 통해 미발심체未發心體에 대한 논의를 전개하면서 도덕성 실현의 기반으로서 심에 대한 의론이 강화되었지만, 이 과정에서 율곡의 '심시기'에 대한 비판적인 논의가 구체화하지는 않았다. 퇴계 계열에서도 19세기 이전까지 퇴계학에 대한 구분되는 계승적 입장이 드러나기도 하였지만, 심에 대한 퇴계의 견해를 극단으로 몰고 가는 경우는 나타나지 않았다. 하지만 19세기 중반 이후 퇴계와 율곡 계열 모두에서 심에 대한 리 중심의 이해가 부각하고, 다양한 층위에서 심에 대한 리기론적 이해가 제시되면서 불거진 심설논쟁은 특정 학맥에 국한하지 않고 전국의 모든 학맥이 참여하는 논쟁으로 확산하였다. 그리고 주리적 경향의 심설에 비판적인 입장을 제시하였던 전우가 낙론 계열의 심론을 바탕으로 '성사심제', '성존심비' 등의 학설을 제기하면서 19세기의 심설논쟁은 전우의 심설을 둘러싼 논쟁과 이어지면서 20세기 전반기까지 지속되었다.[65]

기호 학계의 심설논쟁은 호락논쟁 과정에서 불거진 이후 명덕에 관한 논의와 결부되는 측면이 다분한 것이었다. 이 논쟁은 낙론의 명덕설을 계승한

---

65 전우의 학설에 대한 논쟁은 20세기 전반기 기호 학계와 영남 학계에서 다각도로 전개되었다. 심설 논쟁의 연장선 상에 위치한 이 논쟁에 대해서는 다음 논문을 참고할 만하다. 금장태, 「심즉기설의 쟁점과 간재의 심설 논변」, 『한국 유학의 심설』(서울대학교 출판부, 2002); 이종우, 「寒洲學派와 艮齋學派의 心性論爭 硏究」(成均館大學校 大學院 박사학위논문, 2004).

홍직필과 이견을 보였던 김평묵 간의 명덕에 관한 이기론적 견해 차이가 드러나면서 시작되었고, 이후 홍직필 계열 문인들과 화서학파 문인 간의 논쟁으로 구체화하였다. 당시 이항로는 율곡 계열의 정론定論으로 받아들여졌던 '심시기'를 비판하며 리 중심의 새로운 심설을 정립하였고, 문인들과 이러한 입장을 공유하였다. 이에 따라 심에 대한 리 중심의 이해는 율곡의 심시기를 계승하는 홍직필을 위시한 낙론 계열 학자들의 비판을 불러일으켰고, 이후 전우가 이 논쟁에 가세하면서 학파 간 논쟁으로 확대하였다.

심설논쟁은 학파 간 논쟁에 그치지 않고 화서학파 내부의 논쟁으로 이어지기도 하였다. 심에 대한 리 중심의 이해에 대해 류중교가 「조보화서선생심설調補華西先生心說」(1886) 등을 통해 이론異論을 제기하고, 이후 김평묵과 류중교를 중심으로 전개된 논쟁은 학파 문인 전체로 확대되었다.[66] 수년간 진행된 화서학파의 심설논쟁은 류중교가 「화서선생심설정안華西先生心說正案」(1888)을 작성하면서 일단락되었지만, 이후에도 화서학파 내부에서 심을 둘러싼 논란이 이어졌고, 학파 내부의 문호 분립과 분화에 적지 않은 영향을 끼쳤다.

기호 학계에서 화서학파와 낙론 계열의 문인 간에 전개된 심설논쟁 이외에 영남 학계에서도 이진상의 '심즉리설'이 표면화되면서 또 다른 심설논쟁이 전개되었다. 이진상은 퇴계의 심에 대한 본지가 리임을 확인하면서 양명학의 심즉리와는 구분되는 또 다른 심즉리를 주장하였다. 40세 초반에 이미 심즉리에 대한 견해를 가졌던 그는 이후 「심즉리설心卽理說」을 통해 자신의 심설을 구체화하였고, 사단칠정논쟁과 결부하여 제시된 분개설과 혼륜설에 대해 리발일도설理發一途說을 확정하면서 퇴계 계열의 다른 학파 학자

---

66 화서학파의 심설 논쟁의 경과에 대해서는 김근호, 「화서학파 심설 논쟁의 전개 과정과 철학적 문제의식」, 『율곡사상연구』 27(율곡연구원, 2013) 참조.

들과 구분되는 성리설을 체계화하였다. 심즉리를 비롯한 그의 성리설은 이항로와 마찬가지로 리의 주재성을 강조하는 것이었으며, 특히 심설에서는 심의 주재적 특성을 리의 주재와 적극적으로 결부하는 것이었다. 이진상 생전에 그의 성리설과 관련하여 다른 학자들과의 논쟁이 진행되기도 하였지만, 그의 심즉리를 비롯한 성리설과 관련한 논쟁이 학파 간 논쟁으로 확대된 것은 그의 사후에 『한주집』이 간행된 이후였다. 1897년 8월에 도산서원陶山書院에서 『한주집』을 반송하면서 본격화하기 시작한 이진상의 심즉리설을 둘러싼 논쟁은 퇴계의 심설에 대한 계승적 입장이 강한 류치명 계열의 정재학파를 비롯한 다수의 학파가 문제를 제기하면서 본격화하였다.[67] 여러 학파의 이진상 학설 비판에 맞서 한주학파 문인들은 반비판을 전개하며 스승의 학설을 수호하고자 하였고, 이진상의 심설과 같은 경향을 보였던 이항로의 심설에 대해 긍정적인 견해를 표명하면서 기호 학계의 심설논쟁에 가세하였다. 한주학파 문인들이 기호 학계의 심설논쟁에도 관심을 기울인 것은 전우가 이진상의 심설에 대해 비판적인 견해를 제시한 것과도 무관하지 않다고 할 수 있다.

19세기 중반 이후 도학 계열의 최대 논란이었던 심설논쟁은 기본적으로 심에 대한 이기론적 이해를 통해 심의 위상과 역할을 명확히 하고, 심에 갖추어진 도덕 본성을 어떻게 실현하고, 위기의 시대를 효율적으로 타개할 것인가라는 의도가 결과한 것이라 할 수 있다. 이 시기의 심설논쟁은 퇴계와 율곡의 심설 등 여러 성리설의 계승에 있어 차별점이 드러난 것이지만, 전대 성리학자들이 가졌던 문제의식을 계승하면서 당대의 시대적 문제를 극복하고 성리학적 가치 질서를 다시 공고하게 하려는 의식의 소산이었다는

---

67 『寒洲集』 간행을 둘러싼 영남 학계의 학파 간 갈등과 논쟁의 전개 과정에 대해서는 김종석, 「한말 영남지역 심설논쟁의 전개와 쟁점 −『한주집』 발간을 중심으로」, 『국학연구』 43(한국국학진흥원, 2020) 참조.

점에서는 학파 간 문제의식은 공유되는 부분이 상당하였다고 할 수 있다. 이러한 측면에서 논쟁의 방향은 대체로 이기론적 이해가 단순히 정합적이고 논리적인 틀 안에서 논의되는 것을 넘어서서 각 학파가 공유했던 문제의식을 선명하게 드러내는 것에 비중이 두어졌고, 자신들의 견해와 다른 논의가 안고 있는 문제점을 부각하는 방향으로 논의의 쟁점이 구체화하였다고 할 수 있다.

심설논쟁의 쟁점들은 여러 가지로 정리할 수 있다.[68] 하지만 핵심적인 쟁점은 이기심성론의 핵심 주제인 리의 주재에 대한 이해의 차이와 심통성정心統性情으로 대표되는 심의 주재적 측면과 결부된 이기론적 이해의 차이였다고 할 수 있다.

심주리론자心主理論者들은 대체적으로 리와 기의 관계를 주복主僕, 주자主資 등의 관계로 규정하고, 인신人身에 대해 심이 가지는 위상도 주재의 위치로 상정하였다. 이에 따라 심을 기로 파악하게 되면 인신에 대해 주재적 위치는 기로 귀결될 수밖에 없고, 리는 아무런 역할을 못하는 것이 되고 만다고 보기 때문에 이들은 심이 가진 주재적 측면을 리의 측면에서 파악하는 데 주력하였다. 아울러 심의 주재적 측면을 확인하는 핵심 명제인 심통성정과 관련하여 심을 리와 기 가운데 어떤 측면과 결부하여 규정하느냐에 따라 도의 실현이 좌우될 수 있다는 점에서 심주리론자들은 리의 주재를 이와 결부지어 해석하고자 하였다. 이들은 심이 가지는 주재적 측면에서 심통성정의 '통統'을 주재의 의미에 주목하여 리의 주재와 결부하였다. 일신의 주재

---

68 심설 논쟁의 쟁점에 대해서는 이상익, 「조선 말기 心說論爭의 성격과 의의」, 『退溪學報』 151(퇴계학연구원, 2022); 「평포논쟁(坪浦論爭)의 근본 문제」, 『嶺南學』 66(경북대학교 영남문화연구원, 2018); 「華西學派 心說論爭의 재조명」, 『嶺南學』 69(경북대학교 영남문화연구원, 2019); 김종석, 앞의 논문, 2020; 박학래, 「한말 성리학계의 心說論辯과 그 道德(敎育)論的 含意」, 『인문과학연구논총』 33(명지대학교 인문과학연구소, 2011) 등 참조.

인 심을 기와 결부하면 가치중립적이거나 악으로 흐를 가능성이 있는 기에 의해 인간의 행위가 결정될 수밖에 없으므로 곤란하다는 것이 대체적인 심주리론자의 입장이라 할 수 있다.

이에 대해 심주기론자心主氣論者들은 심과 성의 구분을 명확히 하며 심주리론자에 대한 비판을 전개하였다. 이들은 먼저 심주리론자와 같이 심과 성을 하나의 리로 파악하면 논리적으로 모순에 빠질 수밖에 없다고 지적하였다. 아울러 심을 리라고 규정하기 위해서는 리의 유위성을 인정해야 하는데, 이것은 성리학의 체계 내에서 용납될 수 없다고 지적하였다. 따라서 심은 리 이외에 기와도 관련하여 규정되어야 한다는 것이 이들의 대체적인 입장이었다.

심주기론자들의 비판과 관련하여 심주리론자가 주목하는 것은 심의 본질적 측면이었다.[69] 이들은 심의 기질적 측면을 부정하지 않으면서도 이를 적극적으로 드러내지 않으려고 하였다. 도덕 본성의 현실적 실현 주체인 심을 기질과 연관 짓는 것은 결국 도의 실현이 원천적으로 불가능함을 시인하는 결과를 의미한다고 보았기 때문에 심의 본질적 측면을 강조하였고, 이러한 측면에서 심의 본질로서 명덕에 주목하여 이를 리로 파악하는 견해를 제시하였다고 할 수 있다. 결국 심설논쟁은 심의 본질적 측면에 주목하여 심통성정을 리의 주재와 결부하여 파악한 것에서 출발한 심주리론자의 주장에 대해 심주기론자들의 비판이 제기되면서 구체화한 것이라 할 수 있다. 그리고 그 중심 맥락에는 리기에 대한 구분되는 이해, 특히 리의 주재에 대한 이

---

69 이항로가 "리로써 심을 말하는 것은 심의 본체이고, 기로써 심을 말하는 것은 심의 형체"(『華西集』, 卷17, 「龍門雜識」)라고 하여 理로써의 심을 본체와 연관짓고자 한 것, 이진상이 심을 '和氏之璧'에 비유하여 돌만을 보지 말고 그 안에 있는 옥을 알아야 함을 역설한 것 등은 본질적인 측면에서 심을 파악하려는 대표적인 예라 할 수 있다.(李震相, 『寒洲集』, 卷32, 「心卽理說」)

해 차이가 전제되었다고 할 수 있다.[70]

　심설논쟁 이외에 기정진의 이기론적 입장에 대한 학설 논쟁도 20세기 초
반에 기호 학계를 중심으로 전개되어 도학 계열 내에 파란을 일으키기도 하
였다. 율곡의 이기론적 입장에 대한 비판으로 이해된 「외필猥筆」과 호락논쟁
의 핵심 쟁점이었던 인성물성동이에 대한 비판적 논설을 담은 「납량사의納
凉私議」가 담긴 『노사집』의 중간重刊 과정에서 연재학파 문인들이 문제를 제
기하면서 불거진 논란은 기호 학계 전체로 확산되었고, 이후 전우를 비롯하
여 기호 학계의 주요 문인들이 날선 비판을 가하면서 논쟁으로 비화되었다.
노사학파 문인들의 반비판이 전개되면서 논쟁이 확산하였고, 최익현을 비
롯하여 화서학파 문인들이 가세함에 따라 기정진 학설을 둘러싼 논쟁은 기
호 학계 전체의 논쟁으로 확대되었고, 심설논쟁과 마찬가지로 학파 간 연대
와 대립의 국면을 조성하였다.

　대체로 「외필」을 둘러싼 논쟁은 율곡의 이기론적 입장에 대한 계승의 차
이점이 드러난 논쟁이었다. 리존무대설理尊無對說을 바탕으로 기를 리중사理
中事, 리유행지수각理流行之手脚으로 격하한 기정진의 리기론적 입장에서 특
히 논란의 대상은 율곡이 제시한 기자이機自爾, 비유사지非有使之 등이었다.
리의 적극적인 주재를 강조한 기정진은 리의 주재에 근거한 기의 운동 변화
만을 인정하려는 입장이 두드러졌고, 이에 대해 비판의 날을 세운 전우 등
다른 학파 학자들은 리의 주재를 기정진과 다른 각도에서 제시하였다. 이러
한 점에서 이 논쟁도 심설논쟁과 마찬가지로 리의 주재에 대한 견해 차이가

70　심주리론의 중심에 섰던 전우는 "主宰는 自然으로써 말한 것이 있고, 運用으로서
　　말한 것이 있다. 運用者는 기이고, 自然者는 리이다. 자연자는 주희의 이른바 태극
　　은 本然의 妙라는 것이 이것이다. 운용자는 호씨의 이른바 심이라는 것은 性情의 德
　　을 妙한다는 것이 이것이다"(田愚, 『艮齋集』, 前編, 卷2, 「答柳穉程別紙」(丙子))라고
　　하여 리의 주재를 리무위, 기유위하는 측면에서 이해하는 등 심주리론자와는 다르
　　게 이해한다.

구체화한 논쟁이었다고 할 수 있다.[71]

　도학 계열의 최대 논쟁이었던 심설논쟁, 이와 결부한 전우의 성사심제 등 관련 학설에 대한 논쟁, 그리고 기정진 성리설을 둘러싼 논쟁 등 크고 작은 논쟁이 이어지면서 학파별로 구분되는 학문적 입장이 드러났고, 이러한 논쟁들은 각 학파의 계승자들에게로 이어지면서 그 여파가 20세기 전반기까지 지속되었다. 중도적인 입장을 드러내거나 절충적인 견해를 제시하는 여러 학파의 문인도 없지 않았지만, 대체로 위기의 시대를 헤쳐 나가고자 하는 도학 이념이 구체화한 논쟁이었다는 점에서 많은 학파의 문인들이 이 논쟁들에 참여하였고, 이를 통해 주자학과 전대 성리설에 대한 차별적인 계승의 면모를 드러내었다. 물론 여러 학설 논쟁이 도학 계열의 분열과 도학 본연의 면모를 퇴색할 가능성이 있다는 점에서 우려의 입장을 제시하는 학자들도 없지 않았다.[72] 하지만 조선 유학의 도학 전통에 대한 재인식과 현실 대응과 관련한 사상적 모색의 과정이었다는 점에서 심설논쟁 등 여러 학설 논쟁은 의미가 있다고 할 수 있다.[73]

71　기정진의 학설을 둘러싼 논쟁의 추이와 주요 쟁점에 대해서는 다음 논문을 참고할 만하다. 박학래,「蘆沙의 奇正鎭의 性理說을 둘러싼 기호학계의 논쟁 -「猥筆」을 중심으로」『民族文化硏究』48(고려대학교 민족문화연구원, 2008); 이향준,「「猥筆」, 1902 - 猥筆論爭의 시작」『汎韓哲學』100(범한철학회, 2021).

72　심설 논쟁 과정에서 적극적으로 논쟁 주체로 참여하지 않았던 연재학파의 송병선 형제와 의당학파의 박세화 등은 하계의 분열을 우려하며 논쟁 자체에 대해 비판적 입장을 개진하였다. 유지웅,「한말 기호학계와 심설 논쟁」『한국철학논집』59(한국철학사연구회, 2018), 44~45쪽 참조.

73　여러 학설 논쟁이 성리학의 틀 안에서 이루어진 것이지만, 성리학에 대한 재해석 경향이 강하였다는 점에서 성리학적 사유체계의 해체 가능성도 내포하는 것이었다고 할 수 있다.

5. 의리 구현을 위한 현실 대응과 유교 전통의 계승

크고 작은 학설 논쟁이 이어지는 가운데에서도 도학 계열 내부에서는 위기의 현실에 대응하고자 하는 실천적 모색이 지속되었고, 강한 척사 의식을 기반으로 한 구체적인 실천도 표면화하였다. 비교적 느슨하게 진행되었던 이전 시기의 서학 비판은 19세기 전반기를 지나면서 도학 계열 내부에서 이전보다 강화되었다.[74] 이른바 이양선異樣船의 출몰이 병인양요丙寅洋擾(1866)와 신미양요辛未洋擾(1871) 등 서양 세력과의 무력 충돌로 구체화하고, 개항이 단행되면서 도학 계열의 위기의식은 고조하였고, 이항로와 기정진 등을 중심으로 강한 척사론이 제시되었다. 이후 개화파가 주도한 갑신정변甲申政變(1884)에 이어 갑오개혁甲午改革(1894), 단발령斷髮令(1895), 그리고 을미사변乙未事變(1895) 등 일련의 개혁 조치와 우려할 만한 사태가 발발하자 도학 계열의 위기의식은 구체적인 행동으로 이어졌다.

이전 시기의 척사론이 대체로 천주교 비판에 집중되었다면, 병인양요 이후 전개된 척사론은 서양 세력에 대한 배척 의식이 구체화하는 양상을 보였다. 서양 세력의 통상 요구와 이에 따른 무력 충돌이 가시화하자, 도학 계열 주요 학자들은 전통적인 화이관華夷觀에 입각하여 서양 세력을 배척하고자 하는 의지를 분명하게 확인하였다. 서양 세력에 대해 이적夷狄을 넘어 금수禽獸로 규정하는 한편, 서양 세력의 침략을 방어하는 것이 당면 과제임을 역설하였다.[75] 개항 이후 도학 계열에서는 서양 세력과 함께 일본에 대한 강한 배척 의식을 구체적으로 표면화하였다. 당시 도학 계열에서는 서양 문물을 수용하여 서양과 같은 침략성을 가진 일본을 서양과 동일시하는 '왜양일체

---

74 19세기 전반기의 척사론 변화 추이에 대해서는 노대환, 「18세기 후반~19세기 중반 노론 척사론의 전개」, 『조선시대사학보』 46(조선시대사학회, 2008) 참조.

75 李恒老의 「辭同副承旨兼陳所懷疏」, 奇正鎭의 「丙寅疏」 등에서 이러한 것을 확인할 수 있다.

론倭洋一體論'을 제시하는 한편, 중화문명을 지키는 마지막 보루가 조선 사회임을 역설하며 유교문화를 지키는 것에 주목하였다. 그리고 일련의 개혁 조치가 단행된 19세기 말에는 개화 정책에 대해 비판적인 입장을 강화하면서 개화파와의 대립의식을 분명히 하였고, 을미사변 이후에는 의병 활동의 전면에서 활약하며 실천적 면모를 부각하였다.[76]

율곡 계열의 척사론과 실천적 대응은 화서학파와 노사학파를 중심으로 펼쳐졌다고 할 수 있다. 병인양요와 신미양요를 거치면서 주전론主戰論을 제기할 정도로 강렬한 척사 의식을 가졌던 화서학파는 김평묵과 류중교를 중심으로 펼쳐진 척사론 이외에 최익현의 상소 운동 등이 이어졌으며, 구체적인 실천으로 구체화하는 면모가 두드러졌다. 노사학파도 기정진이 제시한 척사론을 계승하여 기우만을 중심으로 활발한 척사운동이 전개되는 등 실천 지향적 면모가 두드러졌다.

퇴계 계열의 척사론과 의병 활동은 류치명의 정재학파를 중심으로 전개되었다고 할 수 있다.[77] 1890년대 중반 이후 정재학파의 여러 문인은 안동 지역을 중심으로 의병 활동의 전면에서 활동하며 사생취의捨生取義의 의리론을 구체화하였다. 이전 시기에 퇴계 학맥의 벽이단론을 체계화한 『이학집변異學集辨』[78]의 정신을 계승하여 의병 활동을 펼친 정재학파의 실천적 면모는 배타적인 근본주의에 근거하여 도학 전통을 수호하고자 하는 의지의 표

---

76 19세기 중반 이후 도학 계열의 대체적인 서양 세력 배척 양상에 대해서는 금장태, 「19세기 한국 성리학의 지역적 전개와 시대 인식」, 『국학연구』 15(한국국학진흥원, 2009), 36~38쪽 참조.
77 정재학파의 의병 활동 등에 대해서는 강윤정, 「定齋學派의 現實認識과 救國運動」(단국대학교 대학원 박사학위논문, 2006) 참조.
78 柳健休의 『異學集辨』은 서학을 비롯하여 타 사상에 대한 정재학파의 비판이 결집되었다는 점에서 주목할 만한 저작이라 할 수 있다. 이러한 점에서 『異學集辨』과 관련한 연구가 적지 않게 산출되고 있다. 하지만 이 저작에 대한 평가는 다소 엇갈리고 있다. 박종천, 「조선 후기 영남 유학자들의 벽이단론 – 온건한 포용주의에 대한 재평가」, 『철학연구』 138(대한철학회, 2016) 참조.

현이었다고 할 수 있다.

19세기 말까지 강한 척사 의식을 공유하며 실천 지향적 면모를 부각한 도학 계열에서는 을사늑약乙巳勒約(1905)과 경술국치庚戌國恥(1910)로 이어진 위기의 상황을 맞아 일제에 대한 저항 의식을 구체화하였다. 대체로 도학 계열의 주요 학자들은 을사늑약의 부당성을 지적하고 을사오적의 처단을 요구하는 상소문을 작성하는 등 늑약의 폐기를 주장하였다.

늑약의 부당성과 위기의식을 공유하면서도 도학 계열 내부의 현실 대응은 다양하게 드러났다. 화서학파의 최익현, 노사학파의 기삼연奇參衍(號 省齋, 1851~1908)을 비롯하여 여러 학파의 문인들은 의병 활동의 중심에서 활약하며 강렬한 실천적 면모를 보여주었다. 일찍부터 척사론을 강력하게 주장했던 연재학파의 송병선[79]은 자결을 통해 도의 실현과 의리의 실천에 대한 의지를 표면화하였고, 이후 연재학파의 송병순, 의당학파의 박세화 등 다수의 문인은 경술국치 이후 자결로서 자신들의 뜻을 분명하게 드러내는 모습을 보였다. 이들과 달리 전우를 중심으로 간재학파 문인들은 대체로 유교 전통을 고수하며 은둔하는 자정自靖의 길을 선택하였다.

다양한 현실 대응의 면모는 퇴계 계열에서도 뚜렷하게 나타났다. 대표적으로 한주학파는 학파의 연원적 인물에 해당하는 이원조가 강력한 척사론을 전개했던 전통[80]을 계승하여 이진상과 주요 문인들은 갑오개혁 이전까지는 대체로 다른 도학 계열 학파들과 마찬가지로 강한 척사론을 주장하는 면모를 보여주었다. 하지만 을미사변 이후 정재학파의 의병 활동 참여 요청에 대해 거절의 뜻을 보였으며, 을사늑약 이후 최익현의 의병 참여 요청에 대

---

79 송병선은 「闢邪論」(1870)을 저술하여 서학 비판에 앞장섰을 뿐 아니라 강회 등을 통해 강렬한 척사 의식을 문인들과 공유하였다.
80 금장태, 「凝窩 李源祚의 道學 사상과 시대 의식」, 『퇴계학과 유교문화』 39(경북대학교 퇴계학연구소, 2006) 참조.

해서도 소극적인 태도로 일관하였다. 대신 곽종석을 비롯한 여러 문인은 을미사변 이후 각국 공관에 「열국공관서列國公館書」를 보내었고, 을사늑약에 체결된 이후에도 「청참매국적신개덕열국공법소請斬賣國賊臣開德列國公法疏」를 보내어 조약의 폐기를 주장하는 등 현실 대응의 다른 면모를 보였다. 이들이 선택한 현실 대응은 기본적으로 세계 정세에 대한 구분되는 이해에 기초한 것이었다는 점에서 서양 학문에 대한 수용적 태도를 보여주는 일단이었다고 할 수 있다.[81]

『만국공법萬國公法』에 의지하여 각국 공관에 현실 대응의 의지를 피력했던 한주학파와 마찬가지로 정재학파 내에서도 이러한 움직임이 일부 드러나기도 하였다. 특히 강렬한 척사 의식을 지속했던 문인들 이외에 유교개혁을 주장하는 혁신 유림이 등장하는 등 도학 계열 여러 학파 내에서 분화 가능성이 구체화하였다. 특히 정재학파에서는 1904년부터 '혁구종신革舊從新 열심교육熱心敎育'을 주장하며 본격적인 계몽운동을 전개한 류인식柳寅植(號 東山, 1865~1928)을 비롯하여 이상룡李相龍(號 石洲, 1858~1932), 김대락金大洛(號 晩松, 1845~1915), 송기식宋基植(號 海窓, 1878~1949), 김동삼金東三(號 一松, 1878~1937) 등은 근대 학교를 설립 운영하는 등 이전과 구분되는 현실 대응의 면모를 보여준 이른바 혁신 유림이 등장하였다. 한주학파에서도 도학 전통을 견지하면서도 서양 학문과 사상에 대응하여 유교 종교화론을 주장한 이승희李承熙(號 韓溪, 1847~1916)를 비롯하여 여러 문인이 구분되는 현실 대응 양상을 구체화하였다.[82] 그리고 일제강점기에 접어들면서 서양 학문과

---

81 한주학파는 다른 학파에 비해 이른바 新學이라고 불리는 서양 학문과 사상에 대해 수용적 태도가 두드러진다. 곽종석은 독일인 요하네스 C. 블룬칠리의 『公法會通』을 비롯하여 문인인 李寅梓의 『古代希臘哲學攷辨』의 跋文을 작성하는 등 신학에 관한 관심이 두드러졌다. 홍원식, 「이진상의 철학사상과 그 후예들」, 『동양학』 29(단국대학교 동양학연구원, 1999) 참조.

82 이승희를 비롯하여 한주학파 문인들의 사상적 변화 양상에 대해서는 임종진, 「한계 이승희의 사상적 특징에 대한 분석」, 『퇴계학논총』 33(퇴계학부산연구원, 2019);

사상에 대해 비교적 수용적인 태도를 보였던 일단의 혁신 유림은 망명의 길을 선택하는 등 항일운동의 중심에서 활동하는 모습을 보여주었다.

일부 문인들이 일제에 저항하는 대열에서 이탈하기도 하였지만, 현실 대응의 차별적 양상을 보여주었던 도학 전통에 기초한 대다수 문인은 대체로 일제에 저항하는 정신을 분명히 하였으며, 독립에 대한 의지 또한 뚜렷하였다. 특히 만주로의 망명을 비롯하여 항일의 최일선에서 활약한 도학 계열 문인들은 유학 전통에 기초하여 항일 의지를 독립운동으로 구체화하는 한편, 화서학파의 류인석의 『우주문답宇宙問答』(1913)에서 드러나듯이 유교적 이상인 도의 실현을 도모하면서도 서양에 대한 변화된 인식을 구체화하는 등[83] 세계 인식에 대한 새로운 이해를 드러내었다.

한편, 일제강점기 초기에 일어난 3·1운동은 도학 계열 문인들의 독립 의지를 확인하는 계기로 작용하였다고 할 수 있다. 3·1운동의 전면에서 독립운동을 주도하지 못했다는 유림 내부의 반성에서 출발한 파리장서巴里長書사건은 한주학파의 주도로 전국에 분포한 도학 계열 학파의 문인들이 대거 참여하였다는 점에서 도학 계열의 독립에 대한 의지를 확인하는 것이었다.[84] 비록 『만국공법』에 대한 수용 여부에 따라 일부 도학 계열 유학자들이 서명을 거절하기도 하였지만,[85] 이 장서가 『만국공법』에 호소하고자 했던 한

　　임종진, 「성와 이인재의 성리사상 －「고대희랍철학고변」에 대한 분석을 중심으로」, 『퇴계학과 유교문화』 53(경북대학교 퇴계학연구소, 2013)등 참조.

83　함영대, 「〈宇宙問答〉과 柳麟錫의 文明意識」, 『泰東古典研究』 27(한림대학교 태동고전연구소, 2011); 김선희, 「근대 전환기 문명의 분리와 중첩 － 유인석과 이기를 중심으로」, 『溫知論叢』 43(온지학회, 2015) 등 참조.

84　임경석, 「파리장서 서명자 연구」, 『大東文化硏究』 38(성균관대학교 대동문화연구원, 2001); 서동일, 「1919년 保守儒林의 服制논쟁과 파리長書運動」, 『역사와실학』 34(역사실학회, 2007); 이황직, 「유교개혁사에서 파리장서운동의 의미와 가치」, 『현상과 인식』 43(3)(한국인문사회과학회, 2019) 등 참조.

85　대표적으로 전우가 해당한다고 할 수 있다. 하지만 전우가 파리장서에 서명하지 않았다고 해서 그의 독립에 대한 의지가 박약한 것은 아니었고, 다만 만국공법에 대한 이해의 차이와 공화제에 관한 이견이 드러난 것이라고 이해하는 것이 적절하다고

주학파의 세계정세에 대한 인식이 반영된 것이었다는 점에서 도학 계열의 도학 전통의 변화가 어느 정도 반영된 것이라 할 수 있다.

이렇듯 변화된 시대 인식이 구체화하는 가운데 도학 계열 문인들이 주로 관심을 기울인 것은 강학 활동이었다. 각 학파의 문호를 열었던 스승들의 강학 전통을 계승하여 각 학파의 직전 제자 및 재전 제자들은 강학 활동에 몰두하며 각 학파의 지속과 외연 확대에 관심을 기울였다. 도학 계열의 각 학파 문인들은 대체로 자신의 근거지를 중심으로 강학 공간을 마련하는 한편, 강규講規와 학규學規의 제정과 운영 등을 통해 체계적인 문인 교육에 집중하면서 도학 전통을 이어 나갈 문인 배출에 관심을 기울였다.[86] 대표적으로 전우가 계화도에 정착한 1910년대 이후 자신의 문하에 입문한 수많은 전국의 문인을 수용하여 강학을 지속한 것 이외에 그의 문인들이 인근 지역에 12개의 학당을 건립하여 강학 활동을 확대한 것은[87] 도학 이념의 부식과 함께 국가 존망의 기로에서도 의리를 구현하고자 한 것이었다고 할 수 있다.

강학 활동 이외에 도학 계열 문인들은 향촌 사회 내에서 유학의 도를 확인하고 유학적 가치를 지속하기 위한 일련의 작업을 전개하였다. 미처 간행하지 못한 선현들의 문집을 간행하거나 기존 문집을 중간重刊하는 데 관심을 기울였으며, 선배 학자들의 문집을 새롭게 간행하는 데에도 노력하였다. 단순 총량만 비교한다면 1900년을 전후한 시기부터 이후에 간행된 문집이 조선시대 전 시기에 걸쳐 간행된 문집을 능가할 정도로 20세기 이후 문집

할 수 있다.

86 각 학파의 문인들이 펼쳤던 강학의 구체적인 모습은 박학래, 「奇宇萬 문인들의 강학 활동과 蘆沙學脈의 지속」, 『儒學研究』 57(충남대학교 유학연구소, 2021) 참조.

87 계화도를 중심으로 한 강학처에 대해서는 이형성, 「새만금 지역에서 간재 전우의 국혼 고취와 도덕적 본성」, 『동양문화연구』 5(영산대학교 동양문화연구원, 2010) 참조.

간행이 활발하였던 것은[88] 도학 계열 문인들의 유학 전통 계승과 수호 의식이 결과한 것이라 할 수 있다.

　문집 간행 이외에 도학 계열 문인들은 조선 유학의 도학 전통을 확인하는 작업에도 관심을 기울였다. 서양 학문의 영향이 가속화 하는 시대 변화 속에서도 도학 전통을 확인하고 계승하고자 하는 의식을 바탕으로 몇몇 학자들은 조선 유학의 전반적인 흐름과 내용을 체계적으로 정리하는 작업을 전개하였다. 서술방식에서 근대적인 변화를 시도한 장지연張志淵(號 韋庵, 1864~1921)의『조선유교연원朝鮮儒教淵源』을 비롯하여 도학적 관점이 두드러진 하겸진河謙鎭(號 晦峯, 1870~1946)의『동유학안東儒學案』등은 도학 전통을 체계적으로 정리한 결과물이라는 점에서 주목할 만한 것이었다. 특히 식민 지배 하에서 우리 민족에게 패배 의식을 심어주고 저항을 무력화하고자 했던 일제의 식민정책에 대한 저항 의식이 두 저술에 일정 부분 반영되었다는 것은 도학 전통이 일정하게 반영된 것이라 할 수 있다.[89] 두 저술이 앞선 시기에 조선 유학의 도학 전통을 확인하기 위해 편찬된 송병선의『패동연원록浿東淵源錄』등 여러 유학사 편찬의 전통을 계승하고, 20세기 중반 이후 편찬된 현상윤玄相允(號 幾堂, 1893~?)의『조선유학사朝鮮儒學史』등으로 이어지는 유학사 저술의 결절점 역할을 담당하였다는 점에서 의미 있는 저술이라 평가할 수 있다.[90] 이 밖에 도학 계열의 적지 않은 문인들이 우리 역사에 관한

88　황위주 외, 「일제강점기 전통 지식인의 문집 간행 양상과 그 특성」, 『민족문화』 41(한국고전번역원, 2013), 206쪽.
89　정성희, 「식민지 시기 조선 유학사 정리 작업에 대한 연구 - 張志淵과 河謙鎭의 저항적 조선유학사 정리 작업을 중심으로」, 『儒學研究』 29(충남대학교 유학연구소, 2013) 참조.
90　노관범, 「근대 한국유학사의 형성: 장지연의『조선유교연원』을 중심으로」, 『한국문화』 74(서울대학교 규장각한국학연구원, 2016); 「연원록에서 사상사로 - 장지연의 『조선유교연원』과 현상윤의『조선유학사』를 읽는 방법」, 『韓國思想史學』 56(한국사상사학회, 2017) 등 참조.

저술을 남겼다는 것도 도학 전통의 확인뿐 아니라 우리 역사의 재인식을 시도하였다는 점에서 주목할 만하다.[91]

한편, 도학 계열 문인들은 향촌 사회 내에서 선현들의 학문과 의리 정신을 추숭追崇하는 비각의 설치와 이에 따른 비문의 작성 등을 주도하며 유교의 이념을 확인하고 확산하는 데 주력하였다. 아울러 유학 교육과 향사享祀를 목적으로 한 원우院宇의 복설과 신설을 주도하면서 착실하게 도학 전통을 부식하고 계승하는 데 앞장섰다. 서원철폐령(1871) 이후 지속적으로 원우의 복설을 요청하였던 도학 계열 문인들은 원우의 복설이 여의찮은 경우에 다양한 방법을 통해 향사할 공간을 마련하기도 하였고, 때로는 원우가 있던 자리에 서당, 정자, 영당 등을 세워 도학 전통을 이어가려는 뜻을 현실화하기도 하였다.[92] 그리고 1900년을 전후한 시기부터 전국적으로 적지 않은 서원과 사우를 차례대로 복설하는 한편, 각 학파의 연원이 되는 스승을 배향하는 서원과 사우의 신설을 주도하는 등 지역 내의 유교 전통을 확인하고 계승하는 사업을 전개하였다. 20세기 이후부터 본격화한 원우의 복설과 신설은 흥학興學 활동과 연계되는 것이었다는 점 등을 고려할 때, 향촌 사회 내에서 유교 전통을 확인하고 유교 이념을 유지하려는 활동의 일환이었다고 할 수 있다. 향촌 사회 내에서 유교 이념의 구심점이었던 원우의 기능을 되살리고, 원우를 중심으로 유학적 지식인 조직을 재편성하여 향촌 사회 내에서 문인들의 지위와 역할을 확인하고자 한 것은 유교 이념의 지속과 확산

---

91 실례로 노사학파 재전 제자인 奉昌模(1887~1973)는 우리 역사를 정리한『東國歷史撮要』(1948)를 저술하였으며, 삼전 제자인 曺秉烈(1912~?)은 스승인 鄭泓采(1901~1982)의 발문을 붙여 편년체 형식의『朝鮮歷史』를 간행하였다. 이러한 역사서 편찬은 노사학파에 한정되지 않았다.

92 윤선자,「일제하 호남지역 서원 사우의 복설과 신설」,『한중인문학연구』22(한중인문학회, 2007), 291쪽.

에 대한 역할을 다하고자 하는 의식의 소산이었다고 할 수 있다.[93]

유교 이념의 지속과 확산과 관련하여 도학 계열 문인의 주목되는 활동 중 하나는 자신의 근거지인 지역의 지방지 편찬을 주도한 것이라 할 수 있다. 일제강점기에 간행된 읍지邑誌는 대략 197개 지역 161종으로 확인되는데, 이 읍지의 편찬자가 대부분 지역 내에서 활동하던 도학 계열 문인들이었다.[94] 이들은 일제의 국권 침탈과 근대 사회로의 이행 과정에서 지역의 역사와 문화, 특히 도학 전통을 수립하고 이어온 유학자들을 현양하는 데 주안점을 두어 읍지를 편찬한 것이었다. 근대 사회의 변화에서 나타날 수밖에 없는 위생, 의료, 사회사업 등의 항목도 추가하여 읍지를 편찬하였지만, 대체로 지역의 역사 문화 유산과 문화재, 그리고 인물을 상세하게 기록하였다는 것은 그만큼 도학 전통을 계승하고자 하는 의지가 강하였다는 것을 의미한다고 할 수 있다.[95] 그리고 이러한 읍지류의 편찬은 해방 이후 각 지역의 문화 전통을 확인하고 정리하는 것으로 이어졌고, 최근 부상한 지역학의 기본 자료로 활용되고 있다는 점에서 주목할 만한 도학 계열 문인들의 활동이라 할 수 있다.

일제강점기를 거치면서 다양한 방면에서 이루어진 도학 전통의 계승 활동은 해방 이후에도 지속되었다. 비록 새롭게 펼쳐진 정치적 상황을 비롯하여 여러 사안을 둘러싸고 학파 간 갈등 국면이 조성되기도 하였지만, 대체

---

93 원우의 복설과 신설 이외에도 누정의 건립도 주목되는 이 시기 도학 계열 문인의 활동이었다. 호남의 경우, 노사학파 문인들에 의해 누정 건립이 지속적으로 확대되었던 것으로 확인되고 있다. 누정은 강학 공간으로 활용되었을 뿐만 아니라 문인들의 친목 도모와 시문 창작 공간으로 이용되었고, 특히 이 공간을 통해 문인들의 결집이 이루어졌다는 점에서 원우와 누정 등 유교 문화 공간의 재건은 도학 전통의 계승과 깊이 관련된 것이라 할 수 있다.

94 대표적으로 『臨陂邑誌』(1921)은 연재학파 문인인 高奎相의 주도로 편찬되었고, 『沃溝郡誌』(1924) 또한 연재학파, 간재학파, 화서학파 문인들이 합심하여 편찬하였다.

95 양보경·김경한, 「일제 식민지 강점기 邑誌의 편찬과 그 특징」, 『應用地理』 22(誠信女子大學校 韓國地理研究所, 2001) 참조.

로 지역의 도학 전통 계승자들은 강학 활동에 유의하면서 다양한 활동을 전 개하였다. 특히 이들의 활동에서 주목되는 것은 1960년대 초반에 여러 학 파에서 진행한 문인록 간행 작업이라 할 수 있다.

각 학파의 중심을 이루었던 주요 문인들은 이 시기에 문인록 간행을 통해 각 학파의 구체적인 면모를 확인하였고, 각 학파의 결집을 시도하였다. 기호 학계의 경우, 노사학파의 『노사선생연원록蘆沙先生淵源錄』(1960)을 비롯하여 간재학파의 『화도연원록華嶋淵源錄』(1962), 연재학파의 『계산연원록溪山淵源錄』(1966), 그리고 최익현의 문인록인 『채미연원록菜薇淵源錄』(1967) 등이 잇따라 간행되었으며, 영남 학계에서는 한주학맥을 이은 곽종석의 문인록인 『면문전승록俛門承敎錄』(1974)을 비롯하여 여러 학파의 문인록 간행이 1980년대까지 지속되었다.[96] 비록 유교 전통이 약화하고 도학 계열 각 학파의 영향력은 크게 감소하였지만, 각 학파의 명맥은 문인록의 간행 등을 통해 20세기 후반까지 지속되었다.

---

96 이황 계열의 영남 지역 학파 문인록은 대체로 각 학파의 종장이 생존했을 때부터 정리되었고, 이후 문집 중간을 하면서 정리되는 경향이 컸다. 정재학파의 경우는 이러한 과정을 거쳐 1989년에 全州柳氏 水谷派之 文獻叢刊의 하나로 『定齋門人錄』이 간행되었다.

참고문헌

■ 1차 자료(원전)

『二程遺書』, 漢京文化事業有限公司, 1983.

『朱子文集』, 四川教育出版社, 1996.

『朱子語類』, 中華書局, 1983.

奇正鎭, 『蘆沙集』(韓國文集叢刊 310), 한국고전번역원, 2003.

李震相, 『寒洲集』(韓國文集叢刊 317~318), 한국고전번역원, 2003.

李珥, 『栗谷全書』(韓國文集叢刊 44~45), 한국고전번역원, 1999.

李恒老, 『華西集』(韓國文集叢刊 304~305), 한국고전번역원, 2003.

李滉, 『退溪先生續集』(韓國文集叢刊 29~31), 한국고전번역원, 1989.

田愚, 『艮齋集』(韓國文集叢刊 332~336), 한국고전번역원, 2003.

■ 2차 자료

〈단행본〉

금장태, 『續 儒學近百年』, 驪江出版社, 1989.

금장태 외, 『儒學近百年』, 博英社, 1984.

_____, 『한국 유학의 심설』, 서울대학교 출판부, 2002.

_____, 『華西學派의 철학과 시대인식』, 태학사, 2001.

김상기, 『호서유림의 사상과 민족운동』, 지식산업사, 2016.

김종석 외, 『한국사상의 재조명』, 한국국학진흥원, 2007.

박학래 외, 『간재 전우와 간재학파』, 전북대학교출판문화원, 2020.

_____, 『노사학파 문인들의 삶과 사유: 직전 제자를 중심으로』, 전남대학교출판문화원, 2021.

윤사순 외, 『노사 기정진의 철학 사상』, 전남대학교출판문화원, 2021.

최영성, 『한국유학통사』, 심산, 2022.

한국전통문화대학교 한국철학연구소 편, 『화서학파의 심설논쟁』, 도서출판문사철, 2022.

玄相允, 『조선유학사』, 현음사, 1986.

홍원식, 『근대 시기 낙중학 – 주문팔현과 한주학파의 전개』, 계명대학교출판부, 2020.

〈논문〉

강동욱, 「性齋 許傳의 江右地域 門人 考察」, 『남명학연구』 31, 경상대학교 남명학연구소, 2011.

강민구, 「晉州本 艮齋集 간행과 門人의 갈등」, 『東方漢文學』 91, 동방한문학회, 2022.

강윤정, 「定齋學派의 現實認識과 救國運動」, 단국대학교 대학원 박사학위논문, 2006.

구희진, 「19세기 중반 儒者들의 普通敎育論과 童蒙書 편찬」, 『역사교육』 92, 역사교육연구회, 2004.

권상우, 「19세기 嶺南退溪學의 定說과 創新의 二重奏 – 李震相의 '心卽理'에 대한 李萬寅과 張福樞의 입장을 중심으로」, 『儒敎思想硏究』 43, 한국유교학회, 2011.

금장태, 「19세기 한국 성리학의 지역적 전개와 시대 인식」, 『국학연구』 15, 한국국학진흥원, 2009.

_____, 「凝窩 李源祚의 道學 사상과 시대 의식」, 『퇴계학과 유교문화』 39, 경북대학교 퇴계학연구소, 2006.

김건태, 「19세기 어느 성리학자의 家作과 그 지향 – 金興洛家 사례」, 『한국문화』 55, 서울대학교 규장각한국학연구원, 2011.

김근호, 「화서학파 심설 논쟁의 전개 과정과 철학적 문제의식」, 『율곡사상연구』 27, 율곡연구원, 2013.

김낙진, 「定齋 柳致明과 西山 金興洛의 本心 중시의 철학」, 『율곡학연구』 16, 율곡연구원, 2008.

김명자, 「大山 李象靖(1711~1781)의 학문공동체 형성과 그 확대 – 『大山日記』를 중심으로」, 『朝鮮時代史學報』 69, 조선시대사학회, 2014.

김선희, 「근대 전환기 문명의 분리와 중첩 – 유인석과 이기를 중심으로」, 『溫知論叢』 43, 온지학회, 2015.

김용헌, 「도학의 형성, 점필재 김종직과 그의 문생들의 도학 사상」, 『한국학논집』 45, 계명대학교 한국학연구원, 2011.

김종석, 「한말 영남지역 심설논쟁의 전개와 쟁점 – 『한주집』 발간을 중심으로」, 『국학연구』 43, 한국국학진흥원, 2020.

김학수, 「星湖 李瀷의 學問淵源 – 家學의 淵源과 師友關係를 중심으로」, 『星湖學報』 1, 성호학회, 2005.

_____, 「安鼎福과 嶺南學人의 교유」, 『藏書閣』 48, 한국학중앙연구원, 2022.

남재주, 「溪堂 柳疇睦의 『全禮類輯』과 예설 교류」, 『한국실학연구』 41, 한국실학학회, 2021.

노관범, 「근대 한국유학사의 형성: 장지연의 『조선유교연원』을 중심으로」, 『한국문화』 74, 서울대학교 규장각한국학연구원, 2016.

_____, 「연원록에서 사상사로 – 장지연의 『조선유교연원』과 현상윤의 『조선유학사』를 읽는 방법」, 『韓國思想史學』 56, 한국사상사학회, 2017.

노대환, 「18세기 후반~19세기 중반 노론 척사론의 전개」, 『조선시대사학보』 46, 조선시대사학회, 2008.

_____, 「19세기 중엽 유신환 학파의 학풍과 현실 개혁론」, 『한국학보』 72, 일지사, 1993.

도민재, 「溪堂 柳疇睦의 禮學思想」, 『퇴계학과 한국문화』 44, 경북대학교 퇴계학연구소, 2009.

박경환, 「서산 김흥락 학맥의 전승과 발전」, 『국학연구』 31, 한국국학진흥원, 2016.

박종천, 「조선 후기 영남 유학자들의 벽이단론 – 온건한 포용주의에 대한 재평가」, 『철학연구』 138, 대한철학회, 2016.

박학래, 「奇宇萬 문인들의 강학 활동과 蘆沙學脈의 지속」, 『儒學硏究』 57, 충남대학교 유학연구소, 2021.

_____, 「기정진 이기설에 대한 노사학파 문인들의 계승 의식에 관한 검토 –『答問類編』, 『論道體』를 중심으로」, 『儒學硏究』 61, 충남대학교 유학연구소, 2022.

_____, 「奇正鎭의 『納凉私議』를 둘러싼 畿湖學界의 論爭」, 『유교사상문화연구』 39, 한국유교학회, 2010.

_____, 「蘆沙의 奇正鎭의 性理說을 둘러싼 기호학계의 논쟁 –「猥筆」을 중심으로」, 『民族文化硏究』 48, 고려대학교 민족문화연구원, 2008.

_____, 「蘆沙學派의 형성과 蘆沙學의 계승」, 『東洋古典硏究』 80, 동양고전학회, 2020.

_____, 「勉菴 崔益鉉의 문인집단 형성과 전개 –『莤薇淵源錄』을 중심으로」, 『한국 철학논집』 64, 한국철학사연구회, 2020.

_____, 「松沙 奇宇萬의 강학 활동과 蘆沙學派의 확대」, 『東洋古典硏究』 84, 동양고전학회, 2021.

_____, 「淵齋學派의 형성과 전개 –『溪山淵源錄』을 중심으로」, 『儒學硏究』 50, 충남대학교 유학연구소, 2020.

_____, 「한말 성리학계의 心說論辯과 그 道德(敎育)論的 함의」, 『인문과학연구논총』 33, 명지대학교 인문과학연구소, 2011.

배항섭, 「19세기 지배질서의 변화와 정치문화의 변용 – 仁政 願望의 향방을 중심으로」, 『韓國史學報』 39, 고려사학회, 2010.

서동일, 「1919년 保守儒林의 服制논쟁과 파리長書運動」, 『역사와실학』 34, 역사실학회, 2007.

신상후, 「호락논쟁을 통한 낙론계 심론의 전개 – 노주(老洲)·매산(梅山)에서 간재(艮齋)로의 전개를 중심으로」, 『한국 철학논집』 72, 한국철학사연구회, 2022.

양보경·김경한, 「일제 식민지 강점기 邑誌의 편찬과 그 특징」, 『應用地理』 22, 誠信女子大學校 韓國地理研究所, 2001.

우인수, 「溪堂 柳疇睦과 閔山 柳道洙의 학통과 그 역사적 위상」, 『퇴계학과 한국문화』 44, 경북대학교 퇴계학연구소, 2009.

우진웅, 「임재 서찬규의 강학 공간 낙동정사의 건립과 학계 구성」, 『嶺南學』 77, 경북대학교 영남문화연구원, 2021.

유봉학, 「18·9세기 京·鄕學界의 分岐와 京華士族」, 『國史館論叢』 22, 국사편찬위원회, 1991.

유지웅, 「한말 기호학계와 심설 논쟁」, 『한국철학논집』 59, 2018.

윤사순, 「韓國 性理學의 특징과 위치」, 『韓國史市民講座』 4, 일조각, 1989.

윤선자, 「일제하 호남지역 서원 사우의 복설과 신설」, 『한중인문학연구』 22, 한중인문학회, 2007.

이상익, 「조선 말기 心說論爭의 성격과 의의」, 『退溪學報』 151, 퇴계학연구원, 2022.

_____, 「坪浦論爭의 근본 문제」, 『嶺南學』 66, 경북대학교 영남문화연구원, 2018.

_____, 「華西學派 心說論爭의 재조명」, 『嶺南學』 69, 경북대학교 영남문화연구원, 2019.

_____, 「조선후기 明德論爭과 그 의의」, 『東洋哲學研究』 39, 동양철학연구회, 2004.

이수건, 「朝鮮後期 '嶺南'과 '京南'의 提携」, 『碧史李佑成教授定年退職紀念論叢』, 벽사이우성교수정년퇴직기념논총간행위원회, 1989.

이연숙, 「17~18세기 영남지역 노론의 동향」, 『역사와실학』 23, 역사실학회, 2002.

이종우, 「寒洲學派와 艮齋學派의 心性論爭 研究」, 成均館大學校 大學院 박사학위논문, 2004.

이찬, 「사상, 철학, 그리고 유학: 송명 유학에 접근하는 세 가지 경로」, 『韓國思想史學』 67, 한국사상사학회, 2021.

이향준, 「「猥筆」, 1902 - 猥筆論爭의 시작」, 『汎韓哲學』 100, 범한철학회, 2021.

이형성, 「새만금 지역에서 간재 전우의 국혼 고취와 도덕적 본성」, 『동양문화연구』 5, 영산대학교 동양문화연구원, 2010.

이황직, 「유교개혁사에서 파리장서운동의 의미와 가치」, 『현상과 인식』 43(3), 한국인문사회과학회, 2019.

임경석, 「파리장서 서명자 연구」, 『大東文化研究』 38, 성균관대학교 대동문화연구원, 2001.

임종진, 「한계 이승희의 사상적 특징에 대한 분석」, 『퇴계학논총』 33, 퇴계학부산연구원, 2019.

_____, 「성와 이인재의 성리사상 -「고대희랍철학고변」에 대한 분석을 중심으로」, 『퇴계학과 유 교문화』 53, 경북대학교 퇴계학연구소, 2013.

_____, 「심재(深齋) 조긍섭(曺兢燮)의 성리사상(性理思想)」, 『퇴계학과 유교문화』 48, 경북대학교 퇴계학연구소, 2011.

_____, 「晚求 李種杞의 성리학적 입장에 대한 검토 —寒洲學派와의 논변을 중심으로」, 『퇴계학과 유교문화』 43, 경북대학교 퇴계학연구소, 2008.

전성건, 「大山 李象靖의 理主氣資說과 그 思想史的 意味」, 『퇴계학과 유교문화』 58, 경북대학교 퇴계학연구소, 2016.

정경훈, 「毅菴學派와 毅堂學派의 소통과 교류」, 『毅菴學研究』 16, 의암학회, 2017.

정성희, 「19세기 조선 유학사 정리 작업에 대한 연구」, 『儒學研究』 28, 충남대학교 유학연구소, 2013.

_____, 「식민지 시기 조선 유학사 정리 작업에 대한 연구 — 張志淵과 河謙鎭의 저항적 조선 유 학사 정리 작업을 중심으로」, 『儒學研究』 29, 충남대학교 유학연구소, 2013.

정진영, 「18세기 영남 노론의 존재형태」, 『한국사연구』 171, 한국사연구회, 2015.

조성산, 「19세기 조선의 지식인 지형 — 균열과 가능성」, 『역사비평』 117, 역사비평사, 2016.

채광수, 「조선후기 영남지역 노론계 가문의 분포와 서원 건립 추이」, 『한국서원학보』 8, 한국서원학회, 2019.

최연식, 「조선시대 도통 확립의 계보학: 권력—정치적 시각」, 『한국정치학회보』 45(4), 한국정치학회, 2011.

최영성, 「사상사(思想史)의 맥락에서 본 19세기 심설논쟁(心說論爭) — 사칠논쟁(四七論爭)에서 심설논쟁(心說論爭)까지」, 『한국철학논집』 59, 한국철학사연구회, 2018.

함영대, 「〈宇宙問答〉과 柳麟錫의 文明意識」, 『泰東古典研究』 27, 한림대학교 태동고전연구소, 2011.

홍원식, 「서애학파와 계당 유주목의 성리설」, 『퇴계학과 유교문화』 44, 경북대학교 퇴계학연구소, 2009.

_____, 「이진상의 철학사상과 그 후예들」, 『동양학』 29, 단국대학교 동양학연구원, 1999.

황위주 외, 「일제강점기 전통 지식인의 문집 간행 양상과 그 특성」, 『민족문화』 41, 한국고전번역원, 2013.

제2절

서양사상의 유입과
유학계의 대응

1. 서양 문명과 유학계의 만남과 시대적 배경

19세기 후반 이후 20세기 전반기의 조선 사회는 과학과 민주를 표방하는 서양문명이 도래하면서 군사·정치·경제·사회·문화적으로 일찍이 겪어보지 못한 대전환기를 맞게 되었다. 이 시기는 서양의 물질적 문명이 동양의 정신적 문명에 충격파를 안기면서 중국 중심의 천하관(화이관)과 조공체계의 질서를 대체하고 『만국공법』을 대표로 하는 서양 제국주의 문명을 구축한 세력이 새로운 세계적 질서와 진리의 표준을 규정하는 시대였다. 조선은 중국과 일본을 통하여 전해진 서양문명에 대하여 학문적 정치적 제도적 측면에서 다양한 대응책을 모색하였다. 이러한 정치외교적 사상적 조류에 대해서는 그동안 수많은 연구가 축적되어 왔다.

이 글에서는 서양의 제국주의 문명이 동양 세계를 침식하던 19세기 후반 이후 동아시아에 전파되었던 서양의 학문과 정치사회 사상에 대하여 유학계가 어떻게 대응을 했는가 하는 점을 고찰하고자 한다. 구체적으로 이 장에서는 서양정치사상과 철학사상, 윤리사상, 과학사상의 유입이 유교의 철학적 사상적 이론적 지평에 어떤 변화를 불러 왔는지를 살펴보고자 한다. 또 한편에서는 서양 근대 정치사상이 내포하고 있는 긍정적 의미와 함께 역기능의 측면을 전통유학 사상이 지니는 긍정적 의미와 연관하여 해명하면서 그 현대적 의의를 성찰하고자 한다.

서양 정치사상은 개인의 권리와 자유, 인권, 평등 등을 중심으로 하는 자유주의 및 민주주의적 가치와 『만국공법』으로 대표되는 보편적인 법사상의 수용을 중심으로 한다. 또한 서양사상을 수용하는 가운데는 헉슬리의 사회진화론이 많은 영향을 주었고, 사회주의사상과 무정부주의 또한 근현대 시기 한국에 많은 영향을 주었던 만큼, 유학 사상과의 연관성을 가지고 논의할 수 있는 중요한 맥락이 있다. 이어서 서양 철학 사상으로는 윤리학, 심리철학, 플라톤과 아리스토텔레스, 칸트와 헤겔을 중심으로 하는 서양고대 및 근대철학을 포괄하고 있다. 이처럼 서양에서 유입된 사상적 조류가 전통 유학 사상과 만나고 융합하며 변화되어 가는 양상을 검토하는 것이 필요하다. 따라서 이 글에서는 다음과 같은 순서로 서양문명의 유입에 대한 유학계의 대응 문제를 논의하고자 한다.

이 장에서 논의하는 여러 주제는 긴밀한 체계적 연관성을 가지는 것은 아니다. 하지만 논의의 순서가 지니는 합목적적 의미를 요약하면 다음과 같이 서술할 수 있다. 먼저 신학구학에 관한 논의와 유교개혁론을 앞에 기술한 것은 이 장에서 서양사상의 구체적인 대응을 언급하기 이전에 보다 보편적으로 서양에서 들어온 신학新學과 구학舊學이 어떤 역학적 상관관계와 의미를 갖는가, 그리고 전통 유학을 새롭게 혁신하는 과정과 내용이 서양에서 유래한 신학을 어떤 방식으로 수용하고자 했는가를 먼저 검토함으로써 뒷절에서 구체적인 서양사상을 수용하는 과정과 내용을 보다 의미 있게 기술할 수 있다고 보았기 때문이다.

이러한 이론적 전제 하에 서양의 구체적인 사상적 주제를 다루고자 하면서 영향을 받고 수용한 시대적 순서를 고려하여 이어지는 절에서는 먼저 서양정치사상과 『만국공법』의 수용에 관하여 검토하였다. 사회계약론과 민주주의 정치원리를 중심으로 하는 서양정치사상과 『만국공법』은 서양적인 도(西道)라고 할 수 있다. 반면 진화론(또는 사회진화론)에 관한 논의는 보다 후대에 수용하였으며, 물리적 힘을 상징하는 의미를 가짐으로써 서기西器를 논의하는 것으로 해석할 수 있다. 또한 진화론과 사회주의사상은 상호간 경쟁적 힘을 기준으로 삼는가 아니면 협력적 평등을 기준으로 삼는가에 따라 상호간 대립하는 의미를 가지는 만큼 함께 묶어서 논의할 필요가 있다. 이에 서양정치사상과 『만국공법』 수용에 이어 진화론과 사회주의사상을 검토하는 것으로 순서를 정했다.

이어서 서양 철학과 윤리학, 과학사상과 격물치지에 대한 해석 부분은 시기적으로는 서양 철학이 가장 늦은 시기에 수용되는 측면이 있으나 일률적이지 않고, 과학기술은 매우 이른 시기부터 수용되었으나 이 또한 일률적이지 않다. 하지만 철학사상은 가장 보편적인 원리로서 도道의 문제를 다루는 것인 반면, 과학기술은 구체적이고 특수성을 갖는 형기(器) 또는 물物을 다루는 것인 만큼, 최후에 차례로 검토하고자 하였다.

이러한 취지에 따라 이 글에서는 첫째 신학新學·구학舊學에 관한 논의와 유교개혁에 관하여 서양문명이 전통 유학사상과 만나면서 이루어지는 융합의 양상을 중심으로 하여 그 특징을 검토할 예정이다. 이어서 둘째는 '서양정치·법사상의 수용'을 중심으로 세부 주제를 구성하고자 한다. 여기에는 서양정치사상의 수용과 유학의 대응, 서양민주주의에 대한 유학의 비판적 인식, 유학의 『만국공법』에 대한 주체적 수용과 변용과 같은 주제를 다룰 수 있다. 셋째는 '진화론과 사회경제사상 수용'이라는 맥락에서 유학사상과의 만남과 융합이 어떻게 이루어지고 있는가를 규명하는 것이 필요하다. 여기에는 진화론의 재해석을 통한 유학의 자강운동론, 유학과 서양사회사상과 무정부주의의 융합과 같은 주제를 논의할 예정이다.

넷째는 '서양철학사상과 윤리학 수용 및 융합'에 관한 주제를 검토하고자 한다. 이 장에서는 구체적으로 유학사상과 서양철학의 지평융합과 사상적 전환을 주제로 하여 '서양고대철학사상과 유학의 지평융합', '서양근대철학에 대한 이해와 유학사상의 융합(칸트, 헤겔 등)', '전통유학사상과 근대인식론의 만남' 등을 살펴볼 수 있다. '개념으로 만나는 유학과 서양철학사상의 연속과 불연속–철학·이학·과학·격치 등–'의 주제도 연구주제로 점검할 필요가 있다. 다섯째는 '과학기술의 수용과 격물치지의 재해석'이라는 주제를 설정하고, 세부주제로 격물치지 개념의 재해석을 통한 유학과 서양과학의 만남, 유학의 심성수양론과 서양 물리학, 생물학 등 개별과학과의 연속성 문제를 재조명하고자 한다.

2. 신학구학에 관한 논의와 유교개혁론의 형성

1) 신학구학에 관한 논의

이 장에서는 서양사상 수용시기에 서양의 근대적 정치사상과 법사상을 받아들이면서 촉발되었던 신구학新舊學 논쟁이 어떤 특성과 과정으로 전개되었는가를 살펴보기로 한다. 이어서 전통 유학이 시대적 요청에 부응하지 못한다는 판단 아래 새롭게 혁신되어야 한다는 주장으로 제기되었던 유교개혁론의 구체적 내용과 의미를 검토하고자 한다.

신구학 논쟁에서 '신구학'이라는 말은 기본적으로 신학新學과 구학舊學을 합쳐놓은 단어로 서양학문이 수용되면서 양자를 비교하면서 성립된 용어이다. 신학과 구학이라는 개념에 대한 이해와 이에 대한 논의가 중요한 것은 동양의 전통 학문과 서양의 새로운 학문이 지니는 상이한 특성이 동서 문명이 만나고 충돌하며 지식인들에 의하여 수용되는 과정에서 이론적으로 경쟁하면서 가치평가의 대상이 되었기 때문이다. 일반적으로 구학舊學이 주로 인륜의 도덕적 실천과 정치적 이상을 봉건적 군주제를 통하여 실현하는 것을 목표로 하는 전통 유학과 성리학을 지칭하는 용어라면, 신학新學은 서양 철학, 민주주의적 정치사상, 서양의 물질문명을 근거지우는 경험적 과학사상, 그리고 진화론 등을 가리킨다.[1]

1876년 강화도조약을 통하여 개항을 하면서 조선은 서양 문물의 유입이 본격적으로 진행되었고, 이때부터 서양의 물질문명과 철학사상 제도를 배격해야 하는가 아니면 받아들여야 하는가? 또 받아들인다면 어느 수준에서 받아들여야 하는가에 관하여 여러 다양한 노선의 계열과 사상적 유파가 생겨났다. 여기에서 서양 물질문명의 침략성과 야만성을 비판하는 부류는 위정척사사상으로 나아갔고, 서양 물질문명을 전통사상의 정신적 토대 위에 수단이나 도구로 수용하고자 하는 유파는 동도서기론을 제시하였으며, 물질적 정신적 양 방면의 서양문명을 적극적으로 수용하자고 주장한 유파는 문명개화론으로 나아갔다.

순서에 있어서 화서학파를 중심으로 하는 위정척사파가 시기적으로 먼저 형성되었다면 1880년대를 전후한 시기에 김윤식, 신기선 등을 중심으로 동도서기론이 형성되었다. 이와 비슷한 시기에 김옥균, 박영효 등을 중심으로 한 초기 개화파가 형성되었으며, 이후 1890년대에 이르러 유길준俞吉濬(號 矩堂, 1856~1914), 윤치호尹致昊(號 佐翁, 1866~1945), 서재필徐載弼(號 松

---

1 '新學'이 가리키는 의미의 범위는 상당히 넓다고 하겠다. … 과학의 범주에서는 물리, 화학, 생물학, 지구과학으로부터 시작하여 세부분야로 전기, 체신, 철도, 기상, 금속, 식품, 제재, 축산, 임업, 수산, 광업, 의학 등을 포괄한다.

齋, 1864~1951) 등을 중심으로 하여 문명개화론자들이 나타났다. 이러한 흐름 속에서 유의해야 할 점은 초기의 위정척사파와 동도서기론을 제시했던 유파들이 서양의 물질문명의 위력이 현실적인 힘을 발휘하면서 불가피하게 이 문명의 구성요소들을 받아들이지 않을 수 없는 상황에 이르게 되었다는 것이다. 이러한 시각의 변화는 물리적 힘을 앞세운 서양세력이 실질적인 힘을 행사하면서 국가의 자주 독립적 권리를 침해해 갔던 역사적 양상과 병행하는 것이었다.

당시의 시대적 변화에 따라 유학계에서는 전통 유학사상에 대한 전면적인 개혁과 혁신이 필요하다는 인식에 이르렀다. 이런 필요성은 서양문명의 토대가 되는 학문을 '신학新學'으로 일컫고 전통 유학과 성리학을 중심으로 하는 학문을 '구학舊學'으로 규정하여 '신구新舊' 개념을 통하여 신학을 지향하는 논의를 파생시켰다. 당시의 여러 신문에서는 유학에 대하여 어떻게 규정할 것인가와 관련하여 식자층의 동향을 여러 갈래와 노선으로 분류하였다. 예컨대, 『황성신문皇城新聞』에서는 다음과 같이 언급하였다.

> 혹자가 말하기를 '우리에게는 우리 법이 있고, 저들에게는 저들의 법이 있으니, 우리가 어찌 반드시 저들을 본받겠는가! 『대학』 한편으로 이미 치국평천하가 충분하고, 『주례』 한 편으로 백관을 바르게 하고 백성들을 안정시킬 수 있으니, 이적의 법을 어찌 우리나라에 혼용하겠는가?'라 하였으니, 이것이 한 유파이다. 혹자는 말하기를 '오제가 예를 함께 하지 않고, 삼왕이 악을 함께 하지 않아 고금이 다르니, 어찌 융통성 없이 구학을 체體로 하고, 신학을 용用으로 삼아 저것의 장점으로 나의 단점을 보완하겠는가?'라 하였으니, 이것이 또한 한 유파이다. 혹자는 말하기를 '우승열패優勝劣敗는 자연의 원칙이나, 옛날의 학술은 실로 지금에 적합하지 않고, 옛날 인물은 지금에 쓰지 못하니, 비록 요순이 다시 나온다 해도 요즈음의 천하를 다스릴 수 없다. 완고한 사상과 부패한 학문은 모두 저지하여 청산하고 더 이상 찾을 수 있는 자취를 없애야 이 백성과 이 나라를 구할 수 있다'라 하였으니, 이것 또한 한 유파이다. 혹

자는 말하기를 '구학은 구학의 특장이 있고, 신학은 신학의 특장이 있다. 그러므로 옛 것이나 새로운 것을 조정하고 수정하여 한 시대의 새로운 규범을 만들면, 육대주에 펼칠 수 있고, 고금의 으뜸이 될 수 있다'라 하였으니, 이 또한 한 유파이다.[2]

이 단락에서는 19세기 후반 이래 전통 사상에 대한 평가와 함께 서양문명과의 만남에 대응하는 여러 유파들을 언급하고 있다. 여기에는 서양을 전면적으로 부정하는 입장(斥邪論)도 있었지만, 신학문을 수용하는 경우 첫째, 체용론에 따라 구학舊學을 근본으로 하고, 신학을 이용후생의 차원에서 수용하려던 입장, 둘째, 신구학의 장점을 '짐작손익斟酌損益'하는 절충적 입장, 셋째, 서구문명의 적극적 수용을 주장했던 문명개화론적 입장 등이 있다.[3] 신학문을 수용하는 경우는 차례대로 동도서기론, 변법개혁론, 문명개화론을 말하고 있다. 이들 유파는 단계적으로 서양문명을 수용하는 범위와 강도가 강해진다.

신학과 구학에 관한 논의는 대한제국이 국권을 상실하는 위기 속에서 교육을 진흥하는 사업을 실시하는 과정에서 구학에 기초를 두면서도 신학 교육을 강조하는 과정에서 언급되었다. 「한일의정서」 체결로 국권 상실의 위기에 처해 있던 1904년 5월 고종은 다시 교육의 필요성과 학교의 설립을 촉구하였다. 고종은 '임금이 곧 스승'이라는 점을 강조하면서 신민들에게 교육을 통해 개명으로 나아가서 부강과 독립을 추구하였다. 1906년 경북 지역에 관찰사로 부임한 신태휴申泰休가 「흥학훈령興學訓令」이라고 하여 천명한 교육론은 '구학문을 근본으로 하고, 새로운 서양의 학문을 익힌다'는 정부의

---

2 「舊學問과 新學問의 關係」, 『皇城新聞』, 1907년 5월 15일 논설.
3 김도형, 『근대 한국의 문명전환과 개혁론』(지식산업사, 2014), 36쪽.

교육 방침을 그대로 따른 것이다.[4] 이처럼 국권을 상실하는 위기가 절박할수록 교육을 통하여 신학문을 가르쳐야 한다는 조정의 방침은 강조되었다.

박은식은 실용학으로서 신학문을 배워야 하는 것을 유학자의 책임이라고 하면서도 이것을 어디까지나 유학의 수시변역隨時變易의 관점에서 바라보았다. 그는 '수시변역과 온고지신은 우리 유교의 중요한 요체'라 하고, 당시의 국가적 위기를 구하기 위해서는 '부득불 시무의 필요와 신학의 실용을 강구'하는 것이 유자의 책임이라고 하였다.[5] 요컨대, 그는 유교에서 말하는 시대의 변화에 따라 예禮를 손익 수정하는 것처럼 서양의 실용학을 수단으로 삼으면서도 수시변역을 통하여 시대를 초월하는 유학적 가치를 국권이 상실될 위기에 처한 시대에 실현하고자 한 것이다.

반면 손병희는 구학을 비판적으로 보면서 신학문 신지식을 시급하게 배워야 한다고 강조하였다. 그는 나아가 서양문명의 신학문을 학습해야 야만의 상태를 벗어날 수 있다고 보았다.

> 대개 신학문은 세계 문명국의 학문이라. 지구상에 인류가 된 자가 구미의 문명을 흡수하지 못하면 바로 야만인도 구미의 문명이 아름다운 줄을 알거늘 저 민경호閔京鎬 같은 무지한 무위도식자는 이것도 모른다. 반드시 사람의 형체만 겨우 갖추고서 원숭이의 뇌로 만들어진 사람이 아닌가?[6]

손병희는 신학문을 문명의 표준이라고 보면서 이 학문을 습득하는 것을 야만인 또는 동물로부터 벗어나는 길이라고 보았다. 19세기 후반 서양문명

---

4 김도형, 위의 책, 133~134쪽.
5 『朴殷植全書(下)』,「賀吾同門諸友」, 32~33쪽.
6 「雜類誤世」,『萬歲報』1906년 7월 15일. "夫 新學問은 世界文明國의 學問이라. 地球上 人類된 者가 歐美의 文明을 吸受치 못ᄒ면 卽 野蠻도 能히 歐美 文明이 美ᄒ 줄을 知ᄒ거ᄂᆞᆯ, 彼 閔京鎬 갓튼 無知覺한 飯袋ᄂᆞᆫ 此도 不知ᄒ니, 必也ᄂᆞᆫ 人의 形體만 僅具ᄒ고 猿의 腦髓로 賦成ᄒ 者 아인가?"

이 동양을 침식하던 초기에 위정척사파와 같이 서양 물질문명이 추구했던 약육강식의 침략적 성격을 야만 또는 금수적이라고 비판했던 것과 상반되게 그는 물질문명을 학습하지 못하는 것을 야만적 금수적 상태라고 비판하였다. 이러한 맥락에서 그는 의병을 일으킨 최익현을 '고유부론古儒腐論'으로 비판하였다. 이처럼 완고한 유교적 세계관을 비판하고 신학문과 신지식을 수용하여 문명화하자는 것이 손병희와 천도교의 문명개화론이었다.[7]

과거를 준비하던 유생에서 변법개혁론자가 되었던 이기李沂(1848~1909)는 천주교 교리는 유교적 입장에서 반대하였으나, 서양의 과학기술은 천하의 모범이 되고 서양의 물질적인 문명은 우리에게 필수적인 것이라고 긍정하였다. 그는 종교를 제외한 서양의 모든 학문을 받아들여야 된다고 하였고, 신학新學을 '시무時務'라고 하여 현실의 업무에 적용되는 실용학을 뜻하는 것으로 보았다. 또한 그가 관심을 가졌던 신학문은 물리와 화학 등 자연과학으로부터 정치학 법률과 같은 사회과학을 아우르는 것이었다. 이처럼 이기는 서양의 실용학을 전반적으로 받아들여 근대적 개혁론으로서 변법론을 제시하였다.[8]

일반적으로 신학구학에 관한 논의는 신학을 적극적으로 수용하여 이용하자는 취지의 방향을 가지는 것인데, 여기에서 신학은 서양의 근대적 세계관으로서 실용적 삶의 양식을 이루기 위한 도구적 이성의 사유에 근거를 둔 패러다임이었다. 신학구학론은 이처럼 구학보다는 신학에 시선을 집중하여 실용적 일상적 삶의 조건을 충족시키는 도구적 문명의 기초가 되는 학문으

---

7 김도형, 앞의 책, 344쪽;「義兵」,「萬歲報」1906년 6월 28일.
8 김도형, 위의 책, 359쪽. 황성신문에서 이처럼 개혁을 위하여 서양의 신학문을 받아들이되 이를 구학문과 절충하려던 변법개혁론은 독립신문 중심의 문명개화론과는 논리가 달랐다. 문명개화론이 기독교를 비롯한 서양의 근대사상에 기울었다면, 변법개혁론에서는 우리의 전통 학문이나 문화, 역사에서 개혁의 근거를 찾았다.(김도형, 위의 책, 365쪽)

로서의 특성을 강조하였다. 초기에 신학구학론은 절충론이 우세하여 정신적 도덕적 기초가 되는 전통 학문으로서 구학을 배제하는 단계에까지 나아가지는 않았으나, 뒤에는 구학보다는 신학을 보다 적극적으로 수용해야 한다고 하여 문명개화론과 연속되는 방향으로 나아가고 있다.[9]

요컨대, 신학구학론은 동도서기론적 사고에서 출발했으나, 대한제국이 신학을 중심으로 하는 실용교육을 강조하는 것과 동시에 논의가 활성화된 측면에서 이념적 특성을 가지는 동도서기론에서 한걸음 나아가 실질적으로 국가의 주권과 자주를 회복하기 위하여 신학문을 가르쳐야 한다는 현실적 정치적 요청에 따라 논의되었다. 이러한 맥락에서 1880년대를 전후한 시기에 김윤식金允植(號 雲養, 1835~1922), 육용정陸用鼎(號 宜田, 1842~1917) 신기선申箕善(號 陽園, 1851~1909)과 같은 인물들이 동도서기론을 제시했다면, 그로부터 약 20여 년 이후 국권의 회복 필요성이 절실하던 1905년을 전후한 시기에『황성신문』이나『독립신문』과 같은 여러 신문에서 신학구학에 관한 논의를 게재했으며, 주된 논객이 박은식朴殷植(號 白巖, 1859~1925), 이기李沂(號 海鶴, 1848~1909), 장지연張志淵(號 韋庵, 1864~1921)과 같은 인물이었다. 이들이 주로 주장했던 것은 주로 유교의 한계를 지적하면서 유교를 유신 또는

---

9 반면 박정심은 구학과 신학의 대립적 성격을 다음과 같이 언급하였다. 그는 "구학은 오래되어 낡은 것일 뿐만 아니라 진부하고 나쁜 것인 반면, 신학은 새롭고 좋은 것일 뿐만 아니라 우리가 수용해야 할 전범이란 가치관념을 담고 있었다. 신구학론은 서구적 근대문명성을 보편이념으로 수용하려는 인식지평을 반영한 담론으로서, 전근대적 사유와 근대적 사유가 첨예하게 충돌하는 지점을 보여주었다. 신학이야말로 근대적 실학으로서 '시대'에 맞는 시의성을 담보하고 있는 반면, 구학으로서 유학은 현실적 맥락을 상실한 낡은 이념성을 고수하는 병적인 상태라고 진단하였다"고 하였다.(박정심,「자강기신구학론(自强期新舊學論)의 "구학(舊學)[유학(儒學)]" 인식에 관한 연구」,『東洋哲學研究』66(동양철학연구회, 2011), 97~122쪽) 그러나 신학구학론은 신학과 구학을 절충하는 단계가 있고, 구학을 벗어나 신학을 적극적으로 수용해야 하는 단계로 구분할 수 있다면, 후자는 문명개화론과 연속된다고 할 수 있다. 이렇게 볼 때 박정심의 견해는 신학구학 논의 중 후자의 단계를 가리키는 것으로 이해된다.

개혁해야 한다는 유교개혁론이나 유교구신론이었다. 이들 논의에 대해서는 다음 절에서 살펴보기로 한다.

2) 유교개혁론의 형성과 특성

이 절에서는 이어서 전통 유학이 시대적 요청에 부응하지 못한다는 판단 아래 새롭게 혁신되어야 한다는 주장으로 제기되었던 유교개혁론儒敎改革論의 구체적 내용과 의미를 검토하고자 한다. 유교개혁론은 동도서기론으로부터 이탈하여 기존의 유교의 한계를 인식하고 도덕적 이념만이 아니라 실천성을 담보하여 보다 실용적인 학문으로 나아가도록 유도한다는 의미를 가지고 있다.

신학구학절충론에서 구학의 한계와 문제점을 지적하면서 이를 개혁하고자 하는 유파가 주장한 이론이 유교개혁론이었다. 유교개혁론은 이념적으로 신구학절충론과 문명개화론의 중간에서 유교의 도덕적 기초를 가지면서도 실용학으로서 신학문을 적극적으로 받아들일 수 있도록 유교의 체계를 전반적으로 개혁해야 한다는 주장이다. 이와 같은 이론을 지향했던 학자들로는 이상룡李相龍(號 石洲, 1858~1932), 박은식朴殷植(1859~1925), 류인식柳寅植(號 東山, 1865~1928), 이병헌李炳憲(號 眞菴, 1870~1940), 송기식宋基植(號 海窓, 1878~1949), 박장현朴章鉉(號 中山, 1908~1940) 등과 같은 인물들이 있다.

20세기 초의 유교개혁론 또는 유교종교화론은 몇 가지 노선과 갈래로 나뉘어지고 있다. 첫째는 류치명柳致明(號 定齋, 1777~1861)으로부터 연원하는 정재학파의 유교개혁론으로 석주 이상룡, 동산 류인식, 해창 송기식 등이 있다. 둘째는 애국계몽 운동을 주도했던 계열의 학자이자 독립운동가로 박은식과 장지연 등이 있다. 셋째는 중국의 캉유웨이(康有爲, 號 長素, 1858~1927)의 공교 운동의 영향을 받은 계열로서 이병헌과 박장현의 유교종교화론이 있다. 유교종교화론은 유교개혁론 가운데서도 민중들에 대한 계몽과 교육에 있어서 유교를 종교적 관점에서 접근하여 종교적 조직화를 하고자 했다는 점에 특징이 있다.[10]

먼저 유교개혁론을 제시한 인물 가운데 정재학파의 성리학을 계승했던 류인식의 유교개혁론의 핵심을 살펴보기로 한다. 류인식은 서양문명에 대한 적극적인 대응으로 유교개혁론을 제시하였는데, 당시 시대적 상황에 대한 그의 다음과 같은 인식을 통하여 그 필요성을 간파할 수 있다.

> 오대양 육대주에 부강하고 발전한 나라들은 옛날 중국의 구주九州에 견주어질 정도로 매우 많고, 그 나라에 사는 각양각색의 인종들은 다양한 생각을 가지고 아침저녁으로 출입합니다. 증기와 전기를 앞세운 온갖 종류의 과학기술은 자연의 조화의 힘을 빼앗아 귀신을 놀라게 할 정도이고, 바다와 육지를 측량하여 만들어 놓은 수로와 육로는 그물망처럼 깔렸습니다. 그 결과 이 나라들은 재용이 풍부하고 군사력은 막강하며 기계는 정밀하고 법률은 분명합니다. 이것이 바로 약육강식과 우승열패의 논리가 지배하는 커다란 변화의 국면입니다.[11]

---

10 19세기 후반에서 20세기 초반에까지 다양한 종교가 대중적 영향력을 넓혀가면서 서양으로부터 근대적 '종교' 개념이 들어오면서 '유교'는 점차로 종교적 의미를 가지는 것으로 이해되었다. 1910년을 전후한 대표적 유교종교화론을 제시한 저작으로 박은식의 「유교구신론」과 이승희의 「공교교과론」, 「공교진행론」은 공통적으로 유교의 보전과 사회적 확산의 기제로서 '종교'에 주목하였다. 이들은 유교를 보전하기 위해서는 근대 사회에 적합한 형식을 취할 필요가 있다고 판단하였다. 그리하여 근대적인 종교에 착목(着目)하면서도 근대 사회에서 유교의 역할을 '도덕'의 측면에서 찾았다. 박은식이 '내면의 도덕'을 강조했다면 이승희는 '일상의 도덕'을 강조하면서 유교가 도덕에서는 시의성을 지니고 있다는 점에서 근대에 유효성을 가지는 것으로 보았다.(이현정, 「한국 근대 유교 지식인의 '유교 종교화론'」, 『韓國史論』 66(서울대학교 국사학과, 2020), 141~199쪽.)

11 「上金拓庵先生」, 『東山全集』 下, 『東山文稿』, 「書」, 8쪽. "六洲五洋富强發達誌國, 如禹公九州之域者, 以千百計. 紅黑棕黃白各色人種, 朝往暮來, 氣化光電汽諸般學術, 每造駭神, 量海尺地, 線道如羅, 財源富盛, 兵力悍强, 器械利, 法律明瞭, 卽弱肉强食優勝劣敗之大變局也."

류인식은 서양의 문명국들이 매우 많다는 것을 강조하면서 특히 증기와 전기와 같은 사례를 통하여 수많은 과학기술, 육로와 수로 등의 기간산업 등에 대하여 경이롭다는 반응을 보이고 있다. 그리고 물질적인 풍요로 대변되는 경제력과 군사력, 기계와 법률 등이 진화론에서 강조하는 약육강식과 우승열패의 세계관을 가져오는 본질적 요소라고 보고 있다. 이러한 시세 인식으로부터 그는 유교개혁론의 필수 불가결성을 절감했다고 하겠다.

그는 신학과 구학에 대해서도 두 가지 중 어느 하나도 없어서는 안 되는 것으로 상호보완적인 의미를 가진다고 보았다. 류인식은 다음과 같이 신학과 구학의 연속성을 말하고 있다.

> 신학과 구학은 결코 근본적으로 다른 두 가지 학문들이 아니다. 구학을 연구하는 사람들이 신학에 대한 이해를 새롭게 낳도록 하고, 신학을 연구하는 사람들에게 구학을 이을 수 있도록 한 후에 비로소 민기民氣를 기를 수가 있다.[12]

류인식은 신학과 구학 두 가지가 상호의존적으로 연결되어 있기 때문에 신학 연구자들은 구학의 기초를 확립해야 하고, 구학 연구자들은 신학의 경험적 근거를 통하여 구학의 도덕적 이념을 실증해야 한다는 취지를 언급하였다. 특히 그는 신학과 구학의 연속성의 관점에서 지리학, 역사학, 법률학, 수학, 농상학, 기화학 등 신학이 결코 인심을 파괴하는 이단사설이 아님을 강조하였다.[13]

이러한 이론적 기초 위에 그는 유교개혁론을 「태식록太息錄」과 「학범學範」에서 제시하고 있다. 「태식록」이 약육강식의 냉혹한 세계에 대응하기 위한

---

12 「與族孫圭元」, 『東山全集』 下, 『東山文稿』, 54쪽. "新舊學非判然異物, 使舊學家産出新學, 使新學家接續舊學, 然後可以養成民氣."
13 박원재, 「동산 유인식의 계몽운동과 유교개혁론－정재 학파의 유교개혁론 연구(2)」, 『동양철학』 26(한국동양철학회, 2006), 42쪽.

기준에서 볼 때 유교문화에 내재해 있는 여러 가지 폐해를 조목조목 비판한 글이라면, 「학범」은 적극적으로 유학의 본연의 덕목을 실천하는 방법론을 제시한 글이다. 류인식이 「학범」에서 제시한 학문적 방향으로서 '함양涵養', '치지致知', '역행力行'의 구체적 단계는 다음과 같이 정리할 수 있다.

류인식 학범의 구성 체계 내용 및 의미

순서	주제	의미	내용
1	함양涵養	내적 자기수양	• 立志, 養心, 倫理學, 公德心, 熱誠, 毅力, 含蓄, 治身
2	치지致知	외적 지식습득	• 讀書, 窮理, 學問
3	역행力行	사회정치적 제도 확립 및 활동	• 合群, 經世, 理想, 宗敎思想

그의 「학범」의 구성 체계를 살펴보면 형식적으로는 '함양涵養', '치지致知', '역행力行'의 구도로 이루어져 있으나, 내용적으로는 내적인 자기 수양으로 본성적 토대를 확고히 하고나서, 외적으로 사물에 대한 정보와 지식을 습득하고, 마지막으로 사회정치적 제도의 확립과 효율적인 통치 방법론과 이념, 그리고 민중들에 대한 화합和合을 포함하는 경세經世를 언급함으로써 실용학의 신학과 도덕학으로서 구학의 융합을 통한 유교개혁론의 체계를 구성하고 있다. 여기에서 류인식이 염두에 둔 종교는 당연히 유교로 공자교孔子敎 운동과 같은 당시의 사상적 유행에 영향을 받아 유교를 종교로 삼아 민족적 위기를 극복하고자 하는 동력으로 삼고자 한 의도로 볼 수 있다.[14]

송기식宋基植(號 海窓, 1878~1949) 또한 정재학파의 일원으로서 이상룡李相龍(號 石洲, 1858~1932)의 영향을 받으면서 『해창집海窓集』과 「유교유신론儒敎惟新論」에서 종교적 관점을 강조하는 유교개혁론을 제시하였다. 그는 기본적으로 신학구학의 절충론적 입장에서 신학을 언급하면서도 유학에서 말하는

---

14 박원재, 위의 논문, 48쪽.

도덕성 함양을 우선적으로 확립할 것을 강조하였다. 학문적 지식을 '공리학'이라 지칭하면서 도덕성 함양을 위한 교육을 보다 중시하였다. 또한 그는 「유교유신론」을 써서 유학을 종교로 보아 대중화 종교화를 시도하였다.[15]

이처럼 송기식이 유교종교화를 통하여 유교를 실천적 대중운동으로 승화시키게 된 것은 1905년 대한제국의 외교권을 박탈한 을사늑약과 1910년 경술국치라는 급박한 현실을 목도하고 나서 기존의 유학적 가치를 고수하는 것만으로는 한계를 가진다는 인식이 중요한 계기가 되었다. 그는 이러한 시대적 격변 상황에서 스스로 봉양서숙을 설립하여 구학舊學을 중심에 두고 신학문을 수용함으로써 인재양성이라는 교육구국의 실천을 더욱 강화하고자 하였다.[16] 하지만 그는 1912년 이상룡에게 보내는 편지에서 봉양서숙을 설립하여 운영하면서 신학과 과학교육이 새로운 지식 습득을 통해 계몽의 효과가 있음에도 불구하고 대중적 종교교육만 못하다는 생각을 하였고, 이를 계기로 유학에 내포되어 있는 종교적 실천적 기능을 이끌어내고자 했던 것이다.[17]

이러한 취지에서 그는 여러 다양한 신학과 연관하여 유교개혁론을 제시하고 있다. 그는 『해창집』에 「뇌력양성도腦力養成圖」를 그려서 수록하였는데, '뇌력腦力'이라는 것은 두뇌의 지능으로서 기억력·판단력·활동력 등을 기를 것을 강조하는데, 여기에서 유학 사상의 틀에서 서양의 철학과 사상, 과학적 지식을 아우르고자 하는 의도를 엿볼 수 있다. 실제로 그는 서양의 민주주의 제도와 진화론, 과학이론, 사회학설 등을 두루 언급하면서 이를 공자의 시중설로부터 나온 총원설로 수렴하려고 하였다.

---

15 김영건, 「해창(海窓) 송기식(宋基植)의 사상과 교육관-해창집과 유교유신론을 중심으로-」, 『東洋古典研究』 86(동양고전학회, 2022), 323쪽.
16 박경환, 「해창 송기식의 시대인식과 유교 종교화의 구상」, 『안동학연구』 18(한국국학진흥원, 2019), 360쪽.
17 박경환, 위의 논문, 361쪽.

루소의 사회계약론은 마침내 공화제로 실현되었고, 다윈의 진화론은 문명의 발전 단계를 추동하였고, 제임스 와트의 증기에 관한 이론과 벤자민 프랭클린의 전기에 관한 이론이 세상에 떠들썩한 것이 과연 어떠했는가. 게다가 마르크스의 과학설과 톨스토이의 노동설이 천지를 휩쓸어오고 있다. …… 천하의 일에 어찌 원만하여 아무리 던져도 깨지지 않을 이치가 없겠는가. 지금 성리니 학설이니 종교이니 하는 것을 서로 포용하여 장차 여러 학설을 합하고 절충하여 '총원설'이라고 하였다. 이 학설은 공자의 '시중설時中說'로부터 나왔으니, 바로 '대동설大同說'에 앞선 학설이고 집대성集大成의 원안이다.[18]

송기식은 자신의 총원설이 『예기禮記』의 대동설大同說에 선행하는 논의이며 공자의 시중설時中說에서 나온 것으로 동서의 여러 학설을 집대성하는 원형적인 이론이라고 보았다. 그의 총원설이 공자의 시중설에서 나왔으며, 집대성의 토대라고 한 것은 일상적 삶에 밀착된 생활에서 시의성을 충족시킬 수 있는 모든 학설을 망라할 수 있는 이론이라는 것이다. 이러한 총원설에서 유학의 도덕적 이상과 서양학문의 실용적 개별과학 이론으로서 신학新學을 포괄하여 융합하는 그의 시각을 볼 수 있다. 동시에 그는 이러한 기초 위에 교육의 대중화를 위해 경전經傳들을 국문으로 번역하고, 여성 또한 동등하게 교육을 받을 권리를 주장하여 대중의 계몽을 시도하였다.[19]

유교개혁론을 주장하는 가운데 유교종교화론을 개진한 사례를 제시한다면 대표적으로 박장현朴章鉉의 공교관孔敎觀을 살펴볼 수 있다. 유교를 종교화하려는 공자교孔子敎 운동은 19세기 후반 이래 서양 세력의 침략을 종교

---

18 『海窓集』, 卷5, 「學說左右世界論」. "於是乎, 得聞白人之所謂學說者, 盧陵民約之說, 終致共和之制, 達爾文進化之說, 鼓發文明之階, 瓦特之汽說, 富蘭克令之電說, 其掀天地者, 果如何也. 況麥喀士之科學說, 杜翁之勞動說, 方捲地而來矣. …… 然則將以何等說, 白日于中天耶. 余故曰總原說爲今日急務, 何也. …… 天下之事, 豈圓活顚樸不破之理乎. 今性理云學說云宗敎云者, 互相包容, 將合衆說而折衷之, 曰總原說. 此說自孔子時中說來, 卽大同說之先聲也, 集大成之原案也."
19 김영건, 앞의 논문, 325쪽.

적 신앙의 힘으로 극복하고자 하는 취지로 중국의 캉유웨이에 의해 시작되었다. 이러한 중국에서의 유교종교화 운동은 조선의 지식인들에게도 영향을 주었는데, 이런 영향을 받은 대표적 인물로 이승희李承熙, 박은식朴殷植, 장지연張志淵, 이병헌李炳憲, 송기식宋基植, 박인규朴仁圭, 박장현朴章鉉 등이 있다.

박장현의 공교관은 그가 불교와 기독교와 공자를 성聖과 성인聖人 개념을 통하여 비교하는 곳에서 그 특성을 잘 드러내고 있다. 그는 공자를 성인으로 지칭하는 것이나 성聖 개념에 대하여 불교 또는 기독교에서 볼 수 없는 유일한 의미를 가지고 있다고 보았다.

> 공자와는 다르긴 하지만 석가나 예수도 도道를 행한 자취와 교화를 행한 말이 있다. 그러나 내가 볼 때, 이것은 초세간적인 관점으로 인간 세계를 떠난 것이다. 그래서 석가와 예수를 '신성하다(聖)'라고 말하는 것은 좋지만, '성인聖人'이라고 말하는 것은 옳지 않다. 성인이란 그가 인도人道에 성스러워야 한다. 그래서 성인이라고 일컬을 수 있는 것은 공자 한 사람 뿐이다.[20]

그는 현실세계를 초월한 불교적 피안의 세계나 기독교의 신적 구원의 세계로서 '성聖'의 세계가 아닌 현실에서 인도人道의 실현을 강조하는 유교적 '성인聖人'을 추구해야 할 이념형으로 강조하였다. 그에게서 '성인'이란 단순히 현세를 떠난 초세간 혹은 신적 세계가 아니라, 생생하게 살아 움직이는 현실에서의 삶의 문제를 해결해 주는 정치적 도덕적으로 이상적 인간을 뜻하는 것이다.[21]

---

20 『中山全書』, 下, 「論語類集序」. "異乎孔子而釋迦耶蘇諸氏, 雖有行道之跡, 說敎之辭. 然以余觀之, 是世外觀而離乎人間者也. 是故釋迦耶蘇謂之聖則可. 謂之聖人則不可. 聖人者, 而其聖於人道也. 可以聖人稱者, 孔子一人而已."

21 정병석은 박장현이 석가 및 예수와 비교를 하면서 仁과 같은 세속적인 도덕적 교화를 통하여 종교의 초월적인 것을 대체하려는 경향을 보여주고 있는데, 이것은 캉유

박장현은 유학의 합리적 이론과 인간관계에 대한 도덕적 책임과 의무의 강조를 타종교에 대한 공교의 우월성의 근거로 삼았다. 박장현은 공교의 핵심 원리를 서로 다른 것을 하나의 동일한 것으로 귀일시키는 '대동大同'의 세계에 두고 있다.

> 대동이란 무엇인가? 그 같지 않은 것을 같게 하여 같은 하나로 귀일시키는 것이다. 하나는 무엇인가? 사람이 사람답고 국가가 국가다운 도리 바로 이것이 이른바 '우리의 교敎' 곧 공교孔敎이다. 다른 교설은 그렇지 않다. 오직 미신을 신봉하기 때문에 진리가 밝아질수록 미신은 교체될 것이며, 오직 의식儀式만을 주창하기 때문에 정신이 존중되면 의식은 없어질 것이다. 공자교는 이와 다르니, 그 가르침은 오직 성명이요, 윤리요, 도덕이요, 인민이며 국가이다. 이런 공교는 문명이 발달될수록 그 도리는 더욱 절실해질 것이다.[22]

공자는 『논어』에서 귀신은 공경하지만 멀리하고 사후의 세계보다 삶의 현실세계 중시한다는 취지를 말한 구절이 있다.[23] 박장현은 공교가 다른 종교와 구별되는 핵심 요소를 보이지 않는 초월적 세계를 맹목적으로 믿는 것이나 이와 연관된 의식을 행하는 타종교와 달리 인간과 국가를 중심으로 한 현실 세계에서 성명의 이치와 윤리도덕을 국가의 이상적 정치적 질서를 통하여 실현하고자 하는 것에서 찾고 있다. 요컨대, 박장현이 유학을 종교적 관점으로 바라본 것은 유학의 진리성을 확신하면서도 외세에 의한 문화적

웨이의 관점과 매우 유사하다고 보았다.(정병석, 위의 논문, 161쪽)

22 『中山全書』, 下, 「原大同」. "大同何. 同其所不同而同歸於一者也. 一者, 何. 人之所以爲人, 國之所以爲國之道也. 是則所謂吾敎也. 卽孔敎也. 他敎則不然. 惟以迷信爲奉, 故眞理明而迷信替. 惟以儀式爲倡, 故精神重而儀式凶. …… 惟孔敎異於是. 其所敎者惟是性命也倫理也道德也人民也國家也. 凡此者, 文明愈進而其爲道也愈切."

23 『論語』, 「雍也」, 6-20. "樊遲問知. 子曰, 務民之義, 敬鬼神而遠之, 可謂知矣.";『論語』, 「先進」, 11-11. "季路問事鬼神. 子曰, 未能事人, 焉能事鬼. 敢問死, 曰未知生, 焉知死."

정체성의 상실과 국가 존망의 위기 상황에서 서양 기독교와 같은 실천적 신념체계가 필요했기 때문이다.[24]

3. 서양 정치사상 수용과 『만국공법』에 관한 논의

이 장에서는 19세기 후반 이후 국권 상실기에 서양정치사상과 제도를 수용하는 과정과 양상을 검토하고, 전통 유학사상과 어떻게 융합을 이루었는가를 해명하고자 한다. 구체적으로는 『만국공법』이 중국으로부터 수용되는 과정과 해석, 그리고 그 이후 조선에 미친 사상적 영향 등에 관하여 고찰하고자 한다.

서양정치사상과 제도라고 하면 자유주의, 민주주의 그리고 그 구성 원리로서 사회계약론 등과 같은 항목으로 이루어진다. 이러한 이론들을 구성하는 자유, 평등, 권리, 인권, 주권, 민권, 참정권 등과 같은 용어 또한 서양 정치사상과 제도를 받쳐주는 개념들이다. 이들을 중심으로 조선에서 서양 정치사상과 제도를 받아들이게 된 역사적 정치적 배경과 함께 그 구체적 과정과 내용을 검토하기로 한다.

먼저 서양정치사상의 가장 기본적인 원리를 담고 있는 루소의 사회계약론이 어떻게 받아들여졌는가? 루소의 사회계약론은 량치차오(梁啓超, 號 飮氷室主人, 1873~1929)가 쓴 「루소학안」과 나카에쵸민(中江兆民, 1847~1901)이 쓴 『민약역해民約譯解』를 통하여 중국과 일본에 먼저 소개되었다. 조선의 경우는 이들 학자들에게 영향을 받아 루소의 사회계약론을 간접적으로 수용하였다. 그런데 이들은 공통적으로 주로 '이의理義', '심心', '의지意志', '체용體

---

24 정병석, 「中山 朴章鉉의 儒學觀-返本改新의 儒學振興策과 孔敎觀을 중심으로-」, 『민족문화논총』 49(영남대학교 민족문화연구소, 2011), 160쪽. 정병석은 박장현이 유학을 종교화하고자 했던 핵심적인 목적을 자신들의 문화적 정체성을 다시 한 번 확인하고 유학의 비판적 극복을 통하여 새로운 시대에 적응하고자 한 것이라고 보았다.

用'등과 같은 유가사상의 개념들을 가지고 사회계약론을 이해하였다.[25] 이 시기에 조선에서 루소의 정치사상을 수용한 것은 중국과 일본을 거친 수용이었기에 그 과정에서 중국과 일본의 학문적 영향을 받을 수밖에 없는 상황이었다.

조선에서 서양 정치사상이 논의되기 시작한 시점은 일본의 메이지 유신의 영향과 서양문명에 대한 경험으로 부국강병과 자주를 위하여 서양문명을 수용하고자 하여 정부가 양무洋務 개혁사업을 추진하던 1880년대 초반이다. 김옥균金玉均(號 古筠, 1851~1894), 박영효朴泳孝(號 春皐, 1861~1939) 등 초기 개화파의 문명개화론에서 서양정치사상을 수용해야 한다는 논의가 이루어졌다. 이들은 정치사상뿐만 아니라 기계와 기술, 종교 등을 적극적으로 수용하여 근대화를 이루어야 한다고 강조하였는데, 이러한 논의를 한 대표적 인물이 박영효이다.

박영효는 「건백서建白書」에서 군왕의 권한을 줄이고 인민에게 마땅히 주어져야 하는 수준의 자유自由를 보장하는 것이 부국을 위한 길이라고 강조하였다.

> 참으로 한 나라의 부강을 바라고 만국에 대응하려 한다면, 군권君權을 줄여서 인민들에게 당연히 향유해야 할 만큼의 자유自由를 보장하는 것보다 좋은 것

---

25 김현주, 「근대 동아시아에서의 서구사상 수용에 있어서 유가사상의 역할 고찰 – 루소」, 『사회계약론』에 대한 나카에 쵸민(中江兆民)과 량치차오(梁啓超) 견해를 중심으로」, 『동아시아문화연구』 71(한양대학교 동아시아문화연구소, 2017). 이돈화의 경우는 『신인철학新人哲學』에서 식민지 조선의 위기상황 인식을 바탕으로, 동학의 인내천사상 및 수운주의사상과 루소의 사회계약론을 접목시키면서 공동체형성론을 탐색하였다. 하지만 그는 루소의 사회계약론을 원용하면서도 이러한 일반의지 및 법치의 논의를 결락시킨 결과, 신인철학에서 새로운 공동체의 법적 주체에 관해 제시하지 못하고 전체주의 측면이 강조된 도덕적 주체를 제시하는 데 머물렀다.(이예안, 「이돈화의 민족사회형성론과 이상사회의 행방 – 신인철학 의 루소 사회계약론 이해를 바탕으로」, 『東洋哲學硏究』 108(동양철학연구회, 2021), 13~136쪽)

이 없습니다. 각자가 나라에 보답하는 책무를 지도록 한 후에 점차로 문명한 단계로 나갈 수가 있습니다.[26]

나라의 부강을 추구하고 문명의 단계로 나아가는 방법을 박영효는 군주의 권한을 줄이고, 인민이 누려야 할 자유를 보장해 주는 것에서 찾고 있다. 자유라는 권리를 주는 반대급부로 국가에 마땅히 해야 할 의무를 자율적으로 행하게 하는 것이 나라를 부강하게 하여 타국에 주체적으로 대응하면서 문명한 나라를 이루는 길이라고 본 것이다.

박영효는 '백성들로 하여금 마땅한 자유'를 보장하는 것을 중요하다고 보면서, 하늘이 백성을 낳았으므로 불변의 통의通義가 있다고 하였다. 이 때 통의는 사람의 생명을 스스로 보호하는 것과 자유를 추구하여 행복해지는 것이라고 하였다. 박영효는 세속의 통의와 법률을 따르는 것은 자유를 버린 것이 아니고, 야만적 자유를 버리고 세상에 통용되는 공동의 이익을 얻은 것이며, '처세의 자유'를 얻은 것이라고 하였다. 그는 이를 마음에 따라 규제되는 자율적인 '문명의 자유'라고 하였다.[27] 요컨대, 그는 불변의 의리와 법률은 행위의 합리성을 보장하는 객관적 표준이 되므로 자율적인 마음의 판단에 따르는 것이기 때문에 이것을 '문명의 자유'로 일컬었다.

박영효는 고종에게 올리는 시무건의서로서 「건백서」에서 서구문명을 수용하여 조선을 야만으로부터 문명 상태로 발전시키기 위한 방안을 구상한 점에서 문명개화론을 제시하고 있다. 그러나 그의 글은 유교적 관점에서 쓰여졌다. 그는 서양문명을 수용하여 문명으로 나아가고자 했으나, 이처럼 문명개화 자체가 유교적 원리에 위배되는 것이 아니라고 보았다.[28]

---

26   朴泳孝, 「建白書」, 六, 敎民, 「才德文藝以治本」, 306쪽.
27   김도형, 앞의 책, 252~253쪽.
28   김도형, 위의 책, 257~260쪽.

유길준은 초기 개화파를 이어서 서양 정치사상 가운데 인민의 권리로서 천부인권을 '자유 통의'를 가지고 정의하고 있다. 그는 인민의 권리를 국가의 법률을 받들고, 당연한 도리를 따르는 것을 통하여 설명하고 있다.

> 夫 人民의 權利는 其 自由와 通義를 謂홈이라. …… 自由는 其心의 所好ᄒ는 디로 何事든지 從ᄒ야 窮屈拘碍ᄒ는 思慮의 無홈을 謂홈이로디 決斷코 任意放蕩ᄒ는 趣旨 아니며. …… 乃 國家의 法律을 敬奉ᄒ고 正直ᄒ 道理로 自持ᄒ야 自己의 當行홀 人世職分으로 他人을 妨害ᄒ지도 勿ᄒ며 他人의 妨害도 勿受ᄒ고 其所欲爲는 自由ᄒ는 權利 …… 通義는 一言으로 蔽ᄒ야 曰當然ᄒ 正理라. 今에 數例를 擧ᄒ건디 假令 官職을 供ᄒ는 者는 其 任責을 行ᄒ기에 相當ᄒ 職權을 保有홈이 亦 當然ᄒ 正理며 …… 千事萬物에 其 當然ᄒ 道를 遵ᄒ야 固有ᄒ 常經을 勿失ᄒ고 相稱ᄒ 職分을 自守홈이 乃 通義의 權利라.[29]

유길준은 자유의 의미 범위를 어떤 일이든지 하고 싶은 것을 멋대로 하는 방종이 아니고, 국가의 법률을 따르고 마땅히 해야 할 직분을 행하여 남을 방해하지도 방해를 받지도 않고 자유롭게 행할 수 있는 권리라고 규정하였다. 그는 천부인권으로 신명身命, 재산, 영업, 집회, 종교, 언사, 명예의 자유와 권리를 말하였으나, 이런 권리는 법률에 따라 신장되기도 하지만 규제되기도 한다고 보았다.[30] 이 밖에 유길준은 민권을 보장할 수 있는 새로운 정치체제로서 임금과 백성이 함께 다스리는 '군민공치제'로의 개혁을 주장하였다.

초기 개화파로서 박영효와 유길준은 이처럼 서양 정치사상을 적극적으로 받아들여 문명개화론으로 나아갔으면서도, 유교적 윤리를 폐기하지 않았다. 이것은 박영효와 유길준을 중심으로 하는 초기 문명개화론의 중요한 특

---

29 「人民의 權利」, 『西遊見聞』, 제4편, 109쪽.
30 김도형, 앞의 책, 273쪽.

징이라 할 수 있다. 그런데 이러한 유학의 기조 위에 서양문물을 받아들이고자 하는 것은 박은식이나 장지연에게도 계승되는 측면이 있다. 다시 말하면 이들은 서양정치사상을 전통 유학사상과 모순 대립하는 것으로 보지 않고, 상보적 견지에서 융합될 수 있는 것으로 파악하였다.

윤치호는 미국의 민주주의를 가장 이상적인 제도로 바라보면서도 조선에서 이를 실현할 수 없다고 판단하여 입헌군주제를 시의에 맞는 제도로 간주하였다. 하지만 그는 개인의 천부인권과 자유를 강조하면서 인민의 성장 없이는 나라를 보전할 수 없다고 생각하였다. 한걸음 나아가 그는 조선왕조 아래에서는 개혁을 위한 희망이 없다고 보았다. 그는 "부패하고 또 부패 중인 독재정치로부터 조선인을 구하는 유일한 방법은 현 정부와 낡은 왕조를 완전히 철폐하는 것이리라"[31]라고 하여 봉건왕조 체제를 근본적으로 부정하는 언사를 쓰기도 하였다. 이렇게 윤치호는 봉건왕조 자체를 부정하는 논의를 통하여 이를 떠받치는 전통 유교사상으로부터도 벗어나 기독교와 서양문명으로 전환된 문명개화를 이루어야 한다고 주장하였다. 이 점에서 윤치호는 문명개화론 중에서도 전통 유학과 서양 정치사상을 단절적 대립적 관점에서 바라보았으며, 이것이 박영효와 유길준의 제시하는 유학과 서양정치사상 사이의 상호 포용론적 시각과 구별되는 지점이다.

그러면 『만국공법』[32]이 중국으로부터 수용되는 과정에서 전통적 가치와

---

31 『尹致昊日記』 三, 1894년 9월 12일, 369쪽.
32 미국의 법학자 휘튼(Henry Wheaton, 惠頓, 1785~1848)의 국제법 저서 『국제법원리, 국제법학사 개요 첨부』 Elements of intenational law with a Sketch of the History of the Science를 중국에서 활동하던 미국인 선교사 윌리엄 마틴(William A. P. Martin, 丁韙良, 1827~1916)이 1864년 청국 동문관(同文館)에서 한역(漢譯)으로 출판하였다. 이 저술은 중국에서 서유럽 국제법을 인식하는 기본서적이 되었으며, 1868년 일본으로 번역되었고, 1880년 조선에 유입된 후 『공법회통(公法會通)』, 『공법편람(公法便覽)』 등과 함께 지식인들에게 많은 영향을 주었다. 1886년 9월에 개설된 한국 최초의 근대식 공립교육기관인 육영공원의 교과서로 받아들였고, 유길준의 『서유견문(西遊見聞)』, 심순택이 고종에게 올린 상소문, 황현의 『매천야록(梅泉

어떻게 융합되었으며 사상적으로 조선에 어떤 영향을 미쳤는가를 간략하게 살펴보기로 한다. 『만국공법』은 동아시아 한중일 삼국에 전해지고 번역되어 국제관계와 외교적 측면에서 많은 영향을 끼쳤고, 전 세계 모든 국가 간의 군사 외교 정치적 관계를 규정하는 보편적인 공법이 되었다.

먼저 『만국공법』은 위정척사파와 개화파에 의하여 각각 국가주의적 지평과 자연주의적 지평으로 상이하게 인식되었다. 개화파와 위정척사파는 공통으로 전통적 선입견에 따라 당대 세계정세를 중국 고대사에 비견하되, 개화파는 당대를 전국戰國 시대와 같은 것으로 이해하여 『만국공법』을 전국 시대의 종약從約과 유사한 것으로 파악한 반면, 위정척사파, 특히 최익현과 곽종석은 당대를 춘추시대와 같은 것으로 이해하여 『만국공법』을 춘추시대 의 맹약盟約으로 파악했다.[33] 개화파와 위정척사파의 이러한 시각의 차이는 두 학파의 시대적 인식의 차이에 기인하는 것이며, 두 학파가 '만국공법'을 수용하는 과정과 의미, 그리고 이로부터 제기되는 핵심 논점을 구성하는 것이다.

개화파가 『만국공법』을 전국시대를 규정하는 법으로 본 것은 김기수와 수신사로 함께 일본에 갔던 이헌영李鐵永(1837~1907)이 다나카 다케오(中田武雄)로부터 영향을 받은 것이다. 다케오는 "지금 세계는 인의가 지배하는 세계가 아니라 완력의 세계이다. 양으로는 공법으로 포장하지만 음으로는 위력을 드러낸다"라고 하였다. 이러한 다케오의 시대인식에 영향을 받아 김기수는 『만국공법』을 중층적 규범으로 육국 연횡의 법으로 보는 동시에 춘추시대의 맹약으로 간주하였다.[34] 박영효는 1888년에 쓴 「세계의 형세」에서

野錄)」, 정교의 『대한계년사(大韓季年史)』 등에서 이 책을 인용하였다.

33 이원석, 「만국공법의 두 가지 지평과 구한말 유학」, 『한국학연구』 51(인하대학교 한국학연구소, 2018), 599~633쪽.

34 이원석, 「『만국공법』의 두 가지 지평과 구한말 유학」, 『동도서기의 의미지평』(동과서, 2019), 170~171쪽.

이러한 관점을 강화하여 당시에『만국공법』에 따른 세계질서가 약육강식이 전개되던 전국시대와 유사한 것으로 보았다.

> 비록 국제 공법은 세력 균형을 주장하지만, 나라에 스스로 존립할 힘이 없으면 반드시 침략당해서 국가를 유지할 수 없을 것이니, 공법과 공의는 믿을 만한 것이 못된다. 유럽 문명의 강대국도 패망하니 하물며 아시아의 미개한 약소국에 있어서라! 유럽인들은 입으로는 법과 정의를 일컫지만 품은 마음은 호랑이나 승냥이와 같다.[35]

박영효는 여기에서『만국공법』이 서양의 제국주의 세력이 힘의 원리에 따라서 아시아 여러 나라를 미개한 나라로 통제하는 원리로 기능하고 있다는 것을 강조하고 있다. 겉으로 외치는 공정한 법과 정의가 실현되지 못하는 것이 현실이며, 유럽의 강대국들조차도 전국시대처럼 힘으로 각축을 하면서 경쟁하는 현장으로 간주하고 있다.

반면 위정척사파는 개화파와는 다른 시각으로『만국공법』을 바라보았다. 최익현은『만국공법』의 공법 조항과 조약을『춘추』의 권위를 빌어서 서양의 교활한 자들 또한 천하의 공론을 두려워할 것이라고 하여『만국공법』을 중국고대를 다스렸던『춘추』와 동일한 원리를 가지는 것으로 해석하였다. 그에게서 국가 간의 우호의 원칙과 호혜가『만국공법』의 핵심정신이라고 보았다. 고대국가 사이에 우호와 호혜의 원칙을 절차로 제도화한 총체가 바로 예禮였다.[36] 반면 곽종석의 경우는『만국공법』은 봉건적 군국제를 회복하기

---

35 朴泳孝, 「宇內之形勢」, 『韓國近代史基礎資料集』(國史編纂委員會 編). "雖有萬國公法, 均勢公義, 然國無自立自存之力, 則必致削裂, 不得維持, 共法公義, 所不足以爲恃也. 以歐洲文明強大之國, 亦見敗亡. 況亞洲未開弱小之邦乎! 凡歐人, 口稱法義, 心懷虎狼."

36 이원석, 위의 논문, 179~181쪽. 조현걸은「만국공법과 위정척사론」에서 최익현의 『만국공법』에 대한 인식을 해명하였는데, 최익현은 조선이 공법적 질서에 당당히 편입함으로써 자주와 자립을 실현하기를 희망하였다고 보았다. 하지만 그것은 방편적

위한 봉건적 법이었다. 그러나 그는 이 이면에 자연법적 요소를 수용하여 천리의 당연에 근원하는 천서天敍, 천명天命 개념을 통하여『만국공법』이 불편의 보편적 법칙으로서의 의미를 가지는 것으로 해석하였다.[37] 이렇게 볼 때 개화파가『만국공법』에서 서구 열강이 자신들에게 유리한 방식으로 해석하고 적용하는 현실적 권력적 의미를 직시하고 있다면, 위정척사파는『만국공법』이 내포하고 있는 이념적 이상론적 관점을 견지하고 있다는 점에서 동일한 규정을 서로 대립적인 관점에서 해석하고 있다.

중국의 경우에도『만국공법』에 대해서 이상론적 관점에서 그 의미를 해석하면서도, 현실적으로『만국공법』이 한계를 가지는 것을 언급하고 있다. 정관잉(鄭觀應)은『만국공법』의 이상론적 의미를 다음과 같이 언급하였다.

> 각 나라가 호혜적 관계에 따라 화목으로 안정하는 것은 오직『만국공법』이란 책 한 권만을 받듦을 통해서일 뿐이다. 이른바 '공公'이라고 하는 것은 한 나라가 사적으로 얻는 것이 아니며, 법은 각 나라가 그 규범을 상호적으로 따르는 것이다. 그러나 명시적인 승인이든 묵시적인 승인이든 이성법이나 판례법은 이의理義를 기준으로 삼고, 전리戰利를 기준으로 삼아 모두 천리인정을 벗어나지 않는다. 그래서 공법이 한 번 나오면서 각국은 모두 자의적으로 감히 행하지 않고, 실로 세도와 민생에 커다란 도움이 되었다.[38]

그는 공公과 법法이란 개념을 해석하면서 사적인 이익을 넘어서는 것이

이고 전략적인 것이었으며 궁극적으로 조선이 이적과 금수로 전락하는 것을 방지하려는 것, 즉 소중화 조선을 조선다운 나라로 보존하려는 데 목적이 있었다고 보았다.(조현걸,「만국공법과 위정척사론」,『大韓政治學會報』 24(대한정치학회, 2016), 29~55쪽.)

37 이원석, 위의 논문, 190쪽.

38 鄭觀應,「易言·公法(二十篇本)」,『鄭觀應集』, 上冊, 176. "各國之藉以互相維系, 安於輯睦者, 惟奉萬國公法一書耳. 其所謂公者, 非一國所得而私, 法者, 各國皆受其範. 然明許默許, 性法例法, 以理義爲准繩, 以戰利爲綱領, 皆不越天情人理之外. 故公法一出, 各國皆不敢肆行, 實於世道民生, 大有裨益."

며 상호적으로 함께 따르는 규범이라고 강조하면서 동시에『만국공법』이 이의理義와 전리戰利를 기준으로 하여 천리인정天理人情을 벗어나지 않는 것이라고 하여 그 보편적으로 지켜야 하는 규범으로서 의미를 설명하였다. 그리하여 모든 나라가 사적 이익에 따라 임의로 행동하지 못하게 하는 기준으로 세상의 도와 백성들의 생명을 지키는 데 유익한 것이라고 규정하였다.

천츠(陳熾)도『만국공법』이 지니는 의미를 힘과 덕을 함께 사용하여 세상의 균형을 유지 하는 역할을 하는 것으로 언급하였다. "요즈음 시대는 한결같이 칠웅七雄이 대치하는 형세이다. 힘으로도 남을 복종시킬 수 없으니, 어찌 만방의 지혜와 용기를 굴복시킬 수 있겠는가? 덕만으로는 세상의 으뜸이 될 수 없고, 아무도 사해의 균형을 유지할 수 없다. 덕과 힘은 상호 의존하여 이루어지고, 서로 바탕이 되어 쓰여지는 것이다. 그러나 천하만국天下萬國은 다수국이 소수국에 폭력을 행사하고, 작은 나라가 큰 나라를 섬기며 약소국이 강대국에 부역한다. 백년 이래 아직 금수가 놀라고 고기가 부패하는 지경에 이르지 않은 것은 공법이 지켜서 구하는 것이 적지 않다"[39]고 하였다.

중국 지식인들은『만국공법』에 춘추시대의 예禮에 부합하는 것이 있으면서도, 현실적으로 강대국의 힘의 논리 또한 벗어날 수 없는 이중적인 측면이 있는 것으로 보았다. 그럼에도 불구하고『만국공법』을 통해 이해한 서구 국제법의 원칙들, 특히 영토, 인구, 경제력 등에 관계없이 평등한 국가 간의 관계, 이의理義와 인정人情을 반영한 국제적 관례와 의식, 양자 혹은 다자간의 동의와 인정認定을 통해 형성된 국제적 규율 등은 서구의 횡포에 대항할

---

39 陳熾,『庸書(外篇卷下)』, 45. "今之世, 一七雄並峙之形也. 力不足服人, 何以屈萬方之智勇. 德不能冠世, 莫能持四海之釣衡. 德也, 力也, 相依而成, 亦相資爲用者也. 然天下萬國, 衆暴寡, 小事大, 弱役强, 百年以來尙不至獸駭而魚爛者, 則公法之所保求爲不少矣."

만한 정신적·도덕적 무기가 되기에 충분했다[40]고 할 수 있다.

반면 일본에서는 한국 및 중국과는『만국공법』을 수용하는 관점이 매우 다르다. 일본의『만국공법』에 대한 인식은 막부 말기에『만국공법』을 인쇄 출판을 하면서 시작되었다. 이후 메이지유신(明治維新) 이후에는 카쯔 카이 슈(勝海舟), 사카모토 료우마(坂本龍馬), 니시 아마네(西周), 이와쿠라 토모미(岩 倉具視), 기도 타카요시(木戶孝允), 후쿠자와 유키치(福澤諭吉) 등이 각각의 관 점에 따라『만국공법』에 대한 인식을 표명하였다. 이 가운데 대표적으로 후 쿠자와가『만국공법』을 어떻게 한국 및 중국과 다르게 인식하고 있었는가를 검토해 보기로 한다. 그는 초기에는『만국공법』의 질서를 따라서 힘을 기를 것을 강조하는 단계를 거쳐, 후기에는 약육강식이 행해지는 당시 금수의 세 계에서『만국공법』은 물리적 힘에 대항할 수 없는 것으로 그 역할을 부정적 으로 이해하였다.

> 지금 금수(禽獸)의 세계에서 최후에 호소해야 할 것은 필사적인 수력(修力)이 있을 뿐이다. …… 화친조약이라 하고 만국공법이라고 하여 심히 아름다운 것 같 지만 오직 외면의 의식명목에 불과하며 교제의 실은 권위를 다투고 이익을 탐하는 데 불과하다. 세계고금의 사실을 보라. 빈약무지의 소국이 조약과 공 법에 잘 의뢰하여 독립의 체면을 다한 예가 없는 것은 모든 사람이 아는 바이 다. …… 백권의『만국공법』은 수문의 대포에 미치지 못한다. 몇 권의 화친조 약은 한 상자의 탄약에 미치지 못한다.[41]

후쿠자와는 곧 약소국이『만국공법』이 규정하는 조약과 법규의 혜택을

---

40 김현주,「만국공법에 대한 청말 지식인의 인식과 현실과의 괴리」,『정치사상연구』 26(한국정치사상학회, 2020), 72쪽.
41 福澤諭吉,「通俗國權論」,『福澤諭吉全集』4(岩波書店, 1959), 636~637쪽; 류재곤, 「近代日本의 萬國公法 受容과 認識」,『선문인문과학논총』2(선문대학교 인문과학계 열, 2001), 57쪽.

268 제2장 | 사상적 모색과 실험

입어 독립과 자주의 질서를 향유한 예를 찾아볼 수 없다고 하였다. 이처럼 그는『만국공법』이 현실적으로는 명목은 있으나 실질적으로는 강대국의 군사적 힘에 의한 이권을 침탈하는 것을 결코 막을 수 없는 것이라고 하여 그 한계를 말하고 있다. 한국과 중국이 당시 약육강식의 세계에서 약소국의 상황이었던 것과 달리 일본은 강대국에 편입해 있었던 상황이었던 만큼,『만국공법』에 대한 이해 또한 삼국三國이 이러한 국가적 입장에 따라 서로 다르게 평가하였다.

『만국공법』수용과 함께 자유, 평등, 권리와 같은 서양정치사상의 핵심을 구성하는 용어들이 수용된 사례 가운데 대표적으로 권리라는 용어를 예로 들어보기로 한다. '권리'라는 용어는 개항기 이후 조선이 서양 문물을 받아들이는 과정에서 서양 열강들과 여러 조약을 체결할 때 주고 받는 조약서에 주로 인용되었다. 예컨대, 1882년 5월 조·미 수호조약 이후 서구국가들과 체결한 각종 조약과 장정 등에는 right를 비롯하여 그와 상관이 있는 단어들이 들어있다. 영문 조약문을 예로 들면, power, privilege, immunity, advantage, interest 등이다. 이 단어나 표현들이 상응하여 한문본 조약문에 어떤 단어와 표현을 쓰고 있는지를 본다면, 권리 개념 및 용어들이 어떤 의미로 전해졌고 또 조선정부가 그것을 어떻게 이해하고 있었는지를 짐작할 수 있을 것이다.[42]

요컨대, 개항기 조선에서 서양정치사상은 먼저 서양정치사상 이론의 가장 기본적 원리인 루소의『사회계약론』을 수용하였다. 이어서 서양정치사상을 법제도적으로 설명해 주는『만국공법』을 받아들이는 것을 통해서 이루어

---

42 문준영, 「근대 초 한국에서의 권리 법 정치」, 『강원법학』 37, 2012, 171쪽. 강화도 조약 이래의 각국과 체결한 수호조약 및 그 부속장정들의 한문본에서 '權利'라는 단어가 나타나는데, 첫 번째 사례는 1883년 7월 25일 조인된 '재조선일본인민통상장정'(在朝鮮日本人民通商章程, 이른바 '조일통상장정') 제42관이다.(문준영, 위의 논문, 172쪽)

졌다. 또한 조약이나 장정 등을 통하여 서양정치사상의 핵심 개념들을 실용적으로 이용하는 관점에서 조약문에 기록하는 방식으로 수용하였다.

4. 진화론과 사회주의사상의 수용양상

이 절에서는 한·중·일을 중심으로 하여 동아시아에서 진화론 또는 사회진화론과 사회주의사상을 수용한 과정과 양상을 살펴봄으로써 동양 세계와 시대정신에 끼친 영향을 고찰하고자 한다. 특히 이 장에서는 사회진화론이 한편으로 약육강식의 힘의 논리를 긍정하는 사상적 기초가 되는 반면 다른 한편 약소국의 입장에서는 힘을 길러야 하는 당위성의 토대가 된다는 양면적 성격을 검토하고자 한다. 또 한편으로는 1920년대 이후 일제강점기에 지식인들이 많은 영향을 받았던 사상으로 진화론과는 대립적 의미를 갖는 공동체와 평등을 강조하는 사회주의사상과 무정부주의를 검토함으로써 진화론을 수용한 것과 사회사상과 무정부주의 사상을 수용한 취지를 비교시각적인 차원에서 분석하고자 한다.

그러면 먼저 한·중·일에서 받아들인 진화론이 국가에 따라 특수하게 인식되고 평가되는 양상을 살펴보고자 한다. 또한 조선 사회에 사회진화론이 수용되면서 여러 사상적 유파들이 어떠한 융합적 시각을 가지고 이를 활용하고 있는가에 주목해 보고자 한다. 나아가 전통 유학의 관점에서 진화론이 내포하고 있는 의미로서 문명의 진보가 이미 이루어진 서구 중심적 세계관에 대한 비판적 시각을 살펴보고자 한다.

동아시아 삼국 중에 진화론을 가장 먼저 받아들인 국가는 일본으로 1870년대 독일학의 개척자인 카토 히로유키(加藤弘之, 1836~1916)가 진화론을 동아시아에서 처음으로 수용하였다. 반면 진화론이 중국에 소개된 것은 옌푸(嚴復, 1853~1921)가 1897년 헉슬리(T.H. Huxley, 1825~1895)의 『진화와 윤리』를 『천연론』이란 이름으로 번역 출간한 것이 계기가 되었다.[43] 이어 조선은 1880년대 일본과 미국 유학을 다녀온 유길준이 다윈의 진화론을 처음으로 일본에 소개한 에드워드 모스(Edward S. Morse)에게 배워서 수용하였다.

가토는 생존경쟁과 적자생존의 논리에 근거하여 청일전쟁과 러일 전쟁에서 일본이 승리할 것이라고 주장함으로써 진화론에서 전쟁을 정당화하는 논리를 도출하였다. 그에 따르면, 일본은 특수한 충군애국이라는 덕목에서 완전한 사회유기체를 이루고 있는 만큼, 러시아보다 더욱 진화된 사회이기 때문에 전쟁에서 승리할 것이라고 주장하였다. 가토는 이처럼 멸사봉공적 기풍이 살아 있는 사회가 경쟁으로부터 살아남는다는 것을 진화론이라는 과학을 통해 논증하고 있다.[44]

중국에서 옌푸는 스펜서의 사회유기체설이 중국의 근대화로 자강을 이루는데 필요한 이론이라고 생각하면서 스펜서의 이론을 중시하였다. 그러나

---

43 옌푸 지음, 양일모 옮김, 『천연론』, 소명출판, 2008. 출판사서평에서는 옌푸가 소개한 진화론적 세계관이 중국의 전통적 사유를 전복시키고 붕괴시킨 내용을 상세하게 기술하였다. "옌푸는 『천연론』에서 다윈의 생물학적 진화론뿐만 아니라 사회진화론을 둘러싼 헉슬리와 스펜서의 상반된 논의를 중국에 소개했다. 헉슬리는 만년에 스펜서 류의 낙관적 사회진화론을 비판하면서 진화론적 윤리관이 안고 있는 근본적인 문제를 제기하였다. 그것은 인간 사회의 윤리규범이 생존경쟁과 적자생존이라는 진화의 법칙에서 도출될 수 있는 가능성에 대한 문제제기였다. 진화의 과정에서 살아남은 최적자(the fittest)가 반드시 윤리적으로 가장 좋은 자(the best)인 것은 아니라는 것이다. 그리하여 천부적 권리로서 자유를 주장하는 스펜서의 방임적 자유주의와 달리 헉슬리는 자기절제의 도덕을 강조하는 온건한 자유주의를 주장하였다. 『천연론』은 사회진화론이 전제하는 경쟁의 주체로서의 개인 혹은 경쟁을 가능하게 하는 힘으로서의 자유의 문제를 제기하고 자유주의 내부의 논쟁을 소개함으로써 전통 중국인의 사유에서는 다루어지지 않았던 개인과 자유에 관한 논의가 심화될 수 있는 계기를 제공하였다. 『천연론』은 또한 서양의 진화론 통해 중국의 천(天) 관념을 일신시켰다. 자연계에서의 진화의 원리와 인간사회의 윤리를 분리시킴으로써 자연의 원리를 인간사회에 적용하고자 하는 전통적인 자연주의적 사고(天人合一)를 붕괴시켰다"라고 하였다.
44 김도형, 「가토 히로유키의 진화론과 전쟁인식-청일·러일전쟁 관련 저술분석을 중심으로」, 『일본사상』 35(한국일본사상사학회, 2018), 7~37쪽.

그는 개인의 자유를 강조하는 스펜서의 개인주의적 사고를 사회유기체에 해를 준다는 이유로 비판했던 헉슬리의 비판적 관점도 수용하였다. 스펜서의 사회유기체설의 기조는 사회가 사회 구성원 개개인을 위해 유용한 역할을 해야 한다는 것이다. 여기에서 옌푸는 헉슬리의 입장에서 종種의 보존이라는 사회 전체의 목적을 위해 구성원 개개인은 희생하고 단합해야 한다고 주장하였다. 중국 밖의 대상과 경쟁하기 위해 내부의 단합을 강조하는 것은 중국에 수용된 사회진화론의 특징이다.[45] 이처럼 옌푸는 서양문명의 침식을 받고 있던 중국의 입장을 고려하여 국가 내부의 힘의 배양을 강조하는 방향에서 진화론을 해석하였다. 일본이 이미 문명적으로 진화를 이루고 부강한 제국주의 열강의 지위에 있는 상황에서 '진화론'에 대한 해석은 이미 가지고 있는 것을 이론적으로 정당화하는 근거로 활용하는 데 비하여, 중국은 당면한 국가적 과제로서 부강에 이르는 주체적 노력의 측면에서 진화론을 해석하고 있다. 이처럼 동아시아에 수용된 진화론은 각국이 처해 있는 역사적 시대적 문명적 특수 상황에 따라 상이하게 해석되었다.

조선에 진화론을 가장 먼저 전했던 유길준은 에드워드 모스로부터 사회진화론의 영향을 받은 후 「경쟁론競爭論」을 써서 "인생 만사는 경쟁하지 않는 것이 없으니, 크게는 천하국가의 일로부터 일신일가一身一家의 작은 일에 이르기까지 모두 경쟁을 통해서 비로소 진보할 수 있다. 만약 인생에 경쟁이 없다면 무엇으로 지덕智德과 행복을 높여갈 수 있으며, 국가가 경쟁력이 없으면 무엇으로 그 빛나는 위엄과 부강을 증진할 수 있겠는가"[46]라고 언급하였다. 유길준의 사회진화론 수용은 조선의 문명적 발전을 목표로 삼았기

---

45 진보성, 「신채호의 근대적 공동체 모색의 양상과 그 시대적 의미−사회진화론의 극복 양상과 민족의식의 전환을 중심으로−」, 『시대와 철학』 32(한국철학사상연구회, 2021), 115쪽.
46 「정치경제편」, 『유길준전서』 4권(일조각, 1971); 김재현, 『한국근현대 사회철학의 모색』(경남대학교출판부, 2015), 33쪽.

때문에 서양 제국주의의 공격적 이데올로기가 아니라 약소국의 자강自強을 위한 이념적 토대의 의미를 갖는다.[47] 유길준의 진화론에 대한 이러한 해석은 또한 중국의 옌푸가 진화론을 자강을 위한 이론적 근거로 삼는 것과 동일한 의미를 갖는다.

　박은식 또한 기본적으로 사회진화론에 대하여 이해하고 있었다. 그는 "생존경쟁을 천연天演이라 논하며 약육강식을 공례라고 말하는" 시대인 점에 동의하면서도, 문명국이라는 영국도 인도와 이집트를 지배하고 도의를 숭상한다는 미국도 필리핀을 점령하고 있는 점을 거론하면서, 이들 제국주의 침략자들은 "입으로 보살菩薩을 말하면서도 행동은 야차夜叉와 같다"고 비난하였다.[48] 박은식의 사회진화론이 대외적으로 자주와 독립을 유지하고 대내적으로 민족통합과 국민국가의 형성을 뒷받침 할 수 있는 이론으로서, 동시에 한일합병이후에도 일관되게 「우자優者」가 되기 위한 「교육」, 「학교」, 「사업」과 같은 자강 독립의 방책으로 한국 근대 민족주의 형성에 순기능을 할 수 있었던 것은, 그의 사회진화론의 수용양식이 우승 열패적 세계관, 문명경쟁론 그리고 단합론에 기초하여 오늘의 약자는 내일의 강자가 될 수 있다는 「우승열패론優勝劣敗論」의 약소국 민족주의의 이론적 성격을 띠었기 때문이다.[49] 박은식은 사회진화론을 민족의 자강 독립과 민족주의의 주체성을

47　엄연석, 「19세기 말 동서사상의 지평융합 공간으로서한양의 문화지리적 의미- 유길준과 윤치호의 정치적 사상적 활동을 중심으로-」, 『서울학연구』 82(서울시립대학교 서울학연구소, 2021), 71쪽. 유길준은 이러한 사회진화론에 근거하여 '개화'의 등급이론을 제시하였다. 그에 따르면, "개화라는 것은 인간의 천사만물이 지선극미의 경지에 이르는 것을 말함"(유길준(허경진), 『서유견문』(서해문집, 2016), 394쪽.)이라 하였다.

48　김도형, 앞의 책, 433쪽; 『朴殷植全書(下)』, 「自强能否의 問答」, 68쪽.

49　우남숙, 「사회진화론과 한국 근대민족주의」, 『한국동양정치사상사연구』 7(한국동양정치사상사학회, 2008), 139~167쪽. 우남숙은 박은식의 민족주의의 성격을 다음과 같이 설명하였다. "사회진화론을 기반으로 한 그의 민족주의의 성격은 서구의 사회진화론이 패권적 팽창적 제국주의적 강대국 민족주의적 형성을 보여주는 것과 다르게 민족적 해방적 저항적 약소국 민족주의의 전형을 보여주는 것이라 할 수 있다."

강화하는 지향성을 가지는 측면에서 그 이론적 근거로 삼았다고 할 수 있다. 박은식의 이러한 관점은 윤치호가 사회진화론에 근거하여 문명화를 이루기만 한다면 문명국의 지배 아래에서 이루는 개혁까지 용인할 수 있다[50]고 하는 시각과는 근본적으로 구별되는 태도라 할 수 있다.

손병희孫秉熙(號 義菴, 1861~1922)는 「명리전明理傳」(1903)에서 "오늘의 운수에 승세乘勢한 것은 재예에 정통하고 기계가 편리하며 임금과 백성이 본분을 잃지 않고 지키며 공화정치를 꽃피우는 서양"이라고 하면서 문명개화의 당위성을 운수관으로 풀어갔다. 이러한 운수관은 '서구문명은 진보의 상징물로서 추종의 대상이지 경쟁의 대상이 될 수 없다'며 사회진화론을 미개와 문명을 가르는 원리로 수용했던 문명개화파 일반의 패배주의적인 현실인식의 동양적 재해석이라고 할 수 있다.[51] 여기에서 문명개화론자들은 사회진화론을 근거로 서양문명의 진보성을 찬미하면서 문명개화의 필요성을 정당화하고 있다.

반면 신채호申采浩(號 丹齋, 1880~1936)는 근대적 사회공동체 구성을 모색하면서 보다 복합적인 의미에서 사회진화론을 자강의 차원에서 수용하였으나, 후기로 가면서 사회진화론을 극복하고 민족과 민중을 강조함으로써 민족의식의 전환을 이루었다. 신채호는 「보종보국론保種保國論」(1907)에서 '보국'을 강조하면서 그 의미를 해석하고 있다. 그가 사용한 '보국'이라는 용어의 '국國'을 보면 신채호는 오랜 세월 공통의 문화적인 유대를 기반으로 형성된 역사적 지역성을 공유하는 공동체 이해의 범주를 뛰어넘어 비약하지 않고, 그 이해의 범위에 그대로 근대적 '국가−민족'으로 구성된 공동체의 개념을 부여한다.[52]

---

50 김도형, 앞의 책, 39쪽.
51 김정인, 『천도교 근대 민족운동 연구』(한울, 2009), 41쪽.
52 진보성, 위의 논문, 121쪽.

또한 신채호는 보국을 안정적으로 확보하기 위한 최우선 과제로 사대주의의 극복을 통해 사회진화론적 경쟁과 투쟁의 현실에서 제국주의 세력과 동등한 위치를 점하는 '민족적 아'를 정립하는 것에 역점을 두었다. 물질적 자강의 조건과 함께 정신적 자강을 강조한 것이다. 신채호에게 역사 관계의 재정립으로 '민족적 아'를 정립하는 것은 한국의 자강을 이끌기 위한 가장 중요한 과제였다.[53] 정신적 자강을 강조하기 위하여 '민족적 아'를 세우는 것과 함께 신채호는 크로포트킨(А. Кропóткин, 1842~1921)의 상호부조론相互扶助論에서 진화론에 대응하는 '진보'의 이론적 근거를 찾아내고 있다.

요컨대, 동아시아에 수용되었던 사회진화론은 한국과 중국, 일본이 처했던 국가적 여건에 따라 지식인들에 의해 매우 다양한 의미로 해석되었다. 생존경쟁과 약육강식, 적자생존, 자연선택을 기준으로 하는 진화론 또는 사회진화론은 자연과 인간 사회를 진화의 정도 따라 수직적으로 우열과 등급을 매겨 차별하는 이론적 특성을 가지고 있다고 할 수 있다. 이 점에서 이미 '진화'와 '발전'을 성취한 나라에서 사회진화론은 그 긍정적 의미가 적극적으로 해석된다. 반면 아직 진화되지 못했거나 개화되지 못한 사회는 진화론을 미래적 진화와 발전을 이루어야 한다는 의무론으로 작용하기도 한다. 한중일 각국의 여건의 차이에 따라, 그리고 역사적 시기에 따라 필연적으로 사회진화론에 대한 이해 또한 상이하게 되었다.

그러면 일제시기에 1920년대 이후 받아들여진 사회주의사상은 독립운동과 민족해방운동 양상에 어떤 영향을 주었는가? 일제시기의 사회주의운동은 3·1운동이 좌절되고 일제가 교묘한 문화정치로 민족의 정신을 말살하고자 하는 상황에서 독립과 민족해방, 일제의 수탈적 억압, 계급, 봉건적 제도로부터의 해방과 같은 목적을 이루기 위하여 적극적으로 수용되기

---

53 진보성, 위의 논문, 122쪽.

시작하였다. 사회주의사상은 개별 지식인으로부터 지역별, 성별, 종교단체, 아나키즘 이론, 전파방법과 같은 다양한 측면에서 수용되었다. 먼저 개별 지식인으로서는 이회영李會英(號 友堂, 1867~1932)과 신채호申采浩(號 丹齋, 1880~1936), 최익한崔益翰(號 滄海, 1897~?), 안창호安昌浩(號 島山, 1878~1938) 김재봉金在鳳(1890~1944), 김응섭金應燮(號 東田, 1877~?) 등이 대표적 인물이고, 지역적으로는 안동, 문경, 원산, 미주 지역에서 사회주의운동이 활발하게 전개되었다. 또 일부 여성단체 또한 사회주의에 대한 정치사회화에 집중하였고, 기독교계 일부에서 사회주의운동에 투신하였다. 나아가 크로포트킨의 아나키즘이론으로서 아나코-코뮌주의를 수용하는 흐름이 이어졌으며, 여러 사회주의 잡지를 통한 전파가 이루어지기도 하였다.

먼저 1919년 3·1독립운동 이후 1923년이 되어 중국에서 이회영과 신채호는 아나키즘을 수용하기 시작하였다. 이회영과 신채호는 인물중심 조직의 파벌과 분열, 정부기구의 존재로 인한 권력투쟁과 같은 임시정부의 부정적 폐단을 거론하며 반임정 노선을 추구하면서 무장투쟁론을 독립운동 방식으로 마음에 품고 있었다. 이에 이회영은 1924년 4월의 '재중국조선무정부주의자연맹'에 이어 1928년 5월 '동방무정부주의자연맹' 등에 관여하면서 북경과 상해 지역의 한인 아나키스트들을 결속시키는 노력을 계속하였다. 신채호는 의열단 선언문 집필, 다물단 활동, 아나키즘 수용을 거치면서 독립투쟁의 수단으로서 민중직접혁명을 보다 치열하게 전개하여 일제를 축출하기 위한 노력을 촉구하였다. 이들은 러시아의 사회주의 프롤레타리아 혁명을 통해 세워진 정권 역시 민중의 고통을 전가할 뿐 자유, 평등, 재산을 보장하는 국가가 아니었다는 인식을 함으로써 프롤레타리아 사회주의 혁명을 비판하고 배척하였다.[54]

---

54 주인석, 「우당 이회영과 단재 신채호의 아나키스트활동-항일구국투쟁의 동행」, 『민

최익한은 한학자로 시작하여 시대를 거치면서 근대학문과 민족주의운동, 사회주의사상 수용과 활동, 국학 연구 등으로 사상적 활동을 지속적으로 전환시켜 갔다. 그는 1925년 일본유학을 가서 사회주의 사상과 운동으로 전환하였다. 이 시기는 국내에서도 점차 사회주의사상이 싹트고 재일유학생들이 사상단체운동을 벌이기 시작하던 때이다. 최익한은 와세다 대학을 다니며, 오야마 이쿠오(大山郁夫, 1880~1955)와 후쿠모토 가즈오(福本和夫, 1894~1983) 등으로부터 사회주의사상을 배웠고, 일월회, 재일본 조선노동자총동맹, 재동경조선청년동맹, 신흥과학연구회 등에 참여하면서 활발하게 활동하였다.[55] 그는 전통 한학을 통하여 유학 사상의 기초 위에 특히 근대학문과 민족주의, 사회주의사상을 수용함으로써 여러 학문과 사상을 융합시켰으나, 주로 사회주의를 사상이론으로보다는 실천적 활동 방면에 초점을 두었다.

이어서 대표적으로 국내에서는 경상도 문경지역에서 사회주의운동이 활발하게 전개되었는데, 몇 가지 특징을 갖고 있다. 첫째는 중국·일본과 더불어 동아시아 유교문화권에 속한 조선에서 유교적 세계관을 가지고 있었던 유학적 지식인들이 식민지 자본주의의 형성, 근대적 사회사상의 도입과 더불어 민족주의·무정부주의·사회주의로 분화되는 과정을 겪게 되었다. 특히 국내에서는 3·1운동 이후 민족주의의 이론적 무기력함을 경험하면서 민족주의자의 일부가 사회주의사상을 수용하게 되었다. 둘째는 이 지역 사회주의운동가들은 대부분 토착적인 유학적 지식인들로서 양반 유림세력이 강한 반촌은 평민 마을이나 농민에게 영향을 미쳤다. 이들 반촌은 옛 질서를 그대로 간직하고 본래의 체제를 크게 바꾸지 않으면서 새로운 사상유입을

족사상』15(한국민족사상학회, 2021), 181~188쪽.
55 송찬섭, 「일제강점기 최익한(崔益翰)(1897~?)의 사회주의 사상의 수용과 활동」, 『역사학연구』61(호남사학회, 2016), 153쪽.

통해 사회변화에 맞추어 가려는 측면이 있었다. 사회주의 세력은 이러한 반촌의 결속력, 옛 질서 속에서 민촌에 미치는 그들의 영향력을 유리하게 이용하였다.[56]

다른 한편 미주에서 활동하던 재미 한인들 중에서도 사회주의에 경도된 안창호 같은 인물이 있었다. 1920년대 이후 미국에서 유학하던 유학생들은 당시 미국에서 듀이의 실용주의, 싱코비치 및 클라크의 반맑시스트적 이론에 영향을 받아 반공주의를 내면화하게 되었다. 이승만을 비판해 온 국민회도 민족주의를 표방하고 사회주의를 반대하는 등 대다수의 회원들은 보수적이었다. 하지만 안창호는 사회주의에 대해 포용적인 태도를 취했다. 그는 사회주의의 장점을 취한 대공주의를 제시하였는데, 1920년대에 사회주의 사상이 들어오면서 분열되기 시작한 독립운동의 통합을 위해서였다. 미주의 한인들은 점차 서구열강의 무관심과 미국의 빈부격차 및 인종차별에 실망하면서 한국독립을 도와줄 외세로 소련에 의지할 생각을 갖게 되면서 사회주의의 영향을 많이 받았다.[57]

1920년대 말에 이르러서 여성단체의 정치사회화 운동을 통한 민중 여성의 단결, 정치적 참여 유도, 여성의 권리 확보와 사회 경제구조의 개혁을 위해서 사회주의사상을 적극적으로 받아들이기도 했다.[58] 이 시기의 사회주의 여성운동가들은 사회주의사상을 받아들이면서 이를 통하여 당면한 두 가지

---

56 심상훈, 「일제강점기 문경지역의 민족운동과 성격-1920년대 사회주의운동을 중심으로-」, 『동아인문학』 23(동아인문학회, 2012), 149~150쪽. 문경지역의 사회주의 운동의 중심에는 유학적 지식인들이 있었고, 그들은 지역을 기반으로 다음 세대를 이끌어갈 사회주의자들을 양성해 나갔다. 이들은 전통과 권위가 허물어져 가는 시대적인 아픔을 유교를 대신해 사회주의 이론으로 달래고자 하였다. 이들은 새로운 이상향의 실천을 사회주의의 민족해방운동으로 표출하고자 했던 것이다.(124쪽)

57 이나미, 「일제시기 재미한인의 정치이념-사회주의관을 중심으로」, 『평화연구』 15(고려대학교 평화연구소, 2007), 96~122쪽.

58 박정은, 「일제 식민지 시기 사회주의 여성단체의 정치사회화에 대한 내용 분석」, 『한국정치외교사논총』 38(한국정치외교사학회, 2016), 78쪽.

속박으로부터 해방이라는 목표를 지향하였다. 이 두 가지 속박은 바로 봉건적인 유교제도와 자본주의와 일본 제국주의로부터 가해지는 근대적 압박이 그것이다. 특히 여기에서 유교제도라고 하는 봉건적 속박은 사회주의 여성운동가들이 사회주의사상을 기초로 이루어지는 해방운동의 단초가 되는 것이다. 요컨대, 여성 사회주의운동의 요체는 유교를 중심으로 하는 봉건적 속박으로부터 벗어나는 동시에 자본주의와 제국주의를 이데올로기로 삼은 사회경제적 침략과 속박으로부터 해방을 이루는 데 있다.

　사회주의사상을 수용한 데에는 사회주의 잡지를 발행하게 된 것도 한몫을 했다. 사회주의 잡지는 3·1운동 이후 일제가 우리나라를 지배하는 방식을 문화통치로 전환하는 배경 하에서 다른 신문 잡지와 같이 일제 당국의 허가를 통해서 등장하였다. 잡지는 발행에서부터 편집 배포에 이르기까지 일제 당국의 검열을 받았기 때문에 발행금지와 원고압수가 빈번히 행해지는 악조건을 감내해야 했다. 이들이 전국에 설치한 지분국은 잡지 배포뿐만 아니라 운동의 전선체로서의 역할도 수행했다. 따라서 사회주의 잡지는 사회주의사상을 전파하는 핵심적인 지식원知識源으로서뿐만 아니라 운동을 견인하는 역할을 했다.[59]

　3·1독립운동 이전까지 일제에 가장 강력한 반대세력이었던 조선 기독교인들은 3·1운동 이후 반개혁으로 급선회하였으나, 일부 소수의 기독교인들은 교회 밖에서 사회주의사상을 실천하였다.[60] 일제 식민지 시기에는 상호부조론으로 유명한 크로포트킨의 아나코-코뮨주의를 중심으로 하는 사회주의운동이 형성되기도 했다.[61] 이처럼 1920년을 전후한 시기부터 사회주

59　김문종, 「일제하 사회주의 잡지의 발행과 지국운영에 관한 연구」, 『한국언론정보학보』40(한국언론정보학회, 2007), 7~44쪽.
60　강종권, 「1920-1930년대 조선 기독사회주의 연구」, 『인문학연구』39(숭실대학교 인문과학연구소, 2009), 5~38쪽.
61　하승우, 「항일운동에서 '구성된' 아나코-코뮨주의와 아나키즘 해석경향에 대한 재

의사상은 3·1운동 이후 새로운 제국주의적 억압의 굴레를 벗어나 민족해방을 이루는 새로운 실천적 이념으로 많은 지식인과 지역과 계층, 그리고 전파방법으로서 신문잡지를 통하여 적극적으로 수용되었다.

요컨대, 이 장에서는 1900년대를 지나면서 조선의 지식인들이 서구 사상 가운데 진화론 (또는 사회진화론)과 사회주의사상을 수용한 양상을 검토하였다. 이때 진화론 또는 사회진화론 다윈으로부터 시작하는 것으로 자연세계의 경쟁의 원리를 강조하는 이론이라면, 크로포트킨의 상호부조론으로 대표되는 사회주의사상 또는 무정부주의 사상은 상호 협력의 원리를 강조한다고 할 수 있다. 진화론이 영향을 미치던 1910년을 전후한 시기에는 물리적 경쟁과 힘의 영향력에 대한 인식이 강하게 작용하던 시대였다면, 1차 세계대전 종전 이후 우드로 윌슨이 제창한 민족자결주의가 논의되던 1919년 1월 이후에는 소련의 사회주의혁명이 전개되면서 민족적 사회문화적 자주권과 계급의식에 대한 문제가 관심의 대상이 되던 시기가 되었다. 이렇게 볼 때, 이러한 이론들이 1900년대 이후 한일합방을 전후한 시기로부터 1920년을 지나는 시기에 이르기까지 시대적 선후를 가지고 지식인들에게 영향을 주고 관심의 대상이 된 것은 우연이 아닌 시대적 불가피성과 요청에 따른 필연적인 현상이었다고 할 수 있다.

5. 서양 철학과 윤리학의 수용

이 장에서는 1900년대 초부터 서양 철학 사상이 한국에 수용되었던 동기와 연구되었던 양상들을 검토하고자 한다. 초기에 서양 철학을 받아들인 지식인들의 관심은 수수 학문적 관심보다도 일제 식민지의 억압적 현실을

___
고찰」, 『한국동양정치사상사연구』 7(한국동양정치사상사학회, 2008), 5~25쪽.

극복할 수 있는 철학 사상적 이론적 토대를 구축하기 위해서였다고 할 수 있다. 이러한 흐름은 1920년대 사회운동의 측면에서 마르크스주의를 중심으로 하는 사회철학의 수용으로 이어졌다고 할 수 있다. 이어서 1930년대에 이르러 경성제국대학 출신의 철학자들과 미국과 일본으로부터 귀국한 유학생들에 의하여 서양 철학이 본격적으로 소개되고 연구되기 시작하였다.

1900년대에 서양 철학을 받아들인 대표적 인물은 칸트 철학을 받아들인 이정직李定稷(號 石亭, 1841~1910)과 서양고대 그리스철학을 수용한 이인재李寅梓(號 省窩, 1870~1929)가 있다. 먼저 이정직은 구한말 호남 유학을 대표하는 학자로 유학적 토대 위에 서양학문으로서 독일의 칸트Kant와 영국의 베이컨Bacon 철학을 국내에 최초로 소개하였다. 석정은 28세에 옌징(燕京)을 다녀온 유학파로서, 박학과 실증을 중시하는 실학정신과 시문학에 대한 고증考證과 비판정신, 주자학朱子學과 양명학陽明學에 대한 변석, 칸트와 베이컨 등 서양 철학에 대한 탐구를 통해 동서학문의 화해와 절충을 시도하기도 하였다.[62]

이정직은 전통유학과 성리학에 대한 조예를 기초로 하면서도 양명학과 실학에 대한 이해를 넓히고, 나아가 칸트와 베이컨의 서양 철학을 소개하면서 동서학문의 융합을 도모하였다. 량치차오(梁啓超, 1873~1929)가 지은 칸트 철학 사상을 수용한 인물로는 양건식梁建植(1889~1944)도 있다. 그는 「서양 철학자 칸트의 격치학설(西哲康德格致學說)」을 번역하여 소개하였다. 「서양 철학자 칸트의 격치학설」의 원저자는 량치차오인데, 그는 일본망명시절 나가에 초민의 『이학연혁사理學沿革史』 중 칸트 부분을 번역 주해하여 「근세 최고의 철학자 칸트의 학설近世第一大哲康德之學說」을 집필하였다. 양건식은 칸트

---

62 김도영, 「石亭 李定稷 書藝의 儒家美學的 考察」, 『동양예술』 22(한국동양예술학회, 2013), 229쪽.

철학을 '격치格致'라는 용어로 풀었는데, 격치가 칸트 철학을 설명하기에 적
합하다고 판단했기 때문이다.[63]

서양 철학을 수용한 인물인 이인재는 『희랍고대철학고변古代希臘哲學攷辨』
(1912)[64]을 저술하여 서양고대철학을 본격적으로 언급하였다. 그는 이 저술
에서 그리스 고대 철학자들의 주장을 정리하여 소개하고 유교 사상과 비교
하면서 논평하는 방식을 취하였다. 주된 논조는 유교와의 차이점을 지적하
는 것이어서 이 시기 우리 문화 전통의 맥락에서 서구 사상이 어떻게 비춰
질 수 있는지를 엿볼 수 있는 귀중한 자료이다. 이인재의 그리스 철학에 대
한 논평은 유교철학의 논리가 우월함을 전제로 전개되었지만, 국권을 잃고
서구의 대세력을 감지한 시대 환경에서 보면 원리와 실제, 현실과 이상의
조화론은 유교 이념의 위기의식을 깔고 있는 논리라고 뒤집어 볼 수 있다.[65]

그는 플라톤 철학에 대해서는 이원론을 주로 비판하였다. 그는 이데아를
'심외실유心外實有'라고 규정하고, "사람과 만물의 근원이 되는 리理는 사람
과 만물이 갖추고 있는 리이니, 개별물에 갖추어진 리가 개별물을 있게 한
리와 분리되어 두 신령神靈한 물物이 되는 것이 아니다"고 비판하였다. 결국

---

63 이행훈, 「양건식의 칸트철학 번역과 선택적 전유」, 『東洋哲學研究』 66(동양철학연구
    회, 2011), 123~154쪽.
64 이 저술과 함께 서양철학 원전에 대한 번역서가 출판되기도 하였는데, 류형기의 플
    라톤의 대화편들과 신남철의 『헤라클레이토스의 단편어 번역』 같은 저술들이 여기
    에 해당한다.
65 이현구·김주일, 「동서윤리론의 기저 비교와 융합 가능성 모색-성와 이인재의 『희랍
    고대철학고변』 중심으로-」, 『시대와 철학』 19(한국철학사상연구회, 2008), 491쪽.
    이인재는 물질세계와 근원 존재의 합일적 관점을 유교적 특성으로 내세우고 그리
    스 철학은 이원화의 논리로 몰아가 단순화시킨 경향이 있다. 이러한 현상은 이인재
    의 저술이 그리스 고대철학을 다루었지만 저술 시점의 의식은 서양 근대 철학에 주
    목할 수밖에 없는 사회적 상황을 반영한 것이라고 판단할 수 있다. 우리가 이인재의
    생각에서 눈여겨 보아야 할 점은 오히려 바로 서양과 동양의 문제 설정의 차이에 대
    한 이인재의 은연중의 가정에 있다. 이인재도 인정하고 있듯이 아리스토텔레스에게
    서는 많은 동질성을 파악할 수 있다는 점에서 보듯이 서로 다른 문제 설정 속에서도
    동서가 만나는 지점은 있다.(498~503쪽)

이인재는 플라톤 철학에 대하여 "그 학문이 이데아의 형이상학(玄妙)에 치우친 것을 알 수 있다"고 규정지었다. 반면 그는 아리스토텔레스의 철학에 대해서는 신神 개념에 대해서는 비판적이지만,[66] 다른 학설은 대체로 긍정적 시각을 제시하였다. 그는 아리스토텔레스 철학은 현상과 본체 사이의 구별을 강조하기 보다는 양자가 구체적 사물에 결합되어 존재하는 측면에 초점을 맞추고 있는 만큼, 이런 이론이 성리학에서 리기理氣 불상리不相離의 측면에 좀 더 접근하기 때문이라고 이해된다.[67]

이돈화는 『신인철학』을 집필함으로써 서양 철학을 적극 수용하여 천도교의 문화운동론을 정립하고 천도교 사상을 '진화론적 생명철학'으로 해석하였다. 그가 진화론적 생명철학을 정립하는 데는 베르그송, '한울' 개념과 신관의 정립에는 스피노자와 포이에르바하의 영향이 컸다. 나아가 '신인간'의 새로운 인간론은 니체의 '활동주의 도덕'과 '초인사상', 러셀의 '창조충동론', 포이에르바하의 사람중심 철학, 베르그송의 '창조적 진화', 마르크스의 사회변혁론의 영향을 입었다. 이돈화의 서양 철학 수용의 특징은 내재주의, 범신론과 생성철학, 인본주의, 마르크스의 비판적 수용, 사회변혁 강조 등이 있다.[68]

서양 철학 가운데 근대 합리론적 인식론을 수용한 학자로 김법린金法麟(法名 梵山, 1899~1964)이 있다. 그는 근세철학의 비조이자, 근대자연과학과 수학의 학문 방법으로 인간의 인식근거와 진리성을 탐구한 데카르트의 인식

---

66 이인재는 소크라테스의 신 개념에 대해서 잘못 이해하고 있는데, 이것은 그가 인용하고 있는 이노우에 엔료(井上圓了)가 잘못 이해한 것에 근거한다. 이노우에 엔료가 동경대학을 다닌 1885년부터 『哲學要領』을 저술한 1902년 사이 일본 철학계의 풍토에 대한 연구가 선행되어야 한다.(위의 논문, 497~498쪽)

67 엄연석, 「이인재의 서양철학 수용양상과 지평융합」, 『동서사상의회통』(근현대한국총서6), 동과서, 2019, 69쪽.

68 김용휘, 「천도교의 문화운동론과 서양철학 수용 −이돈화의 『신인철학』을 중심으로」, 『汎韓哲學』 77(범한철학회, 2015), 53~88쪽.

론 철학을 받아들였다. 서양근대철학의 인식론이 전개된 이후부터 경험적 인식과 추론이라는 과학적 인식의 방법에 따라 수학과 자연과학이 발전되고 이로부터 서양의 물질문명이 개화하였다. 이런 점에서 김법린이 데카르트 철학을 받아들인 것은 전통사상을 반성하면서 국란기에 동서철학과 사상의 해석학적 지평을 융합시키는 의미를 갖는다.[69]

임석진林錫珍(1932~2018)은 철학연구 1세대들이자 헤겔 철학 수용의 선구자들로서 신남철申南徹(1903~?), 박치우朴致祐(1909~?), 안호상安浩相(1902~1999), 박종홍朴鍾鴻(1903~1976)의 헤겔 철학 관련 연구물을 소개하고 있다. 여기서 그는 '맑스주의의 영향 하의 헤겔수용'을 최초로 언급하고 있으며 맑스주의와 밀접히 연관된 헤겔 철학 해석과 수용에 대해선 신남철과 박치우를, 그와 대립된 입장에서는 안호상과 박종홍을 위치시키고 있다.[70] 1920~1940년대에 헤겔 철학을 수용한 것은 민족해방이라는 시대적 열망의 역사적인 전개과정과 뗄 수 없는 연관을 지닌다. 1930년대 전반기에 헤겔 철학의 '변증법'은 식민지 현실을 변화시킬 수 있는 실천적 원리로서 당연하게 주목을 받았다. 그런데 강한 실천지향성을 바탕으로 수용되었던 헤겔 철학은, 황민화정책이 본격화되던 1930년 후반기에 그 반대방향으로 전개된다. 해방 직후 헤겔 철학의 실천적 의미는 신남철에 의해 복원되는 듯

---

69 엄연석, 「김법린의 서양철학사상 수용을 통한 대중불교 혁신운동 – 동서사상의 해석학적 지평융합을 중심으로-」, 『항도부산』 41(부산광역시사편찬위원회, 2021), 351~380쪽.

70 박민철, 「헤겔철학의 '한국적 수용'에 대한 연구 : 헤겔철학의 근본적 특징과 한국적 의의를 중심으로」, 건국대 박사학위논문, 2014, vii쪽~21쪽. 지난 100년 동안 헤겔철학의 수용사적 검토를 통해 드러난 헤겔철학의 고유한 특성은 '이중성', '역사성', '실천성' 세 가지로 요약할 수 있다. 첫째, 헤겔철학은 항상 상반된 평가와 해석이 가능한 '이중성'을 지니고 있다. 둘째는 헤겔철학은 당대의 역사적 환경과 시대적 조건을 자신의 철학적 대상이자 내용으로 삼는 '역사성'을 함축하고 있다. 셋째는 헤겔철학은 당대의 시대정신과 조응하면서 각 시대가 요구하는 실천적 원리를 제공하는 '실천성'을 내포하고 있다는 점이다.

하다가, 50년대 후반 이전시대의 실천적 관심은 순수 학문적 관심으로 대체하게 되었다.[71]

또 한편 서양 철학은 신문을 매개로 수용되었다. 1920년에 이르러서는 조선일보와 동아일보가 창간되면서 신문칼럼을 통해 서양 철학에 대한 소개가 이루어졌다. 이 시기에 서양에서 철학을 공부한 이들과 국내의 경성제대철학과 졸업생, 그리고 일본의 대학에서 철학을 공부한 이들에 의해 인문학의 근간인 철학적 글쓰기가 신문을 통해 활발하게 전개되었다. 하지만 이 시기의 철학 사상가들이 소개한 서양 철학의 경우는 대부분 관념론 중심의 독일철학이었다. 영미철학의 경우 러셀과 같은 특정 철학자를 중심으로 소개되었다. 그나마 저서를 요약 소개하거나 기본적인 사상을 소개할 뿐 지상논쟁紙上論爭과 같은 비판적 태도는 찾아볼 수 없었다.[72]

일제시기 서양 철학은 'Philosophy'의 번역어로서 '철학'이라는 개념을 사용하는 것을 통해서 수용되었다. 이 용어는 일본인 니시 아마네(西周, 1829~1897)에 의해 전통철학의 배제와 근대 서구중심주의적인 문명관을 반영한 개념으로, 근대전환기에 한·중·일과 동아시아에 빠르게 확산되었다. 일제강점기에 활동했던 현대 한국의 철학 1세대들 중 일부는 독일, 프랑스, 미국 등 서양과 일본에서 유학하고, 일부는 경성제국대학 철학과에서 공부하였다. 경성제국대학의 공부 시스템은 동경제국대학을 모델로 삼고, 동경제국대학은 서양의 선진적인 국가의 교육 시스템을 모방하였다. 이 때문에 경성제국대학 철학과의 주요 교과목 역시 '서양 철학' 과목이 주류를 이루었

---

71 박민철, 위의 논문, 42쪽.
72 정영준, 「일제강점기 신문을 통해 본 영미철학의 수용현황」, 『동북아문화연구』 13(동북아시아문화학회, 2007), 216쪽. 이 시기에 사용된 철학용어들은 대부분 희랍철학이나 독일철학을 중심으로 구성되었으며, 영미철학과 관련된 용어는 '經驗主義', '實用主義', '功利主義' 등이 대부분이다. 신문 기고자들은 일제강점기에 영미철학의 주제가 일관되게 실용적·실천적·실험적 측면을 강조하는 프라그마티즘(pragmatism)의 노선에 관심을 집중하였다.(230쪽)

다. 따라서 그들의 사유와 연구 또한 대부분 '서양 철학' 중심이다.[73] 이처럼 서양 철학은 대부분 일본에 유학한 조선 유학생이나 경성제국대학을 통해서 수용되었다.

그러면 개회기로부터 국권을 상실한 후 일제 강점기에 서양 윤리학은 어떤 과정을 거쳐서 수용되었는가를 살펴보기로 한다. 조선의 개화기에 서양 윤리학의 도입은 수신교과서를 발간한 것과 연관성이 깊다. 1894년에 조선은 학무아문學務衙門 관제를 제정하고 나서 바로 다음해인 1895년 고종은 '교육입국조서教育立國詔書'를 반포하면서, 덕양德養과 체양體養, 지양智養을 강조하였다. 이후 조선에서는 『숙혜기략夙惠記略』과 『소학독본小學讀本(1895)이 발간되었고, 1908년까지 '소학교 교칙대강'(1895), '중학교 규칙'(1900), '보통학교령'(1906), '고등학교령'(1906), '사립학교령'(1908) 등이 반포되었다. 또 신해영申海永(1865~1909)이 1906년 윤리학교과서를 발간하고, 휘문의숙徽文義塾에서 1907년 고등소학수신서를 출간하였다. 그리고 1908년 강매姜邁는 「서양윤리학요의」를 『대한학회월보』 8·9호에, 이해조李海朝는 「윤리학」이란 논설을 『기호흥학회월보』 5호에 발표하였다.

그런데 1905년 을사늑약으로부터 1910년 합방 이전까지 서양 윤리학은 수신교과서에 수록되는 형태로 조선에 수용되었다. 이 시기에 수신 교과서를 대표하는 「윤리학교과서」, 「고등소학수신서」, 「초등소학수신서」에는 한편으로 유교적 수신 교육의 전통을 계승하면서, 다른 한편으로는 서구의 근대적 사회사상과 민주주의 이념을 적극적으로 수용하고자 하는 노력이 잘 나타나 있다. 이 교과서들은 유교적 전통의 지속과 서양 윤리학의 수용 사이의 긴장과 충돌 속에서 양자의 조화와 공존을 모색하는 방향을 보여주고자

---

73 이철승, 「우리철학의 현황과 과제(1) – 근대 전환기 '철학' 용어의 탄생과 외래철학의 수용 문제를 중심으로」, 『인문학연구』 52(조선대학교 인문학연구소, 2016), 39~63쪽.

하였다.[74] 『고등소학수신서』를 예로 들면 서구 열강 및 일제에 대항하기 위해 황실, 국가, 국민 등을 다른 가치보다 강조하고 있다. 이 저술은 근대적 지식과 교양을 쌓은 인재, 전통적 가치를 내면화한 인재, 군주에 충성하고 나라를 사랑하는 인재를 길러내는 데 주력하였다. 이 때문에 신문물과 신문화를 받아들이되, 전통적 가치에 중심축을 두었고, 개인보다는 외세에 대항하여 국가 건설에 일조할 수 있는 인재를 길러냄으로써 서구 열강에 대응하는 부국강병에 주안점을 두었다.[75]

조선에서 서양윤리는 또한 영어 ethics에 대한 번역과 '윤리학'이란 용어의 사용을 통해서 수용되었다. 19세기 후반 철학 개념이 어떻게 번역되었는지는 개신교 선교사 동양어학자 등에 의해 만들어진 한영 영한사전을 통하여 알 수 있다. 1890년 언더우드(Underwood, H.G.)가 지은 『한영ᄌ뎐韓英字典』에는 ethics 라는 항목이 없고, 스콧(Scott, J.)의 『영한ᄌ뎐English−Corean Dictionary』에는 ethics를 '윤리학'으로 번역하지 않고, '오륜'으로 풀이했다.[76] 하지만 1906년 신해영이 편술한 『윤리학교과서』와 이해조李海朝의 「학해집성學海集成: 윤리학倫理學(1908~1909)」에서 '윤리학'이란 용어가 등장하였다. 김현수는 신해영의 『윤리학교과서』가 전통적 유교 수신서와 더불어 근대적 측면의 사회 윤리, 국가 윤리를 결합한 성격을 지닌 것으로 보았다. 이러한 관점은 신해영이 서양 윤리학을 받아들이면서 수신을 주로 하는 유교의 윤리와 서양의 사회국가 윤리를 융합하는 측면에 주목하는 것이다.[77]

---

74 차미란, 「근대 개화기 서양 윤리학의 수용과 유교윤리의 지속 : 1900년대 수신(修身) 교과서를 중심으로」, 『도덕윤리과교육』 69(한국도덕윤리과교육학회, 2020), 185~208쪽.

75 서정화, 「한말의 수신 교육과 휘문의숙(徽文義塾)의 『고등소학수신서』」, 『리터러시연구』 13(한국리터러시학회, 2022), 479~509쪽.

76 김현수, 「근대시기에 성립한 윤리학 개념과 한국유학 이해의 방향성」, 『동서인문학』 52(계명대학교 인문과학연구소, 2016), 35~36쪽.

77 김현수, 위의 논문, 38쪽. 이해조는 "倫理學은 人倫의 眞理를 究하야 實行의 方法을

6. 과학기술의 수용과 격물치지의 재해석

이 장에서는 개화기 이후 일제강점 시기에 자연과학과 기술을 받아들인 과정과 구체적 내용을 살펴보고 나아가, 과학사상을 받아들이면서 '격물치지格物致知' 개념의 함축된 의미가 확대되는 양상에 대하여 검토하고자 한다. 그리고 이들 과학기술을 수용하면서 자연스럽게 논의되는 가치평가로 과학기술 담론에 유의하면서 개화기에 과학기술을 수용한 구체적 과정을 살펴보고자 한다.

한국에서 자연과학 연구와 기술발전은 고대로부터 시작되어 오랜 역사를 가지고 있으며 조선시대 세종조에 크게 발전하였다. 그러나 이 전통시기 과학기술의 발전은 유가적 경세론을 기반으로 이루어진 수단적인 방향이었다. 그러나 개화기 이후 서양문명의 충격을 받은 조선에서 과학기술에 대한 인식은 격하게 비판하는 그룹과 전면적으로 수용해야 한다는 입장으로 나뉘어 과학담론을 형성하기에 이르렀다. 이러한 담론은 실용학적 관점에서 과학기술을 긍정적으로 수용하고자 조선 후기 일부 북학파 및 개화파와 과학기술을 제국주의 팽창세력의 도구로 보는 관점에서 이를 부정적으로 비

求ᄒᆞᄂᆞᆫ 바이라. 物理學과 倫理學으로 互相比較ᄒᆞ야 其差別을 試觀ᄒᆞ면 足히 其眞理를 知홀지로다"라고 하였다. 김현수는 이해조가 언급한 윤리학에 대하여 "윤리학은 물리학과 달리 이론 연구에만 몰두하는 것이 아닌 실천이 중요한 학문이므로 이론 논리와 실천 응용이 불가분의 관계라고 주장하였다. 이와 같은 견해는 앞서 언급한 신해영의『윤리학교과서』처럼 이론적·논리적 측면을 강조하고 기존의 수신학 도덕학과 차별을 둔 이노우에 데쓰지로(井上哲次郎, 1856~1944)와 이노우에 엔료(井上圓了, 1858~1919)의 윤리학 견해와 차이난다."(38쪽)고 평가하였다. 유봉희는 이해조의 윤리학이 전통사상에 "윤리를 접목시켜 나름의 주체적 사회진화론 수용태도를 정립했다. 특히 '나'라는 객체가 사회와 국가로부터 호명될 때, 철저히 주체적이고 각성한 자아로 자리해야 함을 「윤리학」을 통해 거듭 강조하고 있다. 실(實)에 부합하는 새로운 명(名)의 창출, 이것이 이해조 「윤리학」의 요체라 할 수가 있다"(유봉희,「『윤리학(倫理學)』을 통해 본 동아시아 전통사상과 이해조의 사회진화론 수용」,『현대소설연구』52(한국현대소설학회, 2013), 349~381쪽)고 하였다. 다시 말하면 이해조는 전통 도덕적 명분에 기초하여 진화론에 입각한 주체적 자각을 통한 수단으로서 물질적 실(實)을 채우는 것에 윤리학의 목표를 두고 있다는 것이다.

판한 위정척사파를 중심으로 전개되었다고 할 수 있다.[78]

개화기 이후 과학기술 담론은 먼저 동도서기론적 관점에서 정신적 가치는 동양전통을 지키면서 과학기술은 실용을 위한 수단이라는 관점에서 바라보는 그룹이 형성되었다. 이는 초기개화파의 인식도 다르지 않았다. 이러한 공리주의적 과학기술관은 일제강점기를 거치고 해방이후 현대에 이르기까지 지속되고 있다.[79] 동도서기론적 관점을 넘어서 이후에는 과학을 이상으로 바라보는 경향이 나타났는데, 이것은 과학이 사회문화적인 모든 것을 해결해 줄 것이라는 기대를 갖는 것으로서 이상적 과학주의라고 할 수 있다. 나아가 과학기술을 수용하는 과정에서 논의되는 담론에는 중국과 일본을 거쳐서 수용하는 것까지 종합하여 과학기술에 대한 담론은 후발성의 문제, 간접성의 문제, 그리고 과학주의의 문제 등에 대한 담론[80]이 중심 의제로 내포되어 있다. 여기에서 간접성의 문제를 예로 보면, 최한기가 과학 사상을 수용하면서 중국의 한자로 번역된 과학 용어를 그대로 쓴 것을 시초로 하여 개화기 이후 과학기술을 수용한 여러 지식인들은 중국의 한자와 일본에서 번역한 과학기술용어를 받아들였다는 점에서 조선의 과학기술 수용에서 간접성의 문제가 있다는 것이다.

---

78 김우필·최혜실은 과학기술에 대한 긍정적 부정적 인식이 유파에 따라 역사적 흐름에 따라 전환되는 것을 해석하고 있다. 곧 "개화사상 편의 경우 과학기술의 중요함을 정확히 인식하고 그것의 수용을 위해 적극적인 태도를 보인데 반해 척사사상 편의 경우 과학기술에 대한 개념조차 정립되지 못하였으므로 당연 소극적 태도를 보일 수 밖에 없었다. 동학운동의 실패 이후 식민지 조선의 근대성은 인문주의가 아닌 과학주의로 몰입하게 되었고, 그러한 과학주의는 서양식 교육을 강조한 애국계몽운동과 신교육운동을 이끈 엘리트 집단이 주도하게 되었다." (김우필·최혜실, 「식민지 조선의 과학·기술 담론에 나타난 근대성 – 인문주의 대 과학주의 합리성 논의를 중심으로-」, 『한민족문화연구』 34(한민족문화학회, 2010), 255쪽)고 언급하고 있다.

79 신선경, 「자연과학적 글쓰기의 수사적 전통과 방향: 개화기 서양 과학기술의 수용과 한국적 과학 담론의 형성」, 『한국수사학회월례학술발표회』(한국수사학회, 2005), 4~5쪽.

80 신선경, 위의 논문, 3쪽.

따라서 이 절에서는 먼저 개화기 이후 과학기술을 수용한 구체적 역사적 과정을 검토하고자 한다. 이어서 과학기술에 대한 지식인들의 태도의 전환과 과학기술 담론이 지니는 의미를 중심으로 시대적 요청으로서 과학기술이 지니는 현실적 공리주의적 관점에서 수용한 역사적 과정을 중점적으로 해명하고자 한다.

그러면 구체적으로 이 절에서는 개화기 이후 과학기술을 긍정적으로 해석하고 이를 실용적 측면에서 이용하고자 하여 수용한 과정을 자연과학 가운데 생물학, 물리, 화학 그리고 수학, 위생, 농학 등을 중심으로 검토하고자 한다. 이어서 자연과학을 수용하기 위한 교육과정과 교재편찬, 학회지 등과 같은 내용에 대하여 살펴보고자 한다. 또한 과학기술 담론에 대하여 논의하고 나서, 격치와 궁리, 물物과 물리物理 개념이 지니는 의미의 변용에 관하여 검토하고자 한다.

조선은 서양의 과학기술을 수용하기 위해 가장 먼저 서양의 과학기술 문물을 접하여 학습하도록 하는 조치를 시행하였다. 그 구체적 방안으로 1881년에 통리기무아문에서 김윤식金允植을 영선사로 하여 20명의 학도와 18명의 공장工匠으로 구성된 기술유학생을 청나라에 파견하여 천진 기기국에서 군기제조를 학습케 하였다. 영선사 파견은 선진과학기술을 배우는 데 토대가 되었고, 우리나라에 각종 현대적 기계와 과학기술 서적이 도입되어 과학기술 지식 발전의 밑거름이 되는[81] 효과를 볼 수 있었다.

1876년 개항 이후 조선은 서구 문물을 수용하면서 개화의 노력을 하는데, 그 핵심에 서양과학기술을 지식인과 일반 대중에게 소개하는 것이 그 시발이었다. 과학기술을 대중에게 소개한 잡지 가운데 가장 현저한 사례는

---

81 이배용, 「개화자강정책과 기술수용의 제 문제」, 『이화여자대학교 인문과학대학 교수 학술제』 7(이화여자대학교 인문과학대학, 1999), 39쪽.

『한성순보』이다. 『한성순보』는 1883년 10월에 창간되었는데, 36호가 나오는 동안 116건의 집록集錄이라는 특집기사는 외국의 문물제도를 해설한 것으로 그 상당수는 과학기술을 다룬 것이다.[82] 1889년 미국인 호머 헐버트가 쓴 「사민필지四民必知」는 순한글본으로 출간되었다. 이 책은 조선의 청소년과 식자층에 천문지리에 대한 새로운 지식을 전해 주었다. 태양계와 지구의 모습 등을 설명하는 과학적 내용은 첫장에 수록하였는데, 달의 삭망의 이치, 지진과 바닷물의 조석현상도 설명되어 있다.[83] 이어 저술을 통한 서양과학기술을 소개한 경우는 유길준의 『서유견문西遊見聞』[84]과 장지연의 『만국사물기원역사萬國事物紀原歷史』에서 찾아볼 수 있다. 1895년에 출간된 『서유견문』은 국한문혼용체로서 서양문물을 고르게 다루면서 과학기술에 대해서도 수록하였고, 장지연의 저술은 1909년 황성신문사에서 발행했는데, '과학'이란 제목의 장을 두었다.[85]

1905년을 전후한 시기에 조선은 일제의 간섭과 방해를 극복하고 근대교육기에 과학 교육을 통하여 과학기술을 받아들이기 위하여 학회지에 서구의 정치나 경제체제를 소개하는 글과 함께 자연과학에 관한 논술도 상당히 수록하였다. 과학 관련 논술 가운데는 생리위생을 아우르는 생물학 분야와 지구과학 분야가 비교적 많은 반면, 물리학이나 화학 분야는 아주 적게 수

---

82 박성래, 「개화기의 과학대중화—언론매체중심 애국계몽운동」, 『과학과 기술』 22(한국과학기술단체총연합회, 1988), 47~48쪽. 과학기술을 소개한 기사에는 전선, 해저전선, 교통기관, 기선, 철로, 무기, 제철, 양잠 등등 기술에 관한 것이 있는가 하면, 전기, 천문학의 기사도 있다. 또 행성, 망원경, 오도계, 기압계, 그리고 산소, 수소, 질소, 염소, 탄산가스를 상세히 다룬 개별적인 기사도 있다.(48쪽)

83 박성래, 「역사속 과학인물—개화기 교과서 「사민필지」의 저자 미국 호머 헐버트(1863~1949)」, 『과학과 기술』 34(한국과학기술단체총연합회, 2001), 40~41쪽.

84 유길준은 『서유견문』에서 서양의 완제품기계를 구입하고 기술자를 초빙하는 고식적 방식을 허명개화라 비판하고, 서양의 기계를 스스로 만들 수 있는 과학기술적 능력을 길러야 하며, 이것을 실상개화라고 하였다.(이배용, 앞의 논문, 38쪽)

85 박성래, 위의 논문, 49쪽.

록되어 있다.[86] 생물학의 한 분야인 근대식물학 또한 1876년 개항을 전후로 중국을 경유하여 한역서로 도입되었으며, 이상설은 이 한역서를 참고로 하여 필사본으로 「식물학」을 남겼다. 식물학에 관한 저술 중 애니 베어드는 근대식물학 교과용 도서를 출간하였는데, 『식물도설』을 『식물학』으로 재출간하여 인가를 받았다.[87]

을사늑약 이후 1908년 조선에서 서양과학을 수용한 방법으로는 소설을 번안한 경우도 있다. 이해조李海朝는 「80일간의 세계일주」·「해저여행기담海底旅行奇譚」 등 쥘 베른의 과학적 모험소설을 번안한 『철세계』를 썼다. 『철세계』는 소설을 매개로 과학기술을 소개함으로써 과학계몽을 통해 자주자립 사상을 선양하려는 데 목적이 있었다. 『철세계』는 근대적 위생의 중요성을 강조하는 근대계몽의 메시지를 담고 있다. 1908년 전후로 조선의 지식사회는 위생 담론에 관심이 컸는데, 이해조는 이런 담론적 상황에서 『철세계』를 번안하면서 자연스럽게 위생계몽에 주목하였다. 위생은 근대국가들이 채택했던 전략적 지식으로 인구 증가와 부국강병에 이를 수 있는 길이었다.[88] 이처럼 일제 강점시기 직전 번안 과학소설을 통한 서양과학의 수용과 근대적 위생의 강조는 부국강병을 위한 방법과 계몽적 의미를 갖는다.

개항기로부터 일제 강점기에 이르기까지 서양과학기술의 수용과 관련하여 중요한 의미를 갖는 것은 서양 수학의 도입과 수학교재 편찬 및 수학교육이다. 우리나라 근현대 시기 수학교재는 19세기 말 필산筆算이 산학전문가들에게 소개되면서 선교사와 서당에서의 서양수학 교육을 시작으로

86 이면우, 「근대 교육기(1876~1910) 학회지를 통한 과학교육의 전개」, 『한국지구과학회지』 22(한국지구과학회, 2001), 75~88쪽.
87 윤정란, 「근대전환기 서구 근대 식물학의 도입과 확산의 토대 구축」, 『한국민족운동사연구』 102(한국민족운동사학회, 2020), 215~251쪽.
88 장노현, 「인종과 위생 –〈철세계〉의 계몽의 논리에 대한 재고」, 『국제어문』 58(국제어문학회, 2013), 533~557쪽.

1894년 6월 28일 갑오교육개혁을 통하여 수학교육이 공교육에 포함된 이후 공식적으로 발간되기 시작하였다.[89] 그래서 1900년에는 근대 수학교과서가 발간되었고 1909년까지 한글로 쓰인 근대 수학책이 봇물 터지듯 발간되었다. 그러나 1905년 일제가 러일전쟁을 승리하고 1910년 한일합방을 계기로, 중등교육이상의 수학교육과 수학적 연구 전통은 서서히 붕괴되었다. 그리하여 일제 강점기에는 한반도에 중등교육이나 교양 수학의 수준을 넘어서는 참된 고등 수학교육은 단절되었다.[90]

서양과학기술의 수용은 자연의 물리적 대상에 대한 새로운 인식과 함께 전통학문에서 개념적 이론적 재해석을 추동하였다. 유학에서 자연自然과 인사人事를 아우르는 의미로 사물에 대한 탐구를 의미하는 격물치지格物致知 또는 격치格致 개념은 지칭하는 대상과 의미 범위가 확대되고 전환되었다.[91] 격치 개념의 의미 변화를 논의하기 위해서는 먼저 그 요소가 되는 '물物' 개념의 의미가 어떻게 변화되었는가를 검토할 필요가 있다.

개념적 의미 변화의 단초는 중국에서 먼저 시작되었다. 1850년대 서구의 과학 지식을 중국에 소개하는 홉슨의 『박물통서博物通書(Philosophical Al-

89 이상구·이재화·김영구·이강섭·함윤미, 「한국 근현대수학 교재 연구」, 『수학교육논문집』 31(한국수학교육학회, 2017), 149~177쪽.
90 이상구·함윤미, 「한국 근대 고등수학 도입과 교과과정 연구」, 『한국수학사학회지』 22(한국수학사학회, 2009), 207~254쪽.
91 근대 중국에서 과학의 의미를 포함하고 있는 格致, 즉 格物致知라는 단어는 세 차례의 변화를 겪는 것으로 파악된다. 첫째, Matteo Ricci(마테오리치, 利瑪竇)가 들여온 서양의 과학을 儒學으로 포장한 "格物窮理의 學"으로서의 의미이다. 둘째, 1860년~1890년 洋務派의 노력으로 "格致"가 "技"에서 "道"의 물리학, 자연과학, 과학기술 등의 방식으로 존재하는 格致의 學을 획득한 것이다. 셋째, 洋務의 성과를 계승한 1895년~1911년, 중국 新舊 문화의 전환점에서 康有爲, 梁啓超, 嚴復 등의 강력한 추진 하에 格致가 自然科學과 社會科學의 함의를 갖추게 된 때이다. 이상의 세 차례에 걸친 최종 결과는 格致의 내함이 점차 서양 科學에 가까워지며 格致가 날로 科學으로 대체되어 갔다는 점이다.(문정진, 「물(物)의 개념(槪念)과 공간(空間)-격치(格致)와 과학(科學), 그 사이의 언표(言表)와 담론(談論)을 중심으로」, 『中國文學』 75(한국중국어문학회, 2013), 52쪽)

manac)』에 전기로 물(水)을 분해하여 물의 원소를 밝히는 실험이 등장한다. 이 실험을 통해 우주론적 가치 속에서 존재하던 물物 가운데 하나인 물(水)도 산소와 수소가 결합되어 있는 일종의 화합물에 불과하다는 사실이 밝혀진다. 또한 인간과 분리된 자연自然 역시 우주론적 가치가 배제된 채 관찰과 분류가 가능한 단순한 대상에 지나지 않았다. 물리학, 화학, 천문학, 지리학, 동물학 지식을 가지고 박물博物이라는 말로 엮여진 지식들은 근대 중국의 지식인들에게 지식의 또 다른 존재 방식을 인식하도록 하였다.[92] 요컨대, 근대 시기에 동아시아는 서양의 자연과학적 세계관에 세례를 받아 우주적인 차원의 유기적 전체성 속에서 인식되던 물物을 개별적 분석과 경험적 인식의 대상으로 여기게 된 것이다.

경험적인 물物을 탐구하는 학문으로서 물리(Physics)가 동아시아에 수용된 것은 19세기 초 일본에서였는데, 이것은 가시적 현상세계, 즉 자연계의 법칙을 의미하는 명칭으로 한정되었다. 에도시대 일본인들은 서양의 물리학을 라틴어 Physica, 네덜란드어 Natuurkunde, 프랑스어 Physique, 영어 Physics 또는 Natural Philosophy라는 어휘를 통해 접했고, 그것을 '궁리窮理', '격물格物', '격치格致', '이과理科', '이학理學', '궁물리학窮物理學', '궁물리지학窮物理之學' 등 다양한 어휘로 번역했다. 그러나 메이지 정부의 교육정책은 '물리학物理學'을 Physics의 주요한 어휘로 확산시키는 결정적인 계기가 되었다. 일본에서 '물리', '물리학'이라는 어휘는 1870년대 초 과거의 주자학적 개념을 탈피하여 근대 자연과학의 한 분야, 자연계에 대한 과학적 탐구방법을 일컫는 개념으로 새롭게 정착하였다.[93]

---

92 중국에서 "개별성과 총체성이라는 두 성격이 공존하며 萬物을 품던 自然이 景物로 인식되는 순간 自然은 더 이상 전체로 작용하는 그 무엇이 아닌 온갖 사물의 물적 존재가 될 뿐이었다. 그리고 이제 物은 살아있는 인간에 대한 객체로서 그 색, 소리, 형체 그 모든 것이 소유이자 이용의 대상이 되었다."(문정진, 위의 논문, 54쪽)
93 김성근, 「동아시아에서 '물리(Physics)'라는 근대 어휘의 번역과 정착」, 『동서철학연

개화기에 격물치지 개념은 서양 학문개념이 들어옴에 따라 변용과 전이가 일어났다. 구체적인 사례로 박영효의 격물치지와 궁리학에 대한 인식을 들 수 있다. 박영효는 궁리학을 주자학의 태극太極 개념 안에서 격물치지를 바탕으로 한 사유로 전개하였다. 그는 「건백서」에서 무형산물無形産物은 지식知識의 사유(思)에서 발생하고, 유형산물有形産物은 농부農夫와 직공職工이 근면한 것에서부터 산출된다고 보며, 통찰과 행동을 나누는 선에서 물격物格의 앎에 이르는 방법을 논하였다. 결국 격물치지에 대한 박영효의 개념 인식은, 서구의 관련 개념적 요소에 영향을 받으면서도 동시에 성리학적 의미 맥락을 반영하는 것이었다.[94]

격치 개념을 서양의 물리학의 의미를 받아들이면서도 성리학적 관점을 견지했던 것은 박영효를 이어 유길준 또한 유사한 입장을 취하였다. 유길준은 『서유견문』에서 개화의 방법과 단계를 말하면서 개화의 높은 단계는 지선至善의 경지를 향한 행실의 개화에 있다고 주장하였다. 그에게서 이상적 개화의 세상을 이루는 것은 서구 근대문물의 세례뿐만 아니라 격물치지와 궁리진성의 주체적인 공부가 이용후생의 실용성을 확보함으로써 가능한 것이다. 이와 같은 유길준 개화사상의 특성은 서구문명을 적극적으로 수용하면서도 유교적 가치를 강조하는 그의 자유와 통의 개념에서 선명하게 드러난다. 개화에 대한 주체적 사유를 강조한 그는 『서유견문』에서 국민의 권리로 자유와 통의를 든다. 자유는 마음대로 하되 방탕하지 않고 타인을 방해하지 않는 것이며 통의는 당연한 정리正理인 바, "천지의 이기理氣를 받아 생물로서의 자유를 얻은 것은 사람이나 새, 짐승이 같다고 할 수 있지만, 사

구』89(한국동서철학회, 2018), 373~386쪽.

94 고명희, 「박영효의 근대적 가치 관념의 형성과 특징-「건백서」에 나타난 통의, 자유, 격물치지 개념 인식을 중심으로」, 『미래교육학연구』32(연세대학교 교육연구소, 2019), 47쪽.

람은 법률로 기강을 세우고 통의로서 한계와 영역을 정하여 여러 상황에 대처한다면서, 새나 짐승과 같은 자유를 행사한다면 천하에 윤리의 큰 벼리가 무너질 것이며 명분을 지켜 나갈 도의도 문란해질 것"이라고 하였다.[95]

7. 서양 문명에 대한 응전의 방향

이 글에서는 서양의 제국주의 문명이 동양 세계를 침식하던 19세기 후반 이후 동아시아에 전파되었던 서양의 학문과 정치사회 사상에 대하여 유학계가 어떻게 이론적 대응을 했는가 하는 점을 고찰하였다. 구체적으로 이 장에서는 서양정치사상과 철학사상, 윤리사상, 과학사상의 유입이 유교의 철학적 사상적 이론적 지평에 어떤 변화를 초래했는지를 살펴보았다. 또 한편에서는 서양 근대 정치철학 사상이 내포하고 있는 긍정적 의미와 함께 역기능의 측면을 전통유학 사상이 지니는 긍정적 의미와 연관하여 분석함으로써 그 현대적 의의를 해명하였다.

신학구학론은 동도서기론적 사고와 지향에서 출발했으나, 대한제국의 신학을 중심으로 하는 실용교육을 강조하는 것과 동시에 논의가 활성화된 측면에서 이념적 특성을 가지는 동도서기론에서 한걸음 나아가 실질적으로 국가의 주권과 자주를 회복하기 위하여 신학문을 가르쳐야 한다는 현실적 정치적 요청에 따라 논의되었다.

『만국공법』은 위정척사파와 개화파에 의하여 각각 국가주의적 지평과 자연주의적 지평으로 상이하게 인식되었다. 개화파와 위정척사파 유학자는 공통으로 전통적 선입견에 따라 당대 세계 정세를 중국 고대사에 비견하되,

---

95 유길준(허경진 옮김), 『서유견문』(서해문집, 2004), 138~139쪽; 박태옥, 「개화기 유학의 실천적 변용과 근대 지향―『서유견문』에 나타난 유길준의 개화사상을 중심으로」, 『한국학연구』 69(고려대학교 세종캠퍼스 한국학연구소, 2019), 118쪽.

개화파는 당대를 전국시대와 같은 것으로 이해하여『만국공법』을 전국시대의 종약從約과 유사한 것으로 파악한 반면, 위정척사파 학자, 특히 최익현과 곽종석은 당대를 춘추시대와 같은 것으로 이해하여『만국공법』을 춘추시대의 맹약盟約으로 파악했다. 최익현의 경우는『만국공법』을 전략적 차원에서 공법적 원리들을 수용하기도 하였다. 또한『만국공법』은 화이관의 변용과정에서 조선이『만국공법』을 수용할 때 인식의 차이를 드러내는 측면에서 이해되기도 하였다.

동아시아에 수용되었던 사회진화론은 한조선과 중국, 일본이 처했던 국가적 여건에 따라 지식인들에 의해 매우 다양한 의미로 해석되었다. 약육강식과 생존경쟁, 약육강식, 적자생존, 자연선택을 기준으로 하는 진화론 또는 사회진화론은 자연과 인간 사회를 진화의 정도 따라 수직적으로 우열과 등급을 매겨 차별하는 이론적 특성을 가지고 있다고 할 수 있다. 이 점에서 이미 '진화'와 '발전'을 성취한 나라에서 사회진화론은 그 긍정적 의미가 적극적으로 해석된다. 반면 아직 진화되지 못했거나 개화되지 못한 사회는 진화론을 미래적 진화와 발전을 이루어야 한다는 의무론으로 작용하기도 한다. 한중일 각국의 여건의 차이에 따라, 그리고 역사적 시기에 따라 필연적으로 사회진화론 또한 상이하게 이해되었다.

1900년대에 서양 철학을 받아들인 대표적 인물로는 이정직李定稷이 칸트 철학과 베이컨 철학을 수용하였고, 이인재李寅梓는 서양고대 희랍철학을 받아들였으며, 양건식도 량치차오를 통하여 간접적으로 칸트 철학을 수용하였다. 이돈화는『신인철학』을 집필하여 근대인식론을 비롯한 서양 철학을 적극 수용하여 천도교 사상을 '진화론적 생명철학'으로 해석하면서 천도교 문화운동론을 구성하였다. 김법린은 근세철학의 비조이자 수학의 학문 방법으로 인간의 인식근거와 진리성을 탐구한 데카르트의 인식론 철학을 받아들였다. 1920년대 박치우 신남철 등에 의해 수용된 헤겔 철학의 변증법은 1930년대 전반기에 식민지 현실을 변화시킬 수 있는 실천적 원리로서 주목을 받았다. 또한 서양 철학은 1920년에 이르러 조선일보와 동아일보가 창간되면서 신문칼럼을 통해서 소개되었다.

서양 윤리학은 개화기와 20세기 초에 수신교과서의 발간을 통해서 주로 받아들였다. 1905년 을사늑약 전후로 발간된『윤리학교과서』,『고등소학수신서』,『초등소학수신서』에는 유교적 수신 교육의 전통을 계승하면서도 서구의 근대적 사회사상과 민주주의 이념을 적극적으로 수용하고자 하는 노력이 잘 반영되어 있다. 윤리 개념은 영어 ethics에 대한 번역어를 통해서 그 의미의 변용을 거쳤다고 할 수 있다. 1906년 신해영이 편술한『윤리학교과서』와 이해조의 「학해집성學海集成: 윤리학倫理學(1908~1909)」에서 '윤리학'이란 용어를 사용하였다.

이어 서양과학기술에 대한 수용은 먼저 서양의 과학기술 문물을 접하는 것으로부터 시작하여 1881년에 통리기무아문에서 김윤식을 영선사로 파견하여 천진 기기국의 군기제조를 학습하도록 했다. 이후 서양과학기술은 신문과 저술을 통하여 대중에게 소개하는 것이 주된 방법이었는데,『한성순보』와 유길준의『서유견문西遊見聞』과 장지연의『만국사물기원역사萬國事物紀原歷史』등에서 과학기술을 수용한 내용을 찾아볼 수 있다. 1905년을 전후한 시기에 조선은 일제의 간섭과 방해를 극복하면서 여러 학회지에 자연과학에 관한 논술도 상당히 수록하였다. 서양과학기술의 수용과 관련하여 중요한 의미를 갖는 것은 서양 수학의 도입과 교재 편찬 및 교육으로, 1909년까지 근대 수학책이 봇물 터지듯 발간되었으나 1910년 한일합방을 계기로 수학교육과 수학연구 전통은 붕괴되었다.

서양과학기술의 수용은 자연의 물리적 대상에 대한 새로운 인식과 함께 전통학문의 물, 물리, 격물 등의 개념의 의미를 재해석하도록 하였다. 구체적으로는 격물치지 개념의 함축된 의미가 확대되는 양상을 보여주었다. 근대 시기에 동아시아는 서양의 자연과학적 세계관에 세례를 받아 우주적인 차원의 유기적 전체성 속에서 인식되던 물物을 개별적 분석과 경험적 인식의 대상으로 여기게 된 것이다. 조선 개화기에 박영효와 유길준은 격치格致 개념을 설명하면서 서양의 물리학의 의미를 받아들이면서도 성리학적 관점을 견지하였다.

요컨대, 개화기 이후 조선의 지식인들은 서양문명의 격동적인 수용으로 인한 충격 속에서 이에 철학적 이론, 종교적 실천, 군사적 행동, 교육 계몽적 활동, 외교적 노력 등을 통하여 여러 방향에서 다양한 대응 방략을 실행하였다. 이들의 노력은 유파에 따라 구분되면서도 기본적으로는 서양문명이 지니는 긍정적 요소와 부정적 평가 요소를 함께 인식하면서 서로 융합적 시각과 연결성을 가지는 방향으로 시대적 문제를 풀어가고자 하였다. 하지만, 이 장에서 주목하고자 한 사항은 서양의 충격에 대응하는 방식에서 현실에 보다 밀착하여 구체적 대안을 제시하고자 하는 유파와 반대로 상대적으로 이념적이고 이상론적인 가치를 지향하는 그룹이 제시한 방법론이 취지와 목적을 이해할 때 각각의 이론마다 적극적 의미가 있다는 것이다.

특히 현재적 관점에서 볼 때, 서구의 계몽적 도구적 이성관에 따른 물질적 수단적 문명이 민주주의의 인권과 개인의 자유와 같은 가치를 구현했음에도 불구하고, 여전히 자연 생태계의 기후위기와 공동체적 가치보다 개인적 가치의 강조로 인한 사회문화적 갈등과 대립 등이 문제로 드러나고 있다. 이렇게 볼 때, 미래적 시야에서 개화기 이후에 위정척사파가 동양 전통의 인륜적 가치를 강조하면서 서양의 물질적 문명이 제국주의 팽창주의의 침략적 도구로 전락한 것에 대한 비판은 신냉전 시대를 맞고 있는 현재적 관점에서 여전히 현재진행형이라고 해도 과언이 아니다.

참고문헌

■ 1차 자료(원전)

朴殷植, 『謙谷文稿』, 「儒敎求新論」, 「王陽明實記」, 「學規新論」

朴章鉉, 『中山全書』

金允植, 『金允植全集』, 『讀陰晴史』, 『追補陰晴史』, 『雲養集』, 『天津談草』

申箕善, 『申箕善全集』, 「儒學經緯」, 『農政新編』, 『陽園遺集』

陸用鼎, 『宜田記述』

俞吉濬, 『俞吉濬全書』, 『西遊見聞』

『皇城新聞』

『朴殷植全書(下)』

『東山全集』下, 『東山文稿』, 東山先生紀念事業會, 1978

宋基植, 『海窓集』, 卷5, 「學說左右世界論」

朴泳孝, 「建白書」

■ 2차 자료

〈단행본〉

김도형, 『근대 한국의 문명전환과 개혁론』, 지식산업사, 2014.

김정인, 『천도교 근대 민족운동 연구』, 한울, 2009.

양일모, 『옌푸(嚴復):중국의 근대성과 서양 사상』, 태학사, 2008.

유길준(허경진 옮김), 『서유견문』, 서해문집, 2016.

〈논문〉

김도형, 「가토 히로유키의 진화론과 전쟁인식−청일·러일전쟁 관련 저술분석을 중심으로」,
『일본사상』 35, 한국일본사상사학회, 2018.

김영건, 「해창(海窓) 송기식(宋基植)의 사상과 교육관−해창집과 유교유신론을 중심으로−」,
『東洋古典硏究』 86, 동양고전학회, 2022.

김우필·최혜실, 「식민지 조선의 과학·기술 담론에 나타난 근대성 − 인문주의 대 과학주의 합
리성 논의를 중심으로−」, 『한민족문화연구』 34, 한민족문화학회, 2010.

박원재, 「동산 유인식의 계몽운동과 유교개혁론-정재 학파의 유교개혁론 연구(2)」, 『동양철학』 26, 한국동양철학회, 2006.

박정심, 「자강기신구학론(自强期新舊學論)의 "구학(舊學)[유학(儒學)]" 인식에 관한 연구」, 『東洋哲學硏究』 66, 동양철학연구회, 2011.

신선경, 「자연과학적 글쓰기의 수사적 전통과 방향:개화기 서양 과학기술의 수용과 한국적 과학 담론의 형성」, 『한국수사학회월례학술발표회』, 한국수사학회, 2005.

엄연석, 「19세기말 동서사상의 지평융합 공간으로서한양의 문화지리적 의미- 유길준과 윤치호의 정치적 사상적 활동을 중심으로-」, 『서울학연구』 82, 서울시립대학교 서울학연구소, 2021.

우남숙, 「사회진화론과 한국 근대민족주의」, 『한국동양정치사상사연구』 7, 한국동양정치사상사학회, 2008.

이현정, 「한국 근대 유교 지식인의 '유교 종교화론'」, 『韓國史論』 66, 서울대학교 국사학과, 2020.

정병석, 「中山 朴章鉉의 儒學觀-返本改新의 儒學振興策과 孔敎觀을 중심으로-」, 『민족문화논총』 49, 영남대학교 민족문화연구소, 2011.

근대 양명학과 조선학,
그리고 실학의 발견

박정심

1. 보편문명 간의 만남과 성리학적 세계의 균열

1) 서구적 문명성과 유럽중심주의

14~15세기 이후 프랑스혁명에 이르는 약 5세기의 유럽은 이른바 지리상 발견이라고 하는 대륙의 횡단, 르네상스, 종교개혁, 절대왕정의 성립과 붕괴라는 급격한 변화로 점철된 시기이다. 중세 봉건사회에서 벗어나 자본주의 체제로의 전환은 중앙집권적 국민국가의 수립, 자본주의적인 요소의 증대, 그리고 자본가집단의 성장에 따른 시민사회의 발전을 가져왔다. 이러한 근대적 삶의 양식 변화를 담아낸 것이 계몽주의였다. 이성과 계몽을 축으로 한 서구적 근대성은 유럽 근대사회의 특성을 나타내는 개념이다. 계몽주의는 이성과 합리성을 그 본질로 한다. 데카르트의 '나는 생각한다. 고로 존재한다.'라는 의심할 수 없는 주체의 자각은 신과 초자연적인 것을 제거하고, 이성을 통해 자연을 이해하고 통제할 수 있다고 생각한다. 이성에 기반하여 인간 주체가 자연을 비롯한 인식 대상을 합리적으로 파악하고 또 지배함으로써 역사가 진보 발전한다고 믿었다. 즉 근대 기획은 중세의 기독교

적인 신의 광채에 가려진 인간의 모습을 극적으로 부활시키고자 하는 의지이고, 인간의 내재적 능력에 따라 삶을 새롭게 설계하겠다는 강력한 주장이다. 이를 탈마법화와 세속화라고 한다. 빛을 비춤이란 어원을 가진 것에서도 알 수 있듯이, '계몽'이란 바로 이러한 생각들을 대변하는 낱말이었으며, 과학기술의 발전과 문명은 그 결과물이었다.

유럽 근대의 산물인 문명(civilization)은 18~19세기 유럽문명에 대한 자부심을 표현하는 개념으로, 생활의 모든 영역 즉 국가와 사회, 경제와 기술, 법률 종교와 도덕 등을 포괄하는 또는 개인과 공동체 모두와 관련을 맺는 총체적 개념으로 사용되었다. 이것은 무엇보다 산업자본주의와 제국주의의 발전, 그리고 의회민주주의, 과학기술 그리고 학문 및 교육의 발전이라는 유럽인들 특히 부르주아지의 실제적 경험을 표현하였다.[1] 여기에 진보와 발전, 그리고 예의바름이나 공손함과 같은 도덕적 덕목을 가진 개인들의 존재 등의 내용이 추가되면서 유럽인들에게 대단한 자부심을 제공하였다.[2] 유럽 역사를 기준으로 한다면 근대문명은 진보요 발전이었으며, 유럽이란 공간은 인류 역사의 중심이었다. 그들은 산업혁명을 시발로 한 자본주의 발달과 산업화 과학기술의 발전, 국민국가의 성립과 시민사회의 발달, 그리고 이성적 개인의 발견이 이를 증명한다고 여겼다. 그러나 세계적 차원에서 보면 역사적 진보라고만 평가하기는 어렵다. 근대는 제국주의와 세계대전으로 얼룩진 폭력과 야만의 시대이기도 했기 때문이다. 유럽인들의 문명에 대한 자긍심은 곧 미개하고 야만적인 타자들, 즉 유럽 내부와 외부에 존재하는 타자들을 문명화시켜야 한다는 논리로 확장되었다. 그들이 제국주의 침략을 '백인의 의무'로 미화하였지만, 오히려 유럽인들의 문명적 성취는 비서

---

1 나인호, 「문명과 문화개념으로 본 유럽인의 자기의식」, 『역사문제연구』10(역사문제연구소, 2003), 24쪽.
2 박지향, 『일그러진 근대』(서울대학교출판부, 2004), 62~66쪽 참조.

구지역에 대한 무력적 전승에 의지하였다.

서구근대 문명담론은 유럽문명이 진보의 가장 높은 단계에 서 있다는 유럽중심주의와 유럽인으로서 자부심어린 집단정체성을 확대 재생산하는 데 핵심적인 역할을 수행하였다. 학살과 약탈이 절정에 달했던 19세기에 이르면 이들은 보편문명론 백인우월주의적 인종주의 적자생존의 사회다윈주의를 제국주의 침략을 합리화하는 이데올로기로서 체계화하였다.[3] 따라서 유럽 백인들은 문명화되지 못한 인종을 교육하고 선도하는 것이 문명화된 인종의 의무이며 식민주의는 곧 문명의 수혜라고 정당화하였다. 문명화와 인종주의는 서로를 지지해주는 지렛대로 작동하였다. 즉 문명화된 백인은 비문명화 상태인 다른 인종에 대한 지배를 정당화하는 가운데 식민지 팽창에 열을 올리면서, 서로를 지지 강화했다. 인종적 차이는 문명적 동일성을 보장하는 객관적이고 과학적인 근거로 작용했을 뿐만 아니라, 인종적 편견과 차별을 통한 타자성他者性을 확보하는 주관적 신념으로 작동했다. 인종적 차이를 신체의 객관적 특성과 민족적 정체성 및 문화적 차이로 해명함으로써 동일성同一性과 타자성他者性을 동시에 확보하였다. 백인우월주의적 인종주의는 생물학적 개념이 아니라 사회·문화적 개념이었으며, 근대적 인간을 이해하는 데 매우 중요한 준거가 되었다. 유럽 근대문명은 진보적 문명화담론과 적자생존의 사회다윈주의와 백인우월주의적 인종주의와 맞물려 있었다. 유럽중심주의는 학문적 진리 체계가 아니라 하나의 권력 담론이었다.

서구적 이성은 무엇보다 인간을 타자와 구별된 단독자, 나누어질 수 없는 개체(individual)로 이해하였다. 개체로서의 자의식은 주체와 객체, 정신과 물질, 주체와 타자를 이분화하였다. 계몽주의는 진보·이성·과학을 자신의 모토로 내세우고 전통적 권위에 대한 도전과 비판을 감행함으로써 편견

---

3 스벤 린드크비스트(김남섭 옮김), 『야만의 역사』(한겨레신문사, 2003), 91~93쪽.

과 미신의 폐지, 지식의 확대에 근거한 자연의 지배 그리고 물질적 진보와 번영이라는 새로운 시대를 알리는 사상운동이었다.[4] 계몽주의가 개인을 발견했다는 측면에서는 인간해방이기도 하였다. 하지만 동일성의 범주를 벗어나는 순간, 이성과 계몽의 보편성은 타자에 대한 억압의 기제로 작동하였다. 이성의 역사는 유대인 학살과 세계대전이란 폭력을 낳았으며, 비서구지역에 보편적 이성과 근대문명을 강제했다는 점에서도 역시 폭압이었다. 서구와 같은 이성의 역사가 존재하지 않음이 곧 문명성의 부재와 야만으로 환치되었으며, 정체성에 대한 강요와 왜곡을 낳았다. 그러나 서구와 같은 계몽적 이성과 자연에 대한 과학적 탐구의 부재가 곧 야만일 수는 없다.

2) '근대'라는 새로운 시대

(1) 서구 문명과 유학의 충돌

비서구지역의 근대는 과학기술과 신식무기를 장착한 군함을 앞세운 서양세력에 대응하는 과정 속에서 형성되었다. 지구적 차원의 근대를 논할 경우도 그렇지만, 한국 근대 또한 서양 근대문명의 영향을 많이 받았다. 사상적으로 가장 큰 격변은 유학적 도덕문명과 서구 근대문명의 충돌적 만남이었다. 일차적으로 조선왕조의 정치이념이었던 성리학의 리기론적 세계관은 해체과정을 겪게 되었고, 근대적 맥락에서 '유학이란 무엇인가'를 다시 물어야 했다. 서구 근대문명의 위력이 유학의 근대적 정체성을 되묻는 직접적인 원인을 제공하였고, 서구적 근대를 어떻게 이해할 것인가라는 질문은 한국 근대사상의 큰 화두였다. 군함과 철도 등 서구 근대문명을 표상하는 강력한 '힘'이, '서구문명은 무엇인가?'를 묻지 않을 수 없게 만든 것이다. 너에 대

---

4 김성기, 「세기말의 모더니티」, 『탈식민주의이론』(민음사, 1997), 16~23쪽.

한 질문은 곧 나는 누구인가란 물음으로 직결되었다.

　성리학적 세계관, 그리고 중국중심주의적 사고에서 벗어나지 못했던 유림은 근대적 변화를 거부하고 성리학적 이념을 묵수하고자 하였다. 그러나 문명의 힘을 직접 목도한 관료층을 중심으로 서구문명을 수용하여 문명화하는 것만이 살길이라는 생각이 급속도로 확산되었다. 반면 유학적 사유를 토대로 서구문명을 탄력적으로 취사선택하려는 이들도 있었다. 한국 근대를 논의할 때 서구적 근대에 대한 다양한 대응방식이 있을 수 있으나, 서구문명을 유일한 준거로 삼는 일은 온당치 않다. 예를 들어 한국이 서구 근대문명을 더 빨리 적극적으로 수용하였다면 망국의 치욕을 겪지 않았을 것이라고 예단하거나 문명개화가 최선의 선택이라고 여기는 경향이 없지 않다. 그러나 문명화를 통한 근대화에 집중했던 많은 개화파 지식인들이 훗날 친일의 길을 걸었다. 이는 개인의 도덕적인 문제이기도 했지만, 근대역사의 특성에 기인한 측면도 있다. 근대 유럽중심주의는 이성적 판단과 합리성, 그리고 과학적 탐구에 근거하지 않는 모든 것을 열등한 야만으로 규정하였다. 또 서구 근대문명을 유일한 보편으로 간주하여 비서구지역에 그들의 문명을 강제로 이식하고자 하였다. 한국 근대 삶의 맥락에서 문명화가 가진 의미와 가치를 제대로 자리매김하지 않으면, 조선을 문명화한다는 일본의 문명지도론은 진보를 위한 시혜가 되고, 일제의 침략은 침략이 아니고 만다. 문명화에 대한 냉철한 성찰이 없다면 그 길이 곧 타자화의 첩경이 될 수 있었다.

　서구 근대는 자유와 평등이라는 인간의 존엄성을 발견하였으며, 과학기술의 눈부신 발전으로 편리한 삶을 가져오기도 하였다. 그러나 제국주의 침략과 세계대전이란 폭력성 역시 근대의 한 양상이었다. 문명성과 야만성을 가진 서구 근대는 수용의 대상이면서 동시에 저항의 대상이었다. 서구와 같으면서도 다른 한국 근대를 해명하는 데 유학사상은 매우 중요한 위치를 갖는다. 유학은 한국의 오랜 전통이었으며 '근대'라는 시공간에서도 일정한 역할을 담당해왔기 때문이다. 그것을 시기적으로 살펴보면, 개항기에는 서구를 비롯한 일본 근대문명을 어떻게 이해할 것인가에 초점이 있었다. 자강기에는 국권회복과 근대적 주체를 구현하는 데 사상적으로 일조하였으며, 경술국치 이후에는 민족 독립을 위한 사상적 근거와 실천력을 담보하는데 주력하였다.

(2) 국가체제와 민족

근대 지구적 세계는 국가체제를 기본으로 하였으니, 한국도 이에 편입되는 과정에서 갑오개혁을 단행하고 대한제국을 선포하였다. 갑오개혁을 통해 과거제와 신분제가 폐지됨으로써 양반의 사회적 특권도 사라졌다. 유학 경전을 중심으로 생성되던 성리학적 담론보다는 근대 교육제도를 갖추고 신학문을 수용하는 일이 시대적 급무로 받아들여졌다. 또 국경을 삶의 권역으로 하는 국가체제를 기반으로 한 근대 민족주의(nationalism)는 신분제를 해체하고 민족 구성원 사이의 평등한 관계를 동반했다는 점에서 획기적인 변화를 가져왔다. 양반 중심사회에서 벗어나, 백성百姓이 아닌 이른바 '국민國民'이 국가의 주체로 새롭게 등장하였다. 국민이 동포나 민족과 그 개념적 경계가 불분명하였지만, 민족 국가적 정체성은 다양한 신분계층을 하나로 묶는 구심점 역할을 했던 애국심, 국권상실이란 외부충격에 대응하는 단위로서의 새롭게 각인된 국가의식, 그리고 혈연적 동포의식을 자연스럽게 구성했던 역사적 문화적 경험의 공유 등과 결합하면서 민족주의를 생성하였다. 민족주의는 근대 주체의식 형성에 커다란 영향을 미쳤으니, 실제로 '민족'은 식민이란 프리즘을 통과하면서 다양한 자기의식의 자양분이 되었다.

중국을 중심으로 했을 때는 동국東國이라고 칭하였지만 이제 아한我韓이란 새로운 지리적 인식은, 서양은 물론이거니와 중국이나 일본과도 구별되는 근대적 자기 인식의 실질적인 토대가 되었다. 민족은 근대 국가체제에서 새롭게 발견한 삶의 범주였기 때문에, 세계 자본주의 체제 및 서구적 근대 문명이데올로기와 통합적으로 연계되어 있었다. 다른 한편으로는 프랑스 시민혁명으로 대표되는 서구 근대 민족주의와 그 양상이 다르기도 하였다. 한국은 오래도록 역사적 문화적 경험을 공유해왔고 종족적 동질성도 강했기 때문에 민족적 동질성을 통해 자기 정체성을 확립하려는 시도들이 있었고, 그것은 제국주의 침략에 저항할 수 있는 원동력을 제공하였다.

근대 민족주의는 중화주의와 결별하였다. 두 차례의 아편전쟁(1839~1860)과 청일전쟁(1894~1895)을 거치면서 해체된 중화주의는 곧 성리학적 세계관에도 직접적인 영향을 미쳤다. 더이상 리기 심성론으로 인간을 이해하지 않게 되었듯, 천원지방적 세계관과 화이론은 해체되었다. 중국은 물론 한국도 지구의 한 지역인 아시아 구성원으로 재편되었다. 한편 메이지유신에 성공한 일본은 동양의 맹주盟主임을 자임하면서 새로운 지역주의로서 동양주의를 이론화하였다. 일본은 아시아의 영국이 되고자 하였으며, 동시에 유럽과 '다른' 자신을 '동양'의 중심에 자리매김하였다. 일본이 아시아의 패권을 장악하면서 비서양의 동양을 발견했다는 것은 곧 동아시아 삼국이 오대양 육대주인 '세계'의 일부로 편입된 것을 의미하였다. 한국 근대 민족주의는 중화주의와 갈마들면서 동시에 제국주의와 조응하였다.

(3) 과학기술의 위력과 파장

근대는 자연과학적 진리와 효용이라는 합리성에 기반하여, 이른바 '과학시대'를 열었다. 서양과학은 자연 현상을 물질과 그것의 운동으로 파악하는 기계론적 세계관에 입각하여 실험과 관찰이란 방법론을 통해 진리를 찾아내고, 그것을 현실세계에 적용하여 효용을 창출하였다. 과학기술적 도구는 문화의 사고체계에 중심적인 역할을 담당하면서 근대문명을 발달시켰다. 19세기 초 유럽에서 기계-도구산업 즉 기계를 만드는 기계가 개발되었다. 이에 따라 생산의 기계화를 통해 기계만 작동시키면 되는 노동자를 배치함으로써 섬유산업에 혁명을 가져왔다. 과학혁명과 산업혁명은 새로운 생산수단과 통신수단의 발달에 그치지 않고 인간 활동의 모든 영역에 큰 영향을 미쳤다.[5]

철도와 시계는 근대적 시공간의 확장성을 압축적으로 보여주면서, 신세계를 열어나갔다.[6] 철도는 우월한 유럽문명을 상징하는 표상이자 제국을 확장하는 중요한 교통수단이기도 했다. 반면 비서구지역에 놓인 철도는 강압적 군대를 비롯하여 수탈과 폭력이 빠르게 오가는 길이었다. 철도는 문명의 시혜이면서 동시에 근대적 폭력의 통로였다. 또한 철도시간표는 분초 단위로 분절되는 기계식 시간을 강제하였으며, 세계 표준시라는 새로운 시간적 중심을 이식하였다. 근대적 시공간관념은 유럽중심적 보편주의를 확산시키는 현실적 토대로 작동하였다. 유럽중심적 보편성은 곧 타자에게 얼마나 보편적 가치가 부재한지를 판별하는 준거였다. 문명성이 부재한 비서구지역에 대한 제국주의 침략은 침략이 아니라 선진문명을 전파해주는 발전이라고 정당화하였다. 또한 과학주의는 보편주의를 문화의 외부 그리고 정치적 싸움의 장과는 무관한 이데올로기적으로 중립적인 것이라고 전제하고, 과학자들이 획득한 이론적 지식을 적용하여 유용한 기술을 생산하고 이것을

---

5 닐 포스트먼(김균 옮김), 『테크노 폴리』(궁리, 2005), 59~65쪽.
6 『대한매일신보』 논설 1908년 7월 2일자. "사방으로 철로 놓고 行人 物品 輸運할 제 鑿山通道 몇천 리를 순식간에 황래하니 그 근처에 사는 사람 고동소리에 놀라겠네. 신세계가 되었구나!"

통해 인류에게 이익을 제공할 수 있다는 점에서 과학적 진보는 모든 이에게 이로운 것임에 틀림없다고 주장하였다. 과학적 보편주의는 과학적 진리만이 보편적 진리이며, 유럽 근대과학이야말로 문화적·정치적으로 진보의 확실성, 특히 과학적 지식과 그 기술적 적용에서 진보를 증명하는 기제라고 주장하였다. 그리고 이러한 보편적 진리를 보유한 유럽인들은 야만인들에게 정치적 경제적 군사적 문화적으로 개입 혹은 지배할 권리가 있다는 과학적 논거로 사용하였다.[7] 이러한 담론은 19세기 제국주의 침략으로 구체화되었다. 전 지구적 차원에서 본다면 서구 근대과학과 기술은 서구적 근대성의 핵심 요소였다.

새로운 과학은 진리와 지식체계는 물론 뿌리깊은 사고의 습관을 바꾸어 놓았으며, 과학기술과 기계는 삶의 새로운 척도가 되었다. 과학기술의 발전은 곧 '진보'이며, 자연에 대한 신뢰할만한 정보들을 축적해 나가는 가운데 결국 야만을 종식시키고 문명화를 실현할 수 있다고 믿었다. 이러한 신뢰는 기술주의가 공중위생 교통 전신 생산관계 등 사회 전반에 걸쳐 놀라운 변화를 가능하게 하는 현실을 통해 입증되기도 하였다. 성리학적 세계관의 균열과 해체는 데카르트와 칸트의 철학이 아니라, 이러한 과학과 기술의 위력이 직접적인 원인이 되었다. 리기론은 모든 존재자의 존재양식을 해명하는 질서정연한 세계관이었다. 그 구조를 해명하는 것이 체용론이었다. 그러나 성리학적 세계관은 의심의 대상이 되었다. 세계는 격물치지의 대상이 아니었고, 자원화된 자연에 대한 과학적 탐구는 자연을 문제삼은 인간 이해에도 변화를 초래하였다. 인간이 행하는 노동과 생각의 주된 목표가 효율성이다. 측정 불가능한 것은 존재하지 않으며, 그다지 중요한 가치를 가지지 못했

---

7 이매뉴얼 월러스틴(김재오 옮김), 『유럽적 보편주의: 권력의 레토릭』(창비, 2008), 135쪽.

다. 성리학의 사상적 가치는 버리고 신학新學의 효용성과 과학의 권위는 이식하고자 하였다. 과학적 탐구만이 '참된 앎'을 보장할 수 있다는 믿음은 학문 영역 전반으로 확산되어 모든 지식 유형은 과학적으로 탐구되어야만 했으니, 인간 역시 과학적 탐구의 대상이 되었다.

3) 척사론적 대응의 한계

(1) 이질적 타자와 만난 성리학

한국 근대사상적 맥락에서 '유학은 무엇이었는가'에 답하기 위해 가정 먼저 물어야 할 것이 바로 위정척사론에 대한 이해이다. 서구 근대는 이성적 개인의 발견과 과학기술의 발달이란 놀라운 문명적 진전을 이루었지만, 그것이 종국에는 제국주의 침략으로 이어졌다는 점에서 야만적 역사이기도 했다. 서구 근대문명 자체가 야누스적 타자였기 때문에, 그들을 수용하지 않고 배척했다는 이유만으로 시대적 변화를 도외시한 보수로 치부하는 것은 온당하지 않다. 그렇지만 그들의 야만적 침략성에 대해 비판하고 저항했다고 해서 곧 근대적 민족주의라고 과대평가하는 것 또한 문제이다. 앞서 지적했듯이 한국 근대사상의 가장 큰 특징이 유학의 도덕문명과 계몽이성과 과학기술의 발달에 기반한 서구 근대문명이 충돌적으로 만나는 것이었다면, 위정척사론은 문명사적 전환이란 관점에서 이해할 필요가 있다.

문화교류의 관점에서 이질적인 문화가 만날 때 낯선 타자와 마주한 자신의 정체성을 확고히 함으로써 주체와 타자의 경계를 드러내는 것은 자연스러운 과정이라고 할 수 있다. 강력하고 낯선 타자를 마주하게 된다면, 누구든 '너는 누구인가'를 물을 것이고, 그 물음은 곧 너를 문제삼고 있는 '나는 누구인가'란 질문과 맞닿아 있을 수밖에 없기 때문이다. 성리학은 조선왕조

오백 년을 이끌어온 시대정신이었으며, 조선인의 문명적 자긍심의 발로인 소중화의식의 근간이었다. 그러나 근대에 이르러 성리학은 서구적 보편이념과의 충돌하면서 해체의 길을 걸었다. 조선시대 성리학은 성즉리를 어떻게 실현할 것인가에 주력하였으나, 낯선 타자인 과학기술적 문명론과 마주서게 되면서 더 이상 보편적 지위를 누릴 수 없었다. 이러한 사상적 위기 상황에서, 위정척사는 강력한 서구 근대문명과 맞닥뜨려 성리학적 자기정체성을 공고화한 사상이다. 성리학은 타자를 문제삼는 동시에 타자를 문제삼고 있는 자신의 정체성을 드러내야만 했기 때문이다.

　이질적 타자와 마주 선 위정척사파는 성리학적 이념을 확고히 정립함으로써 사학邪學을 물리치는 것이 급선무라고 생각하였다. 그들은 그릇된 서양문명을 배척하는 것이 곧 성리학을 지키는 길이라고 믿었다. 그런 의미에서 본다면 척사가 곧 위정이요 위정이 곧 척사인 셈이다. 그래서 위정척사의 대표적 사상가인 이항로李恒老(號 華西, 1792~1868)는 이단을 물리치는 데 정학을 밝히는 것보다 시급한 것이 없다고 생각하였다. 그들이 개화파의 개혁정책의 일환이었던 변복령變服令(1886)과 단발령(1895)에 저항했던 것은 이질적 문명에 대한 거부반응으로 이해할 수 있다. 변복과 단발은 단순한 외양의 변화가 아니라 '중화를 오랑캐(夷狄)로 만드는 표상'이라고 이해했기 때문이다. 정학론자들은 조선의 유학문명은 오륜과 같은 윤리도덕을 갖췄기 때문에 우월한 반면, 서양은 이러한 강상윤리를 모르기 때문에 오랑캐만도 못한 금수라고 치부하였다. 유교적 가치관에 기초한 도덕의식과 문화로부터의 이탈이 곧 이적인 셈이다. 위정척사파가 유학적 도덕의식을 기준으로 문명과 이적을 판단하였다면, 서구 근대문명은 문명화 정도에 따라 문명과 야만을 구분하였다.

(2) 존리적 세계관과 척사론

척사론자들은 성리학이 보편적 진리임에도 불구하고 실제로 구현되지 못한 것은 그 이념을 제대로 실천하지 않기 때문이라고 여겼다. 따라서 그들은 성리학적 이념을 실천할 수 있는 기제를 마련하는 것이 그 어느 때보다 절실하다고 생각하였다. 그들이 기에 대한 리의 주재성을 강조한 것은 존재해야 할 '당위적 세계'를 확고히 하려는 의도를 담고 있다. 즉 위정척사론은 현상세계에 대한 리의 주재성을 강화하여 도덕적 실천을 확보하려는 사상이다. 명덕주리주기론쟁明德主理主氣論爭은 명덕을 리로 봐야 마땅한지 아니면 기로 이해해야 하는지를 논의한 것이지만, 명덕주리론자이든 명덕주기론자이든 그들은 모두 순선무악한 리가 인간의 인식과 실천 속에 그대로 드러날 때 비로소 올바른 삶이 가능하다고 확신하였다. 따라서 명덕주리주기론자들이 공통적으로 문제삼은 것이 바로 기의 자용自用이었으니, 사회적 혼란은 기가 리의 명령을 따르지 않고 제멋대로 행동함(自用)에서 비롯된다고 생각했기 때문이다. 특히 화서 리기론은 존리적 경향이 강하다. 그는 리의 기에 대한 우위優位와 주재성主宰性을 확립하여 기의 자용을 막는 것이 사회적 혼란을 바로잡는 근본적 해결책이라고 주장하였다. 화서는 리기가 리존기비理尊氣卑와 리주기역理主氣役의 관계에 있다고 하여, 기에 대한 리의 명령성과 주재성을 강조하였다.[8] 화서는 리가 주인이 되고 기가 그 부림을 받게 되면 리는 순해지고 기는 바르게 되어 만사가 다스려지고 천하가 태평하게 되며, 기가 주인이 되고 리가 부차적인 것이 되면 기는 강성해지고 리는 숨게 되어 만사가 어지러워지고 천하가 위태롭게 된다고 보았다.[9] 화서

---

8 李恒老, 『華西先生文集』, 권25, 「理氣問答」. "曰, 合理氣則一也, 其以理爲主以氣爲主則不同也. 理爲主氣爲役則理順氣正, 萬事治而天下安矣, 氣爲主理爲貳則萬事亂而天下危矣."

9 李恒老, 위의 책, 「理氣問答」. "理爲主氣爲役 則理純氣正 萬事治而天下安矣 氣爲主理

는 순선무악한 리가 현실세계를 주재해야 하는 당위를 이념적 차원에서만 논의하면 리의 현존을 볼 수 없으니,[10] 강력한 천리 체인과 실천이 뒤따라야만 성리학이 지향하는 도덕사회를 실현할 수 있다고 하였다. 이러한 존리적 세계관은 성리학이 와해되어가는 현실에서 성리학적 도덕이념을 구현하려는 강렬한 실천의식의 표출이었다. 다른 한편으로는 과학적 문명론이 지닌 야만성을 드러내는 자기방어적 기제였다. 강렬한 도덕의식의 천명을 통해 서구 근대문명이 결국은 날선 무기를 앞세워 무력적으로 침략하는 것 이상이 될 수 없다는 것을 분명히 밝힘으로써 그들의 폭력성을 부각시켰다. 그들에게 군함을 앞세운 서구열강과 일본은 유학적 도덕의식을 갖지 못한 금수만도 못한 존재에 불과했다.

성리학의 보편이념을 지키고자 했던 화서는 비록 그들이 오상을 모르는 금수라고 비난하였지만, 서양 역법을 비롯한 서양과학기술의 우위를 인정하지 않을 수 없었다. 그러나 그는 천리와 인욕을 명확히 구분하고 인욕을 제거하는 데(關人欲) 중점을 두었기 때문에, 서양과학기술의 정밀함과 실용성을 평가하는 관점이 개화파와 달랐다. 성리학적 세계관을 견지한다면 사물의 이치와 도덕적 당위성을 인식하는 것(格物致知)은 삼강오상을 실천하기 위함이다. 그런데 형기形氣에만 밝은 서양의 과학기술은 인욕을 충족시키는 것에 가깝지 천리를 보존하는 일은 아니다. 따라서 서학은 '인의를 막고 혹세무민하는 사설邪說'일 뿐이다.

문명화는 인간과 자연에 관한 과학적 탐구를 기반으로 하였는데, 성리학의 격물치지와 근대과학의 간극은 매우 중요한 사상적 분기점이었다. 과학적 탐구가 진리라면 유학적 성찰은 비과학이 될 것이고, 과학을 통한 문명

爲貳 則氣强理隱 萬事亂而天下危矣."
10 李恒老, 위의 책, 권16, 「溪上隨錄」 3. "今之說理說氣 不就一物上分看 欲覓出一物於一物之外 而喚做理 喚做氣 則天下本無是物 非獨看理字不出 亦看氣字不出."

화가 거부할 수 없는 선택이라면 성리학적 사상체계는 근대체제에 맞추어 변용되거나 해체되는 것 이외의 길은 존재하지 않기 때문이다. 문명화가 자연과학적 진리와 효용이라는 합리성을 명분으로 내세웠지만, 합리적 선이 말처럼 실현되는 새로운 세계가 열리지는 않았다. 자연과학의 효용은 대포와 군함을 앞세운 물리적 힘으로, 세균학과 위생방역을 내세운 신체적 규율과 단발령의 강제로 표출되어, 야만적인 문화 폭압으로 귀결되었다. 스스로 결핍된 타자가 아님을 증명하고자 했던 위정척사사상은 자신이 지닌 문명성을 드러냄으로써 그들의 야만성을 드러냈다. 물론 제국주의 침략이란 거대한 근대적 파고 속에서 단발과 양복이라는 문명적 변화에 대하여 상투와 한복을 고수하는 것만으로는 적절히 대응할 수 없었던 것처럼, 척사론은 서구의 실제적 힘에 대한 구체적인 대응책이 될 수 없었다는 점에서 한계가 있었다.[11]

2. 국가체제와 한국 양명학의 조응

1) 문명사적 전환기와 일본 양명학

(1) 성리학적 세계관의 해체와 양명학에 대한 인식 전환

흔히 근대를 '서세동점의 시대'라고 한다. 근대를 표상하는 이양선과 철도, 그리고 시계 등은 모두 낯설고 강력한 영향력을 가지고 있었다. 이양선異樣船은 모양만 다른 것이 아니었으니, 그 안에는 대포뿐만 아니라 산업혁명 이후 발달한 유럽 근대문명이 함축적으로 들어 있었다. 서구적 근대의 수용은 사회 전반에 걸쳐 큰 변화를 가져왔다. 왕조체제에서 벗어나 국가체제로 전환되었고 전 지구적 차원의 자본주의 체제에 편입된 것이 가장 급

---

11 박정심, 『한국 근대사상사』(천년의 상상, 2016), 27~92쪽 참조.

격한 변화였다. 과학기술은 서구적 근대가 우리에게 수용의 대상이면서 동시에 저항의 대상이 되게 한 힘의 원천이었다. 공고한 성리학적 사유체계와 사서삼경을 토대로 형성된 지식 담론을 해체시킨 것은 계몽주의 철학자들의 저서가 아니라 과학기술이었다. 그들을 수용하지 않고는 다른 방법이 없다는 것을 절감하게 한 것 역시 과학기술의 위력이었다. 그러나 동시에 그것이 군국주의 수단이라는 것을 파악하는 데 그리 오랜 시간을 요하지 않았다.

성리학적 세계관으로 오롯이 해명되지 않는 근대란 시공간은 유학에 대한 비판적 성찰을 요구하였고, 이러한 변화는 양명학에 주목하는 계기를 제공하였다. 주자학만이 유일한 진리라고 믿었던 박은식이 이에 대한 회의를 가졌던 근본적인 이유는 주자학을 비롯한 성리학이 '근대'라는 새로운 '지금 여기'를 제대로 이해하고 대응하는 데 한계가 있다고 판단한 데 있었다. 그는 세계학설이 수입되고 언론의 자유를 만나 주자학 맹종에서 벗어나 근대적 맥락에서 유학을 비롯한 세계사조를 탐색했으며, 주자학이 시의에 적절하지 못한 점이 있음을 당대 학계와 공유했다고 고백하였다.[12]

철학적으로는 근대적 인간주체를 새롭게 발견해갔다는 점이 가장 큰 변화였다. 서구에서는 계몽주의적 이성 주체가 철학의 중심과제였듯이, 한국 역시 근대 주체 정립이 매우 중요한 문제로 부상하였다. 더 이상 성리학적 세계관으로는 해명되지 않는, 마치 막다른 골목과 같은 혼란한 지점에서, '나'에 대한 질문은 세계를 성찰하는 근원이 되기 때문이다. 주체에 대한 물음은 근대적 맥락에서 성리학이란 무엇인가를 묻는 것에서 출발하지 않을 수 없었다. 근대는 존천리 알인욕 실현을 삶의 목표로 삼았던 조선시대와 다른 삶의 양식을 요구하였기 때문이다. 지금 여기란 삶의 장이 변화했다면

---

12 朴殷植, 『朴殷植全書』, 下, 「學의 眞理는 疑를 좇아 求하라」, 198쪽.

사상 역시 그러한 삶의 변화를 반영할 수밖에 없다. 근대에도 성리학적 사유와 문화가 뿌리깊게 잔존하였지만, 근대의 성리학을 단순히 정치이념으로 작동했던 조선시대 성리학의 연장선상에서 파악하는 것은 한계가 있었다. 근대는 문명사적 전환기로서, 유학적 도덕문명과 서구 근대문명이 충돌적으로 만나 새로운 세계를 열었기 때문이다. 성리학은 조선시대에는 자명한 이념이었다. 즉 조선성리학은 성즉리라는 명제가 참인가를 묻기보다는 존천리 알인욕을 어떻게 구현할 것인가에 집중하였다. 이황의 사단리발설이나 이이의 교기질론矯氣質論을 비롯하여 호락논쟁의 주요 쟁점 또한 성인되기(聖學)를 위한 탐색이었다. 성즉리란 성리학적 전제는 견고한 이념의 토대로 작동하였지만, 근대적 격변은 이러한 성리학적 세계관을 해체시켰다.

(2) 일본 양명학의 영향

동아시아 근대는 서구 열강이라는 강력한 타자와의 관계 속에서 형성되었다. 타자는 침략적이었지만, 그들을 수용하지 않을 수도 없었다. 그런데 그들의 사유를 맹목적으로 용인한다면, 주체성을 상실할 위기가 올 수 있었다. 따라서 서구문명을 수용하면서 동시에 그것을 주체적 관점에서 재해석하고 대응할 필요가 있었다. 일본은 메이지유신 이후 맹목적인 서구화에 대한 경계와 반발로 인하여 구화주의자歐化主義者와 국수주의자國粹主義者들 간의 갈등을 겪었다. 국수주의의 한 흐름이었던 양명학은 일본주의와 결합하여 개인의 도덕적 수양과 실천을 강조하였으며, 이러한 과정을 통해 천황제 국가의 국민도덕으로 전화轉化되었다. 한국과 중국 지식인들은 메이지유신을 근대화의 모델로 보았고, 일본 양명학을 메이지유신의 사상적 원동력으로 이해하면서 이를 긍정적으로 평가하였다.

동아시아의 근대 양명학은 국가체제의 변화에 적극 대응하면서 발전하였다.[13] 전통 가운데 서구의 근대문명에 대응하면서 동시에 근대사회에 적용할 수 있는 것을 찾아내어 새롭게 해석함으로써 민족 국가적 정체성을 확립하고자 한 셈이다. 근대 일본 양명학은 강력한 타자 서양에 대응할 수 있는 일본을 만들기 위한 근대 패러다임 속에서 탄생하였다. 메이지유신 이후 양명학은 천황제 국가체제와 밀접한 관계 속에서 발전하였다. 일본은 천황제 국가를 체계화하면서 만세일계萬世一系의 천황이 다스리는 나라라는 의미를 담아 '국체國體'란 용어를 사용하였다. 국가주의적 국체론을 하나의 사상으로 완성한 것이 국학國學과 미토학(水戶學)이었으며,[14] 주자학과 양명학도 이러한 일본주의를 크게 벗어나지 않았다.[15] 일본 근대 양명학은 왕양명의 철학사상을 이해하고 계승하는데 치중하기보다는, '근대 그리고 일본'이라는 역사적 상황에서 국수주의를 공고히 하는 역할을 담당하였다.

요시다 노리카타(吉田矩方, 1830~1859)는 대표적인 양명학자이다. 그가 열었던 쇼카손주쿠(松下村塾) 출신들이 메이지유신에 적극 참여하였다.[16] 그는 국체國體 곧 황국 문제를 집중적으로 탐구하였는데, 일본은 중국과 달리 천만세를 세습하는 군주가 통치해온 나라이며, 일본의 신하는 주인과 생사를 같이하므로 목숨을 걸고 주인을 위해 충성을 다해 왔다고 주장하였다. 그는 이를 근거로 만세일계인 황통皇統의 정당성을 이끌어내고, '천하는 한 사람의 천하'라는 군주의 혈통에 근거한 국체의 절대적이고 영원한 정통성을 강조하였다. 더 나아가 요시다는 국체론에 근거하여 조선을 선두로, 한시바삐

---

13 박정심, 「근대공간에서 양명학의 역할『한국철학논집』13(한국철학사연구회, 2003), 참조.
14 후기 미토학은 국학에서 주장한 존왕이념과 神國思想을 도입함으로써, 존왕 및 국체의 존엄성을 한층 고취하였고, '國體'를 神國思想과 尊王思想을 나타내는 표어로 널리 사용하였다.
15 아베 요시오(김석근 옮김), 『퇴계와 일본유학』(전통과 현대, 1998), 178~204쪽 참조.
16 安岡正篤, 『陽明學 十講』(二松學舍大學 出版部, 1988), 156쪽. 그의 문하생 가운데 대표적인 인물이 伊藤博文이다.

군사력을 정비하여 에조와 캄차카 등을 빼앗고, 만주와 대만 등에 진취의 기세를 표시해야 한다는 해외웅비의 구상을 강하게 천명하고,[17] 온 국민이 목숨을 걸고 천황을 중심으로 집결할 필요가 있다고 설파했다.[18] 요시다가 존왕양이에 기초한 국체 형성에 주력한 이후, 일본 양명학은 '국민도덕'의 기초로 발전하였다. 이러한 특징은 1896년 창간된 『양명학陽明學』이란 잡지에 잘 나타나 있는데, 『양명학』에서 주로 논의된 것들 역시 요시다의 국수주의 영향을 강하게 받았다.[19]

이노우에 데츠지로(井上哲次郎, 1854~1944)는 교육칙어教育勅語의 해설서인 『칙어연의勅語衍義』를 집필했는데, 여기서 그는 효제충신의 덕행과 충군애국 실천을 강조하고 양명학을 이러한 덕육德育을 함양하는 방편으로 삼았다. 일본주의자였던 그는 일본 양명학이 중국 양명학에 비해 활발발한 정신이 풍부하고 실제적 방면에서 이룬 업적이 뛰어나다고 평가하였다.[20] 이노우에는 일본 양명학을 일본 내부의 정신력을 독려하는 학문으로 보았으며, 그 특징으로 과감한 실천주의와 자력주의를 제시하였다.

근대 일본양명학에서 '양지'는 대화민족大和民族의 가치 즉 일본혼(和魂)을 기초로 하여 만세일계萬世一系의 황실을 봉대奉戴하는 국민에 한정된 도덕이었으며, 충효일치의 국민도덕은 국가도덕으로 일원화一元化되었다. 즉 근대 일본 양명학은 신도神道와 결합하는 등 국가주의적 특징을 강하게 내포하고

---

17 尹建次, 『일본-그 국가·민족·국민』(일월서각, 1997), 제1장 참조.
18 高橋文博, 『吉田松陰』(淸水書院, 1998); 김항, 「'결단으로서의 내셔널리즘'과 '방법으로서의 아시아'」, 『대동문화연구』65(대동문화연구소, 2009), 490쪽 재인용.
19 吉本襄이 편집·발행했던 잡지 〈양명학〉은 1989년 5월 제79와 80호를 합본하여 간행한 것으로 끝났다. 하지만 당시 탁월한 양명학자로서 평가받았던 東敬治가 그 뜻을 이어받았고, 明善學者들이 양명학을 기본 강령으로 하는 『王學雜誌』를 편집·발간했다.
20 大橋健二, 「國家主義와 至誠主義-日本陽明學の本流」, 『良心と至誠の精神史-日本陽明學の近現代』(勉誠出版, 1999), 90쪽.

있었다.[21] 일본은 청일·러일전쟁을 거치면서 제국주의적 경향을 강화해갔고 천황제 국가주의도 더욱 견고해졌는데, 양명학도 이에 발맞춰 천황에 충성하는 신민을 길러내는 데 그 일익을 담당하였다.

한편 '천하'의 중심이라고 자부했던 중국은 아편전쟁과 청일전쟁에 패하면서 중화주의도 자연스럽게 해체되었다. 중국은 더 이상 천하의 문명 중심국이 아니기 때문에, '세계'의 일부로서 만국공법 체제에 적응해야 했다. 즉 중국은 하나의 국가로서 재건되어야만 했다. 중국과 한국은 메이지유신을 근대화의 모델로 삼았고, 일본 양명학에도 관심을 가졌다. 중국의 경우 변법운동부터 민국에 이르기까지 중국의 과제는 국민국가의 창출이었다. 무술변법(1898)이 실패한 후 일본에 망명해 있었던 량치차오(梁啓超) 등은 일본 근대 양명학을 메이지유신의 원동력으로 평가하면서, 이에 많은 관심을 보였다. 량치차오는 1904년에 이노우에 데츠지로의『일본양명학파의 철학日本陽明學派之哲學』의 영향을 받아『절본명유학안節本明儒學案』을, 1905년에는『송음문초松陰文鈔』를 출판하였다. 한편 량치차오는 사회다윈주의 등이 영향으로 경쟁시대의 경쟁 단위를 국가로 파악하고, '신민新民'을 창출하는 것이 급선무라고 주장하였다. 그는 신민을 민족국가의 국민이며 동시에 중국 민족을 이끌어갈 민족주체로 상정하고, 신민이 되기 위해서는 무엇보다 민덕·민지·민력을 갖추어야 한다고 주장하였다.[22] 특히 량치차오는 개인의 도덕 함양을 위해 양명학을 긍정하면서『절본명유학안』과『덕육감德育鑑』[23] 등의 저서를 통하여 양명학에 대해 언급하였고, 여기에서 모든 일을 양지에 근거해야 한다고 주장하였다. 그는 당시를 성인의 학문이 나날이 멀어지고

---

21 大橋健二, 위의 논문, 89~95쪽.
22 梁啓超,『新民說』제5절「論公德」12~15쪽 참조.
23 『덕육감』은 량치차오가 일본에 망명해 있을 때 쓴 저술로서, 중국 先儒들의 글 중에서 德育에 관한 것을 뽑아 여섯 개의 장으로 나누어 편집하고 그의 按說을 첨부한 글이다.

어두워져 공리功利의 습속이 점점 심해지고 있으며, 공리의 독은 사람의 마음속까지 스며든 상태라고 진단하였다. 그리고 공리주의자들이 명목상으로는 천하의 일을 도모한다고 하지만 사욕私欲을 채우기 위한 것이라고 비판하면서,[24] 무엇이 진정한 애국인지 아닌지에 대한 판별은 양지에 근거해 보면 확연히 알 수 있다고 강조하였다.[25]

2) 강화학파의 실심실학론實心實學論

성리학적 세계관이 해체되면서 유학적 자산을 어떻게 자리매김할 것인가는 중요한 문제로 대두되었다. 이황이 『전습록』을 비판한 이래로, 양명학은 학파를 형성하거나 뚜렷한 발전 양상을 가지기 어려웠다. 다만 정제두가 강화도로 간 이후 가학으로 그 명맥을 유지해왔다. 성리학에 대한 비판과 해체라는 토대 위에서 주목받게 된 하곡학 및 강화학파는 대체로 실학과의 연관성에 초점을 맞추거나 근대지향적 개혁사상으로 이해되었다. 강화학파는 진실무위眞實無僞한 인간 실현을 위한 학문 혹은 민족 주체의식의 회복을 위한 학문으로 평가받았다.[26]

강화학파는 강화도 지역을 중심으로 정제두의 양명학을 학문적 근본으로 정제두와 학연과 혈연으로 맺어진 문인집단을 일컫는다. 대표적 인물로는 이광사李匡師, 이충익李忠翊, 이건창李建昌(1852~1898), 이건방李建芳(1861~1939) 등이 있다. 이들 강화학파는 각기 학문적인 성향에 다소 차이가 있었지만 특정 문호에 무비판적으로 예속되기를 거부하고, 참된 마음을 중시하는 학문을 추구하였다. 이들은 양지와 양지의 자기실현인 실심과 실

---

24 이혜경, 『천하관과 근대화론: 양계초를 중심으로』(문학과지성사, 2002), 229~231쪽.
25 梁啓超, 앞의 책, 제18절 「論私德」, 138쪽.
26 박연수, 「강화학파의 근대적 성격」, 『제5회 하곡학 국제학술대회 논문집』(한국양명학회, 2008), 173쪽.

행을 지향하여 내적인 성찰과 자기를 참되게 하는 '전내실기專內實己' 공부를 우선시하고, 허학虛學과 가의假義를 통렬히 비판하였다.[27]

이건창은 역사적 위기에 직면하여 심학사상을 전개하였다. 그는 사사물물事事物物 상에서 정리定理를 구하기보다는 인간의 본심에 주목하여 심체心體에 충실할 것을 주장하였다. 그는 현실적 상황에 대한 주체적 판단을 강조하면서, 척사론에 대한 비판 및 양명학적 현실 대응책을 모색하였다. 이건창은 민족자존의 주체성에 기반한 난국 타개책으로 민생을 위한 정치와 언로 개방 요구, 그리고 정치의 형식성을 비판하는 등 정치적 개혁론을 펼쳤다. 또 개화를 반대하는 척사파나 외세에 의존하려는 개화론을 비판하고, '실'과 자주성에 중점을 둔 실심부강론實心富强論을 주창하였다.[28] 이건창은 실심을 특히 강조하였다. 실심을 만물의 근원으로 보는 그는 국가의 부강 역시 국가의 주체적인 노력에 달려있으며, 특히 왕을 비롯한 집정자의 '실심' 확립이 가장 중요하다고 생각했다. 부강론의 세 측면, 즉 공정한 법의 확립, 명예와 절의, 절약과 검소의 재정 운용 등의 실현이 집정자의 실심에서 시작된다고 보았다.[29]

이건방은 조선왕조의 해체와 대한제국의 정립 그리고 망국의 위기 등을 양명학적 관점에서 인식하는 한편 당대를 약육강식의 사회다원주의적 관점에서 파악하였는데, 조선 망국이 시대적 변화를 제대로 통찰하고 대응하지 못한 탓이라고 보았다. 이는 주자학 자체의 문제라기보다는 주자에 가탁하여 거짓 도의로 세상을 속이고 백성을 그릇되게 이끄는 주자학자들의 잘못

---

27 강화 양명학 연구팀, 『강화학파의 양명학』(한국학술정보, 2008), 312~313쪽.
28 김세정, 「강화학파 이건창과 정인보의 연구 현황과 과제」, 『제5회 하곡학 국제학술대회 논문집』(한국양명학회, 2018), 261~262쪽.
29 김세정, 앞의 논문, 263쪽.

제3절 | 근대 양명학과 조선학, 그리고 실학의 발견 323

이라고 하였다.[30] 이건방은 도의道義를 말하지만 그 진가眞假를 구분할 수 있다는 진가론眞假論을 제시하여, 거짓 대의에 가탁하여 사사로운 이익을 추구하는 주자학자들을 비판하였다. 그는 학술의 근본은 그 진위를 살피는 데 있으므로, 진가를 구분하여 실천할 수 있는 학문의 회명晦明이 중요하다고 강조하였다. 진은 자기 마음에 돌이켜 독지獨知에 조금의 부끄러움이 없는 것인 반면, 위는 향원처럼 도의를 빌려 남을 해치고 자기만 이롭게 하는 거짓이다.[31] 따라서 진가를 판별하여 참된 도의를 실천함으로써 천하의 혼란을 다스리는, 실심으로 실학을 궁구하는 일이 중요하다고 하였다.[32]

이건방은 대내적으로 서세동점의 격변기에 개화와 수구의 대립과 갈등을 겪다 망국에 이르렀다고 판단하고, 도의를 판별하고 실천하는 것이 민족적 문제를 해결하는 근본이라고 하였다. 대외적으로는 당대가 약육강식의 생존원칙이 지배하는 시대임에도 그러한 시세에 제대로 대응하지 못했기 때문이라고 하였다.

> 저 열강은 진화가 날로 융성하여 정치와 법률의 밝음과 해군 육군의 확장, 전신과 철도의 교통, 삼림과 농공상업의 발달이 모두 하루에 천리를 가는 듯한 추세이다. 그러나 우리는 먹고 자기만 하고 나태하게 즐기는 풍조가 전과 같다.[33]

서구 열강은 정치와 법률을 비롯하여 군대와 철도는 물론 다양한 분야에서 산업적 발달을 이룩했지만, 우리는 실리를 궁구하지 않는 폐단을 고치지 못하였기 때문에 열강의 침략을 피할 수 없었다고 판단하였다. 따라서 조선

---

30 李建芳, 『蘭谷存稿』, 「續原論」, 45~46쪽.
31 李建芳(吉星山人), 「朝鮮儒學과 王陽明」(7).
32 李建芳(吉星山人), 「朝鮮儒學과 王陽明」(8).
33 李建芳, 『蘭谷存稿』, 「原論 上」. "彼列强之進化日盛, 政治法律之修明, 海陸軍隊之擴張 電信鐵道之交通, 森林農工商業之發達, 皆有一日千里之勢, 而吾且宴食酣寢, 怠惰活嬉之風 猶夫前也."

도 문호를 개방하여 그들과 통상을 시작할 때부터 도의를 지키는 선비들이 개화를 주도하여 변혁과 쇄신을 꾀하고 자강을 도모했어야 한다고 보았다. 그리고 나라가 망하고 백성이 도탄에 빠졌는데도 산림에서 일신의 깨끗함만을 추구하는 선비들은 거짓된 도의를 지키는 자들이라고 비판하였다.[34]

3) 박은식의 진아론眞我論과 대동사상大同思想

(1) 진아론의 정립

유럽의 역사적 경험에서 배태된 이성의 역사가 합리성 및 개인의 자유와 평등 등 인권을 발견했다는 것은 긍정적으로 평가할만하다. 또 자유와 평등이란 인간해방의 기치를 내걸었던 계몽주의는 유럽의 역사적 경험을 담고 있기 때문에, 유럽인에게 이성의 역사는 진보와 발전으로 읽힐 수 있다. 그러나 이성의 역사와 기독교문화를 공유하지 않은 근대 한국은 그들과 동일한 자리에 서 있지 않았다. '지금 여기'가 다르다면 보이는 것 역시 같지 않고 직면한 문제가 다르며, 주체의식 역시 동일할 수 없다. 우리는 서구와 같은 이성의 역사를 가지고 있지 않았다. 이성적 인간화는 곧 칸트의 표현을 빌리자면 스스로 이성적 사유가 불가능한 미성숙한 상태에 있다는 것을 전제로 한다. 계몽의 길은 '나는 열등하고 야만일 뿐만 아니라 문명성이 결여된 결핍된 존재이다'는 것을 자인하고, 그들의 문명적 지도를 받아 계몽되어야 하는 타자가 되는 것을 의미하였기 때문이었다. 더군다나 이것은 제국주의 침략을 정당화하는 논리이기도 하였다. 이러한 이유로 이성적 주체로 계몽되는 것은 우리가 가기 어려운 길이었다.

박은식朴殷植(1859~1925)은 성리학적 세계관으로는 온전히 해명될 수 없

---

34 한정길, 「蘭谷 李建芳의 양명학 이해와 현실 대응 논리」, 『양명학』 51(한국양명학회, 2018), 295~296쪽.

는 현실을 직시하고 '근대'란 새로운 시대를 이끌어갈 주체를 정립하고자 하였으나, 그것이 서구와 같은 '독립된 개인'의 발견은 아니었다. 성리학적 이념은 구학舊學으로 전락하였지만, 유학적 자산에 대한 근대적 성찰은 한국적 근대, 주체적 주체를 물을 수 있는 토대가 되었다는 점에 주목할 필요가 있다. 박은식은 양명학적 사상 전환과 진아론을 통해 근대적 맥락에서 유학 문명을 재건하였다. 특히 진아론은 이성적 주체란 보편타자에 매몰되지 않은 한국 근대주체를 정립하고자 했다는 측면에서 매우 중요한 철학적 진전이었다고 평가할 수 있다. 한국 근대주체의 생성은 세계적 지평에서 근대국가를 건설하기 위한 시대적 요구에 부응하는 철학적 문제였다. 타자화된 주체성으로는 보편타자의 폭력성을 넘어서 제국주의 침략을 극복하고 인도주의를 전망할 수 없었기 때문이다.

박은식은 시비판단의 준칙과 실천성을 담보한 양지의 근대적 구현체인 진아眞我를 한국 근대주체로 상정하였다. 그가 제시한 '양지'는 계몽이성과 마주한 개념이었다. 물론 그가 계몽주의 철학에 대한 깊은 이해가 있거나 구체적인 글을 남기지는 않았다. 그러나 계몽이성을 인간이해에 관한 유일한 보편으로 받아들인다면, 우리에게 주어진 길은 하나였다. '그들처럼 되기', 즉 그들을 번역하거나 모방하지만 결코 그들처럼 될 수도 없는 절망적인 상황밖에 없었다. 이처럼 분열된 자기의식의 고통을 프란츠 파농은 '까만 피부, 하얀 가면'이라고 일갈하였다. 서구 시민사회는 합리적 판단이 가능한 개인을 근대주체로 정립했는데, 이때 '주체'란 자유와 평등이라는 인간해방의 기치를 내걸었던 계몽주의적 이성을 의미한다. 그런데 '이성'이라는 동일성의 원리는 비서구를 비이성의 역사로 치부하고 배제하는 근거가 되었고, 유럽적 보편주의를 비서구 지역에 강제하고 이를 정당화하였다. 박은식의 양지는 바로 이러한 이성의 폭력성에 대응한 개념이었다. 박은식은 양명학으로의 사상적 전환을 통해, 보편타자의 '밖'에서 그와 마주 선 주체로서 '진아'를 주창하였다. 그런 측면에서 '진아'는 박은식 사상을 관통하는 중심개념이다.

진아란 양지가 그대로 발현된 주체이다. 그는 양지의 특징을 다섯 가지로 세분하여 분석함으로써 이로부터 근대적인 의미를 이끌어내었다.

> 양지良知란 자연명각지지自然明覺之知오 순일무위지지純一無僞之知오 유행불식지지流行不息之知오 범응불체지지泛應不滯之知오 성우무간지지聖愚無間之知이다. 신묘하도다! 누가 이것에 다른 무엇을 더할 수 있겠는가?[35]

양지의 특성 가운데 자연명각과 순일무위는 양지의 일반적 특성을 설명한 것이라고 할 수 있다. 여기서 주목할 점은 유행불식과 범응불체라고 하겠다. 양명은 마음의 끊임없는 유행 가운데 그 주재가 있는 것으로 파악한다. 사람의 마음도 끊임없이 유행하여 온갖 변화하는 사태에 대응하더라도 양지의 주재가 안정되어 있다면 항상 태연자약할 수 있다고 하였다. 양지가 다양한 상황 변화에 대응하여 그 주재성을 잃지 않을 때 선이 확보된다. 박은식은 '때에 따라 묘응妙應하는 양지'를 강조하면서,[36] 단지 옛 문화로 세상을 밝히고자 하는 자는 도리어 신문화新文化와 충돌하여 개진開進하기가 어렵다고 보았다. 그래서 그는 옛 문화를 묵수하는 자보다는 무문자無文者가 오히려 신문화를 잘 받아들이고 발전시킬 수 있다고 보았다. 즉 구습에 젖어 새로운 시대 변화에 능동적으로 대처하지 못하는 유림보다는, 본래의 허령한 양지를 가지고 있으면서 구습에 젖지 않은 일반 민중의 자각과 실천에 주목하였다.

---

35 朴殷植, 앞의 책, 中,「王陽明實記」, 48~49쪽.
36 朴殷植, 위의 책, 51~52쪽.

이러한 특징은 범응불체한 양지와도 연관되어 있다. 인간은 늘 구체적인 상황 속에서 다른 존재와 관계를 맺으며 살아간다. 우리가 접하는 구체적인 상황들은 항상 변화하기 때문에 그에 적절히 대응하는 시비도 변화한다. 시비판단이 상황에 따라 달라지므로 시비준칙을 완전히 객관화하는 것은 불가능하다. 그러므로 양명학에서는 인간에 내재하는 양지에 근거하여 상황에 따라 시비를 판단하는 것이 타당하다고 본다. 양지는 외재적인 타율이나 형식을 행위의 준거로 삼지 않는다. 즉 양지의 시비판단은 '상황성'을 중시한다. 내재적인 양지에 근거할 때 천하의 절목節目과 시변時變에 대해서도 자유자재로 대응할 수 있다. 내 마음의 양지가 세계와 접할 때 나와 세계는 하나가 된다. 이는 양지가 구체적인 세계를 물리적으로 창조하거나 존재양식을 직접 지시한다는 의미가 아니라, 나의 순수한 양지를 현실 세계 속에서 끊임없이 구현시켜 나가면 창조 유행하는 세계의 존재도 만물일체지인萬物一體之仁을 구현한다는 것을 뜻한다. 그러므로 양지는 근대적 격변에 맞닥뜨려서도 주체적으로 대응해 나갈 수 있다. 박은식이 제시한 범응불체한 양지는 이를 의미한다.

그리고 박은식이 양지를 '성우무간'으로 규정한 것은 도덕적 평등성의 의미도 있지만, 평등시대에 일반 대중들의 역할과 중요성에 주목한 것이라고 할 수 있다. 박은식은 비록 제국주의가 극렬해지고 있지만, 불평등한 강권주의를 해체하고 평등주의로 나아가야 하며, 유학 역시 평등시대에 적합한 시중성時中性을 갖추어야 한다고 보았다. 그리고 평등시대를 이끌 새로운 주체로서 전근대사회에서 사회적 특권을 독점했던 양반과 대비되는 민중을 주창하였으며, 이를 무문자無文者라고도 하였다. '민중'이 도덕적 평등성을 넘어 사회적 평등을 지향하는 측면을 강조한 것이라면, '무문자'는 성리학적 세계관에 얽매이지 않고 근대적 격변에 수시변역할 수 있는 능동적 실천을 강조한 개념이었다.[37] 민중과 무문자를 역사적 주체로 삼음으로써 상등과 하등이란 신분적 계서와 특권을 해체하고, 양지란 도덕적 평등성을 사회적·세계적 지평에서 실현하고자 하였다.

일반 대중에 대한 인식은 그가 유학이 제왕 중심의 유학에서 인민사회에 적합한 사상으로 거듭나야 한다고 본 것과 상통한다. 즉 공자의 대동사상과 맹자의 민위중설民爲重說 등 선진유학의 민본사상을 근대사회에 맞게 재구성한 것이라고 평가할 수 있다. 그가 새로운 근대사회를 모색하면서 일반 대중의 역할과 중요성을 강조한 것은 여느 자강운동가들과 다른 점이다. 독립협회와 대한자강회를 이끌던 윤치호 같은 경우, 민중을 우민愚民으로 파악하고, 한민족을 열등한 민족으로 인식하였다. 민중의 역사적 역할에 대한 부정은, 그에 기초한 사회적 변화와 발전을 모색하는 것을 애초에 불가능하게 만든다. 이러한 역사 인식은 민중 및 자기 문화와 역사에 대한 멸시와 비하로 나타났고, 그것은 상당 부분 일제의 침략 논리 및 식민사관과 일맥상통하였으며, 부분적으로는 독립불능론으로 이어졌다. 그러므로 윤치호가 제국주의 침략을 침략으로 보지 않고, 오히려 제국주의 국가의 보호를 자청한 것은 어찌 보면 당연한 귀결이었다. 박은식이 우민관에서 벗어나 민중의 역사적 역할을 강조하고, 이에 기초한 근대국가를 건설하고자 하였다.

근대적 유학이념과 평등을 실현할 수 있는 구체적 장이 국가였기 때문에, 진아는 백성이 아니라 '신국민新國民'이 되어야 한다고도 하였다.[38] 그는 성리학적 구습에 사로잡혀서는 신국민이 될 수 없으며,[39] 을사오적이나 일본의 작위를 받았던 관료 및 유림 등 친일세력도 신국민이 될 수 없다고 단

---

37 朴殷植, 앞의 책, 下, 「儒敎求新論」, 47쪽.
38 朴殷植, 앞의 책, 中, 「夢拜金太祖」, 264쪽. "조국과 민족의 앞날을 위하여 바라는 것은 오직 청년을 교육하여 신국민을 양성하는 것이다."
39 朴殷植, 앞의 책, 中, 「夢拜金太祖」, 295쪽. "새로운 정신이 머릿속에 들어가지 않는 것은 곧 옛날 근성이 남아 있기 때문이니 그러한 사람은 신국민의 자격이 없다."

언하였다. 도덕성을 근간으로 한 진아는 자강기에는 애국과 식산을, 그리고 식민기에는 독립을 위한 희생을 실천할 수 있는 주체였다.[40] 국권상실과 망국에 직면한 민족의 현실에 대한 올바른 판단과 실천이 곧 양지의 현실태였다.

계몽이성이 유럽의 사상적 역사를 담지한 특수한 보편이었다면, 치양지의 진아는 성선의 역사를 한국 근대적 맥락에서 재성찰한 것이었다. 계몽이성이 인간의 개체성과 이분법적 사유를 토대로 하였다면, 양지는 존재자들의 관계맺음을 실현하는 방편으로 각각의 차이를 존중했다는 점에서 근본적인 차이가 있었다. 유학은 관계맺음에 관한 탁월한 사유체계로서, 유학에서 강조하는 인仁과 충서忠恕 그리고 오륜五倫은 모두 사람 사이의 관계성을 규정하는 덕목들이다. 양지 역시 고립되고 개별화된 개인에 국한될 수 없는 개념이다. 즉 양지적 주체는 나다운 나(仁)가 되어, 너다운 너(仁)를 인정하며 너와 도적적 관계맺음을 할 때 비로소 참된 주체가 된다. 동일화의 체계에 의해 획일화된 비주체적 주체는 주체가 될 수 없다. 계몽이성의 문제는 바로 여기에 있다. 타자와의 간격과 차이를 존중하지 않고 그를 열등한 타자로 규정하고 배제함으로써 너다운 너가 될 수 없고 종국에는 나다운 나도 될 수 없는 폭력구조를 체계화하려 한 점이다. 계몽이성이 다른 것, 즉 타자와 자연을 끊임없이 동질화하거나 배제하는 과정 속에서 자기를 유지해 나가는 지배와 폭력의 구조를 지향한다면, 박은식의 양지적 진아는 너와 나의 차이와 간격을 유지함으로써 인도주의적 대동사상을 구현하고자 하였다.

---

40 朴殷植, 앞의 책, 中, 「夢拜金太祖」, 210쪽. "忠國愛族하는 자들이 慘禍를 입고 賣國禍族하는 자들이 福樂을 누리는 것 같지만, 실은 天理와 人慾의 大小를 분별하지 못하고 영혼과 육체의 輕重을 가리지 못한 것에서 오는 오해이다. 또 榮辱禍福의 관념으로 善을 행한다면 그것은 이미 선이 아니라 僞善이다. 眞誠으로 선을 행하는 자는 도리어 영욕화복의 관념이 없다."

(2) 자가정신과 국혼의 확립

정체성이란 '자신을 스스로 인식하는 것'으로 인간을 어떻게 이해하느냐는 이해방식의 차이를 드러낸다. 정체성은 주체적인 자기의식에 기반하지만, 동시에 자신에 대한 타자의 시선에 의해 규정되기도 한다. 정체성은 자기동일성을 확보함으로써 사회적 안정감과 내적 동질성을 공유하는 긍정적 측면이 있지만, 타자에 대한 배제의 원리로 작동하기도 한다. 특히 근대는 서구적 주체 인식이 하나의 보편으로 자리잡은 시기였다. 서구적 시선에 따르면 우리는 이성의 부재와 문명이 결핍된 야만이었다. 그러나 타자의 시선으로 자신의 정체성을 규정하는 것은 주체를 타자화하는 것이며, 결핍된 타자로서의 자기의식은 열등의식과 자기부정을 초래하였다. 이러한 주체성의 위기는 스스로 자신의 정체성을 깨닫고 발견할 수 있는 계기가 되기도 하였다. 서구와 다른, 그들과 구별되는 요소로 자신을 이해하고 규정하려는 시도는 서구중심적 시선과 다른 관점에서 자기정체성을 인식하도록 유도하는 역할을 하였다. 이는 보편타자의 동일화전략에 맞설 수 있는 저항적 정체성을 확립하는 차원이기도 하였다.

박은식은 유럽중심주의적 서구문명이 보편으로 자리잡는 상황에서 민족주체성을 확립하고 근대국가로 성장하기 위해서는, 무엇보다 주체적인 자가정신自家精神의 확립이 선행되어야 한다고 보았다.

> 오늘날은 외래문화와 접촉이 매우 빈번한 시대이다. 서구문화를 수용해야 우리도 그들처럼 진보 발달할 수 있다. 다만 우리 선배가 한학漢學에 매몰되었던 것처럼 우리의 고유한 문화를 스스로 버리고 자가정신을 잃어버리는 폐단이 있을까 염려한다.[41]

---

41 朴殷植, 앞의 책, 下, 「四庫全書에 대한 感想」, 201쪽.

보편타자에 동화되어 그들과 구별되는 주체성을 상실한다면, 주체는 설 자리를 잃게 된다. 민족적 정체성 정립은 주체의 시공적 기원基源을 근대적 맥락에서 재구성하여, 그들과 '다름'을 확립하려는 것이었다. 타자와 구별되는 다름은 주체의 정체성을 형성하는 중요한 토대가 된다고 인식하였다. 박은식은 자가정신을 상실하면 곧 고유의 문화와 정신마저 상실하게 되어 결국은 근대국가도 건설할 수 없다고 판단하였다. 그러므로 박은식은 자가정신과 함께 문화적 정체성인 국혼國魂을 강조하였다.

그는 다른 나라와 마찬가지로 한국도 특유한 민족정신이 있으며, 그것을 대한정신 혹은 국혼 등으로 표현하였고, 비록 국백이 제국에 포획당했을지라도 국혼을 유지한다면 국망 위기를 극복할 수 있다고 예견하였다.[42] 그는 사천 년 동안 국맥을 유지할 수 있었던 것은 국혼이 있었기 때문이라고 평가하면서, 유교적 전통도 국혼의 중요한 부분이라고 강조하였다. 역사적·문화적 동질성에 기반하여 계승되어온 국혼에는 유학적 요소가 많지만, 그것이 국맥과 유기적 연관 속에서 역사적 현실을 추동해왔다는 점에서 보편적이며 동시에 특수한 생명력을 갖는다. 자가정신이란 민족적 주체성과 국혼이란 문화적 정체성이 조화를 이룬 한국 근대의 민족적 주체인 진아는 근대란 시공간에서 존재한다는 측면에서는 역사적 주체였지만, 도덕적 본성인 양지를 실현한다는 측면에서는 보편적 주체이기도 하였다.[43]

---

42 朴殷植, 앞의 책, 上, 「韓國痛史」, 376쪽. "國魂은 國敎·國學·國語·國文·國史 등과 같은 정신적인 요소로 구성된다. 國魄은 錢穀·卒乘·城池·艦船·器械 등과 같은 제도와 문물로 구성된다."

43 박정심, 「양명학을 통한 眞我論의 정립: 한국 근대주체의 생성」, 『陽明學』 33(한국양명학회, 2012), 106쪽.

(3) 한국 독립의 정당성과 대동사상

박은식은 양명학의 핵심이 만물일체지인萬物一體之仁에 있다고 파악하고,[44] 개인의 도덕적 자아인 양지를 사회 속에서 실현함으로써, 국가와 민족은 물론 인류 전체를 아우를 수 있는 대동사회를 실현하고자 하였다. 그는 개인은 물론 국가와 인류 전체의 발전이 '양지'의 실현을 통해 구현될 때라야 진정한 대동사회를 이룩할 수 있다고 보았기 때문이다.

> 우리나라의 유교여, 유교의 형식에 구애되지 말고 유교의 정신을 발휘하여 세계동포가 대동大同 평화平和의 행복을 균일하게 향유할 수 있게 해야 할 것이다.[45]

그가 양명학을 주창한 것은 인류 평화의 근본을 세우는 것을 목표로 하였기 때문에,[46] 대동사상도 인류가 대동평화를 향유하는 것을 지향하였다.[47] 그는 대동사상이 국가적 독립과 위배되지 않는다고 보았다. 당시는 국가시대이며, 국가가 존재하지 않으면 민족이 멸망하는 시기이기 때문이다. 양지에 기반한 독립이라면 그것은 제국주의 침략과 같은 팽창적 민족주의로 귀결되는 것이 아니라, 평화적 사해동포주의로 나아가기 위한 과정이 된다. 이것은 양지에 기초한 독립운동이어야만 보편적 도덕성과 인류 평화이념에 위배되지 않는 정당성을 확보할 수 있다는 것을 의미한다.

박은식은 한국의 독립운동은 세계평화와 인도주의의 선봉이 되어 군국주의를 물리치는 것이라고 파악하였다. 인류의 역사는 자유와 평등을 추구하

---

44 朴殷植, 앞의 책, 下, 「日本陽明學會 主幹에게」, 237쪽.
45 「儒敎發達이 爲平和最大基礎」, 『皇城新聞』 1909년 11월 16일자.
46 朴殷植, 앞의 책, 237~238쪽.
47 朴殷植, 앞의 책, 下, 「孔夫子誕辰紀念講演會」, 59~60쪽.

기에 전제주의와 강권을 제지하고자 하며, 한국의 독립은 바로 그러한 인류 전체의 지향과 일치한다고 하였다. 한국이 일본의 전제주의에 저항하는 것은 그것이 바로 자유와 평등을 실현하는 길이기 때문이라는 것이다. 즉 한국의 독립이 평화사상과 인도주의에 입각한 정당한 것임을 천명하였다. 한국민족이 비록 가장 극심한 압제를 받고 있지만, 이러한 평등주의를 토대로 근대적 평화민주공화국을 건설할 수 있으리라 예견하였다. 그는 한국민족을 인도적 평등주의 실현의 주체로 삼았다.

> 이른바 20세기에 들어와서 멸국滅國 멸종滅種을 보편법칙으로 삼는 제국주의를 정복하고 세계 인권의 평등주의를 실행하는데 있어서, 우리 대동민족大東民族이 그의 선창자가 되고 또 주맹자主盟者가 되어 태평의 행복을 온 세계에 두루 미치게 한다면, 참으로 무량한 은택이요 더없는 영광이겠습니다.[48]

박은식은 한국민족의 당면 과제는 강권의 제국주의를 이겨내고 인권의 평등주의를 실현하는 주체가 되는 것이라고 주장하였다. 그리고 그런 이상을 실현하기 위해서는 대동사상을 중심으로 해야 한다고 보았다.[49]

3. 조선학과 정인보의 실심론, 그리고 실학

1) 보편학으로서의 동양학과 조선학

(1) 동양주의와 '동양학'

동양이란 근대적 지역개념은 오대양 육대주라고 하는 근대 지리적 발견과 밀접하게 연관되어 있다. 오리엔트orient의 번역어인 동양은 태평양의

---

48 朴殷植, 앞의 책, 中, 「夢拜金太祖」, 308쪽.
49 박정심, 『박은식: 양지로 근대를 꿰뚫다』(학고방, 2021) 참조.

동쪽이라는 지리적 뜻도 있었지만, 문명한 서양과 대비되는 비서양非西洋이란 의미와 함께, 서양과 같은 문명성을 갖지 못한 지역이라는 내용까지 포함하였다. 문명적으로 우월한 서양과 그렇지 못한 동양이란 대비적 관점은 유럽중심주의가 고스란히 반영된 것이다. 쓰다 소키치(津田左右吉)는 동양이란 메이지유신 이후에야 '서양이 아닌 것'을 의미하게 되었다고 하였다.[50] 한편 한중일 삼국, 특히 일본을 중심으로 권역화된 '동양'은 본질적으로 일본이 주창한 근대적 지리 관념이다. 중국이 천하의 중화中華였던 것처럼 일본은 동양의 중심국이 되고자 하였으니, 동양 및 동양주의는 일본의 지역적 패권 야욕을 담고 있었다.

일본이 아시아 지역의 패권을 장악하기 위해서는 일차적으로 중화주의적 중국을 해체하고, 동양이란 자장 안에서 중국을 자리매김할 필요가 있었다. '중국'이란 개념은 일본이 유약하여 중국문화를 수입하던 때를 상징하기 때문이다. 그러므로 에노키 가즈오(榎一雄)는 중국의 우월성을 암묵적으로 용인하는 '중국'이란 용어를 쓰는 것은 매우 부적절하다고 보았다.[51] 그래서 중국은 더 이상 천하의 중심국이 아니라 하나의 지역에 불과하다는 뜻으로, 차이나china의 음역인 '지나支那'로 격하시켰다. 즉 지나란 일본이 낡은 중국 중심의 지역 질서에서 해방되었음을 함의하였다. 일본은 문명(civilization)의 차원에서 선진先進인 일본과 노대老大하고 낙후된 중국을 대비시키고, 일본이 아시아의 맹주盟主로서 지역적 연대와 평화를 지키는 역할을 해야 한다고 자임하였다.

동양주의는 곧 일본중심주의였으니, 동양과 남양[52]은 일본의 우월성을

---

50 津田左右吉, 『支那思想と日本』(岩波新書, 1938), 112쪽; 스테판 다나카, 『일본 동양학의 구조』(문학과지성사, 2004), 19쪽 재인용.

51 榎一雄, 『ヨーロッパとアジア』(大東出版社, 1983), 319~324쪽; 스테판 다나카, 위의 책, 22쪽 재인용.

52 동양은 일본과 역사 문화적 동질성을 공유한 중국과 조선 등지를 가리켰으며, 남양은

확장하고 실현하는 하나의 장이었다. 동양주의는 동양이란 근대적 지역단위를 기반으로 일본 제국주의를 정당화하고 합리화한 담론으로서, 동종동주동문론同種同洲同文論을 논거로 내세웠다. 동종과 동주는 근대 지리학과 인종주의를 근간으로, 종족적 지리적 동질성을 강조한 것이다. 그리고 동문론은 동종 동주의 연장선에서 유학적 유산을 동양주의에 맞춰 변용시킨 것이었다.[53] 동문론은 유럽 내지 서양의 이문異文과 구별되는 문화적 동질성을 역사적으로 공유하고 있다는 점을 강조한 것이지만, 실상은 아시아문명의 정수가 일본에 온축되어 있다는 우월성을 입증하는 논제로 작동하였다. 일본은 강력하고 낯선 타자였던 서양 백인의 침략성을 부각시킴으로써 일본중심의 동양평화론을 구축해 나갔다. 메이지유신 이후 대두된 이러한 군국주의적 일본중심주의는 그 명칭과 내용의 변화가 다소 있었지만, 패전 때까지 지속되었다. 동양주의를 학문적으로 정립한 것이 동양학이었다.

일본의 침략적 팽창은 이른바 소화 10년대(1935~1945)에 이르러 극에 달했다. 미키 키요시(三木清)는 1930년대 동아협동체론을 주장하면서 대동아공영권의 이념적 기초를 제시하였다. 그는 '동양적 휴머니즘'을 동아협동체의 이념으로 삼고, 서구문화에 대한 동양문화의 우월성을 강조하였다. 동아신질서 건설이 동아협동체의 중심인 일본의 사명이라고 주장하였다. 미키

아시아 대륙과 분리된 독자적인 해양지역으로 섬나라인 일본이 장차 발전해나가야 할 해양세계를 상징했다. 허영란, 『남양과 식민주의』(사회평론 아카데미, 2022), 49쪽.

53 1900년대 들어 지식인들은 국제질서를 생존경쟁으로 보고 동양 삼국의 연대 구상에 큰 관심을 갖기 시작했다. 특히 1893년 다루이 도키치(樽井藤吉)의 『大東合邦論』이 국내에 소개되어 유행하기도 했는데, 그는 침략적인 속성을 가진 서양과 대비하여 유교적 가치인 仁과 德으로 동양을 표상하였다. 그리고 언어 민중 습속의 동질성으로 조선과 일본을, 황인종과 유교의 동질성으로 조선 일본 중국을, 황인종의 동질성으로 동남아시아를 포함하는 '동양' 내부의 동질성을 중층적으로 구상했다. 김윤희, 「1909년 대한제국 사회의 '동양' 개념과 그 기원」, 『개념과 소통』 4(한림과학원, 2009), 참조.

는 중일전쟁이 중국을 구미의 제국주의 속박으로부터 벗어나게 할 뿐만 아니라 동아시아 통일의 전제가 된다고 판단하였다. 따라서 중국은 마땅히 동아시아 통일에 협조해야 한다고 강조하였다. 동아협동체론으로 서구에 대항하기 위한 동아시아의 단결과 협력을 호소하였지만, 실제로는 침략적 일본중심주의의 다른 이름에 지나지 않았다.[54]

동양평화론에서 대동아공영권에 이르는 일본중심주의는 주변국과의 수평적이고 평화적인 연대가 아니라 문명화와 지역적 평화를 가장한 제국주의 이데올로기였다. 동양주의는 일본만이 유일하게 아시아에서 근대화에 성공했다는 문명적 우월의식에 기초하여, 주변국에 대한 침략을 문명지도와 평화적 연대라는 미명하에 합리화한 논리였다. 그들이 말한 평화와 공영은 일본의 경제적 군사적 발전을 위한 수단이었을 뿐, 지역 연대를 위한 이념이나 실천과는 거리가 멀었다. 따라서 동양주의는 곧 민족문제와 부딪칠 수밖에 없었다. 한국과 중국 등 주변국은 민족주의로써 동양주의에 저항하였다.

동양이면서 동양이 아니고자 하는 흥아론과 탈아론적인 일본의 자기의식은 역사적 상황에 따라 부침하면서 전개되었다. 동양주의는 넓은 의미에서 '근대 일본의 세계사적 자기실현[55]'의 정립 과정이었지만, 제국 일본의 폭력적 세계관에 입각한 주체의식은 자기모순에 직면할 수밖에 없었다. 흥아론은 아시아의 맹주인 일본을 상정한 것인 반면, 탈아론은 아시아를 탈피하여 유럽문명을 모방할 때라야 구현될 수 있었기 때문이다. 이러한 허구적 주체의식으로는 올바른 판단과 행위가 불가능하여 패전이라는 파국에 이르렀다. 타자화된 주체의식은 타자와 건강한 관계맺음 역시 불가능하다는 것을

---

54 고성빈, 「일본의 동아시아사고−탈아와 흥아의 이중변주」, 『아세아연구』, 53권 4(고대 아세아문제연구소, 2010), 234~235쪽.
55 고야스 노부쿠니 지음(김석근 옮김), 『일본근대사상비판』(역사비평사, 2007), 224쪽.

근대 역사가 보여주었다. 그러나 현실적으로 동양주의적 세계 인식은 식민지 조선에 막대한 영향을 끼쳤다.

(2) 지역학으로서의 '조선학'

일제가 조선 침략을 정당화하기 위해 생산한 '조센징'담론에 순응하든 아니든, 식민지 지식인은 일본이 생산한 근대담론을 의식하지 않을 수 없었다. 식민지로 전락한 '조선'은 유럽중심주의와 동양주의라는 중층적 타자중심주의의 영향을 받을 수밖에 없었다. 그것이 이른바 동양학의 지역학으로서의 조선학의 출발 지점이기도 하였다. 조선적인 것, 혹은 학으로서의 조선학, 그리고 조선문화운동의 일환으로서의 조선학운동은 당대의 보편타자 즉 일본 제국이 생산한 식민지 이데올로기와 무관할 수는 없었다.

최남선과 이광수는 일제가 생산한 조센징과 가장 유사하게 조선인의 정체성을 탐구한 사상가였다. 대표적인 친일 학자였던 최남선은 조선인이 주체가 된 조선학을 정립하고자 하였다.[56] 그는 조선 서적이 일본으로 수입되어 일본문화의 토대를 형성했음을 강조하면서, 일본에 영향을 미친 조선의 사상과 문화를 곧 '조선학'이라고 명명하였다. 그리고 삼일운동 이후 일제가 문화정치를 시행하면서 정치적 활동이 봉쇄되자, 비정치적 분야에서 조선적인 것을 찾는 작업 곧 '조선학'을 모색하게 되었다.[57]

---

56 최남선은 1916년 「동도역서기」(『매일신보』, 1916년 12월 15일자)란 글에서 처음 조선학이란 용어를 사용하였으며, 1922년 잡지 『東明』에 「朝鮮歷史通俗講話」를 연재할 무렵에 조선학에 일정한 개념과 목적성을 부여하기 시작하였다. 그래서 안재홍은 최남선을 고조선에 관하여 조선학적으로 연구하는 '조선학·국학의 학자'로 평가하였다.

57 류시현, 「1920년대 최남선의 '조선학' 연구와 민족성 논의」, 『역사문제연구』 17(역사문제연구소, 2007), 159~161쪽.

정신부터 독립할 것이다. 사상으로 독립할 것이다. 학술에서 독립할 것이다. 특별히 자기를 호지護持하는 정신, 자기를 발휘하는 사상, 자기를 구명하는 학술의 상으로 절대적 자주, 완전한 독립을 실현할 것이다. 조선인의 손으로 조선학을 먼저 세울 것이다.[58]

최남선이 표방한 조선학은 정신적 사상적 학술적인 차원의 독립에 한정된 것으로, '조선학을 세운다'는 말은 학문적 독립운동을 의미하였다. 이는 정치적 독립이 식민지의 가장 심각한 현실 문제였는데도 불구하고 조선학을 비정치적인 분야에 국한시킴으로써, 일제가 표방하는 문화정치에 부합하였다. 최남선의 조선학은 당대 보편타자의 자장으로부터 결코 자유로울 수 없었으니, 그가 조선학 정립을 통해 실현하고자 했던 조선의 자유는 애초에 실현될 수 없었다. 일본으로부터 정치적으로 독립하지 않은 상태에서 조선의 자유란 현실적으로 불가능했기 때문이다. 보편타자의 자장과 거리두기에 실패하고 동양학이란 보편학의 한 부분으로서 자리매김한 최남선의 조선학은, 늘 동양학적 관점에서 생산된 학적 지식을 전제할 때라야 성립할 수 있었다는 점에서 태생적인 한계를 갖고 있었다.

2) 조선학운동과 정인보의 실심론

조선사편수회는 1932년부터 조선사를 편찬 간행하기 시작하였고, 청구학회나 경성제국대학 등에서도 일본인 관학자를 중심으로 조선사 연구가 체계화되었다. 이들은 총독부의 지원을 받아 조선의 사회 경제 전반에 걸친 방대한 연구를 추진하였으니, 그 핵심 내용은 실증주의에 입각한 민족성론民族性論과 정체성론停滯性論 등이었다. 일제는 이를 통해 조선인을 회유하고

---

58 최남선, 「朝鮮歷史通俗講話開題」(1922), 『六堂崔南善全集』 제2권(동방문화사, 2008), 416쪽.

황국신민화의 학문적 기초를 마련하는 동시에 정체된 사회인 조선이 일본에 의해 발전한다는 점을 검증하고자 하였다. 일제의 조선사 연구는 형식적으로는 조선문화의 고유성을 부각시키는 듯하지만 실제로는 제국주의 문화지배의 틀 안에서 조선에 대한 사상적 통제를 강화하여, 일선융화와 일선동조라는 일본적 국민의식을 배양하는 방편으로 활용되었다. 즉 조선의 고유성을 일제의 하부문화로 위치시켜 그 주체성을 상실하게 하려는 의도가 짙었다.

이러한 1930년대의 학문적 지형 속에서 비타협적 민족주의 계열을 중심으로 '조선학'이 제창되었다. 이들은 문화혁신의 구체적인 방법으로 조선 고유의 문화와 사상을 부흥시키고 선양하는 길을 채택하였다. 역사를 가진 민족, 고유하고 독특한 민족문화를 완성하는 주체로서 민족을 내세운 문화혁신론은 민족과 민족의 고유성을 부각시키고, 민족문화를 선양할 사업을 해야 한다고 강조했다. 이러한 문화혁신론을 조선 연구에 결합시킨 것이 운동으로서의 조선학이었다.[59] 조선학론은 비타협적 민족주의자들의 문화운동으로서, 일제 관학의 식민주의적 조선 인식에 대한 문화적 대응이었다.[60]

정약용 서거 99주년이 되던 1934년은 국학의 연구사에서 매우 중요한 의미가 있는 해이다. 안재홍, 정인보, 문일평, 현상윤 등이 다산을 재조명하는 행사를 개최하여 다산학에 관한 관심을 고조시키면서 '조선학'을 제창하였기 때문이다. 조선학운동은 탈정치화된 문화운동이면서 학술운동이었다. 그러나 제한된 의미에서 정치운동이 가능했던 1920년대에 탈정치화된 문화 연구를 들고 나온 최남선의 조선학과, 정치운동이 불가능해진 1930년

---

59 이준식, 「조선학운동과 백남운의 사회사 인식」, 『1930년대 조선학운동 심층연구』 (선인, 2015), 177~178쪽.
60 식민시대 조선학은 다양한 목적으로 여러 관점에서 연구의 대상이 되었다. 이 글은 유학과 관련된 내용을 중심으로 다루기 때문에 학문적인 객관성과 과학성을 강조한 사회주의 계열의 조선학론은 다루지 않는다.

대 중반 이후 조선학운동은 차이점이 있었다. 최남선이 민속이나 단군학 등에 치중한 반면, 1930년대에는 과학적이고 주체적인 관점을 견지하면서 세계적 지평에 조선학을 자리매김하고 근대 민족국가의 가능성을 과거 전통에서 찾는 데 집중하였다.[61] 안재홍, 정인보, 문일평 등은 과거 민족주의 역사학이 지나치게 국수적이고 낭만적이었음을 반성하고, 민족과 민중을 다같이 중요시하면서 우리 문화의 고유성과 세계성을 동시에 찾고자 하였다.[62]

특히 안재홍은 1930년대 들어 국내에서 정치적 독립운동이 불가능해지자 민족문화운동의 일환으로 조선학론을 주도하였다.[63] 그는 정약용에 대한 뜨거운 반응을 조선학과 연결시켜 조선학에 관한 개념 정의를 시도하였다. 즉 광의의 조선학은 온갖 방면에서 조선을 연구 탐색하는 것이고, 협의는 조선의 고유한 것, 조선 문화의 특색, 조선의 독특한 전통을 천명하여 학문적으로 체계화하는 것이라고 하였다.[64]

> 조선학이라 할 것 같으면 두 가지가 있다고 생각합니다. 하나는 광의의 조선학이니 온갖 방면으로 조선을 연구 탐색하는 것을 말하는 것이고, 다른 하나는 조선의 고유한 것, 조선문화의 특색, 조선의 독자적인 전통을 천명하여 학문적으로 체계화해보자는 말하자면 본래의 의미에서의 조선학-협의의 그것이라고 할까-이 그것이겠지요.[65]

조선학을 조선의 특수한 역사와 문화적 경향을 탐색하는 것이라고 한다

---

61 이지원, 『한국 근대문화사상사 연구』(혜안, 2007), 336쪽 참조.
62 한영우, 『다시 찾는 우리역사-근대·현대』 3(경세원, 2004), 156쪽.
63 최광식, 「1930년대 조선학운동의 의의와 21세기 한국학의 과제」, 『1930년대 조선학운동 심층연구』(선인, 2015), 19~21쪽.
64 安在鴻, 「新朝鮮春秋」, 『新朝鮮』 1934년 10월호, 41쪽.
65 「朝鮮 硏究의 機運에 際하여(二) 世界文化에 朝鮮色을 짜넣자, 安在鴻氏와의 一問一答」, 『동아일보』 1934년 9월 12일자.

면,[66] 이러한 조선문화의 독자성 내지는 특색은 조선적인 것이면서 세계적이요, 세계적이면서 조선 및 조선인적인 것이어야 한다고 보았다. 안재홍이 말한 조선학은 재조일본인在朝日本人이나 일제가 말하는 '지방학으로서의 조선학'이나, 진단학보 계열의 조선 연구와는 구별된다.[67]

정인보의 조선학 연구는 1920년대 문화운동의 연장선상에 있었으며, 동아일보가 그 매개체 역할을 하였다.[68] 정인보의 조선학 및 실학 연구는 조선 민족과 문화의 독자성과 특수성을 확인하려는 작업이었다. 그는 학문의 독자성과 특수성이란 그것을 포괄하는 문화 및 그것을 생산하는 주체와 불가분의 관계에 있다고 보았다. 그렇다면 조선에서 다른 민족과 구별되는 독자적이고 주체적인 학문을 가능케 하는 최상의 객관적 조건은 조선의 독자성, 곧 독립이었다. 하지만 즉각적인 독립이 불가능한 상황이므로, 우선 정인보는 정신적 개혁과 문화적 혁신을 통한 독자적인 민족문화 정립을 지향하였다.[69]

이러한 관점에 따라 비판의 대상이 된 것은 조선 주자학이었다. 정인보는 1920년대 동아일보를 통해 조선 5백 년 역사를 당쟁으로 얼룩진 내홍의 역사로 규정하고, 그 후손인 현재의 조선인도 내홍을 일삼아 민족적 잔명殘

---

66 安在鴻, 「朝鮮學의 問題」, 『新朝鮮』 7호 1934년 12월호, 2쪽. "하나의 동일문화 체계의 단일한 집단에서 그 집단 자신의 특수한 역사와 사회와의 문화적 경향을 탐색하고 究明하려는 학의 部門을 무슨 학이라고 한다면 그런 의미에서 조선학이란 숙어를 우리가 마음 놓고 쓸 수 있다."

67 진단학회는 식민지 조선이 직면한 망국이란 중대한 현실 문제에서 출발한 조선 연구를 거부하고, '순수한 학문'을 지향한 단체였다. 진단학회가 비록 식민사학을 추구한 친일단체는 아니었을지라도, 식민지 조선이 처한 현실을 외면했다는 측면에서는 조선학론과 대척점에 있었다고 하겠다. 신주백, 「'조선학운동'에 관한 연구동향과 새로운 시론적 탐색」, 『1930년대 조선학운동 심층연구』(선인, 2015), 50~52쪽.

68 「文化革新을 提唱함」, 『동아일보』 1932년 4월 18일자 사설. "우리는 문화의 혁신을 주장한다. 민족 운동, 정치운동, 경제운동 기타 온갖 운동이 새로운 기초 위에 서는 때라야 비로소 그 진전을 볼 수 있고 활약을 볼 수 있고 성공을 볼 수 있을 것이다."

69 최선웅, 「정인보, 동아일보에서 조선학을 설하다」, 『1930년대 조선학운동 심층연구』(선인, 2015), 78쪽 참조.

命을 위태롭게 하고 있다고 하였다. 조선의 병근으로 인순因循 구차 허식 당파 시기 냉박冷薄 등을 열거하면서, 그 뿌리는 모두 자신의 이익만을 도모하려는 일념에 있다고 지적하였다. 정인보는 당파와 당쟁에 대해 비판적 인식을 견지하며 주자학을 허虛와 가假로 비판하고, 그에 반하는 '실實'을 강조하였다.[70] 허학과 실학의 대비는 곧 조선 후기 성리학과 실학이란 대척점으로 귀결되었다.

> 오호라, 과거 수백 년간 조선의 역사는 실로 '허虛와 가假'로서 연출한 자취이다. 최근 수 천년 이래로 풍기가 점점 변하게 되매 삼척동자라도 전인前人이 잘못한 것을 지적할 줄 안다. 그러나 전인을 공박攻駁하면서 의연히 도로 그 자취를 따르지 아니하는가.[71]

정인보는 이와 같이 조선시대 주류담론이었던 주자학의 학풍을 비판하고 '실實 중시의 학풍'을 중시하였는데, 그가 사용한 실학은 허학과 대치된 개념으로 진학眞學이라고도 하였다.[72] 성리학을 허학으로 규정함에 따라 이른바 실학과 양명학에 더욱 집중하게 되었다. 그는 조선학의 계보를 유형원-이익-정약용으로 잡고, 특히 다산을 조선학을 학술적으로 집대성한 인물로 보았다.[73] 그의 조선학 연구는 『양명학연론』(1933)을 통해 더욱 구체화되었는데, 조선유학사를 허학으로서의 주자학과 실학으로서의 양명학으로 대비시켰다. 이를 통해 그는 조선시대의 허학 풍토가 그대로 이어져 식민지로 전락했음에도 불구하고, 주체적인 성찰 없이 외국 학술을 그대로 모방하는

---

70 최선웅, 위의 책, 73~77쪽 참조.
71 정인보, 『薝園鄭寅普全集』, 권2, 113쪽.
72 정인보, 「近世 朝鮮學術 變遷에 대하여」, 『靑年』 1931년 2·3월호.
73 최선웅, 앞의 책, 89쪽.

비주체적 학문 풍토를 버리지 못하고 있다고 비판하였다.[74] 정인보는 주자학을 실질보다 명분과 형식을 중시한 허학이라고 비판하면서 실천 중심의 양지정신을 '실심'이라는 얼 개념으로 현재화하고, 이 개념을 토대로 당시 조선의 현실 문제를 타개하고자 한 것이다. 구체적으로 정인보는 양지를 정신론적 차원에서 재구성해낸 개념으로 실심이라는 얼을 제창하였다. 정인보는 양지라는 실심적 주체는 얼을 싣고 감통으로 민중 상호간의 복리 도모를 위해 창조적 활력을 발휘할 수 있다고 하였다.[75] 그는 양명학을 실심실학으로 보아 조선 유학의 중심에 자리매김함으로써 이를 기반으로 주자학을 비판할 수 있었다. 다른 한편으로는 양명학의 근본정신인 일진무가一眞無假한 실심에 집중하여, 당대의 시비선악을 주체적으로 판단하고 실천할 수 있는 길을 모색하였다.[76]

3) 조선학과 실학, 그리고 근대성

비타협주의 계열은 조선학에 대한 관점에 따라 연구의 지향과 방법에 차이가 있었지만, 영·정조시대의 학풍과 다산에 대해 긍정적으로 평가한 점은 동일하다. '조선적인 것'을 통해 조선인의 자긍심과 민족적 힘을 결집하고자 했던 이들은 다산으로부터 그 가능성을 발견했기 때문에, 조선학운동을 주창할 때부터 실학과 다산을 집중적으로 조명하고 부각시켰다. 당시 조선 지식인들에게 실학은 식민사관의 핵심 쟁점인 정체성론을 극복할 수 있는 중요한 증거로 인식되었다. 실학을 사회개혁 사상이자 근세 자본주의 국가사상으로 인식하였고, 특히 다산사상은 사회개혁론의 가장 완결된 형태

---

74 이황직, 「위당 조선학의 개념과 의미에 관한 연구」, 『현상과 인식』 112(한국인문사회과학회, 2010), 28~30쪽.
75 김세정, 앞의 논문, 265쪽.
76 김세정, 앞의 논문, 266쪽.

로 보았다.[77]

안재홍은 조선학을 민족적이면서도 국제적인 성격의 전통문화로 이해하고, 조선학 정립을 통해 조선학의 '고유성'과 '보편성'을 동시에 밝히고자 하였다. 그래서 안재홍은 조선학의 목적을 세계문화에 조선색을 짜넣는 것에 있다고 말했다. 그런데 세계문화를 하나의 시대적 준거로 전제한다면, 식민지 조선인은 후진의 낙오자에 지나지 않았다. 조선인은 향상과 약진을 꾀함으로써 자기 자신을 낙오된 쇠퇴의 구렁에서 구할 수 있는데,[78] 그 향상과 약진의 가능성을 안재홍은 실학과 다산을 통해 발견하였다. 그는 영·정조대를 조선의 문예부흥기이며,[79] 역사 지리 정치 경제 언어 풍속 등의 분야에서 성다盛多한 저술이 자못 풍성하여 볼만한 것이 있기에 조선학의 성장시기라고 평가하였다.[80] 또 영·정조대를 중심으로 조선의 특수성을 드러낸 각종 학이 발흥하였고, 이러한 조류를 타고 배태발흥胚胎勃興한 세력이 다시 민중 반항의 형식으로 나타났다고 하였다.[81] 안재홍은 조선 후기 실학의 특징과 학풍을 조선학과 관련하여 이해하고, 실학과 관련시켜 조선학을 조선의 '특수성'을 규명하는 학으로 규정하였다. 이때 조선학이란 조선아朝鮮我를 발견하고 조선의 향토생명을 창성創成하는 학문 경향을 일컫는다.[82]

세계적 보편성과 고유한 조선학이 만나는 총합이 바로 '다산'이었다. 그래서 안재홍은 다산을 근대 국민주의의 선구자이자 근대 자유주의의 개조

77 김선희, 「조선학에 비친 다산」, 『다산과 현대』 10(강진 다산실학연구원, 2017), 116쪽.
78 한영우 외 6인, 『다시, 실학이란 무엇인가』(한림대학교 한국학 연구소, 2007), 25쪽.
79 안재홍, 『朝鮮最近世史』의 卷頭에 書함(三)」, 『조선일보』 1930년 4월 30일자. "병자호란 이후 국민적 분노의 기세가 적잖이 높았고 영·정조 시대에 문예부흥을 일컫는 새로운 기운이 돌아 朝鮮我에 눈뜨고 민중적 自衛를 기획하는 기풍이 생동하였다."
80 안재홍, 「最近朝鮮文學史序 (上)(下)」, 『조선일보』 1930년 2월 27~28일자.
81 安在鴻, 「過去의 先驅者와 將來의 先驅者」, 『三千里』 제2호 1929년 9월호 5~8쪽.
82 김인식, 「1930년대 안재홍의 '조선학'론」, 『1930년대 조선학운동 심층연구』(선인, 2015), 141쪽.

開祖로 자리매김하고, 그의 저서를 루소의 『민약론民約論』이나 『인민평등기원론人民不平等起源論』과 유사하다고 보아 같은 반열에 놓고자 하였다.[83] 안재홍은 조선 건설의 총계획자인 다산이 '지금도 후배가 의거할 조선의 태양'[84]이라고 치켜세웠다. 그는 1934년부터 『여유당전서』 간행에 참여하면서 다산을 근대적 맥락에서 재현하는 데 주력했고, 다산을 통해 민족사를 재구성하여 근대 정체성을 만들고자 하였다. 그는 단순히 과거에 대한 복고적인 회귀가 아니라 근대를 지향했으며, 탈주자학적인 것을 체계화하고자 하였다. 그는 다산을 재현하여 당시 일제가 식민지 조선 정체성停滯性 만들기에서 가장 주력했던 봉건사회 결여론과 조선사회 정체성론을 비판하고, 조선 역사가 주체적으로 근대 국가로 나아가고 있음을 증명하고자 했다.[85]

이러한 관점은 문일평도 크게 다르지 않았다. 문일평은 구사상에 대한 비판과 신사상 수용을 통해, 세계문화에 기여할만한 조선학을 만들 필요가 있다고 주장하였다.[86] 그런 맥락에서 다산은 말할 것도 없이 조선의 거유巨儒이면서 실학의 집대성자라고 평가하였다.[87]

83 安在鴻, 「過去의 先驅者와 將來의 先驅者」, 『三千里』 제2호 1929년 9월호; 최재목 「1930년대 조선학 운동과 '실학자 정다산'의 재발견」, 『다산과 현대』 4,5(강진 다산 실학연구원, 2012), 89쪽 재인용.

84 『조선일보』 1935년 7월 16일자(夕刊).

85 신주백, 「'조선학 운동'에 관한 연구동향과 새로운 시론적 탐색」, 『한국민족운동사연구』 67(한국민족운동사학회, 2011), 11쪽; 이지원, 「1930년대 '조선학'논쟁」, 『논쟁으로 본 한국사회 100년』(역사비평사, 2000), 335쪽.

86 문일평, 「史眼으로 본 조선」, 『湖岩全書』 제2권(조광사, 1939). "조선글은 조선심에서 생겨난 結晶인 동시에 조선학을 길러주는 비료라 하려니와 조선글이 된 이래 9세기 동안 조선의 사상계는 자는 듯 조는 듯 조선학의 수립에 대하여 각별한 진전을 보지 못하였다. 그러나 오늘날은 차차 구사상에서 벗어나 신사상의 자극을 받게 된 조선인은 조선을 재인식할 때가 왔다. 한편으로 신문화를 받아들임과 함께 한편으로 조선학을 잘 만들어 세계문화에 기여가 있어야만 할 것이니, 이는 문화민족으로서의 조선인에게 부과된 대사명인가 한다."

87 문일평, 「정다산의 偉績-99년 忌에 際하야」, 『조선일보』 1934년 9월 10일자 사설. "다산은 말할 것도 없이 조선의 거유로 오백 년간 조선학계의 자랑이요 빛이다. 반계 유형원과 성호 이익에게서 발원된 이용후생의 실학풍이 영조 정조 연간에 이르

숭유수문崇儒修文에 치우친 조선 국책國策이 항상 부질없이 리학理學의 공론空論과 사대의 허례로써만 입국의 기본으로 삼으려 하였다. (중략) 나라에는 무비武備가 없고 사람들은 문약文弱에 흐르게 되었다. 더욱 중세에 당론黨論이 발생하매 조정과 신하 사이에 분쟁과 배제, 알력이 심해져 천하고금에 유례없는 붕당화된 국가를 이루었다.[88]

문일평은 영·정조시대에 성행했던 실사구시의 학풍은 조선사상사에서 주목할만한 현상이라고 보았다. 이것은 반도半島 유학의 공리空理 편중에 대한 일종의 반동으로 생겨난 것으로, 실사구시라는 근본정신을 가장 근본적인 문제인 경제적 시설에서 착수하였다고 하였다.[89] 그는 다산을 실사구시 학풍의 최고봉을 이룬 실학의 집대성자로 높였다. 그는 다산이 번쇄한 예설을 간단히 만들고 심오한 역학易學을 평이하게 만들어, 유교국 사람의 골수에 사무친 고질을 근본적으로 퇴치해보려고 하였다고 평가하였다.

영·정조시대를 지배하던 실사구시 학풍의 최고조 최고봉을 이룬 이가 곧 선생이니만치 선생 학문의 종지는 실사구시이다. 선생은 일찍이 위학爲學의 종지를 갈파하였으되, '백성 일용에 무익하면 학이 아니다.'라고까지 하였다. 여기서 선생 학문됨의 대본령이 어떠함을 볼 것이 아닌가. 선생의 학은 민생 일용의 대실제大實際에 견확堅確하게 입각하였으므로, 그의 고증도 문헌에 의존함보다 실제 생활에 비추어 취사진퇴를 정하였으니, 이는 일반 고증학자와는 판이한 점이다. 그리고 그가 위대한 경세가인 점도 실로 여기에 있다고 하겠다.[90]

러 일반 학계에 널리 퍼져 학자나 문사나 모두 이 학풍에 감화를 받지 않은 이가 없어 거의 一世를 들러 실사구시하게 되었다. 이때에 있어 실학의 집대성자요, 또 최고 권위자는 다산선생이다."

88 문일평, 「정묘호란」, 『조선일보』 1927년 1월 2~4일자 사설.
89 문일평, 「史眼으로 본 조선」(1933), 『湖岩 文一平全集』 2(민속원, 2001), 29쪽; 류시현, 「1930년대 문일평의 실학을 통한 조선학 연구」, 『1930년대 조선학운동 심층연구』(선인, 2015), 123~124쪽 재인용.
90 문일평, 「考證學上으로 본 丁茶山」, 『조선일보』 1935년 7월 16일자 사설.

문일평은 다산 경세학의 위대한 점은 실사구시의 학문이 민생의 일용에 입각해 있기 때문이며, 다산의 사회개혁론을 본다면 그를 근세 자본적 국민주의자, 현대경제적 민주주의자라고 하면서 서양의 아담 스미스와 같은 반열에 올려놓았다.

> 그 농업 전정錢政 등등의 모든 정책은 아담 스미스 이래 점차로 발달된 서구의 정통적 경제학파와 그 보조가 같은 자이오, 조운무역漕運貿易의 여러 정책은 그의 군국자위적軍國自衛的 주장과 아울러 근세 자본적 近世資本的 국민주의자國民主義者의 풍의風儀를 뚜렷하게 갖춘 자이오, 그 사회환상社會還上과 구황제빈救荒濟貧의 여러 포부는 근대 선진국의 사회정책 그대로이오, 그가 빈민을 위한 시詩와 채고采薫의 사詞에서 무산소민無産小民을 피눈물로 동정한 것과 아울러 전론田論과 경전經田 평부平賦에 관한 여러 경륜經綸은 분명한 현대경제적 민주주의의 이데올로기 그대로이다. 그가 만민평등萬民平等 귀천공애貴賤共愛로써 견고한 경제와 정법의 토대 위에 확연한 신국가新國家를 건설하려던 것은 참으로 위대하다.[91]

문일평이 조선학을 조선 후기 실학과 직접적으로 연관시키지는 않았지만, 실학과 실사구시의 실용적 변화상에서 조선적인 것의 가치를 찾고자 했던 그의 학술활동은 조선학 연구의 일환이었다고 볼 수 있다. 그의 조선학 연구는 중국과 인도 그리고 일본과 구별되면서 동시에 동양문화 속에서 독자적인 영역을 확보하는 것이 주된 과제였다.[92] 1930년대 정인보를 비롯한 조선 역사와 문화 연구자는 다산연구를 매개로 '조선적인 것'을 찾는 조선학운동을 전개했다. 조선학운동은 일본 제국주의에 대항한 식민지 지식인의 학문적 대응의 일환이었다. 그런데 보편타자로 작동하고 있던 일본 제국이

---

91 문일평, 위의 글.
92 류시현, 앞의 책, 125쪽.

생산한 보편학으로서의 동양학과 식민주의를 비판적으로 대면하지 못하고 의식적이든 무의식적이든 내면화한다면, 그것이 조선학의 보편성 혹은 고유한 특수성을 강조하더라도 한계가 있을 수밖에 없다.

성리학이 곧 망국의 이념이며 공리공담이라는 부정적 평가는 유학적 자산 가운데 성리학적 성격이 약하면서 근대적 맥락에서 가치있다고 평가할 만한 요소를 찾게 만들었고, 그 과정에서 '다산'을 조선적인 것의 표상으로 부상시켰다. 안재홍은 다산을 조선의 최대학자로 평가하고, 그의 사회개혁론이 근세 자본주의적 국가사상 발흥기에 있어서의 정통파 경제사상에 입각한 재정 및 식산흥업의 방책과 교육 발전, 그리고 강병목술強兵目術의 정책이라는 점에서 근세 국민주의의 선구자임에 틀림없다고 하였다.[93] 또한 다산의 여전제가 매우 진보적인 정치개혁이었으며, 국가적인 사회민주주의의 명백한 사상체계를 방불케 한다고 보았다.[94] 정인보는 다산을 민중적 경학 등을 추구했던 정법가政法家로, 문일평은 근세 자본적 국민주의자·현대 경제적 민주주의자로 평가하였다. 정인보는 실학이 반주자학적 학풍으로 민중에 자극을 받아 나타난 학문이며, 중국학에 대응하여 조선을 중심에 놓고 조선에 관한 모든 것을 연구한 실용적 학문이라고 평가하였다. 이러한 실학을 집대성한 인물이 정약용이라고 자리매김하였다.[95] 정인보는 다산을 조선 역사에서 유일한 정법가政法家로 규정하고, 다산연구가 곧 조선사의 연구요 조선근세사상의 연구이며, 조선 심혼心魂 내지 조선의 모든 성쇠존멸盛衰存滅에 대한 연구라고 하였다.[96]

---

93 安在鴻, 「現代思想의 先驅者로서의 茶山先生 地位-國家的 社會民主主義者」, 『新朝鮮』 1935년 8월호, 28쪽.
94 安在鴻, 「現代思想의 先驅者로서의 茶山先生 地位-國家的 社會民主主義者」, 『新朝鮮』 1935년 8월호, 29쪽.
95 윤선자, 「1930년대 國學운동과 茶山 인식」, 『韓國思想史學』 23(한국사상사학회, 2004), 420쪽.
96 「唯一한 政法家 丁茶山先生 서론 (1)」, 『동아일보』 1934년 9월 4일자.

다산을 통해 서구적 근대성을 발견하려는 노력은 비타협주의 계열에 국한되지 않았다. 사회주의자 백남운白南雲(1894~1979) 역시 다산을 조선의 근세적 자유주의의 선구자로서 보고, 그의 사상이 봉건적 쇄국주의의 계급적 차별에 대한 반항의식의 표현인 동시에 인류애와 자유주의 사상에의 동경에서 나온 것이라고 규정하였다. 최익한도 다산의 정치철학이 루소의 사회계약설을 연상시킨다고 하면서, 특히 「원목」은 통치계급의 발생과 성립 과정을 인민들이 자신의 필요에 따라 스스로 선택한 결과라고 설명한 것이며, 다산이 왕권신수설을 반대하고 민주제도를 원칙적으로 시인했다고 평가하였다. 비타협주의 계열이 강조했던 조선적인 주체성이나 사회주의 계열의 과학적인 조선 연구는 모두 다산을 통해 조선의 근대적 지향성을 발견하였다. 그들은 다산의 성리학 비판과 사회개혁론 등을 민족, 근대성, 과학성, 조선적인 것 등 이들이 지향하는 다양한 요구를 만족시켜줄 사상적 자원으로 삼았다.[97]

다산과 실학은 봉건시대의 허학이 아니라 1930년대 조선이 지향할 근대성을 담지하고 있는 실학으로서, 계승할 가치가 있는 '조선적인 것'의 상징이 된다. 이들은 모두 다산학을 근대사상에 입각하여 사회를 개혁하고 신국가를 건설하려는 이데올로기로 읽고자 하였다. 이들이 실학사상과 그 집대성자로서 다산을 호출한 것은 식민사학과 식민 통치에 대한 저항을 담고 있었다. 또한 정치적 저항이 불가능했던 문화정치에 직접적으로 저항하지는 않지만, 조선이 추구해야할 것을 다산을 통해 읽고자 하는 열망이 투영된 것이다. 실학과 다산을 통해 서구적 근대성을 발견하여 일제가 생산한 정체성론과 봉건제의 결여라는 식민사관을 극복하고자 했던 조선학운동 및 실학 연구는, 성리학을 낡은 봉건제사회의 허학으로 단정하고 서구적 근대화

---

97 김선희, 앞의 논문, 117~119쪽.

를 추구해야 한다는 방향성을 전제하고 있었다. 전근대적 허학인 성리학과 근대적 실사구시인 실학이란 대립항은 조선 유학에 대한 객관적인 이해를 가로막은 중대한 선입견으로 작동하였다.

조선성리학에 대한 부정적 인식은 실학과 다산의 발견으로 귀결되기도 했지만, 한편으로는 식민사관에 의한 열등한 조센징과 유학망국론의 사상적 논거로 작동하였다. 유학망국론은 일본의 조선 침략 원인을 조선왕조의 정치철학이었던 성리학에서 찾음으로써 일제의 침략성을 오도하고 멸망의 원인을 내재화하여, 열등한 타자(조센징) 만들기를 부추겼다. 유학망국론에서 반드시 지적되었던 것이 허례허식이었다. 다카하시 도오루(高橋亨)는 조선 유학의 특징을 형식과 명분을 중요시하고 중국에 사대한 점을 지적하였다. 이광수李光洙(1892~1950) 또한 유학망국론을 주장한 대표적인 식민지 지식인이다. 그는 근대에는 가장 중요한 것이 변화와 진보인데 유학은 묵수를 고집했다는 점을 지적하였다.[98] 이조 오백년의 모든 것은 곧 유학이었기 때문에 번성과 쇠퇴도 유학의 책임이며 따라서 망국 역시 유학의 책임이라고 주장하였다.[99] 이광수와 함께 최남선도 유학의 예의가 형식에 치우쳐 비실제적인 족쇄가 되어버렸다고 부정적으로 평가하였다. 이러한 유학 비판은 주요한(1900~1979)이나 정인보도 다르지 않았다.[100] 이처럼 관혼상제례를 비롯하여 유학의 예의가 지나치게 번잡하고 허례허식만 쫓아 형식화되었다고

---

98 이광수, 「新生活論」(1918), 『李光洙全集』, 제17권 (삼중당, 1962), 517쪽. "조선도 유교가 침염한 이래로 遺風을 묵수하여 생활 潑剌한 민족의 진취적 활동을 완전히 防遏하였습니다. 변천은 악이요 묵수가 오직 선이니까 그네에게는 진보가 전무하였으며, 그뿐더러 사상의 원천이 고갈하고 이성과 감정이 마비하여 마치 木偶와 같이 되고 말았습니다."

99 이광수, 위의 책, 515~544쪽 참조.

100 주요한은 1930년 월간지 『조선농민』, 「조선사람에게 준 유교의 공죄와 특례」라는 글에서, '허위 空想空論의 성행, 이것이 유교국으로서의 양반 조선의 병폐의 하나'라고 지적하였다.

비판하였으며, 이러한 형식화를 조선 멸망의 원인으로 지목하였다.

조선학운동은 식민사관에 대한 일정한 비판과 저항이었지만, 유럽중심주의와 식민사관의 위험성을 간파하여 적절히 대응했다고 평가하기는 어렵다. 근대 타자중심주의, 즉 유럽중심주의와 이를 재생산한 동양주의가 자행한 차별과 통제라는 폭압성을 드러내는 방식이 아니라, 근대화지상주의적 관점을 내면화함으로써 그들처럼 되고자 하는 열망이 만들어낸 선입견을 고스란히 반영하고 있기 때문이다. 서구적 근대가 발전과 진보라는 단선적 진보사관에 입각하여 우리 안에서 그들처럼 되는 길을 발견하고자 하였으며, 식민사관의 견해를 고스란히 받아들여 조선시대 정치철학이었던 성리학을 허학과 공리공담으로 치부함으로써, 성리학이 아닌 것 가운데 조선적인 것의 정체성과 긍정적 요소를 찾고자 하였다. 이런 근대적 열망이 실학의 근대성으로 집약되었다.

4) 타자중심주의적 관점 넘어서기

실학을 탈주자학 혹은 반성리학적 관점에서 이해하고 이를 통해 서구적 근대성을 발견하려는 연구 경향은 해방 이후에도 계속되었으니, '실학'은 줄곧 근대정신의 내재적 발전요인으로 간주되었다.[101] '실학은 주자학과 다르다'는 입각점은 역사학계만이 아니라 철학 분야의 실학 연구자들도 오랫동안 견지했던 입장이다. 윤사순은 탈성리학의 관점에서 실학의 사상적 특징을 이해하면서 실학이 근대적 지향성을 가지고 있다는 점을 부인할 수 없다고 보았다.[102] 양난 이후 사회적 격변에 대한 대응은 성리학적 이념을 강화하든지 아니면 지배이념에 대한 회의와 비판을 통해 탈주자학적 내지 반성

---

101 한영우, 앞의 책, 32~39쪽.
102 윤사순, 「실학 의미의 변이」, 『실학의 철학』(예문서원, 1996) 참조.

리학적인 해체의 길을 갔다고 하였다. 이는 주자학이 봉건사회의 이념이었다면 실학은 근대성 내지는 근대지향성을 가졌다는 주장과 일맥상통한다. 심지어 실학사상은 반봉건적 내용이 두드러지기 때문에 주자학적 봉건철학과 분명히 구분해야 한다고 주장도 있다.[103] 조선사회를 봉건사회로 규정하고 근대 목표를 반봉건反封建으로 설정하여 실학에서 자본주의적 맹아나 인간 욕망 긍정 등을 발견하고자 했다. 실학사상이 반봉건사상이나 그 성향이 현저하지 못하고 단지 근대지향성을 가지고 있는 정도이므로 이를 다시 박지원의 손자인 박규수와 매개하여 내적 연관을 만들고자 하였다.[104]

한편으로 조선성리학을 부정하고 조선적인 것의 고유성과 근대성을 모색하려는 관심은 조선 고대사 및 조선시대 비주류 담론인 양명학 등에 주목하는 계기를 제공했다. 조선 역사에 대한 부정적 평가에 대항하여 그와 대칭적 관계에 있는 것 가운데 '조선적인 것'의 고유성을 발견하고자 하였다. 즉 조선성리학이 아닌 것으로서의 실학, 외래사상이 아닌 것으로서의 고유한 조선, 봉건제도의 결여로 주체적으로 근대사회로 발전할 수 없다는 정체성론이 아닌 것으로서의 자본주의 맹아론이나 사회경제 개혁사상인 실학, 성리학이 아닌 것으로서의 탈성리학적 실학이나 양명학, 서학을 비롯한 서구 과학사상 수용 등에 천착하였다. 그리고 이러한 학문 경향을 통해 정체되지 않는 조선사회의 근대성을 발견하고자 하였다.

성리학과 실학 혹은 탈성리학이란 이분적 구도가 타당하려면 일차적으로 조선왕조는 중세 봉건사회여야 한다. 그러나 조선왕조는 그 사회적 체제와 성격이 서구의 중세 봉건사회와 일치하지 않는다. 조선왕조는 중앙집권적 관료체제와 과거제를 통한 관리등용 제도를 갖추었으며 사유재산을 허용하

---

103 홍원식, 『실학과 근대성』(예문서원, 1998), 13~22쪽 참조.
104 강재언, 『韓國의 開化思想』(비봉출판사, 1989) 참조.

기도 하였기 때문이다. 또한 주자학 혹은 성리학과 탈주자학과 혹은 반성리학, 봉건과 반봉건, 허학과 실학이란 대립구도 역시 성립하지 않는다. 실학자들의 경학을 비롯하여 다양한 연구가 진척될수록 조선 후기 실학사상을 통해 발견하고자 했던 서구적 근대성과 일치하지 않은 내용에 직면하고 있다. 그것은 전근대사회의 사상이었던 실학을 통해 근대성 내지는 근대지향성을 찾고자 하는 열망 자체가 근대화지상주의적 선입견임을 반증하는 것이다. 성리학과 실학을 중세와 근대로 양분하는 것은 신중할 필요가 있다. 조선시대 자체를 유럽의 봉건사회와 동일시하고 실학을 근대적 개혁사상으로 읽는 것은 조선시대에 대한 연구성과를 볼 때 설득력이 부족하다. 오히려 일련의 실학자들은 성리학이 양난 이후 사회적 격변을 제대로 직시하지 못하고 형해화되는 점을 문제삼고, 성선의 이념을 정치철학적으로 재성찰한 개혁사상으로 보는 것이 자연스럽다. 왜냐하면 그들은 유학적 세계관을 벗어나 서구적 근대를 꿈꾸었던 것이 아니었기 때문이다. 또한 영·정조시대가 인간 욕망을 충족시키기 위한 이윤 추구와 자유방임을 지향했던 자본주의와는 거리가 멀었고, 다산도 여전히 인간의 사욕은 절제의 대상으로 인식하였을 뿐만 아니라, 자수自修를 통한 성인되기란 다산학의 학문 목표는 유학적 사유를 벗어나지 않는다. 다산이 성즉리를 비판하였지만 그것은 성을 호선치악好善恥惡의 기호라고 이해해야 성선이란 유학의 본지를 실제로 구현할 수 있다는 데 중점이 있었던 것이다. 그의 성기호설 및 인간의 권능과 자주지권 등은 서구 근대 정치사상이나 자본주의적 인간관보다는 오히려 성리학과 사상적 친연성이 더 높다. 그는 근대를 예지하거나 꿈꾼 적이 없는 조선시대 유학자이다. 그럼에도 불구하고 조선학담론자들은 그를 근대지향적 개혁사상가로 치켜세웠다.

또한 실학이란 명칭 또한 근본적인 문제에 봉착하였으니, 최근 '실학'은 특정 학문 사조를 지시하는 고유명사가 될 수 없다는 주장이 설득력을 얻고 있다. 실학은 조선시대 불교에 대응하여 성리학을 지칭한 보편적인 개념이었고,[105] 영·정조시대의 학풍으로서의 '실학'은 성리학과 일정한 연속성을 지닌다는 것이다. 이는 이익이 지은『이자수어李子粹語』에서도 단적으로 드러난다.[106] 이러한 심대한 문제점들 때문에 한국 유학을 보다 큰 틀에서 다시 보아야 할 상황에 직면하였다. 한국 역사 전체 특히 조선시대를 어떤 관점에서 볼 것인가와 한국 근대를 어떻게 규정할 것이지 등에 관한 문제를 비롯하여 망국의 이념으로 부정당했던 유학을 어떻게 재평가할 것인지 등에 대한 보다 객관적인 연구가 집적되어야만, 실학과 이를 계승한 국학을 둘러싼 논의가 제자리를 찾아갈 것으로 보인다. 한국 역사와 사상을 보다 공정하게 평가할 수 있는 이론의 틀을 고민하는 것이 조선학을 비롯하여 실학, 그리고 한국 유학을 제대로 이해하는 지름길이 될 것이다.

물론 근대역사는 서구문명성을 배제하고 논하기는 어렵다. 하지만 서구적 근대가 유일한 근대역사이거나 유럽사가 곧 세계사일 수는 없다. 따라서 한국 근대를 단순히 서양을 번역하거나 모방한 것으로 이해하는 것은 또 다른 유럽중심주의의 재생산일 수 있다. 인간에 대한 이성적 이해가 없거나 실험 관찰에 근거한 과학적 탐구가 발달하지 않았다는 이유로 열등한 야만으로 자처하거나 그들을 번역하는 것에 치중한다면, 그야말로 비주체적 주체를 양산하고 만다. 유럽중심주의에 입각한 담론의 재생산이나, 모방적 근대화를 통한 서구 닮기만이 비서구가 취할 수 있는 유일한 근대인가? 그것이야말로 유럽중심주의 흉내내기에 불과하다. 근대화지상주의적 관점을 견

지한다면 유학적 자산은 모두 쓸모없는 것으로 전락하거나, 그들처럼 되기의 변주가 될 뿐이다. 열등한 타자로서의 '조센징 만들기' 일환으로 자행된 유학에 대한 왜곡과 그것을 전제로 생산된 국학을 제대로 평가하지 못한다면, 한국 유학은 설 자리가 없을 것이다. 서구적 근대 자체가 우리에게 야누스적 타자였기 때문에, 근대는 수용과 모방의 역사였지만 동시에 저항과 충돌의 역사이기도 했다. 근대 이후 역사가 타자적 자기인식에서 생래生來했다면 우린 여전히 타자중심적 시선에서 자유로울 수 없으며, 주체적 자기인식이란 애초에 불가능하다.

우리의 비극은 보편으로 강제된 서구적인 문맥과 인식틀을 준거로 삼아 우리의 문화적 텍스트들을 해독하려는 시선에서 시작된다. 결핍된 타자로서의 자기인식과 비주체적 세계 인식을 넘어서 현재 우리가 안고 있는 삶의 문제를 해결하기 위한 가장 시급한 과제는, 자신의 문화적 텍스트를 그것이 만들어졌던 문화적 문법 내에서 사상적·문화적 맥락을 놓치지 않고 이해하려는 사고의 전환이다. 즉 우리는 오히려 서구적 근대문명이 유일한 전범으로 자리매김하는 과정에서 형성된 사유체계를 비판적으로 성찰하고 전근대적 유산을 재음미하는 데 집중할 필요가 있다. 타자중심주의와 식민주의에 비판적 성찰이 선행되어야 한다. 근대 한국유학에 대한 성찰 또한 이러한 문제의식 밖에 놓여 있지 않다. 제국의 관점에서 조선성리학을 망국의 이념이나 공리공담으로 치부하여 성리학을 제외하고 한국 유학을 탐색하는 것도 문제이고, 계몽이성을 전범으로 하여 유학에서 서구 근대성과 유사한 점 찾기에 몰두해서도 안 된다. 예를 들면 실학을 공리공담인 성리학을 반대한 '실학'이라고 규정한다거나 정치 경제적 이용후생으로 읽어 근대성의 맹아를 발견하려는 시도 역시 근대화지상주의적 관점에서 자유롭지 않다. 또한 일본 중심의 동양학을 보편으로 삼아 동양학의 한 분과이거나 지역학으로 조선학을 자리매김하려는 시도 역시 비판적 성찰의 대상이다. 유럽중심주의와 그를 재생산한 동양주의를 비롯하여 식민주의에 대한 전반적인 재성찰을 전제로 근대 유학사상을 연구하는 것이 한국유학을 제대로 읽는 첫걸음이 될 것이다.

유럽중심주의적 세계인식은 그야말로 하나의 보편이념을 유일한 전범으로 강제한 폭력이었으며, 세계인의 삶을 위계화하고 차별하는 방식이었다. 삶의 방식과 사유는 다양할수록 좋다. 개인적 차원에서도 그렇고 문화적 차원에서도 그렇다. 어떤 이념도 건강한 삶을 해치는 방향으로 나아가서는 안 될 것이다. 그리고 자기중심을 잃고 남의 시선에 맞춰 살아서는 행복할 수 없을 것이다. 우리는 우리의 관점에서 한국 유학을 새롭게 인식하고, 우리가 직면한 문제를 해결하려는 노력이 필요하다.

참고문헌

■ 1차 자료(원전)

文一平, 『湖岩 文一平全集』(민속원, 2001)
朴殷植, 『朴殷植全書』(단국대학교 부설 동양학연구소, 1975)
李建芳, 『蘭谷存稿』
李恒老, 『華西先生文集』
정인보, 『薝園鄭寅普全集』
崔南善, 『六堂崔南善全集』(동방문화사, 2008)
『대한매일신보』, 『동아일보』, 『조선일보』

■ 2차 자료

〈단행본〉

강재언, 『韓國의 開化思想』, 비봉출판사, 1989.
강화 양명학 연구팀, 『강화학파의 양명학』, 한국학술정보, 2008.
고야스 노부쿠니 지음(김석근 옮김), 『일본근대사상비판』, 역사비평사, 2007.
김성기 외, 『탈식민주의이론』, 민음사, 1997.
닐 포스트먼(김균 옮김), 『테크노 폴리』, 궁리, 2005.
민세 안재홍선생기념사업회 편, 『1930년대 조선학운동 심층연구』, 선인, 2015.
박정심, 『한국 근대사상사』, 천년의 상상, 2016.
박정심, 『박은식: 양지로 근대를 꿰뚫다』, 학고방, 2021.
박지향, 『일그러진 근대』, 서울대학교출판부, 2004.
스벤 린드크비스트(김남섭 옮김), 『야만의 역사』, 한겨레신문사, 2003.
스테판 다나카, 『일본 동양학의 구조』, 문학과지성사, 2004.
아베 요시오(김석근 옮김), 『퇴계와 일본유학』, 전통과 현대, 1998.
尹建次, 『일본-그 국가·민족·국민』, 일월서각, 1997.
윤사순, 『실학의 철학』, 예문서원, 1996.
이매뉴얼 월러스틴(김재오 옮김), 『유럽적 보편주의: 권력의 레토릭』, 창비, 2008.
이지원, 『한국 근대문화사상사 연구』, 혜안, 2007.

이혜경, 『천하관과 근대화론:양계초를 중심으로』, 문학과지성사, 2002.

한영우, 『다시 찾는 우리역사―근대·현대』 3, 경세원, 2004.

한영우 외 6인, 『다시, 실학이란 무엇인가』, 한림대학교 한국학 연구소, 2007.

허영란, 『남양과 식민주의』, 사회평론 아카데미, 2022.

홍원식, 『실학과 근대성』, 예문서원, 1998.

大橋健二, 『良心と至誠の精神史―日本陽明學の近現代』, 勉誠出版, 1999.

〈논문〉

고성빈, 「일본의 동아시아사고―탈아와 흥아의 이중변주」, 『아세아연구』, 53, 고대 아세아문제
　　　연구소, 2010.

김선희, 「조선학에 비친 다산」, 『다산과 현대』 10, 강진 다산실학연구원, 2017.

김세정, 「강화학파 이건창과 정인보의 연구 현황과 과제」, 『제5회 하곡학 국제학술대회 논문
　　　집』, 한국양명학회, 2018.

김윤희, 「1909년 대한제국 사회의 '동양' 개념과 그 기원」, 『개념과 소통』, 한림과학원, 2009.

류시현, 「1920년대 최남선의 '조선학' 연구와 민족성 논의」, 『역사문제연구』 17, 역사문제연
　　　구소, 2007.

박연수, 「강화학파의 근대적 성격」, 『제5회 하곡학 국제학술대회 논문집』, 한국양명학회,
　　　2008.

박정심, 「근대 공간에서 양명학의 역할」, 『한국철학논집』 13, 한국철학사연구회, 2003.

　　　, 「양명학을 통한 眞我論의 정립: 한국 근대주체의 생성」, 『陽明學』 33, 한국양명학회,
　　　2012.

신주백, 「'조선학 운동'에 관한 연구동향과 새로운 시론적 탐색」, 『한국민족운동사연구』, 한국
　　　민족운동사학회, 2011.

윤선자, 「1930년대 國學운동과 茶山 인식」, 『韓國思想史學』 23, 한국사상사학회, 2004.

한정길, 「蘭谷 李建芳의 양명학 이해와 현실 대응 논리」, 『양명학』 51, 한국양명학회, 2018.

근대기 한중 유교의 위기와 '공교孔敎' 운동

이용주

1. 중국인의 종교를 어떻게 평가할 것인가?

1840년의 아편전쟁 이후, 중국을 둘러싼 동아시아 세계는 새로운 역사적 국면으로 접어든다. 역사학계에서는 보통 아편전쟁 이후 동아시아의 근대가 시작되고 태평양전쟁의 발발 혹은 중화인민공화국의 성립으로 근대가 끝난다고 본다. 그 시기, 동아시아는 사상 및 종교 영역에서 거대한 변화를 맞이했다. 변화의 핵심은 유교의 몰락과 그 대안으로서 서양의 사상 및 종교가 도래한 것이라고 말할 수 있다. 아편전쟁은 변화를 상징하는 중대한 사건이었다. 서양열강은 자국의 경제적 이익을 위해 중국에 아편을 가지고 들어왔고, 아편을 금지하는 중국(청나라)과 열강의 대표자 영국 사이에 거대한 전쟁이 벌어졌다. 아편전쟁에서 승리한 영국은 자유무역을 요구하는 한편, 국제법을 무기로 불평등 조약을 강요했다. 약체였던 청나라는 영국의 강요를 받아들일 수밖에 없었으나, 그것은 2천년 이상 지속된 중화문명의 자존심에 엄청난 타격이 되었을 뿐 아니라, 문명을 뒷받침 해 온 유교에 대해서도 거대한 충격을 안겨준다. 열강을 통해 세계의 광대함과 선진국의 발전상에 자극받은 지식인들은 군사기술과 종교 등 서양의 신지식을 수용해야 한다는 절박감으로 서양 배우기에 돌입했다. 그것은 동시에 중국문명의 본질, 유교의 본질에 대한 사유를 촉발하는 계기가 되었지만, 그것이 본격적인 학술의 차원으로 승화되기 위해서는 두 세대를 더 기다려야 했다.

근대가 시작되는 시기 함포를 앞세운 열강은 경제적 이익의 추구에 그치지 않고 기독교 선교의 자유를 확보하기 위해 적극적인 개입했다. 아편전쟁에서 패배한 청나라는 어쩔 수 없이 기독교 선교를 허용했다. 처음에 기독교 선교는 개항장에 한정되어 허용되었으나, 점차 중국 내지內地에서 선교사의 선교자유를 허용하게 된다. 선교자유의 확대와 더불어 중국인과 기독교의 접촉이 빈번해지고, 그들 사이의 모순과 갈등 또한 확대일로에 놓이게 된다. 한편, 기독교의 확산과 함께 전통적인 중국인의 종교 및 신앙은 위축되는 방향으로 전개된다.

당시 중국인의 종교 및 신앙은 서양적 '종교(religion)' 개념으로는 이해하기 어려운 복잡한 양상을 띠고 있었다. 당시 중국의 종교(들)는 근대 및 현대 서양의 '종교'와 대단히 이질적인 모습을 가지고 있었다. 따라서 우리가 아는 '종교'라는 개념으로는 다 포착하기 어려운 이질적인 형태의 다양한 신앙이나 신념 형태들이 존재하고 있었다는 사실을 먼저 인식해야 한다. 당시 중국인의 종교(들)를 어떻게 이해하면 좋을 것인가? 그것 자체가 커다란 과제가 된다. 중국 종교(들)의 존재 방식을 이해하기 위해서는 적어도 다음의 몇 가지 문제에 대해 생각해 볼 필요가 있다.

첫째, 서양 '종교(religion)'인 기독교는 중국의 종교들과는 다른 방식으로 존재한다. 서양의 '종교'는 무엇보다 기독교(Christianity)로 대표된다. 또한 기독교는 가톨릭, 개신교, 동방정교라고 불리는 여러 교파(denominations)로 구분된다. 기독교는 비록 다양한 교파적 형태를 가지고 있지만 '종교'로서 명확한 특징을 가지고 있다. 교리, 의식, 경전, 교회, 성직자 등 눈에 띄는 표지를 가지고 있는 것이다. 하지만 중국의 종교(들)는 그렇지 않았다. 물론 기독교와 다르다는 것이 중국 종교들의 열등성을 의미하는 것은 아니다. 하지만 서양적 '종교' 개념을 중국의 종교(들)에 적용할 때, 그런 오해를 초래할 위험성이 있다. 그렇게 발생한 것이 "중국의 종교(들)를 '종교'라고 부를 수 있는가?"하는 문제였다. 적어도 19세기 시점에, 진짜 '종교'는 기독교 '하나' 뿐이며, 무릇 종교는 기독교와 같거나 비슷해야 한다는 편견이 존재했다. 기독교중심주의 혹은 서양중심주의라는 편견이다. 나아가 "종교인가 종교가 아닌가?"하는 물음은 기독교의 '정통/이단' 논쟁의 연장선에 있는 것이었다. 기독교가 종교의 표준이며, 기독교와 비슷한 정도에 따라 종교가 되거나 종교가 아니게 되었다. 말하자면, '정통'에서 멀수록 '이단'이 되는 것처럼, 기독교와 유사하지 않을수록 종교가 아니라고 평가되었다. 또한 기독교는 '좋은 것'이었기 때문에 '종교'는 좋은 것, 종교가 아니면 나쁜 것으로 평가되었다. 19세기말 이후 역사유물론이 등장하면서 기독교는 오히려 나쁜 것으로 평가받지만, 기독교를 '좋은 것'이라고 평가하는 사람은 (기독교와 유사성이 높은) '종교'는 '좋은 것'이라고 평가하는 관점을 가지고 있었다. 1900년을 전후하여 중국에서 발생한 "유교는 종교인가 아닌가?"하는 논쟁은 이런 배경 속에서 일어난 것이다. 기독교(개신교)가 중국에 전파되기 시작한 1850년 이후, "유교는 종교인가 아닌가?"하는 논쟁이 발생하는 조건이 갖추어진 것이다.

기독교(개신교)가 도래하기 이전, 중국의 종교(들)는 다양한 형식으로 존재했다. 유교든 유교가 아니든, 또는 국가의 종교든 민간의 종교든, 사대부의 종교든 민중의 종교든, 여러 명칭을 가진 중국의 종교들은 느슨한 '가르침(教)'의 체계로 존재했다. 명확한 경전, 교리, 교회, 의례를 갖추고 있던 기독교와 달리, 중국의 종교들은 (서양적) '종교' 개념으로 포괄하는 것이 불가능할 정도로 느슨한 형식을 가지고 있었다. 유교를 포함한 중국의 종교들은 명확한 교리 체계를 가지고 있지 않았다. 유교, 불교, 도교 등의 '가르침'은 분명 수준 높은 사상을 가지고 있지만, 체계적이고 명확한 교리를 가지고 있다고 말하기는 어렵다. 경전이 없었던 것은 아니지만, 기독교의 성경만큼 명확한 범주를 가진 것은 아니다. 의례나 제도적인 면에서도 기독교와 비교가 불가능할 정도로 느슨하고 모호하다. 따라서 기독교를 기준으로 본다면 중국의 종교들 또는 신앙형태들은 도대체 '종교'라고 부르기 어렵다는 인식이 생길 수밖에 없다. 그것들은 '종교'가 아니면 무엇인가? 편의적으로 '이단'이나 'superstition(미신)'이라고 부르거나, 심지어 아예 이름을 부여하지 않을 수도 있다. 이름을 부여하지 않는다는 것은 결국 정체성을 부정하는 일이 되기 때문이다.

둘째, 중국의 역사 안에서 국가의 의례를 규정하고 국정의 방향을 뒷받침하는 국가종교는 존재했다. 그러나 국가종교와 일반인의 종교는 상당히 이질적이었다. 서양처럼 기독교라는 '하나'의 종교가 권력과 결합하면서 절대적인 권위를 가지고 국가기구 및 민중의 삶을 통제했던 유럽과 달리, 중국의 국가종교는 민중의 일상생활을 거의 통제하지 않았다. 유교는 국가종교로서 존재했지만, 유교의 가치관 및 유교적 이념 및 의례는 민중의 삶에 뿌리내리고 있다고 말하기 어렵다. 서민문화가 확대되는 송명청 시대의 1000년 동안, 중국민중의 삶은 유교와 친연성을 확대하는 방향으로 나갔지만, 민중의 삶은 유교와 일정한 거리를 유지했다. 유교의 예는 서민에게 적용되지 않는다는 '예불하서인禮不下庶人'의 이념은 여전히 존재했던 것이다. 유교는 중국의 국가종교로서 신념과 의례, 교육과 교화, 법과 제도의 핵심에 놓여 있었다.

여기서 분명히 할 점은 '국가종교'라는 개념 자체가 도구적 개념에 불과하다는 사실이다. 따라서 그런 도구적 개념으로 유교의 존재를 완벽하게 설명할 수는 없다. 하지만 국가종교라는 개념을 전통 중국에 대입한다면, 유교는 분명히 국가종교로서 존재했다고 말할 수 있다. 역대왕조의 국가 의례는 유교를 핵심에 두고 2000년에 거쳐 발전했다. 특히 초월적 신령들에 대한 제사는 왕조국가에서 가장 중요한 의례로서, '사전祀典'이라는 이름으로 청나라 말기까지 유지되었다. 따라서 유교를 연구할 때, 사전 및 의례를 무시하고, 단순히 사상으로만 다루는 것은 대단히 큰 한계를 가진다. 만일 '종교' 개념을 사용하여 유교를 고찰한다면, 유교가 왕조의 국가종교로 존재했다는 사실을 잊어서는 안 된다. 중국의 왕조국가는 정치권력인 동시에 '사전'에 근거하여 천지신명에게 제사를 바치는 종교권력이었으며, 그런 제사를 통해 국가 존립의 정당성을 확보했던 것이다. 그런 점에서, 1900년 이후 중국 지식인을 전폭적으로 사로잡았던 '유교종교론' 혹은 '유교비종교론' 논쟁은 왕조국가의 정당성 근거로서 유교를 어떻게 볼 것인가에 대한 관점의 차이에서 비롯된 것이었다. 왕조국가의 체제가 강력한 힘을 가지는 동안 국가종교로서 유교의 권위를 부정하는 사람은 거의 존재하지 않았다. 그러나 왕조국가 체제가 흔들리고 난 이후, 심지어 왕조체제가 무너진 다음에는 유교를 종교라고 말하는 사람이 드물어진다. 그런 인식의 전환은 역설적으로 유교가 왕조국가 체제의 정당성 근거였다는 사실을 말해주는 것이라고 볼 수 있다. 그런 상황을 무시하고, 단순히 언설의 차원에서, 유교는 종교인가 혹은 유교는 종교가 아닌가를 따지는 논의는 부적절한 것이라고 말할 수 있다.

셋째, 중국민중들의 종교는 매우 복잡했다. 민중종교의 복잡성을 무시하면서 '중국인의 종교는 곧 유교다(중국종교=유교)'라고 말하는 것은 사실 부정확하다. 서민 대중들은 흔히 삼교三敎로 통칭되는 유교, 불교, 도교를 비교적 자유롭게 신앙했다. 자신의 삶의 필요에 따라 여러 종교를 자유자재로 활용하는 공리적 신앙을 가지고 있었던 것이다. 유교적 신념을 정통으로 받아들이는 사대부 계층이라 할지라도 공적 상황이 아니라면 대단히 유연하게 도교나 불교의 신념과 의례를 실행했다. 황실에 소속된 사람이라도 공적 의례의 상황이 아니라면 개인적인 신념을 가지는 것은 문제가 되지 않았다. 삼교(유, 불, 도)는 물론, 그 범위를 벗어나는 다양한 형태의 민간종교 역시 널리 퍼져 있었다. 당연히 불교나 도교에는 이름을 다 거론하기 힘들 정도로 다양한 분파적, 종파적 신념이 존재했다. 1900년 이후, 중국의 종교를 논의하는 사람들은 서양적 '종교' 개념을 잣대로 중국의 여러 신앙, 신념, 의례를 평가하는 견강부회적 태도를 드러낸다. 중국문화의 실제와는 동떨어진 과학, 철학, 종교, 미신 등 이질적인 카테고리를 동원하여 전통적인 신앙, 신념을 범주화하려고 했던 것이다.

넷째, 향신 사대부 계층의 신념과 민중의 신념은, 겹치는 부분을 가지고 있지만, 성격이 상당히 달랐다. 사대부 계층은 흔히 '사서오경'으로 통칭되는 유교 경서를 토대로 신념 체계를 수립했을 뿐 아니라, 도학을 경전의 해석 틀로 받아들였다. 그들은 유교적 의례와 의식을 실천하면서 유학자로서, 유교의 경전을 학습하고, 성현의 가르침을 실현하는 것을 인생의 이상으로 삼았다. 그들에게 유교는 단순히 지식의 대상에 머물지 않았다. 유교의 위대한 사상가들이 거의 예외 없이 지행의 합일을 강조한 것은 경전의 지식과 삶의 실천이 분리되어서는 안 된다는 신념 때문이었다. 물론, 그들이 추구하는 유교적 신념의 실천은 과거科擧에 합격하여 관료로서 민중을 교화하는 '경세經世'를 지향한다. 경세는 단순한 출세욕의 발로가 아니라 유교적 신념을 실천하는 중요한 활동이었다. 과거에 합격하여 경세에 참여하는 것은 국가종교의 실천자로서 종교(유교)의 '성직자'가 되는 것에 비견할 수 있는 일이었다. 그렇다면, 유교의 경전을 학습하고 연구하는 '경학'은 서양 종교(기독교)의 '신학'에 해당한다고 말할 수 있다. 적어도 송명청 1000년 동안 사대부는 경학을 통해 유교 신념을 자기화하고, 과거시험을 통해 관료, 즉 유교 성직자가 되는 것을 목표로 삼았다. 천자(제왕)는 천신에게 제사를 드릴 수 있는 유일한 존재이며, 최고 사제의 역할을 겸했다. 관료는 그런 제왕을 보조하고 보좌하는 하급 성직자였다고 말할 수 있다. 지방관으로 파견된 관료의 최대의 임무는 치안과 제사였다는 사실은 그것을 말해준다.

그러나 민중의 입장은 전혀 다르다. 민중은 피치자로서 유교적 신념을 가진 치자治者(제왕과 유교 관료)의 지배를 일방적으로 수용하는 입장에 있다. 그들은 유교적 신념의 깊은 내용을 이해할 필요가 없다. 물론, 과거시험 자체는 형식적으로는 모든 사람에게 열려 있는 개방적 제도였지만 실제로 민중에게 그것은 이상향에 불과했다. 민중의 입장에서는 최소한의 유교적 규범에서 벗어나지 않으면 그것으로 충분하다. 그런 최소한의 유교 지식을 배우기 위해서 정식 학교에 다닐 필요가 없다. 국민교육이나 공공교육이 존재하지 않는 상황에서, 공식적으로 유교의 기초를 가르치는 방법은 없다. 굳이 필요하다면, 최소한의 식자 교육과 함께 유교적 신념의 기초를 가르치는 수준에 그쳤다. 심지어 일부 민중에게는 최소한의 식자 교육조차 사치가 될 수 있다. 최소한의 규범 준수 이외에, 민중의 신앙적 수요와 종교의 필요성을 채워주는 것은 불교, 도교, 또는 기타 민간 신앙적 습속이었다. 그들은 문자로 정리된 체계적인 사상이나 심화된 이념을 필요로 하지 않았다. 자신의 종교적 신앙적 생활적 욕구를 충족시키기 위해 기도하고, 향을 피우고, 삶의 불안을 제거해주는 의례를 실천하는 것으로 충분했기 때문이다. 그런 의미에서 민중의 신앙은, 기독교를 기준으로 만들어진 서양적 '종교' 관념으로 보자면, 종교라고 평가하기 어려울 수 있다. 더구나, 교리, 경전, 의례, 조직을 갖추어야 비로소 '종교'라고 부를 수 있다는 기독교적 편견을 가지는 한, 민중의 신앙은 결코 '종교'라고 부를, 수 없다. 따라서 그들은 민중의 신앙을 이단, 미신, 사이비라고 불렀다. '종교'로 불리기 위해서는 명확하게 이론화된 교리를 가져야 한다는 근대적 오해와 편견에서 보면 민중의 삶은 종교가 없는 따라서 가치가 없는 미신으로 둘러싸인 거짓 삶이 된다. 이렇게 기독교적으로 왜곡된 19세기적 '종교' 개념을 기준으로 민중의 신앙은 '종교'가 아니라 '미신' 혹은 기껏해야 '사교邪教' 혹은 '민간신앙'이라고 불렸던 것이다.

2. 서양 종교의 확산과 '교안' 사건 및 '공교'

1) '공교' 탄생의 시대적 배경

아편전쟁이 발발하던 1840년 무렵 광주廣州를 중심으로 중국남부의 해안 지역에는 기독교 선교가 확대되고 있었다. 아편전쟁의 패배로 남부 중국은 커다란 혼란에 빠져들었고, 그런 혼란의 시기에 홍시우취안이 '배상제회'(1843)를 창설하고 이어서 '태평천국'(1951)을 수립한다. 이런 일련의 사건으로 청나라의 중국은 지독한 내우외환으로 시달리게 된다. 내부로는 백련교의 난을 시작으로 염군捻軍의 난, 태평천국의 난 등 꼬리를 물고 이어지는 변란과 반란들, 외부로는 서양열강의 침입과 불평등 조약으로 인한 침탈 등의 내우외환에 시달리던 청나라는 개혁의 필요성을 느끼고는 있었지만 구체적인 방향을 마련하지 못한 채 흔들리고 있었다. 그런 상황에서 '태평천국'의 수립과 확산은 청나라를 철체절명의 위기로 몰아넣게 된다.

그런 혼란의 와중에 1856년 또 다시 애로호 사건이 발생했다. 그 애로호 사건은 소위 2차 아편전쟁의 도화선이 되었다. 원래 청나라 정부는 전쟁 배상금과 개항장의 확대, 선교사의 내지內地 선교 등의 약속을 했지만, 그 약속을 지키지 않고 지지부진 시간을 끌면서 미온적 태도를 취하고 있었다. 그런 태도에 대해 불만을 품은 영국과 서양열강은 애로호 사건을 빌미로 다시 전쟁을 일으켰다. 그것이 소위 제2차 아편전쟁이다. 이번에도 전쟁은 청나라의 처절한 패배로 종결되었고, 청나라 정부는 천진조약天津條約(1858)을 통해 서양열강에게 절대적으로 유리한 불평등조약을 체결한다. 애로호 사건을 빌미로 열강은 조차지를 확대했을 뿐 아니라, 기독교의 전면적인 선교 자유를 허락 받았다. 기독교의 확산이라는 점에서는 애로호 사건은 대단히 중요한 의미를 가진 사건이었던 것이다. 천진조약이 체결된 이후 기독교는 중국내륙에서의 선교 자유를 획득했지만, 선교사의 활동이 확대되면 될수록 그들의 활동에 반발하는 현지의 중국인들과 끊임없는 충돌이 발생하게 된다. 확대된 기독교 선교는 중국사회를 근본에서부터 뒤흔드는 동란의 원인으로 작용하기 시작한 것이다.

기독교의 내지內地 확산에 따른 중국인의 반감이 불러일으킨 무력 충돌을 흔히 '교안敎案'이라고 부른다. 기독교 입장에서는 기독교가 입은 환난이라는 의미에서 '교난敎難'이라고 부르기도 한다. 애로호 사건으로 개항장이 확대되고 내지 선교의 자유가 확보된 이후, 교안 혹은 교난은 일 년에 수백 건 이상 발생할 정도로 중국사회를 큰 소란으로 이끌었다. 교안이 일어날 때마다, 열강은 자국민의 생명 및 재산보호를 명목으로 청나라 정부의 강력한 대응과 손해배상을 요구했다. 매년 '교안(교난)'에 대한 배상금으로 지급하는 액수는 청나라의 재정을 위협할 정도에 이르렀고, 청나라 정부도 교안 문제에 대해 체계적인 대책을 강구해야 하는 상황에 내몰리게 된다. 나중에 캉유웨이(康有爲, 1858~1927)가 '공교孔敎' 혹은 '공자교'를 근대적 형식의 '종교'

로 개혁하려는 시도를 하는 배경에는 교안이 초래하는 사회적 혼란, 재정압박이라는 절박한 문제가 놓여있다는 사실을 간과해서는 안 된다.

일반적 오해와 달리, 캉유웨이의 공자교 운동은 본래는 종교가 '아닌' 유교를 종교로 '만들자'는 차원의 운동이 아니다. 앞 절에서 간단히 살펴본 것처럼, 기독교와는 성격이 다르지만, 유교는 어떤 의미로든 '종교'라고 불리기에 적절한 내용을 가지고 있었고, 확고하게 국가종교로서의 기능했다. 캉유웨이는 유교가 왕조국가에서, 서양의 기독교가 중세국가에서 했던 것에 비견되는, 국가종교 내지 국가의례였다는 사실을 명확히 인식했다. 기독교가 종교개혁(1517)과 반종교개혁(가톨릭의 개혁운동)을 거치면서 새로운 형태의 교회 조직을 만들었고, 해외 선교에 나서면서 기독교의 성격 자체가 변했다는 사실도 잘 알았다. 중세 유럽의 국가종교였던 기독교가 종교개혁을 계기로 근대적 '종교'로 전환했고, 그것이 서양열강의 정신적 보조물로서 해외 침략의 첨병이 되어 있다는 사실을 캉유웨이는 정확하게 파악했던 것이다. 또한 캉유웨이는 기독교가 근대적 경제와 제도를 강요하는 정치-문화적 선봉 역할을 하고 있다는 사실도 알고 있었다. 캉유웨이는 기독교와 마찬가지로 유교를 근대적 '종교'로 개혁하고자 했던 것이다. 그런 변혁적 사고를 촉발한 직접적 계기가 바로 '교안'이었다.

선교의 자유를 확보하기 위해 기독교가 일으키는 소란에 대해, 그리고 외세에 저항하는 민중의 행동에 대해, 청나라 정부가 일일이 대응하는 것은 불합리하지 않은가? '교안(교난)'을 기독교의 자유로운 선교 활동에 대한 민중의 자유로운 종교적 반응이라고 정리하면 국가책임은 사라지고, 그것을 개인과 개인 혹은 종교와 또 다른 종교 사이의 대립 및 갈등으로 치환시킬 수 있지 않을까? 그렇게 할 수 있다면, 청나라 정부가 그 문제에 간섭할 이유가 없어지지 않을까? 중국 전역에 이미 존재하는 공자 사당이나 공자묘를 근대적 유교, 즉 '공교'의 교회로 개조하거나 새로운 종교 조직으로 만들 수 있다면, 기독교에 의해 초래된 중국인의 정신적 혼란을 극복하고 민중을 성인 공자의 가르침으로 교화할 수 있을 것이다. 유교는 '국가종교'이자 향신 사대부의 세계관으로 기능했지만, 이제는 그것을 '민중의 종교'로 개조할 수 있지 않을까? 캉유웨이의 의도는 이런 것이었다. 이런 캉유웨이의 생각을 서양열강의 침략에 대응하기에는 순진하기 짝이 없는 것이라고 폄하할 수는 있다. 하지만, 캉유웨이가 '공교'(공자교) 운동을 처음 구상하게 된 계기는 정확하게 이해할 필요가 있다.

우리 학계에서는, 중국에서도 마찬가지이지만, 캉유웨이를 공상적인 경학자, 군주제를 지지한 보수 반동, 공화제로 나아가는 혁명에 반대한 퇴행적 인물, 이미 생명력을 상실한 유교를 되살리려고 한 시대착오적 인물, 종교가 아닌 유교를 종교로 전환하려고 시도했던 고루한 몽상가 정도로 취급하는 경향이 강하다. 거기에는 여러 가지 이유가 있겠지만, 소위 '혁명사관'이라고 말할 수 있는 관점이 우리 학계에 자리 잡고 있다는 것 또한 중요한 이유가 될 것이다. 혁명사관에 따르면, 중국은 신해혁명(1911)을 거치면서 근대사회로 접어들었고, 반동적인 보수파의 반대로 신해혁명이 좌절되었으며, 위안스카이(袁世凱, 1859~1916)가 주도하는 황제복귀의 움직임이 있었고, 궁극적으로 신문화운동을 거치면서 시대착오적인 '유교 국교화' 운동이 저지되었다고 해석한다. 그 이후, 일본 제국주의에 의해 반식민지로 전락한 중국을 구원한 것은 모택동이 이끄는 공산당이라는 관점이 학계를 지배하고 있다. 그런 역사관의 영향으로, 캉유웨이는 보수반동의 한 극점으로 평가되고 캉유웨이와 대립하며 민족혁명을 추진한 장빙린(章炳麟), 한때 캉유웨이의 제자였으나 계몽운동가로 전향한 량치차오를 근대화로의 안내자라고 해석하는 경향이 있다. 그러나 캉유웨이를 단순히 보수적이고 고루한 사상가라고 평가할 수 있는가? 캉유웨이의 '공교'운동이 종교가 아닌 유교를 '억지로' 종교로 만들려는 조작에 불과한 것인가? 캉유웨이의 반공화주의 주장이 과연 시대착오적인 보수주의자의 몽상에 불과한 것인가? 전면적이 재검토를 요구하는 문제가 아닐 수 없다.

2) 신종교로서 배상제회

근대중국의 위기는 긴 배경을 가지고 있다. 하지만, 청나라가 몰락으로 접어드는 직접적 계기를 제공한 것은 태평천국이었다. 태평천국의 창설자 홍시우취안(洪秀全)은 기독교의 영향을 받으며 '반공자反孔子'와 '반유교反儒教'의 기치를 내걸고, 배상제회의 교리를 조직했다. 유교경서를 '요서妖書'라고 선언하고 공자의 가르침에 정면으로 반기를 들었다는 점에서 홍시우취안의 반유교주의는 근대기 유교의 몰락을 가속화시킨 역할을 했다고 평가할 수 있다. 종교를 이용하여 반란을 일으킨 것은 태평천국이 처음은 아니다. 하지만 홍시우취안의 태평천국은 중국의 전통적인 신앙이 아니라 서양에서 들어온 '기독교'를 수용하여 조직과 교리를 만들고, 마침내 국가를 건설하여 기존의 왕조를 절체절명의 위기로 이끌었다는 점에서 역사적 농민반란과 차별화되는 점이 있다. 물론, 홍시우취안이 '기독교'를 정확하게 이해했는가는 전혀 별개의 문제다.

농민출신으로서 가난을 체험한 홍시우취안은 오랫동안 과거시험을 준비하는 동안 유교적 가치와 이념을 비교적 깊이 이해했다. 과거를 준비하는 과정에서 그는 사회에 뿌리내린 차별과 지배층의 부패, 왕조 정치의 문제점을 이해하는 안목을 길렀다. 그는 아편전쟁을 전후하여 광주廣州를 여러 차례 방문했고, 중국과 서양의 관계 및 세상의 변화를 실감했다. 아편전쟁에서의 중국의 패배, 그리고 본인의 과거실패는 현실의 모순을 이해하고 변화하는 세계의 실상을 바로 보는 기회를 제공했던 것이다. 과거에 실패하면서, 그가 유교에 대해 품었던 희망은 머지않아 환멸로 변했고, 당시의 지배권력인 만주족의 청나라에 대한 저항으로 발전했다. 이제 홍시우취안은 한족의 중국을 만주족의 압제에서 구제한다는 '구국구민'의 기치를 내세우는 혁명에 투신하기로 결심한다. 그때 홍시우취안은 중국인 선교사 양발梁發이 지은『권세양언』을 읽고 특이한 신비체험을 한다.

많은 경우, 신종교의 탄생은 신비체험과 연결되어 있다. 그리고 신비체험을 합리화하는 방향으로 신화와 교의가 만들어진다. 신비체험을 통해 내적인 확신을 얻게 된 홍시우취안은 배상제회라는 새로운 종교를 결성했다. 기독교 교리를 수용하면서 농민을 구원하고 세상을 구원하는 구세의 의지를 실현하기 위해 '신종교'를 창립한 것이다. 배상제회는 기독교의 조직 형식을 빌려왔다. 하지만, 실제로는 중국의 전통사상을 기초로 삼는 전형적인 '신종교'였다. 농민들은 혼합주의(syncretism) 성격을 가진 배상제회에 매료되었고, 대단히 빠른 속도로 교세를 확장했다. '신종교'로서 배상제회의 혼합주의적 특징은 간단히 다음과 같이 요약할 수 있다.

첫째, 배상제회는 기독교의 천국 개념을 수정했다. 홍시우취안은 천국이 사후에 도달하는 목표가 아니라 현실 세계에서 이루어야 하는 목표라고 강조했다. 천국은 천상과 지상에 모두에 존재한다. 야훼는 천부天父(하늘의 아버지)이며 예수는 천형天兄(하늘의 형님)이다. 천부와 천형은 홍시우취안을 통해 이 땅에 천국(태평천국)을 개창했다.

둘째, 배상제회는 기독교의 윤리적 입장을 수정했다. 기독교는 복수법의 원칙을 부정하고, 오른 뺨을 때리면 왼 뺨을 내주라고 가르친다. 그러나 배상제회는 그런 기독교의 가르침을 부정한다. 홍시우취안은 신령 세계가 선악善惡, 사정正邪의 엄격한 대립 진영으로 구분되어 있으며, 현실세계 역시 엄격한 진영의 대립으로 이루어진다고 가르쳤다. 극악무도한 청나라 조정과 그들에게 부화附和하는 유교적 지배계층은 죽여야 할 사악한 요마다.

셋째, 배상제회는 기독교의 상제上帝 개념을 수정했다. 기독교의 상제는 지배계급의 천부이자 보호신이지만, 배상제회의 상제는 농민백성의 천부이며 농민을 보호하는 신이다. 배상제회의 상제는 하늘에서 염라요마閻邏妖魔와 투쟁하고 있으며, 둘째 아들 홍시우취안을 지상에 파견하여 농민을 이끌고 지상의 염라요마와 투쟁하라고 명령했다.

태평천국은 기독교를 모방하여 농민들을 투쟁으로 이끄는 것에는 성공했다. 하지만 그것이 기독교의 외형을 가지고 왔지만 실제로는 기독교와 이질적인 '신종교'라는 사실을 이해하는 농민은 많지 않았다. 태평천국의 건국 초기에, 기독교 선교사들은 기독교를 따르는 새로운 종교국가가 탄생하는 것이라 오해하고 배상제회를 응원했다. 하지만 배상제회의 주장을 알고, 또 태평천국의 실상을 경험한 다음, 그들의 입장은 180도 달라졌다. 선교사들은 배상제회가 기독교의 유일신 개념과 의례 및 조직형태를 빌려왔을 뿐 실제로는 전혀 다른 내용을 가진 종교일 뿐 아니라, 심지어 기독교의 이념과 대립된다는 사실을 발견했다.[1]

3) 태평천국의 공자 및 유교 부정

배상제회는 기독교를 모방한 새로운 종교였다. 그들은 유일신으로서 상제를 내세우고, 그 '독일진신獨一眞神'의 권위를 통해 종교왕국을 건설하는

---

1 羅爾鋼, 『太平天國史』 제2책(인민출판사, 1981), 658쪽. 태평천국 및 배상제에 대한 연구는 거의 대부분 羅爾鋼의 저서를 참고했다. 태평천국에 대한 일본의 연구 및 안내서로는 小島晋治, 『洪秀全と太平天國』(岩波現代文庫, 2001(1987)); 菊池秀明, 『太平天國』(岩波新書, 2020) 등 뛰어난 연구가 여럿 있다. 필자도 일본학자의 연구를 통해 태평천국의 기본 사실을 배울 수 있었다. 다만, 태평천국의 '신종교'적 성격에 대한 논의는 필자의 종교사적 이해를 토대로 서술한 것이다.

것을 꿈꾸었다. 홍시우취안은 자신을 상제의 둘째 아들(次子)이라고 주장하면서 유교, 불교, 도교 등 전통적인 중국종교의 여러 신을 요마妖魔라고 비난했다. 또한 그는 유교와 공자를 비난하고 경서를 불태우는 '반유교'운동을 주도했다. 공자 및 유교가 태평천국의 투쟁 대상인 청나라 및 향신 사대부의 이념이었기 때문에, 그것은 당연한 행동이라고 말할 수 있다. 하지만, 그들이 사서와 오경 등 유교 경서를 전면적으로 파괴한 것은 아니다. 비록 반유교 이념을 내걸었지만, 현실적 필요에 따라 경서를 부분적으로 이용하려 한 것이다. 그런 배상제회의 방식은 '신종교'의 전형적인 행태라고 말할 수 있다. 태평천국 뿐 아니라 모든 '신종교'는 전적으로 새롭지는 않다. 지금은 세계적 종교로 확립되어 있지만, 탄생기의 기독교도 그랬다. '신종교'로서 기독교는 기성 종교를 모방하면서 배척했다. 기독교는 유대교를 모방하는 한편 유대교를 부정했다. 또한 기독교는 고대 중근동의 종교들을 모방하면서 배척했다. 특히 그리스-로마의 문화 안에서 성장한 기독교는 그리스와 로마의 여러 종교를 배척하면서 모방했다. 그리스-로마 문화 안에서 사는 민중에게 포교하기 위해서는 그들의 삶과 완전히 동떨어진 이념을 선전할 수 없기 때문이다. 모든 신종교는 배척과 모방의 동학動學을 거친다. 새로운 시대의 새로운 종교적 요구에 응답하기 위해 '혼합'과 '변용'(transformation)의 과정을 거치는 것이다. 지금은 세계적 종교로 성장한 이슬람과 불교 역시 비슷한 과정을 겪으면서, 오늘에 이르고 있다. 발전과정에서 중도에 좌절되고 사라진 신종교도 있지만, 신종교의 발전은 대부분 비슷한 과정을 겪는다.

그런 점에서 배상제회 역시 '신종교'로서 과정을 겪었다. 배상제회는 기독교를 모방하면서 자신들의 필요에 따라 기독교를 철저하게 변형시켰다. 자신들의 목적을 위해 기성종교라고 할 수 있는 유교를 배척하는 동시에 유교의 여러 요소를 적극적으로 받아들였다. 민간의 불교나 도교를 배척하면서도, 그들의 언어와 의식儀式을 수용했다. 전적으로 새로운 언어, 전적으로 새로운 관념, 전적으로 새로운 의례를 만들고 전파하는 것은 불가능하기 때문이다. 이런 '혼합'과 '변용'을 통해 신종교는 자신의 독특한 정체성을 만들기 위해 노력하지만, 그것은 대단히 긴 시간을 필요로 한다. 아무리 시간이 흘러도, 원초적인 모방과 혼합의 흔적을 지우기는 쉽지 않다. 그런 점에서 배상제회는 기독교를 모방하고 유교를 배척하는 기본 전략을 표방했지만, 기독교를 변형하고 동시에 유교의 흔적을 남기는 전형적인 '신종교'의 행태를 보여주었던 것이다. 배상제회의 혼합주의 방식은 시간이 흐르면서 자신만의 정체성을 다듬는 방향으로 발전한다. 하지만, 종교 및 국가로서의 존속 기간이 결코 길지 않았던 배상제회는 독자적인 정체성을 완성하지 못한 채 좌절되었다. 배상제회가 기독교를 모방하고 변형하는 측면을 간단히 살펴보았다. 그렇다면, 유교에 대해서는 어떤 식으로 배척, 모방, 변형의 과정을 거쳤는가?

첫째, 배상제회는 공자를 비난하고 반대했다. 태평천국의 반유교 행태로 인해 공자의 신성성은 땅바닥에 떨어졌고, 향신 사대부들은 이런 홍시우취안을 진시황제에 비교하면서 반발하고 혐오하게 된다. 홍시우취안의 반유교적 행태가 향신 사대부 계층의 격렬한 반발을 불러 온 것이다. 이런 태평천국의 공자묘 훼멸 내지 유교 배척은 약 70년 후에 발생한 신문화운동기의 '타도공가점'의 원형이라고 볼 수 있다.

둘째, 배상제회는 사서, 오경 등 유교 경서를 훼손하는 한편, 필요한 부분만 골라내서 재편집했다. 천경에 수도를 정한 후, 태평천국은 사서와 오경을 요서妖書라고 규정하고 불태웠으며, 소장이나 구매를 범죄로 처벌했다. 하지만 반공자, 반유교 행태에 대해 이의를 제기하는 사람도 있었다. 특히, 동왕東王 양시우칭(楊秀淸)은 천부天父의 계시라는 방식을 빌려 공맹의 문서에는 적지 않은 천리와 도리가 담겨 있으며 전부 다 폐지해서는 안 된다고 주장했다. 그 후 태평천국은 경서를 전부 불태우기보다는 선별적으로 편집하여 사용하는 방식으로 전환했다. 태평천국이 육경을 산개刪改하는 방식으로 돌아선 것은 대개 1854년 무렵이라고 본다. 물론, 산개의 기준은 배상제회의 교의와 모순 여부였다.

셋째, 배상제회를 창시하고 태평천국을 건설하기 전까지, 홍시우취안은 자신의 종교적 신념을 드러내는 수십 편의 글을 썼다. 지금까지 알려진 「백정가百正歌」, 「원도구세가原道救世歌」, 「원도성세훈原道醒世訓」, 「원도각세훈原道覺世訓」, 「천조서天條書」 등은 대체로 1844년에서 1848년 사이, 즉 태평천국이 건설되기 전에 쓴 것이다. 그 시기에 홍시우취안은 공자와 맹자를 '정인正人'이라고 부를 뿐 아니라 문장 도처에서 유교 경전을 인용했다. 그런 글에 나타난 홍시우취안의 정치적 입장이나 도덕적 주장은 분명히 유교의 영향을 받고 있었다는 것을 알 수 있다. 어려서부터 과거시험을 준비했던 서생書生 홍시우취안으로서는 당연한 일이라고 말할 수 있다. 유교에 반대하면서도 여전히 유교의 영향권 안에 있었던 홍시우취안의 사상은 태평천국이 천경에 도읍을 정하는 시기에 반유교적 정체성을 더욱 분명하게 다듬는 방향으로 발전했다.

4) 배상제회의 혼합주의적 성격

홍시우취안은 유교에 대한 정서적 적대감을 가지고 있었다. 하지만 어릴 때부터 학습한 유교의 지식과 사상은 어쩔 수 없이 모습을 드러낸다. 이론적 측면에서의 반유교적 입장은 유교적 색깔을 지우는 수정 작업을 하는 천경 시대 이후에 분명한 정체성을 드러낸다. 홍시우취안의 반유교 관점은 감정적 색채가 강할 뿐 아니라 배상제회의 교리를 만드는 과정에서 기독교와 유교를 적절히 동일시하는 모호한 혼합주의적 경향을 드러냈다. 특히 기독교의 천당과 병존하는 인간계의 천당을 강조하는 배상제회의 교리는 유교적 색채를 더 강하게 보여준다. 홍시우취안의 지상 천당설은 기독교적이라기보다는 오히려 '천하위공'을 강조하는 전통 유교의 '대동사상'과 친연성이 훨씬 강하다. 예를 들어, 「원도성세훈」은 하상주 삼대를 이상세계로 묘사하는 관점을 분명히 드러낸다. 수정을 거치면서 유교적 색채가 약화되었음에도 불구하고 흔적은 여전히 남아 있는 것이다. 거기서 홍시우취안은 요순堯舜, 우직禹稷, 탕무湯武의 시대를 인간 천당이라고 부르면서 '천하위공'의 대동이상大同理想을 제시한다. 태평천국의 토지개혁 사상을 담고 있는 「천조전무제도」 역시 원시 기독교의 평등사상과 비슷하지만, 근본적으로는 유교의 대동사상에 근거를 두고 있다고 말할 수 있다. 더 나아가 홍시우취안의 수행론은 유가 및 도가의 도덕 수양론 혹은 정신 수양론과 결코 무관하지 않다. '구세훈', '각세훈', '성세훈' 등 글의 제목 자체에서 알 수 있는 것처럼, 홍시우취안의 종교적 관점 자체가 전통적인 의미의 도덕수양과 정신수련의 전통을 전제하고 있다. 홍시우취안은 유교에 대한 정서적인 반대를 표명했지만, 동시에 유교의 등급윤리나 강상윤리를 결코 부정하지 않았다. 이런 홍시우취안의 종교사상은 한편으로 반유교적인 성격을 가지면서도 여전히 전통적인 유교윤리의 영향, 나아가 중국의 전통적인 수련 및 도덕사상과 밀접한 관계를 가지고 있다. 이런 내용을 분명히 그의 종교사상이 보여주는 미성숙한 일면이라고 말할 수 있지만, 그런 혼합주의는 중국의 경우에만 해당하는 것이 아니라 동학을 비롯한 조선의 신종교에서도 당연히 볼 수 있는 현상이다.

3. 캉유웨이의 변법론과 '공교' 사상

1) 변법운동과 무술변정의 실패

태평천국은 1864년 이홍장, 증국번 등이 이끄는 상군 및 회군에 의해 진압되었다. 이홍장 등은 지역적 기반을 중심으로 적극적인 산업화에 매진하는 한편, 유교적 가치의 회복을 추구하면서 서양기술을 적극 도입하는 근대화에 앞장섰다. '양무운동洋務運動'이라는 불리는 일련의 개혁에 의해 중국에서 근대산업의 기초가 구축되었다. 양무운동을 주도한 양무파의 이론적 무기는 서구문명과 유교적 가치를 조화시키는 '중체서용'론이었다. 1860년대 이후 양무운동에 참여한 지식인들은 '중체서용'의 이념을 근거로 근대화를 전개했다. 그 후 30년에 걸쳐 진행된 양무운동은 일정한 성과를 거두었으나 중국의 쇠락을 만회할 만큼 충분히 성공적이지 못했다. 결국 1894년 갑오전쟁(청일전쟁)이 일어나면서 양무운동의 한계가 드러났다. 신흥국 일본에 참패하고 만 것이다. 아편전쟁을 목도한 일본은 1868년 메이지유신을 거쳐 입헌주의 국가로 전환하면서 동아시아에서 제국주의 열강의 선도자가 되었다. 이런 신흥국 일본에게 패배한 청나라는 1895년(광서21년) 3월 굴욕적인 시모노세키조약(馬關條約)을 체결했고, 그런 소식은 금방 북경으로 전달되어 민중의 분노를 자극했다.[2]

1895년 5월, 회시를 준비로 북경에 머물던 캉유웨이는 전국에서 모인 수험생을 규합하여 광서제光緖帝에게 상서를 올렸다. 그것이 유명한 '공거상

---

2 청말의 양무운동 및 일련의 역사적 사건의 전개에 대해서는 수많은 연구서와 개설서가 있다. 여기서 동아시아 근현대사에 관한 최신의 성과를 반영한 총서를 소개한다. 池内敷, 岡本隆司 編,『東アジアの近現代史』(전6권)(강담사, 2017). 서구열강의 침입과 동아시아의 개국에 관한 간결한 참고서로는『東亞的開國』(波多野善大 編,『東アジアの開國』)이 참고할 가치가 있다. 원서는 일본에서 2000년에 출판되었지만, 2021년 중국어로 번역되었다. 동아시아 전체를 시야에 넣고 정리한 개설서로는 여전히 참고할 가치가 있다.

서公車上書'다. 같은 해 가을, 캉유웨이는 강학회講學會를 조직하고『만국공보
萬國公報』(나중에『중외기문中外紀聞』)와『강학보强學報』를 창간했다. 강학회의 목
표는 서양 국가의 상황을 소개하고 변법의 필요성을 선전하는 것이었다. 학
계에서는 이들은 '유신파維新派'라고 부르는데, 일본의 메이지유신과 유사한
개혁을 일으키려고 했기 때문에 붙인 이름이다. '유신파'의 활동은 완고한
세력들의 반대에 부딪쳐 좌절되었다. 하지만, 개혁의 움직임 자체는 저지하
기 어려운 추세로 흘러가고 있었다. 이것이 소위 '제1차 변법운동'이다.

1896년 8월 '유신파'의 왕캉니옌(汪康年), 황준시엔(黃遵憲) 등은 '변법도강
變法圖强'을 목표로 상해에서「시무보」를 창간했고 량치차오가 주필을 맡았
다. 1897년 10월 옌푸(嚴復), 샤쩡요(夏曾佑) 등은 천진에서「국문보」를 창간
했다. 유신파는 중국의 남과 북에서 발간되었던 두 매체를 통해 변법을 선
전하는 논설을 발표했다. 1897~1898년 유신파의 탄스퉁, 황준시엔, 탕차
이샹(唐才常), 량치차오는 후난성(湖南省) 창샤(長沙)에서 유신운동을 시작했
다. 그들이 창간한「상학신보湘學新報」와「상보湘報」는 애국愛國, 구망救亡, 서
학西學, 민권民權 등을 선전하고, 입헌을 통한 정치개혁을 요구했다.

1897년 량치차오가 호남에서 유신운동을 벌이던 시기, 독일은 산동성
교주만을 점령하고, 러시아는 랴오동성(遼東城)의 뤼순(旅順)과 따리엔(大連)을
점령하는 사건이 발생했다. 제국주의 열강의 중국 분할 시도가 구체화되기
시작한 것이다. 당시에 중국인들은 열강의 중국 분할을 '과분瓜分'이라고 부
르면서, 경각심을 불러일으켰다. 일련의 '과분' 사건이 발생하면서 사대부는
물론 민중의 분노가 폭발했다. 이때 캉유웨이는 다시 광서제에게 상서를 올
려 '과분'의 위기에 처한 중국을 구하는 방법을 제시했다. 캉유웨이의 방법
은 한마디로 프랑스, 일본, 러시아를 본받는 것이었다. 제국주의 세력을 본
받아 중국의 전통적인 법을 고치고(變法), 정체政體와 국가체제國家體制를 일

신(變政)해야 한다는 것이다. 캉유웨이는 변법과 변정으로 인재를 양성하는 것이 급선무라고 주장했다. 또한 그는 '보국회'를 조직하고 "보국保國, 보종保種, 보교保敎"를 기치로 사대부의 역량을 결집하여 유신변법維新變法을 일으키려 했다.

1898년 6월 11일, 캉유웨이의 상소를 받아들인 광서제는 "명정국시소明定國是詔"를 반포하여 변법과 변정을 국시, 즉 국정의 방향으로 제시했다. 광서제가 선포한 국시는 성현의리聖賢義理의 학술을 근본으로 삼는 것과 서학西學을 채용採用하여 시무時務를 위한 실력을 기르는 것, 그리고 공소空疏한 시폐時弊를 교정하는 것으로 요약된다. 이렇게, 소위 '제2차 변법운동'이라고 부르는 개혁이 본격적으로 시작되었다. 이어 1898년 9월, 팔고문의 폐지, 학당의 개설, 언로의 확대, 인재의 등용, 변법기구의 증설, 은행의 개설, 철로국의 설립 등 일련의 개혁조치가 반포되었고, 변법정국은 본격적인 궤도에 오르는 것처럼 보였다. 하지만 그런 조치가 발표된 직후인 9월 21일, 자희태후慈禧太后(서태후西太后)는 보수파 세력을 동원하여 다시 정변을 일으켰고, 103일 동안의 변법정국은 갑작스런 종말을 맞게 된다. 그러나 그것은 비록 실패로 끝나고 말았지만, 유교의 존재감을 드러내는 마지막 단계로서 중요한 의미를 가진다. 첫째, 유신파는 '탁고개제'라는 경학적 이념을 근거로 변법운동을 추진했다. 그들은 '복고를 통한 해방(以復古爲解放)'(『청대학술개론』), 즉 복고(탁고) 안에서 해방의 길(개제)을 찾으려 했다. 캉유웨이와 량치차오는 요순문무주공이 창립한 '고학'을 토대로, '반본개신返本改新'의 관점에서 중국의 근대화를 추진했다. 그것이 '유신'의 의미다. 그들은 서학을 수용했지만 전통사상의 정신적 자원을 포기하지 않았다.

둘째, 유신파는 유교의 원점으로 공자의 형상을 재창조하려고 했다. 그들은 공자를 단순한 사상가가 아니라 성왕聖王이며 개제改制의 교주敎主라고 평가했다. 캉유웨이는 요, 순, 우, 탕, 문, 무에 이르는 성왕의 성공은 공자로 인해 완성된다고 주장했다.[3] 요, 순, 우, 탕, 문, 무는 공자 덕택에 역사적인 성왕으로 자리 잡을 수 있었던 것이다. 공자는 역사적 경험을 손익참작損益參酌하여 제도를 만들고, 제자들이 그것을 전했기 때문에, 공자의 가르침(敎)이 천하에 퍼지게 되었다. 캉유웨이는 공자가 성인聖人이라 불리는 이유는 개제改制와 곡성만물曲成萬物의 공적 때문이라고 주장한다. 공자는 '탁고개제'의 성인聖人이자, 교주敎主라는 주장은 캉유웨이의 초기 사상에서 이미 확립되어 있었다. 캉유웨이의 제자 탄스퉁 역시 공자는 춘추를 짓고, 개제를 통해 새로운 교(가르침)을 열고, 고학을 폐지하고 개제를 실행했으며, 군통을 폐지하고 민주를 주창하고, 평등의 길을 열었다고 주장했다.(『인학』) 심지어 캉유웨이 등 유신파는 근대 서양의 민권, 국회, 선거 등 모든 근대적 제도 및 사상을 공자가 창조한 것이라고 주장하는 등, 근대적 변법에 유리한 방식으로 유교경전을 재해석하고 공자가 실행한 개제의 공적을 강조했다. 물론 그것은 견강부회에 불과하다고 말할 수도 있지만, 유신파의 사상적 지향을 보여주는 것으로서 중요한 의미를 가진다. 캉유웨이가 공자를 개제의 주인공이자 유교의 교주라고 부른 것은 종교론의 입장에서 중대한 의미가 있다.

셋째, 유신파는 정치 체제의 개혁이 변법의 핵심이라고 생각했다. 그들은 구망도존救亡圖存의 목표를 위해서는 군사기술의 근대화에 머물러서는 안 된다고 생각했다. "태서의 강력함은 포계군병砲械軍兵에만 있는 것이 아

---

3 康有爲, 「孔子紀年說」, 『康有爲全集』 제4집(인민대학출판사, 2020), 96~98쪽. 보통 "공자기년설"이라고 불리는 문장의 원제목은 "請尊孔聖爲國敎立敎部敎會以孔子起年而廢淫祀折"(1898년 6월 19일)이라는 긴 제목을 가지고 있다. 연구자들은 보통 이것을 "공자기년설"이라고 간략하게 칭한다. 캉유웨이의 '공자기년설'은 공식적으로 이 문장에서 표명되고, 신해혁명 직전인 1910년 "論中國宜用孔子紀年說"에서 다시 천명되었으며, 1912년 공교회가 설립될 때 쓴 "孔敎會序"의 부록으로 붙인 "孔敎會章程"(1912년 10월)에서 공교회의 기본 방침으로 다시 확정된다.

니라 정체政體에 있다(在政體之善也)."[4] 나중에 양무운동이 결과적으로 실패로 끝난 것은 그 점을 이해하지 못했기 때문이다. 캉유웨이는 강서제에 바치는 상서 「상청제제사서上淸帝第四書」에서 명확하게 그런 주장을 펼친 바 있다. 같은 시기에 쓴 『일본정변고』에서 캉유웨이는 다음과 같이 말했다. "배를 사고 기계를 제작하는 것은 변기變器라고 말할 수 있을 뿐, 변사變事라고 말할 수 없다. 우편제도를 만들고 광업을 개설하는 것은 변사라고 말할 수 있지만, 변정變政이라고 말할 수 없다. 관제를 개혁하고 선거제도를 바꾸는 것은 변정이라고 말할 수 있지만, 아직 변법變法이라고 말할 수 없다. 일본은 국헌國憲을 개정했으니 이로써 변법의 전체가 갖추어졌다."[5] 유신파는 서양의 기술, 경제, 제도를 도입하는 것에 그치지 않고, 정치제도의 개혁을 통해 일본과 유사한 입헌군주제 국가를 수립하는 것을 목표로 삼았다. 국회를 설치하여 민정을 관찰하고, 입헌을 통해 군민이 '공주共主'가 되는 '군민동치君民同治'의 체제를 실현하는 것이 변법의 핵심이었다.

2) 캉유웨이의 금문공양학 : 변법의 이론 근거

광동성 남해도 출신의 캉유웨이(1858~1927)는 호가 장소長素(혹은 갱생更生)였지만, 일반적으로는 남해선생南海先生 혹은 강남해康南海라고 불렸다. 향신 사대부 가정 출신의 캉유웨이는 어린 시절부터 확고한 유교교육을 받았고, 광동성의 대유로 알려진 주츠치(朱次琦)의 문하에서 공부했다. 1879년(광서5년)에 처음으로 서학서를 읽었던 캉유웨이는 1882년(광서8년) 순천 향시에 불합격했다. 그 이후 캉유웨이는 다양한 서학서적을 접할 수 있었고, 서양을 '이적夷狄'이라고 평가하는 것이 부당하다는 사실을 깨닫게 된다. 그 후

---

4 康有爲, 「上淸帝第四書」, 『康有爲全集』 제2집(인민대학출판사, 2020), 81쪽.
5 康有爲, 「日本政變考」, 권7, 案語, 『康有爲全集』 제4집(인민대학출판사, 2020), 198쪽.

캉유웨이는 과거시험을 준비하는 한편, 서학에 대한 관심을 놓지 않았다. 그 후 캉유웨이는 단순히 과거합격이 아니라 중서의 융합을 통한 새로운 학문을 창조하고자 하는 큰 뜻을 갖게 된다. 향시의 실패가 캉유웨이의 사유의 보폭을 넓혀 주는 결과를 초래한 것이다.

첫 향시의 실패 이후 6년이 흐른 1888년(광서14년) 캉유웨이는 다시 향시에서 낙방했다. 강인한 성격을 가졌던 캉유웨이는 낙담하기는커녕 청나라의 국운이 기우는 것을 실감하면서 광서제光緖帝에게 '만언서'를 바쳐 '변법'의 필요성을 역설했다. 하지만 일개 서생 캉유웨이의 상서가 황제에까지 도달하는 것은 기대하기 어려운 일이었다. 캉유웨이는 다시 광주에 돌아와 학당을 열고 강학을 시작했고, 량치차오와 천첸치우(陳千秋) 등이 그의 강의를 들었다. 「강남해자편연보康南海自編年報」에 따르면, 캉유웨이는 1890년(광서16년) 장흥학사長興學舍에서 제자들에게 '공자개제' 및 '요순 삼대의 문명이 전부 공자가 의탁한 것'이라고 가르치는 한편, '고증학의 무용함'을 역설했다고 한다. 캉유웨이는 그런 자신의 신념을 실현하기 위해 1891년『신학위경고新學僞經考』를 저술했으며, 『공자개제고孔子改制考』의 편찬에 착수했다.

청년시절 캉유웨이는 불교에 심취했지만, 중국의 쇠약을 실감한 이후부터 공자의 가르침을 회복하는 일에 힘을 쏟기로 결심한다. 1894년(광서20년)의 계림의 계산서원桂山書院에서 행한 강의를 기록한 「계학답문」에서 캉유웨이는 이렇게 말한다. "천하의 종사宗師는 공자다. 의리 제도는 모두 공자에서 나왔다. 따라서 학자들은 공자를 배우는 것 이외에는 다른 길이 없다. 공자는 3천 년 전에 세상을 떠났지만, 그의 가르침은 모두 육경 안에 담겨있다. 따라서 경학은 위대하다. 무릇 공자의 학문을 하려는 사람은 반드시 경학을 배워야 한다."[6]

---

6 康有爲, 「桂學答問」, 『康有爲全集』 제2집(인민대학출판사, 2020), 18쪽.

1898년의 무술정변의 실패 후, 해외에 망명한 캉유웨이는 당시 혁명을 통해 청조 타도를 주장하던 쑨원(孫文, 1866~1925)과의 협력을 거부하고, 독자적으로 보황회를 조직하여 청조 체제를 유지하는 정치개혁을 주창했다. 그러나 1911년 신해혁명이 일어나고 청나라가 무너지면서 그의 변법구상은 실현 불가능한 것이 되고 말았다. 그 후 캉유웨이는 혁명파가 주도하는 공화제 체제가 중국의 실정에 맞지 않는다는 이유로 공화제 반대에 매진한다. 청조는 무너졌지만, 새로운 정치체제의 방향이 수립되지 않은 과도기였기 때문에 가능한 일이었다. 중국에 돌아온 캉유웨이는 1912년부터 본격적으로 제자인 첸환장(陳煥章) 등과 함께 공교회를 설립하고 공자를 발양하는 국수보존 활동을 전개했다. 1912년 중화민국 임시 대총통에 취임한 위안스카이는 황제로 즉위하려는 야심을 가지고 있었으나, 1916년 병사하면서 황제 즉위의 기도는 무산되었다. 1917년 캉유웨이는 장훈 등과 결탁하여 청나라의 마지막 황제 푸이(溥儀)를 다시 황제로 되돌리는 복벽復辟을 기도했지만 실패로 끝난다. 이런 일련의 사건을 거치면서 캉유웨이는 낡은 시대의 인물로서 사람들의 기억에 남겨지고, 1927년 69세의 나이로 파란만장한 인생을 마치게 된다.

캉유웨이는 정통적인 성리학을 배우는 것으로 본격적인 학문을 시작했다. 1888년 이후, 캉유웨이는 광서제에게 바친 '상서上書' 집필을 계기로 성리학의 좁은 울타리를 벗어나 청대 후기 금문학의 집대성자로서 금문학적 사유에 근거한 개혁과 변법을 주장했다. 금문경학가로서 캉유웨이는 문헌의 고증과 훈고에 치중하는 고문경학에 반대했다. 그것이 시대의 위기를 구할 수 없는 공허한 학문이라고 보았기 때문이다. 금문경학으로 전향한 캉유웨이는 공양학의 '삼세삼통설'에 근거하여 탁고개제를 주장했다.

캉유웨이의 사상활동은 1888년 이전과 이후로 나눌 수 있다. 광서제에게 제1차 '상서'를 바친 1888년 이전 캉유웨이는 성리학과 고문경학을 중심으로 학습했다. 고문가의 일반적 입장을 수용하던 시기의 캉유웨이는 교조로서 공자보다는 제도를 창설한 주공의 역할을 강조했다. 그러나 1890년 이후 캉유웨이의 관점은 극적으로 전환한다. 금문경학가 랴오핑(廖平)을 만나 깊은 영향을 받고, 금문경학을 근거로 변법을 구상하고, 변법유신 운동을 위한 이론을 가다듬기 시작한 것이다. 먼저 캉유웨이는『신학위경고』를 통해『주례』,『좌전』,『모시』등 선진의 경적이 전부 유흠劉歆이 위조한 '위경'이라고 주장했다. 그런 관점에서 보면, 건가시대乾嘉時代의 고증학자(한학가)는 전부 왕망王莽의 신학新學을 숭배한 것이고, 한학漢學이 아니라 신학을 한 것에 불과하다. 량치차오는『청대학술개론』에서『신학위경고』의 요점을 다음 다섯 가지로 요약해준다. (1)서한의 경학은 유흠이 위조한 고문을 연구했다. (2)진시황의 분서焚書로 인해 육경은 사실상 커다란 피해를 입지는 않았다. 서한西漢의 14박사가 전한 것은 공문孔門의 완본으로서 잔결殘缺은 없었다. (3)공자 때에 사용한 문자는 진한 시대의 전서篆書와 같다. 그것은 곧 금문으로서, 공자 당시에는 금문과 고문의 구별은 존재하지 않았다. (4)유흠은 자신이 만든 경전이 위작이라는 흔적을 없애기 위해 모든 고서를 뒤죽박죽으로 만들었다. (5)유흠은 왕망王莽이 한漢을 찬탈하는 것을 돕기 위해 위경을 만들고, 공자의 미언대의를 숨기려고 했다.[7]

과거에는 유흠이 경서를 위조했다는 것을 의심한 사람은 없었지만, 캉유웨이는 유흠이 경서를 위조하여 공자의 정통성을 찬탈했다고 주장한다. 유

---

7 梁啓超,『淸代學術槪論』(제23절)(상해고적출판사, 1998). 캉유웨이의 제자였던 량치차오는『淸代學術槪論』(1921)에서 캉유웨이를 비롯한 청말 금문학의 공과를 논하고 있다. 량치차오의 청대학술개론은 캉유웨이 및 금문학을 이해하기 위한 기본 자료다. 캉유웨이의 사상에 대한 포괄적인 연구로는 汪榮祖,『康有爲論』(중화서국, 2006); 蕭公權(왕영조역),『康有爲思想硏究』(신성출판사, 2005)을 꼽을 수 있다. 청대금문학 및 캉유웨이의 금문학을 중점으로 다룬 연구도 다수 존재한다.

흠의 위조와 찬탈 이후, 고문가들은 공자의 경서를 빼앗아 주공周公에게 넘겨주었고, 공자의 가르침은 경經이 아니라 전傳의 위치로 격하되었으며, 그 결과 공자가 개제한 성법聖法이 말소된 것이다. 캉유웨이의 핵심 주장은 유흠의 위경僞經 조작으로 공자의 미언대의가 사라졌다는 것이다. 따라서 캉유웨이는 사라진 경전을 다시 세우고 공자의 권위를 회복하는 것을 자신의 임무로 삼았다. 이렇게 캉유웨이는 2천년 동안 정통으로 여겨졌던 고문경학을 완전히 부정했다. 이런 캉유웨이의 관점은, 역사적 사실성 여부는 차치하고, 전통적인 경학 및 그것에 근거를 둔 통치 이념에 대한 도전으로서 의미를 가진다. 캉유웨이의 『신학위경고』는 거대한 반향을 불러 일으켰다. 예를 들어, 나중에 '고사변파'를 수립한 고힐강은 캉유웨이의 『신학위경고』를 읽고 고서 변위에 눈을 뜨게 되었다고 술회했을 정도였다.[8] 그러나 동시에 캉유웨이는 보수파의 격렬한 공격을 받았다. 캉유웨이의 변법사상에 반대했던 사람들은 이러한 캉유웨이의 반정통주의적 태도 및 그의 금문경학에 대한 의심을 거두지 않았다.

캉유웨이는 고문경이 왕망과 유흠의 '정치적 목적'에 따라 위조된 것이라는 사실을 밝히기 위해 『신학위경고』를 저술했지만, 그 저작 역시 캉유웨이 자신의 '정치적 목적'을 실현하기 저술된 것이었다. 다시 말해, 캉유웨이는 『춘추』 공양학의 '삼세설'을 근거로 공자의 '탁고개제'와 '미언대의'를 밝혀내고, 당시 보수층이 지지했던 고문경학 관점을 탈피하여 변법유신을 일으키기 위한 정치적 목적을 가지고 있었던 것이다. 이런 사실을 통해 우리는 전통 경학이 순수한 학술적 연구가 아니라 일종의 '정치신학'이라는 사실을 알 수 있다. 경학은 현대적 의미의 객관성을 추구하는 학문이 아니라 언제나 정치와 연결된 정치적 학술, 즉 '정치신학'이었던 것이다. 이하에서 캉유웨

---

8 顧頡剛, 「古史辨自序」, 『古史辨』 제1권(상해고적출판사, 1980), 43쪽.

이의 정치적 의도에 대해 간단히 살펴보자.

첫째, 캉유웨이는 고문경학의 공자 평가를 부정한다. 캉유웨이는 공자를 '술이부작述而不作'의 '선사先師'라고 보는 고문경학의 관점을 부정하고 공자를 '탁고개제托故改制'의 '소왕素王'으로 평가한다. 고문파와 금문파의 대립은 간단히 말해 '술이부작'과 '탁고개제', '선사'와 '소왕'의 대립이라고 말할 수 있다. 캉유웨이는 공자가 법과 제도의 창설자이자 소왕素王이라고 규정한다. 공자는 단순한 박학한 학자나 선생이 아니라 제도와 법을 만든 왕이다. 비록 왕위에 오르지 않았지만 왕의 자격으로 제도를 창설했다. 따라서 그를 소왕素王이라고 보는 것이 정당하다. 또한 공자는 난세를 치유하기 위해 경전을 창조했고, 그런 공자의 공적은 요순堯舜이나 문무文武 같은 성왕과 다를 바 없다.[9] 캉유웨이는 공자가 하늘(천)로부터 천명을 받은 성왕聖王이며 교주教主라고 평가한다. 공자를 '개제의 왕'(改制之王)이며 인민을 구제하는 개혁가이자 변법의 지도자, 나아가 유교의 진정한 창시자로 만드는 시도였다. 이런 주장은 당연히 유교를 근대적 '종교'로 개혁하려는 의도와 연결되어 있다. 캉유웨이가 유교를 특히 '공교'라고 부른 이유는 '교조'의 존재를 '종교'의 표지라고 보았던 근대적 '종교' 관념을 수용한 결과였다.

둘째, 캉유웨이는 공자 뿐 아니라 제자백가 역시 창교개제創教改制의 역할을 했다고 평가한다. 따라서 유가와 제자백가의 학파는 평등하게 다루어야 한다. 캉유웨이는 공자를 개제의 교주로서 높이 평가했지만, 창교개제라는 점에 있어서 공자와 제자백가를 평등하게 다루어야 한다고 본 것이다. 그는 공자 같은 성인이 아니라도 창교개제의 사업을 이룰 수 있다고 주장한다. 춘추전국 시대의 제자백가가 바로 창교개제의 업적을 이룬 사람들이다. 캉유웨이 자신이 포의布衣의 신분으로 변법을 요구하는 상서를 올린 바 있다.

---

9 康有爲, 「新學僞經考」, 권8, 『康有爲全集』 제1집(인민대학출판사, 2020), 451~452쪽.

나중에는 회시에 급제하여 진사進士의 신분으로 황제를 도와 변법에 착수했지만, 캉유웨이 자신의 변법 주장은 단순한 참월이 아니라 난세를 구제하기 위한 우환의식의 발로임을 변호한 것이라고 볼 수 있다.

셋째, 캉유웨이는 공자가 이룬 탁고개제의 핵심 내용이 공양학의 '삼세설'이라고 말한다. 캉유웨이는 춘추를 공자가 개제를 위해 창작한 경전이라고 보았다. 삼세설은 역사의 일정한 법칙을 따라 변화한다는 일종의 '역사발전론'이다. 캉유웨이는 '통삼통通三統'의 이론으로 노魯가 주周를 대체한다는 식으로 공자의 개제改制를 해명한다. 통삼통을 보완하는 것이 '장삼제張三世'론이다. 그것은 "거란세据亂世, 승평세升平世, 태평세太平世"의 점차적인 단계를 거친다는 역사단계론이다. 캉유웨이에 따르면, 삼세三世는 군주제, 입헌군주제, 민주공화제라는 세 가지 형태의 정체와 대응한다. 캉유웨이는 중국이 '승평세'의 단계에 와 있다고 보았다. 따라서 유신변법을 실행한다면 입헌군주제를 선택하는 것이 역사 발전의 추세에 어울린다고 주장한다. 캉유웨이가 『공자개제고』를 출간한 다음, 왕시엔치엔(王先謙), 예더훼이(葉德輝) 등 소위 정통파 유학자들은 캉유웨이에게 사형을 내려야 한다는 상서를 올릴 정도로 격렬하게 반발했다. 고문파에 속해 있던 장빙린이 평생에 걸쳐 캉유웨이를 비판하고 사사건건 캉유웨이와 대립했던 것 역시, 고문경학과 금문경학의 학술적 대립이 실제로 정치투쟁의 방식이었던 것과 결코 무관하지 않다.

3) 캉유웨이와 유교의 개혁 : 신종교로서 '공교'

캉유웨이는 '금문경학'에 근거를 두고, 입헌군주제를 통한 정치적 근대화와 유교의 개혁을 통한 종교적 근대화를 추구했다. 그런 점에서 캉유웨이의 공교론은 유교의 '근대적 개혁론'인 동시에, 유교를 새로운 형식으로 변화시키려는 '신종교' 혹은 '신교파' 운동의 하나라고 볼 수 있다. 캉유웨이는 서학의 관념과 사유를 도입하면서 유교를 새롭게 조직하려고 했다. 양무파 역시 서학을 도입했지만, 그들이 관심을 가진 것은 기계 및 기술 방면의 지식이었다. 양무파는 "중학위체中學爲體, 서학위용西學爲用"의 구호를 통해 서양의 기술을 받아들이되 유교의 신성성, 절대성을 양보하려 하지 않았다. 그들에게 유교는 개혁의 대상이 아니라 보완의 대상이었을 뿐이다. 그러나 캉유웨이의 서학 수용은 전면적인 유교의 개혁을 추구하는 것이었다. 유교의 토대가 되는 군주제는 물론, 유교의 근간인 삼강오상의 관념까지도 개혁의 대상이 될 수 있다. 처음에는 같은 방향을 걷는다고 믿었던 양무파 관료들은 끝내 캉유웨이와 결별하고, 오히려 캉유웨이를 격렬하게 공격하기 시작했던 이유다.

캉유웨이가 시도했던 서양정치 및 종교의 수용은 충분한 깊이를 가진 것이 아니라 표면적인 결합에 머물러 있다고 평가할 수도 있다. 그의 주장은 견강부회라고 보이는 부분도 적지 않다. 예를 들어, 맹자의 '민위귀民爲貴, 사직차지社稷次之, 군위경君爲輕'을 "민주의 제도, 태평의 법"이라고 해석하거나, 맹자의 '만물개비어아萬物皆備於我'를 "독립, 평등, 자주, 불상침, 교상애, 공류의 공리"[10]라고 근대의 정치개념을 동원하여 해석하는 식이다. 캉유웨이는 공맹 사상을 의회주의, 공화주의와 연결시키는 방식으로 해석하면서 공자와 맹자를 민주주의와 입헌주의의 창시자라고 주장한다. 이런 해석은 유교를 근대적으로 전환하려는 노력이기는 하지만, 견강부회라고 말하지 않을 수 없다. 어쨌든 캉유웨이에게 중요한 것은 사실성이 아니라, 유교를 근대적 '종교'로 개혁하는 것이다. 그는 기독교(가톨릭, 개신교)를 모델로 삼아 유교를 개혁하는 이론을 만들고, 새로운 유교를 '공교'라고 이름붙였다.

10　康有爲, 『孟子微』, 『康有爲全集』 제5집(인민대학출판사, 2020), 413·415쪽.

공자가 '교주'인 '종교'라는 의미다. 공자를 강조한 이유는 당시 근대적 '종교'가 '교주'의 존재를 요구한다고 보았기 때문이다.

'공교'는 왕조국가의 국가종교였던 유교를 근간으로, 새로운 형식을 부여함으로써, 기존의 내용을 변용하고 현재적으로 재해석한 것이다. 그런 점에서 캉유웨이의 '공교'는 새로운 이론과 형식으로 기존 종교의 내용을 변용하는 '신종교'의 특징을 그대로 가지고 있다. 그의 '공교'는 신종교의 특징 중의 하나인 혼합주의(syncretism)를 그대로 보여준다. 캉유웨이와 유신파는 그들의 시도를 전적으로 새로운 종교를 만드는 것이 아니라 기존의 종교(유교)에 새로운 형식을 부여하는 개혁에 불과하다고 생각했다.

량치차오가 캉유웨이를 기독교 구교(가톨릭) 안에서 신교(프로테스탄티즘) 개혁을 일으킨 마르틴 루터(Martin Luther)에 빗대어 중국의 '마르틴 루터'라고 불렀던 것은 그 때문이다. 따라서 캉유웨이의 개혁적 유교, 즉 '공교'는 단순히 '신종교'가 아니라 유교 전통 안에서의 '신교파'(거대한 하나의 종교 안에서 공인된 분파를 교파denomination이라고 부른다. 기독교 안에는 구교, 신교, 동방정교 등 크게 세 개의 교파가 존재한다) 운동, 또는 '개혁파' 운동이라고 부를 수 있을 것이다. 루터의 활동에 대해 가톨릭 내부에서 엄청난 반발이 일어났던 것처럼, 캉유웨이 역시 정통적인 보수적 유학자들로부터 엄청난 비판과 살해의 위협까지 받았다. 결국 루터가 가톨릭으로부터 파문을 당하고 새로운 정치세력과 연합하여 신교파(신교=프로테스탄티즘)를 수립하는 방향으로 나갔던 것처럼, 캉유웨이 역시 광서제의 지지를 받아 그가 개혁한 공교를 변법유신 정부의 '국교'로 만들고자 하는 시도를 했다. 물론, 캉유웨이의 시도는 보수파, 말하자면, 유교 정통파의 반대로 좌절되고 말았다. 하지만 만일 캉유웨이의 변법 및 '공교'가 성공했다면 '공교'는 '신종교'로서, 혹은 개신교처럼 새로운 모습을 띠는 유교의 '신교파'로 발전했을 것이고, 역사는 전혀 다른 방향으로 흘러갔을 것이다. 당시 강유웨이가 제안한 '공교'에 대한 반발은 두 가지 방향에서 일어났다.

하나는 유교 정통파 입장에서의 반발이다. 이들의 반공교 및 강유웨이 반대 입장은 『익교총서翼敎叢書』라는 책자에 거의 수록되어 있다. 당시 유교 정통파는 고문경학을 토대로, 사상적으로는 주자학, 방법론적으로 고거학(고증학)을 중시했다. 주자학에서 출발한 강유웨이가 서학을 수용하면서 주자학과 거리를 두고, 고거학의 학문적 무용함을 주장하고 금문경학으로 전환한 것은 정통파와 거리를 두겠다는 의지의 표명이었다. 결국 강유웨이는 금문경학에 바탕을 둔 개혁 유교 혹은 '신종교'로서 '공교'를 창설했다. 그런 점에서 경학적 관점의 전환은 분명히 정치신학의 성격을 강하게 가지고 있다.

다른 하나는 근대주의자들의 반발이다. 강유웨이에 대한 반발은 1890년 대부터 1930년대까지 줄기차게 존재했다. 근대중국에서 경학자로서 강유웨이만큼 비난을 받은 인물을 따로 찾기는 쉽지 않을 정도로, 그는 항상 정적에 둘러싸여 있었다. 1890년대의 무술변법 시기에는 보수정통파 및 고문경학파 유학자들이 정적이었다면, 1900년대 이후 신해혁명에 이르는 시기에는 고문경학파와 혁명파의 장빙린이 정적으로 등장했으며, 심지어 자신을 따르던 제자 량치차오의 입장 전환(1902)이 발생했다. 1911년 신해혁명 이후 20년대의 신문화운동기에는 소위 비종교론, 반공교론, 반국교론자들이 강유웨이를 공격했다. 천두슈(陳獨秀) 같은 유물론자와 후스(胡適) 같은 과학주의자들, 그리고 펑유란(馮友蘭) 같은 유교 철학론자들의 반발이 대표적이다. 강유웨이를 반대한 사람들의 성향이 다른 만큼, 강유웨이 비판을 한마디로 정리하기 어렵다. 이렇게 적에 둘러싸여 공격을 받던 강유웨이는 1927년 외롭게 숨을 거두었다. 강유웨이가 죽고 난 다음, 공교론이나 유교국교화론은 더 이상 사상-정치적 논쟁의 주제가 되지 않는다. '국교'라는 개념 자체가 불가능한 상황이 전개되었기 때문이다.

4. 량치차오의 유교 비종교론

1) 량치차오의 변법 계몽론

량치차오(梁啓超, 1873~1929)는 광둥성(廣東省) 선훼이(神會) 출신으로 자가 탁여卓如, 호가 임공任公, 별호는 음빙실주인飮氷室主人이다. 그는 생의 마지막 순간까지 교육자, 개혁가, 혁명가, 계몽사상가, 언론인, 정치인, 학자로서 다사다난한 삶을 살았다. 어린 시절부터 신동으로 이름을 떨친 량치차오는 1889년(광서15년) 26세에 향시에 급제하고 거인이 되었지만, 1890년 치러진 회시에서 낙방했다. 그 이후, 시대의 변화를 감지한 량치차오는 과감하게 전통적 학문을 버리고 캉유웨이의 문하로 들어가 신학문을 배웠다. 과거시험을 통해 출세하는 길을 포기한 량치차오는 신학新學으로 방향을 전환한 것이다. 1895년 이후 량치차오는 캉유웨이를 따라 『만국공보(중외기문)』, 「시무보」의 편집에 참여했다. 캉유웨이가 주도하는 "보국, 보종, 보교" 활동에 적극 참여했던 량치차오는 1898년 6월 무술변법 시기에 6품의 품계를 받고 경사대학당의 역서국 사무를 맡았다. 하지만 무술변법이 실패로 끝나면서 일본에 망명한 량치차오는 일본어로 출간된 근대적 지식을 적극적으로 배우는 한편, 「청의보淸議報」, 「신민총보新民叢報」를 통해 『신민설』, 『논중국학술사상변천지대세』 등을 발표하고, 당시 중국의 청년 세대에게 엄청난 영향을 끼친다.

20세기에 들어오면서 청나라를 대신하는 공화제 정부를 수립하려는 혁명론이 확산되었다. 그러나 량치차오는 혁명론에 반대하고 개혁론을 주창했다. 캉유웨이의 영향을 받은 량치차오는 공화제보다는 입헌군주제를, 입헌군주제보다는 개명전제를 지지하는 입장을 가지고 있었다. 중국은 혁명을 필요로 하지 않을 뿐 아니라 혁명을 참아낼 수 없으며, 혁명을 일으켜서도 안 되고 또 혁명이 불가능한 상황이라고 판단했기 때문이다. 량치차오는 캉유웨이의 반혁명적 입장에 동조하면서 혁명파와 대립했다. 1911년 신해혁명이 성공한 후, 량치차오는 귀국하여 위안스카이와 국민당을 지지했으나, 나중에 위안스카이가 칭제의 야심을 드러내자 반위안스카이 진영으로 돌아섰다. 1916년 위안스카이가 죽고 량치차오는 북양정부의 실력자 돤치루이(段祺瑞)에게 의탁하고 장쉰(張薰)의 복벽復辟을 반대하는 활동을 벌인다. 1917년 9월 쑨중산(孫中山)이 제2차 혁명을 벌이면서 돤치루이 내각이 총사퇴하고, 량치차오도 함께 정계를 떠나기로 결심했다. 1918년 말, 량치차오는 유럽을 여행하고 직접 서양사회를 관찰하는 기회를 얻었다. 그때 량치차오는 근대화된 서구자본주의의 여러 문제점을 관찰하고 서양적 근대화의 환상에서 벗어나게 된다. 1919년 유럽에서 귀국한 량치차오는 서양문명의 파산을 소개하는 한편 학술연구에 헌신하면서 제2의 저술시대를 맞이한다.

　량치차오는 파란만장한 인생을 살면서 엄청난 저술을 남겼지만, 인생의 곡절만큼이나 복잡한 학문적 사상적 곡절을 경험했다. 량치차오는 다변多變, 선변善變하는 사상가라는 평가를 얻을 만큼 그의 사상은 시기마다 다른 입장을 드러낸다. 그럼에도 불구하고, 나는 량치차오가 분명한 사상적 중심을 가지고 있었다고 생각한다. 량치차오는 격변기의 중국에서 서구와 전통 사이에서 균형을 잡기 위해 분투했다. 그는 서학의 장점을 인정하면서 중국사상의 가치를 전면 부정하지 않았으며, 중국사상의 가치를 인정하면서도 서학의 가치를 무시할 수 없다고 믿었다. 그런 입장은 초기부터 말년에 이르기까지 변치 않는 것이었다. 1920년대에 전개된 국학연구에서 과학적 방법의 중요성을 인정하면서 덕성의 중요성을 무시하지 않는 학술 연구 태도가 그런 입장을 단적으로 보여준다.[11]

　1890년대 변법유신 운동에 투신할 때의 량치차오는 캉유웨이의 사상권 안에서 공양학의 '삼세설'을 받아들였지만, 서양정치사상의 발전과 비교하면서 자기 나름의 시대구분론으로 발전시켰다. 량치차오는 '삼세'를 多君爲政之世(다군세), 一君爲政之世(일군세), 民爲政之世(민정세)로 설명하고, 다시 '육별六別'의 단계로 세분한다. 다군세를 추장지세와 봉건 및 세경지세로, 일군세를 군주지세와 군민공화지세로, 마지막 민정세를 총통지세와 무총통지세로 세분한 것이다. 그리고 '삼세육별'의 단계는 인류정치의 진화 원리이기 때문에 함부로 뛰어넘을 수 없다고 주장한다. 량치차오는 공양학에 근거를 두는 '삼세육별'을 모든 역사 발전의 필연적 원리로 이해하고, 그런 관점에서 혁명파의 주장을 부정했던 것이다.[12]

　량치차오는 변법이 '근본'을 변화시키는 데서 시작해야 한다고 주장한다. 캉유웨이도 근본을 중시하지만, 그 둘 사이에는 약간의 차이가 있다. 다시 말해, 캉유웨이는 '정체'를 바꾸는 것이 근본이라고 주장한 반면, 량치차오는 '인재의 육성'(育人材)과 '민지의 개발'(開民智)이 근본이라고 주장했다. 캉유웨이가 정치가 성향의 사상가였던 방면, 량치차오는 계몽가 성향의 사상가였기 때문에 보이는 차이라고 말할 수 있다. 계몽사상가로서 량치차오는 중국의 낙후 원인을 우매한 민중 때문이라고 생각했다. "중국 부패의 근본 원인(大原)은 중국인의 노예성 때문이다. 이런 노예성을 제거하지 않으면 중국은 절대로 세계 만국 사이에 바로 설 수 없다."[13] 민중의 노예성을 제거하

11　梁啓超, 「治國學的兩條大路」, 『飮冰室文集』 第6集(云南敎育出版社, 2001), 3341~3347쪽.
12　梁啓超, 「論君政民政相嬗之理」, 『飮冰室文集』 第1集(云南敎育出版社, 2001), 84~86쪽.
13　梁啓超, 「與夫子大人書」, 『양계초전집』 제20권(북경출판사, 1999), 5915쪽.

는 방법으로 그가 제시한 것은 서양의 '자유'개념을 가르치는 것이다. '자유' 개념이야말로 18~19세기 이래 서양이 국가를 수립한 근본이라고 보았기 때문이다. 량치차오에 따르면, 당시 중국의 급선무는 서양의 '자유'개념을 이용하여 '신민덕'을 수립하고, 국민의 '신사상'을 배양해야 하며, '신도덕'을 수립해야 한다. 여기서 관건은 자존自尊과 자주적 인격을 기르는 것이다. 그런 자주적 인격으로 '삼강'의 억압을 벗어나고, 봉건적 예교의 속박을 벗어나며, 인간의 본성을 회복해야 한다. 간단히 말해, "속박의 그물을 찢고, 신사상을 수립하는 것(抉破羅網, 造出新思想)"[14]이다. 그렇게 일단 국민이 새롭게 되는 '신민新民'이 달성되면, 신제도와 신정부와 신국가는 저절로 따라 온다. 따라서 '신민'이야말로 "오늘날 중국의 제일 급선무"라는 것이 량치차오 '신민설'의 핵심이다.

이런 량치차오의 입장은 어떤 면에서 보자면, 일종의 도덕결정론이라고 보일 수 있다. 1905년 량치차오가 주로 양명학자들의 인격 수양론을 선별한 『덕유감德育鑑』을 편찬하여 도덕혁명의 교과서로 삼으려고 했던 것은, 그 연장선에서 이해할 수 있다.

2) 유교는 '종교가 아니다'

변법유신 실패한 이후, 캉유웨이와 량치차오는 외국으로 망명하여 목숨을 건질 수 있었다. 이렇게 근대화 개혁으로서 변법개혁은 일단 좌절을 맛보게 된다. 그러나 중국의 근대화가 완전히 좌절된 것은 아니었다. 당시 중국사회는 우여곡절을 거치면서 전체적으로 서양의 기술 및 문화와 접촉하고, 수용과 거부, 대립과 충돌을 반복하면서 서양화를 향해 한 걸음씩 나아

---

14 梁啓超, 「新民說」, 『飮冰室文集』 第1集(云南敎育出版社, 2001), 548쪽.

갔다. 개혁이 실패로 끝나고 10년이 흐른 후, 1911년 신해혁명이 일어났고 왕조국가인 청나라가 무너졌다. 바로 이런 시기에 중요한 학술적 쟁점으로 등장한 것이 유교와 종교의 관계를 설정하는 논쟁이었고, 이어서 유교를 철학과 연결시키는 문제가 논쟁으로 등장한다.

무술변법이 실패로 돌아간 다음, 일본으로 망명한 량치차오는 일본어로 서양에 관한 지식을 습득한다. 그는 특히 종교와 철학에 관심을 가졌고, 정치와 경제에 대해 학습했다. 지금보면, 그의 지식은 아마추어 수준에 불과하지만, 기민한 사고력과 표현력을 구사하는 그의 문장은 당시의 청년 지식인들에게 엄청난 영향을 행사했다. 당시 량치차오가 '종교' 문제에 관심을 가진 것은 스승 캉유웨이의 영향 때문이었다. 1898년의 무술개혁 시기부터 캉유웨이는 '종교'를 중시했고, 유교를 '공교'로 개혁하려는 노력을 기울이고 있었다. 그런 영향 때문에 량치차오 역시 종교 문제에 관심을 가졌던 것이다.

1902년 량치차오는 「보교비소이존공론保教非所以尊孔論(보교는 존공의 방법이 아니다)」이라는 중요한 논설을 발표했다. 캉유웨이의 변법운동이 '보국, 보종, 보교'를 기치로 진행되었던 것인 만큼, '보교保教'는 변법파에게 중요한 과제였다. 변법운동 시기의 량치차오는 캉유웨이의 공교론을 받아들이면서 유교는 '종교'이며 기독교를 모방하여 개혁된 '공교'를 통해 '보교'를 실행하자는 입장을 가지고 있었다. 그러나 일본 망명 기간, '보교'와 '존공'의 의미에 대해 사상적 전환이 일어난다. 변법이 실패로 돌아가면서 캉유웨이의 '공교' 역시 실패로 끝났다는 생각을 가지게 된 것이다. 여기서 량치차오는 미래의 중국이 필요로 하는 것은 금문경학에 의해 해석된 종교의 교주인 공자가 아니라 근대문명으로 재해석된 철학자 공자라고 생각하게 된다. 1902년의 「보교비소이존공론」은 이런 량치차오의 사유 전환을 보여주는 중요한 문장이다. 문장의 제목에서 알 수 있는 것처럼, 량치차오는 '존공'(공자 존숭)을 거부한 것이 아니라 '보교'(공교, 종교)를 반대한 것이다.

먼저 량치차오는 다음과 같이 종교를 정의한다. "종교는 영혼을 근거로 삼고, 예배를 의식으로 삼으며, 진세塵世를 벗어나는 것을 목적으로 삼으며, 열반이나 천국을 궁극적 목표로 삼고, 내세의 화복을 법문으로 삼는 것이다." 이런 기준에 따라, 량치차오는 공자는 종교가가 아니라 철학가, 경세가, 교육자라고 규정한다. "공자는 사람이다. 공자는 선성이고, 선사다. 공자는 하늘이 아니고 귀신도 아니고 신도 아니다(孔子, 人也, 先聖也, 先師也, 非天也, 非鬼也, 非神也)." 마찬가지로 공자는 교주가 아니다. 여기서 량치차오는 고문파의 입장에서 공자를 교주며, 공자의 학설을 종교 교의라고 보는 캉유웨이에게 반대한다. 량치차오는 캉유웨이가 공자를 오해했을 뿐 아니라, 잘못된 공자 해석으로 사상 자유를 방해했다고 비판한다. 캉유웨이는 공자를 사랑한다고 말하면서 진리를 부정했다. 따라서 필요한 일은 공자의 본래 면목을 회복하는 것이다. 공자의 학설 안에는 만세토록 변하지 않는 '통의通義'와 시대와 함께 변하는 '별의別義'가 있다. 만일 공자가 지금 태어난다면, 자신의 교의를 반드시 '손익(변경)'할 것이다. 따라서 공자의 가르침을 '영원불변하는 교의'라고 생각하면 안 된다. 견강부회 식으로 공자를 왜곡하는 것은 나름의 고민을 보여주는 것이긴 하지만, 오히려 더 큰 위험을 초래할 수 있다. "서학을 중학에 부회하는 사람은 개신改新이라는 이름으로 그렇게 하지만 사실은 보수에 불과하다. 그것은 사상계의 노예성을 더욱 강화시키는 것이기 때문이다."[15]

량치차오는 금문과 고문의 투쟁에 대해서도 비판적이다. 그것은 정학正學과 이단異端, 고거학과 의리학의 투쟁과 마찬가지로 공학孔學 안에서 정

---

15 梁啓超, 「保教非所以尊孔論」, 『飮冰室文集』第2集 (云南敎育出版社, 2001), 1344쪽.

통을 차지하기 위한 투쟁에 불과하다. 그것은 2000년 이상 지속된 '독존유술'이라는 노예성의 표현에 불과하다. 량치차오는 그런 노예성이 결국 과거 2000년 동안 '보교당保敎黨'이 조성한 것이라고 주장한다. 량치차오는 유교를 종교로서 보존하려는 사람들을 '보교당'이라고 부르고, '보교당'은 독존유술을 견지하려는 보수주의 입장이라고 평가한 것이다. 결국 량치차오는 캉유웨이의 '공교'가 그런 보교당의 연장선에 있는 것이라고 폄하한다. 량치차오는 금문고문 투쟁이든, 고증의리의 투쟁이든, 유교경학이란 결국은 독존유술의 국면을 유지하기 위한 '정치신학'의 성격을 가진 정통이단의 투쟁에 불과하다는 사실을 지적하고 있는 것이다.

그렇다고 량치차오가 존공을 포기한 것은 아니다. 그는 '보교'(종교, 공교)의 방식으로가 아니라 사상 자유의 전제 위에서 유교와 공자의 가치를 현대적으로 재해석하는 것이 필요하다고 주장한다. "나는 공자를 사랑한다. 그러나 나는 진리를 더 사랑한다. 나는 선배를 사랑한다. 그러나 나는 국가를 더 사랑한다. 나는 고인을 사랑한다. 그러나 나는 진리를 더 사랑한다(吾愛孔子, 吾尤愛眞理. 吾愛先輩, 吾尤愛國家. 吾愛故人, 吾尤愛自由)."[16] 량치차오가 공자를 존중하는 것은 그것이 '진리'이기 때문이지, 공자에 대한 개인적 감정 때문이 아니다. 량치차오에게 전통을 평가하는 표준은 '진리'와 '자유'이며, 궁극적으로는 국가를 사랑하는 일이기 때문에 중요하다. '보교는 존공의 방법이 아니다'는 제목이 말해주는 것처럼, 량치차오는 유교를 종교로서 신앙하는 것은 진정으로 공자를 존중하는 방법이 될 수 없다고 주장한다.

여기서 량치차오는 결론에 도달한다. 유교는 종교가 아니라 철학이다! 그것이 이 시기에 량치차오가 찾아낸 '진리'라고 말할 수 있다. 애국이라는 최종적 목표를 달성하기 위해서 '진리'와 '자유'를 사랑해야 하고, '진리'와

---

16 梁啓超, 앞의 책, 1348쪽.

'자유'의 견지에서 볼 때 유교는 종교가 아니며, 또한 유교를 종교로서 특히 국교로서 존숭하는 것은 유교독존의 낡은 사유를 반복하는 것으로서 자유를 저해한다.

이런 량치차오의 종교론은 19세기 계몽사상가의 전형적인 입장이다. 량치차오는 10여 년이 지난 1915년 『大中華雜誌』에 발표한 「孔子敎義實際裨益於今日國民者何在欲昌明之道何由」에서도 '유교는 종교가 아니'라고 주장한다. 공묘를 세우고, 공자에게 예배하는 의식을 만든다고 해서 공자의 가르침을 보급할 수 있는 것은 아니다. 교회는 본래 서양의 산물이기 때문에 서양의 종교를 모방하여 전교사를 세우고, 교회를 세운다고 해서 중국에서 공교를 보급할 수 있는 것은 아니다. 량치차오에 따르면, 당시 중국에서 진정으로 공자의 가르침을 창명하고자 한다면 공자에게 충실해야지 협잡물을 끼워 넣어서는 안 된다. 공자의 가르침(敎義) 중에서 의미가 있는 부분은 그것이 입신처세의 도리라는 사실에서 찾을 수 있다. 따라서 량치차오는 앞으로 필요한 것은 교육을 통해 '군자인격'을 배양하는 것이라고 결론짓는다.

"유교는 종교가 아니다. 유교는 철학이다." 이런 주장이 과연 '진리'인가? 여기서 아주 단순하게 진리를 '사실적 참'이라고 정의한다고 하자. 그렇다면 "유교는 종교가 아니다"가 진리일 수 있는가? 량치차오는 공자는 신이 아니라거나, 공자의 학설이 영원불변한 교의가 아니라는 수준에서 "유교는 종교가 아니다"라고 주장할 뿐이다. 당시 량치차오는 종교는 신이나 귀신같은 초월 존재를 신앙한다든가, 영원불변하는 교리를 가진다든가, 종교가 되기 위해서는 교주가 있어야 한다는 수준에서 종교를 이해하고 있었다. 하지만 그렇다고, 그것이 '진리' 수준의 종교 이해가 되는 것은 아니다. 종교에 대한, 나아가 철학에 대한 확고한 정의는 존재하지 않기 때문이다.

그 후 량치차오는 "유교가 종교가 아니라 철학이다"라는 주장을 관철하기 위해 다양한 논의를 전개한다. 전체적으로 볼 때, 량치차오는 인류의 지식 체계는 고도화의 정도에 따라 넷으로 나눌 수 있다는 도식을 근거로 그런 논의를 펼치고 있다. 그 도식은 당시 서양에서 지배적이었던 사회진화론 및 과학주의에서 나온 것으로서, 중국이나 일본에서도 널리 수용되고 있었다. 그런 위계질서 안에서 가장 저급한 것은 미신이고, 그 위에 있는 것이 종교, 다시 그 위에 있는 것이 철학이다. 철학 위에 위치하는 최고의 지식은 과학이며, 과학은 거의 만능이다. 그런 도식을 근거로, 량치차오는 인간의 지식을 "과학 → 철학 → 종교 → 미신"이라는 위계에 따라 나눌 수 있다 주장하고, 그것을 확고한 '진리'로 받아들인다. 서양의 과학적 계몽주의에서 유래한 그런 도식은 지금 보면 말도 안 되는 '서양중심주의'이며, 학문적 이론으로서의 가치를 인정하기 어렵다. 하지만, 1900년대 초기에는 물론이고 현재까지 그런 도식을 받아들이는 사람은 여전히 상당수 존재한다. 심지어 대한민국의 초·중등학교의 교육은 여전히 이런 틀에 따라 이루어지고 있다. 당시 중국에서 대중적인 영향력을 가진 량치차오는 이런 도식에 따라 "유교는 종교가 아니라 철학"이라는 주장을 펼쳤다. 자유와 진리를 강조하는 량치차오가 그런 도식을 수용한 이유는 무엇일까?

만일 그런 도식을 수용한다면 유교의 위치는 어디가 되는가? 만일 캉유웨이가 주장하는 것처럼 유교를 공교로 개혁한다면, 결국 유교는 종교라는 범주 안에 놓이게 되고, 유교가 종교라는 범주에 속하는 것이라면, 유교는 지식의 위계 안에서 과학은 물론 철학 아래에 놓일 수밖에 없다. 그렇게 되면 유교는 기껏해야 미신보다 조금 더 나은 지식으로 전락하게 된다. 유교를 최고 수준의 지식인 과학이라고 말하기는 어렵다고 하더라도, 종교에 포함시키는 것보다는, 과학 바로 아래에 있는 철학 정도라고 말하는 것이 좋지 않겠는가? 처음에 종교와 미신을 구분하던 량치차오는 나중에는 종교와 미신을 거의 구분하지 않는 입장으로 전향하고, 그런 입장에서, 유교를 종교라고 부른다면 그것은 결국 유교를 미신이라고 부르는 것과 거의 다름이 없다는 결론에 도달한다. 그렇다면, "유교는 종교가 아니라 철학"이라는 량치차오의 주장은 진리의 관점에서 나온 주장이라기보다는 정치적인 혹은 애국주의적 동기를 가진 것임을 알 수 있다. 그 이후 량치차오의 종교론은 약간의 변화를 보이기는 하지만, 기본적으로는 이런 지식의 위계질서를 기본으로 유교, 불교, 도교 등 전통사상의 위치를 규정하는 틀은 그대로 유지한다.

우리는 흔히 "유교가 종교인가 아닌가?", 혹은 "유교는 철학인가 아닌가?"라고 질문하고 답할 때, 알게 모르게, 량치차오가 제시한 지식의 위계질서에 따라 유교를 규정하고 있다. 지금도 많은 사람은 유교가 '종교가 아니'라고 답한다. 그리고 식자들은 '유교는 (종교가 아니라) 철학'이라고 답하기를 선호한다. 왜 그런가? 대체로 량치차오의 사유 도식을 벗어나지 못하기 때문이다. 유교는 왜 철학인가? 이렇게 물어봐도 답은 쉽지 않다. 철학은 과연 정의할 수 있는가? 일반적으로 이성과 논리를 기준으로 철학을 규정하려고 하지만, 그런 구분 자체가 모호하기는 마찬가지다. 서양의 철학사 전통을 훑어보면 무엇을 철학이라고 부르고, 또 무엇을 철학이 아니라고 보아야 할지 명확한 답을 얻기 어렵다. 철학사가 다루면 철학이고, 아니면 아니다 수준일 수밖에 없다. 중세철학이라는 분야로 들어가면 더 황망해진다. 기독교 철학? 더구나 이슬람 철학, 불교 철학이 존재하는 것을 보면 문제는 더 복잡해질 수밖에 없다. 심지어 철저하게 이성과 논리를 거부하는 신비주의에 대해서도 철학이라는 이름이 붙는 지경이다.

1920~1930년대가 되면, 중국에서 식자층은 '유교는 종교가 아니라 철학'이라고 보는 입장을 거의 공유한다. 지금도 영향력을 가진 몇몇 학술 저

작을 통해서 당시 식자층의 인식의 일면을 엿볼 수 있다. 예를 들어, 1931년에 나온 왕지신(王治心)의『중국종교사상사대강』은 이 시기의 중요한 저술인데, 저자는 일부 국가의례를 제외하고는 유교를 '중국종교사상'의 전통에서 제외시키고 있다. 『중국기독교사강』(1933)을 저술한 기독교 신학자였던 왕지신조차 유교를 종교에서 제외하는 것이 당연하거나, 그렇게 하는 것이 적어도 당시 학계의 관행에 적합하다고 생각했다. 그는 중국고대의 사상가에 대해서도 많은 저술을 남겼지만,『공자철학』,『도가철학』,『묵자철학』이라는 식으로 중국의 고대 사상가를 '철학'이라는 범주로 처리하기 때문에 제목에 '종교'라는 글자가 들어가는 것은 없다. 당연히 이런 식의 사고가 중국사회에 뿌리를 내리게 되는 확고한 계기를 제공한 것은 량치차오였고, 그의 뒤를 잇는 후스였다.

후스에게 철학은 논리의 유무가 기준이었다. 후스는 1919년『중국고대철학사대강』이라는 폭발적인 영향력을 가진 책을 출간하여 국학대가로서의 명성을 획득한다. 나중에 량치차오도 그 책을 읽고 정치를 떠나 제2의 저술시대를 시작하기로 결심할 정도로 큰 영향력을 발휘했다. 후스의 '중국철학사'가 등장한 이후, 이번에는 논리실증주의와 실재론을 철학의 기준이라고 보는 펑유란은『중국철학사』(1931~1934)를 출간했고, 그의 철학사는 표준철학사로서의 지위를 누린다. 그 이후 중국에서는 "유교는 종교가 아니라 철학"이라고 부르는 관행이 완전히 뿌리를 내렸다. 그리고 그런 경향은 우리에게도 그대로 전달된다.

이런 식으로 근대중국에서는 종교는 미신보다 우월하지만 철학이나 과학 아래에 위치하는 열등한 지식이라는 관점이 확고한 지지를 받게 되었다. 그리고 그런 상황과 함께 유교 역시 종교로서가 아니라 철학으로서의 지위를 획득하기에 이르렀다.

5. 한국의 '종교' 개념 수용과 '공교론'

1) 근대기의 조선(한국) 유교의 위기

중국이 내우외환의 동란에 휩싸여 있던 시기에 해당하는 조선말기, 대한 제국기의 한국사회 역시 격변의 위기를 맞이하고 있었다. 내부로는 정치적 혼란과 함께 민중의 반란이 계속되고, 외부로는 제국주의 세력의 출현으로 절체절명의 위기가 몰아닥쳤다. 제국주의는 경제적 자본주의와 세계관으로 서 기독교를 내세우며 조선왕조를 몰아세웠다. 외부세계에 대해 철저하게 무지했던 조선왕조는 일련의 정치개혁과 문화적 전환을 시도했지만, 결국 무력하게 무너졌다. 조선 왕조국가의 국가종교이자 엘리트 사인층의 종교 였던 유교는 그런 위기 속에서 근대적 전환의 노력을 경주했다. 하지만, 그 들의 전환의 시도는 시대의 위기를 극복하기에는 역부족이었다. 나아가 그 런 전환의 시도 속에서 왕조정부와 유교 이념의 실천자였던 사인 지식인 사 이에는 커다란 입장 차이가 존재했다. 정부 측에서는 서양의 제도와 문물을 서서히 수용하는 소위 개화를 추진했지만 결국 왕조 멸망으로 이어졌다. 유 교의 큰 축이라 할 수 있는 국가종교로서의 역할이 사라지면서 유교 자체의 존립 기반이 흔들렸다. 국가종교로서의 역할이 사라지면서 유교는 존립을 위한 제도적 근거를 잃었기 때문이다. 그런 변화로 인해 사회경제적으로 가 장 큰 타격을 입는 것은 당연히 전통적 사인 지식인층이었다. 그들은 유교 학습을 통해 국가기구에 편입되는 것을 인생의 목표로 삼았다. 과거시험은 국가기구에 편입되기 위한 수단이기도 했지만, 단순히 사회경제적 영역에 그치지 않는 더욱 고귀한 삶을 사는 신성한 목표를 달성하는 길이기도 했 다. 유교의 제도적 기반이 사라지면서, 사실상 사인층은 모든 것을 잃는 위 험에 직면했던 것이다. 더구나, 확고한 사회경제적 기반을 갖지 않은 사인 들이 목숨을 건 투쟁을 벌이지 않을 수 없는 동기가 되었다.

왕조가 아직 살아있을 때, 유교를 통한 출세에 실패한 사인들이 선택할 수 있었던 길 자체가 다양하지 않았다. 직업 자체의 종류가 한정된 상황에서, 과거 실패자들은 아동교육을 담당하거나, 약간의 자산이 있다면 농업이나 상업으로 전환할 수도 있었다. 물론, 일부 탁월한 감수성을 가진 사람들은 새로운 종교 결사를 조직하여 유교적 가치질서와 세계관에 도전하는 길을 선택하기도 했다. 기존의 확고한 질서가 흔들릴 때, '신종교' 운동이 등장하는 이유가 바로 그것이다. 소위 민란의 세기라 불리는 조선의 19세기에 등장한 수많은 신종교 운동의 리더들은 대부분 그런 사람들이었다. 물론, 조선 왕조가 무너지는 20세기 초엽에도 이런 신종교 운동의 가능성은 여전히 남아있었고, 실제로 일제의 강점기에 이르는 동안 엄청난 수의 신종교 운동이 발생하는 것도 이런 사회적 배경과 무관하지 않다.

이런 상황에서, 국가기구 안에 편입되어야만 생존이 가능한 사인들로서는 다른 방식으로 살아남기 위해 고투를 벌이지 않을 수 없는 상황으로 내몰렸다. 그중 기민하게 움직인 일부는 유학을 버리고 다른 길을 선택했다. 당연히 신종교를 창교하는 방향으로 나아간 사람들도 있고, 외국으로 나가 신학문을 배우는 경우도 있었다. 여러 이유에서 유교를 포기할 수 없었던 사람들은 유교의 새로운 역할을 찾아 나섰다. 그것이 소위 유교 개혁을 위한 시도로서, 유교 개혁의 길을 선택한 사람들 앞에는 몇 가지 선택지가 있었다. 그중 하나가, 국가종교로서 유교가 사라진 곳에서 근대적 시민(공민)의 종교로 유교를 개혁하는 방향이었다. 시민종교 내지 공민종교는 근대국가가 탄생과 함께 몰락한 전통적인 국가종교(과거에는 국교 개념이 존재하지 않았지만..)가 살아남는 방식이라고 말할 수 있다. 서양에서는 기독교(가톨릭, 프로테스탄트), 터키의 이슬람, 중국과 한국에서의 유교가 그런 양상을 보여준다. 하여튼, 19세기 말에서 20세기 초엽의 중국과 한국에서, 전통적 사인층(중국의 향신 사대부층, 한국의 양반 사대부층)은 유교의 근대적 전환, 혹은 유교 개혁을 통한 변혁을 이루기 위해 악전고투하는 상황에 내몰리게 된다. 이 시기 유교 지식인이 시도한 변혁의 노력은 크게 세 가지 방향성을 가지고 있었다.

첫째, 유교를 더 이상 가치관으로 받아들이지 않는 지식인이 선택한 방향이다. 제국주의의 침략 앞에서 철저하게 무기력하게 대응하며 결국 멸망으로 내몰린 왕조 체제 자체에 실망한 그들은 유교 자체를 포기했다. 그들은 유교적 지식을 습득하는 것에서 의미를 발견하지 못하고, 서양에서 유래한 신학문을 통해 입신출세하거나 사회를 변혁하는 가능성을 추구했다. 그런 방향을 선택한 사람들은 대체로 유교의 무용성과 시대착오성을 비판하고, 소위 '반유교'적 계몽사상을 자신들의 정체성으로 선택한다. 물론 이들 사이에서도 몇 가지 선택의 길이 있었다. 하나는 철저하게 전통을 부정하고 새로운 체제에 순응하는 길이다. 다른 하나는 전통을 부정하고 새로운 국민(민족)국가의 이념으로 무장하여 미래를 모색하는 길이다. 또 다른 하나는 서양의 지식을 근거로 출세하는 길을 모색하지만, 그럼에도 불구하고, 전통적 사상의 가치를 완전히 부정하지 않는 길이다.

둘째, 유교를 사상적 차원에서 개혁하려는 사람들이 선택한 방향이다. 일부 유교 지식인은 국가종교로서의 유교의 생명이 다한 것을 알았다. 하지만 유교를 부정하지 않았던 그들이 선택한 길은 근대세계에 어울리는 방식으로 유교를 전환시키는 일이었다. 당시 중국에서는 소위 국학 운동이 발생하며 다양한 방식으로 유교 및 전통 문화를 정리하고 재해석하는 시도가 벌어졌다. 그러나 학술로서의 '국학'은 일정한 성과를 거두었지만, 유교 개혁 운동으로서는 성공한 예는 그다지 많지 않다. 겨우 꼽을 수 있는 것이라면, 흔히 '신유가'라고 불리는 일군의 학자들이 이룬 성과 정도일 것이다. 한국의 경우도 사정이 비슷한데, 이 당시에 발생한 '국학' 운동은 근대적 대학

체제 안에서 일정한 위상을 차지하는데 성공했지만, 유교 개혁 운동이라는 점에서 의미 있는 성과를 논하기는 쉽지 않다. 사실, 이런 노선을 선택한 사람이 많지 않을 뿐 아니라 의미 있는 성과를 남긴 사람은 더더욱 드물다.

셋째, 유교를 근대적 종교로 전환하려고 노력했던 사람들이 선택한 방향이다. 그들은 유교를 국가종교로 수립하는 것을 포기하고 근대적 시민의 종교로 개혁하는 방향을 선택한다. 기독교가 서양문명의 강력함의 원인이라고 진단했던 일부 유학자는, 유교를 국가종교로 되돌리는 것이 불가능해진 상황에서, 기독교를 모방하는 종교적 개혁을 통해 유교를 시민의 종교로 변화시키는 길을 모색했다. 그러나 그들이 참조할 수 있는 참조계가 한정된 상황에서, 그들의 시도는 의미 있는 결실을 거두지 못하고 좌절되고 만다.

여기서 우리가 관심을 가지는 주제는 세 번째 방향, 즉 서양 종교인 기독교의 영향 하에서, 그들에게 배운 근대적 '종교' 개념을 토대로 유교를 재해석하거나, 기독교를 모델로 유교의 틀을 개혁하고자 했던 노력에 대해 살펴보는 것이다. 위에서 본 세 가지 방향의 시도들은 당시 조선과 비슷한 역사적 경험을 가진 중국에서 발생한 여러 개혁의 시도와 궤를 같이 한다. 물론 중국의 경우가 훨씬 더 복잡하지만, 전체적인 방향성은 비슷하다. 첫 번째의 방향은 중국과 일본의 영향을 강하게 드러낸다. 그리고 시간이 흐르면서 중국의 영향은 약화되고 일본의 영향이 강화되거나, 서양 유학을 경험한 사람들이 등장하면서 서양의 영향을 받게 된다. 두 번째, 세 번째는 방향은 일본보다는 중국의 영향이 강하게 느껴지지만, 특히 세 번째 방향, 즉 유교를 근대적 종교로 개혁하는 방향을 선택한 일부 지식인은 중국에서 발생한 유교의 종교적 재해석이나, 종교적 개혁 논의를 중요한 참조점으로 수용했던 것을 기억할 필요가 있다.

2) 근대 한국에서 '종교' 개념

'종교'라는 개념은 다양한 문명, 민족, 국가의 세계관을 지칭하는 일반 용어를 지칭하기 위해 새롭게 만들어진 근대어 중의 하나였다. 종교는 전통적인 어휘로서 존재했던 것이 아니다. 우리에게 잘 알려진 기독교(가톨릭, 개신교, 동방정교), 이슬람, 불교, 힌두교 등 세계적 규모의 종교들은 근대어로서 '종교'(religion) 개념으로 포괄하기 전부터 자신을 가리키는 명칭을 가지고 있었다. ('종교'의 원어인 religion 자체가 근대적 신조어다.) 근대기의 유럽인은 비유럽의 타자를 경험하고, 그들의 신념체계나 세계관을 다양한 '-ism'이라고 이름을 붙였다. 그렇게 탄생한 것이 buddhism, confucianism, taoism, mohamedanism, hinduism, zoroasterianism 등등이다. (공교론자들이 유교라는 명칭보다 '공교'라는 명칭을 사용하기를 선호하는 이유에 대해서는 캉유웨이를 말할 때 언급했지만, 나중에 다시 언급한다.)

모호한 근대어들 중에서 가장 모호하고 또 가장 왜곡된 것이 아마도 '종교'와 '철학'과 '과학'이라는 개념일 것이다. 이 세 개념은 탄생 시부터 거의 항상 연동되어 있었다. 서양에서 '과학'(science) 개념이 등장한 18세기 이래, (독일어에는 wissenschaft만 존재할 뿐 science가 존재하지 않는다.) 그리고 '종교' 개념이 등장한 이래, (religion은 거의 모든 서양어 어휘 안에 존재한다.) 그리고 '철학' 개념이 처음 등장한 이래, 더 나아가 그 세 개념이 '하이어라키(위계)'를 다투면서 주도권 싸움을 시작한 19세기 말 이래, 각 개념은 정확하게 규정된 적이 없다. 논자의 주장 수준 이상으로 내용을 규정할 수 없기 때문이다. '신학'과 '철학'의 투쟁이 벌어진 중세기에도 어디까지가 신학이고 어디까지가 철학인지 확정하기 어려웠다. 플라톤이 '철학자'란 개념을 사용한 것 자체가 모호한 자기주장에 불과하다. 그것이 신학과 결부된 다음, 논자의 신념에 따라 철학은 고무줄처럼 늘었다 줄어들었다는 반복하면서, 필요에 따라 전용轉用, 유용流用되었을 뿐이다. 과학과 철학, 과학과 종교의 관계도 마찬가지다.

서양의 'Science'를 격치, 혹은 격물이라고 번역하는 과정 역시 간단하지 않다. 그리고 그 '싸이언스'가 19세기 후반의 일본어 '과학'으로 번역된 다음, 그 개념의 의미는 여전히 모호하다. 그런 모호함 때문에 과학의 의미와 방법, 한계를 둘러싼 논쟁이 벌어졌고, 지금까지 계속되고 있다. 일부 논자는 그런 개념의 의미를 계보학적으로 '확정'할 수 있다고 믿을지 모르지만, 그것이야말로 하나의 신앙에 불과하다. 더구나 중국에서 '격물'의 의미를 놓고 발생한 논쟁, 특히 성리학 진영 안에서 벌어진 주희와 왕양명의 논쟁을 이해하는 사람이라면, 그런 시도 자체가 성공할 수 없다는 것을 알 것이다. 철학이나 종교의 경우는 더욱 더욱더 난망하다.

'종교'는 근대어(신조어)인 동시에 전통적 어휘다. 근대 어휘로서 한자어 '종교宗教'가 널리 사용되기 전에, 불교에서는 '종교' 및 '종', 혹은 '교'이라는 개념을 사용해왔다. 물론, 근대어와 전통어의 의미와 뉘앙스는 일치하지 않는다. 1870년대를 전후하여 일본인들은 영어에서 도입한 '릴리전'(religion)을 불교어에서 유래한 '종교'라는 한자어로 번역했고, 그것이 중국을 경유하여 한국에 들어왔다. 현대의 종교학자 중에는 기독교를 모델로 만들어진 신조어 '종교'(religion) 대신에 중립적인 개념인 '세계관'(worldview)이라는 용어를 사용하자고 제안하는 사람도 있다. 여러 세기에 걸쳐 사용하던 '종교'라는 어휘를 포기하는 것이 쉽지 않은 일이라, 그런 제안은 제안으로 그칠 뿐이지만, 그런 자체는 충분한 의미가 있다. 서양어의 '릴리전'이 기독교중심주의, 서양중심주의의 산물이고, 왜곡과 모호함을 포함하기 때문이다.

'종교' 개념이 수용되기 전에도, 한자어에서는 서양의 '릴리전', 혹은 '세계관'의 대응어로서 도道, 교敎, 법法, 학學, 술術이라는 개념은 존재했고, 중요한 어휘로서 권위를 가지고 있었다. 도, 교, 법, 학, 술은 어떤 사상이나 세계관과도 결합할 수 있는 말이었다. 붓다의 가르침은 불도, 불교, 불법, 불학으로 불렸다. '불술'이라는 단어가 거의 사용되지 않았던 이유는 또 다른 설명이 필요하기 때문에 생략하지만, 유(『논어』에 처음 등장하는)는 유도, 유교, 유학, 유법, 유술이라는 다양한 개념으로 사용되었다. (다만 '공교'라는 개념은 일반적인 어휘로는 사용되지 않았다. 물론, 그렇게 사용한다고 해도 이상할 것은 없다.) 도(특히 노자적 의미의 도) 역시 도교, 도학, 도법, 도술로 확대되어 사용되었다. '도교'와 '도술' 내지 '도학'은 뉘앙스는 다르지만, 같은 것을 지칭했다. '유교'와 '유학', 나아가 '유교'와 '유술' 역시 마찬가지다. 같은 것을 다른 여러 이름으로 부르는 것이 동양에서는 매우 자연스런 일이기 때문이다. 만일 '유교'라는 명칭은 '종교'를 지칭하고 '유학'이라는 명칭은 '학문'을 지칭한다고 그 차이를 명확하게 주장하는 사람이 있다면, 그 사람은 분명 왜곡된 근대적 시선으로 과거를 돌아보는 시대착오적 관점을 가지고 있다고 말할 수 있다.

캉유웨이는 일본인이 '릴리전'(religion)을 '종교'라고 번역한 것에 위화감을 드러내고, '종宗'은 불필요한 말이며 '교敎' 한 글자로 충분하다고 말했다. 한문을 모국어로 사용하는 중국인과 두 글자 단어를 사용하는 일본인의 언어 습관이 차이가 서양문명의 수용에서 초래한 문제점을 지적한 것이다. 캉유웨이가 보기에 일본인은 기독교를 기준으로 만들어진 종교 개념을 통해 자기네의 종교인 '신도(神敎)'를 지칭하는데 활용했다. 그렇게 번역을 하고 나니, 일본인은 서양인과 마찬가지로 국가적 규모의 중요한 종교를 가진 것이 되고, 나머지 전통적으로 존재해왔던 세계관으로서 불교나 유교 등은 종교가 아니라, 사상이나 학술에 불과하다는 결론을 내리게 된다. 유교, 불교의 사회적 위상을 저하시키려는 일종의 개념의 이데올로기 전략이었다.

만약 캉유웨이의 생각처럼, '릴리전'을 '교'라고 번역하고, 敎와 道를 통용 가능한 개념이라고 본다면, 중국 역사상 존재했던 수십 수백의 사상 및 세계관 전통 전부에 대해 근대어인 '종교' 개념을 적용할 수 있게 될 것이다.[17]

3) 근대 한국 유학자의 '종교' 개념 수용

갑오경장(1894)이 발생하면서 조선에서는 유교 체제를 변혁시키려는 국가 차원의 근대화 노력이 경주된다. 먼저 유복을 벗게 하는 변복령變服令과 유교의 효 관념을 희석시키기 위한 단발령斷髮令이 추진되었다. 유교적 전통에 충실한 유자들은 이런 정책에 대해 저항했다. 한편 조선 정부는 유교의 힘을 약화시키기 위해 신학新學을 도입했다. 당시 대한제국의 황제로 취임한 고종은 무술개혁 다음 해인 1899년 유교에 대한 정부의 입장을 밝히는 「존성윤음尊聖綸音」을 발표한다. 거기서 고종은 "세계의 모든 나라가 '종교'를 극진히 존숭하는 것은 '종교'가 인심人心을 맑게 하고 정치의 도리가 여기서 나오기 때문"[18]이라고 천명했다. 적어도 이때, 국가는 공식적으로 '유교'가 '종교'의 범주 안에 포함되며 민심안정(淑人心)과 정치원리(出治道)로서 기능한다는 것을 인정했다.

도학자의 한 사람인 류인석柳麟錫(號 毅菴, 1842~1915) 역시 『우주문답』(1913)에서 유교적 세계관을 제왕도통帝王道統, 성현종교聖賢宗敎, 윤상정도倫常正道, 의발중제衣髮重制로 분석한다. 그에 따르면, 유교는 생활습속, 윤리도덕, 신앙의례, 정치제도를 포괄한다. 이것은 현대의 유교 연구자들에게서

---

17 康有爲, 「孔敎會敍二」, 『康有爲全集』 제9집(중국인민대학출판사, 2020), 343~344쪽. "今人之稱宗敎者, 名從日本, 而日本譯自英文之釐里近Religion耳, 在日人習用二字, 故以佛敎諸宗, 加疊成詞, 其意實曰神敎云爾, 然釐里近之義, 實不能以神敎盡之,…然敎而加宗, 義已不妥."

18 「尊聖綸音」, 『大東正路』 권5 (조선사대척사관계자료집, 驪江出版社, 1985).

는 보기 어려운, 역사적 유교를 분석하는데 우월한 관점으로서, 하나의 세계관으로서 '종교'를 분석할 때 필요불가결한 분석 틀이다. 특히 류인석은 공자의 가르침을 '성현종교'라는 개념으로 표현하는데, 유교를 종교라는 개념으로 포괄시키려는 의도를 분명히 드러내고 있다. 그는 중국의 教가 '공자를 宗으로 삼는 것'(中國之爲敎, 宗孔子)이라 말하고, 유교의 핵심에 공자가 존재한다고 주장한 것이다. 이어서 그는 유교 정통론자의 입장에서 "중국이 공자의 敎를 宗으로 삼지 않으면 중국이 아니고, 인류가 공자의 敎를 '宗'으로 삼지 않으면 인류가 아니다"[19]라고 결론짓는다. 이런 주장은 기독교도가 진짜 종교는 기독교라고 말하는 것과 완전히 동일한 발상으로서 유교가 진짜 종교라고 주장하는 도통론적 관념을 보여준다. 그것은 전형적인 '화이론華夷論'적 도통론으로서 서구중심주의의 유교적 버전이라 말할 수 있다.

박은식朴殷植(號 白巖, 1859~1925) 역시 유교 개혁론자로서 '종교' 개념을 수용하면서 유교를 재해석한다. 박은식은 이렇게 말한다. "세상에서 일어나는 일 중에서, 겉으로 보기에는 느슨해서 급선무가 아닌 것처럼 보이고, 또 겉으로 보기에는 우활해서 절실한 일이 아닌 것처럼 보이는 것이 있다. 오늘날 '종교'라고 부르는 것이 그것이다. 그러나 '敎(종교)'는 성인이 하늘을 대신하여 세운 말로서, 만민을 인도하는 대문과 같은 것이다."[20] 박은식 종교론의 핵심은 하늘을 대신하여 '성인'(공자)이 가르침을 펼친 것을 종교라고 본다는 점이다. 그리고 그것은 문명개화의 급선무와 무관하게 보이지만, 실제로는 가장 긴급하고 중요한 문제라고 주장한 것이다. 여기서 알 수 있는 것처럼, 당시 한국의 유교 종교론자들은 중국의 캉유웨이를 따라 유교를 부를 때, 한 글자로 '교'라고 부르기도 하고, 또는 두 글자로 '종교' 개념을 사

---

19 「宇宙問答」, 『毅菴集』, 권51(경인문화사, 1973).
20 「宗教說」, 『朴殷植全書』(中)(단국대출판부, 1975).

용하기도 한다. 또한 유교를 공자의 가르침이라든가, 공자를 유교의 조종이라는 사실을 강조한다.

이어서 박은식은 '종교'를 다음과 같이 규정한다. "종교란 도덕의 학(學問)이며, 기타 여러 학과로 나눠진 분야는 경제의 술(방책)이다. 그 둘을 마땅히 병립시켜야만 국가는 도덕의 교(종교=교화)에서 지극함을 다하고 진력할 수 있다."[21] 여기서 박은식의 종교 정의는 1902년의 량치차오의 종교 정의와 상당한 거리를 보여준다. 사실 종교에 대한 권위를 가진 정의란 존재하지 않기 때문에, 종교를 도덕과 거의 동의어로 이해하는 박은식의 정의는 그의 의도를 읽어내기 위한 장치로서 읽어야 한다. 박은식의 종교 정의에 따르면, 유교의 핵심은 도덕이며, 도덕성이 병행하지 않으면 경세제민의 효과를 거둘수 없다. 물론, 도덕은 세계관 이해에서 빼놓을 수 없는 부분인 것은 분명하지만 종교를 도덕과 동일시하는 것은 지나치게 협소한 관점이라고 말하지 않을 수 없다. 당시의 유학자들은 종교를 논할 때, 거의 예외 없이 도덕을 강조하고 있는데, 그런 시각 자체가 그들이 유교적 사유의 틀 안에 머물러 있음을 보여주는 증거라고 볼 수 있다. 특히 박은식의 입장은 '치양지'을 추구하는 양명학적 사유와 연결성이 있다는 사실에 주목할 수 있다.

비슷한 시기에 활약했던 장지연張志淵(號 韋菴, 1864~1921) 역시 새로 수립된 국민국가에서의 종교의 역할에 주목하면서 량치차오를 따라 "종교는 국민의 뇌의 바탕을 주조하는 약료(宗敎者, 鑄造國民腦質之藥料也)"(「論支那宗敎改革」)이며, "한 나라의 강약과 흥망이 종교에 걸려있다"고 주장한다. 량치차오의 「론지나종교개혁」(1899)은 무술변법기의 문장이다. 1902년 「보교비소이존공론」을 발표하여 캉유웨이의 입장에 반대하며 '유교 비종교론'을 주장한 량치차오는 그 이전에는 캉유웨이의 공교론 주장을 받아들였기 때문에, 유교를

---

21 위의 책.

종교라고 볼 뿐 아니라 종교의 사회 정치적 역할을 대단히 강조하고 있다. 한국근대기의 유교 개혁론자가 1902년 이후의 량치차오의 입장보다는 '보교保敎'를 강조하던 변법시기의 량치차오를 인용한 것은 흥미롭다. 하지만 아쉽게도 종교를 통해 국력신장과 국권회복을 이룰 수 있다는 박은식, 장지연의 입장은 국권상실 이후에는 존립기반을 상실하고 만다. 당시 도학자들 중에는 국가와 도道(유교)를 분리시키고, '국가는 무너져도 도道는 무너질 수 없다(國可亡而道不可亡)'는 생각에서 은둔하거나 망명하는 길을 선택한 사람이 적지 않았다. 아직 근대적 국민국가 개념이 성립하지 않았던 상황에서 명청교체기에 출사를 포기하고 은둔을 선택했던 선례를 따른 것이라고 볼 수 있다. 다른 한편, '국가가 무너지면 도道도 함께 무너진다(國亡而道亦亡)'는 인식에서 유교와 왕조의 수호를 위해 목숨을 걸고 투쟁하는 사람들도 출현했다. 역시 명말청초의 교체기에 뛰어난 역사적 선례들이 있다. 그 두 선택 중에 어느 것이 옳은지, 또 어느 것이 진정으로 바른 길인지, 아니면 어느 것이 진정 유교적인 길인지 답하기는 어렵지만, 어느 쪽이든 '근대'라는 근본적 변혁의 도전 앞에서의 실존적 결단이었다고 말할 수 있을 것이다.

4) 배척과 포용 : '다종교' 상황을 이해하는 태도

근대기의 유학자들은 '종교'라는 개념을 통해 전통적 세계관으로서 유교를 이해하는 과제를 짊어지게 된다. '종교' 개념으로 유교를 보면 무엇이 보이는가? 물론, 각자가 처한 입장이 달랐기 때문에, 결론도 달라질 수밖에 없다. 도학파에 속하는 류인석은 '종교' 개념으로 도학적 벽이단론을 강화하는 논의를 펼쳤던 반면, 김윤식 같은 경우는 정반대로 벽이단론적 독단주의를 경계하는 입장을 표명한다.

먼저 류인석의 경우를 보자. 류인석은 "도는 교敎(종교)에서 나오고, 화化

(교화)는 교를 통해 이루어진다(道由敎生, 化由敎成)"[22]는 식으로 도와 교, 그리고 화를 연속적으로 이해하는 입장을 제시한다. 진리인 도는 그 자체로는 보이지 않는다. 도는 종교(敎)라는 제도적 체계를 통해 표현되는 것이며, 정치적 사회적 윤리적 교화는 종교(敎)를 통해 이루어진다고 보았던 것이다. 물론 철저한 도학자였던 류인석은 유교가 아닌 다른 종류의 종교를 도(진리)의 담지자로 인정할 수 없었다. 그는 현실에 존재하는 교(종교)의 다양성은 반드시 정正과 사邪와 시是와 비非의 기준에 따라 구별해야 하고, 진리는 오직 하나일 뿐이라는 확고한 진리관을 가지고 있었다. 그것은 도학적 '벽이단론'에서 유래한 것으로, 그런 사고를 계승하는 한말의 도학파는 자신들의 입장을 '위정척사衛正斥邪'라고 주장한다. 보통 역사학계에서는 그들을 '위정척사파'라고 부르지만, 그들의 주장을 그대로 수용하여 학파 명칭으로 사용하는 데는 약간의 주의가 필요하다. 근대 이전의 '벽이단론'이 주로 불교와 도교를 적으로 돌리는 논의였다면, 근대기 이후의 다종교적 상황에서 '벽이단론'은 전대미문의 힘을 가진 서구문명 및 기독교(가톨릭, 개신교)를 적으로 삼는 것이었기 때문에, 소위 '위정척사'론의 논조 역시 강경해질 수밖에 없었다. 그들의 반이단 정서는 강한 민족주의 색채를 띠고 있었지만, 타종교를 '사邪/비非'라고 평가하는 논조 자체는 독단론적 신앙고백에 불과하다.

당시 유학자들 전부가 '위정척사'를 내세운 것은 아니다. 예를 들어, 김윤식金允植(號 雲養, 1835~1922)은 근대와 함께 초래된 다종교 상황을 적극적으로 받아들인다. 김윤식은 "교敎라는 것은 사람에게 선善을 행하도록 권하고 항심恒心을 지키게 하는 것"[23]이라고 종교를 정의한다. 역시 유학자답게 종교의 핵심에 도덕이 존재한다는 것을 강조하는 점이 눈에 띤다. 하지만 김

22 「宇宙問答」, 『毅菴集』, 권51(경인문화사, 1973).
23 「敎化論」, 『金允植全集』(2)(아세아문화사, 1980).

윤식의 종교 정의에는 '교'를 '도'와 연결시키는 류인석류의 '진리주장'이 빠져있다. 김윤식에 따르면, 종교는 선을 권하고 항심을 지키게 하는 것, 즉 도덕성과 정신성을 계발하는 것이다. 그는 기독교가 서양적 세계관의 핵심이지만, 그럼에도 불구하고, 서양에서 '신교의 자유'가 존재하는 현실에 주목했다. 그런 맥락에서 "공호이단攻乎異端, 사해야이斯害也已."(『논어』, 爲政)라는 구절에 대해 "이단을 공격(攻)하면 해롭다"고 해석한다. 타종교를 공격하는 것은 독단주의의 오류를 저지르는 일이라고 본 것이다. 그는 '벽이단론'을 신봉하는 도학자들이 극렬한 배타주의로 나아가는 것을 경계하고, '다종교' 상황을 받아들이되, 유교의 도덕적 차원과 정신성의 차원을 살리는 것을 목표로 삼는 개혁을 추구했던 것이다. 따라서 김윤식은 「돈화론」에서 도학적 진리를 내세우며 같은 민족을 죽이는 것도 불사하는 독단주의를 비판한다. "자신의 종교(敎)를 조심해서 지키고 항심恒心을 잃지 않으면 모두가 우리의 동포가 된다"는 입장에서, 정통과 이단을 구별하고 같은 민족도 원수로 보는 도학적 독선주의에 반대한 것이다. 그런 생각의 연장선에서 김윤식은 1912년 이후 중국에서 벌어진 공교론 및 국교화론을 편협하다고 비판했다. 이런 김윤식의 관점은 다종교 상황을 수용하고 유교의 도덕주의와 정신성의 회복을 강조하는 현대신유가의 입장과 상통한다.

5) 유교는 종교인가? 어떤 종교인가?

류인석이 보여준 위정척사의 입장은 한말 도학자들의 상식이라고 말할 수 있다. 그들은 대체로 외국에서 들어온 새로운 개념이나 사상을 부정하는 태도를 보였지만, '종교' 개념은 예외였다. 그것은 일본인의 신조어지만 전통적인 유교를 평가하는 유용한 도구가 될 수 있다고 보았기 때문이다. 일본에서 종교 개념이 등장한 1870년 이후, 한 세대가 지난 1898년을 전후하여 캉유웨이의 공교론이 등장하면서 유교 종교론은 절정에 도달했고, 그것이 1900년대 이후에 한국에 수용되어 활발한 논의를 불러일으켰다. 당연한 일이지만, 한국에서 유교를 새로운 형태의 '종교'로 재조직하기를 시도했던 사람들은 거의 예외 없이 캉유웨이의 입장을 수용하고 그런 관점에서 유교를 재해석하려 했다. 물론, 앞에서 본 것처럼 신교(신앙) 자유의 입장에서 유교(공교) 국교화를 부정적으로 평가하거나, 존공을 주장하면서도 유교를 근대적 종교로 재편하는 것에 대해 회의적인 입장을 가진 사람이 없었던 것은 아니다. 하지만, 중국에서 유교 국교화 운동이 완전히 좌절을 맞는 1917년 이전까지 국교화에 큰 기대를 가진 사람이 적지 않았다는 것 역시 사실이다.

실제로 그 당시 한국에서 '유교는 종교가 아니다'라고 주장하는 사람은 예외적이라고 말할 수 있다. 당연한 말이지만, 유교는 종교가 아니라고 생각하는 사람이 유교를 '종교'개념으로 재해석하는 경우는 거의 없다. 중국의 1920년대가 되면 일부 유물론자 중에서 '유교는 종교다', 따라서 '유교는 낡은 미신'이고, 유교의 잔재를 철저하게 파괴해야 한다고고 주장하는 사람이 등장한다. 나중에 량치차오나 후스, 혹은 펑유란의 영향을 받으면서 유교는 종교가 아니라 철학(특히 도덕철학)이라고 생각하는 사람이 증가하는 것은 사실이지만, 적어도 한국에서 1910년대까지 그런 관점을 주장하는 사람을 찾기는 쉽지 않다. 한국 근대의 유교 개혁론자들은 캉유웨이(와 초기 량치차오)의 노선을 따라 '유교는 종교다'라고 주장했고, 그런 전제 위에서 유교는 어떤 종교이며, 또 어떤 종교여야 하는지에 대해 고민했다. 물론, '유교는 종교다'라는 입장 안에서도 몇 가지 노선이 존재한다.

첫째, 벽이단론을 전제로 '유교 종교론'을 주장하는 노선이다.

류인석이 그런 경우며, 신기선 역시 그런 예다. 신기선은 유교가 종교일 뿐 아니라 진리의 종교이고, 서양에서 들어온 기독교는 사교라고 주장한다.

그는 도통론의 관점에서 정正과 사邪를 구별하고, 유교를 진리라고 평가한다. 신기선申箕善(號 陽園, 1851~1909)은 정치적으로는 온건한 개혁론자지만, 유교 문제에서는 강경한 도학자의 입장을 고수한다. 예를 들어, '공자의 도(道孔子之道)'는 인도人道지만, '예수의 교(耶蘇之敎)'는 천신天神을 숭배하며 부모에 대한 제사를 드리지 않을 뿐 아니라 하늘을 속이고 인륜을 어지럽히는 오랑캐의 '비루한 습속'(陋俗)일 뿐이라고 평가한다. 세계의 종교를 '신도교'와 '인도교'로 구분하고, 유교를 인도교라고 규정한 것은 캉유웨이었다. 신기선 역시 유교를 '공자지도'라고 부르고, 그것의 특징을 '인도'에서 찾고 있다. 신기선은 기독교는 "이단이라는 이름으로 부르기에도 부족한 것(本不足以處異端之目)"[24]이라고 강한 적대감을 드러낸다.

둘째, 유교는 종교일 뿐 아니라 국교라고 주장하는 노선이다.

박은식朴殷植 역시 『학규신론學規新論』(論維持宗敎)에서 "우리나라의 종교는 공자孔子의 도道"라고 선언하면서, 종교 개념으로 유교를 규정한다. 나아가 "공자를 종사宗師로 받들고 삼강오륜三綱五倫을 국가의 기강으로 삼으며 육경사서六經四書로 도통을 밝히며, 예의禮義를 닦고 밝혀 풍속의 교화를 수립해온지 오래되었다"고 말한다. 다시 말해 유교가 국가종교의 기능했을 뿐 아니라, 민중의 세계관으로 존재했음을 강조한 것이다. 공자의 도가 쇠퇴하면서 국가의 힘이 함께 쇠퇴하는 결과가 초래되었다는 인식을 가졌던 박은식은 국가를 재난으로부터 구제하기 위해서는 "국가에 종교가 있어야 한다"고 주장한다. 박은식이 유교를 종교로서 재조직하려는 운동을 벌인 것은 그런 문제의식 때문이다. 왕조의 국가종교였던 유교는 왕조의 몰락과 함께 제도적 기반을 상실했기 때문에, 이제부터는 국가종교로서가 아니라 시민

---

24 「儒學經緯」, 『申箕善全集』(下)(아세아문화사, 1981).

적 종교로서 유교를 재조직하는 것이 박은식이 나중에 '대동교'의 설립을 추진한 목표가 되었던 것이다. 그런 점에서 '유교 종교론'은 종교가 아닌 것을 종교로 만들자는 '유교 종교화론'이 아니다. 유교 종교론은, 실제로는 종교로서 존재했지만 종교라는 이름을 갖지 못했던 유교에게 '종교라는 이름을 부여'하고, 국가적 제도로서가 아니라 민간의 신앙으로써 새로운 사회적 기능을 발휘할 수 있게 하자는 유교의 개혁적 시도였던 것을 알 수 있다.

이런 유학자 개인의 입장은 단순한 의견 차원에 그치는 것이라고 볼 수 있다. 하지만 당시 조선(대한제국)의 군주였던 고종의 유교 종교론은 훨씬 더 중요한 정치적 무게를 가진다. 고종은 1899년에 반포된 「존성윤음尊聖綸音」에서 "우리나라의 종교는 공부자孔夫子의 도道"(我國之宗敎, 其非吾孔夫子道乎)라는 사실을 강조한다. 그는 유교를 '공부자(공자)'의 도, 즉 '종교'라고 부를 뿐 아니라 그것이 조선(대한제국)의 '국교'라고 선언하고 있다. 그렇다면, 고종이 이런 선언을 하기 전은 어떤 상황이었는가? 조선왕조에서 유교는 국가종교로서 기능했다. 그러나 '종교'나 '국교' 개념이 존재하지 않는 상황에서, 유교는 마치 물이나 공기처럼 당연한 진리로 여겨졌을 뿐, 특별히 법이나 제도로서 대접받는 위상을 누리지 않았다. 이름이 없었던 것과 실질이 없었던 것은 전혀 다른 문제다. 따라서 고종은 이제부터는 실질에 걸 맞는 이름, 즉 '종교'와 '국교'라는 새로운 이름을 부여함으로써, 조선 왕조의 위기를 극복하려는 의지를 표명했다. 그리고 조선이 진리를 너무나 숭상한 나머지 오히려 확고한 정책으로서 유교를 보호하지 못했음을 반성한다. 이어서 고종은 법과 제도로서 유교를 국교로 정립하는 정치를 실현해가겠다는 포부를 피력한다. 또한 고종은 당시의 국가적 위기가 결국 종교가 분명하지 않기 때문에 발생한 것이라고 지적하고, 마음을 다해 종교를 밝히는 일에 힘쓸 것을 약속한다. "앞으로 짐朕과 태자는 우리나라 유교儒教의 종주宗主로서, 기자箕子와 공자의 도道를 밝히고, 선조의 뜻을 잇겠다."[25] 고종의 윤음은 한마디로 역사적으로 국교(종교)로 기능해왔던 유교에 대해, 공식적으로 종교라는 이름과 국교라는 지위를 부여하는 선언문이라 말할 수 있다. 작위는 없이 실질적인 권력만 발휘하던 유교에 대해 공식적인 작위를 수여한 것이다. 이런 고종의 발언에서 알 수 있는 것처럼, 유교는 실질적으로는 조선의 국교로 기능했지만 '종교' 및 '국교' 개념이 존재하지 않았기 때문에 정책적으로 지지하고 보호하려는 노력이 약했다.

　앞에서 캉유웨이를 살펴볼 때 언급한 것처럼, 유교는 종교라는 범주에 들어있지 않았기 때문에 기독교라는 서양 종교에 적절하게 대응할 수 없었고, 그 결과 기독교 선교사들은 종교가 존재하지 않는 무주공산에서 제멋대로 선교할 수 있는 권리를 얻었다. 그런 상황에서 '교난' 등의 사태에 제대로 대응할 수 있는 방법을 갖지 못했다. 그런 중국의 경험을 통해, 조선 정부는 유교를 '종교'와 '국교'라는 범주 안에 넣고 앞으로 닥칠 문제에 대응할 수 있는 방법을 얻게 된 것이다. 그런 의미에서 '유교는 종교일 뿐 아니라 국교'라는 고종의 선언은 1884년 이후 조선에서 기독교 선교가 공식적으로 시작된 시기에 발표된 중요한 정책 표명이라고 말할 수 있다. 고종은 서양의 종교(국교) 개념이 도입된 이제는, 비록 늦었지만 법과 제도로 '국교인 유교를 보호하겠다'는 결심을 표명했다. 그리고 국교인 유교의 '종주'는 다름 아니라 군주 자신이라고 말한다. 유교의 종주권은 군주에게 있다. 그런 의미에서 고종의 사유 안에서 유교는 제정일치를 이상으로 삼는 국가종교였던 것이다. 사실, 유교를 종교 개념으로 개괄할 수 있는가 없는가는 단순한

---

25 「尊聖綸音」, 『大東正路』, 권5. "玆以往, 朕與東宮, 將爲一國儒教宗主, 闡箕孔之道, 紹聖祖之志."

개념 정의의 문제에 그치지 않고, 유교가 법적 기반을 가지느냐 가지지 않느냐의 차이로서 중대한 사회적, 외교적 결과를 초래한다.

　박은식 및 고종의 유교 국교론은 사실 캉유웨이의 영향을 받은 것이 분명하지만, 군주였던 고종의 윤음綸音은 실제로는 법적 제도적 실천으로 이어지지 못했다. 조선 정부의 많은 일들이 실제적 제도를 수반하지 않는 선언으로 그친 것이 많았던 것이 사실이지만, 이 경우에도 화려한 말잔치로 그치고 말았다. 고종 자신이 심각한 문제의식이나 강렬한 실천 의지를 갖지 못한 채로, 당시 불만에 가득 찬 유림 세력을 위무하기 위한 차원의 선언에 그친 것이라는 의심을 품기 충분하다.

　셋째, 공자는 유교의 교조이며 보편적 진리라고 보는 노선이다.

　공자가 유교의 '창교자'(교조)라는 입장은 당시 유교 개혁론자들이 일반적으로 가졌던 생각이다. 앞에서 본 박은식이나 신기선이 그랬지만, 이승희 李承熙(號 韓溪, 1847~1916) 또한 "우리 공자의 도는 천명天命의 본성에 뿌리를 두고 인도人道의 근본을 세운 것"[26]이며, "공자는 중화의 마음이고", "공자는 만세의 마음"[27]이라고 주장한다. 한편, 장지연張志淵 역시 '유교'는 "천도를 밝히고, 인륜을 바로잡고, 지치에 이르는 법을 제시하는 것"[28]이며 "유교는 공자를 조종으로 삼기(儒敎祖孔子)" 때문에 "공자는 유교의 종조(孔子, 儒敎宗祖)"[29]라고 선언한다.

　그렇다면, 공자를 유교의 조종, 혹은 교조라는 선언, 혹은 유교를 공자의 도라고 말하는 이런 주장은 어떤 의미를 가지는가? 그것은 캉유웨이가 유교를 '공교'라고 부른 이유와 연결되어 있기 때문에 약간의 설명이 필요하

26　「孔道會講說」, 『韓溪遺稿』, 권6. "吾孔子之道, 原天命之性, 立人道之經."
27　위의 글. "孔子者, 中華之心也. 孔子者, 萬世之心也."
28　「儒敎者辨」, 『朝鮮儒敎淵源』(滙東書館, 1922). "所以明天道, 正人倫, 致至治之成法者."
29　위의 책.

다. 간단히 말해, 공자를 유교의 '교주' 혹은 '창교자'라고 보는 이런 일련의 주장은 종교는 개창자 내지 교조가 있어야 한다는 서양 중심주의적 종교관의 영향을 보여주는 것이다. 일정한 실체적 표지를 가지고 있어야 종교라고 부를 수 있다는 입장을 실체론적 정의(substantial definition)라고 부른다.

실체적 표지의 완전한 목록을 제시하는 것은 불가능하지만, 대체로는 기독교를 기준으로, (a)신神 혹은 신적 존재, (b)교조 혹은 창교자, (c)경전과 의례, (d)교리 혹은 신학, (e)의례를 수행하고 교리를 전파하는 조직 혹은 교회, (f)조직의 영속성을 보장하는 성직자 집단 등을 '실체적 표지'라고 본다. 따라서 '종교' 개념이 수용되었을 당시, 유학자들은 그런 실체적 표지가 어느 정도 완비된 것을 진정한 종교라고 부를 수 있다는 서구적 종교관을 수용하고, 유교 안에서 실체적 표지를 찾아야 한다고 생각했다. 기준은 느슨한 것이긴 하지만, 그런 표지를 완벽하게 갖추면 갖출수록 고급 종교, 덜 갖추거나 갖추지 못하면 저급한 종교라는 우열평가가 내려졌기 때문이다.

그런 눈으로 유교를 보면, 유교는 분명히 신 혹은 신적 존재(천신과 지기, 조상신 등)를 가지고 있다. 나아가 의례, 경전, 교리, 조직(왕조국가의 관료조직이 곧 국가종교로서 유교의 조직 및 교회라고 말할 수 있다), 성직자(국가종교로서 유교의 관료 충원 방식인 과거를 성직자 충원 방식이라고 볼 수 있다) 등의 명시적인 표지를 어느 정도 가지고 있다. 물론 그런 기준을 완전하게 채울 필요는 없지만, 그런 여러 표지들 중에서 가장 중요한 것을 신 및 교조(혹은 창교자)의 존재, 그리고 교리 및 경전이라고 보는 것이 일반적이기 때문에, 유학자들 역시 유교가 종교라고 불릴 수 있기 위해서는 '교조'의 존재가 필요하도 생각했던 것이다. 국가제도라는 조직적 기반이 사라진 상황에서, '공교'라는 이름으로 유교를 시민적 종교로 전환시키는 것이 필요하다고 생각했던 공교론자들은 먼저 유교의 교조를 찾는 일이 필요했던 것이다.

당시 유교를 '종교'의 관점에서 해석하려 했던 한국의 유학자들 역시 공자가 유교의 교조라고 말한다. 사실 금문파와 고문파의 경학사 논쟁이 존재했던 중국의 경우, 공자를 역사가 내지 선사라고 보는 고문학적 관점과 공자를 개제의 창교자라고 보는 금문학적 관점의 논쟁은 피할 수 없는 것이었다. 하지만, 그런 경학적 논쟁의 배경을 갖지 못했던 한국의 경우에는, 성리학적 도통론이 공자는 성인이며 유교의 조종이라는 주장을 끌어낼 수 있는 토양을 제공해 주었다고 말할 수 있다. 그런 점에서 근대기 한국의 유학자들이 공자를 유교의 '조종'(교조)이라고 주장하기 위해서 경학사적 논거를 필요로 하지 않았다. 한국에서는 캉유웨이의 금문학을 철저하게 수용하면서, 그런 바탕 위에서 공자교 운동을 펼친 이병헌은 예외적인 경우라고 말할 수 있지만, 이병헌의 금문학적 주장이 한국 유학계에서 거의 반향을 불러일으키지 못한 이유는 '금문경학'의 의미에 민감하지 않았던 한국 유학의 풍토와도 관련이 있을 것이다.

　　경학사 전통에서 바라보면, '공자=유교의 창교자'라는 도식은 당연한 것은 아니다. 고문학적 관점에서 보면 유교는 오히려 특별한 창교자가 없다고 말할 수 있다. 고문학에서 공자는 유교를 창시한 존재가 아니라 고성왕의 가르침을 전수하고 집대성한 인물일 뿐이다. 그런 점에서 유교를 굳이 종교하고 부른다면, 유교는 민족종교 혹은 자연종교라고 불러야 할 것이다. 그러나 서양의 종교 개념은 은연중에 민족종교나 자연종교를 저급한 형태라고 보는 경향을 가지고 있다. 따라서 유교를 자연종교라고 말하는 것보다는 분명한 창교자(교조)를 가진 종교, 즉 교조가 있는 종교라고 말하는 편이 유리하다. 민족종교 내지 자연종교는 아무래도 이류급이라고 평가받을 위험이 있다. 당시에 서양에서 유행하던 진화론적 종교론이 그런 편견을 전파했다.

유교 종교론자들은 공자를 '유교의 교조(창교자)'라고 주장함으로써, 유교가 고등종교로서의 자격을 갖추고 있다고 주장할 수 있었다. 당시 중국에서 공교운동을 지휘했던 캉유웨이 역시 금문학적 전통을 수용하여 공자가 유교의 창교자라고 주장하고, 유교를 공교라고 부르고 있다. 고문가적 입장에서 캉유웨이와 투쟁했던 장빙린(章炳麟)은 공자보다는 주공의 공적을 더 높이 평가한다. 장빙린의 주공 중시는 절동학파浙東學派 사학가인 장쉐청(章學誠)의 영향도 있었다. 유교는 종교가 아니라고 주장하는 장빙린으로서는 마땅히 취해야 할 태도였을 것이다. 그런 점에서 고문가는 유교를 공자의 도라고 말하지 않고 공자는 '교주'(창교자)라는 말은 절대로 하지 않는다.

그러나 캉유웨이의 영향을 강하게 받고, 한국 유학 전통 안에서는 대단히 드물게 금문학을 수용했던 이병헌李炳憲은 물론이고, 중요한 유교 종교론자들은 대부분 유교는 '공자의 교'라는 사실을 강조한다. 이병헌을 제외한 한국 근대기의 유학자들이 반드시 금문 고문의 대립에 대해 어느 정도 인식하고 있었는지 확인하기는 어렵지만, 그들은 직관적이고 상식적 입장에서 공자의 중요성을 강조했을 것이다. 당시 중국의 공교 및 국교 논쟁을 감안한다면, 공자를 유교의 '교주'(창교자)라고 말하는 것은 금문학적 전제 위에서만 가능한 일이다. 한편, 20세기 초까지, 서양인들은 창교자의 이름을 기준으로 종교의 명칭을 부여하는 관행을 가지고 있었다. 기독교는 창교자인 예수그리스도의 종교라는 의미에서 Christianism(Christianity), 불교는 창교자 붓다의 종교라는 의미에서 Buddhism, 이슬람은 창교자 무하마드의 종교라는 의미에서 Mohamedanism이라고 불렀다(물론 그런 명칭은 잘못된 것이다). 유교는 공자(공부자)의 종교라는 의미에서 Confucianism이라고 부른다. 그런 맥락에서 유교 종교론자들은 거의 이구동성으로 유교를 일반적인 명칭인 유교가 아니라, 일부러 공자에 강조점을 두면서 공자의 도, 공자의 교,

혹은 '공교', '공자교'라고 불렀던 것이다.

6) '공교'의 특징 : 이병헌을 중심으로

대한제국이 국권을 상실하면서 한국 유교는 절체절명의 상황에 떨어진
다. 일부 유학자는 근대적 종교 개념을 근거로 유교의 성격을 재해석하는
방식으로 유교의 위기를 극복하려 했다. 그들은 수입 종교였던 기독교의 조
직력과 흡인력을 모방하여 유교를 근대적으로 개혁하기 위한 기초 작업으
로서 기독교와 유교를 비교하는 작업을 벌였다. 비교는 비교 상대의 특징을
드러내는 가장 좋은 방법이기 때문이다. 그들의 일차적인 목표는 초보적인
비교를 통해 유교의 성격을 규정하고, 유교가 나아갈 방향을 타진하는 것이
었다. 이때의 비교는 단순히 종교와 종교의 비교를 넘어, 철학이나 과학 등
새로 수입된 외국의 신학문 체계와 비교하는 작업으로 확대되기도 한다. 김
택영金澤榮(號 滄江, 1850~1927), 박은식, 박장현朴章鉉 등 유교 종교론자들은
비교를 통해 유교의 특징을 논한다. 여기서는 자세한 것을 다 살펴볼 수 없
기 때문에, 유교 종교론자로서, 캉유웨이의 공교론에 큰 영향을 받은 이병
헌의 입장을 살펴보는 것에 그친다.

이병헌李炳憲은 근본적으로 캉유웨이의 연장선 위에 있다. 캉유웨이를 따
라, 이병헌은 '공교'(유교)가 기본적으로 '인도人道'의 종교라는 사실을 인정한
다. 한걸음 더 나아가 그는 주역이나 중용 등의 경전을 근거로 유교가 신도
를 부정하거나 도외시하는 종교가 아니라는 사실을 강조한다. 특히 그가 인
용하는 것은 "성인이 신도로써 교教(이 경우 교는 당연히 종교라고 읽는다)를 펼쳤
다"(聖人以神道設教)(『주역』 관괘, 대상전)는 구절, 그리고 같은 계사전의 '궁신窮神'
이나 '진신盡神' 등의 개념이다.

이병헌은 공자가 초세간법出世間法에 밝았으며, 동시에 입세간법入世間法

에 밝았다고 주장하기 위해 이런 구절들을 특별히 끌어낸 것이다.[30] 나아가 그는 『주역』을 "신도로써 교를 펼친 위대한 경전"(神道設敎之大經)이라고 중요시하고, 『주역』의 점(占)에 대해서도 깊은 의미를 부여한다. 다시 말해, 점은 진실함(성)을 근거로 신(神)과 교통하는 방법이라고 이해한 것이다.[31] 결론적으로 이병헌은 『중용』의 '귀신장'(제16장)을 중용 전체의 핵심(樞紐)이며, '공교의 두뇌'(孔敎之頭腦)라고 선언한다.[32] 이런 이병헌의 주장은 유교(공교)를 인도교에 한정할 때 발생하는 난점을 극복하기 위한 시도라고 말할 수 있다. 다시 말해, 이병헌은 기독교 및 불교 등 당시에 새로운 대항자로 떠오른 종교들이 초래하는 다종교 상황을 극복하기 위한 대안으로서, 그리고 당시 유교의 최대 약점의 하나로 꼽혔던 종교의 중요한 실체적 표지의 하나인 신 내지 신 신앙에 대한 관심을 강조하면서, 공교의 중요성을 부각시키는 전략을 보여준 것이다.

이병헌의 종교론에서 중요한 것은 유교(공교)를 철학과 비교하는 것이다. 당시 중국과 일본에서는 과학, 철학, 종교의 관련성을 탐색하는 논의들이 전개되고 있었고, 이병헌 역시 그런 논의에 자극을 받으면서, 논의를 전개하고 있다. 먼저 이병헌은 서양에서는 철학과 종교가 분리되어 있지만, 동양에서 종교는 철학과 분리되지 않는다고 판단한다. 철학과 종교를 분리시키고 그것에 위계를 부여한 것은 량치차오로서, 당시 캉유웨이와 량치차오를 잘 알고 있던 이병헌은 결국 은연중에 량치차오의 입장에 반대하는 논리를 펼친 것이라고 이해할 수 있다.

량치차오는 철학과 종교를 구별하고, 그 둘 사이에 위계를 부여한다. 무술변법 실패 후에 일본으로 망명한 량치차오는 일련의 종교론을 통해, 철학

---

30 「儒敎復原論」, 『李炳憲全集』(上) (아세아문화사, 1989).
31 「易經今文考」, 『李炳憲全集』(下) (아세아문화사, 1989).
32 「經說」, 『李炳憲全集』(下) (아세아문화사, 1989).

은 진짜 지식, 종교는 그 아래에 위치하는 낮은 지식으로 구별한다. 시간이 흐르면서 그는 종교를 다시 정신正信과 미신迷信으로 구분하고, 유교 및 불교의 이론적 부분, 즉 정신正信에 속하는 부분은 철학에 소속시키고, 철학에 속하지 않는 부분은 미신이라고 부른다. 량치차오는 철학과 종교를 넘어서는 최상위의 지식으로 과학이 있음을 인정하는 식으로, 인류의 지식에 위계를 부여했다. 나중에 량치차오는 모든 종교는 미신적 성분을 갖지 않을 수 없기 때문에, 종교 전부를 미신 범주 안에 소속시키는 방향으로 나아간다.

그러나 이병헌은 천당지옥이나, 초월적인 신권을 강조하는 종교를 미신이라고 보는 량치차오의 주장에 이의를 제기한다. 유교에 천天 신앙이나 신神 개념이 없는 것은 아니지만, 공자는 현실세계와 초월세계를 구별하지 않았을 뿐 아니라, 천인의 합일을 강조하는 철리를 주장하는 종교가이자 철학자라고 주장한 것이다. 이어서 그는 20세기 이후에는 종교와 철학은 하나가 될 것이며, 그런 시대가 오면 공자는 지구상에 유일무이한 종교가가 될 것이고, 공교는 전세계를 통합하는 대동교大同教가 될 것이라고 주장한다. 왜냐하면 공자야말로 철학과 종교의 위계를 극복하여, 진정으로 종교와 철학, 철리와 신앙을 통합하는 탁월한 존재이기 때문이다. 끝으로 이병헌은 미래에는 과학과 기술이 더욱 발달함에 따라, 인도人道와 철리哲理가 더욱 성숙해지고 결국 유교가 크게 성장할 것이라는 희망과 신념을 밝히고 있다.[33]

처음에 종교 개념이 수용되었을 때, 대부분의 유학자는 '종교' 개념을 유리한 것으로 받아들였다. 그 개념으로 유교를 종교라고 부를 수 있게 되었고, 서양에서 종교가 긍정적인 역할을 했던 것처럼, 유교 역시 긍정적인 역할을 담당할 수 있다고 보았기 때문이다. 그러나 점차, 서양이나 일본처럼

33 「儒教復原論」, 『李炳憲全集』(上) (아세아문화사, 1989).

근대화를 먼저 이룬 나라에서 공부하고 견문을 넓힌 사람들이 귀국하면서, 이제는 종교를 근대화에 방해가 되는 장애물 내지는 낡은 시대의 관행으로 여기는 입장이 수입된다. 그리고 종교를 논의하는 상황이 조금씩 달라진다. 계몽주의나 과학주의에 경도된 사람들이 종교를 부정적으로 평가하는 관점을 소개하고, 1920년대 유물론 사상이 들어오는 시기가 되면, 종교는 지식 위계의 최하위에 위치 지어지게 된다. 그리고 그것과 더불어 종교라는 개념 자체의 문화적, 정치적 입지가 왜소화된다.

그런 변화는 중국에서 캉유웨이의 영향력이 축소되는 과정과 맞물려 있고, 량치차오의 입장이 상승하는 과정, 더 나아가 천두슈나 후스 등의 영향력이 상승하는 과정과 연결되어 있다. 캉유웨이로 대표되는 유교 종교론, 공교론, 국교론은 20세기의 10년대 후반이 되면 시대착오적인 관점으로 대중의 관심에서 멀어진다. 그런 과정은 중국에서 량치차오, 천두슈, 후스의 영향력이 강화되는 것과 정확히 반비례 관계에 있다. 근대적 계몽주의가 득세할수록 종교 개념 자체의 부정적 뉘앙스가 부각되어 갔던 것이다. 특히 1902년 량치차오가 유교 비종교론과 과학, 철학, 종교, 미신의 위계론을 제시하는 시기가 그 전환점이라고 말할 수 있다.

캉유웨이를 추종하던 이병헌은 1902년 이후의 량치차오 유교 비종교론을 의도적으로 무시할 수밖에 없었다. 혹은 앞에서 본 것처럼, 종교를 곧 미신이라고 보는 계몽주의적 지식 위계론을 적극적으로 부정하는 방식으로 '유교 비종교론'에 반대할 수밖에 없었다. 한국에도 유교는 종교가 아니라는 량치차오의 비종교론이 소개되고, 중국의 영향보다는 일본의 영향이 강화되기 시작하는 1910~1920년 이후가 되면, 유교를 종교로 재해석하거나, 종교적 실천으로서 유교를 개혁하려는 논의 자체가 사라지게 되는 것은 자연스런 역사의 행보라고 말할 수 있다.

6. 1920년대 이후 유교 종교론의 행방

근대기 중국과 중국의 영향권 안에 있던 한반도에서는 "유교는 종교인가 아닌가?"하는 문제가 대단히 중요한 의제로 떠올랐다. 캉유웨이의 공교 운동을 모델로 삼아 한국에서도 유교를 근대적 종교로서 개혁하려는 '공(孔)교 운동'이 펼쳐졌다. 이병헌, 이승희, 박은식, 송기식 등으로 대표되는 한국의 공자교 운동은 결과적으로 큰 성과를 거두지 못했지만, 그 운동에서 중요한 의제는 유교와 종교의 관계였다. 그러나 '종교'라는 어휘는 당시 열강의 문화적 편견, 즉 기독교 중심주의의 편견, 서구적 우월주의 편견, 과학주의적 편견, 철학적 편견 등등 다양한 편견으로 물들어 있는 개념이었다.

이런 상황에서 "유교는 종교인가 아닌가?"하는 것은 학문적 의제라기보다는 이념적 확신을 주장하는 선언이 될 수밖에 없다. 유교를 종교라고 주장하든, 유교는 종교가 아니라고 주장하든, 그것은 그 사람의 의도를 드러내는 것일 뿐, 사실적 판단으로서는 거의 의미가 없다. '유교는 종교인가 아닌가?'에 대해 권위를 가진 심판자는 존재하지 않는다. '유교는 종교'라는 주장이나 '유교는 종교가 아니'라는 주장은 우열 관계가 아니다. 따라서 이런 논의에서는 어떤 주장을 펼치는 사람의 '의도'를 이해하는 것이 과제가 된다. 그들은 '왜' 무슨 '의도'를 가지고 그런 주장을 펼치는가? 캉유웨이는 왜 유교를 종교라고 말하고, 량치차오는 왜 유교를 종교가 아니라 말하는 것인가? 캉유웨이는 왜 유교를 공교라고 부르고, 왜 장빙린은 공자는 교조가 아니라고 말하는가? 결국 그들의 의도는 무엇인가? 그들 중 누가 옳다거나 틀렸다는 판단을 내리는 것은 우리의 능력을 벗어난다. 당시 유교 종교론자의 한 사람인 장동쉰(張東蓀)이 서양의 대철학자 칸트의 종교 개념을 끌어와 유교는 '종교'라고 말했다고 해서, 칸트의 권위 때문에 그의 주장이 참이 되는 것이 아니다. 칸트의 종교 개념 역시 '왜'와 '의도'를 피할 수 없다. 100년 전 중국 사상가들은 '왜' 유교를 종교라고, 또는 종교가 아니라고 주장했을까? 100년 전 한국의 유학자들은 왜 유교를 종교라고, 혹은 종교가 아니라고 보았을까? 유교를 '무엇'이라고 규정하는 것 자체가 그들의 '입장'이며 그들의 '의도'를 실현하는 장치이기 때문에, 그런 논의에 참여하는 논자들의 의도와 입장을 이해하는 것이 중요하다.

대체로 말해서, '공교' 운동을 주도한 캉유웨이, 첸환장은 '유교는 종교'라고 주장했다. 그런 주장을 통해 자신들의 정치적, 사상적 의도를 실현할 수 있다고 생각했기 때문이다. 반면, 량치차오나 천두슈처럼 '유교는 종교가 아니다'라고 주장한 사람들 역시 자기들의 '의도'를 실현하기 위해 그렇게 말했다. 일관되게 캉유웨이의 비판자였던 장빙린은 '유교는 종교가 아니'라고 주장한다. 처음에는 캉유웨이의 제자였던 량치차오는 나중에 생각을 바꾸어 '유교는 종교가 아니'라고 주장한다. 위에서 살펴본 것처럼, 량치차오의 주장은 시간이 지나면서 달라진다. 그런 변화를 사상의 성숙 때문이라고 말하는 사람도 있지만, 그것은 단순한 의견의 변경일 뿐 사상적 성숙과는 무관하다. 같은 '유교 비종교론'이라도 결론은 같지만 '의도'와 '목적'은 전혀 다른 경우가 있다. 그러나 량치차오와 캉유웨이처럼 입장이 다르지만 공교에 일정 정도 공감하는 경우도 있다. 1917년 공교 국교화의 시도가 완전히 실패로 돌아간 다음, '유교 비종교' 진영 안에서는 조금 더 복잡한 변수가 등장한다. 천두슈 등 신청년파에 속하는 극단적 입장이 출현한 것이다. 천두슈의 '유교 비종교'론은 장빙린이나 량치차오의 '유교 비종교'론과는 전혀 다른 의도를 가지고 있다. 물론 후스의 입장, 조금 뒤의 펑유란의 입장도 같은 '유교 비종교'론이지만, 결이 상당히 다르나. 1920년대 후반부터 등장하는 유물론적 관점의 '유교 비종교'론은 또 전혀 다른 내실을 가지고 있다. 전반적으로 볼 때, 당시 중국에서, 즉 1900년 이후의 중국에서 유교 비종교론이 점차 세력을 확대하고 1949년 이후 최종적인 승리를 거두게 된다.

1917년 이후, 진지하게 '유교 종교론'을 주장하는 사람은 거의 자취를 감추고, 공자 평가와 관련하여, '존공'이냐 '비공'이냐의 토론으로 방향이 선회한다. '존공'과 '유교 종교론'은 어느 정도 연결점을 가지고 있지만, '존공론'이 곧바로 '유교종교론'이 되는 것은 아니다. 예를 들어, 캉유웨이의 유교 종교론은 곧바로 존공론이지만, 량치차오의 존공론은 곧바로 유교 종교론과 연결되지 않는다. 물론, 흔히 '비공파'라고 불리는 신문화 운동기의 천두수는 철저하게 공자를 비판하는 '비공파'의 입장이다. 그러나 후스는 '비공파'지만 극단적이지 않다. 시간이 흐르면서 후스는 공자에 우호적일 뿐 아니라, 1934년에 발표된 「설유說儒」에서는 공자를 종교적 예언자라는 주장을 펼치기도 한다. 한편, 평유란의 입장은 미묘하다. 그는 유교는 '종교'가 아니라 '철학'이라고 주장하고, 철학으로 종교를 대신해야 한다는 주장을 펼친 대표적 논자다. 그러나 결국 그가 선택한 '철학'은 '유학'이었다. 따라서 평유란이 공자 사상에 대해 일정 정도 비판적 시각을 가지고 있었다고 해서 그를 '비공파'라고 부를 수는 없다. 1930년대 이후에는 국민당 정권의 정치적 의도와 결부된 '독경讀經' 운동이 전개되고, 다시 '존공론'과 '비공론'이 충돌하는 상황이 펼쳐진다. 그때 국민당파를 지지하는 논자들은 주로 '존공파'의 입장에 섰고, 국민당에 비판적인 논자들은 주로 '비공파'의 입장에 섰다.

1940년대에 들어오면 유교 종교론은 거의 자취를 감추고, 유교를 현대적으로 재해석하는 것을 추구하는 '신유가'가 등장한다. 그들의 입장은 분명히 '존공적'이다. 그러나 그들은 단순히 '유교종교론'자라고 부를 수 없다. 그들은 유교의 '종교성'(religiosity)을 인정하는 절충적 입장에 서 있다고는 말할 수 있다. 유교는 엄밀한 의미의 종교는 아니지만 '종교성'을 가진다는 미묘한 입장을 내세운 것이다. 물론, 그들의 주장 역시 이념적, 혹은 가치론적 의도를 가진 것이다. 유교의 제도적 기반이 사라진 현대 사회에서 캉유웨이 식의 유교 종교론, 더 나아가 유교 국교론을 내세우는 것은 오히려 비현실적이다. 그러나 그들은 유물론자들처럼 유교를 사회정치적 차원에서만 해석하는 것에 만족하지 못한다. 신유가의 목표는 유교의 정신적 심층을 인정하고 그것을 재해석하여, 정치, 사회적 기능을 넘어서서, 유교의 '정신성'(spirituality)을 회복하는 것이다. 그런 정신성, 정신적 심층에서 나온 '도덕성'의 회복도 중요한 과제다. 따라서 그들 신유가의 '존공론'은 유교의 '정신성'혹은 '종교성'을 강조하고, 그것을 통해 현대인의 정신적 결핍을 치유하는 것을 목표로 삼게 된다. 물론 그때 그들이 말하는 종교는 당연히 기독교를 기준으로 삼는 것이라는 점에서, 여전히 서양에 대한 문화적 열등감에서 자유롭지는 않다.

한편, 대륙중국에서는 유물론적 해석이 우세해지고 '비공파'가 정통적 입장이 된다. 마르크스주의의 정치적 승리와 함께 유교는 종교가 아닐 뿐 아니라 공자는 보수반동적 사상가라는 관점이 정설로 확립된 것이다. 결국, 캉유웨이를 하나의 극단(유교종교론/존공론)이라고 본다면 다른 하나의 극단에 마르크스주의 입장(유교비종교론/비공론)이 위치한다. 그렇다면 그 양극단 사이에 얼마나 다양한 가능성이 숨어 있을지 가늠하기는 쉽지 않다. 그리고 그것을 유형론적으로 구분하는 것도 쉽지 않다. 1980년대에 들어오면서, 대륙중국에서는 다시 공자 및 유교의 성격을 둘러싼 토론이 재활성화되고, 존공/비공을 넘어서, 다시 "유교는 종교인가 아닌가?"하는 논의가 활발해졌다. 대표적인 논자로서는 리즈허우(李澤厚), 런지위(任繼愈), 리션(李申), 장따이니옌(張岱年), 차이샹스(蔡尚思) 등이 있다. 그러나 그 새로운 토론 역시, 순수한 학리적 토론이라기보다는 이념적 가치론적 대립을 전제한 토론이라고 보는 것이 옳다.

참고문헌

■ 2차 자료(단행본)

陳其泰, 『淸代公洋學(增訂本)』, 上海人民出版社, 2011.

曾亦, 『共和與君主 : 康有爲晩期政治思想硏究』, 上海人民出版社, 2010.

汪榮祖, 『康有爲論』, 中華書局, 2006.

蕭公權(왕영조 역), 『康有爲思想硏究』, 新星出版社, 2005.

羅爾鋼, 『太平天國史』(제2책), 人民出版社, 1981.

彭春凌, 『儒學轉形與文化新命 : 以康有爲, 章太炎爲中心(1898~1927)』, 北京大學出版社,
  2014.

許全興 外, 『中國現代哲學史』, 北京大學出版社, 1992.

干春松, 『制度化儒家及其解體』(修訂版), 中國人民大學出版社, 2012.

李申, 『儒學與儒敎』, 四川人民出版社, 2005.

劉黎紅, 『五四文化保守主義思潮硏究』, 中國社會科學出版社, 2006.

張艶國, 『破與立的文化激流』, 花城出版社, 2003.

楊國强, 『百年蘯蛻 : 中國近代的士與社會』, 上海三聯書店, 1997.

李揚帆, 『走出晩淸』, 北京大學出版社, 2005.

康有爲, 『康有爲全集』(修訂版), 中國人民大學出版社, 2020.

_____(湯志鈞 編), 『康有爲政論集』, 中華書局, 1981.

梁啓超, 『飮冰室合集』, 中華書局, 1990.

_____(劉東 編), 『梁啓超文存』, 江蘇人民出版社, 2012.

胡適, 『胡適學術文集 : 哲學與文化』, 中華書局, 2001.

___, 『嚴云受編, 胡適學術代表作』(상, 중, 하), 安徽敎育出版社, 2009.

菊池秀明, 『太平天國』, 岩波新書, 2020.

금장태, 『유교개혁사상과 이병헌』, 예문서원, 2003.

금장태, 『한국근대의 유학사상』, 서울대학교출판부, 1999.

유준기, 『한국근대유교 개혁운동사』, 도서출판 삼문, 1994.

이용주, 『세계관전쟁』, 성균관대학출판부, 2020.

_____, 『동아시아 근대사상론』, 이학사, 2009.

장석만, 『한국근대종교란 무엇인가?』, 도서출판 모시는사람들, 2017.

일제강점기 한국 유교계의 도전과 변형

서동일

1. 1910년대: 국권 상실의 충격과 혼돈

1) 독립운동의 모색과 연대

(1) 병합 이후 총독부의 유교정책 구상

1910년 국권 상실 이후 한국인[1]은 전에 없는 사회적 변동과 정신적 충격을 경험했다. 이런 상황은 자연스럽게 한국 사상계 전반에 큰 영향을 미쳤다. 특히 조선왕조 500여 년간 지배 이데올로기로 기능했던 유교는 국권 상실의 주된 원인이라는 비난 속에 급격한 쇠락을 맞이했다. 유교계는 이민족 지배자인 일본의 식민지 유교 정책에도 적절히 대응해야 했다.

우선 국권 상실의 현실은 한국 유교계를 혼란에 빠뜨렸다. 이전까지 유림은 식민지 상황을 가정적으로 접근했지만, 이제는 당면한 현실로 대면하게 되었다. 따라서 구체적이고도 현실적인 대응방안이 요구되었다. 다만

---

1 이하 국호 및 국민(인민)을 가리키는 용어는, 통시대적 명칭인 경우 한국/한국인으로, 일제강점기에 국한된 명칭인 경우 조선/조선인으로 표기했음을 밝혀둔다.

1910년대 초 식민지 조선은 아직 제도적으로나 현실적으로 과도기적 상태였다. 식민지 법령과 제도가 완전히 정비되지 않아 대한제국의 상태를 완전히 탈피한 것도 아니고 완전히 일본화된 것도 아니어서 중간적 단계에 있는 상황이었다. 그럼에도 일상에서 식민권력과의 접촉은 더 이상 거부할 수 없는 상황이 되었다.

일본은 병합 이후 식민지 조선의 유교와 유림에 대한 친일화 작업에 나섰다. 총독부는 경학원經學院-문묘文廟[2] 체제를 통해 친일 유림을 조직적으로 양성하고 세력화하고자 했다.[3] 총독부에 동원된 친일 유림은 '사회 참여'라는 구호를 내걸고 지방에 은둔하는 보수 유림을 자극해 식민질서에 편입시키고자 했다.

1911년 6월 총독부는 「경학원규정」을 공포하여 종래의 최고 교육기관인 성균관을 철폐하고 경학원을 설치했다. 또한 「지방 문묘 직원直員에 대한 규정」(1911)을 통해 종래 향교의 주요 기능 중 강학 기능을 없애고 제사 기능만 남기는 한편 식민지 정책을 홍보하는 기능을 중시하는 기형적인 형태의 문묘를 설치했다.

기구 편제의 변화는 단순히 명칭의 변화에 그치지 않았다. 총독부는 직속 유교 기구로 상부에 경학원을, 하부에 문묘를 두어 중앙집권적 체제로 조선 유교계를 재편하고자 했다. 다시 말해 일본의 식민통치에 협력하는 노련한 유교계 지도급 인물을 경학원 간부에 배치하여 총독부의 유교정책을 돕게 하고, 종래에 독립성이 보장되던 향교를 경학원에 종속시킴으로써 총독부 → 경학원 → 문묘로 연결되는 상하 구조 아래 조선 유교계를 식민질서에 종속시킨다는 전략이었다.

---

2 '문묘文廟'는 원래 공자의 위패를 봉안한 사당을 의미하는데, 이 글에서는 1911년 이후 총독부가 전통적인 향교를 대신해 조성한 유교 기구를 의미하는 용어로 사용했다.
3 金明友, 「日帝 植民地時期 鄕校 硏究」, 中央大 史學科 博士學位論文, 2007.

그런데 이런 총독부의 전략은 큰 성공을 거두지 못했다. 무엇보다 유교계 명망가들의 참여가 저조했다. 총독부는 경학원 수장인 대제학에 박제순, 부제학에 이용직·박제빈을 임명했는데, 이들은 대한제국기에 고관을 역임한 이력은 있었지만 유교계를 대표하는 인물로 보기 어려웠다.

또한 총독부는 지방 유교계를 지도할 인물들을 각도에 1명씩 선정하여 경학원 강사講士로 임명했으나 자기 의사와 무관하게 일방적으로 임명된 경우가 많았다.[4] 호남의 대표적 인물인 전우[5]가 누락된 반면, 곽종석은 총독부 임명을 거부했고, 박은식은 이미 중국 만주로 이주하여 강사직을 수행하기 어려운 상황이었다. 이는 총독부의 초기 유교정책이 얼마나 현실과 괴리된 채 졸속으로 진행되었는지 잘 보여준다.

(2) 국내의 저항운동

유림은 국권 상실을 심각한 상황으로 인식했다. 이는 국권 상실이 곧 도道의 단절로 이어질 수 있다는 우려 때문이었다. 보수 유림의 입장은 크게 두 가지로 나뉘었다. 하나는 '국가가 무너지면 도道도 함께 무너진다(國亡而道亦亡)'는 인식에 따라 생사를 걸고 즉각 일본에 저항해야 한다는 주장이고, 다른 하나는 '국가는 무너져도 도는 무너져서는 안된다(國可亡而道不可亡)'는 인식에 따라 오지로 은둔하거나 국외로 망명하여 유교 전통을 고수하고 독립운동에 몰두해야 한다는 주장이었다.[6] 하지만 도의 단절을 우려한다는 측

---

4 鄭旭宰,「한말·일제하 유림 연구」, 한국학중앙연구원 한국학대학원 박사학위논문, 2008, 70쪽.
5 박학래는, 전우가 조선 말기 이래 학계와 정계를 주도한 기호 낙론洛論의 도통을 이었고, 이기·심성에 관한 당대 유학계의 주요 논쟁에 주도적으로 참여했으며, 제주도에서 북간도에 이르기까지 광범위한 지역에 2천여 명의 문인을 둔 점 등을 들어, 전우의 간재艮齋학맥을 조선 말기 이래 '당대 최대 학파'로 이해했다(朴鶴來,「艮齋學派의 學統과 사상적 특징」,『儒敎思想研究』28(韓國儒敎學會, 2007), 95~97쪽).
6 금장태,「한국근대유교와 종교운동」,『儒敎文化와 韓國社會』(제3차 발표:유교와 한국

면에서는 같은 입장이었다.

1910년대 초 유림은 여러 형태로 일본의 한국 침략과 총독부 유교정책에 대해 자기 입장을 표명했다. 자결처럼 뚜렷한 방식으로 의사를 표시하는 경우도 있었지만, 모호한 입장을 취한 경우도 있었다.

한편에서는 일본의 식민지배에 대한 강한 저항이 나타났지만, 다른 한편에선 식민권력(총독부)의 정책을 관망하는 태도나 식민통치 하에서 유교 부흥을 모색하려는 태도가 나타났다. 다만 이런 움직임들은 아직 전형적인 민족운동·독립운동이나 협력행위와 거리가 멀었고, 소극적 저항운동이나 유교부흥을 모색하는 단계에 머문 경우가 많았다.

전자의 경우 조선 또는 대한제국의 백성, 즉 유민遺民임을 재확인하면서 일본의 식민통치에 순응하지 않겠다는 의사를 표명하는 형태로 나타나는 것이 보편적이었다. 이들은 "예의의 나라에 태어나 우리 부자夫子의 존화양이尊華攘夷의 도리를 배웠는데, 이제 나라가 깨지고 임금을 잃으니 … 죽어서 백골이 된다 한들 섬오랑캐島夷의 백성이 되어 호戶에 편제되는 일은 결코 하지 않겠다"고 하며[7] 납세와 입적을 거부했다.

이들은 식민권력과의 접촉을 차단하는 것이 현실적으로 어려운 일임을 깨닫자 깊은 산중이나 섬으로 들어가 강학과 후진 양성에 몰두했다. 당시 재야의 양대 산림으로 불리던 전우田愚(전북 부안)와 곽종석郭鍾錫(경남 거창)등 다수의 보수 유림이 이런 태도를 취했다.

후자의 경우 식민지 상황을 일정 부분 현실로 받아들이고, 제한적인 범위에서 유교와 유교 세력의 반등을 모색하는 형태로 나타났다. 특히 이들은 '종교宗敎' 공인에 관심을 보였다. 총독부는 1915년 8월 조선총독부령 제83

사회의 근대적 전환)(大東文化硏究院, 1999), 98쪽; 유명종, 『조선후기 성리학』(이문출판사, 1985), 576쪽.

7   趙熙濟, 『念齋野錄』권4, 「孔致鳳」, 116쪽.

호로 「포교 규칙」을 발표하여 총독부가 공인하는 종교의 범위를 공지했다. 여기에는 신도神道·불교·기독교가 포함되고, 유교는 제외되어 있었다. 이로 인해 유림은 법률상 포교를 구실로 한 대외활동이 어렵게 되었다. 경남 함양의 이병헌이 총독에게 수차례 유교의 종교 공인을 요청하는 청원서를 제출한 것도 이런 배경에서 비롯된 것이었다.[8]

한편 유림을 더욱 곤혹스럽게 만들고 식민지 상황에 대해 보다 분명한 태도를 취하게 만든 것은 총독부의 은사금恩賜金 정책이었다. 총독부는 유림을 회유하기 위해, 유교계 지도자나 고령의 신망있는 인물들을 우대한다는 명목으로 소위 '은사금恩賜金'을 지급했다. 대상자는 전국의 60세 이상 노유老儒 9,721명으로, 일반인에게 15엔, 특수자에게 최고 120엔 등 총 30만 엔을 지급했다.[9]

그런데 총독부는 외형상 유교계의 원로를 우대한다는 형식을 취했지만, 현실에서는 매우 강제적이고 집요한 지급방식을 택했다. 은사금을 거부하면 회유와 협박을 반복하여 수금을 강요했고, 계속 거부할 경우 가족·친척 등을 협박하여 우회적인 경로로 지급하려 했다.

유교지도자들은 은사금을 받으라는 통보 자체를 수치스럽게 여겼다. 이들은 여러 차례 거부 의사를 강하게 밝혔다. 하지만 면장이나 주재소장은 이들을 면사무소나 주재소로 불러 받기를 강요했고, 거부할 경우 가족이나 친지를 통해 압박을 가하였다.

유교지도자들은 격렬히 저항했다. 예를 들어 경남 의령의 안효제安孝濟는

---

8 이병헌의 청원활동은 초기에는 비교적 순수한 형태를 띠었지만, 1918년 5월 하세가와 총독에게 보낸 편지를 보면 "동아 치안의 방침과 대륙 회유의 정책으로 말하여도 유교를 더욱 숭상할지니"라고 하여 일본의 아시아주의에 경도된 모습을 보였다(서동일, 「1910년대 韓中 儒林의 교류와 孔敎運動」, 『한국민족운동사연구』 77(한국민족운동사학회, 2013), 174쪽).
9 姜東鎭, 『日帝의 韓國侵略政策史』 2판(한길사, 1984), 240쪽.

"대한大韓 왕의 신하로서 국가가 망할 때 구출하지 못했으니 죽어도 죄가 남을 터인데 원수 나라의 임금이 나에게 무슨 은혜가 있다고 이 돈을 주는가. 선비는 죽일 수는 있어도 욕보일 수는 없다. 나에게 다시 주겠다면 죽음이 있을 뿐"이라며 자결 의사를 내비쳤고 결국 1912년 중국 만주로 망명했다.[10]

국권 상실 직후 국내에서 나타난 가장 즉각적이고 강렬한 저항방식은 자결이었다. 자결을 주도한 것은 주요 학파의 종장이나 그의 문인 또는 명문가의 후손이었다. 예를 들어 홍직필을 학문적 연원으로 하여 독자적 학맥을 형성한 박세화朴世和(경북 문경), 이건창·김택영과 교류한 황현黃玹(전남 구례), 전우의 제자인 오강표吳剛杓(충남 공주), 퇴계 이황의 11세손 이만도李晚燾(경북 안동) 등이 병합 직후 자결을 택했다.

이들에게 국가의 멸망(國亡)은 도의 멸망(道亡)으로 인식되었다. 박세화는 병합 소식에 "도道가 망하니 내가 어찌하리오. … 스스로 지조를 깨끗이 하여 내 몸을 성현에게 바치려 하노니"라는 말을 남기고 단식한 끝에 사망했다.[11] 다만 이런 자결행위는 개별적이고 단발적이라는 취약점이 있었다.

한편 이 시기 유림의 가장 적극적인 저항활동은 비밀결사를 통한 독립운동으로 나타났다. 이런 비밀결사는 주로 전 시기의 의병운동이나 계몽운동을 인적, 이념적으로 계승한 것이었다. 의병운동 계열의 경우 독립의군부가 대표적이었다. 독립의군부는 1912년 전 낙안군수 임병찬林炳贊이 고종의 밀지에 힘입어 토대로 결성한 단체였다.

임병찬과 더불어 곽한일郭漢一·전용규田龍圭 등이 주도하고, 충청·호남권 인물들이 다수 참여했으며, 중앙조직과 지방조직을 두었다.[12] 1914년 조

---

10 금장태, 「Ⅳ.종교계운동-1.일본강점기 유교의 독립운동」, 국사편찬위원회 편, 『한민족독립운동사』 9(시사문화사, 1991), 460~461쪽 재인용.

11 금장태, 위의 논문, 1991, 453쪽.

12 강영심, 「Ⅱ. 1910년대 민족운동의 전개」, 국사편찬위원회 편, 『한국사』 46(탐구당문화사, 2001), 138~139쪽.

440 제2장 | 사상적 모색과 실험

직의 전모가 발각되어 큰 타격을 입었지만, 1910년대 말까지 명맥을 유지한 것으로 보인다.[13] 이들은 대개 최익현의 동문이거나 문인으로, 과거 의병운동에 참여한 전력이 있었다. 고종의 밀지가 집단행동의 출발점이 되었고, 종국적으로 대한제국의 복구를 기도했다는 점에서 복벽주의 성향이 강했다. 이밖에 의병운동 계열로 풍기광복단, 민단조합 등이 있다.

계몽운동 계열의 경우 광복회가 대표적이었다. 광복회는 1915년 허위의 제자인 박상진朴尙鎭이 국외에 독립운동기지를 만들어 대일항전을 벌일 계획으로, 국내에서 친일 부호를 협박해 자금을 모집하고 중국 만주 등지에 거점을 만들어 활동한 단체였다. 의병 후계조직인 풍기광복단과 조선국권회복단 일부 인사가 결합해 만들었다.

박상진과 정운일·채기중·우재룡·양제안·이관구 등이 주도하고, 충청·황해·전남 출신 인사가 많았으며, 국내조직은 물론 중국에도 거점을 마련했다.[14] 1916년 경성을 중심으로 조직이 크게 확대되었는데, 이때 노백린·김좌진도 가입했다. 다만 같은 해 박상진이 체포되고 노백린과 김좌진이 체포령을 피해 국외로 망명하면서 단체는 동력을 잃었다. 이밖에 계몽운동 계열로 조선국권회복단 등이 있다.

(3) 국외 이주와 독립운동

국내의 유림은 식민권력과 접촉을 끊고자 했지만, 이는 현실적으로 불가능한 일이었다. 이들은 이적이자 침략자인 일본 세력(총독부)과의 대면을 끊고자 섬이나 깊은 산속 같은 오지에 은둔하기도 했으나, 식민권력과의 만남

---

13 李成雨, 「1910년대 전북지역 獨立義軍府의 조직과 활동」, 『한국근현대사연구』 102(한국근현대사학회, 2022).
14 강영심, 앞의 논문, 162~163쪽.

이 다소 지연되었을 뿐 완전히 차단하기는 어려웠다.

따라서 유림은 총독부의 감시와 통제에서 벗어나 보다 자유로운 생활을 영위하고, 장기적으로 반일운동에 몰두할 수 있는 여건을 만들고자 노력했다. 이는 국외 망명을 통한 독립운동으로 귀결되었다. 이들이 주목한 지역은 거리상 고국과 가깝고 역사적으로 고구려·부여·발해 등이 위치하여 흔히 고토故土로 불리던 중국 만주와 러시아 연해주였다.

실제로 1910년대 초·중반 다수의 유림이 중국 만주와 러시아 연해주를 방문했다. 이들은 고토 또는 유교 유적을 방문한다는 명분으로 장거리 여행에 나섰다. 하지만 이는 국권 상실 이후 한층 강화된 국경 경비를 무사히 뚫기 위한 구실에 불과했다. 이들의 국외 여행은 한가한 유람遊覽과 거리가 멀었다. 그들은 생명의 위협을 무릅쓰고 중국 관내와 만주, 중국·러시아 접경 지역, 러시아 연해주를 횡단하였으며, 결국 이주지를 최종 결정했다.

유교지도자들은 국외 이주의 구심점이 되었다. 이상룡李相龍(중국 유하현), 노상익盧相益(안동현), 이승희李承熙(밀산부), 류인석柳麟錫(러시아 블라디보스토크) 등이 대표적이었다. 몇몇 인물들은 아예 '집안' 전체를 이끌고 이주하기도 했다. 예를 들어 이상룡은 수십 명의 대가족을 이끌고 이동했는데, 여기에는 출산을 앞둔 산모, 유아, 고령의 노인이 포함되어 있었다.

이주지는 비록 중국 본토(진화金華)는 아니었지만, 그와 멀지 않고 이주와 정착이 용이한 만주와 연해주로 결정되었다.[15] 이들은 미리 정착 후보지를 답사하고 최종 결정했으며, 정착 후 현지인들과 교섭하여 거주 공간을 마련하고 농경지를 임대했다. 또한 장기적 안목에서 아동·청년 교육을 위한 교재를 만들고, 민족정체성을 유지하고 독립의식을 고취하기 위해 신문을 간행했다. 또한 당시 중국과 러시아에서 성행하던 혁명과 사회운

---

15 丁敦燮, 『陶庵文集』, 附錄, 「家狀」, 6b쪽.

동에도 적극 참여했다.

유림의 국외 이주는 독립운동과 긴밀하게 연결되었다.[16] 유림을 중심으로 하는 독립운동단체가 속속 결성되었다. 박장호朴長浩·조맹선趙孟善의 대한독립단, 이상룡·김대락金大洛의 경학사−신흥강습소, 맹보순孟輔淳의 성신태, 이승희의 한흥동, 류인석의 13도의군·권업회 등이 대표적인 사례였다. 이승희는 개별적으로 독립운동을 모색했고, 노상익·안효제는 한인촌을 배경으로 독립운동에 나섰으며, 이상룡은 신민회의 서간도 독립운동기지 건설 계획의 일환으로 서간도로 이주하여 독립운동단체를 결성했다.

유림의 독립운동은 대체로 복벽주의를 추구했지만, 현지의 새로운 문명이나 정치적 격변을 경험하고 다양한 지식을 축적하면서 급진적인 사상을 수용하는 단계로 진입하기도 했다. 예를 들어 경학사−신흥강습소를 설립한 김대락과 이상룡이 대표적인 경우이다. 이들은 국내 체류 시절부터 계몽사상 수용에 적극적이었는데, 혁명기의 중국과 러시아의 변화상을 목격한 후 보다 급진적인 사고를 갖게 되었다.

이는 김대락의 「공리회共理會 취지서」(1913)에 잘 나타난다. 공리회의 '공리共理'란 혈연·지연을 초월하여 상호 친밀성과 긴급 구호의 정신을 적극적, 자발적으로 발휘한다는 의미인데, 이상사회의 원리로 제시된 것이었다. 김대락이 여타 보수 유림과 달리 공화共和 개념에 대해 별다른 거부감을 갖지 않고, 서양 학문의 학습을 중시하며, 헌법정치와 공화정치를 바람직한 정치체제로 인식한 점을 감안하면,[17] 공리는 '유교적 공화주의'를 의미한다고 보아도 무방할 것이다.[18]

---

16 금장태, 앞의 논문, 1991, 452쪽, 각주 3.
17 金大洛, 『국역 백하일기』, 「임자록」, 1912년 12월 30일, '共理會趣旨書'(1913. 6), 332쪽.
18 서동일, 「유림의 만주 이주와 신흥무관학교 설립」, 『崇實史學』 45(숭실사학회, 2020b), 171쪽. 김대락과 이상룡의 자식이나 손자 대에 고려공산청년회나 중국공

유림이 설립한 한인촌은 시간이 지나면서 점차 유교공동체의 면모를 갖추기 시작했다. 낮에는 밭에 나가 땅을 일구고 밤에는 집으로 돌아와 무릎 꿇고 옛사람의 글을 읽는 고단한 일상이 반복되었다.[19] 현지 적응과 생존을 위한 지난한 고투가 계속되었다. 하지만 신해혁명 이후 중국의 급격한 서구화 과정을 목격한 유림은 "어디에 이적을 갈고 중화를 복구한단 방안이 있단 말인가?"라고 탄식하며[20] '한 줄기 양맥陽脈'을 보존할 방안을 찾는 데 오랜 숙고 끝에 내린 결론은 국외에서나마 이상적인 유교공동체를 건설하는 것이었다.

1910년대 중반 이승희의 덕흥보德興堡 개척사업은 유교공동체 건설 실험의 목표와 진행과정을 잘 보여준다. 이승희는 러시아 블라디보스토크, 중국 밀산부와 안동현을 거쳐 봉천부 부근 요중현遼中縣에 정착하여 덕흥보라는 집단농장을 개척했다.

당시 그는 자신의 한인공동체 건설에 관한 3개년 계획을 밝힌 바 있다. 첫해에 곡부曲阜에 선발대를 보내 재해가 없는 비옥한 토지에서 농사를 지어 생계의 기본적인 토대를 마련하고, 이듬해 가족들을 이끌고 연성공부衍聖公府에 들어가 집을 짓고 거주하며, 그 다음해에 북경 공교총회의 지침에 따라 교육을 실시하고 학원學院을 설치해 아동을 성장시킨 뒤 북경으로 이주한다는 것이었다. 이는 이승희가 건설하고자 한 공동체의 이념적 지향을 분명히 보여준다.[21]

산당 조직에서 활동한 인물이 다수 배출한 점을 감안하면 이상룡·김대락의 사상적 혁신이 대를 이어 진행되었음을 알 수 있다.

19 丁敦燮, 『陶庵文集』, 附錄, 「家狀」, 6b쪽.
20 趙貞奎, 『西川先生文集』 권3, 「與李毓如筆談」, 17a쪽.
21 李承熙, 『韓溪遺稿』 2(國史編纂委員會, 1977), 권4, 「273.與郭鳴遠」(乙卯), 101쪽.

한편 국외로 이주한 유림은 장기적 안목에서 아동과 청년에 대한 교육의 필요성을 절감했다. 박은식이 유교 사관에 기초해『한국통사』(1915)와 후속편『한국독립운동지혈사』(1920)를, 류인식이 대종교 사관에 기초해『대동사』(1919?)를 노상익盧相益이『한국통사』의 반일운동가 인명사전편이라 할『대한망국사열전』을 집필한 것도 이런 고민을 반영한다.

이와 같이 진행된 유림의 국외 이주와 독립운동은 한국사에서 몇 가지 중요한 의미를 지닌다. 우선 유림의 국외 이주는 전통적 세계관인 화이관의 균열과 해체를 가속화시켰다. 이들은 고국을 떠날 당시 꿈에 그리던 중화문명을 직접 대면한다는 기대감에 부풀어 있었다.

하지만 그들이 대면한 현실은 기대와 거리가 멀었다. 중국은 급격한 서구화와 혁명의 소용돌이 속에 빠져 매우 혼란스러웠고, 중국에서 진행되던 혁명은 그들이 그토록 혐오하던 공화주의 혁명이었다. 유림은 중국 답사를 통해 유교문명의 본산인 중국이 더 이상 현실에 존재하지 않는다는 사실을 깨닫게 되었다.

한편 국권 상실 이후 유교계의 학맥 간 상호 교류와 연대가 눈에 띄게 증가했다. 1909년 러시아 블라디보스토크에서 유교계의 거물인 류인석과 이승희가 자연스럽게 교류하고, 1911년 중국 안동현에서 영남의 노상익·안효제와 기호의 맹보순이 독립운동 연락기관인 성신태를 설치했다. 이전 시기에 찾아보기 어려운 모습이었다.

학맥의 경계선은 여전히 뚜렷했으나 지역과 학맥을 뛰어넘는 연대가 가능해졌다. 이런 상호 간의 신뢰는 1919년 영남·기호 유림이 단일한 대오로 파리장서운동을 추진하고, 1920년대 전국적인 규모의 유교단체를 설립하는 토대가 되었다.

2) 공교운동의 시원과 확산

(1) 유교종교화운동과 국내 공교운동

1910년대는 세계사적으로 격동의 시대였다. 1911년 중국에서 청 왕조를 무너뜨린 신해혁명이 일어나고, 1917년 유럽의 후진국으로 일컬어지던 러시아에서 인류 역사 최초의 폭력혁명이 발생했다. 1914~1918년 미증유의 처참한 살육 전쟁인 제1차 세계대전이 발발하고, 1918년 세계대전이 종전되자 윌슨 미국대통령이 '민족자결'이라는 새로운 세계평화의 패러다임을 제시했다.

이런 '혁명'의 시대에 식민지 조선을 포함한 동아시아의 유교지식인들은 유교 개혁을 통해 새로운 시대에 적응하고자 했고, 종국적으로 '반동'의 물결을 만들어냈다. 여기서 유교 개혁이란 유교의 근대화, 유교의 종교화를 의미했다. 유럽의 산업화·근대화 과정에서 개신교가 한 순기능을, 동아시아의 유교도 해낼 수 있다는 것이었다.

1910년대 지구촌을 뒤흔든 혁명의 물결은 순식간에 전 세계로 파급되어 수백 년간 지속된 구체제를 동요시켰다. 구체제를 이끌던 지배세력과 지식인들은 돌파구 찾기에 골몰했다. 구지식인층은 사회적 요구를 일부 수용하면서 부분 개량을 통해 급격한 쇠퇴와 고립에서 벗어나고자 했다. 특히 동아시아의 유교지식인들은 침략자=서양·일본=기독교 대 피해자=조선=유교라는 이분법적 구도를 만들어 전통의 수호자이자 저항의 주도세력임을 자처했다. 공교운동은 새로운 사상적 돌파구로 주목되었다.

1910년대 한국 유교운동의 새로운 경향은 공교운동이었다. 1880년대 상소운동, 1890·1900년대 의병운동에 이어 1910년대에는 공교운동이 한국 유교운동의 새로운 키워드가 되었다. 공교운동은 1910년대 한국 유림의 역사인식을 반영했다.

한국의 공교단체는 1900년대 중반 이후 그 전조가 발견된다. 유교종교
화운동이 본격화된 것은 1907년 통감부의 지원으로 대동학회大東學會이 설
립된 데에서 비롯되었다. 이에 대항하기 위해 1909년 대동교大同教, 태극교
太極教가 연이어 설립되었기 때문이다. 이들 단체는 외형상 종교단체를 표방
했지만, 지도급 인물 중 과거 격렬한 반일운동에 참여한 이력을 지닌 경우
가 많았다. 이어 1910년 대동학회도 종교단체를 표방하여 공자교회孔子教會
로 명칭을 변경했다.[22]

한국의 공교운동은 1910년대부터 국내와 국외에서 동시에 본격화되었
다. 국내에서는 1917년 경남 진주의 연산硯山에 성재 허전의 제자인 이상규
李祥奎(1846~1921)가 도통사道統祠를 설립했다. 원래 도통사는『회헌안선생실
기晦軒安先生實記』를 중간重刊하는 과정에서 공자·주자·안자安子(안향)를 추모
할 목적으로 설립된 시설이었다.[23]

도통사는 중국 공교운동 조직과 연결을 시도했다. 곡부(궐리)에 도통사 설
립 사실을 알리고, '도통사 동문당同文堂 공교지회'라는 이름을 받아 공교지
회 형태로 운영되었다. 도통사 설립 이후 국내에는 단체는 물론 개인이 중
국에 가서 공자의 초상화를 모사해오거나 유상을 가져와 사당을 설립하는
문화가 나타났다.

(2) 국외 공교운동의 중의성

공교운동은 식민지 상황이라는 현실적인 이유로 인해 국내보다 국외에서

---

22 이들 단체가 종교단체를 표방한 것은, 한편으로는 국권 상실이라는 위기 상황에서
    민족의 구원을 갈구하는 민중 심리를 반영한 것이라고 볼 수 있고, 다른 한편으로는
    통감부의 혹독한 정치 탄압에 따라 반일운동 세력이 종교단체를 매개로 활동을 이
    어가려 한 것이라고도 볼 수 있다.
23 이종수,「李祥奎와 道統祠 孔教支會」,『大東文化研究』85(大東文化研究院, 2014),
    336쪽.

더욱 성행했다. 19세기 후반 이후 한반도 북부지역의 한인은 연이은 자연재해와 흉년에 따른 전염병 창궐로 인해 큰 고통을 겪었다. 이들은 생존과 생계를 목적으로 두만강을 건너 중국 만주(북간도)와 러시아 연해주로 향하였다. 한편 일본에 의한 식민지화가 가시화된 1904년 이후에는 정치적 이유로 중국 만주(서간도)로 이주하는 한인이 증가했다.

이주한인 사회의 유교지도자들은 공동체 결속과 문화적 정체성 유지라는 당면과제를 놓고 새로운 이념적 구심점 찾기에 골몰했다. 당시 중국과 러시아에서는 문화 정체성을 잃고 이리저리 유랑하는 한인이 속출했고, 기독교·러시아 정교 문화를 수용하고 현지화 되는 한인이 늘었다. 한편 이주한인의 권익을 보호하기 위해 중국 정계 실력자들과 교섭하는 일도 시급했다.

이런 상황에서 유교지도자들은 유교라는 한중 문화의 동질성에 주목했다. 이들은 당시 중국에서 성행하던 공교운동에 주목했고, 이를 매개로 중국 정계 인사들과 만나 한인의 중국 입적과 자치권 획득에 관한 성과를 이끌어내고자 했다.[24]

국외 한인의 공교운동은 이주의 역사가 긴 북간도에서 먼저 시작되었다. 1913년 9월 북간도의 한인 밀집 지역인 연길현 용정촌龍井村에서 간도공교회間島孔敎會가 설립되었다.[25] 이 단체는 같은 해 11월 중국 공교운동의 총본산인 북경 공교총회의 승인을 받아 '공교연길지회'라는 명칭을 얻었다. 이런 사정은 당시 공교연길지회 초대서기로 활동한 김정규의 일기에 상세히 기록되어 있다.

한편 남만주 한인 공교운동의 역사는 북간도보다 짧았지만 중국 공교운

---

24 서동일, 「일제 초기 동삼성한인공교회의 설립과 활동」, 『역사와 현실』 99(한국역사연구회, 2016), 238쪽.
25 李鍾洙, 「1910~1920年代 韓人 孔敎運動 硏究」, 연세대 사학과 박사학위논문, 2010; 이성우, 「在滿 大韓光復團의 조직과 활동」, 『한국독립운동사연구』 44(한국독립운동사연구소, 2013).

동단체와 보다 친밀한 관계를 유지한 점이 특징이었다. 1913년 12월 봉천성 안동현安東縣에서 이승희·맹보순·노상익·안효제 등이 동삼성한인공교회東三省韓人孔敎會를 설립했다.[26]

이 단체는 북간도의 간도공교회보다 늦게 설립되었지만, 중국 공교총회의 지회 승인을 얻어내기 위해 매우 적극적으로 움직였다. 1913년 12월 회장인 이승희가 북경 공교총회를 방문하여 공교총회 총간사 첸환장(陳煥章), 간사 리쉬핀(李時品) 등을 만나 수일 후 지회 승인을 얻어냈다. 나아가 이승희는 공교총회 요청으로 공교총회 기관지『공교회잡지孔敎會雜誌』에 「공교교과론」 등의 논문을 기고했다.

동삼성한인공교회는 단체 명칭에서도 나타나는 것처럼 만주에 거주하는 한인 전체를 대상으로 공교운동을 활성화시키고자 했다. 그리하여 한때는 기호 출신의 대표적인 원로인 류인석 등과 접촉하기도 했다. 하지만 이런 분주한 노력에도 불구하고 이미 1914~1915년 무렵 조직 운영에 큰 어려움을 겪었던 것으로 보인다.

3) 장지연과 다카하시 도오루의 한국 유학 성격에 관한 논쟁(1915)

(1) 다카하시 도오루와 장지연

1910년 병합 직후 국내에서 활동하던 일본인 관학자와 도학의 마지막 계승자를 자처하는 한국 유림 사이에는 일종의 긴장 관계가 형성되었다. 일본의 식민지배를 지지하는 일본인 관학자는 한국 유교가 근대화나 외세에 대한 저항에 별다른 역할을 하지 못했다는 입장에서 한국 유교의 정체성停滯性을 주장했고, 한국 유림은 한국 유교의 유구한 전통과 다양한 순기능이 일본

---

26 서동일, 앞의 논문, 2016, 236~242쪽.

의 무력 침략에 의해 단절될 위기를 맞이했으나 과거와 마찬가지로 곧 극복할 것이라고 낙관적으로 전망하였다. 이런 관점의 차이는 총독부 기관지인 『매일신보』에서 장지연과 다카하시 도오루의 논쟁[27]으로 표면화되었다.

다카하시 도오루(高橋亨, 1878~1967)는 1910년 조선총독부 종교조사 촉탁에 임명되었는데, 1911년 삼남지역 유림의 동향에 관한 조사를 진행하다 한국 유학에 관심을 갖게 되었다. 1926년 경성제대 법문학과 교수에 임명되어 근대 분과학문 체계에 따른 '조선어학과 문학'을 강의했고, 1927년 간행된 『조선사강좌』(총독부)의 유교 부분인 「조선유학대관朝鮮儒學大觀」을 집필했다. 다음 해인 1928년 한국 유학을 주기론 대 주리론의 양립 구도로 보는 관점을 투영한 「조선유학사의 주리·주기파의 발달(朝鮮儒學史に於ける主理主氣派の發達)」을 발표했다.[28]

1940년대 그의 행적은 정치적 성격이 더욱 뚜렷하게 나타난다. 일본인임에도 불구하고 1944년 식민지 조선의 최고 유학기구인 경학원의 제학(당시 대제학은 윤덕영) 겸 명륜연성소 소장에 올랐고, 대표적인 친일유림단체인 조선유도연합회의 부회장(총재는 정무총감, 회장은 경학원 대제학 윤덕영)이 되었다.[29] 그만큼 다카하시는 한국 유학의 식민지적 변형과 총독부의 유교정책 입안에 커다란 영향력을 행사한 인물이었다.

---

27 다카하시 도오루의 한국유학 인식에 대해선, 1970년대에 선구적인 연구(윤사순, 「高橋亨의 한국유학관 검토」, 『韓國學』 12(영산아카데미 한국학연구소, 1976))가 발표된 이래, 다카하시의 유학 연구 관련 논문을 번역·수록한 단행본이 간행되고(다카하시 도오루(조남호 옮김), 『조선의 유학』(조합공동체 소나무, 1999)) 2000년대에 『오늘의 동양사상』에 '해방 60년, 우리 속의 식민지 조선철학'이라는 특집이 편성되면서 가속화되었다(『오늘의 동양사상』 13, 예문동양사상연구원, 2005). 이하 장지연과 다카하시의 유학 논쟁에 대해서는, 위의 특집 논문 중 홍원식의 논문(「장지연과 다카하시 도오루의 '유자·유학자 불이·불일' 논쟁」)을 주로 참조하였음을 밝혀둔다.

28 다카하시의 주요 저술 목록은, 崔英成, 『韓國儒學思想史』 V(近·現代篇)(아세아문화사, 1997), 236~237쪽 참조.

29 『朝鮮學報』 14(天理大學, 1959), 「高橋亨先生年譜略」, 1~21쪽.

그가 처음부터 한국 유학에 관심을 가진 것은 아니었다. 사후 작성된 연보에 의하면, 그는 1911년 삼남 유림의 동향을 조사하던 중 여러 의병장 책상 위에『퇴계집』이 놓여있는 것을 보고 감동하여 이때부터 한국 유학에 관심을 갖기 시작했다고 한다.[30]

한편 그와 논쟁을 벌인 장지연張志淵(1864~1921)은 1905년 제2차 한일협약 체결 직후『대한매일신보』에 「시일야방성대곡是日也放聲大哭」을 기고한 인물로 잘 알려져 있다.

장지연은 한국유학사에서도 기념비적인 업적을 세웠다. 장석봉·허훈·장복추·곽종석 등 퇴계학파의 종장들로부터 유학의 주요 이론을 학습한 바 있는 그는, 1917년 4월 5일~12월 11일『매일신보』에 125회에 걸쳐 「조선유교연원朝鮮儒敎淵源」을 연재했다. 또한 사후인 1922년 이 글들을 모은 동명의 단행본『조선유교연원』이 간행되었다.[31] 이 책은 한국 최초의 근대적 유학사라는 평가를 받고 있으며, 현상윤의『조선유학사』집필에도 큰 영향을 준 것으로 알려져 있다.

다만 장지연의 병합 이후 행적에 관해서는 오늘날 논란이 끊이지 않고 있다. 그는 병합 이후『경남일보』주필을 맡은 것을 제외하면 '세상일에 대한 생각을 끊고 한묵翰墨 속에서 노닌' 것으로 알려져 왔으나,[32] 최근 1910년대 중반 총독부 기관지인『매일신보』에 일본의 초기 식민정책에 동조하는 글들을 다수 연재한 것으로 알려져[33] 그의 말년 행적이 새롭게 조명되고 있다.[34]

---

30 『朝鮮學報』14(天理大學, 1959), 「高橋亨先生年譜略」, 4쪽.
31 홍원식, 「장지연과 다카하시 도오루의 '유자·유학자 불이·불일' 논쟁」, 『오늘의 동양사상』13(예문동양사상연구원, 2005), 285쪽.
32 張志淵, 『韋菴文稿』권11(韓國史料叢書 4, 國史編纂委員會, 1956), 「家狀」(子 張在軾), 484쪽.
33 강명관, 「주체없는 근대, 장지연론」, 『大東漢文學』33(大東漢文學會, 2010), 193쪽.
34 이런 행적으로 인해 장지연은 2011년 독립유공자 서훈(건국훈장 독립장, 1962)이 취소되었다. 이후 후손측이 절차상의 오류를 지적하며 정부의 서훈취소 결정이 부

두 인물의 전체 생애를 감안하면 1915년 장지연과 다카하시 사이에 벌어진 논쟁은 단순히 개인간의 논쟁이라고 보기 어렵다. 마침 1915년은 일본의 식민통치 5주년이 되는 시점이었다. 일본이나 총독부로서는 식민통치의 의미있는 결과물을 선보여야 하는 시점이었다.

논쟁의 무대가 총독부 기관지인『매일신보』였다는 한계는 있지만, 장지연은 일본의 대표적 관학자에게 도전적 과제를 제시한 것이었다. 우리는 이 논쟁을 통해 아직은 덜 다듬어졌으나 식민자와 피식민지 유교지식인 간의 한국 유학에 관한 상이한 시각과 더불어 한국유학사를 근대 학문체계 속에서 정립하는 과정에 나타난 미묘한 '의도'의 충돌을 확인할 수 있다.[35]

(2) 논쟁 경과와 주요 내용

장지연은 1915년 5~6월『매일신보』를 통해 다카하시와 유자儒者·유학자儒學者의 개념과, 유교 및 한국 유학의 성격에 관한 지상 논쟁을 벌였다. 이 논쟁은 다카하시의 강연을 접한 장지연이『매일신보』1915년 5월 18일자를 통해 공개 질문을 하면서 시작되었다. 이에 다카하시가 5월 25일 1차 답변을 내놓았다. 5월 27일 장지연이 2차 질문을 던졌고, 다카하시가 6월 2~4일 세 차례 걸쳐 답변을 내놓았다. 6월 5~6일 장지연이 3차 질문을 던졌으나 다카하시는 더 이상 답변을 내놓지 않았다. 이로써 두 인물간의 논쟁은 종결되었다.[36]

우선 다카하시는 한국 유학의 특징을 지나친 관념성으로 규정했다. 특히

당하다는 취지의 소송을 제기했으나, 2015년 서울고등법원이 원고 패소를 선고함으로써 서훈취소가 확정됐다.

35 노관범,「청년기 張志淵의 학문 배경과 博學風」,『朝鮮時代史學報』47(朝鮮時代史學會, 2008), 235~244쪽.

36 홍원식, 앞의 논문, 272쪽.

조선시대에 나타난 논쟁들을 일별하면서 현실생활과 무관한 것이었다고 결론지었다.

> 이조本朝에서 이런 경향을 가장 먼저 보인 것은 즉 정암靜菴, 그 사람이라. 퇴계에 이르러 더욱 현저한 고로 정암에 이르러 도학자의 모양이 대략 이루어지고 퇴계에 이르러 완성되었다 하노라. 율곡·퇴계의 문인이 청현淸顯에 많이 이르러 선조 이후는 온 조정이 정주학자程朱學者 아닌 자가 없을 새 드디어 예론禮論이 일어나 … 예학자禮學者의 서재에서 연구하는 문제요. 반드시 조정 가득 광열하여 … 수백 명의 귀중한 피를 흘릴 대사건은 아니로다. 호락당湖洛黨의 논전의 사람의 본성과 짐승의 본성이 서로 같은가 다른가 하는 등이 또 그러하니, 이는 철학자의 연구 문제요, 조정의 문제 될 것이 아니라.[37] (굵은 글씨-역자)

즉 다카하시는 한국 유학의 관념성이 조광조에서 시작되어 이황에서 정점에 이르렀다고 보았다. 또한 이황과 이이의 제자들이 중앙 정계의 요직에 많이 진출하여 유교이념을 현실정치에 반영할 절호의 기회를 맞이했지만, 학술문제에 불과한 예론禮論이나 인물성동이론人物性同異論을 무리하게 조정으로 끌어들여 당쟁을 야기하는데 그치고 말았다고 비판했다.[38] 나아가 다카하시는 한국이 애초에 실천성이 부족한 유학 분파인 주자학(송학. 도학)을 수용했고, 이후 중국 유학에 비해 어떤 창조적 발전도 이루어내지 못했다 지적했다.

이에 대해 장지연은 다카하시의 지적이 한국 유학의 일면을 부각하여 강조한 데 불과하다고 반박했다.

---

37 『每日申報』 1915년 6월 3일자; 張志淵, 『張志淵全書』 8(檀國大學校 附設 東洋學研究所, 1979), 「答嵩陽山人」, 723~724쪽 재인용.
38 홍원식, 앞의 논문, 280~281쪽.

족하足下는 성리性理를 궁구窮究하는 학자는 모두 쓸모없는 부유腐儒요, 수기치인修己治人에 경주하는 유자儒者가 될 수 없다고 여긴다. 하지만 이는 단지 굽고 부패한 학자를 보고 아직 경세經世의 진유眞儒를 목도하지 못한 까닭이다.[39] (굵은 글씨-역자)

즉 장지연은 다카하시가 한국 유학을 잘못 이해하고 있다고 보았다. 다카하시가 "이학理學을 공박하고 실용을 주장함은 역시 심오하고 고매한 견해"라고 하여[40] 한국 유학의 관념적 측면에 대한 지적 일부 인정하면서도, 부분의 사례로 한국 유학 전체를 매도하는 것은 온당치 않다고 지적했다.

논쟁은 전반적으로 불철저하였다. 의견이 상충하는 지점이 있었으나 논점이 모호했고 논쟁은 끝을 맺지 못한 채 중단되었다. 무엇보다 두 인물은 한국 유학에 관한 본격적인 연구를 막 시작하는 시점에 있었다. 장지연은 다카하시와의 논쟁에 자극을 받은 탓인지 2년 뒤인 1917년 『매일신보』에 「조선유교연원」을 장기간 연재했다. 다카하시는 경성제대 법문학부 교수가 되기 전 한국 유학에 대한 자기 입장을 정리하는 시간을 가졌다.

공교롭게도 이 논쟁은 식민통치 5주년 되는 시점에 이루어졌다. 총독부는 '시정施政 5년'을 기념해 물산공진회를 개최하여 식민통치의 성과를 대내외에 과시하려고 했다. 지방행정구역의 개편이 마무리된 것도 바로 이즈음이었다. 양자의 입장은 아직 정리되지 않았으나, 상대방의 선입견과 일방적 견해의 문제점을 지적하겠다는 의욕이 있었던 것 만큼은 분명했다.

---

39 『每日申報』1915년 5월 28일자; 張志淵, 『張志淵全書』 8(檀國大學校 附設 東洋學研究所, 1979), 「答嵩陽山人」, 723~724쪽 재인용.

40 『每日申報』1915년 5월 5일자; 『張志淵全書』 8, 「又答高橋先生所答(一)」, 729쪽 재인용.

2. 1919년과 1920년대 : 개조 물결과 사회 참여

1) 독립운동의 고조와 퇴조

(1) 국내외 정세 급변

1918년 11월 11일 독일과 연합국의 휴전 성립으로 제1차 세계대전이 종전되었다. 그러나 약소 민족의 미래는 여전히 안개 속에 싸여있었다. 1917년 러시아의 레닌이 약소 민족의 해방운동(독립운동)을 지원했고, 1918년 연합국의 승리에 결정적인 동력을 제공한 미국의 윌슨 대통령이 전후 평화수립 원칙인 14개 조항(Fourteen Points)을 제안했는데 여기에는 '민족자결'이 포함되어 있었다.

약소 민족의 독립이 가까운 시일 내에 이루어질 것이라는 관측이 제기되었다. 하지만 곧 열릴 국제평화회의가 승전국(연합국)의 전리품 나눠 갖기에 불과할 것이라는 현실적 전망도 대두되었다.[41] 식민지 조선의 미래에 대한 전망이 엇갈리는 가운데 조선인들은 승전국에 조선 독립의 절실함을 호소하고자 하였고, 유교계도 이런 움직임에 뒤늦게 합류했다.

이런 가운데 1919년 초 유림에게 충격적인 소식이 전해졌다. 고종이 갑작스럽게 서거한 것이다. 고종은 1919년 1월 21일 뇌일혈로 사망했다. 그런데 이 소식은 고종이 사망한 지 이틀이 지난 1월 23일 발표되었다. 사망 일자도 1월 22일로 잘못 보도되었다.

고종이 평소 건강에 이상이 없었던 까닭에 그의 죽음을 둘러싸고 소문과 억측이 난무했다. 일각에선 독살설, 자결설을 제기했다.[42] 이런 소문은 사실

---

41 R.R.파머·J.콜튼(康俊彰·李柱郢 등 역), 『西洋近代史』3(帝國主義에서 現代의 危機까지)(三知院, 1985), 55·64~66·77쪽.
42 金龍基, 「三一獨立運動과 巴里長書事件에 對하여」, 『文理大學報』(釜山大 文理大學, 1959), 63쪽. 한편 고종 독살설에 대해선 사실과 부합되지 않는다는 견해가 발표된 바 있다(李昇燁, 「李太王(高宗)毒殺說의 檢討」, 『二十世紀研究』10(京都大, 2009)).

여부와 관계없이 유림이나 고종에 우호적인 대중을 크게 동요시켰다.

1919년 초 유림의 관심은 조선의 독립보다 고종의 죽음에 고정되어 있었다. 실제로 주요 유교지도자들의 문집을 보면, 1918~1919년 부분에 독립운동에 관한 문제보다 고종을 위해 입을 상복의 기간에 관한 논의가 더 많이 기술되어 있음을 확인할 수 있다.

고종 서거 소식에 유림은 즉각적으로 반응했다. 평소 신중한 결정을 거듭하던 모습과는 매우 달랐다. 이들은 각자 고종의 시신이 안치되어있는 경성을 향해 절을 올렸고, 유교적 예법에 따라 평상복 대신 백립白笠과 상복을 착용했으며, 인산因山을 참관하기 위해 삼삼오오 무리를 지어 상경했다. 대규모 인파의 운집은 1915년 물산공진회 이래 오랜만에 벌어진 일이었다.

유림은 적어도 3월 초부터 독립운동에 본격적으로 관심을 보였다. 특히 고종 인산(양력 3월 3일)을 계기로 경성에 모인 유림은 이런 움직임의 구심점이 되었다.

이들은 각자의 입장에 따라 ① 국내 만세시위를 독려하기 위한 통고문, ② 국외 한인의 만세시위 참여를 독려하기 위한 선언서, ③ 민족대표 33인의 독립선언서 정신을 계승하는 선언서, ④ 순종의 황제 복위와 즉각적인 독립선언을 촉구하는 상소, ⑤ 조선 총독이나 일본 내각 수상에 독립을 요구하는 독립청원서, ⑥ 파리 국제평화회의에 독립에 대한 지지를 요청하는 독립청원서 등을 발표하여 독립을 향한 강한 열망과 의지를 표출했다. 이어 자신의 거주지로 돌아와 경성의 분위기를 자세히 알림으로써 독립운동의 열기를 확산시키고자 했다.

흔히 유교계는 3·1운동에 소극적이었던 것으로 알려져 있다. 이는 민족대표 측의 독립선언서 서명 제안에 유교지도자들이 소극적으로 반응한 사실에서 기인한다. 실제로 2월 하순 한용운이 곽종석의 거처인 거창을 방문하여 독립선언서 서명을 제안했다.[43] 곽종석은 서명의 당위성에는 공감하면서도 주최 측에 대한 신뢰 부족, 운동의 실효성에 대한 부정적 견해 등으로 인해 찬성 입장의 전달을 보류했다.

곽종석은 자신의 분명한 입장을 전달하기 위해 뒤늦게 대리인을 경성에 보냈지만, 일본 경찰의 감시는 엄중하고 독립선언서 인쇄도 이미 완료되어 독립선언서에 서명할 기회를 놓쳤다. 이처럼 외부세력의 독립운동 제안에 유교계는 소극적 태도를 보였다.

다만 경성의 만세시위에 자극을 받은 유림은 만세시위 대열에 적극 합류했다. 예를 들어 경기 및 이북 지역에서는 기독교와 천도교 교인들이 민족대표측과의 사전 교감 하에 만세시위를 주도한 경우가 많았던 반면, 삼남 지역에서는 3월 10일 이후 사전 연락 없이 자발적으로 진행된 경우가 많았다. 이는 인산 당시 상경했다가 돌아온 유림이 독자적으로 시위를 이끈 것이었다. 평안도와 함남을 제외한 전국 각지에서 서당 생도, 유력 양반, 서당 교사의 시위 참여가 두드러졌던 점도 눈여겨 볼 부분이다.[44]

(2) 파리장서운동 발생과 독립운동 쇠퇴

유림은 1910년대 초·중반 혁명과 전쟁의 현장을 방문한 뒤 중화문명(중국)이 사실상 붕괴했다는 사실을 깨달았다. 중화문명이 붕괴하고 구미 열강이 국제사회의 전면에 부상한 상황에서 중국 중심의 세계관인 화이관은 더 이상 현실에 맞지 않는 것으로 인식되었다. 나아가 유림은 구미문명에 관한 학술지식을 축적하고 국제정세에 대한 인식을 확장하면서 조선의 독립을 도울 국가는 중국이 아니라 구미 열강이란 사실을 분명히 인지하게 되었다.

---

43 韓龍雲, 『韓龍雲全集』(新丘文化社, 1980 증보), 「韓龍雲公判記」, 373쪽.
44 許善道, 「三一運動과 儒敎界」, 『三一運動50周年紀念論集』(東亞日報社, 1969), 286쪽.

또한 독립운동을 효율적으로 진행하기 위해선 무엇보다 개별적으로 분산되어 있는 유교계의 역량을 하나로 결집해야 한다는 점을 깨달았다. 이런 각성이 유교계가 과거 이적夷狄으로 폄하하던 구미 열강에 독립 지지를 호소하고, 평소 갈등 관계에 있던 학맥의 인사들과의 연대를 결심한 배경이었다.

이런 배경에서 유교계는 3·1운동이 막 발생한 시점인 1919년 2~3월 독립청원운동을 추진하기 시작했다. 유교계의 독립청원운동은 여러 지역에서 동시다발적으로 일어났다. 2월 중순 태극교 간부 윤충하尹忠夏가 경남 거창의 곽종석을 찾아가 독립청원운동을 제안했고, 비슷한 시기 충남 홍성에서 김복한이 동문과 문인들을 이끌고 독립청원운동을 추진했으며, 3월경 맹보순孟輔淳·오진영吳震泳이 전북 부안의 전우를 찾아가 독립청원운동을 제안했다. 이밖에도 여러 곳에서 적지 않은 유림이 독립청원운동에 관심을 보였다.

각지에서 개별적으로 진행되던 독립청원운동은 시간이 흐르자 점차 몇 개의 흐름으로 압축되었다. 개별적으로 추진되던 독립청원운동은 기획 단계에서 중단되기도 하고, 진행단계에서 동력을 상실하거나 운동의 효과를 극대화하기 위해 다른 세력과 연대를 모색하는 과정에서 통합되기도 했다. 예를 들어 곽종석과 김복한을 중심으로 한 독립청원운동은 개별적으로 진행되다 이를 유심히 지켜보던 유진태·이득년 등의 중재로 하나로 통합되었다.

파리장서 서명자들은 지방 유교계를 대표하는 인물들로, 영남의 한주寒洲학맥과 호서의 남당南塘연원이 중심이 되었다. 좀 더 자세히 보면, 면우俛宇학맥(곽종석)·지산志山학맥(김복한)이 주도하는 가운데 영남지역에서는 소눌小訥학맥(노상익)·사미헌四未軒학맥(송준필)·임재臨齋/간재艮齋학맥(우하교), 기호 지역에서는 면암勉庵학맥(고석진)·연재淵齋학맥(송주헌)이 중심이 되었다. 이는 당대의 주요 학맥을 망라한 것이었다.

파리장서운동은 크게 3단계로 진행되었다. 제1단계는 발의 단계였다. 윤충하와 김창숙이 곽종석에게 독립청원운동 추진을 제안했고, 김복한은 본인 스스로 독립청원운동을 추진하기로 결정했다. 제2단계는 서명자 규합 및 해외대표 파견 단계였다. 곽종석 측은 약 120명, 김복한 측은 약 20명을 서명자로 규합했다. 이어 프랑스 파리에 파견할 해외대표로 각각 김창숙, 임경호가 선발되었다. 제3단계는 유림단 통합과 해외대표 파견 단계였다.

파리장서운동의 결실인 독립청원서 즉 파리장서에는 침략세력인 일본에 대한 유림의 강한 저항의지가 담겼다. 우선 파리장서운동 참여자들은 자신들을 '한국유림대표'로 명명했다. 독립을 원하지 않는다는 내용의 독립불원서獨立不願書에 서명한 것으로 알려져 유림에게 불명예를 안긴 '유림대표' 김윤식을 의식한 것이었다.

또한 문서 수신 대상인 구미 열강의 대표들에게 대명大明, 대인무大仁武 등 극존칭을 사용하여 국제사회에서 차지하는 높은 위상을 그대로 인정했다. 마지막으로 한민족의 유구한 역사와 전통을 강조하면서 "차라리 머리를 나란히 하고 죽음에 나아갈지언정 맹세코 일본의 노예가 되지 않겠다"며 결연한 저항의지를 나타냈다.[45]

파리장서운동은 몇 가지 중요한 의미를 지닌다. 우선 중국 중심의 세계관인 화이관이 해체되고 구미열강 중심의 세계관이 수용되고 있음을 보여준다. 또한 3·1운동이 거족적 독립운동이었음을 재확인 시켜준다. 유교계는 민족대표의 독립선언서에는 서명하지 않았으나 별도의 대규모 독립청원운동을 추진함으로써 거족적 독립운동의 대열에 합류했다. 마지막으로 조

---

45 「呈巴黎平和會」, 독립기념관 복제본 소장.

선왕조 500년간 반목과 갈등을 반복한 기호·영남의 유림이 독립이라는 대의명분 아래 하나로 연대하였다.

다만 이 하나의 사건으로 유교계 내부의 갈등과 반목이 완전히 해소된 것은 아니었다. 예를 들어 안동권의 호파虎派와 병파屛派 중 호파는 파리장서운동 초기부터 적극 나선 반면 병파는 아예 동참 제안을 거절했다. 또한 김창숙의 기록에 의하면, 곽종석 측이 전우 측에 동참을 제안했으나 전우 측이 냉담한 반응을 보였다는 내용도 보인다. 이 밖에 이북지역의 서명자가 보이지 않는다는 점도 취약점으로 지적된다.

한편 파리장서운동 발생 6년 뒤인 1925~1926년 '제2차 유림단 의거'로 불리는 경북 유림의 군자금 모집운동이 발생했다. 1919년 김창숙은 독립청원서를 제출하기 위해 중간 기착지인 중국으로 건너갔다. 그런데 중국 상하이에서 만난 독립운동가들은 이미 김규식이 프랑스 파리에 신한청년당 해외대표로 파견되었으니 그를 통해 독립청원서를 제출하고, 김창숙은 중국에 남아 활동할 것을 권유했다.[46] 김창숙은 이들의 조언을 받아들여 파리행을 포기하고 중국에 남아 임시의정원 경상도의원으로 활동했다.

중국 북경을 거점으로 활동하던 김창숙은 1925년 독립운동에 대한 장기적 전망에 따라 중국·몽골 접경지역에 독립운동기지를 설립하기로 결심했다. 군자금은 국내에서 모집하기로 했다.[47] 과거 파리장서운동에 참여한 인물들을 활용하되 본인이 직접 입국하여 모집을 독려하면 목표 달성은 어렵지 않을 것이라고 예상하였다.

하지만 국내 유림 동지의 반응은 예상과 달리 차가웠다. 지난 6년간 독

---

46 心山記念事業準備委員會 編, 『(心山金昌淑先生 鬪爭史)躄翁一代記』(太乙出版社, 1965), 103쪽.
47 염인호, 「김창숙의 재중국 독립운동에 관한 일고찰」, 『大東文化硏究』 43(大東文化硏究院, 2003).

립운동의 환경이 크게 악화되었기 때문이다. 워싱턴 군축회의에서 한국의 독립 문제가 상정되지 않음으로써 가까운 시일 내에 독립을 달성하는 것이 실상 불가능에 가깝다는 비관론이 팽배했고, 총독부가 친일 유림을 양성하고 양심적인 유림을 억압하는 분할 정책을 실시함에 따라 독립운동을 지지하던 유림과 부호들이 자금 지원에 난색을 표명했다.

김창숙의 모금 목표는 20만 원이었지만, 모금된 금액은 1/100에 불과했다. 자금 모집 대상자들은 '여비' 수준의 돈을 제공하거나 아예 거부하는 반응을 보였다. 크게 실망한 김창숙은 "폭탄 4개를 구입해 (고향인-역자) 봉화와 (동문들이 다수 거주하는) 진주에 폭탄을 던지지 않고는 못 참겠다"고 할 정도였다.[48]

한편 1920년대 말 국내외에서 좌우합작의 민족통일전선운동이 활성화되었다. 국내에서는 신간회가 단연 도드라진 활동을 벌였다. 유림도 신간회의 본부와 지회에 참여했다. 예를 들어 파리장서운동 참여자인 유진태(경성지회 검사위원), 박돈서(경성지회 준비위원), 송규선(칠곡지회 간사), 김창희(봉화지회 대의원), 하재화(발기인)와 윤병수(거창지회 회장), 김명동(발기인) 등이 신간회에 관여한 것으로 확인된다.

다만 전반적으로 유교계의 독립운동은 1919년 크게 고조되었다가 1921년을 기점으로 크게 쇠퇴하는 경향을 보였다.[49] 현상적으로 보면, 1919년 고종의 서거를 계기로 유교계의 독립운동과 사회운동이 크게 고조되었다가 1921년 이후 크게 감소하는 경향을 보였다. 이는 워싱턴 군축회의 결과에 대한 실망과 더불어 1920년대 전반 문화정치기 유림에 대한 회유정책의 확대, 고종 삼년상의 종료가 영향을 미친 것으로 보인다.

---

48 경상북도경찰부(남부희 편역), 「송영우 경찰 신문조서」(제1회)(1926.5.14.), 『제2차 유림단 사건-독립운동사 자료집』(불휘, 1992), 86쪽.
49 서동일, 『1919년이라는 문턱과 파리장서운동』(도서출판 선인, 2021), 131쪽.

(3) 총독부의 유림친일화정책

사이토 마코토는 1919년 3·1운동 직후 제3대 총독에 부임하여 1920년
대 후반까지 재직한 인물이었다. 그는 한국의 종교나 사상을 일방적으로 말
살하기보다는 식민정책에 적절히 활용하고자 하였다. 예를 들어 그는 "유
儒·불佛 제교와 기독교를 가리지 않고 그 본지는 필경 인심세태의 개선에
있기 때문에 처음부터 시정 목적과 어긋나지 않을 뿐 아니라 오히려 작게나
마 보탬이 된다고 의심치 않는다 … 포교·전도에 대해서 적당한 보호를 주
는 것에 인색지 말아야 한다"고 하였다.[50] 이는 한국의 사상을 대하는 기본
적인 태도를 잘 보여준다.

따라서 총독부는 유림의 상층부를 회유하여 조선인 사회를 선동하는 주
체로 이용하는데 주력했다. 이런 목적에서 총독부는 직·간접 수단을 동원
해 친일유림단체인 대동사문회大東斯文會와 유도진흥회儒道振興會의 설립을
지원했다.

이 두 단체를 개략적으로 살펴보면, 대동사문회는 1919년 12월 총독부
경무국 정보위원 오오가키 다케오(大垣丈夫)와 중추원 참의 어윤적의 지휘
로 만든 단체였다.[51] '유도儒道의 천명闡明'을 내세웠는데, 가입한 인물 중 저
명한 유림은 찾아보기 어려웠다. 1921~1924년 간부 8명이 중추원 참의로
임명될 정도로 총독부와 밀착된 조직이었다.

한편 유도진흥회는 1920년 1월 총독부 내무국이 상하이 임시정부 내 유
림 출신 인사과 내통해 임시정부를 무력화시킬 의도로 만든 단체였다. 표면
적으로 '유도 진흥'을 내세웠으나, 경제적으로 궁핍한 유림을 돈으로 회유
한다는 전략 아래 결성된 것이었다. 총독부가 '부유腐儒를 모은 것에 지나지

---

50 姜東鎭, 앞의 책, 390쪽.
51 이하 대동사문회와 유도진흥회의 개요에 대해서는, 姜東鎭, 위의 책, 226~230쪽.

않는'다는 평가를 받았다. 1932년 명덕회明德會로 대체되었다.

대동사문회와 유도진흥회는 총독부의 전폭적인 지원 아래 결성되었지만, 유교계의 대표 기관으로 자리잡지 못했다. 이어 1922년 조선유림연합대회라는 이름을 내걸고 일부 명망가들이 국헌 존중, 국법 준수, 사회질서 유지에 매진할 것을 맹세하기도 했다.[52] 반면 대부분의 유교계 명망가들은 여전히 '사회' 참여를 거부했다.

한편 총독부는 고루한 유림에게 문명의 발전상을 보여주어 인식의 전환을 가져오게 한다는 취지에 따라 시찰단을 편성하여 일본과 국내의 주요 산업시설을 견학케 했다. 이는 동화정책의 일환이었다. 예를 들어 1920년 11월 친일 관료가 이끈 경상북도 유림대표단은 일본의 주요 시설을 시찰했다.[53] 유림은 국내 시설을 견학하기도 했다. 1927년 영광군수는 '고루한 구습'에 얽혀 있는 유림에게 '현대'를 이해시킨다는 구실을 들어 '유림시찰단'을 편성해 경성·인천·평양·신의주를 순회시켰다.[54]

2) 신지식인층의 유교 비판과 유림의 반발

(1) 신지식인층의 유교 비판

1920년대에 신지식인층[55]은 유교에 대해 매우 신랄한 비판을 했다가 이

---

52 「儒林團 新設 計劃, 各道에서 七百餘名 來京하여 十四日 宣言書 發表」, 『每日申報』 1922년 11월 15일자, 2면; 이명화, 「朝鮮總督府의 儒敎政策(1910~1920년대)」, 『한국독립운동사연구』7(한국독립운동사연구소, 1993), 118쪽, 각주 134.

53 姜東鎭, 앞의 책, 50쪽.

54 「儒林視察團, 全鮮 各地로」, 『每日申報』1927년 6월 8일자, 4면.

55 이 글에서 '신지식인층'은 1910년대 중반 이후 일본 등 해외 유학을 통해 신지식·신사상을 받아들여 구습 타파와 신사회 건설을 기치로 내걸고 활동한 지식인층을 가리키는 개념으로 사용했다(박찬승, 『한국근대정치사상사연구』, (역사비평사, 1995(3판)), 110~111쪽). 여기에는 실력양성을 내세운 민족주의 세력뿐 아니라 자본주의 체제 타도를 외친 사회주의 세력도 포함된다(이태훈, 「1920년대 초 신지식인층의 민주주의론과 그 성격」, 『역사와 현실』67(한국역사연구회, 2008) 22쪽, 각주 3).

를 계기로 유교를 비판하는 세력과 유교를 변호하는 세력 간 거친 공방이 오갔다. 신지식인층은 자신들이 창간한 신문과 잡지를 통해 유교와 유림을 격렬히 비판했다.[56]

제1차 세계대전과 3·1운동 이후 개조주의·민족주의·사회주의의 영향으로 신新사회 건설을 목표로 활동하던 신지식인층은 구체제인 조선왕조의 유습遺習과 유교를 시급한 청산 과제로 인식했다. 그들은 신사회의 물적 토대는 물론 정신적 토대도 새롭게 구축해야 한다고 목소리를 높였다.

유교는 부분적으로 고쳐 쓸 수 있는 것이 아니라 완전히 없애야 할 것으로 규정되었다. 1905~1910년의 유교망국론이 선각적 지식인들의 담론 제기에 머물었다면, 1920년대 신지식인층의 유교 비판은 대중매체를 활용한 사회운동으로 발전하여 실질적으로 사회구조를 바꾸는데 이르렀다는 점에서 차원을 달리하였다.

신지식인층은 민족주의 진영과 사회주의 진영을 불문하고 유교를 총공격했다. 민족주의 진영에서는 민족신문을 표방한 『동아일보』와 천도교 기관잡지 『개벽』이, 사회주의 진영에서는 서울청년회가 비판의 선봉이 되었다.

민족주의 진영에서는 『동아일보』가 유교 비판에 앞장섰다. 이 신문은 창간한 지 얼마되지 않은 1920년 5월 9일자 신문 제1면에 「가짜 명明나라 사람의 머리에 몽둥이 한 대를(假明人頭上一棒)」(총 2회)이란 자극적 제목의 글을 실어 유교에 대한 반감을 노골적으로 드러냈다. 주자성리학과 대명의리를 중시하는 유림을 '지나 사상의 노예'라고 부르고 "당당한 조선의 겨레가 어찌 가짜 명나라 사람이 되겠는가"라며[57] 비판의 날을 세웠다.

사회주의 진영에서는 서울청년회가 유교 비판에 앞장섰다. 신흥 사회주

---

56 서동일, 「1920년대 신지식인층의 유교 비판과 유교계의 지도기관 설립」, 『東方學志』189(연세대 국학연구원, 2019).
57 「假明人頭上에 一棒(二)」, 『東亞日報』1920년 5월 9일자, 1면.

의세력을 대변하던 서울청년회는 1922년 김윤식 사회장 논란이 벌어지자 김윤식의 사회장 자격을 거론하면서 동아일보가 당사자 의견도 묻지 않은 채 사회장위원회 발기인 명단을 작성한 것을 두고 크게 성토하는 등 반대 측에 가담했다.[58] 또한 서울청년회는 같은 해 유림단체인 유림총부儒林總部를 보천교, 물산장려운동과 더불어 '박멸' 대상으로 선포하기도 했다.

그런데 유교 비판에 나선 신지식인층이 모두 일치된 견해와 이념을 지닌 것은 아니었다. 이들은 3·1운동이라는 혁명적 분위기가 식민지 조선을 한바탕 휩쓸고 지나가자 각자 정치세력화를 시도하여 민족운동의 헤게모니를 장악하기 위해 비판이 용이한 유교를 호명한 것이었다. 민족주의 세력은 신문화와 신사회의 건설을 외쳤고, 사회주의 세력은 복고주의와 개량주의 타파에 이어 혁명의 완수를 부르짖었다.

이 시기 신지식인층의 유교 비판은 대중적 지지를 얻었다. 식민지 조선 사회에 만연한 부조리, 즉 신분 갈등, 계급 갈등의 기저에 유교나 신분제가 있음을 보여주는 징표들이 여전히 도처에서 발견되었기 때문이다. 예를 들어 당시 지역사회는 교육시설의 빈곤에 허덕이고 있었지만 유림은 신식학교·강습소 설립을 외면하거나 방해하여 유력자·청년층의 반발을 샀다. 또한 사회경제적으로 지주의 신분을 이용하여 소작인들을 괴롭히고 있었다.

유림의 도를 넘은 관행은 곧 역풍을 맞았다. 지역의 사회단체가 감시자가 되었다. 1925년 11월 도산서원 재임 이동흠李東欽 등이 도조賭租를 바치지 않는다며 소작인을 임의로 서원으로 끌고 와 형틀에 매달고 매질을 가한 사건이 발생했다. 도산서원의 장부를 열람한 결과 도조는 이미 바쳐진 것으로 확인되었지만, 이동흠 등은 여전히 반성의 기미를 보이지 않아 대중적

58 박종린, 「김윤식사회장' 찬반논의와 사회주의세력의 재편」, 『역사와 현실』 38(한국역사연구회, 2000), 261쪽.

공분을 샀다.[59]

이동흠은 안동의 대표적인 명문가 후예였다. 진성이씨 이황의 후예로, 조부는 1910년 병합 소식에 목숨을 스스로 끊은 이만도이며, 부친은 파리 장서운동 초기활동을 이끈 이중업이었다. 사건이 알려지자 안동은 물론 전 국 각지의 노동운동단체가 중심이 되어 항의성명을 발표했고, 조선노농총 동맹이 도산서원 철폐운동을 개시했다.

(2) 유교계의 반발과 결집

신지식인층의 유교 비판 수위가 날로 높아짐에 따라 유림은 자신들의 정 당한 의사를 표현할 매체가 필요로 했다. 우선 이들은 자신들에 가해진 비 난에 대해 조목조목 반박했다. 유교(문화)에 관한 사회적 이슈가 발생할 때 마다 '유림대회'로 불리는 집회를 열어 존재감을 과시했다. 또한 자신들을 위한 상설 조직을 만들고자 했다.

신지식인층의 인신공격에 가까운 비판에 유림은 반격을 개시했다. 「가명 인두상에 일봉」을 기고한 권덕규權惠奎와 이 글이 게재된 동아일보가 주된 표적이었다. 유림은 권덕규를 '극도로 흉악하고 심각한 패륜아'로 규정하고, '유림이라면 누군들 그 고기를 먹지 않고 그 가죽을 씹으려 하지 않겠는가?' 라며 극도의 분노감을 드러냈다.[60] 유림은 동아일보사에 단체로 찾아가 항 의하고,[61] 집집마다 '동아일보 거절'이라고 쓴 팻말을 문 앞에 붙여 불매운동

---

59 「都使令 監視下에 食前食後로 笞刑, 량반의 령을 거역하는 놈들은 버르장이를 가르 처야 한다고, 陶山書院 笞刑事件 後報」, 『時代日報』 1925년 10월 7일자, 2면.
60 崔永祚, 『雲齋集』 권8, 雜著, 「答人道公議所通文」(庚申.4月), 6b·7a쪽.
61 「名談四句」, 『三千里』 3-9(三千里社, 1931.9.1), 48쪽.

을 벌였으며,[62] 사장(박영효) 퇴진과 신문사 폐간을 요구했다.[63]

이 과정에서 유교계 공론 수렴과 권익 보호를 자처하는 몇몇 단체가 도드라진 움직임을 보였다. 태극교와 인도공의소人道公議所가 공동 명의로 동아일보의 죄상을 알리는 「통고문」(이상규 등 28인)을 발표했다.[64]

태극교는 1907년 설립된 개동종교를 모태로 하는 전국적 유교단체이다. 1919년 이 단체의 핵심인물인 윤충하 등이 유교계의 독립청원운동을 이끈 바 있다. 한편 인도공의소는 '인도人道'와 '공의公議'라는 시의성 있고 차별화된 단체 명칭으로 유림의 이목을 끌었다.

이어 1921년 유교세력의 총본산을 자처한 유림총부儒林摠部가 결성되었다. 유림총부는 유교계의 기대와 달리 명실상부한 유교계 지도기관으로 성장하지 못했다. 유림세력은 오랫동안 일원화된 전국 조직을 설치하겠다는 야심 찬 계획을 세우곤 했지만, 동력 부족으로 불과 수년 만에 소멸하기를 반복했다.

유교계 전체를 아우르는 연대는 매우 긴급한 사안인 경우에만 일시적으로 이루어졌다. 예를 들어 마지막 국왕인 고종에 대한 사후死後 의례(상복)의 확정이나 유교에 대한 사회적 비난이 고조된 상황에 한정되었다. 무엇보다 지방 유교지도자들은 경성에 설립된 성격 미상의 유교단체를 신뢰하지 않았다. 지역·학파·혈연 중심의 배타적 분위기도 여전하였다. 이런 요인들이 유교계의 통일적 지도기관의 설치와 유지를 어렵게 만들었다.

유교계 지도기관을 구성하려는 시도는 실패했지만, 유교계의 세력화마저 좌절된 것은 아니었다. 유교계의 세력화는 오히려 1920년대에 절정에

---

62 金允植, 『續陰晴史』 下(國史編纂委員會, 1960), 권18, 1920년 5월 18일, 526쪽.
63 車相瓚, 「朝鮮新聞 發達史」, 『開闢』 4(開闢社, 1935.3.1), 9쪽 ; 「智之端」, 『開闢』 16(開闢社, 1921.10), 83쪽.
64 「人道公議所와 太極教 儒生 通告文 發布」, 『每日申報』 1920년 5월 25일자, 2면.

이르렀다. 문화정치가 허용하는 제한적 범위에서나마 유교단체가 다수 결성되고, 유림의 관심사를 반영하는 집회가 자주 열렸으며, 활동 공간을 보장받기 위해 총독부와 교섭하기도 했다. 예를 들어 1920년대 국내에서 운영된 유교단체는 〈표 1〉과 같았다.

〈표 1〉 1920년대 국내 유교단체 현황

이름	설립연도	주요 인물
태극교太極敎	1909	윤충하, 이병선, 김종수
대동사문회大東斯文會	1919	어윤적, 정만조, 송지헌
유도진흥회儒道振興會	1920	김영한, 정봉시, 윤희구
인도공의소人道公議所	1920	이상규, 조재학, 송주헌
금란친목회金蘭親睦會	1920	김영수, 서기순, 서상호
유림건약소儒林建約所	1921	정병원, 조한위, 이상학
조선유교대동회朝鮮儒敎大同會	1921(?)	성기운, 최영년
유림총부儒林總部	1921	맹보순, 정현수, 윤충하
유교천명회儒敎闡明會(강원)	1921	이학규, 김상연, 이기종
유도창명회儒道彰明會(전남)	1922	이재량, 박봉주, 석진형
평남유림연합회平南儒林聯合會(평양)	1922	황업, 전덕룡
모성명륜부慕聖明倫部	1925년 이전	민병한, 서재천, 맹보순
모성공회慕聖公會	1926(?)	김종한, 지석영, 신현태
전선유림총본부全鮮儒林總本部	1926	조천식, 송수헌, 조선구
명륜도약소明倫都約所	1927(?)	이용구, 이명상, 윤녕구
유교부식회儒敎扶植會(충남)	1927	김은동, 이상린, 정용욱

유림의 관심사는 주로 '유림대회'라는 집회를 통해 표면화되었다.[65] 유림대회는 1910년대 말 처음 나타나 1920년대에 가장 빈번하게 열렸고, 일제 강점기 내내 나타난 유림의 집회 형태였다. 전국 또는 도 단위로 열린 적도

---

65 서동일, 「식민지기 유림대회의 출현과 지방의 유교권력」, 『歷史學報』 241(歷史學會, 2019), 202~203쪽.

있지만, 군郡 단위 규모로 지방 향교(명륜당)에서 열린 경우가 많았다. 이 대회를 주도한 것은 '군유림郡儒林'이었다. 저명한 유교지도자의 문인도 있었지만, 향교·서원을 기반으로 활동한 인물, 총독부의 지방통치에 협력하며 향교 운영에 관여하던 인사 등도 참여하여 구성이 다양했다.

유림대회의 의제는 주로 유교사업의 활성화, 향교재산 및 수익의 활용, 유림조직의 강화에 관한 것이었다. 하지만 이 중에서 가장 큰 관심사는 향교재산의 활용방안과 처분권의 향방이었다. 유림은 군청의 일방적인 향교재산 처리에 대해 항의했고, 군청은 시종일관 불성실과 무대응의 태도를 보였다. 1920년대 후반이 되면 유림은 향교 직원 선출 및 향교재산 관리에 대한 근본적 제도 개혁을 요구했지만, 유림의 요구는 끝내 받아들여지지 않았다.

유림대회는 자세히 보면 지방 유교권력을 둘러싼 헤게모니 다툼이 벌어진 공간이었다. 단순히 향교재산과 수익에 관한 유림의 입장을 표명하는 통로에 그치지 않고, 합리적 절차에 따라 지역 유림의 공론을 수렴하고 권익을 향상시키려는 유림과, 지방 유교계의 의사 결정 구조에 간섭하고 통제를 가하려는 총독부의 의도가 충돌한 지점이었다.

3) 하겸진의 인간 본성과 민족 정체성에 대한 이해
: 「국성론國性論」(1921)

(1) 하겸진

하겸진河謙鎭(1870~1946)은 경남 진주 출신으로, 한국 성리학의 '결국結局'이라는 평가를 받는 곽종석의 수제자이다. 그는 학문적으로 남명학과 퇴계학의 세례를 고루 받으며 성장하였고,[66] 1896년 경남 거창의 곽종석을 찾

---

66 李永淑,「晦峯 河謙鎭의 남명학 계승 양상」,『南溟學硏究』76(慶尙大 南溟學硏究所, 2022), 124쪽.

아가 스승의 예를 올린 후 이진상에서 곽종석으로 이어지는 한주寒洲학맥의 충실한 계승자가 되었다. 스승 곽종석과 마찬가지로 한국 유학을 집대성하는 역할을 자처하여[67] 학술사적으로 의미 있는 저술을 다수 집필했다.

그는 심心의 관점에서 유학의 본령을 정리하여 후학들에게 전달하겠다는 포부를 지닌 인물이었다. 이미 30대 초반 영남의 노유老儒인 허유, 장복추, 곽종석, 이승희 등을 찾아가 이기론, 심성론, 사칠론, 명덕론 등에 관해 토론을 나누면서 성리학 이해에 있던 미진했던 부분을 보완했다.

그 결과 48세에 「성사심제변性師心弟辨」, 50세에 「심위자모설心爲字母說」(5편) 등을 발표하여 심心이 성정性情을 주재하고 근본이 된다는 한주학맥의 입장을 명확히 밝혔다. 하지만 자신의 기대에 미치지 못했는지 말년에 병석에서 "심心이라는 글자는 유학의 종자이다. 내가 참뜻을 드러내어 현재와 장래의 학자들에게 밝히려 했으나 이제 못 이루고 끝나니 한스럽다"고 토로했다.[68]

하지만 그의 노력은 『동유학안東儒學案』이라는 한국유학사 저술을 통해 어느 정도 결실을 맺었다. 그는 1943년 학안체의 저술인 『동유학안』을 간행했다. 이 책은 조선 말기 송병선이 간행한 『패동연원록』(1882)에서 시작된 전근대적 한국유학사 저술의 대미를 장식했다는 평가를 받는다.

『동유학안』은 학안류 저술답게 다양한 유학 학설을 학파별로 잘 정리한 것이 특징이다. 이로 인해 학파별 분류를 지양하고 시기 구분을 시도하여 근대 유학사 저술의 시발점으로 평가받는 장지연의 『조선유교연원』과 비교되곤 한다.[69]

---

67 그런 측면에서 근대전환기 한국유학사를 집필한 상징적 두 인물, 즉 장지연(『조선유교연원』, 1922)과 하겸진(『동유학안』, 1943)이 모두 곽종석 문하에서 배출되었다는 점은 특기할 만하다(琴章泰·高光植, 『儒敎近百年』(博英社, 1984), 487쪽).

68 琴章泰·高光植, 위의 책, 485~486쪽.

69 정성희, 「식민지 시기 조선 유학사 정리 작업에 대한 연구―張志淵과 河謙鎭의 저항적

그는 성리학뿐만 아니라 문학에도 조예가 깊었다. 1942년 우리나라 역대의 우수한 한시漢詩 비평을 모아『동시화東詩話』(필사본)을 간행했다. 정인보는 하겸진에 대해 시와 고문古文에 있어 영남의 문인 중 최고라고 극찬한 바 있다.[70]

그는『동시화』에서 조선시대 이전의 문학은 물론 국권 상실 전후 4대 문장가로 일컬어지는 강위, 이건창, 김택영, 황현 등 당대 명사들의 비평까지 싣는 자신감과 철저함을 보였다.[71] 그 결과『동시화』는『보한집』→『동인시화』→『성수시화』→『지봉유설』→『소화시평』에 이어 한시 비평집의 대미를 장식한 저작으로 평가되기도 한다.[72]

그는 역사학에도 남다른 관심을 가졌다.『명사강목明史綱目』과「교정삼국사기서校正三國史記序」를 집필하고,『명장열전』과『용장열전』을 지었다. 영남에서 역사학에 관심을 지닌 인물들은 하겸진에게 앞다투어 나아가 비평을 구할 정도로 식견과 경험을 가진 인물이었다. 그는 한 때 세계사를 집필하겠다는 원대한 목표를 세우기도 했는데, 자료 수집의 한계를 느껴 중도에 포기했다.[73]

이상의 학술적 성과를 종합할 때 그는 기본적으로 주자성리학의 연구에 몰두하였지만, 그에 머물지 않고 중화문명이 급격히 추락하던 시대에 유학뿐만 아니라 문·사·철 등 한국 인문학 전반을 집대성하여 후세에 전달하겠다는 신념 아래 저술 작업을 게을리 하지 않은 인물이었다.

또한 그는 유교의 사회적 확산과 구미문명에 대한 개방적 이해라는 한주

조선유학사 정리 작업을 중심으로-」,『儒學硏究』29(忠南大 儒學硏究所, 2013), 165쪽.
70 하정승,「하겸진의『동시화』에 나타난 비평의식」,『漢文學論集』32, 근역한문학회, 2011, 211쪽.
71 하정승, 위의 논문, 239쪽.
72 하정승, 위의 논문, 239쪽.
73 河謙鎭,『晦峯集』下(亞細亞文化社, 1985), 附錄,「行狀」(河龍煥), 517하b쪽.

학맥의 특징을 잘 보여준 인물이기도 했다. 1907년 스승 곽종석에게 보낸 편지에서는 한성에 신문사(報館)를 설치하면 어떻겠느냐고 제언했는데,[74] 유교에 대한 비난을 잠재우기 위해선 교육보다 홍보 작업이 선행되어야 한다는 판단 때문이었다.

또한 노모를 둔 독자獨子임에도 1919년 스승 곽종석을 따라 파리 국제평화회의에 보낼 독립청원서(파리장서)에 서명하고 1926년 경북 유림단의 독립운동자금 모집에 가담했다가 옥고를 치렀다. 이는 모두 구미 사회에 대한 구체적 이해와 확신 속에 이루어진 행동이라고 볼 수 있다.

다음에서 살펴볼 「국성론國性論」(상·중·하, 1921)은 이런 학문적, 실천적 이력을 지닌 하겸진이 1920년대 초 사회적으로 유교에 대한 비난이 고조되던 시기에 집필한 논문이었다. 주지하듯 1920년대 초『동아일보』,『개벽』등 각종 매체는 개조주의의 영향으로 유교를 신사회 건설의 장애물로 지적하며 연일 비난의 화살을 퍼부었다.

반면 제1차 세계대전 이후 전쟁의 원인을 찾는 과정에서 인격과 도덕성에 대한 관심이 높아진 것도 사실이었다. 하겸진은 이런 시대적 분위기와 사상계의 미묘한 흔들림을 포착하고 「국성론」을 통해 당시 조선사회에 유교를 바탕으로 미래적 대안을 제시하고자 하였다.

(2) 집필 배경과 주요 내용

1920년대에 이르면 동아시아에서 중화문명과 유교의 쇠락이 명료해지고 서양 근대문명의 의식과 기독교의 흥성이 두드러졌다. 그럼에도 불구하고 국내 유림은 도덕과 윤리의 영역에서는 여전히 유교가 우월하다는 신념을

---

74 『晦峯集』上, 晦峯先生遺書 권9, 「上俛宇先生」(丁未), 190상b쪽.

포기하지 않았다. 이런 주장의 시원은 1880~1900년대 성행한 동도서기론으로 거슬러 올라간다.

1881년 신기선은 『농정신편』(안종수) 서문에서 "중토中土의 사람들은 형이상形而上에 밝"고 "서국西國의 사람들은 형이하形而下에 밝"으니 "만일 우리의 도道를 능히 든다면 저들의 기器를 실행하는 것은 또한 손바닥을 뒤집는 것과 같을 것"이라고 말하여 정신문화에 있어서만큼은 중화문명이 구미문명보다 훨씬 우월하다는 점을 강조한 바 있다.[75]

제1차 세계대전 이후 신사회 수립의 선행조건으로 인격 수양을 강조하는 사조가 등장하였다. 이에 유림은 이런 분위기에 편승하여 유교가 인격 수양에 적합한 사상임을 강조함으로써 유교와 유림의 입지를 만회하고자 했다. 유림은 개조改造 담론에 등장하는 인도人道, 국성國性 등의 개념이 사실 유교에서 발원한 것임을 은연 중 드러내었다.

이런 상황에서 1921년 하겸진이 국성國性이라는 다소 생소한 개념을 활용한 논문인 「국성론國性論」을 발표했다. 1920년대 초 도덕과 인격의 고양에 대한 사회적 관심이 고조되는 시점임을 감안하면 시의성이 있는 논문이라고할 만했다. 하겸진은 먼저 국성을 '한 나라 사람들이 숭상하는 본성(一國之人所尙也. 守其性, 則其國存)'이라고 정의했다. 그리하여 '국성을 지키면 나라가 보존되고 국성을 잃으면 나라가 망한다'고 하였다.[76] 이에 따르면, 국성은 문화적 정체성과 사회적 결속력을 포함하는 개념으로 이해된다.

국성이 한 국가의 존속과 성쇠를 결정하는 주요 요인이라는 인식은 사실 한국 유림뿐 아니라 1910~20년대 동아시아 유교지식인이 공통적으로 지닌 인식이었다. 1912년 중국의 유교개혁론자인 량치차오(梁啓超)가 비슷한

75　安宗洙, 『農政新編』天, 「序」(申箕善, 辛巳), 중앙도서관 소장본.
76　『晦峯集』上, 晦峯先生遺書 권25, 「國性論(上)」(辛酉), 501하a~b쪽.

제목의 논문인 「국성편國性篇」을 발표한 것도 이와 무관치 않다.[77]

량치차오는 오랜 망명을 끝내고 귀국했는데, 그가 바라본 중국은 매우 혼란스러워 보였다. 그는, 혼란의 근본적 원인이 중국인의 내적 나약함에서 비롯된 것이 아니라 제국 열강의 침략에 따라 물질적, 정신적 충격으로 '고유하게 전해져온 규범이 점차 사회를 지탱함을 상실하자 사람들이 방황하고 귀의할 곳이 없어'진 데에서 비롯된 것이라고 진단했다.[78]

국성이 국가 존속과 성쇠의 결정적 요인이라는 점은 어떻게 증명할 수 있는가? 하겸진은 구미 열강의 사례를 들어 설득력있게 설명했다. 일례로 서유럽과 미국이 나라를 유지하고 제국 열강으로 호령하게 된 것은 그들의 경제력과 기술력뿐만 아니라 그들이 숭상하는 그 본성을 잃지 않았기 때문이라고 하였다. 그러면서 미국의 워싱턴, 러시아의 피터 대제, 독일의 비스마르크가 '그들(국민)이 숭상하는 것(국성)을 익숙하게 하여 본성으로 삼은 자들'이라고 하였다.[79]

그러면 조선이 구미 제국 열강처럼 내세울 수 있는 국성은 무엇이냐는 물음으로 옮겨간다. 하겸진은 한국의 국성은 '예의'임이 확실하다고 하였다. 다소 길지만 관련 부분을 인용하면 다음과 같다.

---

77 梁啓超, 『飮氷室文集』 6(臺灣: 中華書局, 1978), 권29, 「國性篇」, 82~85쪽. 다만 이같은 논의의 이면에는 외국의 침략에 대한 민족적 단결이라는 측면보다는 신해혁명 이후 몽(蒙)·회(回)·장(藏)·강족(疆族)의 이탈을 막고 하나의 근대적 중화민족을 구성하여 공화제 국가를 완성하려는 입장이 내재되어 있음을 유의할 필요가 있다 (정지호, 「량치차오[梁啓超]의 '국성(國性)'론과 '중화민족'의 신질서 모색」, 『동북아역사논총』 67(동북아역사재단, 2020), 96쪽).

78 정지호, 「량치차오[梁啓超]의 '국성(國性)'론과 '중화민족'의 신질서 모색」, 94쪽. 이런 종류의 주장은 상대적으로 량치차오가 하겸진의 그것에 비해 정밀한 편이다. 량치차오는 "국성이 쇠락하면 그 나라 사람들이 자기 나라의 典章, 문물, 기강, 법도 등 역사적으로 전수받은 유산에 대해 모두 의심을 품고 경멸하며, 나아가 심한 경우에는 모두 이를 멸시해서 방기하게 된다. … 개인과 사회의 행위에서 모두 표준이 없어져서 … 공동생활의 기초는 날로 박약해져 소멸하게 된다"고 하여 논의를 보다 구체화하였다(정지호, 위의 논문, 98쪽).

79 『晦峯集』 上, 「國性論(上)」, 502상a쪽.

① 예의禮義가 우리의 국성國性임은 확고하다. 감히 묻는다. 오늘날 동서양의 여러 강력한 이웃나라처럼 기술, 세리勢利, 무력이 있는 것이 아니고 한갓 우리 예의만 가지고 있다면 장차 무엇으로 저들과 대적할까? … 대체로 기술, 세리, 무력, 세 가지는 저들이 유능한 것이고 우리가 무능한 것이다. 예의禮義란 우리가 잘하는 것이고 저들이 잘하지 못하는 것이다. 일반적으로 천하에서 사람마다 능력을 달리하고 국가마다 장점을 달리하여 모든 것을 똑같이 할 수 없는 것이 자연의 이치이다.[80]

② 예의가 국성이 된 것은 어떻게 시작되었는가? 단군·기자의 신성神聖함에서 시작되어 … 한조漢朝에 이르러 크게 밝아졌다. 한조가 크게 밝아진 까닭은 실로 공자를 숭배한 데에서 말미암아 그런 것이다. 공자가 어찌 우리나라 사람인가? 우리나라 사람이 아닌데 숭배해도 되는가? 오늘날 신학新學을 하는 자는 이로 인해 비난하여 노예성의 뿌리가 있다고 하는데, 그 설을 어떻게 생각하는가? … 소위 신학이란 무엇을 배우는 것인가? … 공자의 학문을 배우면 노예가 되고 서양의 서양·일본의 학문을 배우면 유독 노예가 아닌가? … '요한 블룬칠리(伯倫)와 이마누엘 칸트(康德)의 지식을 하면 블룬칠리와 칸트의 노예이고 제임스 와트(瓦特)와 마레오 리치(瑪瑪竇)의 기술을 하는 자는 와트와 리치의 노예이다' 등과 같이 노예라고 하면 '공자의 노예'는 오히려 말할 수 있다. … (공자는-역자) 비유하자면 해와 달과 같다. 해와 달은 동쪽에서 태어나서 서쪽에서 진다. 그러나 그 밝게 비춤은 사방에 다다라 이곳과 저곳의 간극이 없다. … 내가 받드는 것은 도道이다. 도가 있도가 있는 곳과 스승이 있는 곳을, 내가 하필 우리나라 사람인지 우리나라 사람이 는 아닌지 묻겠는가? 비단 공자뿐만 아니라 일본과 서양을 막론하고 공자 같은 이가 나온다면 이 자도 성인이니, 나는 곧 추종하여 스승으로 삼을 뿐이다.[81] (굵은 글씨-필자)

즉 한국의 국성은 예의 다시 말해 도덕성이라고 결론지었다.[82] 한국의 국

---

80 『晦峯集』上, 「國性論(中)」, 502상b~502하a쪽.
81 『晦峯集』上, 「國性論(下)」, 503상a~하a쪽.
82 김낙진, 「晦峯 河謙鎭의 國性論을 중심으로 본 일제강점기 유학자의 인간성 이해와 국가의식」, 『한국철학논집』24(한국철학사연구회, 2008), 87쪽.

성을 도덕성으로 본 점은 다소 진부한 결론이지만, 현실적, 이성적 접근방식으로 결론을 도출하고 있다는 점에서 주목할 만하다. 그는 공자를 한국인 (동이족)이 아닌 중국인이라고 단정했고, 신지식인층의 유교 비판에 나타난 맹점을 지적하기도 하였다.[83]

3. 1930, 40년대 : 전시체제 개시와 식민지적 유교 형성

1) 전시체제와 산발적 저항

(1) 총독부의 유교 동원과 황도유학

1929년 세계대공황 이후 세계적으로 자본주의 체제가 동요하고, 그 여파로 사회주의와 복고주의가 확산되었다. 식민지 조선의 지식인들은 자본주의 체제의 한계를 인식하면서 한때 비판의 대상으로 치부되던 조선적인 것과 유교 문화를 새로운 시각으로 바라보기 시작했다.[84] 다만 유교에 대한 인식이 획기적으로 전환된 것은 아니었다. 자본주의 체제에 대한 우려의 일부가 유교에 대한 관심으로 전환된 것이었고, 관심의 주체도 유림,[85] 지역 사족, 총독부 등에 한정되어 있었다.

한편 자본주의 체제가 동요하자 일본은 대륙 침략에 박차를 가했다. 1933년 구미국가 중심의 국제연맹에서 탈퇴했고, 이로 인해 국제적 고립이 심화되자 일본-조선-만주로 이어지는 경제 블록을 구상해 대응코자 했

---

83 김낙진, 위의 논문, 88쪽.
84 이태훈, 「일제하 현상윤의 근대지상주의와 유교인식」, 『2006 학술심포지엄 식민지 근대를 살다』(역사문제연구소, 2006), 77쪽.
85 1930년 당시 언론 보도에 의하면, 유림은 35만 명으로 추산되었다(「兩班과 儒林, 各道別 統計, 양반은 오만 사천 이백 호, 儒林은 卅五萬七千戶」, 『東亞日報』 1930년 2월 11일자, 2면).

다.[86] 일본은 조선과 만주 지역 인민을 천황제 이데올로기 및 유교 도덕으로 재무장시켜 천황과 일본의 '충량한 신민'으로 개조하려고 하였다.

일본은 동아시아 3국을 통합하는 사상으로 유교에 주목했다. 유교 이론을 현실정치에 동원하고, 한·중·일 3국 유교지식인의 우호와 연대를 과장하기 위한 국제 행사를 열었다.

우선 1932년 만주국을 세운 뒤 아시아 연대를 위한 장치로 왕도사상을 호명하여[87] 통치이념으로 내세웠다. 또한 1935년 일본 도쿄에 위치한 유시마성당(湯島聖堂)을 재건하면서 "동문동종同文同種인 동아東亞 민족을 단합하고 아울러 세계평화에 기여하기 위해 동아 제국諸國이 공유하는 유학사상"을 부흥시킨다는 명분으로 (동양)유도대회儒道大會를 열었다.[88] 이 행사에는 일본 정계·재계·학계 인사는 물론 중국(24명), 만주국(6명), 조선(안순환·박연조 등 13명), 대만 대표(3명)가 참석했다.

식민지 조선의 경우 일본(총독부)은 유교에 더욱 주목했다. 전시체제기 농공병진農工並進 및 총력전 구상에서 유교가 매우 유용하다는 판단 때문이었다. 농공병진이란 농촌진흥운동과 공업화정책의 동반 성장을, 총력전이란 일본 파시즘에 입각한 이데올로기적 지배의 강화를 의미하였다. 이런 구상을 관철하기 위해 고안된 이데올로기 운동이 바로 1932년 국민정신작흥운동과 1935년 심전心田개발운동이었다.[89]

---

86 김영희, 「국민정신총동원운동의 실시와 조직」, 『한국독립운동사연구』 18(한국독립운동사연구소, 2002), 3쪽.

87 佐佐充昭, 「植民地期における朝鮮儒敎會の活動」, 『朝鮮學報』 188(天理大, 2003), 44쪽.

88 黃英禮, 『安淳煥의 儒敎 宗敎化 運動과 鹿洞書院』, 영남대 철학과 박사학위논문, 2003, 45쪽, 각주 129; 財團法人 斯文會, 『湯島聖堂 復興記念 儒道大會誌』(財團法人 斯文會, 1936), 1, 13~16쪽.

89 李智媛, 「日帝下 民族文化 認識의 展開와 民族文化運動－民族主義 系列을 중심으로－」, 서울대 사회교육과 역사전공 박사학위논문, 2004, 248쪽.

그런데 총독부가 이 두 가지 운동을 추진하는 과정에서 내세운 슬로건들이 유교의 핵심 윤리와 밀접한 관계를 맺고 있었다. 국민정신작흥운동은 충군애국忠君愛國의 본지에 기초하고 공존공영의 정신에 입각하여 내선일치內鮮一致 협동과 공민公民으로서의 훈련을 쌓고 사회의 진보개선을 도모하는 것을, 심전개발운동은 국체國體 관념의 명징, 경신숭조敬神崇祖의 사상 및 신앙심의 함양을 목적으로 했다.[90] 충군애국과 경신숭조 관념은 분명 유교의 충효 윤리와 관계가 깊은 개념들이었다.

이런 배경에서 총독부는 유교를 보다 효과적으로 전쟁에 동원하기 위해 총독부 조직을 개편하고 총독부 직속 유교기구인 경학원－문묘 체제를 더욱 강화했다. 총독부는 1936년 학무국에 사회교육과를 신설하면서 사회교육과 내에 교화계를 두었는데, 절약 장려와 더불어 경학원과 향교를 통한 '민중 교화'가 주요 업무였다.[91] 또한 경학원 내에 교육기관인 명륜전문학원을 두어 황도유학에 능한 인물을 양성하고, 수료생들을 각 도청에 교화주사敎化主事로 임명하여[92] 황도유학 전파에 주력하게 했다.

이 시기 경학원과 향교는 석전釋奠 등 정기 행사와 시국강연회를 통해 일본의 전시정책을 선전하고 인력과 물자 동원에 협조했다. 무엇보다 경학원은 물론 문묘(향교)의 간부에 유교와 무관한 유력자가 임명되는 일이 일상화되었다.[93] 문묘 장의조차 유교 전통이나 선현에 대한 이해보다 "시대에 인식이 있고 농촌진흥운동에 공명하는 현대적 인물"[94]이 중시되었다.

경학원(성균관), 문묘(향교)의 성격이 변질되고 일상에서 황도유학의 전파

90   李智媛, 위의 논문, 248쪽.
91   김남석, 『일제치하 도서관과 사회교육』(태일사, 2010), 38쪽.
92   금장태, 앞의 논문, 1991, 479쪽.
93   금장태, 위의 논문, 1991, 480쪽.
94   『公文綴』, 「鄕校掌議選擧ニ關スル件」(咸陽郡守→咸陽文廟 直員, 昭和9.10.23), 프린트본, 함양향교 소장 문서.

가 노골화되자 양심적인 유림은 서원·서당을 중심으로 결집하거나 아예 깊은 산속으로 이주하여 개인적 신념을 지키고자 노력했다. 예를 들어 송병선의 문인 안규용安圭容은 1921년 죽곡정사를 지어 강학하다가 총독부의 서당 인가를 받으라는 독촉이 심해지자 1934년 문인들을 해산시키고 지리산 속으로 들어가 은둔을 시작했다.[95]

한편 이 시기에는 거대한 민간 유교단체가 등장했다. 그 전조는 만주국 건국 직후인 1932년 9월 설립된 조선유교회朝鮮儒教會에서 발견된다. 설립자 안순환安淳煥은 사당 형태의 쇠락한 서원을 기독교식 교회로 재편하여 유교의 옛 명성을 재현하고자 했다.[96]

조선유교회는 김동진·송준필 등 유교계 명망가들을 간부로 대거 초빙하고, 국내는 물론 북간도에도 지부를 설치했다. 전도사 양성을 목적으로 교육시설인 명교학원明教學院을 설치하고, 선전기관인 일월시보사日月時報社를 두었다. 다만 설립 초기부터 총독부와의 밀착성이 의심되었다.[97]

이어 1939년 11월 친일유림단체인 조선유도연합회朝鮮儒道聯合會가 결성되었다. 외형상 민간단체를 표방했지만 단체 임원, 결성과정, 활동 내용이 총독부와 깊이 연관되어 총독부의 외곽 조직이라 할 만하였다. 총재는 정무총감 오노 로쿠이치로(大野綠一郎), 회장은 경학원 대제학 윤덕영尹德榮이었고, '황도정신에 입각한 유교 진흥'을 목표로 내세웠다. 간부는 친일 유림과

---

95 琴章泰·高光植, 앞의 책, 192쪽.
96 黃英禮, 앞의 논문, 5쪽.
97 설립자 안순환은 일찍부터 대정친목회 이사로 활동하며 '친일독지가'로 알려졌고(宇都宮太郎, 『日記』, 1920.1.6(宇都宮太郎關係資料研究會 編, 『日本陸軍とアジア政策－陸軍大將 宇都宮太郎 日記』3, 岩波書店, 2007, 354쪽), 1930년대 중반 이후 '대동아주의'를 설파하는 데 앞장섰다(安教煥, 「朝鮮靑年은 읽으라－(1) 東洋人은 東洋道德이 根源이다－」, 『日月時報』 第2號, 朝鮮儒教會, 1935, 1면). 조선유교회 간부 중 다수가 1939년 설립된 친일유교단체 조선유도연합회의 간부가 된 점도 주목할 부분이다.

친일파 유지로 구성되었고, 회원 다수가 유교와 무관한 인물이었다.

본부가 결성된 뒤 각 도, 군별로 지회가 설치되었다. 이 단체는 총동원체제에 적극 협력하여 국방헌금 납부 등을 주도했다. 각 군에서 자율적으로 결성된 조직인 유도회, 유림회, 명륜회 등은 사실상 조선유도연합회의 말단 조직으로 흡수되었다.

종교 및 사상단체의 통합과 시국 협력 결의가 유교에만 국한된 것은 아니었다. 조선유도연합회가 결성된 1939년을 전후하여 종교·사상 전반에 걸쳐 전시동원이 가시화되었다. 미나미 총독이 국민정신작흥운동과 종교부흥운동을 적극 추진하겠다는 시정 방침을 밝혔다.

이에 불교계는 1937년 2월 총독부 회의실에서 31본산 주지회를 열어 총본산 설치와 불교도의 정신작흥·심전개발운동 참가를 결의했다. 천도교계는 같은 해 7월 천도교청년당 중앙본부가 시국협조 및 시국강연회 개최를 결의했다. 개신교계는 1938년 경성기독교연합회와 조선기독교연합회가 노골적으로 시국 협력을 결의했다.[98]

한편 1938년 총독부가 조선인에 대한 효율적 전시동원을 진행하기 위한 선전조직인 국민정신총동원 조선연맹을 결성하자 유림도 이에 동원되었다. 국민정신총동원 조선연맹은 하부 조직으로 도·부군도·읍면·정동리·부락연맹을 두었는데, 군연맹에는 읍·면장, 국방의회 지부장, 재향군인회 분회장, 학교조합비 이사장과 더불어 문묘(향교) 직원이 평의원으로 참여했다.[99]

국민정신총동원 유림연맹이 설치되자 각 군의 유림연맹은 '자발적'으로 지지를 결의했다. 창녕군 유림연맹이 '보국단체로 비상非常하게 활동하겠다'

---

98 林鍾國, 「일제말 친일군상의 실태」, 『解放前後史의 認識』 1(개정2판)(한길사, 1995), 231~238쪽.
99 박찬승, 「해방 전후 나주지방의 정치 사회적 동향」, 『지방사와 지방문화』 1(역사문화학회, 1998), 288쪽.

고 맹세했고,[100] 김해군 유림연맹이 석전 거행일에 '동아 건설의 국가적 건설에 매진'하겠다고 선언하여[101] 전시동원의 선봉대를 자임했다.

(2) 산발적 저항운동

전시체제기에 일본의 파시즘 체제에 전면 대항하는 독립운동은 사실상 불가능에 가까웠다. 따라서 대부분의 반일운동가나 지식인들은 개인적 연고를 이용해 개별적으로 저항하거나 소규모 비밀결사를 결성해 활동하는 경우가 많았다.

이 시기 국내 유림의 비밀결사 활동은 매우 제한적이었지만 몇 가지 사례가 확인된다. 우선 해방 직전 국내 최대 규모 비밀결사였던 건국동맹의 사례이다. 김창숙의 회고기에 의하면, 김창숙은 1945년 8월 7일 성주경찰서에 잡혀가서 왜관경찰서에서 해방을 맞이했는데, 1944년 건국동맹의 '남한 책임자'로 추대된 것이 해방 직전 발각된 것이라고 전해진다.[102]

건국동맹 다음으로 규모가 컸던 비밀결사인 조선민족해방협동당에 관한 내용도 일부 확인된다. 협동당은 1944년 10대 후반~20대 초반 연령의 학생과 지식인들이 결성한 비밀결사였다. 1944년 당시 박승방朴承邦·朴勝肪은 중부지방 담당자였는데, 명륜학원에 관여하던 인물이었다.[103]

독립운동은 아니더라도 생활 전반에 침투한 총독부의 식민정책에 반대하는 행위가 나타났다. 신사참배, 궁성요배, 정오묵도, 황국신민서사 제창 등

---

100 「國民精神總動員聯盟を結成, 昌寧郡儒林團か蹶起」, 『釜山日報』 1939년 4월 21일자, 6면.
101 「國民精神總動員 金海郡儒林聯盟, 十五日の文廟享祀日三百餘名參集.結成せん」, 『釜山日報』 1939년 9월 29일자, 3면.
102 권기훈, 『심산 김창숙 연구』(도서출판 선인, 2007), 150쪽.
103 변은진, 「해방 전 조선민족해방협동당의 결성과 비밀결사운동」, 『한국민족운동사연구』 70(한국민족운동사학회, 2012), 316쪽.

총독부가 강요한 각종 국가주의적 의식도 그 대상이 되었다. 예를 들어 박인규는 1937년 총독부가 일본 천황이 있는 궁성을 향해 허리를 굽혀 인사하는 동방요배를 강요했지만, 갖은 수모를 당하면서도 거부했다. 일본 경찰로부터 모욕을 받으면서도, 오히려 영광이라고 하면서 자신이 이렇게 행동하는 것을 "공자에게서 배운 존주尊周의 의리를 지니고 있기 때문"이라고 밝혔다.[104]

국권 상실 이후 단발이 보다 널리 확산되었음에도 불구하고 적지 않은 유림은 여전히 상투를 지키는 것(보발保髮)이 전통을 수호하고 일본에 저항하는 것이라고 여겼다. 이는 특히 기호지역에서 더욱 강하게 나타났다. 1934년 화서학맥의 신익균申益均은 문인 양본석이 단발을 거부하다 칼에 찔려 죽자 그를 기리는 제문에서 "천지의 올바른 성품을 잃지 않고 성현의 큰 훈계를 준수하여 상투를 지켜서 오늘의 주인이 되"었다고 극찬하며 애도했다.[105]

한편 시대적 흐름에 조응하지 못하고 식민지 체제에 제대로 저항하지 못하는 유교에 무력감을 느껴 유교의 대열에서 이탈하는 움직임도 나타났다. 예를 들어 1934년 조선공산당재건운동협의사건 관련자 김윤회金潤會는 경성에서 조선유교회 양산지부 경리원經理員인 이수헌李壽憲을 만나 시세에 역행하는 유교 연구를 배척하고 공산주의 연구에 전념해야 한다고 설득하면서 『마르크스주의 지대로地代論 입문』이라는 책을 주어 사회주의에 관한 지식을 쌓고 사회주의운동의 실행에 협의하게 했는데, 이수헌은 그대로 실행했다.[106]

---

104 금장태, 앞의 논문, 1991, 481쪽
105 금장태, 위의 논문, 1991, 481쪽.
106 朝鮮總督府 高等法院 檢事局 思想部『思想彙報』, 1936, 223쪽.

2) 유교 문화의 변형

(1) 신민지 사건과 유교세력 결집

1930년대 이후 한국 유교의 급격한 쇠퇴는 '신민지 사건'을 통해 재확인된다. 신민지 사건은 1920년대 민족 변호사로 명망이 높던 이인李仁이 잡지 『신민』에 공자와 유교를 비하하는 글을 게재하여 유교계의 대대적인 반발을 불러온 사건이었다. 이 사건은 유림의 집단행동이 다시 표면화되었다는 점에서 주목받기도 하지만, 이후 세력 결집과 상설기관 설치 과정에서 다시 한번 무기력한 모습을 노출해 유교계의 쇠락을 보여주는 또 하나의 징표로 간주된다.

자세히 살펴보면, 신민지 사건은 단순히 이인이 신민지에 게재한 글로 인해 발생한 사건이 아니었다. 우선 유림은 1920년대 초 사이토 총독의 향교재산을 유림에게 환원하겠다는 약속이 지켜지지 않은 채 향교재산의 처분권이 군수에게 귀속되자 깊은 상실감과 무력감에 빠졌다. 이어 1930년 중국 국공 내전 기간 산동성 곡부曲阜의 공자 사당이 파괴되었다는 소식이 전해졌다. 유림의 불만과 불안감은 누적되었다. 이런 상황에서 유교계를 자극하는 신민지 사건이 발생한 것이었다.

곡부의 공자 사당이 파괴되었다는 소식이 전해지자 국내 유림은 즉시 위문 사절단을 꾸려 파견하기로 결정했다. 사절단 파견을 위한 논의에는 각종 유림단체, 서원, 문묘(향교), 사당과 개인 등 277개 단위의 대표 504명이 참여했다. 곡부에 파견할 사절단에는 박연조朴淵祚와 안승구安承龜가 선정되었다.[107] 박연조 등은 12월 22일 출발하여 중국 곡부에서 위문활동을 벌인 뒤

---

107 黃英禮, 앞의 논문, 2003, 44~53쪽. 공교롭게도 두 인물은 후일 녹동서원 및 녹동서원의 후신인 조선유교회의 간부가 되었다. 이들은 귀국 후 『곡부위안사실기』라는 보고서를 간행했다.

해를 넘겨 1931년 1월 9일 귀국했다. 귀국 위로회에는 경학원 사성과 대동사문회 회장이 축사를 발표했다.

신민지 사건이 발생한 것은 곡부에 파견했던 위문 사절단이 귀국한 지 얼마 지나지 않은 시점이었다. 변호사 이인이 『신민』 1931년 1월호에 「신법률만평新法律漫評」이라는 글을 통해 '공부자孔夫子'를 '공부자孔腐子', '공구孔丘'를 '공구孔仇'로 표기했다.[108]

전국 각지에서 군·면·리 단위는 물론이고 문묘·서원 등이 이인을 성토하는 통문을 발표했다. 공동 대응하자는 주장도 대두되었다. 이런 움직임은 근 1년간 계속되었다. 경학원도 예외는 아니었다. 이인의 비상식적 기고문에 뒤늦게 대응했다는 이유로 비난을 면치 못했다.

신민지 사건 직후 유림은 1931년 5월 공자 사당이 있는 화성 궐리사闕里祠에 모여 전조선유림대회를 개최하였다. 각종 유림단체와 지역을 대표하는 인물 총 306명이 참석했다.[109] 대회 참석자들은 이인에 대한 성토 방법을 논의한 뒤 유림의 권익을 보호하기 위해 상설조직을 결성하기로 합의했다.

대회 직후 두 개의 단체가 결성되었다. 하나는 독립운동에 참여한 이력이 있거나(홍성의 유교부식회) 중도 성향의 지방 유림이 이끄는 유교총본부였고, 다른 하나는 총독부·경학원·대동사문회의 지원을 받은 조선유림연합회였다. 두 단체는 각기 유교계의 대표 단체임을 자처했지만, 모두 단명하여 가시적인 성과를 거두진 못했다. 다만 후자는 이후 조선유교회-조선유도연합회로 발전할 것으로 보인다.

한편 시간이 흐를수록 일본의 식민지 체제가 공고해짐에 따라 유림의 총독부에 대한 인식에 변화가 나타났다. 예를 들어 유림은 『동아일보』와 『신

---

108 李仁, 「新法律漫評-强盗防止法 其他」, 『新民』 64(新民社, 1931. 1), 39~40면.
109 서동일, 「1930년대 초 신민지 사건의 파장과 유교계의 변동」, 『한국문화』 91(서울대 규장각한국학연구원, 2020), 213쪽.

민』을 성토하는 통문에 총독부를 '당국'으로 표기하곤 했다. 이는 통문 발송의 주된 주체인 문묘가 총독부 산하 기구인 이유도 있었지만, 식민권력과의 대면이 일상화된 유림이 현실적으로 총독부(일본)를 부정하기 어려운 상황에 도달했고, 총독부를 조선인 간의 각종 갈등을 중재하는 조직으로 인식하였음을 의미한다.

(2) 유교문화의 변형

1930년대 이후 총독부의 문화 정책의 기조는 내선일체를 토대를 한 민족문화말살정책으로 집약된다. 이는 유교 부문에 있어서도 마찬가지였다. 전시체제라는 미명 아래 유교의 고유성과 특수성이 심하게 제약되고 변형되었다. 유교 문화의 정수로 일컬어지는 상투와 백의白衣가 금지되고, 석전 등과 같은 의례가 일본군의 전쟁 승리를 기원하는 전시 행사로 변질되었다.[110]

총독부의 상투와 백의에 대한 금지령은 총독부의 통제가 사상의 영역을 넘어 일상생활의 영역으로까지 확대되었음을 보여준다. 상투와 백의에 대한 제약은 이미 1884년의 변복령과 1895년의 단발령 공포 이후 정부에 의해 강제된 바 있지만, 당시는 강행과 철회를 되풀이하면서 일시적 조치라는 인상을 준 반면, 전시체제기 총독부의 금지령은 해방 직전까지 유교 문화의 소극적 유지도 어렵게 만들었다.

예를 들어 1937년 10월 충북 괴산에서 만동묘 제사에 참석하러 온 유림이 총독부의 회유로 즉석에서 단발을 신청하고 황국신민이 되겠다고 서약

---

110 서동일, 「함양향교 소장문서에 나타난 총동원체제기 조선총독부의 향교 동원과 변형」, 『국학연구』 40(한국국학진흥원, 2019), 445~447쪽.

한 사건이 벌어졌다.[111] 괴산경찰서는 음성·진주·함안 등지에서 모인 10여 명이 만동묘 제사를 목적으로 모여들자 이들을 체포했는데, "사상이 불온하지 않고 단순히 송시열의 사상을 존경하여 제사를 올리려던 계획"으로 판명되었다. 괴산경찰서장은 병합과 내선일체의 취지를 설명했고, 이들 유림은 비로소 이제까지의 '잘못'을 깨닫고 단발을 신청하였으며 황국신민의 본분에 다할 것을 서약했다.

한편 일본은 전쟁의 장기화로 물자가 부족해지자 각 단체가 보유 중인 자원들을 '헌납'이라는 미명 아래 강제로 수거했다. 유교 의례에 사용되는 제기도 주된 표적이 되었다. 경학원은 『경학원잡지』를 통해 이런 '헌납' 경쟁을 유도하고 더욱 부추겼다.

강제적인 '헌금'도 광범위하게 이루어졌다. 예를 들어 총독부의 압력을 받은 만동묘 측은 1937년 11월 만동묘의 위패, 제기, 액자 등을 폐기하는 한편 기금 마련을 위해 조성된 청주의 춘추계春秋禊, 진주의 존화계尊華禊를 해산하고 현금 300원을 국방기재비國防器材費로 괴산경찰서에 헌금했다.[112]

무엇보다 향촌사회의 자율적 규범으로 유지되어온 향약이 관제 향약으로 변질되었다. 향약은 원래 향촌사회를 운영하는 자율적 유교 규범이었다. 일본은 이를 전쟁 준비와 동원을 위한 마을 단위 규약으로 활용했다.

그리하여 전시체제기에 관제 향약이 광범위하게 확산되었다. 예를 들어 1930년대 중반 함북 성진군 학중면 춘동에서 운영된 춘동향약은 청소년의 총독부에 대한 반항 정서를 줄이고 식민권력에 대한 충忠과 관료에 대한 공경을 강조한다는 목적을 지닌 것이었다. 춘동향약은 관제 향약의 성공적 사

---

111 「萬東廟祭祀事件, 署長の懇篤な訓話で頑迷な儒生も悟る斷髮して誓約書提出」, 『朝鮮民報』 1937년 12월 12일자.
112 「迷夢から醒めた儒生, 皇國臣民としてあつぱれ更生, 萬東廟の祭壇を取壞し禊を解散して國防獻金」, 『京城日報』 1937년 12월 12일자.

례로 평가되어 이마이타 기요노리(今井田淸德) 정무총감이 격려차 방문하기도 했다.[113]

총독부가 향약에 관심을 보인 것은 식민지 조선 사회를 지탱하는 이념과 결속력이 향약에서 발원하고 있다는 판단 때문이었다. 일방적 강제보다 자발성과 자율성에 기초한 온건한 유도가 정책 집행에 보다 효율적이라는 판단이었다. 총독부는 조선인들이 겉으로는 향약이라는 명칭을 쓰지 않지만, 향약의 기능을 가미한 단체가 많다고 보았다.

예를 들어 경북지사가 학무국장에게 보낸 공문에 의하면 "모범부락이나 우량부락 등은 … 향약 정신을 시대화하여 부락진흥이나 지방개량 등에 노력하여 향약과 마찬가지의 목적을 달성하고 있다. 이들은 당연히 향약의 부흥시설로 인정해서 본건 보조금을 교부함으로써 이를 보조하는 것이 옳다"고 하였다.[114] 실제로 농촌진흥실행조합, 근농공제조합, 식산계, 예림계, 청년단, 부인회, 진흥회, 공려회 등도 향약 정신이 가미된 단체로 간주되었다.[115]

3) 이재순의 미래 유교 교육에 대한 제언
: 「유교의 과거와 그 장래」(1930)

(1) 이재순

만주滿洲 이재순李載舜(?~?)은 유교부식회 산하 출판사인 인도사人道社의 현상 공모전에 「유교의 과거와 그 장래」라는 제목의 논문을 출품한 인물이다. 그가 공모전에 출품한 논문은 잡지 『인도』에 실렸는데,[116] 작자 이재순은

---

113 김민철, 『기로에 선 촌락－식민권력과 농촌사회－』, 혜안, 2012, 243쪽.
114 김민철, 위의 책, 112쪽.
115 김민철, 위의 책, 116쪽.
116 이재순의 논문이 실린 것은 『인도』 제8호였다. 당시 현상 공모는 한시漢詩와 논문 부분으로 나뉘었는데, 한시는 1등부터 등외의 작품까지 총 14편(1등 1명, 2등 2

여전히 베일에 싸여 있다.

그는 인도사나 인도사의 모체인 유교부식회에 호의적이었던 인물로 예상되지만, 관련 회원·직원 명단에 성명이 보이지 않는다. 아쉽게도 그가 어떤 인물이었는지 확인할 수 있을 만한 단서는 어떤 자료에서도 발견되지 않는다. 다만 유교의 과거, 현재, 미래라는 주제를, 사려 깊고 정제된 문체로, 애정을 담되 논리적으로 서술한 점으로 미루어 중년층의 유림이었을 것으로 추정될 뿐이다.

그에 관한 정보는 간접적인 경로로 확인해야 한다. 그가 유교의 미래에 관한 글을 준비하면서 이를 알릴 매체로『인도』를 선택했다는 점은 그의 지역 연고와 지적 성향을 가늠하는 단서가 된다. 유교 계열 출판사(인도사)가 주관하는 공모 대회에 유교의 미래에 대해 낙관론을 피력한 글로 입상한 것은, 그가『인도』의 간행처이자 주된 판매처인 충남권에 거주한 인물일 가능성이 높음을 보여준다.

『인도』는 비록 지방에서 간행되었지만, 간부 이력을 살펴보면 결코 가볍지 않은 위상을 지녔음을 알 수 있다. 인도사가 운영되던 대부분 시기에 발행 겸 편집인으로 활동한 김은동은 김복한의 장남인데 부친의 후광만 있던 것이 아니었다. 유교부식회 총무로 활동하고 후일 손재학과 함께 신간회 홍성지회 대의원이 될 정도로 홍성에서 신망이 높았다.

초대 운영진은 편집부장 김은동과 더불어 영업부장 황일성, 서무부장 정태복이었다. 황일성은 김복한의 문인으로 1919년 스승의 지시에 따라 파리장서운동에 협조하고 이후 유교부식회 재무부 간사를 맡은 바 있다. 정태복은 1910년대 후반 박상진의 광복단에 참여하고 유교부식회에도 참여했다.

명, 등외 11명)이 실린 반면, 논문은 2등인 이재순의 글만 실리고 1등이나 다른 글은 실리지 않았다. 또한 한시 당선자의 경우 모두 당선자의 주소를 적었는데, 이재순의 경우에는 주소가 적혀 있지 않다. 이유는 명확치 않다.

영업을 맡은 손재학은 홍성에서 청년회 활동을 활발히 벌였고 신간회 홍성 지회에서 활동했다.[117] 다시 말해 인도사 간부들은 홍성에서 민족운동과 사회운동을 이끌던 지도급 인물들이었다.

『인도』는 유교계 잡지였지만 다양한 성격의 글을 실어 당대인의 이목을 사로잡았다. 『인도』는 유교계 잡지인 만큼 주로 유교에 관한 글들을 수록했지만, 농업에 관한 실무 지식, 과학상식, 해외 정보와 신어新語, 홍성의 위인, 시·소설 등 다양한 글을 실음으로써 대중을 대상으로 하는 종합 교양지를 표방했다.[118] 잡지사 운영이나 필진에 기독교인(손재학)이나 불교인(박정걸)이 포진한 것은 운영상의 개방성을 보여준다.

유교에 관한 글도, 한용운·안재홍·유진태·송진우 등 사회 명사들의 유교에 대한 희망사항을 싣는다든가 유교와 현대사조, 이를테면 유교와 민주주의, 유교와 공리주의, 유교와 이절利切주의, 유교와 주관주의 등에 관한 글을 게재하여 유교의 가치를 당대적 관점에서 당대의 언어로 설득력있게 설명하고자 하였다.[119] 유교계의 내부 결속이라는 근시안적 태도에서 벗어나 당대 사회와 소통하며 유교 개혁과 사회 참여의 길로 함께 가겠다는 의지를 엿볼 수 있다.

하지만 『인도』는 당대 사회에 대한 거침없는 언설로 인해 총독부의 탄압을 받았다. 무엇보다 창간호 이후 일본 경찰의 검열로 원고가 자주 삭제되었다. 예를 들어 제1호에 실린 손재학의 연재소설 「방화」는 다음 회차에서 전문 삭제되었다. 제5호에서는 김은동의 「학부모 소망의 착오에 대하여」와 황일성의 「문명의 야만」이 각각 11줄, 10줄씩 삭제되고, 편집실이

---

117 박태일, 「홍성의 유교 잡지 《인도》 문예면」, 『비평문학』 69, 한국비평문학회, 2018, 127~138쪽.
118 박태일, 위의 논문, 141쪽.
119 서정화, 「儒敎扶植會의 《人道》 연구」, 『泰東古典硏究』 45, 翰林大 泰東古典硏究所, 2020, 27쪽.

만든 「단어사림短語辭林」과 주작인의 소설을 옮긴 「포병공창 파업」이 전문 삭제되었다.[120]

『인도』는 원래 월간지를 표방한 잡지였지만, 창립기를 제외하면 이 원칙이 제대로 지켜진 적이 없었다. 일본 경찰의 과도한 검열과 정간 조치에서 비롯된 논조의 불안정과 내용의 결핍은 결국 잡지 판매의 부진과 재정 문제를 야기했을 것으로 보인다. 『인도』는 결국 1931년 3월호(통권 9호)를 끝으로 더 이상 간행되지 않았다.[121]

인도사의 모체인 유교부식회는 1920년대 중반 이후 지방에서 유도천명회(강원), 유도창명회(전남) 등 친일유림단체가 번성할 때 사상적·민족적 정체성을 잃지 않은 드문 단체였다. 이 단체는 민족운동과 독립운동에 참여한 인물들이 중심이 되었고, 유교 개혁을 부르짖었지만 유교계의 신구 세력을 아우르고 유교에 관한 사회적 이슈를 정확히 포착하여 유교계 전체를 이끌어간 단체였다. 이는 유교부식회가 1930년 중국 곡부 위문사절 파견이나 1931년 신민지 사건에 대한 성토 활동을 주도한 사실에서도 잘 알 수 있다.

이런 배경을 감안할 때 이재순의 논문은 1925년 조선공산당 창당, 1929년 광주학생운동 발생, 1930년 조선유교회 설립 등 사회적으로 청년운동과 사회주의운동이 두드러지고 유교의 종교화를 꾀하는 세력이 대두하던 시점에 총독부의 지원을 받은 유림 세력과 정체성을 달리하는 유림 후속세대의 등장과, 그들의 유교 미래에 대한 인식을 보여준다.

---

120 박태일, 앞의 논문, 122쪽.
121 金祥起, 「한말 일제하 洪城지역 儒林의 형성과 항일민족운동」, 『한국근현대사연구』 31, 2004, 104쪽.

(2) 집필 배경과 주요 내용

이재순은 한국 유교가 처한 현실을 비교적 객관적으로 이해하고 대안을 제시하고자 하였다. 그는 한국 유교의 미래에 대해 "솔직히 말하면 파멸의 직선이 앞에 나타날 뿐이요, 또 그렇지 않더라도 마치 창망한 바다에 큰 안개를 만난 외로운 배의 행방과 같이 그의 장래가 자못 희망이 없는 상황의 절정에 도달하였다"고 했고,[122] "감각이 있는 자면 차라리 유교를 등지고 예수를 향"할 것이라고 자극적인 발언도 서슴치 않았다.[123]

이어 유교가 암울한 현실에서 빠져나오지 못하는 것은 시대적 추세를 제대로 파악하지 못하고 새 시대에 적합한 유교를 창안하는 데 실패했기 때문이라고 진단했다. 유교의 가르침이 다른 사상보다 우월함은 두 말할 필요가 없지만, "과거는 이미 과거의 시대가 있고, 장래는 또한 장래의 시대가 있"듯[124] 유교도 당대 현실에 맞는 대안을 제시해야 했으나 실패했다는 지적이다. 이런 분석은 매우 중립적인데, 그렇다고 해서 여타 선구적인 유림의 분석과 크게 차별되는 것은 아니었다.

이재순의 논문이 지닌 특징은 대안 제시의 부분에서 나타난다. 그는 독특하게도 유교 교육의 역사적 발전과정을 교육 주체의 관점에서 4단계로 설명하고 미래적 대안을 제시하고자 했다. 그는 이 4단계가 인류의 자연스러운 진화 과정이자 거스를 수 없는 추세였다고 하였다.

> 군교君敎시대로부터 관교官敎시대에 이르는 그 과도기에는 홍수와 삼묘三苗의 반란이 인간을 어지럽히고 … 하늘이 장차 대도大道를 옥성玉成하고자 할진대

---

122 「儒敎의 過去 及 將來」(滿洲 李載舜), 『人道』 2-2(통권 8, 舊9月號)(人道社, 1930, 고려대도서관 소장), 110쪽.
123 위의 책, 116쪽.
124 위의 책, 111쪽.

반드시 그만한 환난이 없지 못할 것이나, 이것은 유교의 굴屈이 도리어 유교의 신伸이 될 것이고, 유교의 회晦가 유교의 명明이 될 것이다. …

과연 어떠한 시대가 올 것인가? 나는 감히 민교民教시대가 즉 유교의 장래라고 예언하고자 한다.

아아, 현재는 민상民象의 세계이다. 제국帝國이 민국民國으로 변하고, 군주君主가 민주民主로 변하고 … 유교도 반드시 민교화民教化가 되고 말 것이니, 민교는 즉 사람마다 자기의 양심으로써 자기의 표준을 지어 군교君教시대의 성인의 신령神靈이 만인 중 으뜸이라는 관념으로써 다시 민교시대의 인류가 공동으로 구비하고 있다는 관념을 삼고,

관교官教시대의 공가公家를 양성하는 관념으로써 다시 민교시대의 사실私室에까지 응용한다는 관념을 삼고,

사교師教시대의 함장函丈이 이끌어 가르치고 제자가 꾸준히 연마한다는 관념으로써 다시 민교시대의 사회 교제와 보통 상식의 관념을 삼을 것이다.[125] (굵은 글씨-역자)

.

즉 그는 역대의 유교 교육이 군교君教시대—관교官教시대—사교師教시대를 거쳤고 앞으로 민교民教시대로 나아갈 것이라고 예상했다. 제1단계는 군교君教시대로 유교의 진리를 깨달은 자가 임금의 지위에 있어 임금이 직접 민중을 가르친 시대였고, 제2단계는 관교官教시대로 인구가 폭증하고 사회구조가 복잡해짐에 따라 임금이 처리해야 할 업무가 많아져 관리가 임금을 대신해 교육을 전담한 시대였다.

제3단계는 사교師教시대로 이단이 횡행하자 정통을 고수한 스승들이 나타나 교육을 이끌던 시대였고, 앞으로는 시대의 추세상 모든 개인이 자신의 양심에 기초하여 유교의 진리를 발견하고 타인과 공유하는 민교民教시대가 도래할 것이라고 예견했다.

이재순은 유림이 시대적 추세를 거부하지 않으면서도 유교개혁론을 창출

---

125 위의 책, 116~117쪽.

할 수 있다는 가능성을 보여주었다. 그는 제국으로부터 민국民國으로, 군주제로부터 민주제로의 변화를 인류 역사의 대세로 받아들였다. 이를 토대로 유교 지식의 생성과 유통을 일부 계층이 독점하는 시대가 지나고 인민 전체가 자유롭고 공평하게 유교의 가르침을 공유하는 민교화民敎化가 진행될 것이라고 예견했다.

이런 입장은 기존의 보수적인 유림이 지닌 인식과 다소 거리가 있다. 기성 유림에 따르면, 유교의 진리는 오랜 기간 도제식 교육을 받은 소수만이 터득할 수 있고, 인민은 유교의 진리를 깨달은 성인聖人과 소수의 현인賢人이 제시한 절차대로 유교 윤리를 충실히 실천하는 수동적 존재로 묘사된다. 따라서 인민이 이상사회 또는 이상국가의 중심이 될 수 있다는 '민주'와 '민국'의 개념은 이단의 학설로 치부된다.

더욱이 이재순의 논문이 설득력이 있는 것은 그가 당대의 용어와 상식으로 자신의 입장을 자연스럽게 보여주었기 때문이다. 그의 논문에는 유림의 글에서 자주 발견되는 추상적 문투가 적고, 진화·민중·평화·자유 등 신지식인층이 구사하던 용어가 많이 등장한다. 이는 그가 1920~30년대라는 지적 환경 속에서 성장하였음을 고백하는 것으로, 시대를 변형시켜 유교에 맞추는 것이 아니라 시대에 유교를 대입하는 방식으로 유교의 미래적 가능성을 타진하고자 했음을 보여준다.

참고문헌

■ 1차 자료(원전)

『京城日報』,『東亞日報』,『每日申報』,『釜山日報』,『時代日報』,『日月時報』,『朝鮮民報』

『開闢』,『三千里』,『新民』,『人道』

『念齋野錄』,『農政新編』,『陶庵文集』,『梅泉野錄』,『(국역) 백하일기』,『西川先生文集』,『續陰
　　　　晴史』,『韋菴文稿』,『雲齋集』,『飮氷實文集』,『毅庵集』,『張志淵全書』,『韓溪遺稿』,
　　　　『韓龍雲全集』,『晦峯集』

남부희 편역,『제2차 유림단 사건―독립운동사 자료집』, 불휘, 1992.

心山記念事業準備委員會 編,『(心山金昌淑先生 鬪爭史)躄翁一代記』, 太乙出版社, 1965.

宇都宮太郎,『日記』, 1920.1.6(宇都宮太郎關係資料硏究會 編,『日本陸軍とアジア政策―陸軍
　　　　大將 宇都宮太郎 日記』3, 東京: 岩波書店, 2007).

財團法人 斯文會,『湯道聖堂 復興記念 儒道大會誌』, 東京:財團法人 斯文會, 1936.

朝鮮總督府 高等法院 檢事局 思想部『思想彙報』, 1936.

『公文綴』, 함양향교 소장.

『呈巴黎平和會』, 독립기념관 복제본 소장.

■ 2차 자료

〈단행본〉

姜東鎭,『日帝의 韓國侵略政策史』(2판), 한길사, 1984.

권기훈,『심산 김창숙 연구』, 도서출판 선인, 2007.

琴章泰·高光植,『儒學近百年』, 博英社, 1984.

김민철,『기로에 선 촌락―식민권력과 농촌사회―』, 혜안, 2012.

林鍾國,『일제말 친일군상의 실태』,『解放前後史의 認識』1, 한길사, 1995(개정2판).

박찬승,『한국근대정치사상사연구』, 역사비평사, 1995(3판).

서동일,『1919년이라는 문턱과 파리장서운동』, 도서출판 선인, 2021.

유명종,『조선후기 성리학』, 이문출판사, 1985.

崔英成,『韓國儒學思想史』 V(近·現代篇), 아세아문화사, 1997.

R.R.파머·J.콜튼 저, 康俊彰·李柱郢 등 역,『西洋近代史』3(帝國主義에서 現代의 危機까지),
　　　　三知院, 1985

〈논문〉

강명관, 「주체없는 근대, 장지연론」, 『大東漢文學』 33, 大東漢文學會, 2010.

강영심, 「Ⅱ. 1910년대 민족운동의 전개」, 국사편찬위원회 편, 『한국사』 46, 탐구문화사 2001.

금장태, 「Ⅳ.종교계운동−1.일본강점기 유교의 독립운동」, 국사편찬위원회 편, 『한민족독립운동사』 9, 시사문화사, 1991.

금장태, 「한국근대유교와 종교운동」, 『儒敎文化와 韓國社會』(제3차 발표:유교와 한국사회의 근대적 전환), 大東文化硏究院, 1999.

김낙진, 「晦峯 河謙鎭의 國性論을 중심으로 본 일제강점기 유학자의 인간성 이해와 국가의식」, 『한국철학논집』 24, 한국철학사연구회, 2008.

金明友, 「日帝 植民地時期 鄕校 硏究」, 中央大 史學科 博士學位論文, 2007.

金祥起, 「한말 일제하 洪城지역 儒林의 형성과 항일민족운동」, 『한국근현대사연구』 31, 2004.

김영희, 「국민정신총동원운동의 실시와 조직」, 『한국독립운동사연구』 18, 한국독립운동사연구소, 2002.

金龍基, 「三一獨立運動과 巴里長書事件에 對하여」, 『文理大學報』, 釜山大 文理大學』, 1959.

노관범, 청년기 張志淵의 학문배경과 博學風, 朝鮮時代史學報 47, 朝鮮時代史學會, 2008.

박종린, 「'김윤식사회장' 찬반논의와 사회주의세력의 재편」, 『역사와 현실』 38, 한국역사연구회, 2000.

박찬승, 「해방 전후 나주지방의 정치 사회적 동향」, 『지방사와 지방문화』 1, 역사문화학회, 1998.

박태일, 「홍성의 유교 잡지《인도》문예면」, 『비평문학』 69, 한국비평문학회, 2018.

朴鶴來, 「艮齋學派의 學統과 사상적 특징」, 『儒敎思想硏究』 28, 한국유교학회, 2007.

변은진, 「해방 전 조선민족해방협동의 결성과 비밀결사운동」, 『한국민족운동사연구』 70, 한국민족운동사학회, 2012.

佐佐充昭, 「植民地期における朝鮮儒敎會の活動」, 『朝鮮學報』 188, 天理大, 2003.

서동일, 「1910년대 韓中 儒林의 교류와 孔敎運動」, 『한국민족운동사연구』 77, 한국민족운동사학회, 2013.

_____, 「일제 초기 동삼성한인공교회의 설립과 활동」, 『역사와 현실』 99, 한국역사연구회, 2016.

_____, 「1920년대 신지식인층의 유교 비판과 유교계의 지도기관 설립」, 『東方學志』 189, 연세대 국학연구원, 2019.

_____, 「식민지기 유림대회의 출현과 지방의 권력」, 『歷史學報』 241, 歷史學會, 2019.

_____, 「함양향교 소장문서에 나타난 총동원체제기 조선총독부의 향교 동원과 변형」, 『국학연구』 40, 한국국학진흥원, 2019.

_____, 「1930년대 초 신민지 사건의 파장과 유교계의 변동」, 『한국문화』 91, 서울대 규장각 한국학연구원, 2020.

_____, 「유림의 만주 이주와 신흥무관학교 설립」, 『崇實史學』 45, 숭실사학회, 2020.

서정화, 「儒敎扶植會의 《人道》 연구」, 『泰東古典硏究』 45, 翰林大 泰東古典硏究所, 2020.

염인호, 「김창숙의 재중국 독립운동에 관한 일고찰」, 『大東文化硏究』 43, 大東文化硏究院, 2003.

李永淑, 「晦峯 河謙鎭의 남명학 계승 양상」, 『南溟學硏究』 76, 慶尙大 南溟學硏究所, 2022.

이성우, 「在滿 大韓光復團의 조직과 활동」, 『한국독립운동사연구』 44, 2013.

李成雨, 「1910년대 전북지역 獨立義軍府의 조직과 활동」, 『한국근현대사연구』 102, 한국근현대사학회, 2022.

李昇燁, 「李太王(高宗)毒殺說の檢討」, 『二十世紀硏究』 10, 京都大學, 2009.

李鍾洙, 「1910~1920年代 韓人 孔敎運動 硏究」, 연세대 사학과 박사학위논문, 2010.

이종수, 「李祥奎와 道統祠 孔敎支會」, 『大東文化硏究』 85, 大東文化硏究院, 2014.

李智媛, 「日帝下 民族文化 認識의 展開와 民族文化運動-民族主義 系列을 중심으로-」, 서울대 사회교육과 역사전공 박사학위논문, 2004.

이태훈, 「일제하 현상윤의 근대지상주의와 유교인식」, 『2006 학술심포지엄 식민지 근대를 살다』, 역사문제연구소, 2006.

_____, 「1920년대 초 신지식인층의 민주주의론과 그 성격」, 『역사와 현실』 67, 한국역사연구회, 2008.

이형성, 「한주의 성리학 1-'主宰性' 중시와 그 의의」, 경북대 퇴계연구소 편, 『(조선유학의 마지막 봉우리) 寒洲 李震相 연구』, 도서출판 역락, 2006.

정성희, 「식민지 시기 조선 유학사 정리 작업에 대한 연구-張志淵과 河謙鎭의 저항적 조선유학사 정리 작업을 중심으로-」, 『儒學硏究』 29, 忠南大 儒學硏究所, 2013.

鄭旭宰, 「한말·일제하 유림 연구」, 한국학중앙연구원 한국학대학원 박사학위논문, 2008.

정지호, 「량치차오[梁啓超]의 '국성(國性)'론과 '중화민족'의 신질서 모색」, 『동북아역사논총』 67, 동북아역사재단, 2020.

하정승, 「하겸진의 《동시화》에 나타난 비평의식」, 『漢文學論集』 32, 근역한문학회, 2011.

許善道, 「三一運動과 儒敎界」, 『三一運動50周年紀念論集』, 東亞日報社, 1969.

許宗文, 「晦峯 河謙鎭 硏究」, 경상대 한문학과 석사학위논문, 2002.

홍원식, 「장지연과 다카하시 도오루의 '유자·유학자 불이·불일' 논쟁」, 『오늘의 동양사상』 13, 예문동양사상연구원, 2005.

黃英禮, 『安淳煥의 儒敎 宗敎化 運動과 鹿洞書院』, 영남대 철학과 박사학위논문, 2003

「高橋亨先生年譜略」, 『朝鮮學報』 14, 天理大學, 1959.

제3장

한국유학의 현재와 전망

해방 이후
한국 유학의 정위定位와 국면들

김선희

1. 한국 유학 연구의 현대적 지평

1) 해방 후 유학의 체계화: 현상윤의 『조선유학사』

1920~30년대에 이루어진 조선 지식인들의 유학의 대상화와 담론화는 일제 강점기라는 특수한 상황 속에서 이루어졌기 때문에 조선의 후진성을 강조해 식민지배를 정당화하려는 일본 아카데미즘과 민족주의 지식인과의 대립, 사회주의 노선과 민족주의 노선의 갈등 등 다양한 긴장과 충돌을 반영하는 과정에서 특정한 지향과 성격을 띠지 않을 수 없었다. 주지하듯, 이 시기 유학은 이 시대 지식인들에게 유효성을 인정받을 수 있는 일부분 혹은 특정한 주제만 초점화되는 경향이 있었다. 이 초점화의 결과가 '조선학운동과 실학의 구성'이라고 말할 수 있을 것이다. 성리학과 그 세부로서의 경학이나 예학을 공리공담으로 치부하는 시선 속에서 성리학의 대척점에 서 있다고 인식된 이른바 '근대 지향적' 사유를 조선 유학 내부에서 발견하려는 시도는 국가 전체를 압도하던 근본적인 폭력이 사라진 해방 후 한국의 지식장에도 일정한 영향을 끼쳤다.

일제 강점기에 시작된 조선 유학의 근대적 전이 작업은 해방 이후 새롭게 형성된 한국 학술장에서 본격적으로 형태를 드러내기 시작했다. 해방 후 한국 지식장에 주어진 복합적 과제에 대한 첫 번째 대응 즉 독자적으로 혹은 주체적으로 조선 유학을 현대 학문의 맥락에서 다루려는 첫 시도는 현상윤玄相允(號 幾堂, 1893~미상)으로부터 시작되었다.

1893년 평안북도 정주에서 태어난 현상윤은 평양의 대성학교, 서울의 보성중학교 등을 거쳐 22세였던 1914년 와세다 대학의 사회급사회학과에 진학한다. 이 시기에 현상윤은 정인보, 이광수 등과 교유했다. 26세에 와세다 대학을 졸업한 뒤 중앙중학교 교사로 부임했다가 29세였던 1921년 중앙고등보통학교 교장으로 취임한다. 이후 1945년에는 경성대학의 예과부장에 취임했다가 다음 해에 사직하고 고려대학교 초대 총장으로 취임한다. 이때 조선사상사를 직접 강의했는데 이를 바탕으로 1948년에 『조선유학사』를 완성하고 다음 해인 1949년에 민중서관에서 발간한다.[1] 다음의 문장은 현상윤의 작업에 대한 후대 학자들의 총론에 해당할 것이다.

> 성리학이나 실학은 물론이고, 조선 유학 전체에 대하여 편견과 선입견 없이 객관적 변별력을 가지고, 역사적 흐름을 학문체계로 정리한 것은 1949년에 출간된 현상윤의 『조선유학사』(뒤에 『한국유학사』로 개칭)이다. 3·1운동에 가담하여 결정적인 업적을 이루어 '48인의 하나'로 지목받아 옥고를 치른 독립운동가인 동시에, 고려대 초대 총장으로 재임하다가 납북된 그는 광복 후 조선의 유학사를 누구보다도 먼저 집필하여 간행하였고, 그것은 체계적인 조선 유학사의 효시라는 것만으로도 이것은 획기적인 저술이다.[2]

『조선유학사』는 한글로 저술된 최초의 유학사라는 점에서도 일찍부터 주

---

1 현상윤, 「기당 현상윤 연보」, 『기당 현상윤 전집』 권1(나남, 2008), 17~20쪽.
2 윤사순·이광래, 『우리 사상 100년』(현암사, 2001), 201쪽.

목받았다. 1943년에 저술되었다가 1970년에 간행된 하겸진의『동유학안東儒學案』[3]이나, 저술 시기 자체는 1937년으로 현상윤보다 앞서지만 1959년에 등사본의 형태로 출간된 이병도의『자료한국유학사초고資料韓國儒學史草稿』등 비슷한 시기에 한문으로 저술된 책들에 비해 접근성이 높아진 것이다.

현상윤은 조선 유학의 영역을 정치, 경제, 법률, 철학, 윤리도덕, 문학, 예학 등으로 포괄하지만 이 가운데 주류와 중축은 '철학적 방면인 정주학'에 있다[4]고 규정함으로써『조선유학사』를 철학사 혹은 사상사의 맥락에서 서술하고자 한다. '철학사' 혹은 '사상사'라는 방법 또는 관점의 긴장이 책에 어떤 방식으로 반영되었는지 예각화해서 말하기는 어렵지만 적어도『조선유학사』는 원전 혹은 자료를 연대기적으로 구성하는 학안이나 연원록과 달리 모종의 체계를 통해 사상사적 흐름과 맥락을 정리했다는 점에서 변별적이다.

또한 현상윤은 앞에서 거론한 유학의 영역 외에도 17세기 예학과 예송, 그리고 무엇보다 지금의 실학 연구 범위와 겹치는 17~18세기 경제학파에 대해서도 다룬다. 이는 이기론을 중심으로 조선 유학을 구분하며 그 정체성과 종속성을 비판한 다카하시 도오루(高橋亨, 1878~1967)에 대한 견제의 측면이 있다고 볼 수 있다.

그러나 현상윤이 다카하시 도오루의 유학 이해를 완전히 극복했다고 보기는 어렵다.『조선유학사』는 조선 중기까지는 장지연의『조선유교연원』의 체제를 따라 인물을 중심으로 서술했지만 중기 이후 주자학으로 분류되는

---

3 『동유학안』을 포함하여 식민지 시기 조선 유학사 서술에 관한 연구로는 다음을 참조. 김태년, 「학안에서 철학사로: 조선유학사 서술의 관점과 방식에 대한 검토」, 『한국학연구』 23(인하대학교 한국학연구소, 2010); 정성희, 「식민지 시기 조선 유학사 정리 작업에 대한 연구 – 장지연(張志淵)과 하겸진(河謙鎭)의 저항적 조선유학사 정리 작업을 중심으로」, 『유학연구』 29(충남대학교 유학연구소, 2013); 이병태, 「한국 현대 사상사의 재조망과 '모더니티': 20세기 전반 유학사 저술을 중심으로」, 『통일인문학』 85(건국대학교 인문학연구원, 2021) 등.

4 현상윤, 앞의 책, 40~41쪽.

학술적 분기에 대해서는 다카하시 도오루를 따라 주리파와 주기파 그리고 절충파로 나누어 쟁점을 정리하는 방식을 취한다. 사실상 다카하시 도오루가 조선 유학을 논제화하며[5] 축으로 세운 주기와 주리의 구분은 해방 이후 조선 유학사 서술에도 그대로 계승된 셈이다. 다만 현상윤은 사단칠정론이나 호락논쟁 등 조선 유학의 쟁점을 중국과의 차별성으로 부각하는 방식을 통해 조선 유학의 변별성을 확보하고자 하였다.

결과적으로 현상윤은 장지연과 다카하시 도오루를 절충적으로 수용하며 도통道統의 계보가 아니라 쟁점을 중심으로 유학사를 정리한다. 이러한 도식은 현상윤을 시작으로 배종호, 유명종 등 1970년대 한국유학사 서술에도 나타난다.[6] 해방 이후 유학사 연구들이 보여준 이러한 답습은 80년대 이후 다양한 연구자들에 의해 비판받았다.[7] 이러한 반성과 비판은 현재의 연구자들이 유학의 다층적이고 다양한 영역을 포괄하면서 현대 학제와 분과에 유의미한 연구 방식과 관점을 도입해야 한다는 것을 의미할 것이다.

---

5 선행 연구는 다카하시 도오루를 경유하며 조선 유학사 서술은 "도통 관념에 입각한 '학안'류의 전근대 유학사 서술에서 '주리·주기'와 '실학'을 도구로 삼아 서술한 '유가철학사'로 변천하는 과정을 도통이 아닌 철학적 경향에 따라 유가철학사를 서술하고 '복고'가 아닌 '주체적 발전'의 시선으로 유학사의 전개를 읽어내게 되었다"고 평가하기도 한다. 김태년, 앞의 논문, 41쪽.

6 배종호, 『韓國儒學史』(연세대학교출판부, 1974); 유명종, 『韓國哲學史』(일신사, 1975).

7 성태용, 「基本的 觀點의 제시를 통한 韓國儒學史 硏究의 反省」, 『철학』 27(한국철학회, 1987); 이동희, 「조선조 주자학에 있어서의 주리·주기 용어 사용의 문제점에 대하여」, 『동양철학연구』 12(동양철학연구회, 1991); 조남호, 「주리주기 논쟁」, 『논쟁으로 보는 한국철학』(예문서원, 1995); 이형성, 「다카하시 도오루(高橋亨)의 조선 유학사 연구의 영향과 그 극복」, 『한국사상사학』 14(한국사상사학회, 2000); 박성순, 「高橋亨의 朝鮮儒學史 硏究와 그 反應에 대한 檢討」, 『한국사학사학보』 6(한국사학사학회, 2002); 최영성, 「다카하시 도오루의 한국유학관 비판」, 『되짚어 본 한국사상사』(에문서원, 2015); 조남호, 앞의 논문 등.

2) 근대적 문헌 연구의 시작: 이병도의 『자료한국유학사초고』

현상윤의 『조선유학사』 이후 한국유학사 정리 작업은 이병도李丙燾 (1896~1989)에 의해 이루어졌다. 이병도의 『자료한국유학사초고』는 1959년 등사본의 형태로 출판되었다가 1987년에야 『한국유학사』라는 제목으로 정식 출판되었지만 실제 원고는 1937년에 완성되었다는 점에서 현상윤의 유학사 서술보다 시기적으로 앞선다.[8]

노론계 우봉 이씨 집안에서 태어나 한학을 공부했던 이병도는 1916년 와세다대학에 입학해서 조선사를 전공한다.[9] 이병도는 1925년 8월부터 조선사편수회朝鮮史編修會에서 수사관보修史官補로 일하면서 『자료한국유학사초고』의 자료가 된 수많은 문집을 열람할 수 있었다. 해방 후 그는 서울대에서 교편을 잡았으며, 이후 친일파 제명을 주장하는 민족주의 계열 사학자들과의 대립으로 진단학회 위원장을 맡지 못하는 등 활동의 제약을 받았지만 6·25 이후 반공정책 하에서 친일 문제가 가라앉은 뒤 1954년에 진단학회 이사장으로 취임하는 등 타계할 때까지 35년간 학계의 원로로 인정받았다.[10]

이후 연구사를 객관적으로 평가하는 시야에서 이병도의 작업은 식민사관으로 인해 다양한 비판을 받았다. 주지하듯 조선사편수회는 일제가 식민통치의 일환으로 수립한 한국사 편찬계획을 주도하는 어용학술기관이었기 때

---

8 최영성, 「이병도(李丙燾), 『자료한국유학사초고(資料韓國儒學史草藁)』: 한국유학사의 근대적 출발」, 『한국사상사학』 61(한국사상사학회, 2019).
9 '내가 조선사편수회에 참여하기 전에는 나는 우리나라 근세사를 연구할 목적이었다. 우리나라 근세사를 연구하기 위하여서는 먼저 당쟁사를 연구할 필요가 있음을 느끼고 이에 착수하였으나, 그보다도 더 기본적인 한국유학사의 연구가 필수적인 요건이라고 생각되어서, 그 후로 나는 유학사를 전공하다시피 하였던 것이다.' 이병도, 「나의 연구생활의 회고」, 『斗溪雜筆』(일조각, 1956), 305쪽.
10 한영우, 「이병도」, 『한국의 역사가와 역사학』 하(창작과 비평사, 1995), 257쪽.

문에 그의 행보는 후대 학자들의 비판을 받았다.[11] 사실상 그의 조선사 연구는 학술적 관심에 의한 것으로, 일본 학술지에 발표한 그의 논문들은 "민족의식을 고취하는 것과는 거리가 먼 것이었지만, 사실고증의 측면에서는 매우 수준이 높은 것이어서 엄밀한 의미에서 본격적인 사학 논문은 그에게서 시작되었다"[12]는 평가를 받는다.

이병도가 연구의 토대로 삼은 것은 문집을 비롯해 조선사편수회에서 열람한 수많은 자료들이었다. 그는 자신의 저술이 실제 자료에 근거하고 있다는 점을 큰 자부심으로 여겼다. 이 자부심은 비슷한 시기에 유사한 성과를 냈던 현상윤을 향한 것이기도 했다. 실질적인 교류는 없었지만 현상윤과 이병도는 동창지간이었다. 시간적으로 이병도의 작업이 먼저 이루어졌지만 최종적인 결과는 현상윤에 비해 늦게 나왔는데 당시 이병도는 현상윤을 의식하지 않을 수 없었을 것이다. 실제로 이병도는 자신의 작업을 회고하면서 "나하고 동창인 모씨가 유학사를 냈지만 불충한 자료로는 안되는 것"[13]이라며 실제 자료에 근거한 자신의 작업에 자신을 보인다.

『조선유학사』와 마찬가지로 『자료한국유학사초고』는 학안류學案類와 구별되는 나름의 근대적 저술이라고 평가할 수 있다. 이병도는 일본 학자들에게 훈련받은 문헌실증적인 방법론에 입각하였을 뿐 아니라 도통 관념에 따라 학자들을 구분했던 전근대 서술 방식과 달리 시기와 학파별로 유학사를 서술한다. 이렇듯 『자료한국유학사초고』의 특징 중 하나는 "학파와 당파의 연관성을 중시하면서 인적 계보와 학문 유파流派를 중심으로 학설을 정리하여

---

11 선행연구는 "독립정신을 말살하기 위해 만든 어용학술기관으로서, 비록 무보수라 하지만 그 촉탁을 맡은 것은 명예로운 일이 아니었다."고 평가한다. 한영우, 위의 책, 254쪽.
12 한영우, 위의 책, 255쪽.
13 정만조, 「斗溪 李丙燾의 韓國儒學史 연구와 그 意義」, 『진단학보』 116(진단학회, 2012), 348쪽.

한국유학사의 체계화를 시도하였다는 점"[14]이다. 현상윤의『조선유학사』가 유학사상의 흐름과 논점을 중심으로 구성하면서 이를 제목에 노출시켰다면 이에 비해 이병도의『자료한국유학사초고』는 시기 구분을 중심으로 원전 자료를 배치했다는 점에서 시대적 변화에 따른 사상적 변천 등이 분명하게 부각되어 있지 않다.

'자료'라는 제호에서 드러나듯 이 책의 서술 방식은 단편적인 글을 정리하는 수준으로, 전 시대와 구분되는 명확한 특징이나 지향이 드러나지 않는다. 실학의 경우도 극단적인 단절로 평가하지 않고 조선 유학의 연속적 변화 과정의 한 경향으로 읽어낸다. 이러한 방식에서 조선 유학 안에 축적되어 가던 긴장과 변화의 진원 그리고 그 발산의 중층성과 역동성 역시 평이하고 단조롭게 서술되었다고 볼 수 있다.

2. 과학사와 유학사의 중첩과 분리

1) 홍이섭의『조선과학사』에서 유학과 과학의 조우

주지하듯 전근대 유산으로서 유학은 일제 강점기 이후 근대 지식장으로 이전하는 과정에서 새로운 틀과 문제의식으로 재배치되고 재맥락화되었다. 이때 유학의 학문적 성과와 시대적 유효성을 검사하는 새로운 기준 중 하나는 '과학성'과 '과학'이었다. 일제 강점기 사회주의 계열의 철학자 신남철이 "새로운 세대의 조선에 대한 과학적 지식을 획득하려는 노력은 당연히 종래 거의 고루하고 관념적인 방법에 의하여 연구되어 오는 조선의 역사적 문화에 대한 재음미를 요구"[15]한다고 주장한 데서 드러나듯 '과학성'은 이 시기

---

14 최영성, 앞의 논문, 155쪽.
15 신남철, 「최근 조선연구의 업적과 그 재출발」,『동아일보』1934년 1월 11자, 18면.

조선 지식인들을 견인하는 외부의 지표였다. 당시 과학성은 조선학의 현재적 의의와 미래적 가치를 확보해줄 중요한 방법론이었지만 동시에 유학의 유효성을 부정할 가능성도 내포하고 있었다. 과학성은 조선에 대한 연구를 통해 찾아낸 내적 특성이 아니라, 유학 외부에 형성된 규범적이고 선언적인 기준이었기 때문이다.

물론 청나라를 경유해 서양 과학이 수용되기 이전에 조선에 이른바 '과학'이 없었던 것은 아니다. 현재 우리가 '과학'으로 간주하는 서구 근대의 제도화된 과학과 다르지만 조선 사회 역시 나름의 과학적 이론과 기술을 통해 국가와 사회를 운용했고 지적 담론을 구성해왔다. 다만 조선 사회를 이끌었던 과학적 관념과 기술적 실천들의 역사적 변천 과정을 검토하는 연구는 사실상 유학사와 완전히 구별되기 어렵다. '과학자'라는 변별적인 지식인 집단이나 단위가 별도로 존재하지 않았던 조선에서 사실상 과학사는 천문학과 수학 이론을 요구하는 역법 등 예치국가 조선의 정치적 실천의 일부이거나 농법, 농기계, 어족과 어류, 약초학 등 백성들을 위해 분과 지식들을 연구했던 유학자들의 연구 경향 중 일부에 해당하기 때문이다.

유학 연구의 맥락에서 유학자들의 과학적 사유, 나아가 실학자들의 서양 과학 수용은 일찍부터 주목되던 주제였다. 그러나 일부의 자료 연구에서 도출된 인상 비판을 넘어 본격적인 의미의 과학사적 서술은 신채호, 정인보 등으로부터 민족주의 사학을 계승하고자 했던 역사학자 홍이섭洪以燮(1914~1974)으로부터 시작된다. 1938년에 연희전문학교 문과를 졸업한 뒤 해방 후 고려대학교, 연세대학교 교수를 역임했던 홍이섭은 연희전문에 진학했을 때 배운 백낙준, 정인보, 최현배, 백남운, 손진태 등의 영향으로[16] 초기부터 일제의 식민주의 사학을 극복하고 새로운 학문적 체계를 통해 민

---

16 원유한 편, 『홍이섭의 삶과 역사학』(혜안, 1995), 20쪽.

족주의 사학을 수립하는 데 큰 관심을 가지고 있었다. 이러한 지적 배경에서 등장한 것이 『조선과학사朝鮮科學史』였다.[17]

『조선과학사』는 당시 유행하던 사회주의적 유물사관에 입각해서 조선의 과학과 과학 문화를 정리한 것으로 홍이섭이 1942년 잡지 『조광』에 연재한 원고를 모아 1944년 단행본으로 간행한 것이다. 홍이섭이 『조광』에 『조선과학사』를 연재하기 시작한 것은 연희전문 시절 스승이었던 정인보의 영향과 동창 최영해의 제의에 따른 것으로, 후에 일본 측의 제안을 받아 1944년에 일문으로 먼저 간행한 뒤 후에 이를 증보하여 1946년에 국문으로 출판한다.[18] 『조선과학사』는 "근대 이후 처음 이루어진 한국과학기술사에 대한 종합적인 서술"[19]로 평가받는다.[20] 홍이섭의 연구는 1960~70년대 이후 활발하게 이루어진 실학의 과학적 측면 내지는 실학 내의 과학적 연구 경향을 검토하는 연구들의 이정표 역할을 했다.

기본적으로 『조선과학사』는 원시시대부터 조선말까지 한반도의 과학기술을 연대기적으로 서술한 일종의 개설서이다. 전문적인 과학적 훈련을 받은

---

17 후에 홍이섭의 과학사 연구를 계승했던 전상운의 전언에 따르면 홍이섭이 『조선과학사』를 저술한 것은 첫째는 당시 우리 민족의 역사에서 자랑스러운 업적을 내놓고 마음대로 쓸 수 있었던 분야가 바로 과학사였기 때문이고 두 번째는 과학사가 문화사의 한 분야임을 깨달았기 때문이며 셋째 민족정신의 확립을 위해서는 우리 과학의 역사 속에서 과학의 정신을 배우는 것이 중요한 방법이라고 생각했기 때문이라고 한다. 전상운, 「『조선과학사』에서 본 한국과학사」, 『홍이섭의 삶과 역사학』(혜안, 1995), 48~49쪽.
18 홍이섭, 『朝鮮科學史』(삼성당출판, 1944); 홍이섭, 『朝鮮科學史』(정음사, 1946). 국문판은 홍이섭, 『洪以燮全集』 권1(연세대학교출판부, 1994)에 재수록되었다. 구만옥은 일어판과 국문판의 목차를 비교한 바 있다. 구만옥, 「홍이섭(洪以燮)의 조선과학사(朝鮮科學史) 연구」, 『학림』 36(연세사학연구회, 2015).
19 문중양, 「한국 유학사에서 과학사상사 서술의 과제와 방향」, 『국학연구』 3(한국국학진흥원, 2003), 392쪽.
20 김용섭이 「우리나라 近代歷史學의 發達」(김용섭, 「우리나라 近代歷史學의 發達: 1930·40年代의 民族史學」, 『문학과 지성』 4(문학과지성사, 1971))을 통해 『조선과학사』의 역사학적 의미를 규명한 뒤 다양한 연구자들이 한국과학사 연구의 시원으로서 『조선과학사』의 함의와 한계를 검토한 바 있다.

과학자의 과학사 서술이라기보다는 일종의 과학문화사[21]에 가까운 구성으로, 홍이섭은 당시 사회주의적 유물주의의 관점에서 조선의 과학기술을 사회 경제적 구조와 연결지어 설명하고자 했다.[22] 조선의 과학 내지 과학 문화를 연구하는 데 홍이섭이 내세운 방법은 외적 조건 다시 말해 사회경제적인 맥락에서 검토해 들어가는 것이었다.

홍이섭이 과학사와 사회경제, 정치를 일정한 연관성 속에서 해명하고자 했던 것은 과학사라는 특수사를 포함하는 사학을 근대적이고 체계적인 이론 위에 수립하고자 하는 의도에서 출발한 것이다. 당시 역사학에 부여되어 있던 이러한 요구는 사실상 서구의 근대 학제를 의식한 것이자 본래 서구 과학에 부여되어 있는 보편성과 깊은 관련이 있다.

> 우리 조선사학의 과학적인 수립을 위한 방법은 곧 특수사의 일부문인 과학사에도 적용된다. 즉, 조선사의 연구는 과거에 있어서의 역사적 사회적 발전의 변천과정을 구체적으로 현실적으로 구명함과 함께 그 실천적인 동향을 이론화함으로써 임무로 삼게 된다. 여기서 인류사의 보편적인 방법을 요구한다면 그것의 정당한 파악의 이론은 과학의 역사적 사회적 발전의 발전과정을 규명함에 욕구된다. 그러나 과학사에 있어서도 단순한 사실의 병렬적인 진열만으로는 그 구체적 현상성을 상실케 됨으로 과학의 발전과 변천의 기축이 되는 민중의 생활과 사회구성의 발전과정을 주의하여야 한다.[23]

홍이섭은 조선사학 특히 과학사에 해당하는 지적자원들을 '인류사의 보

---

21 홍이섭은 『조선과학사』가 과학사라기보다는 과학문화사로의 색채가 농후하다고 자평한 바 있다. 홍이섭, 「朝鮮科學史」事綠數齣」, 『一山金斗鍾博士 稀壽紀念 論文集』 (탐구당, 1966), 4쪽. (원유한 편, 앞의 책, 48쪽에서 재인용.)
22 이런 맥락에서 선행연구는 『조선과학사』를 "과학기술이라는 독립적 주제에 한정해서 보면 서술 내용에 있어서 매우 부족한 점이 많지만 과학기술을 문화사와 생활사의 차원에서, 그리고 사회경제사적인 시각에서 해석하려는 시도였다는 점에서 의의를 부여"할 수 있다고 평가한다. 문중양, 앞의 논문, 393쪽.
23 홍이섭, 앞의 책(1946), 9쪽.

편적인 방법'을 통해 규명하고자 한다. 이때 홍이섭이 내세운 인류사의 보편적인 방법이란 보편의 위상에서 개별적인 시도와 실천을 검사하고 판별할 서구 근대와 그로부터 도출된 서구 과학을 의미한다. 이런 관점에 따르면 근대적인 것과 변별적인, 이른바 봉건적인 요소로 지탱해 오던 조선은 후진적 상태에 머물고 있으며 이 후진성의 배경과 바탕에 지배층과 관료들이 독점한 비과학적 실천들이 놓여 있다.

비단 봉건적 지배권력만의 문제가 아니다. 조선이 과학적 발전에 도달하지 못하고 서구가 도달한 근대성의 단계에 이르지 못한 것은 근본적으로 유학 때문이다. 본질적으로 "유학은 주자학을 중심으로 하여 당쟁의 용구가 되고, 공리에 흘렀고 그 정쟁은 유혈의 참을 다하여 소위 흥국 화가의 악독을 사회에 끼침에"[24] 이른 것으로 평가된다. 결국 봉건적 권력은 과학을 정체시켰으며 비실용적인 예학에 집중한 유학은 과학 발전에 아무런 기여도 하지 못했다는 것이다.[25]

그러나 홍이섭의 관점에서 조선 유학에도 기회가 없었던 것은 아니다. 서구 과학이 조선에 유입되었기 때문이다. 홍이섭은 '제 5편 서구 과학의 수용과 이조 봉건과학의 지양'에서 이 문제를 집중적으로 다룬다. 이 편은 1장 서구적 과학의 수용과 실증학파의 사회성, 2장 서구적 영향하의 제 과학, 3장 천주교 금압과 서구 과학사상, 4장 이조시대 자연과학의 발달의 전통, 5장 조사사회의 붕괴와 봉건적 과학의 지양 총 5장으로 구성되어 있다. 제목에서 알 수 있듯 서구 과학을 수용하여 조선을 발전시킬 가능성은 그가 실증학파 또는 실사구시학파로 불렀던 실학파에게 주어져 있었다.

17세기 이후 연행사절에 의해 '구화歐化된 청조문물' 즉 예수회 선교사들이 중국에 도입한 서양 학술이 조선에 유입되었고 그로 인해 조선은 변화의

---

24 홍이섭, 앞의 책(1994), 262쪽.
25 홍이섭, 앞의 책(1946), 11쪽.

기반을 마련할 수 있었지만 이러한 변화의 가능성은 천주교 금압이라는 정책 속에서 무력하게 사라졌다는 것이 홍이섭의 기본적인 인식이다. "속속 재래齎來된 서구과학의 제 서책과 기기류는 근대조선과학을 부분적이나 본질적으로 이변을 일으켰으나, 양학 동점東漸의 통로와 그것을 발전시킬 기반은 천주교 금압의 정책 하에서는 당연히 그 운명을 천주교와 같이 하지 않으면 안되었다"[26]는 것이다.

홍이섭은 유형원을 필두로 성호 이익과 그 문하에 이어 홍대용, 박지원, 박제가까지 실학파로 분류한다. 이들이 주도한 새로운 학술은 성호 이익 이후에 발전적 형태를 갖추게 되었지만 이들이 "공론적空論的=유교적 관념론의 일파와 투쟁"을 피하고 "현실 도피 내지 자기 위안의 학문"으로 흘러버렸다는 것이 "실사구시학파의 현실적인 결함"이라고 평가한다.[27] 더 문제가 되는 것은 "서구적 과학사상을 일찍부터 섭취한 그들도 서학과 관련한 천주교가 국가적으로 거세당함에 따라 그 발전을 저지"[28]당했다는 것이다.

결과적으로 홍이섭은 실학파의 발흥 배경을 서구 과학의 섭취에서 찾으며 이들의 진보적인 태도가 결국 공론적인 유학 이론과 폐쇄적인 국가 정책에 의해 제약된 것을 조선의 후진성의 원인으로 규정한다. 이 맥락에서 서구 근대성과 그를 도래하게 한 서구 과학은 보편주의적이고 본질주의적인 차원으로 격상되고 그를 따르지 못한 조선은 영원한 봉건성과 후진성의 상태에 놓일 수밖에 없었다. 실학과 서구 과학의 관계를 실제보다 과잉으로 해석하고 서구 과학의 전래가 막힌 일을 조선이 낙후된 결정적인 요인으로 간주하는 이러한 태도와 해석 방식은 이후 90년대까지 과학사를 논하는 한국학계의 일반적인 문법으로 자리잡았다.

---

26   홍이섭, 앞의 책(1994), 261쪽.
27   홍이섭, 위의 책(1994), 264쪽.
28   홍이섭, 위의 책(1994), 264쪽.

2) 홍이섭의『조선과학사』가 남긴 문제들

과학사 분야에서『조선과학사』의 후속 작업은 전상운全相運(1928~2018)에 의해 이루어졌다.『조선과학사』가 간행된 지 20년 뒤인 1966년에 출판된 전상운의『한국과학기술사韓國科學技術史』[29]는『조선과학사』의 계승이자 확장에 해당한다.[30] 홍이섭 자신이『한국과학기술사』를『조선과학사』의 한계를 극복한 저술로 인정했다는 점에서 전상운의 작업은『조선과학사』의 확장이자 보완의 의미를 가진 성과로 평가된다.

『조선과학사』와『한국과학기술사』의 가장 큰 차이는 두 학자의 연구 배경에 있다. 엄밀히 말해 홍이섭은 과학적 훈련을 받지 않은 역사가의 시선에서 사회경제적 배경에서 과학적 성과나 과학 문화를 설명하고자 한 것인 데 반해 대학에서 화학을 전공하고 이학사 학위를 받은 전상운은 현대분과로서의 과학적 훈련을 받은 과학사가라고 할 수 있다. 이 책은 당시 중국 과학사 연구를 선도하고 있던 조셉 니덤의 방법론과 시각을 활용하여 전근대 과학을 천문학, 기상학, 물리학과 물리기술, 화학과 응용화학, 지리학과 지도 등 5장으로 나누어 서술한다. 이 책은 이후 영문판과 일문판으로 출판되어 한국과학사를 소개하는 역할을 했다.[31]

현대 과학의 분과에 따라 전근대 한국의 과학기술과 문화를 소개한 것은 이 책의 중요한 특징이지만 동시에 근본적인 한계로 평가되기도 한다.

물리학, 화학 등 서구적인 과학의 분과를 조선의 전근대 과학을 검토하는 프레임으로 채택해 서술하고 있기 때문이다. 조선에도 다양한 '과학'의 이론과 실천, 기술의 발명과 운용이 이루어져 왔지만 이들의 과학적 행위를

---

29 전상운,『韓國科學技術史』(과학세계사, 1966).
30 전상운의『한국과학기술사』는 출간된 지 10년 만인 1976년에 개정증보판이 출판되었다.
31 송상용,「(韓國學研究 半世紀) 科學史」,『진단학보』57(진단학회, 1984), 201쪽.

곧바로 서구 근대의 과학 범주 안에서 다루는 것은 일정한 한계가 있다. 조선 시대 내내 천문과 역산 등 조정에서 이루어진 관학의 영역이건, 산학이나 농법 등 유학자들의 개인적 관심에서 비롯된 박학의 실천이건 다양한 과학적 연구가 지속되었지만 이들이 서구 과학에서의 물리학이나 화학을 연구했다고 보기는 어려울 것이다.

중요한 것은 1960년대 이후의 과학사 서술에도 『조선과학사』의 그림자가 드리워져 있다는 점이다. 전상운은 1970년대에 한국발명진흥회에서 간행하는 『특협』에 한국과학기술사를 연재했는데 총 12회 연재 가운데 마지막 세 기사의 제호는 각각 「실학과 서구과학의 도입」, 「실학자의 과학사상 상」, 「실학자의 과학사상 하」였다.[32] 이 글에서 전상운은 "실학자들의 서구 과학기술에 대한 관심은 그것이 실학의 중요한 특성이라고 불러도 좋을 만큼 큰 것"이라고 서술한다.[33] 특히 실학자들이 깊은 영향을 받은 서양과학기술은 서양천문학이라고 한다. "많은 실학자들이 중국에 예수회선교사들이 전한 천문 역산의 정밀성과 새로운 천문관측기 때문에 서구과학의 우수성을 인정하게 되었다."는 것이다.[34] 다음 문장이 이러한 상황을 압축적으로 보여준다.

공학자들과 장인들의 이러한 기술은 17~18세기에 이르러 비로소 실학자들이 그것을 그들의 학문적 대상으로서 관심을 갖게 되면서 겨우 과학으로서의 학문적 발판을 얻을 기회를 갖게 되었다. 그들은 서구의 근대과학 기술의 자극을 받고, 청조 문화의 융성함에 감명되어 철학적 사색과 비현실적 이론에만 치중하던 사조에 반발하여 실학운동을 벌여 한국의 과학기술적 전통 위

---

32 전상운, 「실학과 서구과학의 도입」, 『특협』 44(한국발명진흥회, 1979a); 전상운, 「실학자의 과학사상(상)」, 『특협』, 4-11(한국발명진흥회, 1979b); 전상운, 「실학자의 과학사상(하)」, 『특협』 4-12(한국발명진흥회, 1979c).
33 전상운, 위의 논문(1979b), 21쪽.
34 전상운, 위의 논문(1979b), 21쪽.

에 서구와 중국의 선진적 기술과 제도를 도입하여 새로운 개혁을 추진하였다.[35]

이처럼 70년대까지도 서양 과학의 자극으로 실학이 성리학의 공리공담을 벗어나 새로운 개혁을 추진했다는 주장은 일종의 상식처럼 받아들여졌을 뿐 아니라 확대되기까지 한다. 이수광, 유형원, 정약용 등 이용후생파가 실사구시를 이상으로 삼는 과학정신에 입각한 실학운동을 벌여 서구과학을 수입하고 과학적 개혁을 추진하였다는 것이다.[36] 그러나 이는 실제와는 큰 거리가 있는 발상이다. 이러한 주장은 20세기 현대 학자들에게 서구 근대의 과학적 사유를 선취했다고 평가받는 성호 이익, 정약용, 김석문 등에 대한 실증적이고 문헌적인 연구가 상당한 수준으로 축적되어 있는 현재의 시선에서 쉽게 인정할 수 없는 주장이다. 그러나 전상운 자신의 글에서도 이러한 주장은 모순을 일으킨다.

전상운은 성호 이익이 서양 과학의 영향을 크게 받은 사람이라고 소개하면서 그가 지구설에 크게 자극을 받았으나 지전설은 부정했다고 보았고,[37] 홍대용의 경우 서양 과학의 영향으로 지전설을 주장했다고 평가했으며[38] 정약용의 경우 서양 과학의 높은 수준에 깊은 관심을 나타내고 그것을 적극 받아들여야 한다고 생각했다고 서술한다.[39] 그밖에도 이 글에서 서유구, 이규경, 최한기 등이 소개되지만 서양과학에 대한 그들의 관심이 부각될 뿐 실제로 이들이 어떤 '개혁'을 주장하고 실현시켰는지에 대해서는 어떤 전거도 제시되지 않는다.

당시 조선에 들어온 서학의 자연학과 자연철학적 이론, 수학 이론이 매

---

35 전상운, 「李圭景과 그의 博物學」, 『연구논문집』 4(성신여자대학교, 1972), 92쪽.
36 전상운, 앞의 논문(1979a), 19쪽.
37 전상운, 앞의 논문(1979b), 22~23쪽.
38 전상운, 위의 논문(1979b), 23쪽.
39 전상운, 앞의 논문(1979c), 21쪽.

우 선별적으로 수용되었으며 대체로 각론의 형태로 절충되거나 수렴되었다는 사실은 충분한 문헌적 증거로 규명되지 못했고, 서양의 동아시아 진출을 그 자체로 서구 과학으로 이해하고 이에 대한 선별적 접근은 선진적 과학기술의 수용으로, 그에 대한 부정적 제한은 조선의 후진성과 봉건성의 증거로 이해되었다.

이러한 일반론은 전상운에 이어 전근대 과학사를 정리한 박성래의 저술에도 반복된다. 『한국사에도 과학이 있는가』를 저술하며 홍이섭, 전상운을 이어 전통 과학사를 연구한 박성래는 2000년에 『과학사상』에 발표한 글에서 "조선 후기의 과학 및 과학사상을 논하기 위해서는 아무래도 그 주된 내용을 새로 받아들이기 시작한 서양 과학을 그 중심 주제로 삼지 않을 수 없다."[40]고 전제한 뒤 각종 서양 문물과 서양 과학서의 조선 유입과 유학자들의 수용 방식을 검토한다. 결과적으로 박성래는 "호기심 수준에서 서양 과학을 보았지, 그것을 근본적으로 중요한 것으로 파악하지 않았던 것"이라는 결론에 도달한다.[41] 조선의 봉건성과 후진성은 서구 과학을 발전의 유일한 문법으로 보는 시선을 통해 설명된다. 일본이 서양과학기술을 통해 선진국 대열에 낀 것에 비해 조선왕조는 중국에도 훨씬 못미치는 수준에서 서양과학기술을 배웠다는 것이다.[42]

박성래 역시 홍이섭과 전상운에 이어 서양과의 관계에서 가장 핵심적인 부분이 과학이며 조선은 서양 과학을 받아들이지 못했기 때문에 결국 후진성을 면치 못했다는 결론에 이른다. "조선 후기의 과학은 특히 이웃 중국이나 일본에 비해 극히 낮은 수준에 머물고 있었다. 그것은 조선이 동아시아

---

40 박성래, 「조선후기의 과학과 과학사상을 어떻게 볼 것인가?」, 『과학사상』 33(범양사, 2000), 6~8쪽.
41 박성래, 위의 논문, 6~8쪽.
42 박성래, 위의 논문, 5쪽.

북동쪽에 치우쳐 있어서 서양 사람들이 거의 찾아오지 않았기 때문이며, 외부로부터의 자극이 적었기 때문에 조선인들 역시 서양과학기술에 크게 눈뜰 수도 없었던 까닭이다. 바로 이런 과학기술 수준의 차이가 결국 20세기로 들어가면서 극명하게 대조적으로 나타나게 되었고, 그 결과 조선왕조는 500년의 역사를 접고 일제 식민지로 전락하게 된다."[43]는 것이다.

실학자들의 서구 과학 수용이 근대성과 근대 사회로의 진입을 가능하게 할 맹아였다는 찬탄은 사라졌지만 여전히 서양의 동아시아 진출을 곧바로 선진적 과학기술의 이전移轉으로 보고 이를 얼마나 적극적으로 수용했는지에 따라 국운이 결정되었다는 과학기술 결정론적 시야는 사라지지 않았다.

서구 과학을 근대성으로 보고 서구 과학에 대한 실학자들의 인식과 연구를 선진적인 서구 근대성 수용의 적극적 의지이자 성리학에 대한 비판에 근거한 근대성을 향한 모색으로 해석하는 단선적인 관점은 2000년대 이후 다양한 연구자들에 의해 재검토되고 반성되고 있다.[44] 서양 학술 접근과 이해를 전통적인 사유와의 절충이자 활용으로 보려는 연구들이 등장하기 시작한 2000년대 이후 전시대의 선언적 태도는 다양하게 반성되었지만 여전히 다양한 문제에서 실학의 과학적 사유와 성리학의 관계, 중국과 조선의 관계, 전근대 동아시아에 유입된 서양 과학의 성격 문제 등 다양한 문제와 주제에서 합치되지 않는 차이들이 존재한다. 그러나 이 차이들은 새로운 논제를 형성할 활력이지 연구사적 단절과 대립은 아닐 것이다.

---

43 박성래, 위의 논문, 17쪽.
44 예를 들어 홍이섭에 대한 연구사적 비판과 반성은 문중양(2005), 정다함(2012), 구만옥(2015) 등에서 다각도로 검토된 바 있다. 또한 2000년대 이후 과학사를 전공한 학자들이 늘고 수학, 천문학, 의학 등 분과 영역에서 전통적 사유와 실천을 검토하는 세부 연구들이 축적되었다.

3. 실학을 둘러싼 논쟁과 그 함의

1) 실학 개념의 반성과 제언

주지하듯 '실학'은 1930년대에 본격적으로 지적 시민권을 얻은 개념이다. 민족주의, 사회주의 등 각기 다른 사상적 지향을 택했던 1930년대 조선 지식인들에게 사상적 분화와 갈등은 피할 수 없는 일이었다. 이러한 상황에서 이념적, 사상적 갈등을 덮기 위해 모종의 절충점으로 제안된 것이 조선학운동이고 이 학술 운동에서 부상한 것이 실학이었다. 결과적으로 '실학'이라는 개념 혹은 관점은 확정된 정의와 용례를 가진 사전적 개념이 아니라 복잡하고 다양한 기대와 원망이 투영되어 있는 하나의 문법으로 구성되었다.

20세기 이후 현대 한국의 유학 연구사에서 실학은 두 번의 탄생 과정을 거친 것으로 간주된다. 첫 번째는 조선 후기에 주류 학문과 다른 각도에서 모종의 새로운 학문적 경향과 지적 풍토가 발생했다는 인식에서, 두 번째는 이러한 학문적 경향을 1930년대 조선 지식인들이 '실학' 혹은 그와 유사한 용어로 부르며 발출하고 구성했다는 사실에서 출발한다. 둘 다 특정한 역사적 시점과 공간에서, 다시 말해 특정한 역사적·학술적·정치적 긴장과 역학에 의해 도출된 결과라는 점에서 '실학'은 분명한 실질적 내용과 방향을 가진 모종의 학문 운동으로 여겨진다.

실학의 소환과 호명은 처음부터 일제 강점기라는 시대적 토대에서 출발했기 때문에 조선이라는 사라진 국가와 민족의 자립에 요구되는 지향들이 실학 개념의 세부적 내용과 방향을 견인하는 결과를 가져왔다. 처음부터 실학은 근대성의 선취라는 이념을 본질로 부여받았기 때문에 애초부터 '탈성리학적', '개혁적' 등의 표제가 붙게 되었다. 이런 맥락에서 당시 연구자들은 성호 이익과 정약용에게 강한 개혁 성향을 읽었으며 민족주의와 민중적 성격을 읽고자 하는 경우도 있었다.

그러나 문헌에 기반하여 연구가 진행되고 역사적 조건 등 사상적 배경에 대한 실증적인 지식들이 쌓여가자 이러한 선행적 평가가 일관되게 유지될 수 없다는 점이 드러나게 되었다. 다시 말해 실학자로서 성호 이익은 기대하는 만큼 탈성리학적이거나 반주자학적이지 않고, 안정복은 기대만큼 민족적거나 반봉건적이지 않으며, 정약용의 경우 주희의 해석을 벗어나고자 했지만 성리학적 명제와 이론들을 모두 자기 논제로 삼았다는 점에서 탈성리학적이었다고 보기 어려운 측면이 존재한다. 성리학과 다양한 긴장 관계를 확인할 수 있지만 단지 기존 이론을 새롭게 해석했다는 점만으로 탈성리학이라는 평가를 내리기는 어려울 것이다.

2) 천관우와 한우근의 실학 논쟁

주지하듯 실학은 이미 조선학운동 시기에 근대지향적이고 민족주의적이라는 평가를 받았지만 이를 개념화함으로써 이후 실학의 개념, 범위, 성격 등에 관해 현대 학자들의 논쟁을 견인한 것은 천관우千寬宇(1925~1991)의 연구였다. 천관우는 1958년『역사학보』2호와 3호에「반계유형원 연구」[45]라는 논문을 발표한다. 이 글은 1949년에 제출했던 졸업 논문을 다듬은 것으로 '실학實學 발생에서 본 이조사회의 일단면'이라는 부제가 붙어 있다.[46]

이 논문에서 천관우는 "그 하나는 분방한 지식욕을 구사하여 비판하며 독창하며 권위를 부정하는 자유성이요, 또 하나는 경험적이며 실증적이며

---

45 천관우,「磻溪 柳馨遠 研究(上): 實學發生에서 본 李朝社會의 一斷面」,『역사학보』 2(역사학회, 1952); 천관우,「磻溪 柳馨遠 研究(下): 實學發生에서 본 李朝社會의 一斷面」,『역사학보』3(역사학회, 1953). 천관우의 글은 이후 천관우,『韓國史의 再發見』(일조각, 1974)에 재수록되었다.

46 천관우는 천관우, 위의 논문(1952); 위의 논문(1953); 천관우,「조선후기 實學의 개념 재검토」,『연세춘추』1967년 11월 6일자, 2면; 천관우,『韓國 實學思想史』(고려대학교 민족문화연구소, 1970)등의 글을 통해 실학 논쟁을 촉발했다.

귀납적인 태도 곧 과학성이며, 다른 하나는 실제와 유리된 모든 공소한 관념의 유희를 경멸하고 현실생활에서 우러나오는 불만과 열정을 토대로 하는 현실성"[47]이라며 자유성, 과학성, 현실성 등 세 가지 성격을 실학의 공통적인 기반이라고 주장한 바 있다. 천관우는 이러한 기반에서 '실정實正, 실증實證, 실용實用'이라는 삼실론三實論으로 실학을 정의한다.

> 이 '실'은 자유성을 의미하는 '실정實正'의 실이요, 과학성을 의미하는 '실증實證'의 실이요, 현실성을 의미하는 '실용實用'의 실임은 말할 것도 없다. (중략) '실정' '실증' '실용'의 어느 일면을 가진 것이면 실학의 범위내에 들어오는 것이다.[48]

이러한 정의를 바탕으로 천관우는 "'고증학'을 학문의 방법으로 하고, '사회 정책', '자연과학', '국학', '훈고학', '농학'을 학문의 대상으로 한-그 수단의 하나로서의 '북학'과 그 결과의 하나로서의 '백과사전파'를 거느린-학문의 일파를 '실학'이라 정의"하고자 한다.[49]

천관우는 '실'을 앞세우며 고증학적 방법론을 활용해 실증적, 실용적 지식을 정리하고자 했던 (유형원과 같은) 백과사전파를 실학의 성격과 정의에 부합하는 학술적 경향이라고 주장한다. 천관우는 유형원 연구를 토대로 그로부터 발출한 이념과 지향들을 통해 '실학'의 학문적 성격을 규명함으로써 실학의 학문적 체계를 구성하고자 했다. 천관우가 제시한 실학의 성격으로서 자유성, 실증성 등은 사실상 실학으로 불릴 수 있는 조선 후기 유학의 지적 경향을 포괄적으로 개념화하기에는 일정한 제약이 있는 개념들이다. 실질적인 내용 연구를 통해 확증하기 어려운 추상적인 개념일 뿐 아니라 조선

---

47 천관우, 앞의 논문(1953), 135쪽.
48 천관우, 위의 논문, 137쪽.
49 천관우, 위의 논문, 138쪽.

유학이 명시적으로 추구해본 일이 없는 이념이기도 하다. 무엇보다 실질적인 연구가 축적된 이후에 이루어진 설득력있는 평가라기보다는 서구 근대를 하나의 정답으로 두고 그에 가까워지기 위해 선행적으로 제안된 개념일 가능성이 높기 때문이다.

기대만큼 자생적이지 않으며 실천적이라는 말을 해석할 실질적인 지표를 찾는 것도 한계가 있다. 과학 역시 무엇을 과학이라고 규정할지 개념 자체에 대한 조작적 정의 없이 진보나 객관성 등 모종의 기대만으로 과학성을 쉽게 언명할 수 없다. 이 시대 연구자들이 사용하던 개념들, 예를 들어 과학, 철학 등은 실제로 그 개념의 본질, 규모, 특성, 방법 등에 대한 면밀한 검토를 통해 제시된 개념이라고 보기는 어렵다. 그런데 실제 학계에서 논쟁이 된 것은 천관우가 실학의 특징을 내재적으로 설명하고 실학의 변별성을 강조하는 과정에서 실학과 주자학을 대척적인 관계로 설정했다는 점이다.

천관우의 실학 개념에 비판적으로 개입한 것은 한우근韓㳓劤(1915~1999)이었다. 한우근은 「이조실학의 개념에 대하여」[50]라는 논문을 통해 천관우가 제기한 실학 개념을 비판적으로 검토한다. 한우근은 "우리나라 학문사상(學問史上)에 있어서 이조 후기에 일어난 새로운 학풍을 흔히 실학이라고 일컬어왔고 그것은 또 거의 관용적으로 답습 사용되어진 것"이라고 밝힌 뒤 "이 방면에 대한 구체적인 학문적 연구는 종래에 별로 활발히 행해지지 않아서 우금까지 그 이른 바 실학 내지 실학파라는 용어와 그 개념이 명확히 이해되어지지 못한 채 그저 관용적으로 모호하게 씌어오는 감이 없지 않았다."고 주장한다.[51] 실학을 주자학(정주학)과 대립되는 어떠한 학풍으로 간주하는 경우도 있고 실사구시의 고증학과 같은 학풍으로 논의되는 경우도 있다는 것이다.

---

50 한우근, 「이조실학의 개념에 대하여」, 『진단학보』 19(진단학회, 1958). 한우근의 논문은 이후 한우근, 『李朝後期의 社會와 思想』(을유문화사, 1961)에 재수록되었다.
51 한우근, 위의 논문, 27쪽.

한우근은 천관우의 실학 개념이 "주자학과 대조된다는 의미에서의 실사구시의 고증학적 방법을 취하는 것으로 간주한다는 것을 말하는 것"이라고 정리한 뒤[52] "과연 '실학'이라는 말의 개념과 성격을 이렇듯 규정할 수 있을 것인가"[53]라고 의문을 제기한다. 이런 맥락에서 한우근은 실제 유학자들의 글에서 '실'의 용례를 찾아 실학의 의미를 새롭게 제안하고자 한다. 한우근은 여말 선초 유학자 권근權近 등의 용례를 통해 '궁리실학窮理實學'의 개념이 사실상 '정주학' 또는 그 학풍을 가리키는 것이라고 간주한다.[54] 총괄하면 "우리는 실학이란 궁경행수窮經行修의 학이요, 려대麗代 사장詞章의 학을 배격하는 정주학을 가리킨 이름이요, 또한 그것이 수덕정심修德正心하는데 그치지 않고 병용민족兵勇民足하여 예악이 흥할 수 있게 끔하는 치국治國의 도로서 나아가서는 천하를 평정하는 즉 이른바 수신 제가 치국 평천하의 원리의 학으로서의 실학"[55]이라는 것이다.

이는 조선 유학의 내재적인 흐름 속에서 실학이라는 학풍 혹은 지적 실천을 규명하고자 한 시도로 평가된다. 주류 성리학에서 일정 정도 거리가 발생한 것은, 그리하여 '실학'이라고 명명할 새로운 사조가 존재했다고 볼 수 있는 것은 이 학풍에 속하는 학자들에게서 온고지신이라는 유학의 근본적인 개혁 정신을 토대로 조선의 국가적 위기 상황을 타파하려는 시도를 확인할 수 있기 때문이다. 성호 이익 등을 연구[56]했던 한우근의 관점에서 실학파는 반주자학자들이 아니라 일종의 온건한 개혁파 즉 누구보다 유학-성리학의 근본 이념에 충실했으나 중앙 정치에 진입하지 못했던 남인 계열 학자

---

52 한우근, 위의 논문, 29쪽.
53 한우근, 위의 논문, 29~30쪽.
54 한우근, 위의 논문, 32쪽.
55 한우근, 위의 논문, 33쪽.
56 한우근, 『星湖 李瀷研究』(서울대학교 출판부, 1980).

들의 비판적 개혁주의를 의미한다.

천관우에 대한 한우근의 비판은 '실학'이라는 모종의 학술적 경향 혹은 지적 풍토를 유학사 내부에서 설명할 것인가 혹은 외화해서 개념화할 것인가에 관한 긴장이었다고 볼 수 있다. 이러한 한우근의 비판에 대응하여 천관우는 1958년에 발표한「실학의 개념 시비」, 1967년에 발표한「조선후기 실학의 개념 재검토」, 1969년에 발표한「실학 개념 성립에 관한 사학사적 고찰」등의 글[57]을 통해 자신이 받은 비판에 대해 답변한다.

천관우는 우선 실학을 '주자학과 대립되는 어떠한 학풍'으로 보았다는 비판에 대해서는 "실학이 주자학 '지상至上'의 사상계에 대한 반항으로 일어났다는 뜻으로 말한 바는 있으나 주자학과 대립되는 것으로 말한 일은 없다."[58]고 물러선다. 두 번째, 실학을 '고증학과 같은 학풍'으로 보았다는 비판의 경우 자신이「반계유형원 연구」에서 실증정신과 고증학적 방법을 혼동해서 썼음을 시인하며 동시에 량치차오가『청대학술개론』에서 제기한 귀창貴創, 박증博證, 치용致用의 특징을 채용해 이를 실정實正, 실증實證, 실용實用으로 풀어낸 것은 혼란을 가져올 위험이 있었다고 인정한다.[59]

그러나 한우근이 제기한 주장 즉 실학이 멀리 중국 삼대의 학을 가리키는 한편, 가까이는 송원 대의 정주학을 가리키는 것이라는 입장에 대해서는 "실학은 반드시 주자학을 가리킨다고 하기는 어렵다"[60]며 수용하지 않는다. 청대 고증학이 실사구시학의 중심이라면 이는 곧 이용후생을 주로 하는 경세학이라는 한우근의 주장에 대해 "고증학이 실사구시의 한 방법임에 틀림없으나 실사구시의 전부라고 하기 어렵고, 또한 영정조 전후의 학풍이 반

---

57 이 글들은 이미 간행된 글들을 모아 책으로 낸 천관우,『近世朝鮮史硏究』(일조각, 1979)에 실려있다. 이후 인용은『近世朝鮮史硏究』의 면수에 따른다.
58 천관우, 위의 책(1979), 380쪽.
59 천관우, 위의 책, 380쪽.
60 천관우, 위의 책, 380쪽.

드시 경세학에 국한되는 것이라고 말하기도 어렵다"[61]고 선을 긋는다. 결과적으로 천관우는 한우근의 비판을 통해 과학성, 실증성 등 서구적 프레임과 주자학과의 대립성 등을 약화시켰지만 실학이 주자학의 외연에 형성된 독립적 학풍이라는 주장을 견지한다.

3) 실학 논쟁이 남긴 문제들

실학 개념을 두고 벌어진 초기의 논쟁은 실학으로 불리는 특정 학자의 몇몇 담론 외에 그 기반이 되는 정치, 경제, 사회, 가족, 향촌 등의 다양한 연구들이 뒷받침되어 있지 않은 채 문헌에 기반해 '실'이라는 개념 자체의 용례와 성격에 집중하는 경향이 있었다. 이런 경향은 천관우와 한우근의 논쟁을 모두 검토한 전해종의 입장에도 나타난다.

전해종은 한우근의 글이 발표된 다음 해에 같은 지면에 「석실학釋實學」[62]이라는 글을 실어 두 사람의 입장을 모두 비판한다. 한우근이 권근의 『양촌집陽村集』 등 조선에서의 실 용례를 통해 실학 개념을 내재적으로 설명하고자 했다면 전해종은 중국 문헌에서 그 용례와 의미를 검토한다. 전해종은 중국 문헌에서 발출된 실의 의미와 그로부터 파생된 실학의 특성을 실사구시와 경세치용에서 찾는다. 다만 정주학자들이 쓰는 실은 본래의 의미에서 벗어났기 때문에 한우근처럼 정주학적 맥락에서 실을 논하는 것은 '정곡을 잃은 해석'이라고 비판한다.

> 그리하여 치국혜민治國惠民의 공실功實을 거두기 위한 학문이 실학이며, 또 실용을 구하기 위한 학문이 실학이라는 점을 미루어 '치국혜민'을 '경세치용'으

---

61 천관우, 위의 책, 380쪽.
62 전해종, 「釋實學」, 『진단학보』 20(진단학회, 1959).

로써 대치할 수 있는 것이며, 경세치용의 학이 실학의 근본성격에서 어긋나는 것이 아니라는 것을 알 수 있다.[63]

전해종의 주장은 사실상 유학의 근본 성격 중 한 측면을 실학이라고 보아야 한다는 것이다. 이런 주장에 따르면 유학이 존재하는 모든 시대에 실학이 존재했다는 것이고 경세치용을 추구하는 한 유학은 보편적 차원에서 실학으로 성립한다는 의미가 된다. 이처럼 실의 어원에 주목해 실학의 본질을 실사구시, 경세치용이라는 유학의 보편적 이념으로 해석할 경우 조선 후기라는 시간적 구획이 실학의 성격 규명에서 실효적인 변별성을 확보할 수 없게 된다. 실학의 의미가 보편적 차원으로 수렴될 경우 조선 후기의 변별적인 학술 경향이라는 특수성을 설명하는 효력이 떨어지는 것이다.

'실實'의 연원적 이해가 곧 '실학'의 정의로 연결되지 않는다는 점에서 실학을 둘러싼 초기 논쟁은 일정한 한계를 지닌다. 전통적인 용례 즉 허학의 대척점에 존재하는 진정한 학술로서의 실학이라는 의미를 넘어, 조선 후기라는 특정한 역사성에 관계된 학술적 경향을 초점화하기 위해 고안한 새로운 제시어였다는 점에서 실학의 정의는 문헌에서 도출된 개념적 정의에서 확보되기 어려웠던 것이다.

이러한 맥락에서 천관우와 한우근의 주장을 모두 비판한 전해종의 주장역시 한계를 가진다. 결론적으로 이 시기 실학 개념을 둘러싼 논쟁들은 체계적인 방법론에 따른 문헌 연구나 사회, 경제, 역사적 상황에 대한 토대적연구 과정의 지원 없이 일부의 연구 성과를 전체의 함의로 확장하고자 했다는 특징이 있다.

이후 실학 논쟁에 새롭게 참여한 것은 1973년에 「실학연구서설」을 발표

---

63 전해종, 『韓中關係史 研究』(일조각, 1970), 180쪽.

한 이우성이었다.[64] 이우성은 「실학연구서설」에서 실학을 18세기 이후의 사상으로 한정하면서 18세기 전반의 경세치용학파, 18세기 후반의 이용후생학파, 19세기 전반의 고증학적인 실사구시학으로 나누고 정약용은 경세치용학과 이용후생학에 걸쳐있다고 보았고 김정희를 3기의 대표적 사상가로 규정한다. 이우성의 연구는 실학을 시기에 따라 변화하는 가변적인 것으로 이해했다는 점에서 단일한 정의 속에 다양한 실학의 성격을 일관되게 설명하려던 이전 연구에 비해 진일보한 것으로 평가된다. 다만 실학의 표제어로 초점화된 세 개념이 초역사적 개념이라는 점에서 18세기 후반 등 특정 시대나 상황에 한정될 수 있을지, 각각의 단계를 발전과정으로 볼 수 있을지 등의 문제가 남는다.[65]

2000년대 이후 생산된 실학 관련 연구들은 열거할 수 없을 정도로 많으며 실학 개념과 연구사를 반성적으로 재검토하려는 시도들도 상당히 축적되어 있다.[66] 개별적인 입론을 이 지면에서 검토하기는 어렵지만 적어도 실학이 출발과 과정, 지향이 모두 다른 방향으로 열린 개념이라는 점에 주목할 필요가 있을 것이다. 물론 실학은 역사성을 가진 실질적인 학술 경향이지만 동시에 실제보다 선행하는 이념에 의해 규제되는 측면이 있다는 점도

---

64 이우성의 「실학연구서설」은 원래 『문화비평』 7·8(아한학회, 1970)에 수록된 것인데 이것이 후에 역사학회 편, 『實學硏究入門』(일조각, 1973)에 권두논문으로 수록되었다.

65 한영우, 「'실학' 연구의 어제와 오늘」, 『다시, 실학이란 무엇인가』(푸른역사, 2007), 35~36쪽.

66 지금까지 실학 개념과 함의를 연구사적으로 검토한 연구들을 매우 많지만 비교적 최근의 연구들은 다음과 같다. 정호훈, 「조선후기 실학 연구의 추이와 성과: 해방 후 한국에서의 실학 연구, 방법과 문제의식」, 『한국사연구』 184(한국사연구회, 2019); 허태용, 「'성리학 대 실학'이라는 사상사 구도의 기원과 전개」, 『한국사상사학』 67(한국사상사학회, 2021); 이봉규, 앞의 책; 한영우, 앞의 책; 정호훈, 「한국 근·현대 실학 연구의 추이와 그 문제의식」, 『다산과현대』 2(연세대학교 강진다산실학연구원, 2009); 이봉규, 「실학 연구 회고와 전망: 90년대 이후의 변화를 중심으로」, 『한국학연구』 47(인하대학교 한국학연구소, 2017); 조정산, 「실학개념 논쟁과 그 귀결」, 『한국사시민강좌』 48(일조각, 2011).

간과할 수 없다. 두 다른 긴장점은 실학에 대한 통일된 정의를 구성하기 어렵게 만드는 측면이지만 동시에 실학을 영원히 지속되는 미래학으로 바꿀 역동성이기도 하다.

4. 근대성 논쟁과 유학

1) 근대성과 서구 사상

실학 연구의 주변을 이루는 중요한 표제어이자 이론적 긴장을 유발하는 담론 중 하나는 '근대성'이다. 유학을 새롭게 조정하고 배치함으로써 근대 학술의 맥락에서 연구하려 했던 20세기 중반까지의 학술적 시도들이 반성적으로 검토되기 시작한 것은 '근대화'라는 구호에서 벗어날 수 있게 된 20세기 후반의 일이었다. 일제 강점기부터 유학 연구에 긴장을 부과했던 '근대성'은 유학 연구가 대면해야 할 중요한 벽이자 통과해야 할 문이었다.

실학에서 '근대성'을 찾으려는 시도는 일찍부터 나타났다. 일본인 학자들의 경우 성리학과 다른 분기의 학술적 혁신이 발생한 원인을 청 또는 청에 유입되어 있던 서학의 영향에서 찾는 것이 일반적이다. 이는 홍이섭에게도 공유되던 인식이었다. 홍이섭은 『조선과학사』에서 실학을 "실사구시학파 실학파라고 하며 영조 정조 이후 학술사상사에 나타난 특필特筆한 신학풍 곧 실사구시의 경세적인 학풍을 띤 일파를 이름"[67]이라고 규정한 뒤 정약용을 실학의 집대성자로 평가한다. 홍이섭의 관점에서 실학의 성립에 결정적인 영향을 끼친 것은 '서구적인 과학 사상'이었다. 다음의 문장에는 서양 과학을 실학의 결정적인 외인으로 규정하고 그로부터 모종의 근대적 가능성을 확인하려는 홍이섭의 인식이 담겨 있다.

---

67 홍이섭, 앞의 책(1946), 237쪽.

고려사회에서 전화된 이조 봉건사회의 과학은 소위 세종조 대를 중심으로 관료적 왕권적인 궁정 과학의 편성을 보이고, 그 후 영정 2대의 군주에 의한 청조 문화의 수입에 따른 궁정 과학의 재정비와 실사구시학파(실증학파, 실학파)의 실증적인 학풍의 발흥에 따른 서구적(연경을 통한 것)인 과학사상의 유입을 보았다. 그러나 이조 봉건사회의 최후의 절대적 왕정주의자 이하응 대원군에 의해 모든 것은 국제적인 연관성에서 유리되고 고립화되었다. 다단한 전환기인 근대적 개방에 의해 수축(修築)하려던 서구적인 교육, 즉 구한국 시대의 극히 단시일의 신학문의 수립에의 정열은 이미 역사적 정치적 기조가 없는 것으로 되고 말았다. 이어 온 것은 한일의 강제적인 통합인 일본의 침략으로서 이조사회는 해체됐으므로 그의 봉건적인 과학은 지양되고 말았다.[68]

홍이섭에게 '서구적인 과학사상'은 조선을 근대화할 수 있는 새로운 자원이자 방법이었지만 대원군의 쇄국으로 인해 조선을 혁신할 기회를 닫아버린 셈이다. 이러한 입장은 홍이섭이 남한 최초로 저술한 정약용 연구서에도 그대로 반영된다. 홍이섭의 『정약용의 정치경제사상연구』는 해방 이후 남한에서 정약용을 단독적인 주제로 삼은 첫 연구서였다.[69] 『조선과학사』 저술 이후 홍이섭은 정인보 등의 민족주의자들로부터 받은 영향을 해방 후에 실학 연구로 돌려 그 가운에서도 정약용에 집중한다. 우선 홍이섭은 조선의 지배 담론을 '유교주의'로 보고 조선 후기의 지적 풍조를 이 유교주의와의 긴장을 통해 설명하고자 했다.[70] 홍이섭의 관점에서 유교주의와 통하면서도 유교주의 밖에서 새로운 방향성을 제안한 것은 외래의 사유로서 서학이었다. 홍이섭의 관점에서 서학적인 사상은 종교 신앙으로서 유교주의와 통하

68 홍이섭, 위의 책, 11쪽.
69 홍이섭의 정약용 연구는 최익한의 「여유당전서를 독함」으로부터 받은 지적 자극을 해방 후에 본격적인 연구에 투여한 결과이자 북한의 정약용 연구에 대한 이론적 긴장과 거리두기가 담겨 있는 복합적인 성격의 저술이라고 할 수 있다. 정약용을 중심으로 홍이섭과 최익한의 관계는 다음의 연구에 상세하다. 정종현, 『다산의 초상: 한국 근대 실학 담론의 형성과 전개』(신서원, 2018), 129~176쪽.
70 정호훈, 「홍이섭의 실학연구」, 『동방학지』 130(연세대학교 국학연구원, 2005), 70쪽.

며, 카토릭시즘(천주교)은 그대로 서구적인 사상으로서 정약용의 사상적 경계로서 '근대성'을 형성한다.

서양의 충격을 실학 발달의 근본적인 요인으로 이해하는 방식은 박종홍 朴鍾鴻(1903~1976)에게도 나타난다. 주지하듯 박종홍은 서양 철학과 전통 유학 내지는 유학에 토대를 둔 문화적 조건들이 어떻게 만날 수 있는지, 표면과 심층에서 각각 어떤 문제가 발생할 수 있는지 보여주는 학자이다. 연보에 따르면 1903년 평양에서 태어난 박종홍은 한학을 공부했던 아버지와 서당을 통해 한문을 배웠고 이후 평양고등보통학교 졸업 후 훈도로 일하다가 1926년 대구고등보통학교 교유로 발령받았다. 이후 경성제국대학 법문학부 철학과에 입학하여 1933년 졸업했고 그 위에 대학원에 진학했다가 제국대학 조수, 이화여전 교수 등으로 일했다. 1944년부터 조선총독부 학무과 촉탁으로 발탁되어 패망까지 일했다.

1954년에 쓴 『철학개설』의 일부인 「실사구시의 실학사상」[71]에서 박종홍은 실학을 다음과 같이 정의한다.

> 영정(英正) 양대에 이르러 종래의 공리공론을 일체 배제하고 우리 자신이 당면한 현실적 정세를 구체적으로 파악하여 경세안민經世安民, 자립실천을 꾀하려는 새로운 학풍을 일으키는 한편, 선진국가의 문물제도를 수입하여 침체 쇠잔한 국운을 바로잡으려는 사상이 대두하였으니, 이것이 곧 실사구시의 실학이다.[72]

박종홍은 일관되게 실학을 17세기 후반, 거듭된 국난으로 병폐된 민생이 위정가들의 당쟁으로 도탄 속에 헤매는 상황에서 일부 유학자들이 민생에

---

71 박종홍, 『朴鍾鴻全集』 권2(민음사, 1998), 346~351쪽.
72 박종홍, 위의 책, 347쪽.

새로운 활로를 트기 위해 공리공론을 지양하고 그 필요성을 고조高調한 결과로 나타난 학술적 경향으로 규정한다.[73] 그는 이 새로운 활로에 결정적인 영향을 미친 것은 서양의 새로운 과학이었고 따라서 천주교 선교사들을 배제하고 실학을 이해해서는 안된다고 주장한다. "실학은 다른 한편으로 서양의 새로운 과학을 도입하는 것이니만큼 당시에 이것을 중국에 전파하여 준 천주교 선교사들과의 관계를 떠나서 생각하기 힘든 일이요, 따라서 우리나라의 북학 도입도 천주교의 전래를 수반하게 되었으며, 실학 제창자 중에는 자연 천주교에도 관심을 가지는 학자가 많았던 것도 사실"[74]이라는 것이다.

박종홍은 특히 정약용에 주목하여 "경학과 역사는 물론이요 근대과학을 이해하기에 힘썼다"고 평가한다. 그리고 이러한 경향은 그대로 "근대화에 대한 선구적인 몫"으로 해석된다.[75] 박종홍은 실학의 개념적 연원을 실사구시에서 찾는 한편, 서구 과학을 실학 형성의 중요한 축으로 제시한다. 그리고 북학론은 바로 이러한 르네상스기 서양 과학을 수용하자는 요구였다고 주장한다. 이때 서학은 서양의 자연과학과 기술을 의미한다. 이런 맥락에서 북학론 역시 서양 과학과 기술을 도입하자는 주장으로 해석된다.

북학론이 서양을 포함해 중국의 선진 기술을 배워오자는 주장이었던 점은 분명하지만 북학의 추구와 천주교의 전래 사이에는 직접적 연관성이 없다는 점에서 박종홍의 주장은 실제를 초과하는 해석이다. 결과적으로 서학의 도입과 실학의 발전을 같은 선상에서 파악하려는 박종홍의 주장은 희미한 흔적을 분명한 사실로 확대해석한 결과라고 볼 수 있다. 르네상스기 유럽의 종교, 철학, 자연학, 자연철학, 수학, 천문의기 등이 동아시아에 지적 자극을 주었다는 점은 분명하지만 홍이섭이나 박종홍 같은 학자들이 서술

---

73 박종홍, 위의 책, 권4, 218~219쪽.
74 박종홍, 위의 책, 권2, 351쪽.
75 박종홍, 위의 책, 권5, 386쪽.

하는 수준만큼 결정적인 영향을 주었다고 보기 어렵다.

이들이 조선 후기 학풍의 일부를 선별적으로 초점화하고 그 안에서 서양 과학의 영향을 확대해석한 배경 중 하나는 이들이 특정 학자를 중심으로 한 문헌 연구에 한정되어 있었던 점을 들 수 있다. 천관우가 유형원을, 한우근이 성호 이익을, 홍이섭이 정약용을 연구의 토대로 삼았던 것에서 알 수 있듯이 이 시기 연구자들은 핵심적 실학자에 관한 연구에서 도출된 특징과 변별성을 확대해 실학의 연구 성과로 포괄하고자 한다. 특정 사상가에 대한 심도 깊은 연구에서 출발했다는 점은 큰 의미가 있지만 사실상 이들의 연구는 일정한 한계를 지닌다. 사상의 토대이자 변화의 중요한 요인인 사회경제적인 분석을 결여한 채『반계수록』,『여유당전서』등 특정 문헌과 인물에서 도출된 특성을 실학이라는 시대적 조류 전체로 확대해석하고자 했기 때문이다.

이런 상황에서 실학의 근대성과 서학의 관계는 개별적 문헌들과 지적 경향들을 종합적으로 검토하거나 정량적으로 분석한 뒤 이루어진 포괄적이고 귀납적 평가라기보다 특정한 지향을 외부의 기준에서 견인해 초점화하고 명제화하는 과정에서 성립된 선언적 이념들이라는 점에서 내부의 개별적 사례들간에 간섭과 충돌이 발생할 여지가 있었다.

2) 근대성과 내재적 발전론

홍이섭과 박종홍이 유학의 근대성을 서구의 자극에 따른 결과로 해석하고자 했던 것과 달리 조선 유학의 발달 과정에 이미 근대적 사상의 맹아가 내포되어 있었다는 입장도 이 시기에 형성된 중요한 주장 중 하나다. 이른바 내재적 발전론으로 부를 수 있는 이러한 흐름은 제국주의 일본이 목적의식을 가지고 조선 민족과 조선 역사에 부과한 정체성이나 타율성론에 대응하려는 학술적 시도로서 유학의 내적인 발전 과정을 통해 유학의 근대성을 입증하려는 시도들을 의미한다.

내재적 발전론은 사실 특정 학파나 연구자 집단에 의해 제기된 특수한 담론이라기보다는 전근대 한국을 연구 대상으로 하는 다양한 연구 분과에 나타나는 모종의 경향성이라고 볼 수 있다. 내재적 발전론은 조선의 후진성과 정체성, 타율성을 구성해 식민 지배를 정당화하려는 식민사학을 극복하고 세계사적 발전 과정의 토대 위에서 전근대 조선의 역사적 발전의 보편성과 특수성을 규명하려는 일련의 시도들이 공유하는 연구의 전제이자 출발점이라고 할 수 있을 것이다.

이러한 연구 지향은 조선의 역사를 발전론적으로 해석하되 그 발전의 토대와 가능성을 내적 요인에서 찾으려는 다양한 시도들을 포함하는 넓은 개념으로 쓸 수 있다. 식민사학에 대한 학술적 대응이자 저항이라는 의미에서 내재적 발전론은 일제 강점기 민족주의 지식인들의 연구 경향에서 출발했지만 실제 학계에서 본격적인 논제로 부상한 것은 1960년대라고 할 수 있다. 특히 중세 해체 및 근대 이행론과 자본주의 맹아론은 내재적 발전론에 의해 일반화된 담론이다. 대체로 1960~1970년대 연구자들은 조선 후기를 근대의 맹아기로 간주하는 인식을 공유한다. 역사학계에서 촉발된 내재적 발전론은 유학 연구 특히 실학 연구에도 일정한 방식으로 영향을 미쳤다.

주지하듯 근대성은 서구 제국을 모방해 식민지 획득과 유지에 일정 정도 성공한 일본이 한국을 종속화하는 데 토대가 된 기본적 논리와 명분이었다. 근대성에 대한 반대항으로서 정체성과 후진성은 조선의 민족성에 대한 온갖 부정적 서술에서 정당화되었으며 조선을 구성하던 정치 제도, 경제 제도, 관료제, 신분제, 가족 제도 등 온갖 사회적 제도와 양식들, 구조와 실천들에서 추출된 특성들은 근대화될 자생력을 갖지 못한 조선의 후진성을 정당화하는 유효한 증거들로 활용되었다. 그리고 이 온갖 사회적 제도와 양식들, 구조와 실천들은 개별적 영역이나 범주를 넘어 항상 통합적이고 포괄적인 명칭과 관념에 의해 통합되고 연결되었는데 개별적 영역을 포괄하는 통합적 이름이 바로 '유교'다. 한마디로 말해 '유교' 때문에 조선이 정체되었다는 것이다.

이런 상황에서 20세기 중반 연구자들의 시선에 포착된 실학은 식민사관의 핵심 쟁점인 정체성론 즉 근대사회로의 이행에 필요한 봉건사회를 거치지 못하고 전근대적인 단계에 머물러 있다는 봉건사회 결여론을 극복할 수 있는 중요한 증거로 인식되었다. 조선 사회가 정체되어 있기 때문에 제국주의 일본의 식민지배를 피할 수 없었다는 식민사관을 극복하고자 하는 한국 학자들은 실학으로부터 내재적 발전의 가능성을 확인하고자 했다. 개혁적이고 민족적인 사상이 이미 조선 후기에 존재했었고 이것이 발전했다면 조선이 독자적으로 근대화되었을 것이라는 입장이다.

실학은 1930년대부터 '근대성'과 연결되어 왔지만 이를 하나의 지표이자 이념으로 내세워 실학 연구를 견인하기 시작한 것은 그보다 훨씬 후대인 1960년대였다. 실학을 '근대성'의 관점에서 해석하려는 시도는 천관우에게 나타난다. 천관우는 1967년에 발표한 「조선후기 실학의 개념 재검토」에서 민족주의와 실사구시학의 관계, 개화(근대화)와 실사구시학의 관계를 검토하면서 "구학문과 신학문의 과도기에 처하여 근대화와 민족주의를 조화시켜 생각한 이들이 전통사상 가운데서 그 사상적 원류를 찾았을 때 역시 조선후기의 개혁유학자들이 그 대상으로 등장했다는 사실을 말해준다. 그리고 그것이, 나아가 1930년대 이 학파의 학풍을 '실학'이라고 다시 호칭하게 되는 이유가 되는 것"(강조 저자)[76]이라고 규정한다. 이런 맥락에서 "'실'은 당연히

---

76 천관우, 앞의 책(1979), 387쪽.

전근대정신에 대립하는 근대정신을, 몰민족주의에 대립하는 민족주의를 뜻하는 것"[77]으로 정의된다.

"실학을 근대사상의 맹아로 보려는 천관우의 실학 개념은 조선 후기에서 자본주의를 비롯한 자생적 근대화의 맹아를 찾으려는"[78] 후속 연구에서 하나의 통설로 인정받게 되었으며 이후 조선 후기를 '발전'의 측면에서 파악하려는 시도들 특히 1960년대에 부각된 '내재적 발전론'[79]으로 연결되게 된다. 선행 연구는 천관우가 "실학의 흐름을 계통적으로 정리하는 가운데 "근대성"의 문제를 보다 유의하며 실학의 성격에서 이를 '추출'하려고 한 점은 그 무엇보다 두드러진 요소였다. 1950년대 연구에 이르러 실학의 근대성 문제는, 일제 강점기에서의 연구와는 달리 미약하나마 뚜렷한 개성으로 부각되고 있었다"고 평가한다.[80] 이후 실학을 내적 발전의 측면에서 이해하려는 본격적인 노력은 1960년대 내적 발전론에 기초하여 한국사를 이해해야 한다는 분위기가 형성된 이후로 볼 수 있다.[81]

---

77 천관우, 위의 책, 388쪽.

78 한영우, 앞의 책, 32쪽.

79 정체성론에 대응하는 발전 모델을 즉 내재적 발전론은 제안한 것은 김용섭의 연구로 알려져 있다. 주지하듯 김용섭은 조선 후기의 개혁론을 주희의 토지론에 토대를 둔 지주적 노선과 반주자학적 입장의 농민적 노선으로 구분한 뒤 전자는 서인과 노론 계열에, 후자는 유형원 등을 배치한 뒤 이러한 토지 개혁론이 봉건적 지주제의 해체로 향한다고 평가한 바 있다. 이 해체의 과정이 곧 중세 사회에서 근대 사회로 이행하는 과정이라는 것이다. 김용섭, 『朝鮮後期農業史研究 I: 農村經濟 社會變動』(일조각, 1970); 김용섭, 『朝鮮後期農業史研究 II: 農業變動 農學思潮』(일조각, 1971).

80 정호훈, 앞의 논문(2019), 51쪽.

81 1980년대 실학 연구를 반성하고 회고하는 관점에서 김현영은 「'실학' 연구의 반성과 전망」을 통해 실학 연구사를 세 단계로 구분한 바 있다. 근대사연구회 편, 『韓國 中世社會 解體期의 諸問題: 朝鮮後期史 연구의 현황과 과제』 상(한울, 1987), 311~334쪽. 첫 단계가 실학 연구가 발생한 1930~40년대라면 1950~60년대에는 실학 연구의 전개 단계였고 이어 1970~80년대에 실학 연구가 심화 단계에 들어섰다는 것이다. 이 연구는 1960년대에 들어와서 실학 연구는 커다란 진전을 했다고 평가하며 〈조선후기 사회를 정체론적 시각에서 보아온 지금까지의 시점에 대한 반성으로, 내재적 발전론의 입장에 선 여러 사회경제사적인 연구들이 이루어진 데 힘

1962년에 발표된 「최근의 실학연구에 대하여」[82]에서 김용섭은 천관우와 한우근의 논쟁을 정리하고 양자의 입장을 비판적으로 정리한 전해종에 의해 천관우, 한우근의 견해차가 해결되었다고 평가한다.[83] 이 연구의 최종적인 지향은 "실학사상을 근대사상으로 규정함에 있어서 그들의 개혁이론이 역사적인 현실과 구체적으로 여하한 관계에 있었는가 하는 것"[84]을 문제삼으려는 것이다. "그들의 역사적 성격이 근대적인 것으로 규정"되기 위해서는 "조선후기 특히 18세기에서 19세기에 긍亘하는 시기의 한국사회는 이조 국가가 내포하는 모순의 격화와 농업생산력의 발전 상품 화폐경제의 발달로 인하여 봉건제사회가 붕괴되어가는 제현상이 사회와 경제의 각 방면에 나타난다"[85]는 사실을 확인해야 한다는 것이다.

유교적 전통을 동아시아에서 독자적으로 구성가능한 근대성과 대비시켜 설명하려 할 경우 관료제나 소농 사회의 생산력 같은 유학−성리학적 기본 전제들이 이미 보편적 가치로서 동아시아 사회에 내재해 있었고 따라서 서구 근대와 같은 수준에 도달한 모종의 맹아가 이미 갖추어져 있었다는 주장이 가능하다. 이는 유교 문화권의 보편적 특질을 발출하고 그로부터 근대적 특질을 파악하여 독자적인 근대성의 맹아를 발견하려는 시도라고 할 수 있다. 내재적 발전에 따른 유교적 근대성을 검토하는 연구들은 이후 학계에서 폭넓게 지지받았지만 이처럼 실학을 내재적 발전론의 틀 안에서 해석하려는 입장은 일종의 조작적 범주화와 개념화를 만들어내기 쉽다는 점에서 비판을 받았다.

입은 것〉이라고 정리한다. 조선 후기 사회에 대한 인식의 변화에 따라 실학 연구도 새로운 단계로 들어섰다는 것이다. 근대사연구회 편, 위의 책, 321쪽.
82 김용섭, 앞의 논문(1962).
83 김용섭, 위의 논문, 129쪽.
84 김용섭, 위의 논문, 136쪽.
85 김용섭, 위의 논문, 137쪽.

해방 후 우리 학계는 유학-성리학의 학문적 위상을 지나간 시대의 이념이라는 역사성 안에 한정하면서 그 내부에서 근대적 특질을 보이는 이론이나 학자들을 우선 선별적으로 발출해 자생적인 근대적 지표를 확인하는 방식을 택하는 경우가 많았다. 근대성이 전근대 우리가 발전시켜온 학술적 전통 내에서 반드시 찾아내야 하는 학문의 보편적 특질이 아니라 서구 근대의 기준들을 우리 학문에 일방적으로 부여한 타율적 규준일 수 있다는 인식이 부상하기 시작한 것은 80년대의 일이다. 다시 말해 근대성 자체를 반성적으로 사유할 수 있게 된 것은 한국 현대 학문의 구성이 일단락된 80년대 이후였던 것이다.

현재는 다양한 연구들이 동아시아론, 근대성, 탈근대 등을 논제로 삼아 내재적 발전론과 근대성 문제에 비판적으로 개입하면서 조선 후기 사회 구조와 유교적 양식들 그리고 학문으로서의 유학을 논제화하고 있다.[86] 이 과정에서 유학과 근대성은 전시대 학자들이 기대한 '발전적 체계화'라는 목적론적 구도에서 풀려나 다양하게 조합되고 분리되며 각론들을 축적하고 있

---

86 한국사 분야에서 내재적 발전론의 부상과 그에 따른 비판적 반성을 다룬 연구는 상당한 양으로 축적되어 있다. 2000년대 이후의 대표적인 연구 성과들은 다음과 같다. 김인걸, 「1960, 70년대 '內在的 發展論'과 韓國史學」, 『韓國史 認識과 歷史理論』(지식산업사, 1997); 박찬승, 「한국학 연구 패러다임을 둘러싼 논의: 내재적 발전론을 중심으로」, 『한국학논집』 35(계명대학교 한국학연구원, 2007); 이헌창, 「한국사 파악에서 내재적內在的 발전론發展論의 문제점」, 『한국사시민강좌』 40(일조각, 2007); 최윤오, 「조선 후기 사회변동과 근대로의 이행: 내재적 발전론의 역사인식」, 『내일을 여는 역사』 22(내일을 여는 역사, 2005); 신주백, 「1950년대 한국사 연구의 새로운 경향과 동북아시아에서 지식의 內面的 交流」, 『한국사연구』 160(한국사연구회, 2013); 이영호, 「'내재적 발전론' 역사인식의 궤적과 전망」, 『한국사연구』 152(한국사연구회, 2011); 김정인, 「내재적 발전론과 민족주의」, 『역사와 현실』 77(한국역사연구회, 2010); 권내현, 「내재적 발전론과 조선 후기사 인식」, 『역사비평』 111(역사비평사, 2015); 윤해동, 「에피고넨의 시대, '내재적 발전론'을 다시 묻는다」, 『민족문화논총』 47(영남대학교 민족문화연구소, 2011); 최종석, 「내재적 발전론 '이후'에 대한 몇 가지 고민」, 『역사와 현실』 100(한국역사연구회, 2016); 이경구, 「개념사와 내재적 발전: '실학' 개념을 중심으로」, 『역사학보』 213(역사학회, 2012).

다. 이러한 각론의 축적과 논점의 생산 과정이 전근대 사상적, 정치적, 문화적 자원을 반성적으로 이해하고 통찰하고자 하는 학자들과 한국 사회 구성원들에게 중요한 참조점과 시야를 제공할 것이다.

5. 한국 유학을 바라보는 외부의 시선들

1) 북한학계의 유학 연구사

(1) 북한의 조선철학사 정리

전근대 학술로서의 유학에 대한 북한의 연구는 최익한崔益翰(1897~미상)으로부터 시작되었다. 곽종석郭鍾錫(1846~1919) 문하에서 공부하던 전통적인 유학도였지만 스스로 성리학과 절연하고 일본에 유학을 떠났고 돌아온 뒤에는 사회주의자로서 조선 공산당에서 독립운동을 하는 등[87] 최익한은 1930년대 조선 지식장의 복합성과 중층성을 보여주는 인물이다. 그는 1948년 가족과 함께 월북한다. 월북 후 최익한은 1955년에 1930년대 후반에 신문에 연재했던『여유당전서를 독함』의 원고를 토대로 성호 이익을 비롯해 실학파로 범위를 확대한 새로운 저작『실학파와 정다산』을 간행함으로써 북한에서 한국유학 연구의 토대를 만든다.

최익한 이후 1960년대까지 북학 철학계가 내세우는 가장 선명한 학문적 성과는 한국 철학사의 정리였다. 1962년에 나온『조선철학사』상上은 분단 이후 남북 모두를 아울러 최초로 시도된 한국 사상에 대한 철학적 성과로 평가된다. 『조선철학사』는 고대부터 20세기 일제 강점기에 활동하던 근대적 사상가들을 망라하고 있으며 주리와 주기의 구분 외에 관념론, 자연과학

---

87 최익한의 생애와 북한에서의 활동에 대해서는 다음을 참조. 송찬섭, 「조카가 작성한 崔益翰(1897~?) 年譜」,『역사연구』20(역사학연구소, 2011).

등 근대적인 지표로 한국 철학을 평가하고자 했다는 점에서 특징적이다.

주지하듯 북한은 해방 후 1950년대까지 마르크스-레닌주의를 북한 실정에 맞게 체제 규범으로 구성하는 작업에 총력을 다했다.[88] 이후 북한은 60년대 이후 마르크스 레닌주의를 사회 각 분야, 제반 학문의 상위 이념으로 활용할 수 있는 단계에 이르렀고 '주체철학'의 체제와 세부가 갖추어진 이후 철학 연구도 계통과 체제가 갖추어지기 시작했다. 이런 분위기에서 나온 것이 『조선철학사』였다. 위에서 확인할 수 있듯 『조선철학사』는 특이하게도 15~16세기와 17세기 철학 사상 사이에 '실학'을 배치하고 이수광에서 시작하여 성호 이익, 북학파로서 홍대용, 박지원, 박제가를 거쳐 정약용에서 마무리하는 흐름으로 구성되어 있다.

『조선철학사』는 실학 발생의 중요한 조건으로 "구라파의 자연과학과 기술의 영향"[89]을 꼽는다. 흥미로운 것은 이들이 서양 자연과학과 기술의 전래를 중국에 대한 사행뿐 아니라 내부에서도 찾는다는 점이다. 이들은 1628년 표류 끝에 조선에 들어온 네덜란드인들과 1653년 하멜 등을 통해서도 서양과학기술이 소개되어 이를 접한 지식인들이 시야를 확대할 수 있었다고 주장한다. 이런 무리한 연결이 시도된 이유를 다음의 총론에서 확인할 수 있다.

> 그리하여 서양의 과학 지식과 새로운 사상들에 의하여 각성된 개명한 선진적 학자들은 자기를 반성하고 실지 민중 생활에 이로운 과학 지식과 기술을 연구하고 구체적 사물에 기초하여 진리를 탐구하기 시작하였다. 선진적 실학자들은 천문, 수학, 지리 등 자연과학 지식으로부터 시작하여 조국의 정치, 경제, 군사, 역사, 문화, 음악 등에 이르기까지 모든 분야에 걸쳐 연구를 진행

---

88 전미영, 「북한의 철학」, 『북한의 학문세계』 상(선인, 2009), 186쪽.
89 정진석 외, 『조선철학사』 상(과학원출판사, 1962), 183쪽.

하였으며 선진적이며 이상적인 개혁안을 내놓았다.[90]

『조선철학사』에서 서양 과학 지식은 학자들을 선진적으로 개명시키는 자원이었고 이를 바탕으로 일군의 학자들이 선진적이며 이상적인 개혁안에 도달했다는 것이다. 정약용에 대해서도 그가 관념론적 요소, 신적 요소를 완전히 제거하지는 못했지만 유학 사상을 비판하고 유물론 사상을 전개했다고 평가한다.[91] 정약용이 "봉건적 신분제도와 세습제도의 폐지, 인물 본위의 등용, 환자제도의 폐지, 지주의 지세 부담, 공전균세제, 병노합일제, 상평법의 실시, 여전제 등을 제기하였는데 그중에서도 가장 선진적이고 민중적 성격을 띤 것은 전제개혁 사상"[92]이라는 것이다. 이러한 평가는 최익한이 구성한 정약용과 실학의 성격을 크게 벗어나지 않는다.

그러나 북한의 변화와 함께 실학에 대한 평가 역시 달라지기 시작한다. 김일성의 교시가 발표된 1967년, 북한 학계는 전환기를 맞게 되는데 이때 학술적 과제는 〈'과학연구 사업에 있어서의 주체의 확립'과 '과학자들 속에서의 유일사상체제 확립'〉이었다.[93] 김일성은 교시를 통해 학자들의 사대주의와 교조주의 경향을 비판하며 "주체사상을 공화국정부의 모든 정책과 활동의 확고부동한 지침"으로 할 것을 명령한다.

1974년에 나온 『실학파의 철학사상과 사회정치적 견해』는 이러한 명령을 실학파의 사상에 적용한 결과라고 할 수 있다. 저자인 정성철은 저술의 목표를 "실학파인물평가와 관련된 교시를 지도적 지침으로 하여 실학파의 철학사상과 사회정치적 견해 전반을 평가함으로써 지난 시기 이 분에서 나

---

90 정진석 외, 위의 책, 183쪽.
91 정진석 외, 위의 책, 247쪽.
92 정진석 외, 위의 책, 248쪽.
93 전미영, 앞의 책, 191쪽.

타났던 편향들을 일정하게 시정 극복"[94]하는 것이라고 말하며 최익한을 비롯해 과거의 연구 경향을 비판한다. 정성철은 실학의 변별성을 '자연과학기술'로 규정하고 실학의 학문적 특성을 과학적 진보에서 찾는다. 그러나 정성철은 이들의 실학사상이 중세유물론에서 근세유물론에로의 다리를 놓는 위치에 있다고 평가하지만 서양을 과학기술의 연원으로 내세우지 않는다.

정성철은 서양 선교사들이 "중세 자연과학에서 전환을 이룩할 수 있는 근대적 자연과학을 전파한 것은 아니며 다만 동방중세에서 달성한 자연과학의 보충적 역할 이상으로는 나가지 못한 자연과학적 영향을 주었을 따름"[95]이라고 평가한다. 서학에 대한 평가의 변화는 실학의 성립 요건으로서 '민족적 자각'을 강조하려는 의도에서 비롯되었을 것이다.

이런 흐름은 다음 시기에 보다 확고해진다. 북한 철학계는 1980년대에 주체사상을 주체 철학의 지위로 격상시키는데 이로써 주체사상은 분과지식 위에 존재하는 상위적 이념이자 철학적 원리의 위상을 가지게 되었다.[96] 김일성의 교시에 의거한 주체 철학의 이념에 따른 조선 철학의 정리는 1986년에 출판된 『조선철학사개요』로 표출된다. 이는 '주체사상에 의한 『조선철학사』(1962)의 지양'이라는 『조선철학사개요』의 부제를 통해 확인할 수 있다. 주체철학의 체계화 이후 북한의 조선철학 인식에 있어서 '민족자주의식'의 발현을 진보적 정치사상이라는 관점으로 보아 철학사 발전의 중요한 계기로 평가하였으며 그러한 경향이 반영된 저술이 1986년에 간행된 최봉익의 『조선철학사개요』다.[97]

최봉익은 실학파들이 "우선 동리공담과 스콜라적인 론쟁을 일삼고 있던

---

94 정성철, 『실학파의 철학사상과 사회정치적 견해』(한마당, 1989), 9쪽.
95 정성철, 위의 책, 45~46쪽.
96 이훈, 앞의 논문, 28~34쪽.
97 전미영, 앞의 책, 205쪽.

주자성리학에 대립하여 진리는 실지 사실에서 찾고 학문은 현실적으로 쓸모가 있어야 한다는 실학을 주장"했다는 점과 "유교관념론적인 자연관에 결정적인 타격을 가하고 유물론적인 자연관을 내세운 점" 그리고 "자본주의적 발전의 요구를 반영"하였으며 "상공업을 발전시켜 봉건신분제도와 량반의 사회적 특권을 제거"하고 "인권의 평등, 인재등용, 만민개로의 사회를 이룩할 것을 주장"한 것과, "과학기술적 문제들을 연구하고 발전"시킨 점 등을 그 특징으로 내세운다.[98]

여기서 주체사상은 "조선철학사를 과학적으로 연구체계화할 수 있는 옳은 방법론"을 제공함으로써 "조선철학사 연구의 유일하게 정확한 사상리론적 및 방법론적 지침"으로 제시된다.[99] 세부 편들은 모두 『김일성저작집』에 근거한 김일성의 교시에서 출발해 각 내용은 그 교시에 따라 분류되고 정의된다. 이에 따라 전 시대 조선 철학의 핵심이자 진보성을 의심받지 않았던 실학 역시 "실학파의 사상을 지나치게 내세워 그것을 로동계급의 혁명사상과 같이 보는 것도 잘못이며 그 진보성을 부인하는 것도 잘못"[100]이라는 김일성의 교시에 의해 재평가된다.

역사를 유물론과 관념론의 투쟁으로 보는 주체철학의 교시에 따라 저술된 『조선철학사개요』는 전근대 학술에 대한 북한 학계의 인식 변화를 명확히 드러낸다. 유물론적 세계관을 강조하는 차원에서 자연과학이나 기술적 요소를 높이 평가하지만 서양은 극복해야 할 외세일 뿐이다. 유물론이 분석의 최종적 준거가 되자 실학자들에서 찾고자 했단 사회경제적인 주장들 역시 과잉 해석할 필요가 없어진다. 한때 찬양되던 실학자들이나 정약용의 사회 개혁적 주장 역시 부정적 평가로 제한된 것이다.

---

98 최봉익, 『조선철학사개요』(사회과학출판사, 1986), 235쪽.
99 최봉익, 위의 책, 6쪽.
100 최봉익, 위의 책, 234쪽.

2) 유교 사회 조선에 대한 서구의 시선

근현대 유학 연구사에서 빼놓을 수 없는 참조점 중 하나가 해외 연구자들에 의해 이루어진 전근대 조선 유학 관련 연구다. 20세기 이후 동아시아학은 유럽의 근대성을 동아시아에 투사하여 정오 판정을 하는 일종의 근대성 검사의 성격을 띤다. 강력했던 중국이 왜 20세기 이후 몰락했는지, 아시아의 변경에 불과했던 일본이 왜 아시아에서 가장 먼저 근대화에 성공했는지를 묻는 연구들이 대부분이었다.

이러한 경향 속에서 많은 연구들이 중국과 일본의 정치, 사회, 문화, 경제, 학술, 종교에서 근대성의 지표를 발견하거나 부정하는 방식의 연구를 진행했고 적어도 20세기 후반까지 이러한 기조가 크게 바뀌지 않았다. 그러나 이러한 연구 경향에서도 조선-한국은 큰 주목을 받지 못했다. 20세기 후반까지도 한국은 중국과 일본 연구의 파생적 주제로 여겨지는 경향이 강했고 전근대 한국 사상사에 주목하는 본격적인 연구는 찾아보기 어렵다.[101]

조선의 풍속이나 문물에 대한 보고가 아닌 본격적인 유교 사회 조선에 대한 연구는 스위스 출신 역사학자 마르니타 도이힐러의 *The Confucian Transformation of Korea: A Study of Society and Ideology*(1992) 즉 『한국의 유교화 과정』[102]에서 시작되었다고 볼 수 있다. 1935년 스위스 취리

---

101 중국과 일본에 비해 연구의 초점이 되지 못했던 점은 분명하지만 그럼에도 서구에서 이루어진 전근대 한국 유학 관련 연구 성과들을 제한된 지면에 모두 개관하기는 어렵다. 이 글에서는 조선 유학 또는 유학을 기반으로 한 유교 사회에 대한 개인 연구자의 단행본 연구서로 범위를 좁혀서 간략히 다룰 것이다. 전근대 한국에 관한 주요한 서구의 연구들은 다음의 논문을 참조할 수 있다. 이훈상, 「서구 한국학 연구 성과의 한글 번역과 그 의미」, 『코기토』 87(부산대학교 인문학연구소, 2019).

102 번역서는 2003년에 마르티나 도이힐러(이훈상 역), 『한국 사회의 유교적 변환』(아카넷, 2003)으로 출판되었다가 2013년에 마르티나 도이힐러(이훈상 역), 『한국의 유교화 과정: 신유학은 한국 사회를 어떻게 바꾸었나』(너머북스, 2013)로 개정되었다.

히에서 태어난 도이힐러는 1959년 네덜란드 라이덴 대학에서 동아시아학으로 학사 학위를 취득한 뒤 미국 하버드 대학으로 옮겨 1967년 동아시아언어와 문명으로 박사 학위를 취득한다. 도이힐러는 페어뱅크, 라이샤워 등미국에서 한국학을 개척한 연구자들에게 배우며 한국 유학에 관심을 두기시작했고 이후 1967~1969년, 1973~1975년 등 두 차례 서울에 체류하면서 규장각에서 왕조실록 등을 열람하며 본격적으로 연구를 진행한다.[103] 그성과로 도출된 것이『한국의 유교화 과정』이다.[104]

도이힐러의 연구는 원전에 근거해 문헌실증적인 연구를 진행했다는 점에서 중요한 의미를 지닌다. 뿐만 아니라 도이힐러의 연구는 본격적인 사회인류학적 시도로 보기는 어렵지만 문헌연구를 넘어 사회인류학적 시각을 활용했다는 점에서 연구 방법론과 지평을 넓혔다는 평가를 받는다.[105]

서문에 보이는 연구의 목표는 연구자 자신이 내세운 두 가지 가설 즉 17세기 후반에 해당하는 조선 후기의 사회상이 고려시대와 다르다는 것과 이러한 변동을 초래한 원동력이 신유학이라는 점을 규명하는 것이었다.[106] 전자와 관련해 도이힐러는 친족주도, 제사, 가계계승, 상속제도, 여성의 위치, 혼인 관계, 상장례 등의 연구 항목을 검토함으로써 유교화 이전과 유교화 이후 시대를 구별하고자 한다.[107]

---

103 저자 자신의 회고에 따르면 도이힐러는 1967년 구한말 개항에 관한 논문으로 하버드 대학교에서 박사 학위를 받은 뒤 보충 자료를 수집하러 한국에 들어와 규장각에서 일성록 등의 자료를 열람했다고 한다. 이때 도이힐러는 유교 의례로서 제사를 경험하고 이를 계기로 한국의 전통적 사상과 사회를 연구하고자 결심했다는 것이다. 마르티나 도이힐러, 「韓國의 儒敎化 過程: 社會와 理念에 대한 硏究」, 『한국사시민강좌』15(일조각, 1994), 199쪽.
104 제니스 킴·마르티나 도이힐러·이준식, 「마르티나 도이힐러: 유럽 한국학의 선구자」, 『한국학』 22(3)(한국학중앙연구원, 1999), 193~194쪽.
105 연구 방법론 상에서 사회인류학적 방법론과 사상사 그리고 사회사에 근거한 연구라고 밝힌다. 마르티나 도이힐러, 앞의 논문(1994), 201쪽.
106 마르티나 도이힐러, 앞의 책(2013), 21쪽.
107 마르티나 도이힐러, 위의 책, 411쪽.

도이힐러는 "조선 사회는 동시대 중국 사회에 못지 않게 "유교적"이라고 주장할 수 있었다. 이 두 사회는 모두 신유학파들이 자신들의 사회 이론의 출발점으로 삼았던 고대 중국의 원형과는 결정적으로 달랐으며 한국인들도 이것을 잘 알고 있었다."[108]고 말한다. 도이힐러의 핵심적인 주장은 조선의 유교화가 중국과 다르거나 혹은 중국을 표준으로 하는 유교화에 이르지 못했다는 것이다. 이러한 입장에서 도이힐러는 "한국의 유교화는 정말 획기적인 것이었는데 물론 그것은 하루아침에 일어난 것이 아니라 조선 초기부터 약 250년간에 걸쳐 이루어진 것이었다. 유교사상은 중국 사회에도 깊은 영향을 끼쳤지만 한국에서는 세계 다른 어느 나라에서도 보기 힘들 정도로 중대한 변화를 가져왔다. 그것은 중대한 변화이긴 했어도 한국 전통의 전형적인 요소가 그대로 잔존했기 때문에 유교화는 한국을 작은 중국으로 창조하지 못하고 오히려 하나의 특수한 문화를 만들어내게 했다."[109]고 평가한다.

연구 과정에서 도이힐러는 가족제도 상에서 고려와 조선 시대의 차이를 분석함으로써 신유학 즉 성리학이 조선의 유교화에 미친 영향을 분석하고 유교가 조선 지배층의 안정적이고 실효적인 지배의 원리로 작용했음을 규명하고자 했다. 이때 한국 사회의 유교화에서 가장 근본적인 특징은 부계 종족 체계의 발전에 놓여 있다. 도이힐러는 조선 초기에 이루어진 변화를 설명하기 위해 고려사회를 연구했고 이 과정에서 신유학이 조선의 변화를 이끈 원동력이었다고 주장한다. 세습귀족으로서의 성격이 강한 양반 엘리트층의 이해 관계와 유교적 이념이 부합했기 때문에, 다시 말해 양반층의 지위 유지에 신유학과 그에 근간을 둔 종족 제도가 유리했다는 것이다.

여기서 중요한 변수가 된 것이 장자 장속인데 명목만 존재했던 중국의

---

108 마르티나 도이힐러, 위의 책, 387쪽.
109 마르티나 도이힐러, 앞의 논문(1994), 203쪽.

장자 상속에 비해 조선에서는 점차 부계로 출계 범위가 축소되면서 장자 상속이 제도화되었다고 본다. 이러한 변동의 이데올로기적 기반은 조상 숭배로, 제사는 남계의 친족관계를 이데올로기에서 살아있는 실재로 바꾸었다는 것이다.[110]

> 조선 전기 신유학자들이 정립하려 한 사회 체계는 한국의 사회 환경을 반영하면서 유교의 모델을 한국 특유의 방식으로 해석하여 적용하고 있음을 보여준다. 이러한 해석은 중국판 종족제도와는 현저하게 다른 가치를 포함하게 되었다. 중국(적어도 남중국만큼은)에서는 종족이 재산을 기초로 만들어진 반면, 한국과 같이 고도로 계층화된 사회에서 종족은 지위와 특권의 정수를 표현한다. 한국의 유학자들은 지위 의식을 없애기보다는 오히려 이것에서 힘을 얻어 주요 영역에서 유교의 전언을 자신들의 사회 환경에 맞도록 조정하였다. 그 결과 중국의 사회 경험과는 전혀 다른 분위기를 창출한 것이다.[111]

이 연구에 대한 가장 일반적인 비판은 부계를 중심으로 한 가족 제도의 연구만으로 조선의 유교화 현상의 본질과 특성을 충실히 규명할 수 있는가 하는 점이다. 유교 사회나 유교 문화를 규명하고자 하는 과정에서 가족은 중요한 착목점이지만 유교화를 검토하기 위해서는 가족을 포함한 넓은 범위와 영역이 다루어져야 한다는 것이다. 조선은 가족 제도 이외에도 국가 체계나 정치적 운영, 토지 및 재산 분배 과정, 향촌사회의 운영, 학문적 계보의 구성 등 다양한 측면에서 이루어졌기 때문에 연구자들의 이러한 비판은 일정한 타당성을 지닌다.[112]

---

110 마르티나 도이힐러, 앞의 책(2013), 384쪽.
111 마르티나 도이힐러, 위의 책, 390쪽.
112 도이힐러의 연구에 관한 비판적 접근은 다음을 참조. 계승범, 「한국의 유교화와 17세기: 도이힐러의 『한국 사회의 유교적 변환』과 그 해석」, 『한국사학사학보』

도이힐러와 함께 20세기에 이루어진 전근대 조선 유학 관련 연구에서 빼놓을 수 없는 연구자가 제임스 B. 팔레(1934~2006)다. 팔레는 유형원에 관한 가장 분명한 업적을 남긴 영미권 학자로 평가된다. 1934년 보스턴에서 출생한 제임스 팔레는 1956년 화학 전공으로 하버드 대학교에 진학했으나 미국사로 진로를 바꾸어 졸업한 후 군에 입대했고 1957년부터 1958년까지 한국에서 군복무를 했다. 이후 예일대학교 대학원에서 일본사 전공으로 석사 학위를 받았지만 1960년에는 하버드 대학교에서 한국학으로 전공을 바꾸어 공부했다. 특히 팔레는 1963년부터 1965년까지 규장각에서 연구했는데 이를 바탕으로 1967년에 대원군 시기에 관한 연구로 박사학위를 취득했다.[113] 그의 저서 중 가장 영향력있는 연구가 반계유형원을 중심으로 조선 후기 사회를 검토한 *Confucian Statecraft and Korean Institutions: Yu Hyongwon and the Late Choson Dynasty*(1996) 즉『유교적 경세론과 조선의 제도들: 유형원과 조선 후기』다.

선행연구에 따르면 제임스 팔레의 한국사 연구는 박사학위논문 주제였던 관료제적 군주제, 유형원 연구의 주제였던 양반귀족제와 노예제사회에 대한 해명으로 요약될 수 있다.[114] 팔레의 연구에서 한국학자들로부터 가장 큰 비판을 받은 쟁점은 조선을 노예제사회로 규정하는 점이다. 팔레는 유형원이 개혁적인 사상가로서 노비제도의 폐해를 비판했지만 노비제도 자체를 폐기하려 한 것은 아니었다고 주장한다.[115] 조선이 노예제 사회였다는 그의

20(한국사학사학회, 2009); 김훈식, 「서평: 마르티나 도이힐러, 『한국사회의 유교적 변환』이훈상 옮김(아카넷, 2003)」, 『역사와 경계』 53(부산경남사학회, 2004).

113 제임스 팔레·한홍구, 「미국 한국학의 선구자 제임스 팔레 : 정년 기념 대담」, 『정신문화연구』 83(한국정신문화연구원, 2001), 203~204쪽.

114 김성우, 「제임스 팔레의 조선왕조사 인식」, 『역사비평』 59(역사비평사, 2002), 126쪽.

115 팔레는 역사 발전 단계의 하나로서 노예제사회로 규정하는 것이 아니라는 점을 분명히하며 어느 생산양식에도 심지어 자본주의 사회에도 노예가 존재할 수 있다고

주장은 역사 발전 과정에서 조선이 정체되어 있다는 의미로 해석될 수 있기 때문에 논쟁을 불러 일으켰다.

『반계수록』에 대한 문헌 연구를 통해 팔레는 조선 후기의 발전과 변화를 해명하는 과정에서 한국 학자들과는 다른 결론에 도달한다.[116] 1990년대까지 한국학계는 이른바 내재적 발전론의 관점에서 조선 후기에 자본주의의 맹아가 싹트기 시작했다는 점을 하나의 일반론으로 받아들이고 있었다. 그러나 팔레는 유형원에 대한 연구에서 모종의 근대적 지향성을 발견하지 못했고[117] 따라서 조선 후기에 봉건제에서 벗어나 자본주의의 맹아가 싹트기 시작했다는 한국 학계의 일반적 인식을 수용하지 않았다.

한홍구와 나누었던 대담에서 제임스 팔레는 한국학자들이 자신을 변화보다는 지속성을 강조하고 자본주의 맹아론을 부인한다는 점에서 정체론자로 평가한다는 질문을 듣고 자신이 한국사가 정체되었다고 말한 적이 없다고 답한다. 팔레는 조선 후기의 경제적 발전을 이해하려는 내재적 발전론을 인정하지만 조선 후기에 있었던 경제발전이 자본주의의 맹아를 싹틔우는 정도에는 이르지 못했다고 주장한다.[118] 그 자신의 발언을 따른다면 팔레는 조선 사회의 근본적 정체성停滯性을 주장하는 일본학자와 조선 사회의 내재적 발전론을 주장하는 근대화론자들의 절충적 영역에 서 있는 셈이다.

주장한다. 이런 맥락에서 전체 인구에서 노비의 비중이 30퍼센트를 넘었던 18세기 중반까지 한국이 노예제사회였으며 노비제도를 비판하는 개혁적 사상가였던 유형원 조차 노비제도 자체를 부정하지 않았다고 지적한다. 제임스 팔레·한홍구, 앞의 논문, 213쪽.

116 도널드 베이커는 제임스 팔레가 1960년대 초 서울에서 박사학위 논문을 쓸 때 한우근의 인도를 받았다는 점에서 실학 명칭에 대한 이해 방식에서 한우근의 영향을 받아 한국 학계의 일반적인 입장에 대해 유보적이었다고 보는 편이 타당하다고 간주한다. 도널드 베이커(심규식 역), 「유형원, 제임스 팔레, 그리고 실학의 정의」, 『한국실학연구』 43(한국실학학회, 2022), 150쪽.

117 도널드 베이커, 위의 논문, 참조.

118 제임스 팔레·한홍구, 앞의 논문, 211쪽.

그리고 지속적 발전에서 근본적 개혁에 이르지 못한 원인을 양반 관료와 왕권 사이의 견제와 균형이 팽팽해서 어느 한쪽이 주도권을 잡고 급진적 개혁을 주도할 수 없었다는 점에서 찾는다.[119] 조선시대를 정체된 사회로 보는 것은 잘못된 것이지만 또 한편으로는 비교사의 관점을 적용해야 한다는 것이다. 결론적으로 팔레는 조선 후기에 발생한 경제적, 사회적 변화를 서구의 봉건사회에서 자본주의의 싹이 돋아나던 단계로까지 볼 수 없다고 주장한다.[120] 한 선행 연구는 팔레가 "유형원의 사유에서 근대성과 민족주의를 찾을 수 없다고 해석하고 이러한 판단을 조선후기 실학 일반의 차원으로 확대하여 동일하게 적용하는 점"[121]을 문제삼는다.

자신이 실제로 검토한 유형원을 실학의 궤적에 그대로 겹쳐두고 유형원으로부터 민족주의와 근대성의 지표를 발견할 수 없다고 결론짓고 이를 19세기 조선까지 확장하는 팔레의 방식은 다양한 비판을 받았지만[122] 동시에 객관성의 기준을 서구에 두는 '지나치게 차가운'[123] 타자의 주장에 내재적 발

---

119 제임스 팔레·한홍구, 위의 논문, 212쪽.
120 제임스 팔레·한홍구, 위의 논문, 212쪽.
121 정호훈, 「20세기 후반 미국에서의 실학 연구: 제임스 팔레의 『반계수록』 연구를 중심으로」, 『한국사연구』168(한국사연구회, 2015), 282쪽. 또한 정호훈은 팔레가 유형원이 양반의 세습적 특권을 해체하고 집권 관료제를 확립하려고 했으며 이와 연계하여 관료의 교육과 선발을 위한 제도 구축을 주요한 해결책으로 제시했다고 이해하지만 이는 연구의 실증성, 엄밀성을 크게 훼손하는 문제를 야기한다고 평가한다. 유형원의 사유에서 중심을 이룬 것은 국가이며 국가적 토지소유제를 기축으로 정치제도, 상공업제도, 군사제도, 교육 관료 임용제도가 유기적으로 얽혀 작동하는 이 체제는 국가의 규정성이 그 어느 경우보다 강했으며 종래의 신분제와 지주제를 토대로 하는 특권 신분과 계급의 사회적 지위는 이러한 상황 위에서 크게 약화되고 있었다는 것이다. 정호훈, 위의 논문, 279쪽. 다양한 논점을 통해 정호훈은 팔레가 조선 역사에서 유교의 역할을 매우 협소하게 이해하고 있다고 평가한다. 정호훈, 위의 논문, 280쪽.
122 팔레의 연구에 관한 한국 학계의 비판과 반성은 다음을 참조. 김성우, 「제임스 팔레의 조선왕조사 인식」, 『역사비평』59(역사비평사, 2002); 정호훈, 위의 논문. 등.
123 김범, 「동아시아 지평에서 '柳馨遠' 조명…지나치게 차가운 '객체'의 시각」, 『교수신문』2008년 12월 11일자.

전론 등 20세기 한국 유학 연구의 일반론을 넘어 어떻게 대답하고 해명해야 하는지는 여전히 연구자들의 과제로 남아있다.

이밖에 전근대 한국 유학에 관한 서구 연구의 한 경향은 철학적 관점에서 인물과 문헌, 주제에 접근하는 것이다. 대표적인 것이 조선성리학의 대표적인 논쟁이었던 사단칠정론에 관한 퇴계와 고봉의 서간을 번역한 마이클 칼튼의 퇴계의 『성학십도』 번역서 *To Become a Sage*(1988),[124] *The Four-Seven Debate*(1994),[125] 사단칠정론을 중심으로 퇴계와 율곡의 사상을 수양론의 관점에서 비교한 에드워드 정의 *The Korean Neo-Confucianism of Yi Toegye and Yi Yulgok*[126] 같은 연구가 철학적 관점에서 성리학을 다룬 대표적인 북미권 연구 성과이다.[127]

철학 분야에서 이루어진 서구의 조선 유학-성리학 연구는 중국과의 차별성을 강조하는 방식으로 이루어지는 경우가 많다. 따라서 조선의 정치, 사회, 학술에 대한 연구는 유럽 중심주의와 중국 중심주의 양자를 피해야 하는 특수한 긴장 속에서 놓여 있었다. 북미 학계의 경우 동아시아 사상사 내에서 특히 중국과의 관계에서 조선 유학이 갖는 변별적 특징을 확보하려는 경향이 강했다. 따라서 연구의 초점을 조선 유학의 차별성에 두고 그로부터 조선 유학의 의의를 해명하려는 연구들이 많았다. 이런 관점에서는 조

---

124 Kalton, Michael trans. *To Become a Sage: The ten diagrams on sage leargning*(New York: Columbia University Press, 1988).
125 Kalton, Michael, *The Four-Seven Debate: An Annotated Translation of the Most Famous Controversy in Korean Neo-Confucian Thought*(New York: State University of New York Press, 1994).
126 Chung, Edward Y.J., *The Korean neo-Confucianism of Yi T'oegye and Yi Yulgok: a reappraisal of the "Four-Seven Thesis" and its practical implications for self-cultivation*(New York: State University of New York Press, 1995).
127 성동권, 「미국 학계에서의 조선성리학 연구현황: Bibliography를 중심으로」, 『동양철학연구』 57(동양철학연구회, 2009).

선 유학 내의 학문적 논제들이 어떤 배경과 맥락에서 형성되고 확산되는지 포괄적이거나 심도 깊게 다루는 데까지 나아가지 못하고 어떤 면에서 선행적으로 주어진 틀 즉 외부의 충격과 그 반응, 원형으로부터의 이탈과 같은 전형적 구도로 수렴되는 경향이 있다.

전근대 한국 유학에 관한 서구 연구에 대한 비판적 개입은 사실상 우리 학계가 부딪치고 해명해온 논제들의 거울과 같은 의미가 있을 것이다. 우리 학계가 전근대 조선 유학을 대면하고 대상화하고 해명해오는 과정에서 만난 벽이자 참조점들 즉 근대성, 내재적 발전론, 자본주의의 발전 기제, 유럽 중심주의, 중화주의 같은 외부의 축들이 타자의 시선 속에서 어떻게 해명되고 맥락화되고 논제화하는지를 이해하는 과정 없이는 조선 사회, 조선 유학이 지향해온 과정을 엄밀하고 치밀하게 해명함으로써 미래를 위한 반성적 자원으로 삼을 수 없을 것이기 때문이다.

6. 반성을 넘어 제안으로

연구사는 언제나 선별과 구성의 과정을 거쳐 도래한다. 유학을 근대 학술의 반열에서 연구하고자 했던 20세기 중반까지의 학술적 시도들을 객관적으로 조망하게 된 20세기 후반의 시선에서 그간 유학에 부과되었던 이념과 지향들을 검토하려는 시도들이 이루어졌다.

18세기 말부터 20세기 초까지 한국 유학에 부여된 '근대' 혹은 '근대성'이라는 표제는 모종의 지향성이나 가능성을 의미하는 수사적 표현이었다면 해방 이후 한국 유학에 '근대'와 '근대성'은 학문의 체계와 내용 양측에서 전면적으로 감당해야 할 본질적인 규제력을 가지게 된다. 한국 사회 전체의 근대적 전환에 따라 유학 역시 근대적 학술 체계 내에 편재되면서 새로운 성격과 지향을 부여받게 되었기 때문이다. 이제 유학은 정통과 도통의 이념에 따라 전승받은 유산을 심화하고 발전시킨 뒤에 유지해온 체계를 정통의 승계이자 도통의 하향이라는 맥락에서 같은 학통의 자제와 제자들에게 전승하는 전근대적 학술 방식이 아니라 근대적인 학술 체계와 구조 안에서 그 자생성과 가치를 증명해야 하는 과제를 지게 되었다.

이처럼 서구적 프레임과 체계를 학문의 보편적 토대이자 구조로 두고 그 내부에 유학을 편입시키거나 편재하는 작업은 다양한 긴장과 갈등을 유발할 수밖에 없다. 유학과 성리학은 학문의 세부적 내용들이 아니라 그 자체 학문의 본질을 결정짓는 이념이자 체계였기 때문이다. 개별적인 지식의 지향과 내용, 가치와 유효성을 결정짓는 이념이자 세계관으로서의 본질을 포기하지 않으면서도 현대 학문의 새로운 이론과 방법론을 본격적으로 도입하는 일은 유학 연구에서 여전히 해결하기 어려운 복합적인 과제다. 향후의 연구는 이 복합적 과제를 세부 국면으로 다시 나누어 재검토하는 방식으로 이루어져야 할 것이다.

참고문헌

■ 2차 자료

〈단행본〉

강성윤 편,『북한의 학문세계』 상, 선인, 2009.

근대사연구회 편,『韓國 中世社會 解體期의 諸問題: 朝鮮後期史 연구의 현황과 과제』 상, 한울, 1987.

김선희,『서학, 조선 유학이 만난 낯선 거울: 서학의 유입과 조선 후기의 지적 변동』, 모시는 사람들, 2018.

김용섭,『朝鮮後期農業史研究 I: 農村經濟 社會變動』, 일조각, 1970.

_____,『朝鮮後期農業史研究 II: 農業變動 農學思潮』, 일조각, 1971.

김용섭교수정년기념한국사학논총간행위원회,『韓國史 認識과 歷史理論』, 지식산업사, 1997.

김종서,『서양인의 한국 종교 연구』, 서울대학교출판부, 2006.

다카하시 도오루(조남호 역),『조선의 유학』, 소나무, 1999.

마르티나 도이힐러(이훈상 역),『한국의 유교화 과정: 신유학은 한국 사회를 어떻게 바꾸었나』, 너머북스, 2013.

박종홍,『朴鍾鴻全集』 권2·4·5, 민음사, 1998.

배종호,『韓國儒學史』, 연세대학교출판부, 1974.

_____,『韓國儒學資料集成』 상, 연세대학교출판부, 1980.

안재홍(고려대학교박물관 편),『民世安在鴻選集』 권6, 지식산업사, 2005.

_____(안재홍선집간행위원회 편),『民世安在鴻選集』 권2, 지식산업사, 1983.

역사학회편,『實學研究入門』, 일조각, 1973.

연세대학교 국학연구원 편,『韓國實學思想研究』 권1, 혜안, 2006.

원유한 편,『홍이섭의 삶과 역사학』, 혜안, 1995.

유명종,『韓國哲學史』, 일신사, 1975.

윤사순·이광래,『우리 사상 100년』, 현암사, 2001.

이가원 외 편,『韓國學研究入門』, 지식산업사, 1981.

이병도,『斗溪雜筆』, 일조각, 1956.

이을호(다산학연구원 편),『한국실학사상 연구』, 한국학술정보, 2015.

전상운,『韓國科學技術史』, 과학세계사, 1966.

전해종,『韓中關係史研究』, 일조각, 1970.

정성철, 『실학파의 철학사상과 사회정치적 견해』, 한마당, 1989.

정종현, 『다산의 초상: 한국 근대 실학 담론의 형성과 전개』, 신서원, 2018.

정진석 외, 『조선철학사』 상, 과학원출판사, 1962.

제임스 B. 팔레(김범 역), 『유교적 경세론과 조선의 제도들: 유형원과 조선 후기』, 산처럼, 2008.

조동걸·한영우·박찬승, 『한국의 역사가와 역사학』, 창작과비평사, 1994.

조선사학회, 『朝鮮史講座』, 조선사학회, 1923.

주겸지(전홍석 역), 『중국이 만든 유럽의 근대: 근대 유럽의 중국문화 열풍』, 청계출판사, 2003.

천관우, 『近世朝鮮史硏究』, 일조각, 1979.

_____, 『韓國 實學思想史』, 고려대학교 민족문화연구소, 1970.

_____, 『韓國史의 再發見』, 일조각, 1974.

최봉익, 『조선철학사개요』, 사회과학출판사, 1986.

최익한(류현석 교주), 『여유당전서를 독함』, 21세기문화원, 2020.

　　　(송찬섭 편), 『실학파와 정다산』, 서해문집, 2011.

하석김창수교수화갑기념사학논총간행위원회, 『何石 金昌洙敎授 華甲紀念 史學論叢: 歷史學의 諸問題』, 범우사, 1992.

한국사상사학회 편, 『한국사상사입문』, 서문문화사, 2006.

한국철학사상연구회, 『논쟁으로 보는 한국철학』, 예문서원, 1995.

한영우, 『다시, 실학이란 무엇인가』, 푸른역사, 2007.

한우근, 『李朝後期의 社會와 思想』, 을유문화사, 1961.

_____, 『朝鮮時代思想史硏究論攷』, 일조각, 1996.

현상윤(이형성 교주), 『조선유학사』, 심산, 2010.

_____, 『기당 현상윤 전집』 권1~4, 나남, 2008.

홍이섭, 『丁若鏞의 政治經濟 思想 硏究』, 한국연구도서관, 1959.

_____, 『朝鮮科學史』, 삼성당출판, 1944.

_____, 『朝鮮科學史』, 정음사, 1946.

_____, 『洪以燮全集』 권1·3, 연세대학교출판부, 1994.

後藤末雄, 『中國思想のフランス西漸』 1·2, 平凡社, 1969.

五來欣造(笠森傳繁 編), 『儒敎の泰西思想に及ぼせる影響』, 啓明會, 1935.

〈논문〉

계승범, 「한국의 유교화와 17세기: 도이힐러의 『한국 사회의 유교적 변환』과 그 해석」, 『한국
　　사학사학보』 20, 한국사학사학회, 2009.

고영진, 「남북에서 상반되게 평가하는 인물 이황—반동적 관념론자인가」, 『역사비평』 24, 역사
　　문제연구소, 1993.

구만옥, 「홍이섭(洪以燮)의 조선과학사(朝鮮科學史) 연구」, 『학림』 36, 연세사학연구회, 2015.

권내현, 「내재적 발전론과 조선 후기사 인식」, 『역사비평』 111, 역사비평사, 2015.

김교빈, 「북한철학계의 전통철학 연구 동향과 앞으로의 변화 가능성에 대한 연구」, 『시대와 철
　　학』 5(2), 한국철학사상연구회, 1994.

김선희, 「남북한(南北韓)의 거울에 비친 실학(實學)과 다산(茶山)」, 『시대와 철학』 31(4), 한국
　　철학사상연구회, 2020.

김성우, 「제임스 팔레의 조선왕조사 인식」, 『역사비평』 59, 역사비평사, 2002.

＿＿＿, 「제임스 팔레의 조선왕조사 인식」, 『역사비평』 59, 역사비평사, 2002.

김영수, 「北韓의 茶山研究視角」, 『동아연구』 19, 서강대학교동아연구소, 1989.

김용섭, 「우리나라 近代歷史學의 發達: 1930·40年代의 民族史學」, 『문학과 지성』 4, 문학과
　　지성사, 1971.

＿＿＿, 「朝鮮後期의 社會變動과 實學」, 『동방학지』 58, 연세대학교 국학연구원, 1988.

＿＿＿, 「最近의 實學研究에 對하여」, 『역사교육』 6, 역사교육연구회, 1962.

김원열, 「남북한의 전통 유교 철학 연구들에 대한 계보학적 고찰」, 『시대와 철학』 20(3), 한국
　　철학사상연구회, 2009.

김정인, 「내재적 발전론과 민족주의」, 『역사와 현실』 77, 한국역사연구회, 2010.

김준석, 「實學의 胎動」, 『한국사』 31, 국사편찬위원회, 1998.

김태년, 「학안에서 철학사로: 조선유학사 서술의 관점과 방식에 대한 검토」, 『한국학연구』 23,
　　인하대학교 한국학연구소, 2010.

김현수, 「역사의식, 실학, 근대화에 대한 북한의 인식: 남북한 사회통합을 위한 정초 논의를
　　위하여」, 『윤리교육연구』 27, 한국윤리교육학회, 2012.

김혜련, 「다산학(茶山學)에 관한 민족주의적 관점 고찰」, 『동서철학연구』 85, 한국동서철학회,
　　2017.

김호연, 「한국과학사 연구의 시원을 찾아서: 홍이섭의 『조선과학사』」, 『강원사학』 22·23, 강
　　원대학교 사학회, 2008.

김훈식, 「서평: 마르티나 도이힐러, 『한국사회의 유교적 변환』, 이훈상 옮김 (서울: 아카넷,
　　2003)」, 『역사와 경계』 53, 부산경남사학회, 2004.

노관범, 「근대 초기 실학의 존재론」, 『역사비평』 122, 역사비평사, 2018.

도널드 베이커(심규식 역), 「유형원, 제임스 팔레, 그리고 실학의 정의」, 『한국실학연구』 43, 한국실학학회, 2022.

류인희·임원빈·리기용, 「남북한 유학관의 비교 연구」, 『동방학지』 103, 연세대학교 국학연구원, 1999.

리기용, 「남북한 유학사상 연구현황과 전망」, 『강원문화연구』 21, 강원대학교 강원문화연구소, 2002.

마르티나 도이힐러, 「『韓國의 儒敎化 過程: 社會와 理念에 대한 硏究』」, 『한국사시민강좌』 15, 일조각, 1994.

문중양, 「한국 유학사에서 과학사상사 서술의 과제와 방향」, 『국학연구』 3, 한국국학진흥원, 2003.

_____, 「한국과학기술사의 종합적 체계화의 첫 시도: 《조선과학사》(洪以燮 正音社 1946)」, 『역사와 현실』 13, 한국역사연구회, 1994.

_____, 「홍이섭의 과학사 연구를 넘어서」, 『동방학지』 130, 연세대학교국학연구원, 2005.

박노자, 「1920~30년대 한국 사회주의 지식인들이 본 실학과 다산」, 연세대 한국학포럼 발표문, 2019.

박민철, 「2000년대 이후 북한철학계의 연구경향과 그 특징: 『철학연구』(2000−2016)을 중심으로」, 『민족문화연구』 83, 고려대학교 민족문화연구원, 2019.

박성래, 「조선후기의 과학과 과학사상을 어떻게 볼 것인가?」, 『과학사상』 33, 범양사, 2000.

박성순, 「高橋亨의 朝鮮儒學史 硏究와 그 反應에 대한 檢討」, 『한국사학사학보』 6, 한국사학사학회, 2002.

박찬승, 「한국학 연구 패러다임을 둘러싼 논의: 내재적 발전론을 중심으로」, 『한국학논집』 35, 계명대학교 한국학연구원, 2007.

성동권, 「미국 학계에서의 조선성리학 연구현황: Bibliography를 중심으로」, 『동양철학연구』 57, 동양철학연구회, 2009.

성태용, 「基本的 觀點의 제시를 통한 韓國儒學史 硏究의 反省」, 『철학』 27, 한국철학회, 1987.

송상용, 「(韓國學硏究 半世紀) 科學史」, 『진단학보』 57, 진단학회, 1984.

송찬섭, 「조카가 작성한 崔益翰(1897~?) 年譜」, 『역사연구』 20, 역사학연구소, 2011.

_____, 「최익한의 다산연구의 성과와 한계」, 『한국실학연구』 27, 한국실학학회, 2014.

신주백, 「1950년대 한국사 연구의 새로운 경향과 동북아시아에서 지식의 內面的 交流」, 『한국사연구』 160, 한국사연구회, 2013.

신항수, 「비판적 시각으로 살펴본 실학 연구」, 『내일을 여는 역사』 21, 내일을 여는 역사, 2005.

원유한, 「實學 및 그 展開에 관한 諸說의 整理」, 『국사관논총』 81, 국사편찬위원회, 1998.

유명걸, 「北韓의 實學思想觀 批判 研究」, 서울대학교 석사학위논문, 1982.

유초하, 「북한 다산학의 중점이동 과정과 최종지침의 핵심: 봉건체제 혁파지향에서 자본주의
　　　적 요구의 반영으로」, 『동양학』 31, 단국대학교 동양학연구원, 2001.

윤해동, 「'숨은 神'을 비판할 수 있는가?: 金容燮의 '內在的 發展論'」, 『한국사학사학보』 14,
　　　한국사학사학회, 2006.

＿＿＿, 「에피고넨의 시대, '내재적 발전론'을 다시 묻는다」, 『민족문화논총』 47, 영남대학교 민
　　　족문화연구소, 2011.

이경구, 「개념사와 내재적 발전: '실학' 개념을 중심으로」, 『역사학보』 213, 역사학회, 2012.

이남영, 「북한의 『조선철학사』 서술의 특징과 문제점」, 『철학연구』 23, 철학연구회, 1988.

이동희, 「조선조 주자학사에 있어서의 주리·주기 용어 사용의 문제점에 대하여」, 『동양철학연
　　　구』 12, 동양철학연구회, 1991.

이병창, 「해방 이후 북한철학사: 의식, 문화, 도덕, 심리에 관한 철학을 중심으로」, 『시대와 철
　　　학』 5(2), 한국철학사상연구회, 1994.

이병태, 「한국 현대 사상사의 재조망과 '모더니티': 20세기 전반 유학사 저술을 중심으로」,
　　　『통일인문학』 85, 건국대학교 인문학연구원, 2021.

이봉규, 「실학 연구 회고와 전망: 90년대 이후의 변화를 중심으로」, 『한국학연구』 47, 인하대
　　　학교 한국학연구소, 2017.

＿＿＿, 「실학의 예론: 성호학파의 예론을 중심으로」, 『한국사상사학』 24, 한국사상사학회,
　　　2005.

＿＿＿, 「實學의 유교사적 맥락과 유교 연구 탐색」, 『태동고전연구』 35, 한림대학교 태동고전
　　　연구소, 2015.

＿＿＿, 「유교적 질서의 재생산으로서 실학: 반계와 성호의 경우」, 『철학』 65, 한국철학회,
　　　2000.

＿＿＿, 「초기 실학 연구의 학술사적 의의」, 『다산학』 36, 재단법인다산학술문화재단, 2020.

이영호, 「'내재적 발전론' 역사인식의 궤적과 전망」, 『한국사연구』 152, 한국사연구회, 2011.

이우성, 「실학연구서설」, 『문화비평』 7·8, 아한학회, 1970.

이준모, 「『조선철학사』에 적용된 유물사관」, 『철학연구』 23, 철학연구회, 1988.

이헌창, 「한국사 파악에서 내재적內在的 발전론發展論의 문제점」, 『한국사시민강좌』 40, 일조
　　　각, 2007.

이형성, 「다카하시 도오루(高橋亨)의 조선 유학사 연구의 영향과 그 극복」, 『한국사상사학』
　　　14, 한국사상사학회, 2000.

이훈, 「북한철학의 흐름」, 『시대와 철학』 5(2), 한국철학사상연구회, 1994.

이훈상, 「서구 한국학 연구 성과의 한글 번역과 그 의미」, 『코기토』 87, 부산대학교 인문학연구소, 2019.

임원빈, 「남북한의 실학사상에 관한 연구현황과 전망」, 『강원문화연구』 21, 강원대학교 강원문화연구소, 2002.

임형택, 「17~19세기 동아시아 실학, 그 개념 비교론」, 『한국실학연구』 40, 한국실학학회, 2020.

_____, 「20세기 초 신·구학의 교체와 실학: 근대 계몽기에 대한 학술사적 인식」, 『민족문학사연구』 9, 민족문학사연구소, 1996.

_____, 「21세기에 다시 읽는 실학」, 『대동문화연구』 42, 성균관대학교 대동문화연구원, 2003.

_____, 「동아시아 실학의 개념정립을 위하여」, 『한국실학연구』 18, 한국실학학회, 2009.

_____, 「비판담론으로서의 실학」, 『한국실학연구』 31, 한국실학학회, 2016.

_____, 「신실학(新實學), 그 가능성과 방향(方向)」, 『한국실학연구』 22, 한국실학학회, 2011.

전미영, 「북한 '조선철학'의 연구경향과 학문적 특성」, 『한국민족문화』 31, 부산대학교 한국민족문화연구소, 2008.

전상운, 「실학과 서구과학의 도입」, 『특협』 44, 한국발명진흥회, 1979(a).

_____, 「실학자의 과학사상(상)」, 『특협』 45, 한국발명진흥회, 1979(b).

_____, 「실학자의 과학사상(하)」, 『특협』 46, 한국발명진흥회, 1979(c).

_____, 「李圭景과 그의 博物學」, 『연구논문집』, 성신여자대학교, 1972.

전해종, 「釋實學」, 『진단학보』 20, 진단학회, 1959.

정다함, 「과학이라는 전통의 창출과 홍이섭의 조선시대 과학사 연구: 『조선과학사』를 중심으로」, 『역사교육』 118, 역사교육연구회, 2011.

정만조, 「斗溪 李丙燾의 韓國儒學史 연구와 그 意義」, 『진단학보』 116, 진단학회, 2012.

정성희, 「식민지 시기 조선 유학사 정리 작업에 대한 연구 – 장지연(張志淵)과 하겸진(河謙鎭)의 저항적 조선유학사 정리 작업을 중심으로」, 『유학연구』 29, 충남대학교 유학연구소, 2013.

정호훈, 「20세기 후반 미국에서의 실학 연구: 제임스 팔레의 『반계수록』 연구를 중심으로」, 『한국사연구』 168, 한국사연구회, 2015.

_____, 「조선후기 실학 연구의 추이와 성과: 해방 후 한국에서의 실학 연구, 방법과 문제의식」, 『한국사연구』 184, 한국사연구회, 2019.

_____, 「한국 근·현대 실학 연구의 추이와 그 문제의식」, 『다산과현대』 2, 연세대학교 강진다산실학연구원, 2009.

_____, 「홍이섭의 실학연구」, 『동방학지』 130, 연세대학교 국학연구원, 2005.

제니스 킴, 도이힐러, 이준식, 「마르티나 도이힐러: 유럽 한국학의 선구자」, 『한국학』 22(3), 한국학중앙연구원, 1999.

제임스 팔레·한홍구, 「미국 한국학의 선구자 제임스 팔레 : 정년 기념 대담」, 『정신문화연구』 83, 한국정신문화연구원, 2001.

조남호, 「타카하시 토오루, 배종호, 한국유학사」, 『대동철학』 55, 대동철학회, 2011.

조정산, 「실학개념 논쟁과 그 귀결」, 『한국사시민강좌』 48, 일조각, 2011.

지두환, 「朝鮮後期 實學硏究의 問題點과 방향」, 『태동고전연구』 3, 한림대학교 태동고전연구소, 1987.

천관우, 「磻溪 柳馨遠 硏究(下): 實學發生에서 본 李朝社會의 一斷面」, 『역사학보』 3, 역사학회, 1953.

_____, 「磻溪 柳馨遠 硏究(上): 實學發生에서 본 李朝社會의 一斷面」, 『역사학보』 2, 역사학회, 1952.

최영성, 「다카하시 도오루의 한국유학관 비판」, 『되짚어 본 한국사상사』, 에문서원, 2015.

_____, 「이병도(李丙燾), 『자료한국유학사초고 (資料韓國儒學史草藁)』: 한국유학사의 근대적 출발」, 『한국사상사학』 61, 한국사상사학회, 2019.

최윤오, 「조선 후기 사회변동과 근대로의 이행: 내재적 발전론의 역사인식」, 『내일을 여는 역사』 22, 내일을 여는 역사, 2005.

최종석, 「내재적 발전론 '이후'에 대한 몇 가지 고민」, 『역사와 현실』 100, 한국역사연구회, 2016.

한우근, 「이조 「실학」의 개념에 대하여」, 『진단학보』 19, 진단학회, 1958.

허태용, 「'성리학 대 실학'이라는 사상사 구도의 기원과 전개」, 『한국사상사학』 67, 한국사상사학회, 2021.

홍이섭, 「玄相允 著, 『韓國儒學史』: 한국유학사연구(韓國儒學史硏究)의 현재적(現在的) 기점(起點)」, 『인문과학』 11, 연세대학교 인문과학연구원, 1964.

Yi, Hwang, Michael C.Kalton trans. *To Become a Sage: The ten diagrams on sage leargning*, New York: Columbia University Press, 1988.

Kalton, Michael, *The Four-Seven Debate: An Annotated Translation of the Most Famous Controversy in Korean Neo-Confucian Thought*, New York: State University of New York Press, 1994.

Chung, Edward Y.J., *The Korean neo-Confucianism of Yi T'oegye and Yi Yulgok: a reappraisal of the "Four-Seven Thesis" and its practical implications for self-cultivation*, New York: State University of New York Press, 1995.

한국유학의 미래적 대응과
새로운 가치 지향

엄연석

1. 한국유학의 미래적 지향과 목표

이 글은 한국근현대유학사상을 현대적 관점에서 성찰하면서 한국유학의 미래적 대응과 지향을 주제로 현대사회의 여러 부정적 문제들을 개선할 수 있는 철학적 가치론적 표준을 정립하고자 하는 목적을 갖는다. 특히 현대사회가 드러내고 있는 생태계의 기후변화의 위기와 공동체, 국가, 인류, 단위에서의 정치 외교적 신 냉전 체제와 군사적 경제적 충돌, 사회문화적 갈등과 대립을 불식하고 평화로운 공동 번영을 어떻게 이룰 수 있는가 하는 문제에 집중하고자 한다. 다시 말하면 한국 유학으로부터 자연생태계 기후위기와 현대의 여러 정치 경제 군사 외교적, 사회문화적, 민족적 갈등과 대립의 문제를 개선하고 해결하는 방법론을 도출하고자 한다. 이를 통하여 이글은 미래 사회가 다원적 가치를 존중하면서 화평의 인류 공동체로 나아가는 목표에 이를 수 있도록 하는 이론적 체계와 논거를 고찰하고자 한다.

2020년 초에 시작된 코로나19(Covid-19)는 인류의 정신문화와 물질문명에 중요한 문제를 제기하면서 새로운 과제를 안겨주었다. 기존에 보편적 질서로 인식되었던 동서양의 도덕적 질서와 정치적 이념이 언제나 절대적 진리성을 가지는 것이 아니라는 반증가능성이 제기되면서 인류가 추구해야 할 미래적 가치가 어떤 것이 되어야 하는가에 대한 문제를 던져준 것이다. 『한국근현대유학사상연구총서』의 제1권 도론導論의 마지막 장인 이 글에서는 현대사회의 핵심적인 운영원리로 작동하고 있는 민주주의의 기본 이념과 가치를 역사적 정치사상사적 측면에서, 그리고 사회에 적용되는 과정에서 발생하는 오류에 대하여 검토하고, 아울러 현대 사회의 경제적 운영원리로서 자본주의적 삶과의 연관성과 함께 미래적 가치기준을 숙고해 볼 필요가 있다.

먼저 현대사회의 가장 기본적인 운영원리로서 자본주의와 민주주의의 기본 의미에 대한 이해를 통하여 이들이 지니는 긍정적 순기능과 부정적 역기능을 함께 개관해 보기로 한다. 자본주의는 기본적으로 인간의 경제적 삶을 충족시키기 위하여 사적私的 재화와 생산수단을 가진 자본가 계급이 생산활동을 함으로써 이윤을 추구해 나가는 경제 구조이자 사회제도이다. 자본주의는 노동력을 포함한 여러 상품들을 시장을 매개로 자유롭게 거래할 수 있는 경제제도로 시장경제 체제에 필수적으로 의지한다. 다시 말하면, 자본주의가 한편으로 시장경제에 의지하여 그 경제적 생산 활동을 통한 이윤추구를 할 수 있다면, 시장경제는 자본주의적 생산수단과 생산 활동에 의지하여 상품유통을 매개하는 경제활동을 할 수 있다.

반면 민주주의는 국가에 속한 개개의 모든 국민이 주권을 가지고 스스로 국가의 정책 결정에 참여하여 이 주권을 행사하는 정치체제이다. 근대 시민혁명기 이후 다수의 시민과 민중이 단순한 피지배 계급이 아닌 정치의 주체가 되며, 인간의 존엄성과 자유와 평등의 이념을 실현하는 정치제도이다.[1]

---

1 칸트는 인간의 이성과 자유의지에서 인간 존엄성의 근거를 발견하였다. 그에 따르

민주주의는 인간 존엄성의 실현을 궁극 목적으로 삼고, 자유와 평등의 가치를 양 날개로 삼아 이를 정치적으로 실현하고자 하는 정치체제이다. 따라서 민주주의는 기본적으로 평등의 가치를 이념으로 삼고 있으면서도 실질적으로는 개인의 자유와 사적 소유권, 그리고 인권과 같이 사회보다는 개인에게 일차적 중요성을 부여한다.

그러면 자본주의와 민주주의 사이에는 어떤 상관관계가 있는가? 자본주의의 제일의 원리는 자본으로서 재화의 사적 소유권을 인정하는 것이다. 이러한 사적 소유권을 인정하는 것은 개인의 자유와 권리를 보장하는 민주주의 제도가 확립되면서 가능해졌다. 이런 점에서 민주주의는 자본주의 경제체제가 작동하기 위한 정치적 가치론적 토대를 구성해 준다. 반대로 자본주의는 정치적으로 민주주의가 지향하는 개인의 권리와 자유, 인권과 같은 가치에 근거하여 자유롭게 이윤추구 활동을 할 수 있는 경제체제이다.

하지만 이러한 민주주의와 자본주의는 인간의 고유한 욕망을 충족시켜준다는 점에서 불가피하면서도 필수적인 제도가 아닐 수 없다. 그러나 문제는 개인의 정치 경제적 자유와 권리를 보장함으로써 이루어지는 자본주의 시장경제 체제는 개인이 이윤 추구에 치우침으로써 발생하는 역기능을 제어하지 못하는 한계가 있다. 이러한 편향과 치우침을 균형 상태로 되돌릴 수 있는 가치는 바로 공정과 형평성, 그리고 평등의 가치이다. 민주주의의 원리에는 기본적으로 자유와 함께 평등의 가치가 있다. 하지만 현대사회를 이

면, 인간은 동물과 같은 본능적 욕구를 가지지만 동시에 인간 고유의 이성을 가진다. 욕구는 자연법칙의 지배를 받지만, 이성은 법칙을 부여하는 능력으로 자연을 초월하므로 자연법칙의 지배를 받지 않는다. 이런 의미에서 인간은 자유롭다고 말하며, 도덕법칙은 자유의지의 법칙이기도 하다. 도덕법칙을 따르는 자와 부과하는 자가 동일한 자기 자신이다. 인간은 자연법칙을 넘어 스스로 세운 도덕법칙에 따라 살아갈 수 있다. 이를 가리켜 진정한 자유 곧 자율이라고 한다. 이런 의미에서 인간은 존엄한 존재이다.(엄연석 외 지음, 「코로나19 시대의 민주주의와 유학의 예악론」, 『문명의 위기를 넘어』(학자원, 2022), 208쪽)

끌어가는 정치적 권력과 경제적 부를 소유한 통치 계층들은 자본주의와 민주주의 제도 속에서 권력과 자본을 축적한 계층인 만큼, 사회를 변혁시키려 하기 보다는 기득권을 유지하고자 한다. 이러한 이유로 현대 사회는 개인이 욕구를 충족시키는 방향으로 나아갈 때 나타나는 역기능을 제어하는 수단으로서 평등의 가치를 내세울 수 있는 세력의 결여로 문제를 개선하는 데 한계점을 드러내고 있다.

이렇게 볼 때, 자유와 평등 사이의 관계는 균형을 이루어야 한다. 결국 자유에 대한 배려가 없는 지나친 평등의 추구는 저성장, 저생산을 초래하여 결국 '가난의 평등'으로 극히 느린 회색사회로 전락하게 된다. 자유가 없는 옛 공산주의 체제가 현저한 사례이다. 반면에 평등에 대한 배려가 없이 자유를 강조하게 되면 사회를 약육강식의 정글의 법칙에 종속되고 경제적인 부익부 빈익빈의 양극화가 심각한 사회가 도래할 것이다. 이러한 양극화로 인하여 누적된 사회적 불만과 불안, 갈등은 사회적 위기의 원인이 된다.[2] 부분적으로 사회주의적 요소로 보완을 하는 경우도 있지만 현대의 많은 국가들은 자본주의와 민주주의 정치경제 제도를 고수하고 있는 만큼 본질적으로 평등보다는 자유 쪽으로 경도됨으로써, 정치·경제·사회·문화적으로 수많은 분야에서 불균형과 불공정, 불평등과 차별이 파생되는 현상을 볼 수 있다.

이렇게 현대의 자본주의와 민주주의의 본연의 원리를 반성함으로써 무절제한 욕망의 충족을 절제하여 공정과 균형의식을 가지고 평등의 가치를 회복하는 방향으로 나아가기 위한 합리적인 기준을 설정하는 것이 무엇보다 필요하다. 여기에서 인의仁義와 같은 유학의 도덕적 이념과 실천적 당위, 그리고 이들 이념과 당위적 실천을 규제하는 예禮와 같은 구체적 도덕규범 체

---

2 엄연석, 위의 책, 207쪽.

계를 미래사회를 운영하는 가치기준으로 재성찰할 필요가 있다. 왜냐하면 이들 이념과 실천적 당위, 그리고 규범체계는 개인의 사적인 권리와 자유보다는 공동체 전체의 공동 이익을 지향함으로써 공동체적 가치(public virtues)를 실현하고자 하기 때문이다.

유학에서 공동체 전체의 질서와 이익을 지향하는 표준적인 덕목이자 규범체계가 예禮이다. 유학에서 예는 정치적 상하 지위를 구성하는 차등적 질서 체계이지만, 동시에 어떤 일에 대하여 적절한 행동과 태도, 감정을 표현함으로써 사회 구성원과의 정서적 유대감과 신뢰를 가지고 교감하는 표준이 된다. 이러한 규범 체계의 배후에는 근원적인 이념으로서 인仁이 내재되어 있다. 유학에서 예의 근원으로서 인仁은 개인의 감정과 욕구에 따르는 권리[3]와 공동체의 질서를 동시에 생각하는 황금률로서 충서忠恕를 통하여 실현된다.

충서는 사회적 관계 속에서 한 개인이 자신의 내적 감정으로 바라거나 바라지 않는 것을 남에게도 동등하게 적용하는 것을 뜻한다. 이것은 개인의 자유와 사적 이익 또는 가치와 공동체의 공동선과 평등의 가치 사이에 균형을 헤아리는 기준이라고 볼 수 있다. 다시 말하면 충서는 개인이 사회관계의 그물망에서 상대의 입장과 처지를 공감하는 과정을 통하여 내면적 정서적 감정을 객관적으로 보편화함으로써 도덕 감정의 정당성을 확보하는 방법이다.[4] 이제 이러한 생태계의 위기에 따르는 기후변화가 인류의 지속가능한 번영을 위협하는 상황에서 충서의 이념이 한 개인, 공동체, 사회, 국가,

---

3 『논어』에서 인(仁)을 행하는 방법으로서, 충서(忠恕)는 내가 세상에서 지위를 가지고 영달하고 싶을 때 남도 그렇게 하도록 해 주는 것(己欲立而立人, 己欲達而達人)인 동시에, 내가 하고 싶지 않은 것을 남에게 시키지 말라(己所不欲, 勿施於人)는 격률로 구성된다. 기본적으로 인(仁)은 사람이 가지는 보편적인 욕구와 마음에 대한 이해와 배려심 및 공감을 뜻한다.
4 엄연석 외 지음, 위의 책, 220쪽.

인류를 넘어 자연에까지 미치도록 해야 할 것이다.

이러한 목표를 위하여 필자는 다음과 같은 구체적 영역의 연구 주제와 방향을 설정하여 유학이 이런 문제를 해결하는 데 어떤 역할을 할 것인가를 점검하고자 한다.

첫째는 먼저 '기후위기와 한국유학의 생명철학'을 중심주제로 설정하고자 한다. 여기에 세부 주제로는 기후위기 시대에 대응한 유학의 생명철학적 재조명, 한국유학의 생태 미학적 조명과 미래적 전망과 같은 주제로 연구를 수행하고자 한다. 여기에서는 유학이 내포하고 있는 생명적 원리를 현대사회의 여러 문제를 해소하는 이론적 토대로 삼아 구체적 방안을 도출하고자 하는 목표를 갖는다. 둘째는 '한국유학에 내포된 사회문화적 균형조화론'을 중심주제로 삼아 연구방향을 설정하고자 한다. 이 주제에 속하는 세부주제로 유학의 정의론과 사회심리학적 재조명, 사회문화적 불평등에 대응한 한국유학의 균형조화론을 중점적으로 연구하고자 한다. 이 장에서는 주로 사회문화적 비대칭과 불균형을 해소할 수 있는 이론적 기초로서 유학의 평화론과 조화론을 중점적으로 논의할 예정이다.

셋째는 한국유학의 문화론적 대전환과 문화융합의 미래를 중심주제로 삼아 세부주제로 '생존(경제)과 도덕을 종합 지양하는 유학의 중층적 문화론', '소수자 인권 및 다문화 문제에 대한 한국유학적 해법'에 대하여 탐색하고자 한다. 다음 넷째는 한국유학의 이론적 분석을 통한 세계 윤리의 정립이라는 주제를 설정하고자 한다. 세부 주제로 '분단과 통일, 민족주의와 국가주의에 대한 한국유학적 이론화', '한국유학의 정치철학적 연역과 도덕적 세계화의 철학적 근거탐색'을 중점적으로 연구할 예정이다. 다섯째는 한국유학의 미래적 도덕률과 치유의 철학을 주제로 삼아 한국유학의 사회문화적 의미와 현대사회의 병리적 현상을 치유하는 문제를 탐색할 예정이다. 여기에서는 '한국유학사상의 개념 분석을 통한 보편적 도덕률 재확립', '한국유학의 이론 분석을 통한 철학적 치유'와 같은 세부 주제를 조명할 예정이다. 마지막 맺음말에 해당하는 '한국유학의 전망과 문화적 미래'에서는 4차 산업혁명과 AI시대의 운영원리로서 세계에 보편적으로 통용되는 유학적 가치기준을 요약하고자 한다.

2. 기후위기와 한국유학의 생태·생명철학

1) 기후위기에 대응한 유학의 생명철학적 재조명

이 절에서는 현대사회가 과학기술의 지속적 발전에 따른 4차 산업혁명과 AI시대를 열어가는 가운데서도 기후위기와 국제적으로 경제적 군사적 사회문화적 갈등과 분열을 개선하고 치유할 수 있는 한국유학에서의 생태·생명철학의 가능성을 검토하고자 한다.

그러면 한국유학의 생태·생명철학의 원형적 요소가 담겨 있는 원시유학에서 제시되는 생명과 삶의 철학의 핵심적인 내용을 검토해 보기로 한다. 유학에서 말하는 생명관은 『주역』, 「계사전」에서 '생生'을 천지의 덕이라고 언급하는 것에서 제시되고 있다. 「계사」에 따르면 "하늘과 땅의 커다란 덕은 '생生'이고 성인의 커다란 보배는 왕의 지위이다"[5]라고 하였다. 하늘과 땅의 가장 커다란 기능이 바로 하늘이 내리는 태양 빛과 비를 땅이 수용하여 토양의 생성력을 가지고 만물을 낳는 작용이라는 것이다. 또 「계사」에서는 "날로 새로워지는 것을 성대한 덕이라 하고, 낳고 또 낳는 것을 변화(易)라고 한다"[6]라고 하는 구절도 나온다. 하늘의 커다란 덕이 사물을 낳는 것인데, 이

---

5 『周易』, 「繫辭」, 下-1. "天地之大德曰生, 聖人之大寶曰位."
6 『周易』, 「繫辭」, 上-5. "日新之謂盛德, 生生之謂易."

것은 끊이지 않고 만물을 반복하여 생성시키므로 변화(易)를 이루며, 날로 새로워지는 특성을 가진다고 본 것이다.

임천 오씨는 역易의 변화를 통하여 사람과 만물을 끊임없이 생성시키는 천지의 커다란 공덕을 성인이 이어 받아 군사君師의 지위에 나아가 사물과 사람들의 주인이 되어 사물들의 본성을 이루어 준다고 하였다.

> 임천 오씨가 말하였다. "낳고 낳아 그침이 없는 것은 천지의 커다란 덕이다. 그러나 천지는 만물을 낳고 사람을 낳는다. 천지와 덕을 합하는 성인을 낳아 그에게 군사君師의 지위에 머물러 사람과 만물의 주인이 되도록 하니, 그러고 난 후에 천지가 낳은 것들이 각각 자신의 생명을 이룰 수 있도록 할 수 있다."[7]

천지의 커다란 덕을 '생生'이라고 말한 「계사」의 구절을 임천 오씨는 보다 구체적으로 해설하여 인문 세계에서 사람과 사물들이 각각 자신의 본성을 실현하는 과정에 대해 언급하였다. 곧 천지는 사람과 만물을 생성시킬 뿐만 아니라 사람 중에 뛰어난 성인을 낳아서 임금과 스승(君師)의 자리에 위치하여 그들의 주인이 되어 다스리게 함으로써 사람과 사물들의 본성을 실현하도록 한다는 것이다.

위에서 인용한 『주역』, 「계사」에서 성인의 커다란 보배로서 지위를 어떻게 지킬 수 있는가를 질문하면서 성인이 임금의 자리를 지킬 수 있는 것은 '인仁'을 통해서 라고 하였다.[8] 이는 바로 성인이 천지가 만물을 생성시키는 마음을 이어서 사람들을 잘 길러 주는 어진 마음을 가질 때, 임금의 자리를

---

7 『周易』, 「繫辭」, 下−1. 小注, "臨川吳氏曰, 生生不已者, 天地之大德, 然天地生物生人, 又生與天地合德之聖人, 命之居君師之位, 爲人物之主, 而後能使天地之所生, 得以各遂其生也."
8 『周易』, 「繫辭」, 下−1. "何以守位, 曰仁."

잘 지킬 수 있다는 것이다. 여기에서 『주역』은 인仁을 천지생물지심으로 생각하면서 「건괘」원형이정元亨利貞의 첫 번째 덕德으로서 '원元'을 인仁에 대응시킨다. 『주역』의 해석을 그대로 이어서 북송대 정호程顥는 "천지가 만물을 낳는 기상을 보라! 그러면 만물에 내재한 생명의지(生意)를 가장 잘 볼 수 있다. 이것이 원元이 선함의 우두머리라는 것이니, 이것을 일컬어 '인仁'이라고 한다"[9]고 하였다. 이처럼 '인仁'을 「건괘」의 첫 번째 덕인 '원元'에 대응시키는 것은 인仁을 모든 사람과 사물을 길러 주는 가장 커다란 덕으로 간주하는 것이다.

이처럼 중국 유학 중에서도 성리학에서는 『주역』에서 천지가 사물을 낳아서 길러 주는 생명의지(生意)로 해석되는 '원元'을 가장 근본적인 도덕이념으로서 '인仁'으로 치환한다. 이렇게 함으로써 천지의 원의 덕을 계승하는 성인 군주는 임금의 자리에서 인仁을 통하여 만백성을 잘 길러 그들 자신의 본성을 온전히 실현하도록 한다. 그런데 『주역』에 우주론적 근원을 두고 있는 유학의 생명 사상은 『시경詩經』, 『서경書經』, 『맹자孟子』 등에서 통치론에 적용되어 백성들의 삶을 윤택하게 길러주는 것으로 연역되고 있다.

『시경』, 「대아」, 「생민生民」에서는 주나라의 시조인 후직后稷이 강원姜嫄에게서 태어난 탄생 신화로부터 자라면서 농사짓는 기술을 습득하고 태邰나라에 봉해져 강원의 제사를 주관하고, 선조를 하늘에 짝하여 제사함으로써 상제의 흠향을 받는 내용을 기록하였다. 이 가운데 중심이 되는 연聯에서 후직이 농사를 잘 지어 태나라에 봉해진 장면을 노래한 구절이 있다.

| 후직의 농사는 | 誕后稷之穡 |
| 재배하는 방법이 있구나 | 有相之道 |

---

9 『近思錄』, 「道體」, 1-23. "觀天地生物氣象. 萬物之生意最可觀, 此元者善之長也. 斯可謂仁也."

무성한 풀을 제거하고	茀厥豐草
아름다운 곡식을 심으니	種之黃茂
씨앗을 담궈 싹이 트려고 하네	實方實苞
씨를 뿌려 점점 자라며	實種實褎
발육하고 이삭이 열리니	實發實秀
단단하고 아름다우며	實堅實好
이삭이 늘어지고 알차게 되었네	實穎實栗
태나라에 가서 살 집을 정했네	卽有邰家室

위의 시에서는 후직이 농사짓는 방법을 배워서 밭에 있는 무성한 풀을 제거하는 것으로부터 단계에 맞게 곡식을 심고 김매어 아름다운 열매를 맺을 때까지 순서를 생생하게 말하고 있다. 후직后稷은 사후 농사에 뛰어난 곡식의 신이 되어 주나라 시조로 받들어졌다. 이렇게 하여 후직은 농사를 통하여 백성들의 경제적 삶을 안정되게 하는 것을 자신의 정치적 책임이자 의무로 생각함으로써 생민生民의 경제적 안정을 통치의 제일의 기본 원리로 삼았다.

백성들의 경제적 삶을 안정시키는 것은 경제적 사회문화적 불평등으로 인한 양극화가 심각한 현대 한국사회에도 새로운 통치원리로서 유효성을 가진다고 하겠다. 유학에서 후직 신화를 통하여 통치의 제일 원리로 규정되는 것으로 농정을 잘 다스리는 것은 『서경』에서도 강조하고 있다. 『서경』, 「대우모大禹謨」에서 우禹는 순임금에게 수화금목토水火金木土의 자연의 기후를 조화롭게 하여 곡식이 풍년이 되도록 하는 것을 통치의 요체가 되는 것으로 아뢰고 있다.

오! 제왕께서는 유념하소서! 덕은 오직 정치를 잘하는 것이고, 정치는 백성을 기르는데 달려 있습니다. 수화금목토와 곡식을 오직 잘 다스리시고, 정덕

제왕의 덕은 선정을 베푸는 것이고, 선정은 백성을 잘 길러 주는 것이며, 백성을 잘 길러 주기 위해서는 그 조건이 되는 것으로 기후를 잘 다스리고 곡식이 풍년이 들도록 하고, 이를 통하여 바른 덕으로 백성들의 삶을 윤택하게 해야 한다. 요컨대, 최고 통치자는 백성들을 길러 주는 것으로 곡식의 생산을 충분하게 하고, 스스로 도덕적 수양을 통하여 덕을 바르게 하여 재용을 이롭게 활용하여 백성들의 삶을 두텁게 하는 것을 목표로 해야 한다는 것이다. 여기에서 말하는 수화금목토곡水火金木土穀은 농정農政을 통한 충분한 수확의 확보를 말하는 것이고, 정덕正德은 임금의 수양을 말하는 것이며, 이용후생利用厚生은 백성들의 삶의 수준을 말하는 것이다.

맹자는 유학의 생명철학의 핵심을 인정仁政으로 규정하면서 백성들의 경제적 삶을 길러 주는 측면에서 이를 설명하면서, 그 출발점이 되는 이상적인 경제제도로 정전제를 제시하였다. 나아가 그는 각각의 가구가 경작할 토지의 경계를 바르게 획정하는 것이 인정의 요체가 되는 것으로 보았다.

---

10 『書經』,「大禹謨」. "禹曰, 於, 帝念哉. 德惟善政, 政在養民, 水火金木土穀惟修, 正德利用厚生惟和. 九功惟敍, 九敍惟歌. 戒之用休, 董之用威, 勸之以九歌, 俾勿壞."

토지를 나누고 봉록을 제정하는 것을 손쉽게 결정할 수 있을 것이다.[11]

맹자가 말하는 정전제는 각각의 가구가 정井자 모양으로 구획된 1/9에 해당하는 토지를 사전으로 경작하여 경제적 삶을 영위하고, 중앙의 1/9의 토지를 공전으로 삼아 공동노동으로 산출된 수확을 세금으로 충당함으로써, 가장 이상적이고 공정한 제도로 간주된다. 위에서 맹자는 정전제도를 염두에 두고 경계 획정을 바르게 하여 토지를 균등하게 그리고 곡식과 봉록을 고르게 하여 공정함을 해치지 말아야 한다고 하였다. 여기에서 맹자는 인정의 궁극적 지향점을 오직 백성들이 정전제井田制와 같은 공정한 경제제도를 향유하면서 안정된 경제적 삶을 누리는 것에 두고 있다. 토지 경계를 바르게 획정하는 것과 관련한 맹자의 언급은 인공지능이 영향을 미치는 현대에 초연결과 초지식을 구가하는 정보사회에서 빈부의 격차를 줄이면서 공정하게 분배정의를 추구하는 관점에서 재조명해 보아야 할 이론임에 분명하다.

지금까지 사회문화적 영역에서 일반 시민들의 경제적 삶을 공정하고 평등한 제도적 장치를 통하여 보장해 줄 수 있는 이론적 근거를 유학으로부터 이끌어내고자 하였다. 이것은 유학에서 생명적 가치를 실현해 주는 천지의 생생生生의 덕을 이어 정치적 지위를 가지는 임금이 인정仁政을 통해 실현할 수 있는 것으로 보았다.

2) 한국유학의 생태 미학적 조명과 미래

이 절에서는 한국 유학 사상이 중국 선진유학의 원형적 요소에 송대 성

---

11 『孟子』, 「滕文公」, 5-3. "孟子曰, 子之君將行仁政, 選擇而使子, 子必勉之! 夫仁政, 必自經界始. 經界不正, 井地不鈞, 穀祿不平. 是故暴君汙吏必慢其經界. 經界既正, 分田制祿, 可坐而定也."

리학의 도덕형이상학적 요소를 함께 지니고 있는 만큼, 선진유학과 성리학의 생태·생명 사상에 관한 기존의 연구를 검토함으로써 그 생태 미학적 의미를 연역해 보기로 한다.

먼저 기존의 유학사상과 성리학, 그리고 한국 유학사상에 있어서 생태 또는 생명사상에 관한 기존의 연구 성과들이 어떤 주제와 인물에 집중을 하고 있는가를 살펴보는 것은 한국 유학에 내포된 생태·생명사상의 미래적 방향에 중요한 시사점을 제공해 줄 것이다. 김병환은 오륜五倫에 생태적인 환경 윤리를 합하여 '육륜六倫'으로 삼아야 한다고 보면서『맹자』의 애물愛物과『중용』의 진성盡性, 신유학의 천인합일天人合一사상을 생태위기 극복을 위한 지혜로 삼아야 한다고 보았다.[12] 한성구와 지준호는 동양의 풍부한 생태사상의 보편적 가치를 현대적으로 전환하기 위해서는 과학기술과의 유리, 유비적 자연관, 원생적 자연관이라는 한계를 성찰하고 사실과 가치를 통합하고 실천을 앞세워야 한다고 보았다.[13] 최일범은 머레이 북친(Murray Bookchin)의 사회생태론이 내포하고 있는 인본주의 자연과 인간 사이의 관계에 대한 진화론적 해석, 변증법적 이성의 관점과 유학사상을 비교함으로써 유학의 인본주의가 지니는 생태철학적 특성을 모색하고자 하였다.[14] 홍원식은 탈인간중심주의와 관계론 철학을 중심으로 하는 동아시아 생태 담론이 유학사상의 텍스트를 오독하거나 오리엔탈리즘에 빠지거나 심층생태론에 매몰되어 현실성과 실천성을 상실하는 측면 등을 비판적으로 검토하였다.[15]

---

12 김병환, 「21세기 유학의 과제와 전망−유학사상과 생태문제를 중심으로」, 『중국학보』 42(한국중국학회, 2000), 395쪽.

13 한성구·지준호, 「동양 전통 생태사상의 현대적 전환을 위한 비판적 고찰 −유학의 생태사상을 중심으로−」, 『한국철학논집』 36(한국철학사연구회, 2013), 235~258쪽.

14 최일범, 「중국유학(中國儒學)−유교 인본주의의 생태철학에 관한 연구 −머레이 북친의 사회생태론 철학과 비교하여−」, 『유교사상문화연구』 34(한국유교학회, 2008), 129쪽.

15 홍원식, 「동아시아 생태담론에 대한 비판적 검토−유학사상을 중심으로」, 『東洋哲學

또한 성리학의 선구자로서 주렴계와 장재, 주희 등의 생태사상을 검토한 연구도 발표되었다. 신정근은 주렴계의 「창전초부제窓前草不除」고사가 형이상학적 체험, 시적 체험이자 심리적 체험을 대변하는 사건으로 인간과 자연을 동류로 바라보는 관점을 제시한 것으로 이해하였다.[16] 이종흔은 장횡거의 '태허즉기太虛卽氣'의 신유학적 기氣철학에 담겨 있는 생태윤리적 특성을 인욕과 생태위기, 천인일물의 생태공동체, 도덕교육적 함의의 측면에서 고찰하였다.[17] 백도근은 주희의 생태주의 철학의 핵심은 온 우주에 퍼져있는 생육과 번성의 메시지를 읽어서 인간과 만물이 균형과 공존을 이루어서 생명이 충만한 천지를 만들어야 할 책임을 지는 데 있다고 해석하였다.[18] 김세정은 보편적 리와 생물지심에 근거한 평등성, 그리고 기품의 차이로 인한 차등적 질서, 차등적 사랑의 확충을 위한 수양과 실천을 중심으로 한 주희의 리 생태주의의 특성과 의의를 해명하였다.[19] 황종원과 지준호는 장재의 신화론이 지니는 생태철학적 의의는 대자연의 탁월한 기화氣化와 상응하는 성인의 탁월한 실천이 인간과 자연 사이의 협동 기술론으로 재해석됨으로써 생태윤리-기술론을 정립하는 데 있다고 보았다.[20]

이어서 조선시대 유학사상에서 서경덕, 이황, 이이, 정제두, 홍대용, 정약용, 박지원 등 대표적 학자를 중심으로 하는 생태사상 또는 생태주의를 제시하는 논문이 발표되었다. 김병국은 서경덕의 성리학적 사유 속에 나타

研究』51(동양철학연구회, 2007), 255~279쪽.

16 신정근, 「주렴계의 생태 사상」, 『哲學』137(한국철학회, 2018), 1~26쪽.

17 이종흔, 「張橫渠 生態倫理의 道德敎育的 含意」, 『유교사상문화연구』37(한국유교학회, 2009), 247~276쪽.

18 백도근, 「주희(朱熹) 전체론 철학의 생태주의적 의의」, 『儒敎文化研究』19(성균관대학교 유교문화연구소, 2011), 89~118쪽.

19 김세정, 「주희 철학사상의 생태론적 특성」, 『동서철학연구』77(한국동서철학회, 2015), 61~94쪽.

20 황종원·지준호, 「장재의 신화(神化)론에 대한 생태철학적 독해」, 『유교사상문화연구』85(한국유교학회, 2021), 101~131쪽.

난 생태학적 사상을 태허太虛 일기一氣의 존재와 순환을 통하여 만물은 서로에게 영향을 주며 연관된다는 측면에서 찾고 있다.[21] 이인철은 퇴계 이황의 「성학십도」상 다섯 가지 도圖에 나타난 생태주의 교육원리에 대한 검토를 통하여 대동大同과 몰입沒入의 원리를 도출하고자 하였다.[22] 정원교는 환경문제와 관련하여 율곡 철학에서 제시하고 있는 근원적 처방을 인간존재의 본래성으로서 조화調和 지향성을 성찰하고, 도덕실천의 주체를 확립하는 것에 있음을 고찰하였다.[23] 김세정은 정제두가 인간 마음에 내재한 생태론적 요소로서 영명함을 지닌 감응의 주체성을 강조함으로써 우주자연에 대한 사랑으로 치유와 보살핌을 통해 그와 합일할 수 있다고 본 것에 대하여 고찰하였다.

전홍석은 21세기 새로운 문명관인 생태문명의 실마리를 전통사상에서 찾고자 하는 목표를 가지고 홍대용의 문명생태주의가 다원성과 타자성을 포용하는 미래적 가치의 다주체 다중심의 공생주의 문명관에 근접하다는 점을 고찰하였다.[24] 차성환은 정약용이 경학사상에서 설명하고 있는 우주생태계는 지극히 공평한 상제上帝의 섭리 하에 움직이는 공간으로 이러한 기능이 발휘되려면 상제를 두려운 마음으로 섬기는 정치 관료들에 의한 생태환경 정치가 필수적이라는 측면을 강조하고 있다.[25] 김세정은 박지원의 명

---

21 김병국, 「화담(花潭) 서경덕(徐敬德)의 생태사상(生態思想)과 문학(文學)」, 『韓國思想과 文化』55(한국사상문화학회, 2010), 35~60쪽.
22 이인철, 「퇴계(退溪)『성학십도(聖學十圖)』와 생태주의(生態主義) 교육원이(敎育原理)-상(上) 5도(圖)를 중심(中心)으로」, 『退溪學論叢』16(퇴계학부산연구원, 2010), 41~75쪽.
23 정원교, 「환경문제에 대한 율곡철학의 도덕론적 접근」, 『한국철학논집』43(한국철학사연구회, 2014), 33~53쪽.
24 전홍석, 「조선후기 국제 공공성 변동과 홍대용의 문명생태주의 담론 -21세기 "생태문명관" 모색을 중심으로-」, 『동서철학연구』67(한국동서철학회, 2013), 105~157쪽.
25 차성환, 「정약용의 경학사상이 생태환경 위기의 시대에 주는 시사점」, 『담론 201』13(한국사회역사학회, 2010), 5~31쪽.

심명心과 상생相生의 생태사상이 인간중심주의와 성리학의 문제점, 그리고 생태중심주의의 여러 문제를 해결하는 데 이론적 근거가 되는 측면을 고찰하였다.[26]

이처럼 유학사상을 생태사상의 측면에서 고찰한 선행 연구 성과는 선진 유학으로부터 성리학, 그리고 조선시대 유학사상에 이르기까지 다양한 관점에서 발표되었다. 이들 연구들의 주된 방향성은 인간중심주의를 넘어서 천인합일天人合一로 상징되는 자연과 인간의 긴밀한 연관성과 연속성, 그리고 이들 사이의 균형과 조화를 언급하고 있다. 또한 태극太極, 리理, 태허太虛, 기氣 등의 개념에 내포되어 있는 생태·생명론적 의미를 연역함으로써 그 생태론적 사회문화적 의미를 설명하는 내용들로 이루어져 있다. 또 한편으로 홍대용과 같은 경우는 천과 인물의 상대성과 평등성을 강조하는 인물균人物均 사상을 통한 만물의 상대적 다원성과 평등성을 강조하는 생태사상적 관점을 도출하고 있다.

그러면 기후변화에 따른 여러 재난과 생태계의 위기를 극복할 수 있는 철학적 근거를 유학으로부터 어떻게 도출할 수 있을까? 유학이 전제하고 있는 유기체적 전일적 자연관으로부터 이런 철학적 근거를 이끌어내는 것이 가능한가를 검토해 보기로 한다. 유학의 중요 경전으로『중용』에서는 인간의 희로애락喜怒哀樂의 감정이 발현되기 이전과 이후를 중中과 화和로 구별한다. 희로애락이 발하기 이전의 인간 감정상태가 중中이라면 발현하고 나서 절도에 맞는 것이 화和이다. 중화中和를 극진하게 할 때 천지가 제자리를 잡고, 만물이 그로부터 길러진다.[27] 사람들의 모든 감정이 조화를 이루어

---

26 김세정,「박지원의 명심(冥心)과 상생(相生)의 생태사상」,『환경철학』19(한국환경철학회, 2015), 35~68쪽.
27 『中庸』1章. "喜怒哀樂之未發謂之中, 發而皆中節謂之和. 中也者, 天下之大本也, 和也者, 天下之達道也. 致中和, 天地位焉, 萬物育焉."

천지가 제자리를 잡고 만물이 잘 길러진다는 것은 자연과 인간 사회가 모두 조화롭게 균형을 유지하는 것을 의미한다. 이것은 역으로 희로애락의 중과 화를 이루어야만 천지가 제자리를 잡고, 만물이 잘 육성될 것이라는 말과도 같다. 이러한 관점은 자연생태계와 인간 사이에 조화와 균형이 이루어져야 하고, 정치경제 사회문화적 인간 사회 또한 감정의 절도를 이루어야 세계가 균형과 조화, 상생과 화평의 단계로 나아갈 수 있다는 것이다.

천지는 우리의 부모이고 인간 사회와 자연세계의 만물이 모두 우리와 한 가족이고 동료들이라고 하여 하나의 유기적인 가족공동체의 구성원이 된다고 보았다.[28] 이러한 시각은 인간 세계만이 아니라 자연세계의 만물을 우리와 같은 몸으로 바라보는 것을 의미한다. 이렇게 본다면 분명히 인간은 자연 사물 세계를 인간을 위해 복무하는 단순한 수단적인 존재로 보지 않을 것이다. 만물을 천지를 부모로 삼아 동포로 태어난 존재로 보아 내 몸과 같이 생각하는 관점은 이정자二程子에게서도 볼 수 있다. 정호程顥는 인仁을 천지만물을 한 몸으로 여겨서 자기 아님이 없는 것이라[29]고 하였다. 곧 인仁은 세상의 만물이 혈기가 통하는 것처럼 유기적으로 연속되어 있어서 내 몸의 한 부분과 같이 생각하는 것이다. 이러한 이상은 만물이 모두 유기체적으로 연결되어 생명의 소통을 할 수 있도록 하는 것을 의미한다고 할 수 있다. 이러한 철학적 기준을 가지고 현대 사회가 당면하고 있는 생태계의 위기와 기후변화에 따르는 문제를 해결할 수 있는 방법론을 탐색해야 할 것이다.

---

28 「西銘」, "乾稱父, 坤稱母, 予玆藐焉, 乃混然中處. 故天地之塞, 吾其體, 天地之帥, 吾其性. 民吾同胞, 物吾與也."
29 『近思錄』, 「道體」, "仁者以天地萬物爲一體, 莫非己也."

3. 한국유학에 내포된 사회문화적 균형조화론

1) 유학의 정의론과 사회심리학적 재조명

이 절에서는 사회적 공정불공정과 평등 불평등 문제를 해결하기 위하여 유학사상의 정의론과 사회심리학적 관점을 연속하여 연구하는 방법론에 대해 살펴볼 필요가 있다. 이를 위해서 유학사상의 이론적 근거와 사회심리학에서의 개념적 근거를 살펴볼 필요가 있다.

유학사상의 중심 경전으로서『중용』에서 말하는 중화中和와『주역』에서 언급하는 태극太極 개념은 자연의 모든 사물 및 인간이 부분과 전체의 관계로 결합하여 전체적인 조화와 균형을 유지하고, 도덕적 실천을 가능케 하는 궁극적 표준이 되는 것으로 평등불평등 문제를 다루는 이론적 근거가 될 수 있다. 특히『중용』에서 화和를 포함한 중中은 인간의 내면적 덕성의 어떤 상태이며 구체적인 상황에서 시의적절한 실천(중용)을 가능케 하는 궁극적 기준이며 황금률(the Mean)이다. 나아가 구체적인 사회문화적·실천적 맥락에서 볼 때, 인의仁義를 핵심으로 하여 본성의 치우침 없는 평형 상태를 조화로운 정서로 표출하는 중화中和의 이상은 구체적인 규범 및 제도로서의 예악禮樂이나 법률, 정치경제 제도를 통하여 실현된다.

유가철학에서 인의仁義와 예禮를 실천하여 중화中和의 이상을 이루기 위한 가장 핵심적인 방법론은 충서忠恕이다. 충서는 사회적 관계를 이루는 개인들 사이에 권리와 의무를 규정한 규범과 관련하여 상호간의 입장의 차이에 대한 공감과 배려를 통하여 정서적 감정을 보편화시키는 방법이다. 따라서 충서는 합리적이고 공정한 정치경제 제도와 규범을 제정하고 이를 구체적으로 실천하는 데 있어서 남의 입장에 공감하고 배려하는 도덕적 실천과 관련한 숙고이다. 이러한 의미를 가지는 유가철학의 상대에 대한 배려와 공감을 목표로 하여 숙고를 포함하는 충서 개념은 개인과 공동체, 물질과 정신, 자연과 인간의 불균형으로 말미암는 현대사회의 문제점을 개선해 나갈 수 있는 동양고전에서 가장 핵심적인 키워드key word라 할 수 있다.

유학의 '동정심'이 어떠한 함의를 갖는가를 좀 더 심층적으로 살펴보기 위해서 심리학에서 말하는 '감정공명' 개념과 비교하여 살펴보는 것도 중요한 의미를 지닌다. 심리학에서 '감정공명' 또는 '감정이입'이란 용어는 타인이나 동물 등에 자신의 감정을 전이하거나 대상이 지니는 감정을 나도 함께 느끼는 것이다. 감정공명(empathy)의 어원은 그리스어인 'empatheia'로서 'en'(안)과 'pahtos'(열정)의 합성어로서 '안에 들어가서 고통을 느낀다'는 의미를 함축하고 있다.[30]

감정공명 개념의 정의는 연구자들에 따라 타인의 감정을 이해하는 것으로서 인지적 속성을 강조하거나, 타인의 감정을 동일하게 경험하는 것을 핵심으로 하는 정의적 속성 등 크게 두 가지로 구분되었다. 첫째, 인지적 속성에 따른 정의에서 감정공명은 타인의 감정을 이해하는 수단으로써 타인의 역할을 취해보는 능력이다.[31] 둘째, 정의적 속성에 따른 정의로 스토트랜드(Stotland, 1969)는 감정공명은 관찰자가 타인의 정서를 경험하거나 경험하려는 것에 대한 자각으로부터 발로하는 정서적 반응이라고 보았다. 이처럼 감정공명 개념은 타인의 감정을 이해하는 인지적 역할 수행이라는 측면과 타인과 감정과 정서를 경험하고 공유하는 정의적 측면의 두 가지 상호 연관된

---

30 1873년에 독일의 피셔F.Th.Visher, 1807~1887가 'Einfühlung들어가 느낀다'고 하는 용어를 처음 사용하였고, 그 후 심리학 분야에서 립스Ripps(1903)가 타인들을 이해하는 과정에 관한 연구에서 이 용어를 적용하기 시작하였다. Einfühlung은 티치너(Edward Titchner, 1867~1927)(1909)에 의해 영어로 empathy로 번역되어 오늘날까지 사용되고 있다.

31 Kohler(1929), Mead(1934) 등도 인지적 속서에 따른 정의를 주장하였다. Piaget(1932)는 인지발달론의 관점에서 감정공명이 아동의 탈중심적 사고가 가능해지는 7세 이후에 형성된다고 보았다. Hofmann(1984)는 감정공명을 자기 자신의 상황보다는 타인의 상황에 더 부합하는 정의적 반응이라고 보았다.

정의로 나뉜다. 상대의 감정이나 정서가 발생하는 이유나 연원에 대한 인지적 관찰이 전제되어야 타인의 감정을 경험하고 공유할 수 있는 반면, 역으로 문제되는 상황을 체험하여 타인이 가지고 있는 감정을 느껴보는 것이 인지적 관찰을 할 수 있는 매개가 된다는 점에서 두 가지 정의는 상호 긴밀한 연관성을 갖는다.

심리학에서 '감정공명'에 대한 연구는 정의를 내리는 기본적인 단계에서부터 감정공명과 사회적 관계 사이의 문제, 대인문제해결력, 지적능력, 그리고 행동양태 등과 같은 계기와 연관되는 측면을 중심으로 하고 있다. 따라서 심리학에서 감정공명을 다루는 연구들은 대체로 주체가 드러내는 정감을 여러 가지 사회적인 문제와 결합하여 주로 경험적 차원에서 사실적으로 분석하고 기술한다. 따라서 심리학에서 다루는 '감정공명' 개념은 감정을 함께 체험하고 공유하는 측면과 타인의 감정을 이해하는 인지적 측면을 포괄하여 모두 감정이 발생하는 양태와 함께 그 원인에 대한 현상적이고 경험적인 인식과 인지의 차원에서 문제를 다루게 된다. 다시 말하면 인지가 이루어졌다고 하여 바로 행위로 연결되는 것은 아니라는 것이다. 이러한 이유로 심리학에서의 감정공명에 대한 연구는 감정을 낳는 긍정적 또는 부정적 사태가 내포하고 있는 가치론적 의미를 평가하는 데까지 이르지 못하고 있다. 이러한 문제는 사실 인문학적 가치의 문제인 만큼 심리학이 다루는 영역을 벗어난 문제라 할 수 있다.

하지만 감정공명 개념을 다루면서 사회가 이상적인 방향으로 나아가기 위해서는 행위 주체의 도덕적 의지와 질서를 위한 제도적 장치에 대한 가치평가 문제를 제기하지 않을 수 없다. 다시 말하면 경험적 현상을 주로 다루는 심리학이 포괄할 수 없는 가치지향의 문제는 인문학적 도덕적 가치와 질서를 문제 삼는 유가철학에서 보완해 주어야 할 것이다. 유가철학의 충서로 대표되는 '동정심(sympathy)'은 바로 도덕적 본질로서 인仁과 예의禮義를 동시에 고려하는 가치의존적인 맥락을 가진다. 이 점에서 유가철학의 공감 개념은 심리학의 경험 사실적 감정공명에 대한 가치 지향적 대응물이라 할 수 있다. 이처럼 유학사상의 인의仁義와 충서忠恕를 사회심리학의 감정공명 개념과 연관하여 그 현대적 의미를 해명하는 것은 현대사회의 공정성 문제와 평등불평등 문제를 설명하고 대안을 제시하는 데 효율적인 이론적 논의라고 할 수 있다.

뿐만 아니라 충서는 또 유학에서 다문화사회에서 나타나는 문화적 차이에 따른 갈등을 조정하고 상대방을 배려하고 존중하는 원리가 될 수 있다. 충서는 자신의 최선을 다하는 것을 기본으로 하여 공동체 안의 타자를 이해하고 배려하는 것이다.[32] 충서는 『대학』에서 혈구지도絜矩之道로도 언급되는 것으로 나와 상대방의 적절한 거리를 헤아리는 것이다. 그렇다면 이 거리를 헤아리는 저울대의 눈금에 해당하는 것이 바로 예禮이다. 예는 정치사회적 상하를 차등지우는 규범으로 악樂을 통하여 국가공동체의 전체적인 조화를 지향한다. 다시 말하면 차등적인 질서 속에서도 전체적인 통일성을 지향하는 것이 예악이다. 이때 충서는 바로 예의 차등성과 악의 통일성 상이의 조화로운 관계를 헤아리는 것을 뜻한다. 이렇게 볼 때, 충서는 바로 다문화사회의 문화적 차이에 따른 갈등을 조정하는 역할을 할 수 있다.

맹자는 충서忠恕의 마음을 정치사상으로 연역하면서 남에게 모질게 하지 못하는 마음(不忍人之心)으로부터 불인인지정不忍人之政 곧 인정仁政이 나온다고 보았다.[33] 불인인지심은 바로 측은지심으로서 친친親親의 인仁에서 발

---

32 신창호·김영훈·홍기표, 「유교의 "충서(忠恕)"를 통해 본 다문화교육의 원리」, 『동양문화연구』 6(영산대 동양문화연구원, 2010), 175~197쪽.
33 『孟子』, 「公孫丑上」, 3-6. "孟子曰, 人皆有不忍人之心. 先王有不忍人之心, 斯有不忍人之政矣. 以不忍人之心, 行不忍人之政, 治天下可運之掌上."

원하는 것이라 할 때, 이것은 혈연적인 도덕적 감정을 의미한다. 맹자는 이런 혈연적 마음을 사회적으로 확산함으로써 이상적인 정치적 도덕적 사회를 이룰 수 있는 절차와 과정을 추은推恩이라고 하여 '차별애差別愛'를 통하여 설명하였다.[34] 이처럼 차별애를 고려하여 정치상의 상하 차등적 규범체계로 구성한 것이 바로 예禮라고 할 수 있다. 따라서 충서는 예에 대한 숙고가 필수적이다.

맹자에서는 "친친을 먼저 하고 이후에 백성을 사랑하고 백성을 사랑한 후에 사물을 애호한다."[35]고 하여 차등적으로 사물을 사랑하는 선후단계를 말하고 있다. 하지만, 선후본말의 순서와 방법상 차이가 있다고 하더라도 가족을 사랑하고 백성을 사랑하며 동식물과 사물을 애호하는 사랑의 본질은 차이가 없다. 이렇게 볼 때, 충서는 가족을 사랑하는 친친親親으로부터 예의 규범을 헤아리는 것을 거쳐서 자연계의 모든 동식물 등 만물을 애호하는 것에 이르기까지 연속된다고 할 수 있다. 이 점에서 충서는 인간의 정치경제 사회문화적 영역에서만이 아니라 자연 생태계 생명체에 이르기까지 배려와 공감의 영역을 포함하는 격률로 재해석되어야 할 것이다.

2) 사회문화적 불평등에 대응한 한국유학

이 절에서는 한국유학에 내포되어 있는 철학사상의 이론적 구조와 내용을 통하여 사회문화적인 여러 문제를 다루는 것으로 유학의 정의론을 사회심리학적 관점에서 재조명하고자 한다. 구체적으로 한국사회가 드러내고

---

34 『孟子』, 「梁惠王上」, 1-6. "老吾老, 以及人之老, 幼吾幼 以及人之幼. 天下可運於掌. 詩云, 刑于寡妻, 至于兄弟, 以御于家邦. 言擧斯心加諸彼而已. 故推恩足以保四海, 不推恩無以保妻子. 古之人所以大過人者無他焉, 善推其所爲而已矣."
35 『孟子』, 「盡心上」, 13-45. "孟子曰, 君子之於物也, 愛之而弗仁. 於民也, 仁之而弗親. 親親而仁民, 仁民而愛物."

있는 여러 문제로서 사회적 불공정·불평등 문제, 계층 간, 세대 간, 남녀 간 불균형 문제, 종교적·문화적 갈등 문제 등 여러 문제를 해결할 수 있는 이론적 근거를 살펴보고자 한다.

그러면 먼저 한국 사회가 지니는 여러 문제에 대하여 개관해 보기로 한다. 한국사회는 전통시대 가부장적인 문화에 대한 반동으로서 세대간의 조화로운 소통이 점점 어려워진다는 점이다. 또한 혈연血緣, 학연學緣, 그리고 지연地緣과 같은 정감적 인연이 보편적인 공동체 의식과 합리적인 시비판단에 장애 요인으로 작용하면서 역기능을 드러낸다는 것이다. 뿐만 아니라 파워엘리트의 부패 및 정경유착의 문제, 통일적이고 질서 있는 교육정책의 부재와 성적 및 입시 위주의 교육체계 등은 개선해 나가지 않으면 안 될 우리 사회의 핵심적인 문제점들이다. 이러한 몇 가지 현대 한국 사회 구성원들의 의식을 지배하는 요소들은 극한의 진보와 보수의 대립, 부익부빈익빈의 심화, 그리고 경제적 사회문화적 불평등을 조장하고 기회균등을 저해하는 요인으로 작용한다. 그러면 현대 한국사회가 위에서 언급한 여러 가지 복잡한 문제를 축적할 수밖에 없게 된 먼 원인을 거슬러 올라갈 필요가 있다. 왜냐하면 어떤 문제이든 당면한 문제를 개선하고 해결하기 위해서는 '왜 그렇게 되었는가?' 하는 문제의 원인을 분석하는 데서 해결의 실마리를 찾을 수 있기 때문이다. 이제 현대 한국사회가 드러내고 있는 문제의 원인을 개관해 보기로 한다.

현대 인류사회는 과학의 혁명적 발전과 기술발전에 힘입어 고도의 물질문명을 성취함으로써 삶의 외적 조건을 향유하며, 다양한 개성과 욕구 및 멀티미디어로 대표되는 정보통신과 지식정보를 이용하면서 풍요로운 삶을 영위하는 것이 가능해졌다. 또한 인류는 사회문화적으로 자유, 평등, 정의, 그리고 개인의 권리와 존엄성, 프라이버시Privacy 등과 같은 민주주의의 핵심 가치를 누리고 있다. 하지만, 현대사회는 이와 같은 긍정적 측면의 이면에 인간중심적 세계관과 도구적 이성관에 따른 계산적 이기심이나 물질적 진보와 같은 경제적 가치에 근거하여 자연을 지나치게 개발함으로써 생태계의 위기를 초래하였다. 또한 개성을 존중하는 자유민주주의와 물질적 욕구를 긍정하는 자본주의적 세계관은 현대 사회에서 개인을 사적私的인 가치를 추구하는 원자적 이기적 개체로 파편화시켰다. 이러한 현상과 가치 체계는 공동체로부터 개인을 고립시킴으로써 여러 병리현상을 낳는 원인이 되고 있다. 나아가 인류 사회는 개인과 개인, 개인과 사회, 사회와 국가, 그리고 국제사회에 있어 공동체적 가치관을 소홀히 함으로써 문화적 갈등과 도덕적 무질서가 만연되어 있다. 이러한 문제는 현재의 한국 사회도 결코 예외가 아니다.

특히 한국 사회는 경제적인 압축 고속성장을 이루면서 서양에서 오랜 기간 동안 경제적 성장과 정치적 민주주의가 균형 있게 발전한 모델을 받아들여 학습하지 못함으로써 정치문화의 지체 현상을 겪고 있다고 할 수 있다. 예를 들면, 여러 층차의 차별적인 중고교와 전문 또는 특수 대학원의 교육제도, 남녀와 정규직 비정규직을 차별하는 고용임금제도, 그리고 외국인 노동자의 열악한 법적 지위와 같은 문제 등은 한국 사회에 드리워 있는 쉽게 사라지지 않는 불평등 또는 불균등의 그림자이다.

그러면 평등 및 불평등과 관련한 선행 연구 성과로 어떤 주제들이 있는가를 개관하도록 한다. 평등·불평등에 관한 선행 연구 성과는 철학사상의 측면, 여성평등, 정치경제적 사회적 측면, 교육적 측면 등에 대해서 주로 이루어졌다. 먼저 철학사상의 분야에서 김철은 뒤르케임의 아노미 이론과 평등권에서의 기회균등—사회적 문화적 아노미가 어떻게 경제적 아노미와 연결되어 있는가에 대한 비교사회 비교역사적 연구를 수행하였다.[36] 김효빈은 롤즈의 정의론을 통해 본 교육기회균등에 관한 연구—롤즈의 평등 이념을 교육현장에 적용하여 논문을 발표하였다.[37] 조경원은 롤즈의 정의론에 입각한 교육기회균등의 문제에 대한 고찰—롤즈의 사회정의론에 대한 구체적인 제시에 근거하여 정의의 원칙에 맞는 교육기회 균등의 의미를 탐색하였다.[38]

이어서 여성평등, 정치경제적 사회적 측면과 관련한 연구로 하주영은 성불평등 차별시정책—성 불평등 차별시정책에 대한 반론이 이 정책을 퇴보하게 한 방법과 남성들의 기득권 상실에 대한 불안감과 성차별 현실이 어떻게 은폐되고 있는가를 고찰하였다.[39] 강정인은 기회균등과 능력주의의 문제점 및 그 한계—기회균등 이론의 문제점과 실질적 기회균등의 보장의 관점에서 능력주의의 문제점을 해명하였다.[40] 황경식은 분배정의의 이념과 사회구조의 선택—형식적 실질적 기회균등과 자유주의 체제, 정의로운 체제, 그리고 한국사회와 정의사회 사이의 거리를 주제로 논증하였다.[41] 윤혜진은 기업윤리에서의 차별에 대한 평등 원리의 적용—적극적 차별철폐조치와 남녀동일임금원칙이라는 이름으로 업무차별과 임금차별에 대한 논의를 구체적으로 검토하였다.[42] 문수연은 상급학교로의 진학 유형과 국제적 교육이동에 영향

---

36 김철, 「뒤르케임의 아노미이론과 평등권에서의 기회균등」, 『사회이론』 34(한국사회이론학회, 2008), 55~84쪽.
37 김효빈, 「롤즈의 정의론을 통해 본 교육기회균등에 관한 연구」, 『윤리문화연구』 7(윤리문화학회, 2011), 109~110쪽.
38 조경원, 「롤즈의 정의론에 입각한 교육기회균등 문제에 대한 고찰」, 『교육철학연구』 9(교육철학회, 1991), 109~125쪽.
39 하주영, 「성불평등과 차별시 정책」, 『철학연구』 62(철학연구회, 2003), 269~288쪽.
40 강정인, 「계급과 평등: 기회균등과 능력주의의 문제점 및 그 한계」, 『한국과 국제정치』 7(경남대학교 극동문제연구소, 1991), 1~35쪽.
41 황경식, 「분배정의의 이념과 사회구조의 선택」, 『철학사상』 12(동국대학교 철학회, 1992), 125~143쪽.
42 윤혜진, 「기업윤리에서의 '차별'에 대한 평등 원리 적용」, 『철학논총』 57(새한철학회, 2009), 257~276쪽.

을 미친 요인 분석, 질적 우위의 교육 성취 과정에서의 경제적 자원과 문화적 자원의 효과를 중심으로 부모의 사회계급과 자녀의 교육 선택의 상관관계에 초점을 두어 교육 불평등의 변화 양상을 분석하였다.[43]

이영찬은 『한국 유학사상 대계』 중 『유학 사회사상』의 집필 영역 및 방향과 서술상의 문제를 논의하면서 한국 유학의 사회사상의 고유한 연구 분야로 사회학의 연구 분야에 입각하여 사회관, 사회변동 사상, 사회불평등 사상, 성의 사회사상, 가족 사회사상, 사회문제 사상, 인성과 사회화 사상, 일탈과 통제 사상, 사회발전 사상, 미래사회 사상 등을 주제로 삼을 수 있다고 보았다.[44]

한국유학사상에서 평등사상을 들고자 하면 먼저 조선 후기에 논변으로 전개되었던 인물성동이론에서 인물성동론의 계열로부터 평등사상의 근거를 도출할 수 있다. 인물성동론은 인성과 물성이 동일하다고 간주하는 것으로 '낙론洛論'이라 부른다. 이러한 명칭은 이간이 비록 온양 사람이지만 그의 의견에 동조했던 김창흡, 이재, 어유봉, 박필주 등이 주로 서울과 경기의 낙하洛下에 살았기 때문에 낙론으로 일컬어졌다. 이간은 이 본연지성을 근원의 입장에서 보아 인간과 사물의 보편성을 주장하였다. 이러한 관점에서 인간과 사물의 평등성이 도출될 수 있다.

이어서 정다산의 상제론과 심성론에도 평등주의의 요소가 내포되어 있다. 다산에 따르면 인간은 타고난 기질의 청탁 여부와 관계없이 도덕적 실천에 있어서 평등한 가능성을 갖는다고 하였다. 그는 인간이 타고난 기질이나 신분의 고하와 관계없이 상제上帝의 자녀로서 평등하고 존엄한 존재라

---

43 문수연, 「교육 불평등 변화양상 분석-중간계급 및 코호트 분석을 중심으로」, 『한국사회학』 50(한국사회학회, 2016), 141~171쪽.

44 이영찬, 「사회사상의 연구영역과 유학 사회사상의 서술문제」, 『국학연구』 2(한국국학진흥원, 2003), 305~331쪽.

고 보았다. 그는 「원목」을 통해 정치지도자나 정치권력에 대해서 민이 존재론적으로나 가치론적으로 우선이라는 사실을 강조한다. 옛날에 정치지도자는 백성들의 사회적 필요에 의해서 아래로부터 추대된 존재에 불과하고, 법도 본래는 백성들의 여망에 따라 제정되었다고 한다. 다산의 정치사상을 현대 민주주의의 관점에서 보면 부족한 부분이 많다고 생각할 수 있지만, 유교 사상과 다산 사상에 내재된 민주주의적 속성이 한국의 민주주의 발전에 잠재력을 제공한 사실을 간과할 수 없다.[45] 이처럼 한국유학 사상에는 평등사상을 이끌어낼 수 있는 이론적 근거가 다수 존재한다. 『주역』에서 음양론이나 이기 사이의 관계를 수평적 현상적 결합의 관점에서 바라보는 시각 또한 평등사상의 맹아를 내포하고 있다고 할 수 있다.

4. 한국유학의 문화론적 대전환과 문화융합의 미래

1) 경제(생존)와 도덕을 종합 지양하는 유학의 중층적 문화론

현재적 관점에서 유학의 기본적 이론과 한국 유학의 여러 주제를 통하여 현대의 사회문화적인 문제를 문화적 대전환의 관점에서 해결하는 이론적 방법론을 구축하는 것은 매우 중요하다. 현재 한국사회에서는 문화적 요소로서 'K-Culture'가 세계적인 관심의 대상이 되는 시기이다. 이런 시기에 중국유학과 한국유학사상에 내포되어 있는 근본적인 도덕적 토대와 경제적 삶의 조화론을 통하여 자본주의와 민주주의에 근거하여 운영되는 현대사회의 여러 문제를 개선하는 이론적 기초를 정립하고자 한다.

구체적으로 이 장은 생존(경제)과 도덕을 통섭하고 종합하는 유학의 중층

---

45 장승구, 「다산 정약용과 민주주의」, 『인문학연구』 46(조선대학교 인문학연구소, 2013), 69~70쪽.

적 문화론을 고찰하면서 여러 문화적 융합을 가능케 하는 이론적 근거를 살펴볼 예정이다. 이를 바탕으로 다문화 현상에 대한 포용과 수용, 문화적 소수자의 인권 문제, 문명의 대립을 문화적 융합의 방향으로 전환하는 문제, 한국문화의 세계화 등 다양한 사회문화적 문제를 이끌어가는 유학의 이론적 근거를 살펴보고자 한다.

자본주의 시장경제 체제와 민주주의를 운영원리로 삼고 있는 현대 한국 사회는 경제적 불평등에 따른 사회문화적 불공정과 차별이 계층, 성별, 세대, 소수자, 지역, 소외계층 등 여러 영역에서 심화되고 있다. 이러한 사회문화적 불평등과 편향, 불공정의 근원을 거슬러 올라가면 여기에는 경제적 삶의 존재양식의 차이가 숨어 있다. 한국사회를 공정성과 평등성을 기준으로 평가한다면 건강한 사회와는 아직 거리가 있다. 자본주의 경제체제의 주체가 되는 자본가들을 중심으로 하는 시장주의자들은 자본주의체제가 자본의 교환을 통하여 최대한의 이윤을 추구하는 것을 근본 목적으로 삼는 가치중립적 경제체제이므로, 경제행위는 도덕적 간섭을 받아서는 안 되고 오직 시장의 원리에 따라 작동되어야 한다[46]고 강조하였다.

이러한 사고가 지배하는 자본주의 경제체제의 상황에서 경제적 부가 자본가에게 치우치면서 부익부빈익빈 현상이 드러나고 이에 따라 여러 영역에서 사회문화적 불평등과 불공정이 일반화된다.[47] 현대자본주의 체제에서

---

46 이재석, 「현대 자본주의와 유교의 경제윤리」, 『溫知論叢』 64(온지학회, 2020), 215쪽.
47 소비 영역에서 나타나는 불평등을 예로 들어 살펴보면, 소비가 사회전체를 균등화하지 않는다. 소비는 오히려 사회 내의 차이를 두드러지게 나타낸다. 오늘날 거의 대부분의 사람들은 글을 읽고 쓸 줄 알며, 똑같은 스니커즈를 신고 똑같은 책을 구입할 수 있다. 하지만 이러한 평등은 형식적이고 추상적인 것에 불과하다. 어떤 경우에도 소비에서 개인의 욕구가 선차적이고 이어서 이 욕구가 권위 내지 순응의 요청에 따라서 집단 혹은 계급 위에 등기되는 것이 아니다. 먼저 차별화의 논리가 있고, 이 논리에 따라 섬세하게 제공되는 상품들에 의해 개인들의 취향, 욕구가 만들어진다.(이진경 편저·권용선, 「생산사회에서 소비사회로」, 『문화정치학의 영토들』(그린비, 2007), 73쪽.)

무엇보다 윤리적 반성이 필요한 이유는 현재의 자유주의적 시장경제가 불평등하고 위험한 사회적 부작용을 낳고 있으며, 자본주의 존립 그 자체를 위협하기 때문이다.[48]

현대 자본주의 체제가 드러내는 역기능을 개선시켜 주는 윤리적 반성을 위한 이론적 근거를 유학에서는 어떻게 설명하는가? 유학에서는 인간의 욕망을 충족시켜 주는 이윤 추구와 윤리적 성찰, 즉 경제와 도덕을 하나의 유기적 연관성을 가지고 균형과 조화를 이룬다고 본다. 유교 경전에는 도덕과 경제 사이의 상관관계를 언급하는 구절이 종종 제시된다. 이들에 대한 이해를 통하여 자본주의 체제로 운영되는 현대사회의 문제를 진단하는 준거로 삼고자 한다.

선진 유가 경전에서 인간의 욕구를 충족시켜 주는 경제와 정치적 질서를 이루는 도덕 사이의 관계를 설명해 주는 전거를 찾아볼 수 있다. 먼저『서경書經』,「대우모大禹謨」에는 우禹가 순임금에게 정치의 요체를 설명하는 구절이 나온다. 여기에서 우는 임금의 덕은 백성을 잘 길러줌으로써 선정善政을 베푸는 데 달려 있다고 하여 다음과 같이 설명하였다.

> 아, 황제께서는 유념하소서! 덕은 오직 정사를 선善하게 하고, 정사는 백성을 기르는 데 있습니다. 수화목금토와 곡식을 오직 잘 다스리고, 덕을 바르게 하고(正德), 재용을 이롭게 하며(利用), 삶을 윤택하게 하는(厚生) 것을 오직 조화롭게 하소서. 아홉 가지 공이 펼쳐져서 아홉 가지 펴진 것을 노래하면 경계하여 아름다움을 쓰고, 독려하여 위엄을 쓰며 구가로써 권면하되 무너지지 않게 하십시오.[49]

---

48 이재석, 위의 논문, 216쪽.
49 『書經』,「大禹謨」. "禹曰, 於, 帝, 念哉. 德惟善政, 政在養民. 水火金木土穀, 惟修, 正德, 利用厚生, 惟和. 九功惟敍, 九敍惟歌. 戒之用休, 董之用威, 勸之以九歌, 俾勿壞."

『주역』에서는 건괘와 곤괘에서 하늘과 땅의 커다란 덕을 각각 '원형이정元亨利貞'과 '원형이빈마지정元亨利牝馬之貞'이라고 하여, 하늘과 땅의 덕 중에는 (사물을) 이롭게 창조하여 길러준다는 의미가 있다. 곧 천지는 시원을 이루고 질료를 통하여 사물을 낳고 길러주어 자신의 본성을 실현하도록 한다는 것이다. 『주역』, 「건괘」와 「곤괘」에서 말하는 '리利'는 바로 하늘과 땅이 사물을 낳아 길러주는 덕을 본받아 임금은 백성들에게 경제적 이익을 부여하여 삶을 안정되게 길러 주는 것이다. 『주역』, 「건괘」, 「문언文言」에서는 이러한 리利를 의義가 조화를 이루는 것(利者, 義之和也)이라고 규정하였다. 여기에서 리利는 의義에 따라 정의되는 개념이 된다. 다시 말하면 공정과 정의(義)가 서로 어울려서 조화를 이룬 상태를 뜻한다. 곧 이로움(利)이라는 것은 어느 한쪽으로 치우치지 않고 모든 사회적 계층이나 구성원이 각각 자기에게 돌아가는 정당한 몫들이 균형과 조화를 이루는 상태를 뜻한다.

『맹자』에는 지식인(士)의 변치 않는 도덕적 지향을 뜻하는 구절이 나오는데, 바로 경제적 삶에 종속되는 일반 백성들과 지식인을 구별하는 항산항심恒産恒心 장이 이에 해당한다. 맹자는 다음과 같이 지식인과 일반 백성을 구별하였다.

일정한 생산이 없는데도 변치 않는 마음을 견지하는 것은 지식인(士)만이 그렇게 할 수 있다. 백성들의 경우는 일정한 경제적 생산이 없으면 그에 따라 변치 않는 마음을 가지지 못한다. 실로 변치 않는 마음이 없으면 아무 거리낌 없이 제멋대로 행동하여 행하지 않은 짓이 없게 된다. 죄를 범하는 데 미쳐서 그에 따라 형벌을 주면 이것은 백성을 그물로 몰아 죄에 빠지게 하는 것이다. 어찌 어진 사람이 임금 자리에 있으면서 백성을 죄에 빠지게 할 수 있겠는가? 그래서 총명한 임금은 백성들의 생산제도를 제정하여 반드시 위로 부모를 섬길 수 있도록 하고 아래로 처자를 길러서 풍년에는 종신토록 윤택하게 살고, 흉년에도 굶어 죽지 않도록 한다. 그런 후에 그들을 선하게 하기 때

문에 백성들이 복종하기가 쉽다.[50]

　선비(지식인)들은 경제적 생산과 삶이 충족되지 않더라도 강한 도덕적 지향과 의지로 무장하여 이를 견지하는 사람들인데 비하여, 일반 백성들은 경제적 이익이 충족되지 않으면 못하는 짓이 없이 도덕적 질서를 벗어나는데, 지식인과 달리 백성들에 있어서 이것은 불가피한 현상이라고 맹자는 보았다. 그래서 이러한 백성들의 마음을 인정할 때, 할 수 있는 일은 경제적 삶을 안정시키는 노력을 하고 나서 그들에게 효자孝慈를 실천하도록 유도한다는 것이다. 이렇게 볼 때, 맹자로 대표되는 유학에서는 물질적인 생산물의 확보를 통하여 안정된 삶의 조건을 충족시키는 것이 도덕적 질서에 우선하는 불가피한 전제조건이라 할 수 있다. 이렇게 볼 때, 유학에서 경제적 삶의 문제를 해결하는 것은 인륜 도덕적 질서를 실현하는 데 필수적인 전제조건이 된다.

　순자는 한 걸음 나아가 인간의 욕구 또는 욕망은 타고난 인간의 특성이면서 생물학적 보존을 위하여 불가피하게 충족시켜야 하는 것인 만큼 충족시켜 주어야 한다는 관점에서 인성론과 예치론을 구성하였다. 곧 생물학적 성性에 근거를 두는 욕망은 인간의 타고난 실존적인 특성으로 적절한 조절을 하는 한계 안에서 충족시켜야 하는 것이다. 그는 욕망을 없애려고 한다든가 줄이려고만 하는 것은 인간의 실정에 맞지 않은 것이라고 비판하였다. 그는 또한 행동보다 욕망이 지나칠 때 마음이 옳게 여기는 것이 이치에 맞으면 욕망이 많더라도 다스림에 지장이 없는 반면, 욕망보다 행동이 지나칠

---

50 『孟子』,「梁惠王」. "無恒産而有恒心者, 惟士爲能. 若民, 則無恒産, 因無恒心. 苟無恒心, 放辟邪侈, 無不爲已. 及陷於罪, 然後從而刑之, 是罔民也. 焉有仁人在位, 罔民而可爲也. 是故明君制民之産, 必使仰足以事父母, 俯足以畜妻子, 樂歲終身飽, 凶年免於死亡. 然後驅而之善, 故民之從之也輕."

때 마음이 옳게 여기는 것이 이치에 어긋나면 욕망이 적더라도 혼란을 저지할 수 없다고 하였다.[51]

순자는 길거리의 일반인들도 인의법정을 알고 행할 수 있는 능력이 내적으로 갖추어져 있다고 하였다. 이점은 그가 인간의 반성적 사고 능력을 통한 도덕적 수양의 가능성을 내적으로 갖추고 있음을 긍정하는 것이다. 그런데 인간은 선을 분별하는 예禮라는 척도를 가지고 있는데 이를 따라 다스려질 수도 있고 따르지 않아 어지러워질 수도 있다고 보았다.[52] 요컨대, 순자는 인간의 욕구는 실존적인 것으로 충족되어야 하는 것이나, 예를 통하여 조절하는 것이 필요하며, 세상 사람들은 이러한 예를 실천할 수 있는 지식과 능력을 갖추고 있다고 주장하였다. 순자에서도 욕망의 추구와 도덕적 질서는 어느 한쪽도 배제하지 않고 결합하여 조화를 이루어야 하는 것으로 이해된다.

그러면 도덕과 경제를 결합하는 이러한 유학 이론은 현대사회의 여러 문제를 개선하는 데 어떻게 적용할 수 있는가? 도덕과 경제를 아우르는 이론적 태도를 자본주의 경제체제로 운영되는 현대사회에 적용하여 유교의 현대적 역할과 기능을 재해석하는 이념을 유교자본주의라고 일컫는다. 유교자본주의는 1990년대 전후한 시기에 서구학자들이 한국, 일본, 대만, 싱가폴, 홍콩 등 유교문화권에 속한 아시아권 국가들이 비약적으로 경제발전을 한 이유를 유교에 내포되어 있는 실용적 경제적 의미에서 찾고자 한 것에

---

51 『荀子』,「正名」. "凡語治而待去欲者, 無以道欲而困於有欲者也. 凡語治而待寡欲者, 無以節欲而困於多欲者也. 有欲無欲, 異類也, 生死也, 非治亂也. 欲之多寡, 異類也, 情之數也, 非治亂也.";『荀子』,「正名」. "故欲過之而動不及, 心止之也. 心之所可中理, 則欲雖多, 奚傷於治. 欲不及而動過之, 心使之也. 心之所可失理, 則欲雖寡, 奚止於亂! 故治亂在於心之所可, 亡於情之所欲."

52 『荀子』,「性惡」. "塗之人可以爲禹, 曷謂也. 曰凡禹之所以爲禹者, 以其爲仁義法正也. 然則仁義法正有可知可能之理, 然而塗之人也. 皆有可以知仁義法正之質, 皆有可以能仁義法正之具, 然則其可以爲禹明矣."

연원을 둔다. 이후에 전개된 유교자본주의에 관한 담론은 한편으로는 그 의미를 긍정적으로 계승해야 한다는 관점과 다른 한편으로 '자본주의'와 결부되는 것 자체에 대하여 부정적으로 평가하면서 비판적으로 극복해야 한다는 관점이 병행해왔다.

먼저 긍정적 평가를 한 경우 중의 한 연구는 현대 경영철학의 관점에서 유교자본주의의 내용이 지니는 긍정적 의미를 조명하였다. 곧 유교의 문화적 특징으로서 교육중시, 정부와 기업과의 긴밀한 관계, 가족주의, 도덕 윤리적 사회관계, 근면저축, 사회적 신뢰, 강한 문화적 동질감을 기초로 한 인仁의 애인愛人 사상이 기업 경영의 핵심 이념적 가치를 제공해 주는 것으로 보았다.[53] 또 다른 연구에서는 유교에서 선대를 기억하고 재현하려는 효孝의 종교적 지향이 경제성장의 동기로 작용하고 복지에도 중요한 정신적 에토스로 작용하는 것으로 보았다.[54] 류수영은 유교가 지니는 문화자산으로서 인본주의, 공동체의식, 도덕함양, 자기성찰, 중용의 관점이 경영모델을 목표로 할 때 이익추구활동과 도덕적 가치의 공존을 가능케 하는 원리가 된다는 측면에서 유교자본주의의 타당성을 논증하였다.[55] 또 구체적으로 순자 철학이 이기적 욕구를 부정하거나 배제하지 않고, 이를 조절하는 사회적 이성과 결합시키면서 사회적 경제와 윤리를 하나의 체계로 융합시키고자 한다고 본 연구도 있다.[56]

반면 유교자본주의의 부정적 측면을 강조한 연구들은 한편으로 유교와

---

53 이재석, 「유교자본주의론과 현대 경영철학의 재조명」, 『東洋古典研究』 44(동양고전학회, 2011), 201~202쪽.
54 유석춘, 「유교윤리와 한국 자본주의 정신-효(孝)를 중심으로」, 『韓國社會學』 39(한국사회학회, 2005), 52~53쪽.
55 류수영, 「유교와 경영」, 『경영교육연구』 18(한국경영학회, 2014), 31~47쪽.
56 이영찬·권상우, 「순자철학에서 사회적 경제와 윤리-자본주의의 경제적 합리성을 중심으로 -」, 『유교사상문화연구』 46(한국유교학회, 2011), 65~66쪽.

자본주의가 대립되는 측면에 근거하여 '유교자본주의'라는 용어가 무용하다는 점을 강조하였다. 이 연구의 논지는 유가를 법가로 오인하여 유가를 비판하는 관점에서 유교자본주의 담론에 참여했던 연구자들이 유교를 잘못 이해한 부분에 주목하였다.[57] 다른 한 연구도 유교와 자본주의 사이의 이념적 모순성에 주목하여 자본주의의 이기주의와 탐욕, 무한경쟁의 논리 등을 포기하고 욕망의 절제, 호혜적 감응의 원리를 핵심으로 하는 유교의 이념을 복원하는 의미에서 유교지본주의를 부정적으로 평가하였다.[58] 또 다른 연구는 유교자본주의에 대한 여러 비판적 연구를 거론하면서, 기존 유교자본주의에서 제시한 유교적 속성들은 본래의 유교원리와는 거리가 멀거나 오히려 그 반대라는 지적을 하였다. 이에 근거하여 기존의 유교자본주의를 둘러싼 유교담론문화에서는 본원적 유교문화전통에서 접할 수 있는 조화롭고 현실적인 균형 감각은 찾아볼 수 없고 문화적 헤게모니에 대한 적응과 경제적 효율성만이 중심 주제가 되었다고 비판하였다.[59]

이들 유교자본주의에 대한 긍정적 태도 또는 비판적 태도는 유교와 자본주의 사이에 내재되어 있는 도덕과 경제 사이의 연속성과 불연속성의 문제로 환원된다고 할 수 있다. 바꾸어 말하면 도덕이 경제적 욕구를 배제하는 것으로 보는 아니면 선행하여 충족시켜야 할 전제조건으로 보느냐에 따라 도덕과 경제는 모순 대립적이냐 아니면 토대와 구조물과 같이 상호의존적이냐가 결정된다. 도덕과 경제를 배타적인 모순 관계로 볼 때 유교자본주의에 대하여 비판적인 반면, 도덕과 경제를 상보적인 것으로 볼 때 유교자본

57 이주강, 「유교자본주의라는 용어에 대한 비판적 고찰」, 『퇴계학논집』 17(영남퇴계학연구원, 2015), 337~338쪽.
58 이상익, 「儒家의 경제사상과 儒教資本主義論의 타당성 문제」, 『철학』 66(한국철학회, 2001), 29~30쪽.
59 김예호, 「한국적 자본주의의 성격과 전근대적 유교담론문화」, 『한국철학논집』 18(한국철학사연구회, 2006), 399~400쪽.

주의는 긍정적 의미를 가지는 것으로 이해된다.

요컨대, 유교자본주의가 지향하는 목표에 관한 긍정적 입장을 가지고 도덕과 경제 사이의 관계를 정립할 필요가 있다. 다시 말하면 위에서 살펴본 바와 같이 유학의 도덕적 원리와 욕구를 충족시켜 주는 경제는 통치의 두 가지 핵심적인 수단으로 상호간 유기적인 연관성을 가지고 있다. 경제가 충족되지 않은 도덕이 공허한 것이라면, 도덕의 목표가 없는 경제는 맹목적이 될 것이다. 이렇게 유학의 도덕과 경제의 유기적인 통일성의 원리와 도덕과 경제를 적절하게 질서지우는 차등성의 원리에 따라 현대사회가 당면하고 있는 여러 문제를 개선하는 기준으로 삼고자 한다.

2) 소수자 인권 및 다문화 문제에 대한 한국유학적 해법

현재 한국사회는 수많은 이주민, 국제결혼, 직업 활동 등으로 외국인의 국내 거주가 확대됨에 따라 문화적 단일사회로부터 급격히 다문화사회로 전환되고 있다. 구체적으로 결혼을 통한 다문화 가정과 이주노동자들의 경우 열악한 사회경제적 환경에서 살고, 다문화 자녀들은 교육에서도 소외되어 장기적으로 빈곤계층으로 떨어질 것이다. 하지만 이들의 삶을 공정하고 합리적으로 보장해 줄 수 있는 정치적 사회 문화적 제도가 구비되어 있지 못하다. 이러한 문제를 해결할 수 있는 철학적 반성과 실천이 있어야 할 것이다. 특히 현대 한국인들 가운데는 전통시대 중화문화 우월주의에 연원을 둔 화이관華夷觀에 영향을 받아 이주민들에 배타적 태도를 취함으로써 다문화 사회의 사회통합에 장애물이 되고 있다.[60] 이주민을 대하는 내국인들의 이러한 태도는 문화적 차이에 대한 숙고를 통한 배려의식의 부족과 인간이

---

60 장현근, 「한국의 다문화 사회통합을 위한 유교적 제언−화이론(華夷論)의 극복과 군자교육」, 『다문화사회연구』 4(숙명여자대학교 다문화통합연구소, 2011), 71~74쪽.

면 누구나 가지는 도덕적 기질에 대한 신뢰의 결여에 말미암는다.

한국사회에서 직업여성을 비롯하여 동성애자, 이주노동자, 장애인, 탈북자 등은 소수자의 주된 계층을 구성한다. 이들은 정치적, 경제적인 것은 물론 심리적, 정서적 위축까지를 온 몸으로 고스란히 감당해야 한다. '종북 게이', '호모', '퀴어', '김치녀', '된장녀', '꼴페미' 등의 이름은 우리 시대 '혐오성 호명'의 전형을 보여준다. 물론 혐오 발언은 그저 내뱉어진 말 한마디에 그치지 않는 것이라 말할 수도 있다. 하지만 이것은 이들의 인권은 물론 존재 자체를 부정하거나 존재의 가치를 비하함으로써 그들의 인권을 침해하고 폭력을 가하는 것이다.[61] 이처럼 소수자들 또한 한국 사회에서 공정한 법적 제도적 장치를 통하여 보호받지 못한다.

소수자 집단의 특수한 사례로 젠더에 관한 담론이 있다. 젠더는 성적 정체성이나 성규범이 심리적 사회문화적 차원에서 나오는 가변적 구성물로 자연적으로 주어진 생물학적 성과 구분되는 사회문화적 성을 뜻한다. 젠더 개념은 일반적으로 여성과 남성의 차이가 생물학적으로 결정된다는 '생물학적 결정론'의 대항적인 개념으로 쓰여진다.[62] 전통 사회를 젠더 관점에서 해명하는 유학자들은 남녀의 성품과 역할의 차이로부터 젠더 담론을 도출하였다. 이렇게 품성과 역할 담론은 여성을 대상화하고 활용하기에 유용하다는 점에서 젠더 위계를 유지하는 핵심담론이다.[63] 남성과의 품성의 차이를 기준으로 여성의 역할이 결정된다고 보면서 여성을 속박과 불평등 구조 속에 남겨두는 젠더 담론은 현대 한국사회에서도 현재진행형이라 할 수 있다.

---

61 김세서리아, 「소수자에게 말걸기를 위한 포스트 유교적 윤리」, 『유교사상문화연구』 65(한국유교학회, 2016), 237쪽.
62 이진경 편저·황희선, 「페미니즘 또는 젠더와 재생산의 정치학」, 『문화정치학의 영토들』(그린비, 2007), 377쪽.
63 이숙인, 「지속과 변용의 측면에서 본 19세기 유학의 젠더 담론」, 『인간연구』 39(가톨릭대학교 인간학연구소, 2019), 101~133쪽.

이러한 문제를 해결할 수 있는 이론적 근거를 유학과 성리학, 전통 사상에서 도출하고자 하는 시도는 한국유학의 미래적 가치를 드러내는 것으로서 매우 시의성을 가지는 주제이다. 이러한 노력은 나아가 현대 한국사회가 드러내고 있는 여러 영역에서 발생하고 있는 정치 경제적 사회문화적 갈등과 대립, 불공정과 차별을 개선하는 미래지향적 가치기준이 될 것이다.

젠더에 대한 담론 가운데 현대 사회 여성들이 표출하는 '분노'를 중심으로 이를 조선시대 전통사회에 속했던 여성의 분노에 관하여 정리한 김호연재의「자경편」에 실린 내용을 고찰한 연구가 있다. 이에 따르면, "현재 한국사회의 젠더 갈등 상황과 여기에서 일어나는 여성들의 분노는 상당한 근거를 가지는 것이며 어떤 의미에서 정당하다. 그러나 이때에도 우리는 어떻게 분노할지, 그리하여 무엇을 시정할 것인지 등을 면밀히 고민해야 하며, 자기 자신에 대한 배려와 윤리적 주체 함양의 문제를 언제나 함께 고려해야한다. 이러한 맥락에서 가부장 사회에서의 여성의 분노 요인과 특징을 자기배려적 차원에서 논의하는「자경편」으로 볼 때 현재 우리가 당면한 과제인부정의 앞에서 분노하지만 그것이 비폭력적으로, 윤리적 주체형성의 측면을 잃지 않는 방식으로 이루어져야 한다."[64] 여기에서는 외적 부정의와 별개로 내적인 도덕적 주체의 함양이라는 조건이 전제되어야 한다는 것을 강조하고 있다.

이어서 현대 한국사회의 여러 문제를 해결하는 철학적 근거를 탐색하기위해서는 이론 자체 안에 문제를 개선할 수 있는 의미가 함축되어 있어야한다. 우리는 이런 의미를 조선 후기 북학파 사상에서 찾아볼 수 있다. 박제가는『북학의』,「북학변北學辨」에서 천지사방이 모두 오랑캐라고 말하는 사람

---

64 김세서리아, 「한국사회의 젠더갈등에 대한 유교적 성찰-김호연재의 분노 감정 수행성을 중심으로-」, 『한국철학논집』 74(한국철학사연구회, 2022), 115~116쪽.

은 사람을 속이는 자라고 비판하면서, 중화를 벗어난 지역이 지니는 문화적 다원성과 고유성을 긍정하였다. 또 홍대용은 『의산문답』에서 "하늘의 입장에서 보면 어찌 안과 밖의 구별이 있겠는가? 이래서 각각 자기 나라 사람을 가까이하고 자기 임금을 존경하며 자기 나라를 지키고 자기 풍속을 편안히 여기는 것은 화華나 이夷나 마찬가지이다[65]라 하였다. 홍대용은 인물균人物均 사상을 전개하면서 문화마다 고유한 상대적 특성을 가지고 있어서 중화나 이적이 서로 위계적 차별을 가지는 것이 아니라, 양자가 모두 고유하고 평등한 상대적 가치를 가지는 것으로 생각하였다. 그의 이러한 문화다원론적 상대론과 평등론은 다문화주의의 사회통합을 이루어야 할 위치에 있는 현대 한국 사회에서 절실하게 요구되는 철학적 기초가 될 수 있다. 현재 다문화 사회로 진입하고 있는 한국의 지식인과 모든 구성원은 자문화 우월주의 입장을 탈피하는 논리적 근거를 북학파 이론에서 찾아야 할 것이다.[66]

유학과 성리학에서 현대 사회의 차별적이고 불평등한 사회를 개선하는 데 필요한 철학적 이론을 예를 살펴보면, 이일분수理一分殊, 화이부동和而不同과 충서忠恕, 신독愼獨과 성誠 등이 있다. 이들은 각각 상대성과 보편성의 균형 원리, 어울림과 관용의 원리, 자기 성찰의 원리로서 유교가 대동 사회를 지향하는 평화사상이라 할 때 이를 구성하는 핵심적인 원리이다.[67] 특히 여기에서 이일분수론은 보편적 획일성에 치우치는 것을 분수론分殊論이 균형을 잡고, 다양성으로 치우치는 부분을 이일理一이 조절하며, 이것이 화이부동의 균형 상태를 지향한다.[68] 그리고 신독愼獨과 성誠은 상대적 차별과 불

---

65 『醫山問答』. "自天視之, 豈有內外之分哉. 是以各親其人, 各尊其君, 各守其國, 各安其俗, 華夷一也"
66 장현근, 앞의 논문, 73쪽.
67 장승희, 「유교에서 본 다문화교육 시론」, 『유교사상문화연구』 34(한국유교학회, 2008), 103~128쪽.
68 일제 강점기를 전후한 시기에 활동했던 이인재는 이일분수론을 통치자와 민중 사이

공정한 제도나 관점에 대한 성찰의 계기가 된다. 이러한 유학과 성리학의 개념이나 이론들은 현대의 다문화사회의 여러 대립과 갈등, 차별과 불평등의 문제를 개선할 수 있는 이론적 근거를 제공할 수 있다.

5. 한국유학의 이론을 통한 정치 외교적 규범 체계의 정립

1) 분단과 통일, 민족주의와 국가주의에 대한 한국유학적 이론화

한국유학의 여러 형이상학, 심성론, 수양론, 도덕실천론이 담고 있는 내용은 보편적인 세계 윤리를 정립할 수 있는 가능성을 내포하고 있다. 구체적으로 이 장에서는 정치경제적, 외교 군사적 문제를 중심으로 한 국제관계에서 나타나는 여러 갈등과 대립 문제를 평화적 인문적으로 해결할 수 있는 이론적 근거를 유학사상에서 도출하고자 하는 목표를 갖는다. 이것은 19세기 후반 이후 서양의 물질문명과 자본주의가 고도화되면서 팽창주의와 제국주의로 동양을 침식하던 시기의 세계관을 넘어 인류가 공동의 번영을 목표로 평화롭게 조화와 상생, 균형을 이루는 미래적 세계를 열어가는 데 가치기준이 되는 윤리적 원칙을 유학사상으로부터 이끌어내는 것을 의미한다.

이 장에서 다루고자 하는 구체적인 연구는 한국사회의 중요한 과제의 하나인 통일문제에 대한 유학사상적 이론적 탐색과 대응이다. 다시 말하면 유

의 소통의 절차적 근거가 되는 것을 이해하였다. 곧 "이일분수는 본래 서로를 포함한다. 우두머리는 하나의 근본이고(一本), 만백성은 분수分殊이다. 위아래가 서로 교감하는 것은 바로 일본이 분수를 포함하는 것이고, 위아래가 격리되는 것은 바로 분수가 일본에서 분리되는 것이다"(『省窩集』, 卷2-21, 「上俛宇先生」, "且夫理一分殊, 本相涵矣. 元首者, 一本也, 萬民者, 分殊也. 上下相交, 卽一本涵分殊也. 上下隔塞, 卽分殊離一本也.")고 하였다. 이 구절 앞에서 이인재는 헌법은 인심이 동일하게 여기는 것에서 나온다고 강조하고, 이것이 바로 천리의 공정함이라고 하였다. 이어서 그는 이일분수론을 거론하면서 이일과 분수가 연결되어 잘 소통할 수 있도록 하는 지향성을 함축하고 있다.(엄연석, 「이인재의 서양철학 수용양상과 지평융합」, 『동서사상의 회통』(동과서, 2019), 66쪽)

학사상으로부터 분단과 통일, 민족주의와 국가주의에 대한 보편 윤리적 대응을 이끌어낼 수 있는 이론적 근거를 찾아보고자 한다. 다음으로 고찰하고자 하는 주제는 한국유학의 정치철학적 연역과 도덕적 세계화의 철학적 근거 탐색을 통하여 인류 세계에 보편적으로 통용될 수 있는 새로운 윤리적 가치기준을 정립하는 일이다.

현대 한국적 현실에서 분단을 넘어 통일을 이루는 것은 어떤 문제보다 한국인에게 절실하고도 중요한 과제이다. 이러한 분단의 문제를 해소하기 위해서는 분단을 극복할 수 있는 이론적 기초를 확립하고 나아가 이를 바탕으로 국민 개개인의 통일에 대한 의지와 가치관을 확립하는 일이 무엇보다 중요하다. 이러한 가치관을 필자는 유학 사상에서 탐색하고자 한다. 남북한 통일을 추동하는 유학사상의 이론적 근거를 탐색하기 위하여 현재 남북한 분단 상황에 대한 이해와 함께 그 배경에 대한 검토가 중요하다. 그러면 현재의 남북한이 분단된 초기 상황을 검토함으로써 그 이면에 내재해 있는 철학적 사상적 문제를 살펴보고 그에 대응하는 통일의 철학적 이론과 방법론을 고찰하고자 한다.

먼저 한반도가 해방된 이후 시기의 국제정세를 살펴볼 때, 분단의 필연성을 도출할 수 있다. 당시 국제 사회는 제국주의 세력에 의한 힘의 논리가 국제관계를 지배하는 상황에서 중요한 두 가지 정치 경제적 이념이 대립하고 있었다. 이것은 바로 미국과 영국을 중심으로 하는 자유민주주의 진영과 소련과 중국을 중심으로 하는 공산사회주의 진영의 이념적 대립이었다. 당시에 "한반도는 지정학적으로 강대국의 전략적 요충지에 있었기 때문에 주변 강대국은 한반도에 대한 단독지배가 불가능하다는 판단에 따라 한반도가 상대진영에 편입되는 것을 막기 위한 개입정책을 추진하였다. 한반도의 분단을 주도한 외세의 정책 및 전략은 대개가 자국의 '국가이익'을 최우선으로 생각했던 것이다. 강대국의 이익이 한반도에서 첨예하게 충돌하면서 강대국은 한반도 분단을 택하여 세력권을 양분하는 정책을 취한 것이다."[69] 이처럼 당시 한반도는 사회주의 진영과 자유주의 진영의 세력 충돌 상황 하에서 힘의 균형점을 찾으려는 전략이 분단이라는 결과로 도출된 것이다.

분단의 결과 남한에 자유민주주의를 표방하는 정부가 세워졌고, 북한에는 소련을 종주국으로 하는 공산사회주의 정권이 들어섰다. 이후 남한은 경제적 발전을 이루면서 자유민주주의의 가치를 지속적으로 신장시켜왔다. 반면 북한은 공산사회주의 이념에 따라 국가를 운영하면서 동시에 충효와 같은 유교적 가치와 가족주의 체제로 정권의 정당성을 얻고 주체사상에 의거하여 통치를 행했다.

분단 상태를 통일로 전환시키기 위하여 유학적 관점에서 철학적 이론화 및 토대를 정립을 하기 위해서는 북한체제의 이념과 운영원리 및 현재적 상황에 대한 보다 객관적인 인식이 요구된다. 먼저 북한 체제의 기본 이념과 운영원리를 검토하기 위해서는 현재 북한의 정치사상 체제의 중핵을 이루고 있는 주체사상을 요약할 필요가 있다.

주체사상은 1972년 12월 북한의 사회주의 헌법에서 공식 통치이념으로 채택된 정치 운영원리로서 사회주의 혁명과 건설을 위한 이론적이고 방법론적인 일의적 체계로 규정된다. 주체사상은 북한에서 헌법적 권위를 가진다. 이것은 사람이 모든 것의 주인이고 모든 것을 결정한다는 철학적 원리, 혁명과 건설의 주인은 인민대중이라는 사회역사원리, 자주적이고 창조적인 입장을 견지하는 것으로서 지도원칙 등으로 구성된다. 그러나 주체사상은 '혁명적 수령관'이나 '사회정치적 생명체론' 등을 강조하는데 이런 이론들

---

69 주봉호, 「한반도 분단의 대내외적 원인에 관한 연구」, 『통일전략』 14(한국통일전략학회, 2014), 50쪽.

은 수령의 절대화 또는 인민대중의 비주체화·비자주화를 합리화하는 논리적 도구라는 비판을 받고 있다.[70] 결국 이러한 주체사상은 김일성 일가의 가족독제체제를 정당화하기 위한 이념적 기초로 평가될 수 있는 요소가 있다. 이러한 관점에서 차남희는 주체사상의 특징을 "인민(대중)의 자주성을 강조하는 북한식 사회주의이며, 반反제국주의와 수령의 개인숭배를 중심으로 하는 유일사상이고, 민족문화의 전통성을 선별적으로 활용한 인간개조 사상이었다"[71]고 요약하였다.

이어서 북한의 현재의 상황을 검토하는 데 핵심적 문제는 서방세계로부터의 경제제재와 북핵문제이다. 이 두 가지 문제는 서로 연동되어 있다. 북한의 입장에서 경제적으로 약소한 상태에서 외침으로부터 국가를 방위하기 위한 기본적인 국방력을 구축을 통하여 구축하고자 했으며, 이것을 상쇄할만한 반대급부는 지속적인 경제적 발전과 상대국과의 평화협정의 체결과 같은 안전장치의 확보였다. 그리하여 2018년 6월 12일 싱가폴 북미정상회담에서 포괄적인 북핵 폐기를 조건으로 경제적 지원을 서로 맞바꾸는 협상을 진행하였으나, 하노이정상회담에서 이것이 결렬되었던 것이다.

북한핵 문제의 연원을 거슬러 올라가면 6·25전쟁 후의 정전체제와 연결되어 있다. 전쟁 이후 '휴전협정' 상태는 전쟁을 종식시킨다는 의미가 아니라 전쟁을 쉰다는 것이다. 따라서 북한은 국가를 지키기 위하여 적대국인 미국에 대한 군사적 대응체제를 유지해야 했다. 당시 미국은 군사적인 초강대국으로 매우 위협적인 존재였기 때문에, 북한은 여기에 대응하는 의미에서 핵무기 개발에 착수할 수밖에 없었다. 이처럼 북핵은 패권체제라는 국제정세와 남북 간의 군사적 불균형, 한국 주도의 한반도 정세 속에서 북한이

---

70 https://100.daum.net/encyclopedia/view/b19j3704a
71 차남희, 「주체사상과 민족주의—북한사회 통치이념의 항상성과 변용성」, 『담론201』 15(한국사회역사학회, 2012), 109~140쪽.

핵개발을 통해 정전체제를 무력화하여 군사력을 증진시키고 생존을 모색하고자 한 것이다.[72] 최근 2022년 미중 전략경쟁이 심해지는 가운데 우크라이나 전쟁이 발발하고 소위 탈냉전의 종식을 논하는 현 시점에서 북핵문제는 새로운 국면을 맞고 있으며, 이것에 대한 대응 논리를 세우는 것이 절실한 시기이다.

그러면 북한이 핵개발에 집착하는 정책으로부터 코페르니쿠스적 전환을 이루어 개혁개방을 통한 경제적 발전 모형으로 나아가도록 하는 철학적 토대를 유학사상에서 찾아보기로 한다. 『논어』, 「안연」에는 자공이 공자에게 정치에 대하여 질문하면서 통치자가 지녀야 하는 덕목으로서 백성들에게 '신뢰감(信)'을 주는 것의 중요성을 강조하는 단락이 있다. 이 대화에서는 신뢰(信)을 삶의 안정을 가져오는 경제적 여건과 국가를 보호하는 군사적 요소와 그리고 백성에 대한 신뢰(信) 중 어느 것이 가장 중요한지를 설명하였다.

> 자공이 정치에 대해 물었다. 공자께서 말하였다. "식량(경제력)을 풍족하게 하고 군대(군사력)을 충족시키며, 백성들에게 믿음을 준다. 자공이 말하였다. "반드시 부득이하여 버린다면 이 세 가지 중에 무엇을 먼저 버립니까?" 말하기를 "군대를 버린다." 자공이 말하였다. "반드시 부득이하여 버린다면 이 두 가지 중에 무엇을 먼저 버립니까?" 말하기를 "식량을 버린다. 예로부터 모두 죽을지라도 백성에게 신뢰가 없으면 정치적 지위에 서지 못한다.[73]

공자는 통치자가 군사력과 경제력, 그리고 백성에게 베푸는 신뢰 가운데 비록 군대와 식량을 버리더라도 백성들에게 신뢰를 잃으면 절대로 안 된다

---

72 전재성, 「한반도 정전체제와 북핵체제를 넘어–불완전 주권성의 전개와 극복」, 『한국과 국제정치』 39(경남대학교 극동문제연구소, 2023), 43~80쪽.
73 『論語』, 「顔淵」. "子貢問政. 子曰, 足食, 足兵, 民信之矣. 子貢曰, 必不得已而去, 於斯三者, 何先. 曰去兵. 子貢曰, 必不得已而去, 於斯二者, 何先. 曰去食. 自古皆有死, 民無信不立."

고 하였다. 다시 말하면 신뢰는 통치자가 지녀야 하는 절대적인 가치인 것이다. 이것은 역설적으로 경제력과 군사력보다 백성이 통치자를 믿는 것이 통치의 핵심 요체임을 강조한 말이다. 예를 들어 식량이 풍족하고 군대가 강하더라도 이것들이 백성의 안정되고 평화로운 삶을 보장하는 것이 아니라, 식량은 전쟁을 위한 군수물자로, 군인은 외침을 보호하기 위한 것이 아니라 공격 전쟁을 하기 위한 것이라면, 풍부한 경제력과 강한 군사력은 백성들의 고통을 가중시키는 요소가 될 뿐이다. 반대로 식량과 군대가 없더라도 임금(통치자)가 백성을 경제적으로 안정되고 군사적으로 평화롭게 살도록 하고자 하는 의지를 갖는다면, 백성들은 통치자의 의지를 믿고 경제력과 군사력을 창조하기 위하여 노력할 것이다. 왜냐하면 그들이 창조하는 것은 결국 그들의 삶의 안정을 위한 것이 되기 때문이다.

이러한 유가적 원리에 따라 볼 때, 북한이 핵무기를 개발함으로써 경제적 제재와 핍박을 받는 것은 덜 중요한 것(군대) 때문에 더 중요한 것(식량)을 포기하는 어리석음을 범하는 것일 뿐이다. 이런 점에서 대한민국이 북한의 비핵화를 유도하여 국제적인 경제제재를 해소하고 경제발전을 이루는 길로 나아가도록 유도하는 것이 매우 필요하다. 나아가 남북 사이의 분단을 넘어 통일로 나아가기 위해서는 학술 문화 분야에서의 유사하고 공통적인 부분으로부터 그 동질적 의미를 통약하고 종합해나가는 것이 필요하다.

그러면 조선시대 유학이론을 통한 남북한의 교류와 소통근거를 연구한 학자들의 주장을 검토하기로 한다.

황상희는 퇴계의 리의 자발성을 강조하는 리도설理到說을 북한의 주체사상과 연결하여 의미론적인 연속성을 강조하였다. 퇴계에서 리理는 발현하고 (發), 움직이는 것(動)으로 정의되고, 나아가 이른다(到)고 언급된다. 이와 비교하여 주체사상은 자주성과 창조성, 의식성이 사회적 존재인 사람의 본질적 특성을 이룬다[74]고 하였다. 그는 주체사상의 인간중심주의를 퇴계사상과 비교해보고 합일점을 찾아 '사람의 통일' 기반을 만들고자 하였다. 이와 같은 노력은 남북이 통일로 나아가는 데 있어서 조선 유학에 내재되어 있는 철학적 의미를 북한의 정치사상적 근본 체계와 통약가능한 부분을 검토하는 것으로 한국유학이 나아야 할 방향을 제시해 준다고 할 수 있다.

한국 유학사상 중에 이이의 학설에도 분단을 넘어 통일로 가는데 필요한 이념적 철학적 토대가 되는 이론이 내포되어 있다. 이이는 이기론 철학에서 이기지묘理氣之妙를 말하면서 리理와 기氣가 상호의존적으로 뿌리가 되는 것(互爲其根)으로 보았다. 남과 북의 화합을 위해서는 서로가 상생相生의 길을 터야 하는데, 이러한 상생의 사고가 율곡이 계승한 유학의 이기론에서 "서로가 상호적으로 그 뿌리가 된다(互爲其根)"고 하는 사고이다. 이것은 구체적으로 음양 陰陽이 태극太極을 토대로 하여 대대待對와 상수相須의 구조로 설명된다.[75] 이처럼 조선 유학에는 조화와 통합, 유기체적 전체성, 자발성, 신뢰와 같은 이념과 덕목을 설명해 줄 수 있는 이론들이 내포되어 있다.

남북한 사이에 정치외교 경제 사회 문화 등 여러 영역에서 교류와 협력을 증진시키기 위해서 필요한 중요한 덕목 중의 하나는 신뢰라고 할 수 있다. 이 '신信' 개념 또한 남북한의 교유와 통합을 진전시키는 유학의 핵심적 가치라고 하겠다. 유학에서 신信은 성誠을 본질로 하며『대학』과『중용』에서 논의하였다. '신'은 인간관계의 기본 덕목이지만 단순히 상호관계를 넘어서서 인간 주체가 지니는 본질적 도덕성으로, 자신에 대한 인간성의 본질로서의 성실을 의미한다. 장승희는 이러한 인성론적 기초를 갖는 신뢰 개념을

---

74 황상희, 「통일방안을 위한 퇴계의 리도설과 북한의 주체사상 비교 연구」,『사회사상과 문화』 22(동양사회사상학회, 2019), 98쪽.

75 윤사순, 「통일의 사상적 기반에 대한 율곡학적 모색」,『율곡학연구』 30((사)율곡연구원, 2015), 5~28쪽.

통일을 위한 기초로 삼아서 "통일을 위해 신뢰문제를 논의하면서 인문학적 근거로 인성적 측면의 접근이 타당하며, 도덕교육에서 통일교육의 정당성을 찾을 수 있다"[76]고 주장하였다.

이처럼 남북한 사이의 이질화된 요소를 극복하고 동질성을 회복해 나아가는 노력에서 조선 유학의 철학적 이론적 사유에 내포되어 있는 의미를 드러냄으로써 한국유학의 미래적 변용을 도모해야 할 것이다. 이러한 학술분야는 비정치적, 비군사적 분야로 첨예한 대립보다 상호 포용과 상보적 의미를 가지는 내용을 통하여 남북간의 문화적 동질성을 회복하기에 용이한 분야이기도 하다. 이런 점에서 남북한 통합과 관련하여 유학이 지니는 당면한 민족적 도덕적 의미를 해명할 때 유학의 현대적 미래지향적 변용을 충실히 이루어낼 수 있을 것이다.

2) 한국유학의 정치철학과 도덕적 세계화의 근거탐색

이 절에서는 한국유학에서 나타난 몇 가지 정치철학의 특성으로부터 도덕적 세계화의 철학적 가능근거를 연역하고자 한다. 구체적으로 이 절에서는 조선 왕조 건국시기 한국유학에서 논의되었던 정도전의 재상중심주의와 이황과 이이가 제시했던 성학론, 그리고 조선 후기의 영조 정조시기에 전개되었던 탕평책을 살펴볼 예정이다.

먼저 정도전은 조선왕조를 건국하면서 성리학을 이념으로 하는 철학적 근거와 체계를 세우고자 하여 『불씨잡변佛氏雜辨』, 『조선경국전朝鮮經國典』과

---

76 장승희, 「신뢰에 대한 통일인문학적 접근─동서양의 "신뢰" 개념을 바탕으로─」, 『초등도덕교육』 48(한국초등도덕교육학회, 2015), 149쪽. 박근혜 정부 때 신뢰프로세스를 정책 방안으로 구축한 적이 있다. 그 추진과제를 '신뢰 형성을 통한 남북관계 정상화', '한반도의 지속가능한 평화 추구', '통일 인프라 강화', '한반도 평화통일과 동북아 평화협력의 선순환 모색' 등으로 제시하였다.(151쪽)

『경제문감經濟文鑑』, 『경제문감별집經濟文鑑別集』 등을 저술하였다. 정도전은 고려말기의 여러 문제를 안고 개창한 조선왕조를 성리학을 이념으로 하는 국가로 이끌어가기 위한 경세론적 기초를 유가 경전으로부터 받아들였다. 그는 먼저 『주역』에서 자연과 인사를 포괄하여 운동변화하는 세계를 뜻하는 생생의 덕德을 자연과 인사의 질서를 규정하는 최고의 범주로 삼았다. 이어서 그는 『중용』과 『서경』에서 '중中' 또는 '중도中道'를 정치적 이상 통치를 위한 심성론적, 제도론적 근거로 삼았다. 이들 개념은 그가 여러 경세론적 제도를 언급할 때, 표준적인 법제를 구성하는 이념적 토대가 되었다. 예를 들면, 임금이 세금제도를 법으로 규정할 때도 이 중도中道의 표준은 필수적인 근거가 된다.[77]

다음으로 그는 『대학』으로부터 지선至善의 경지를 이끌어냄으로써 사회적 관계에서 개인이 취해야 하는 인륜의 덕목을 다음과 같이 제시하였다. 이들의 구체적인 세목은 인仁, 경敬, 자慈, 효孝, 신信 등으로 통치 질서에서 필수적으로 요구되는 강령인 동시에 덕목이다. 이어서 그는 『주례周禮』로부터도 국가의 통치 구조를 이루는 기본 조직으로 육전六典 체계를 수용하였다. 이 또한 민생을 목표로 삼아 재상이 중심이 되어 이상적인 통치를 지향하는 구조를 지닌다. 나아가 그는 『경제문감』과 『경제문감별집』에서 도덕적 수양과 실천을 강조하는 『주역周易』에 대한 정이의 의리적 해석을 수용하여 군주와 재상의 통치 지위에서 도덕적 자질을 함양하는 문제를 경세론에 적용하였다.[78]

조선시대에 유학의 정치철학을 이루는 중요한 학설 또는 이론으로 제왕학과 성학론이 제시되고 있다. 먼저 제왕학은 조선 전기 이언적이 『중용구

77 엄연석, 『조선전기경학사상총론』(동과서, 2022), 244쪽.
78 엄연석, 위의 책, 244쪽.

경연의中庸九經衍義』에서 부분적으로 논의되는 양상을 보였다. 그는『중용구경연의』에서『중용』가운데 천하국가를 다스리는 요점으로 구경九經을 강조하였다. 그리고 이것을 행하기 위한 덕목을 성誠으로 판단하고 이를『대학』의 격치성정格致誠正을 통하여 보완해야 한다고 보았다. 그는 성은 천도이고 임금이 천도를 체득하는 것에서 비로소 구경을 실행할 수 있다고 강조하였다.『중용구경연의』는 특히 임금에게 올리고자 하는 목적으로 이를 저술함으로써 제왕학적 요소를 강하게 내포하고 있다.

그는『중용구경연의』,「서」에서『중용』의 구경九經이『대학』8조목과 상보적 관계를 이루면서 제왕이 통치를 행하는 체계와 규모를 제시한 것으로 이해하였다. 여기에서 그는『중용』20장의 구경九經이 내포하고 있는 제왕학으로서의 특색을 강조하였다. 그는 제왕이 통치를 행하는 방법으로 구경九經을 제시하면서도 이것을 실천하는 핵심적인 관건은 오로지 임금의 성실성 여부에 달려 있다고 주장하였다. 그는 통치의 성패가 제왕의 마음의 수양에 달려 있다고 주장한 것이다.[79]

퇴계 이황의 성학론을 담고 있는『성학십도』와 율곡 이이의『성학집요』 또한 조선 중기의 성리학적 정치철학의 핵심을 보여주는 저술이다.『성학십도』는 선조가 성군이 되기를 바라는 뜻에서 군왕의 도道에 관한 학문의 요체를 도식으로 설명한 10개로 이루어진 도표이다. 반면『성학집요』는 제왕의 학문과 수양, 정사를 위하여 경전과 역사서(史書) 가운데 긴요한 핵심적인 어구들을 묶어 5편으로 목차를 정하고 차箚를 붙여 선조에게 올린 글이다. 이 두 저술은 모두 성학과 제왕학을 함께 추구하지만 상호간에 강조점이 다르다고 할 수 있다. 곧 양자는 정치에 대해서 다른 입장을 취하고 있다. 이것은 양자의 내성외왕의 대한 이해를 통해서 살펴볼 수 있다.

---

79 엄연석, 위의 책, 260쪽.

퇴계가 내성외왕을 본本과 적迹의 관계로 이해한다면, 율곡은 내성과 외왕을 상호의존적인 관계로 이해한다. 퇴계가 성학을 하게 되면 외왕은 저절로 실현된다는 성인정치를 주장하였다면, 율곡은 퇴계와 마찬가지로 성학을 중시하면서도 군주의 역량(外王) 또한 강조한다.[80] 퇴계는 성학을 통하여 내성의 수양을 강조하여 이로부터 외왕을 자연스럽게 연역되도록 한다. 반면 율곡은 성학으로 내성을 강조하면서도 동시에 외왕의 치인의 영역을 동시에 강조한다. 이 점에서 두 학자는 상보적인 정치철학을 전개했다고 할 수 있다.

조선 후기의 정치철학으로 중요한 이론으로는 영조와 정조가 중심적으로 제기한 탕평론과 탕평책이 있다. 이 탕평책은 조선 후기 영조와 정조 대에 당쟁을 완화하기 위하여 당파 사이에 정치세력의 균형을 유지하고자 한 정책이다. 탕평책은『서경』,「홍범」의 이론을 근거로 하며, 탕평이란 용어도 여기에 나온다.『상서尙書』의 홍범구주洪範九疇 중 제5조 황극설皇極說은 "무편무당無偏無黨 왕도탕탕王道蕩蕩 무당무편無黨無偏 왕도평평王道平平"이라고 되어 있다. 이것은 본래 군주가 통치를 함에 있어서 한쪽으로 치우치거나 사사로움이 없고 당파를 짓는 것이 없이 크게 공정하고 정대한 경지에 이르는 것을 의미한다. 송대宋代의 주자朱子 또한 그의 붕당론을 피력한 논의에서 붕당 사이에 논쟁의 시비是非를 분명하게 밝힘으로써 조정의 균형과 조화를 언급하였다.

영조는 붕당과 당쟁으로 국가의 피해가 막심하다고 느꼈다. 나아가 영조는 대리청정代理聽政의 시비로 노론과 소론간의 분쟁이 격화되어 신임사화를 초래한 폐해를 직접 경험하였다. 이에 탕평책은 이것을 반성하는 입장에

---

80 권상우,「율곡『聖學輯要』의 성왕론-『大學衍義』,『聖學十圖』와 비교를 중심으로」,『율곡학연구』40((사)율곡학회, 2019), 135~136쪽.

서 나온 정치이념이자 예방하는 대책이었다. 이후 정조 시기에는 채제공蔡濟恭을 비롯한 남인 세력을 적극적으로 조정에 등용하여 노론과 남인의 보합保合을 추구하였다. 이와 같이 정조는 조제調制 보합의 인재 등용을 골자로 하는 탕평책을 계승하면서 사대부의 의리와 명절名節을 중시해온 청류들을 대폭 기용했던 것이다. 이것은 바로 노·소론 중에 온건론자들이 함께 지지하는 완론 탕평을 이끌어온 영조가 파당간의 병진을 기본 바탕으로 한 것과는 차이를 보인다.[81] 이처럼 영조와 정조는 각각 관점의 차이를 지니면서도 탕평책을 제시하여 당파로 인한 정치적 대립의 문제를 해결하고자 노력하였다.

다음으로 조선시대 후기 유학의 정치철학으로 말할 수 있는 것은 실용주의 철학으로서 북학론이다. 구체적으로 북학론은 조선 후기에 전개된 실학實學의 한 조류로 이용후생利用厚生에 입각하여 상공업의 발전을 추구한 이론이다. 조선 후기에는 전통 주자성리학의 화이관과 명분론적 사고에서 벗어나 청나라의 선진 문물과 기술을 적극적으로 받아들여 조선 후기 사회 경제적 체제의 모순을 개혁하고자 하는 흐름이 이어졌다. 홍대용·박지원·이덕무·박제가 등이 대표적인 인물이었다. 이들은 청나라 연행사를 수행하여 건륭乾隆 연간의 선진 문물을 직접 경험하고 배웠다. '북학北學'이라는 용어는 박제가가 지은 『북학의北學議』에서 시작되었다.

나아가 북학파는 기존 학계의 권위주의와 폐쇄성 등을 예리하게 비판하였는데, 이러한 비판 정신은 개방적인 태도로 나타났으며, 주자학 일변도의 폐쇄적인 학풍에서 벗어나 사상에 대해 폭넓은 관심을 보여주었다. 북학파가 서학 중에 천주교에 대해서는 비판적 입장을 견지하였지만, 기술에 대해서는 매우 관심을 지니며 적극적 수용의 자세를 나타냈다. 그들은 외국의

---

81 한국학중앙연구원, 『민족문화대백과사전』, 「탕평책」 조

훌륭한 기술을 습득하여 국내적으로는 기술혁신을 해서 이용후생에 투자하고 국가를 부강하게 하여 백성의 생활을 안정시키고자 하였다. 또한 그들은 역사의식에 있어서 국가의 상대적 자기중심성을 인정하며 주변 국가 의식을 극복하고자 하였다. 북학파는 나라를 이적시하는 당시 지식인들의 비현실성을 지적하면서 이후 청나라에 대해 현실주의적인 대응으로 주체적이며 자율적인 입장을 취할 수 없게 되는 명분론을 비판하였다. 북학파는 전통문화를 근간으로 하되 그것을 관념적으로만 집착하여 인식하는 것이 아니라, 실사구시적으로 진단하고 이해하여 실질적인 활용으로 연결하고자 하였다.[82] 이처럼 북학론의 기존의 의리적 관점보다는 실용주의적 시각에서 일반 민중들을 위한 보다 다양한 현실적 경제적 삶의 문제에 집중하였다. 이것은 북학파가 보다 다양한 계층을 아우르는 실용주의를 지향하고 있음을 뜻한다.

6. 한국유학의 미래적 도덕률과 치유의 철학

1) 한국유학사상의 개념 분석을 통한 보편적 도덕율 재확립

이 절에서는 한국유학으로부터 미래 사회를 선도하는 가치기준을 도출하고자 하는 목표를 제시하고자 한다. 그 방법론은 현대 한국사회가 민주주의와 자본주의의 원리에 따라 운영되는 동시에 전통 유학사상의 공동체적 윤리관이 심성에 내재되어 작용하고 있다는 전제하에, 서구적인 개인적 가치와 전통적인 공동체적 가치를 융합하여 균형과 조화를 이루게 하는 방향으로 논지를 전개하고자 한다. 이것을 하나의 개념적 틀로 요약하면 자유와

---

82 정성식, 「18세기 북학파의 역사의식」, 『한국유교학회』 82(한국유교학회, 2020), 62~64쪽.

평등이 균형과 조화를 이루도록 하는 이론적 체계에 대한 분석과 해명을 통하여 미래적 도덕률을 확립하는 것이라고 할 수 있다.

이 장에서는 구체적으로 한국유학을 통하여 AI시대의 윤리를 규제하는 도덕률을 재확립하는 문제를 살펴보고자 한다. 이것은 현재 4차 산업혁명의 성과와 학습하고 사유하는 인공지능으로 ChatGPT가 인류 사회의 삶의 영역에 들어와 영향을 끼치기 시작하면서, 인공지능 운용의 윤리적 문제가 관심의 대상이 되고 있다. 과학기술의 비약적인 발전에 따른 기술정보문명의 전환에 대응하는 유학적 차원에서의 철학적 윤리학적 대응 방안과 이론화는 초미의 관심사이자 시급히 해결해야 하는 필수불가결한 과제이다.

또한 최근 철학적 탐구의 한 경향으로 실용적인 치유의 관점에서 '상담철학'의 영역을 탐구하고 이론화하고자 하는 흐름이 형성되고 있다. 상담철학의 이러한 흐름은 구체적 사례로 사회문화적인 병리현상과 연관된 중독(약물, 알콜, 인터넷, 마약 등 4대 중독)에 대한 해결 방안을 심리학적 방법론과 함께 철학적 이론을 통하여 해결하고자 하는 의미를 갖는다. 이러한 추세를 반영하여 이 장에서는 한국유학의 이론 분석을 통한 철학적 치유의 가능성과 현실성의 문제를 수양론, 도덕실천론 등의 구체적인 이론적 주제와 연관하여 고찰하고자 한다.

그러면 먼저 챗봇과 같은 인공지능이 인류의 삶의 현장에서 제기하는 역기능이나 윤리적 문제에 대해 유학의 도덕적 이상론이 어떤 역할을 할 수 있을지를 살펴보기로 한다. 현대사회의 여러 문제에 대한 유학의 역할을 해명하기 위해서는 인공지능의 운용으로부터 일어나는 문제들의 성격을 파악할 필요가 있다.

현대사회는 인간에 관한 모든 지식정보가 빅데이터로 저장되고 네트워크로 연결되는데 이를 매개하는 인공지능은 인간과 관계를 맺으면서 일탈과 편향 등의 문제를 드러내면서 윤리적 문제를 야기한다. 2017년 마이크로소 프트사에서 출시한 챗봇 테이Tay가 소수자 혐오발언과 편집증적 증세로 폐쇄되었고, 스케터랩에서 출시한 '이루다'가 성희롱의 대상이 되고 소수인종에 대한 혐오발언으로 서비스가 중단되었다.[83] 이러한 사례들은 인공지능의 편향성에 따른 윤리적 문제를 수반하였다.

특히 한국사회는 인공지능 알고리즘으로 인한 문제가 발생하기 쉬운 토양을 갖추고 있다. 한국 사회는 이미 나이, 지역, 경제적 계층, 상이한 문화 등에 따라 집단 간의 편견과 혐오가 넘쳐난다. 근래 페미니즘이 진전되면서 인터넷에서 남성은 비하하는 표현이 늘자 페미니즘 전반에 관한 역공격이 일어나기도 한다. 또 한국은 어느 나라보다도 디지털 자동화, 인공지능의 도입을 통한 변화와 혁신을 적극적으로 수용하였다. 이미 정부 규제 기관이나 금융기관 등에서는 여러 종류의 자동화된 의사결정 알고리즘을 사용하고 있다. 이런 한국사회에서 확산되는 혐오의 정서나 문화가 디지털-알고리즘 사회로 급격하게 바뀔 때 그 여파는 중대한 사회윤리적 문제로 분출될 것이다.[84]

이처럼 인공지능 알고리즘이 행하는 의사결정이 인종, 젠더, 세대, 계층에 따는 편향과 혐오를 드러낼 때나 불명료한 의사결정 과정과 책임성 등의 문제에 대응하기 위한 노력이 전개되고 있다. 그러면 인공지능이 드러내는 이러한 문제에 대하여 유학은 어떤 기준들을 가지고 대응할 수 있는가?[85]

---

83 정원섭 편집, 『인공지능의 편향과 챗봇의 일탈』(세창출판사, 2022), 168쪽·184쪽.
84 정원섭 편집·김건우, 위의 책, 49~50쪽.
85 그동안 유학이 인공지능 시대에 어떤 역할을 할 수 있는가를 성찰하는 관점은 인공지능을 인간에게 위협이 되는 것으로 부정적으로 평가하는 경우와 인간에게 도움이 되는 것으로 긍정적으로 평가하는 경우로 구분된다. 양선진과 임헌규는 유교적 인간 본성에 대한 재검토로 인간의 존재론적 지위를 견고하게 함으로써 AI가 실질적 위협으로 다가오는 상황에서 인간이 변화의 주도권을 유지해야 한다는 관점에서 유학의 대응을 주문하였다. 황갑연도 지능, 도덕감정, 타인에 대한 배려와 의무의식을

이 문제를 논하기 전에 인공지능의 본질적 특성에 관하여 선이해를 하고 넘어갈 부분이 있다. 기본적으로 인공지능은 인간이 자신들의 삶의 수단이 되는 것들을 이용하여 삶을 편리하고 풍요롭게 하고자 하는 데서 나온 문화적 산물이다. 다시 말하면 이것은 과학기술의 발전과 인류가 축적해 온 문화적 유산에 대한 빅데이터 정보를 이용하여 인간의 물질적 삶을 개선시켜 줄 수 있는 기술 문명적 산물인 동시에 역사문화적 산물이다. 따라서 인공지능이 인간에게 도움을 주기 위한 실용적 목적으로 발명된 것이라 할 때, 인공지능 자체는 가치중립적 존재론적 지위를 갖는다.

이 점에서 인공지능이 어떤 편향이나 불공정, 무책임에 따른 문제를 일으킨다고 할 때 이것은 모두 인공지능을 제어하는 인간의 문제로 환원된다. 다시 말하면 인공지능 알고리즘의 작동체계와 내용을 통제하는 계층이 어떤 도덕적 문화적 의식과 지향을 가지느냐의 문제가 된다. 인공지능 윤리규칙의 제정이나 인공지능 윤리교육 등이 필요한 이유가 바로 여기에 있다. 요컨대, 문제는 인공지능과 긴밀한 이해관계를 가지고 있는 당사자들이 어떤 윤리의식을 가지고 인공지능을 이용하고자 하느냐 하는 점에 있다는 것이다.[86] 다시 말하면 그들의 가치의식에 따라 나타난 결과가 인공지능을 긍정적으로 평가하기도 하고 부정적으로 평가하기도 하는 요인이 된다는 것이다.

지닌 인간과 비교할 때 AI를 도덕 행위의 주체로 인정할 수 없다고 하였다. 반면, 정재현은 '유교 성인 AI'만들기라는 가상 사고실험에서 AI를 인간과 다른 존재가 아니라 인간을 도우면서 공존하는 체제로 평가하였다.(이재복, 「유교적 인공지능 윤리를 위한 시론」, 『인간환경미래』 29(인제대학교 인간환경미래연구원, 2022), 107쪽)

[86] 인공지능이 발생시키는 혐오 등의 감정을 통한 편향을 조금만 자세히 들여다보면 이것은 모두 인간들로부터 유래하는 것들이라고 할 수 있다. 인공지능 자체는 본래 수많은 데이터에 근거하여 최적의 객관적인 정보를 선택함으로써 인간이 필요한 정보를 제공해 줄 수 있는 능력을 지니고 있다. 비근하게 볼 수 있는 대표적인 사례가 지능형교통시스템을 들 수 있다. 이처럼 인간은 빅데이터를 편견 없이 객관적인 정보를 이용하도록 인공지능을 학습시킬 의무가 있다. 이렇게 할 때, 무한에 가까운 객관적인 정보들은 인간의 삶에 도움을 주는 긍정적 계기로 작용할 수 있다.

그렇다면 이제 인공지능 시대에 대응하여 유학이 행할 수 있는 역할과 핵심적 가치기준의 정립에 대하여 검토하고자 한다. 이와 관련하여 『논어』, 「자한子罕」에서 공자에 대하여 말한 구절이 시사적 의미를 제시해 준다.

> 공자께서는 네 가지를 끊으셨으니, 자의적인 것이 없었고, 관철하려는 생각이 없었고, 고집하지 않으셨고, 주관적인 것이 없었다.[87]

공자는 인생의 최고 단계에서 이순耳順하고 종신토로 하고 싶은 대로 해도 법도를 벗어나지 않았다고 한다. 그는 순리와 객관적인 척도에 따라 처신하였으며 객관적인 도道에 따르지 않으면서 자의적이거나 주관적이지 않았고, 개인적 이익에 따라 어떤 일을 고집스럽게 관철하려 하지 않았다는 것이다. 공자의 이러한 태도는 현대사회에서 자본주의적 이익을 추구하는 부류의 사람들이 추구하는 것과는 상반된 인생의 태도로 평가할 수 있다.

이어서 인공지능의 영향이 삶의 많은 영역에 영향을 주고 있는 현대에 유학이 제시할 수 있는 다른 하나의 기준을 제시한다면 박문약례博文約禮를 들 수 있다.[88] 이것은 널리 외부의 객관적 지식을 배우고 넓혀서 이를 예禮로 단속하여 실천한다는 말이다. 초지식과 빅데이터를 구가하고 있는 현대 사회에 적용하여 설명한다면 이 박문약례는 빅데이터로 무한에 가까이 쌓여 있는 지식 정보를 현실적 여건에 맞게 편집하고 종합하여 당면한 사회의 시의성에 맞게 제도나 이론 등으로 만들어 사회적 삶을 질서 있게 하는 데 최대한 이용하도록 하는 것을 의미한다. 이처럼 유학의 여러 덕목과 이론들은 현대의 초연결 초지식의 인공지능 사회에 질서를 가져오는 중요한 내용을 간직하고 있다.

---

87 『論語』, 「子罕」. "子絶四, 毋意, 毋必, 毋固, 毋我."
88 『論語』, 「雍也」, 6-25. "子曰 君子博學於文, 約之以禮, 亦可以弗畔矣夫"

한국유학에서 가운데 율곡의 이기론의 요체는 이와 기의 관계를 '이기묘합理氣妙合'으로 해석하는 데 있다. 율곡은 이와 기를 하나이면서 둘이고 둘이면서 하나라는 원리에 입각하고 있다. 이를 논변하면서 그는 이는 기의 근본이며 기는 이가 머무르는 곳이라는 존재론의 관점에서 이기는 서로 떨어질 수 없이 신표하게 합해 있다고 보았다. 곧 율곡의 이기론의 핵심원리는 이와 기가 분리될 수도 섞일 수도 없으면서 오묘하게 연결되어 있다고 생각한 것이다. 이러한 율곡의 관점은 근본으로서 리의 본체가 현상의 기와 분리되지 않다고 봄으로써 현상에 이가 내재해 있는 것으로서 현상의 특수성과 다양성을 포용하는 의미를 갖는다. 율곡의 이기론에 대한 재조명을 통해서 초연결 초지식의 인공지능 사회에 대한 해석을 이끌어낼 수 있을 것이다.

뿐만 아니라 유학사상에서 핵심 덕목으로 간주되는 인의예지仁義禮智와 신信, 용勇, 겸謙, 화和 같은 덕목들 또한 이들을 규정하는 핵심적이고 객관적인 기준을 정립하여 인간에게 교육시키고 인공지능 알고리즘으로 체계화하는 방법을 강구해야 할 것이다.

2) 한국유학의 이론 분석을 통한 철학적 치유

현대 사회는 과학기술과 정보문명의 발전에 따른 기계문명을 통하여 풍요로운 삶의 조건을 성취하였다. 하지만 사회문화적으로 계층, 세대, 성별, 소수자 등과 같은 사회적 지위에 따른 차별과 배제 등으로 소외되는 사람들이 상대적 박탈감으로 정신적 병리현상의 희생자가 되기도 한다. 특히 경제적 빈부의 양극화로부터 기득권층과 달리 소외계층의 사람들이 겪는 정신적 불안감과 고독, 소외감, 약물중독 등 병리현상이 사회적 문제로 대두되고 있다. 이와 같은 경제적 사회문화적 차원에서 발생하는 사람들의 병리적 현상에 대하여 유학은 어떤 진단과 치유 방법을 제시할 수 있는가?

유학 이론을 통하여 현대인들이 겪는 정신병리적 문제를 치유하는 방법에 관해서는 여러 연구들이 발표되었다. 이들 연구 중에는 유학자로서 의학을 공부하여 인仁과 효孝의 실천과 양생법을 통하여 치유를 행한 역사에 관한 연구가 있다.[89] 또 신유학이 정좌법과 심신 수렴의 방법을 유교 치료의 관점에서 해명한 연구가 있고,[90] 신사임당이 인仁을 통한 수신제가의 실천을 가족 치유의 과정으로 해석한 연구도 있다.[91] 퇴계 이황의「도산십이곡」과 다산 정약용의『악서고존』과「악론」에 내포되어 있는 음악적 요소에 치유적 의미를 해명한 연구도 있다.[92] 이 밖에도 주자의 독서법讀書法에서 절기체찰切己體察, 절기자료切己自療 공부를 치료적 관점에서 바라 본 연구도 있다.[93] 이처럼 연구들에서 유학의 개념과 이론에 근거하여 치유와 치료의 의미를 이끌어냄으로써 현대 사회의 여러 정신적 병리현상에 대한 유학의 이론적 대응 방법과 내용을 제시하였다. 그러나 이들 연구는 주로 개인의 마음의 절제와 수양을 통한 치유를 지향하고 있다.

이 글에서는 이들 연구의 관점과 다른 시각에서 유가적 치유 이론과 방법을 제시해 보고자 한다. 선진시대 유학의 여러 경전에서 말하는 대부분의 내용들은 일반 백성을 다스리는 통치자가 해야 할 의무로서 도덕적 수양을 통하여 어진 마음으로 지혜를 발휘하여 백성들을 안정되게 다스리는 방법

---

89 김상원,「동아시아의 자연치유 연구-유의(儒醫)에 대하여-」,『자연치유연구』2(동방문화대학원대학교 자연치유연구소, 2017), 85~101쪽.

90 신현승,「신유학의 정좌법과 심신수렴의 유교치료」,『동서철학연구』80(한국동서철학회, 2016), 51~75쪽.

91 하윤서,「신사임당의 가족치유(家族治癒)에 관한 실천방법 연구」,『율곡연구』41((사)율곡학회, 2020), 101~126쪽.

92 박정련,「퇴계의 음악, 한국적 음악치유학의 정립을 위한 가능성 모색」,『陽明學』23(한국양명학회, 2009), 345~376쪽; 박정련,「다산 정약용의 음악치유에 대한 이해와 그 설정 가능성에 대한 시론」,『동양예술』30(한국동양예술학회, 2016), 81~104쪽.

93 정병석,「朱子의 讀書論에 보이는 切己工夫와 치료적 사유」,『哲學論叢』103(새한철학회, 2021), 249~267쪽.

과 내용으로 이루어져 있다. 유학 이론으로서 백성들의 정신적 병리현상을 치유하는 단초는 소외 상태에 있는 백성들 자신에게 있는 것이 아니라, 백성들의 안정된 삶을 보장해 줄 책임을 가진 통치자에게 있다. 다시 말하면 통치자가 행해야 할 의무를 실천하여 백성들의 삶의 수단적 조건을 개선시킴으로써 백성들의 마음을 치유하는 핵심 근거로 삼고자 하는 것이다.

통치자가 백성의 마음을 치유하는 것의 중요성을 언급한 구절은 『논어』에 나온다. 「계씨(季氏)」에서는 통치자가 이상적인 정치를 실행함으로써 일반 민중들이 가까이 다가오는 행동양식을 보인다고 언급하는 구절이 나온다. 공자는 "가까이 있는 사람은 기쁘게 하고, 멀리 있는 사람은 오도록 한다"[94]고 하였다. 이 편에서 공자는 나라 안에서 다스리는 백성들을 즐겁게 하는 것(說)과 외국인들이 와서 살고 싶도록 하는 것(來)을 도덕적 이상적인 통치의 표준으로 삼았다. 여기에서 백성들이 통치자의 다스림에 대한 감수성으로서 기쁨의 감정을 느낄 수 있어야 한다고 생각한 것이다. 주변의 다른 나라 사람들이 이상적인 통치를 실행하는 나라로 오고 싶어 하는 것을 맹자는 다음과 같이 묘사하였다. "왕이 어진 정치(仁政)를 행한다면 천하 사람들이 모두 왕의 조정에 나아가기를 바라고, 농사짓는 사람은 왕의 전답에서 농사를 짓고, 상인은 왕이 다스리는 시장에서 장사를 하며, 여행객은 왕의 나라 명승지에서 관광하기를 바라며, 천하에 자기 임금을 비난하는 사람이 왕에게 하소연하게 하신다면, 누가 이를 못하게 할 수 있겠습니까?"[95]라고 하였다.

---

94 『論語』, 「子路」, 13-16. "近者說, 遠者來." 주희는 '통치자의 은택을 받으면 기뻐하고, 그 통치자의 풍화를 들으면 온다. 그렇지만 반드시 가까이 있는 사람들이 기뻐하고 난 후에 멀리 있는 사람들이 올 것이다.(被其澤則說, 聞其風則來. 然必近者說而後, 遠者來也.)'라 하여, 가까이 있는 사람들이 기뻐하는 조건에서 비로소 멀리 있는 사람들이 올 것이라고 하였다.

95 『孟子』, 「梁惠王」, 上-7. "今王發政施仁, 使天下仕者皆欲立於王之朝, 耕者皆欲耕於王之野, 商賈皆欲藏於王之市, 行旅皆欲出於王之塗, 天下之欲疾其君者皆欲赴愬於

또 다른 예는 『맹자』, 「양혜왕」하에서 백성들과 즐거움을 함께 하는가(與民同樂) 함께 하지 않는가에 따라 백성들이 임금이 사냥 나갈 때 그 수레소리를 듣고 깃발을 보고서 보이는 반응이 전자가 기쁜 마음으로 임금의 건강하심을 송축한다면, 후자는 얼굴을 찡그리면서 임금의 학정을 비판하고 있다.[96] 다시 말하면 백성들의 정신적 건강은 모두 통치자에게 달려 있다고 해도 과언이 아니다. 이런 측면에서 유학에서 현대사회의 병리현상을 치유하는 이론을 간략하게 검토하고자 한다.

순자의 예치禮治에 관한 이론을 예로 들어 백성들을 치유하는 관점을 설명해 보기로 한다. 그는 인간의 욕망은 끝이 없는 반면 재화는 유한하기 때문에 이것을 질서지우지 않으면 사람들이 개인의 욕망을 포기하지 않고 싸워서 혼란이 발생한다고 하였다. 이것을 해결하는 방법을 순자는 정치적 지위를 구별하여 차등적으로 질서를 이루는 제도를 예禮 규범을 기준으로 제정해야 한다고 보았다. 이렇게 공정한 예의 규범을 통하여 재용과 욕구의 균형을 잡아야 한다고 하였다.[97] 그의 이러한 입론은 현대 사회의 빈부의 격차가 심화시키는 정치적 제도를 성찰하도록 한다.

요컨대, 일반 시민들의 병리적 현상을 치유하기 위해서는 개인적으로는 욕구의 절제를 통한 마음의 조절이 필요하다. 그러나 공적으로 일반 시민들의 마음을 치유하는 보다 중요한 주체는 통치자가 자신의 책임을 자각하여

王. 其若是, 孰能禦之."

96 『孟子』, 「梁惠王」, 下-1. "今王田獵於此, 百姓聞王車馬之音, 見羽旄之美, 擧疾首蹙頞而相告曰, 吾王之好田獵, 夫何使我至於此極也. 父子不相見, 兄弟妻子離散. 此無他, 不與民同樂也. 今王鼓樂於此, 百姓聞王鐘鼓之聲, 管籥之音, 擧欣欣然有喜色而相告曰, 吾王庶幾無疾病與. 何以能鼓樂也. 今王田獵於此, 百姓聞王車馬之音, 見羽旄之美, 擧欣欣然有喜色而相告曰, 吾王庶幾無疾病與. 何以能田獵也. 此無他, 與民同樂也."

97 『荀子』, 「禮論」. "禮者, 養也. 君子旣得其養, 又好其別, 曷謂別. 曰, 貴賤有等, 長幼有差, 貧富輕重皆有稱者也."

보수층 또는 기득권자들의 이익을 대변하는 입장을 넘어서 중용中庸의 자세를 지키는 것이 필요하다. 곧 통치자는 시민들이 경제적 권리를 제도적으로 보장받고 공정하게 누릴 수 있도록 해야 한다. 따라서 현대 사회를 사는 사람들의 정신적 불안감과 고독, 약물중독, 소외에 따른 염세의식 등을 치유하는 근본적 요소를 정치적 제도의 개선에서 찾아야 할 것이다. 이점은 현대사회의 병리현상에 대한 유학적 치유를 방법론을 논의해온 선행 연구자들이 개인의 마음의 수양과 조절에 중점을 둔 관점과 구별된다.

조선 후기 실학자들인 성호 이익이나 다산 정약용이 토지제도를 당시 사회에 맞도록 개선할 것을 역설하면서 구체적인 이론을 제시한 사례나[98], 다산이 『목민심서牧民心書』를 지어 목민관의 공적인 의무를 강조한 것 등으로부터 현대사회 병리현상을 치유할 수 있는 이론적 체계를 이끌어낼 수 있다. 또한 19세기 후반 개화기에 서양의 물질문명을 수용하기 위한 방법론으로서 동도서기론東道西器論이나 신학구학新學舊學 논쟁에서 일반 백성들의 경제적 삶의 문제를 고민하던 지식인들의 사유로부터도 현대사회가 드러내는 병리적 현상을 치유하는 실마리를 이끌어낼 수 있을 것이다.

7. 한국유학의 전망과 문화적 미래

이 글은 한국근현대유학사상을 현대적 관점에서 성찰하면서 한국유학이 현대사회의 많은 문제를 개선할 수 있는 철학적 가치론적 표준을 정립함으

---

98 이익은 유형원의 균전론 토지제도를 비판하면서 한전론을 주장하였다. 그의 한전제는 한 집안의 생활을 위해 필요한 토지를 영업전으로 하고, 나머지 토지는 매매를 자유롭게 하는 점진적인 토지개혁론이었다. 반면 정약용은 젊은 시절 여전제를 구상했으나, 이상론에 치우쳐서, 이후 정전제를 주장하여 『경세유표』에 수록하였다. 그의 정전론은 국가가 사유지를 사들여 지주제를 폐지하여 농민에게 토지를 나누어주고, 농민은 세금대신 공전公田에 대해 노동력만을 제공하는 것을 핵심내용으로 한다.

로써 한국유학의 미래적 과제와 전망을 제시하고자 하였다. 또한 본고는 현대사회가 과학기술의 지속적 발전에 따른 4차 산업혁명과 AI시대를 열어가는 가운데서도 기후위기와 국제적으로 경제적 군사적 사회문화적 갈등과 분열을 개선하고 치유할 수 있는 한국유학에서의 생태·생명철학의 가능성을 검토하였다.

현재 한국사회는 여러 문제로서 사회적 불공정 불평등 문제, 계층간, 세대간, 남녀간 불균형 문제, 종교적 문화적 갈등 문제 등 여러 문제를 안고 있다. 뿐만 아니라, 한국사회는 다문화 현상에 대한 포용과 수용, 문화적 소수자의 인권 문제, 문명의 대립을 문화적 융합의 방향으로 전환하는 문제, 한국문화의 세계화 등 다양한 사회문화적 문제를 이끌어가야 하는 과제를 가지고 있다. 또한 한국사회의 중요한 과제의 하나인 통일문제에 대한 유학 사상적 이론적 탐색과 대응이 필요하다. 유학사상으로부터 분단과 통일, 민족주의와 국가주의에 대한 보편 윤리적 대응을 이끌어낼 수 있는 이론적 근거를 탐색하는 것이 필요하다.

현재 4차 산업혁명의 성과와 함께 학습과 사유를 하고 대화하는 인공지능 ChatGPT가 인류 사회의 삶의 영역에 들어와 영향을 끼치기 시작하면서, 인공지능 운용의 윤리적 문제가 관심의 대상이 되고 있는 만큼, 기술정보 문명의 전환에 대응하는 유학적 차원에서의 철학적 윤리학적 대응 방안과 이론화가 필수불가결한 과제이다. 또한 최근 사회문화적인 병리현상과 연관된 중독(약물, 알콜, 인터넷, 마약 등 4대 중독)에 대한 해결 방안을 심리학적 방법론과 함께 철학적 이론을 통하여 해결하고자 하는 과제를 안고 있다.

현대사회에서 발생하는 이러한 여러 문제들에 대하여 유학의 이론적 대응을 위한 철학적 근거를 요약하면 다음과 같이 정리할 수 있다. 먼저『중용』의 중화中和 사상이 자연생태계와 인간 사이에 조화와 균형, 정치경제 사회문화적 세계의 균형과 조화, 상생과 화평에 이를 수 있는 철학적 근거가 될 수 있다. 인仁을 세상의 만물이 유기적으로 연속되어 내 몸의 한 부분과 같이 생각하는 만물일체설의 사고 또한 현대 사회의 여러 문제를 해소하는 철학적 근거가 될 수 있다. 충서忠恕를 통한 '공감과 배려심'은 도덕적 본질로서 인仁과 규범체계와 당위성으로서 예의禮義를 함께 고려하는 가치의존적인 맥락을 가진다. 유가철학의 공감 개념은 심리학의 경험 사실적 감정공명에 대한 가치 지향적 대응물이라 할 수 있다.

충성의 인 이외에 유학과 성리학에서 현대 사회의 차별적이고 불평등한 사회를 개선하는 데 필요한 철학적 이론으로 이일분수理一分殊, 화이부동和而不同, 신독慎獨과 성誠 등이 있다. 이들은 각각 상대성과 보편성의 균형 원리, 어울림과 관용의 원리, 자기 성찰의 원리로서 유교가 대동 사회를 지향하는 평화사상으로 현대사회의 여러 문제를 개선하는 철학적 근거가 될 수 있다. 또 리의 자발성을 강조하는 이황의 리도설理到說, 리理와 기氣가 상호 의존적으로 뿌리가 되는 것(互爲其根)으로서 이이의 이기지묘理氣之妙, 경제적 군사적 안정과 연관된 신信과 성誠 개념도 남북 사이의 통일을 위한 신뢰의 조성 국제 외교적 관계를 개선하는 데 중요한 역할을 할 것이다.

이처럼 유학 사상은 인의仁義의 도덕적 근본이념에 따른 공감과 배려, 자연생태계와 인간, 인간의 사회문화적 영역에서의 균형과 조화, 상생과 협력에 이르도록 할 수 있는 중화 사상, 그리고 불공정과 차별을 넘어설 수 있는 여러 이론적 틀, 그리고 신뢰 개념 등을 통하여 여러 문제를 해결할 수 있는 철학적 틀을 지니고 있다. 이러한 유학의 덕목들은 현대 사회가 드러내는 여러 문제들을 진단하는 가치 기준이 될 것이며, 미래를 전망하고 평가하는 준거 개념이 될 것이다. 다시 말하면 이들 개념과 이론들은 4차 산업혁명과 AI시대에 기술문명의 현실적 영향력, 그리고 구체적으로 인공지능의 편향성과 챗봇ChatBot[99]의 기능성과 도덕성의 문제 등에 대응할 수 있는 유학적 가치기준이 될 것이다. 또한 현대 인류사회가 권력적이고 위계적인 세계관으로 인해 드러났던 문명의 위기를 넘어서 평화로운 문화적 다양성이 구가되는 미래를 이끌어가는 가치기준이 될 것이다.

---

99 문자나 음성으로 사용자와 대화를 나눌 수 있도록 시스템이 구현된 컴퓨터 프로그램이다.

참고문헌

■ 1차 자료(원전)

『論語』,『孟子』,『中庸』,『大學』,『周禮』(『漢文大系』, 全22卷, 서울, 學古房, 1882)

『詩經』,『書經』,『周易』,『禮記』,『荀子』,『春秋左氏傳』(『漢文大系』, 全22卷, 서울, 學古房, 1882)

孫希旦,『禮記集解』, 中華書局, 1989.

『周易傳義大全』(영인본), 보경문화사, 1986.

十三經注疏整理委員會,『十三經注疏』, 北京大學出版社, 2000.

程頤,『二程全書』

■ 2차 자료

〈단행본〉

고미숙,『한국의 근대성 그 기원을 찾아서』, 책세상, 2001.

권희영,『한국사의 근대성 연구』, 백산서당, 2001.

금장태,『한국유교의 과제』, 서울대학교출판부, 2004.

엄연석 외 지음,「코로나19 시대의 민주주의와 유학의 예악론」,『문명의 위기를 넘어』, 학자원, 2022.

〈논문〉

김병국,「화담(花潭) 서경덕(徐敬德)의 생태사상(生態思想)과 문학(文學)」,『韓國思想과 文化』 55, 한국사상문화학회, 2010.

김병환,「21세기 유학의 과제와 전망−유학사상과 생태문제를 중심으로」,『중국학보』 42, 한국중국학회, 2000.

김세정,「박지원의 명심(冥心)과 상생(相生)의 생태사상」,『환경철학』 19, 한국환경철학회, 2015.

김세정,「주희 철학사상의 생태론적 특성」,『동서철학연구』 77, 한국동서철학회, 2015.

김철,「뒤르케임의 아노미이론과 평등권에서의 기회균등」,『사회이론』 34, 한국사회이론학회, 2008.

김효빈, 「롤즈의 정의론을 통해 본 교육기회균등에 관한 연구」, 『윤리문화연구』 7, 윤리문화학회, 2011.

백도근, 「주희(朱熹) 전체론 철학의 생태주의적 의의」, 『儒敎文化硏究』 19, 성균관대학교 유교문화연구소, 2011.

신정근, 「주렴계의 생태 사상」, 『哲學』 137, 한국철학회, 2018.

이인철, 「퇴계(退溪) 『성학십도(聖學十圖)』와 생태주의(生態主義) 교육원리(敎育原理)-상(上) 5도(圖)를 중심(中心)으로」, 『退溪學論叢』 16, 퇴계학부산연구원, 2010.

이종흔, 「張橫渠 生態倫理의 道德敎育的 含意」, 『유교사상문화연구』 37, 한국유교학회, 2009.

전홍석, 「조선후기 국제 공공성 변동과 홍대용의 문명생태주의 담론 -21세기 "생태 문명관" 모색을 중심으로-」, 『동서철학연구』 67, 한국동서철학회, 2013.

정원교, 「환경문제에 대한 율곡철학의 도덕론적 접근」, 『한국철학논집』 43, 한국철학사연구회, 2014.

조경원, 「롤즈의 정의론에 입각한 교육기회균등 문제에 대한 고찰」, 『교육철학연구』 9, 교육철학회, 1991.

차성환, 「정약용의 경학사상이 생태환경 위기의 시대에 주는 시사점」, 『담론 201』 13, 한국사회역사학회, 2010.

최일범, 「중국유학(中國儒學)-유교 인본주의의 생태철학에 관한 연구 -머레이 북친의 사회생태론 철학과 비교하여-」, 『유교사상문화연구』 34, 한국유교학회, 2008.

한성구·지준호, 「동양 전통 생태사상의 현대적 전환을 위한 비판적 고찰 -유학의 생태사상을 중심으로-」, 『한국철학논집』 36, 한국철학사연구회, 2013.

홍원식, 「동아시아 생태담론에 대한 비판적 검토-유학사상을 중심으로」, 『東洋哲學硏究』 51, 동양철학연구회, 2007.

황종원·지준호, 「장재의 신화(神化)론에 대한 생태철학적 독해」, 『유교사상문화연구』 85, 한국유교학회, 2021.

ㄱ

저자소개 (집필순)

양일모 | 서울대학교 자유전공학부 교수

저역서로 『옌푸─중국의 근대성과 서양사상』, 『천연론』(공역), 『일본 학문의 근대적 전환』(공저), 『성리와 윤리』(공저), 『동서철학사상의 만남』(공저) 등이 있고, 논문으로는 「한학에서 철학으로」, 「유교적 윤리 개념의 근대적 의미 전환」, 「중국철학사의 탄생」, "Translating Darwins's Metaphors in East Asia" 등이 있다.

김선희 | 이화여자대학교 철학과 부교수

저서로 『마테오 리치와 주희 그리고 정약용』, 『서학, 조선 유학이 만난 낯선 거울』, 『숙종 시대 문명의 도전과 지식의 전환』 등이 있고 논문으로는 「금대 이가환의 서학(西學) 연구와 그 파장」, 『맹자』의 부동심 논의에서 도덕성의 신체화와 정약용의 재해석」, 「다산 정약용의 유가적 공적 세계의 기획: 『경세유표』를 중심으로」 등이 있다.

노관범 | 서울대학교 규장각한국학연구원 HK교수

저서로 『고전통변』, 『기억의 역전』, 『백암 박은식 평전』, 『껍데기 개화는 가라』 등이 있고, 논문으로는 「'개화와 수구'는 언제 일어났는가」, 「한국 통사로 보는 '실학'의 지식사 시론」, 「근대 한국유학사의 형성」 등이 있다.

박학래 | 군산대학교 철학과 교수

저서로 『奇正鎭 哲學思想 硏究』, 『한말 성리학의 거유 기정진』, 『(학문과 충절이 어우러진) 영천 지산 조호익 종가』, 『여헌 장현광 평전』 등이 있고, 논문으로는 「朝鮮 末期 畿湖學派의 栗谷 理氣論 계승과 분화」, 「蘆沙 奇正鎭의 性理說을 둘러싼 기호학계의 논쟁」, 「鳳棲 俞莘煥의 哲學思想 硏究」, 「臺山 金邁淳의 未發論 연구」, 「艮齋 田愚의 유학사적 위상과 그 영향」, 「淵齋學派의 형성과 전개」, 「勉菴 崔益鉉의 문인 집단 형성과 전개」 등이 있다.

엄연석 ㅣ 한림대학교 태동고전연구소 교수

저서로『조선전기역철학사』,『조선전기경학사상총론』,『조선경학의 문화다원론적 이념과 실천』(공저),『동도서기의 의미지평』,『근현대한국총서』3(공저),『조선경학의 문화다원론적 이념과 실천』등이 있고, 논문으로는「황윤석의『이수신편』에 나타난 이수역학의 문화다원론적 독해」,「이만부의『易統』과『易大象便覽』의 역학적 특징과 문화다원론적 지향」등이 있다.

박정심 ㅣ 부산대학교 철학과 교수

주요 저서로는『한국근대사상사』,『단재 신채호– 조선의 아 비아와 마주서다』,『박은식: '양지'로 근대를 꿰뚫다』가 있다. 그 외『한국철학사:16주제로 읽는 한국철학』,『한국철학사상사』,『한국실학사상사』,『동아시아 개념연구 기초문헌 해제 Ⅲ』,『동아시아지식학의 세계를 열다』등의 공저와『역주 호락논쟁 1』,『역주 호락논쟁 2』등의 역서 및 다수의 논문이 있다.

이용주 ㅣ 광주과학기술원 기초교육학부 교수

저서로『세계관전쟁』,『주역의 예지』,『성학집요』,『죽음의 정치학 : 유교의 죽음이해』등이 있고, 번역서로는『세계종교사상사』,『종교유전자』등이 있다. 기타 다수의 단독저서, 공저, 번역서가 있다.

서동일 ㅣ 건국대학교 사학과 겸임교수

저서로『1919년이라는 문턱과 파리장서운동』,『3.1운동 100년』(공저) 등이 있고, 논문으로는「유림의 만주 이주와 신흥무관학교 설립」,「1920년대 신지식인층의 유교 비판과 유교계의 지도기관 설립」,「식민지기 유림대회의 출현과 지방의 유교권력」등이 있다.